中華書局校刊

聚珍仿宋版

十三經注疏

七

周禮注疏

中華書局

鄭氏注　　賈公彥疏

冢人掌公墓之地辨其兆域而爲之圖先王之葬居中以昭穆爲左右公君也圖謂畫其地形及丘壟所處而藏之先王造塋者昭居左穆居右夾處東西○夾古洽反劉古協反○疏注公君至東西○釋曰訓公爲君者言公則諸侯之通稱言君則上通天子此既王之墓域故訓爲君也云圖謂畫其地形及丘壟所處而藏之者謂未有死者之時先畫其地之形勢豫圖出其丘壟之處丘壟之言即下文丘封是也既爲之圖明藏掌後須葬者依圖置之也云先王造塋者但王者之都有遷徙之法若文王居豐武王居鎬平王居於洛邑所都而葬即是造塋者也若文王在豐葬於畢子孫皆就而葬之即以文王居中文王第當穆則武王爲昭居左成王爲穆居右康王爲昭居左昭王爲穆居右已下皆然至平王東遷死葬即又是造塋者子孫據一昭穆夾處東西若然兄死弟及俱爲君則以兄弟爲昭穆以其弟已爲臣臣子一列則如父子故别昭穆也必知義然者案文二年秋八月大事于大廟躋僖公謂以惠公當昭隱公爲穆桓公爲昭莊公爲穆閔公爲昭僖公爲穆今升僖公於閔公之上爲昭閔公爲穆故云逆祀也知不以兄弟同昭位升僖公於閔公之上爲逆祀者案定公八年經云從祀先公傳曰順祀先公而祈焉若本同倫以僖公升於閔公之上則以後諸公昭穆不亂何因至定八年始云順祀乎明本以僖閔昭穆别故於後皆亂也若然兄弟相事後事兄爲君則昭穆易可知但置塋以昭穆夾處與置廟同也○

凡諸侯居左右以前卿大夫士居後各以其族子孫各就其所出王以尊卑處其前後而亦併昭穆○併薄泠反○疏凡諸侯居至其族○釋曰言凡者以其非一故并卿大夫以凡之此因上而言以其王之子孫皆適爲天子庶爲諸侯卿大夫士若出封畿外爲諸

侯卿大夫士者因彼國葬而爲造塋之。主今言諸侯卿大夫士者謂上文先王子孫爲畿內諸侯王朝卿大夫士死者則居先王前後之左右言居左右者若父爲天王。是昭則子爲穆居右若父是穆則子爲昭居左爲卿大夫居後亦然但昭穆不定故左右俱言謂一父之前後左右並有也云各以其族者謂次第假令同昭穆兄當近王墓弟則遠王墓爲次第諸侯言左右卿大夫士下云各以其族互相通也○注子孫至昭穆○釋曰言子孫者據造塋者所生爲子已後左右王之所生累世皆是孫言以尊卑處其前後者尊謂諸侯卑謂卿大夫士云亦併昭穆者謂兄弟同倫當昭自與昭併當穆自與穆併不謂昭穆併有也○

凡死於兵者不入兆域 戰敗無勇投諸塋外以罰之○ 疏 注戰敗至罰之○釋曰曲禮云死寇曰兵注云當饗祿其後卽下文云凡有功者居前是也此是戰敗故投之塋外罰之也○

凡有功者居前 居王墓之前處昭穆之中央○ 疏 注居王至中央○釋曰云居前則不問爲諸侯與卿大夫士但是有功則皆得居王墓之前以表顯之也此則曲禮云死寇曰兵兼餘功若司勳王功事功國功之等皆是也言處昭穆之中央者上云諸侯居左右已前卽是昭居左穆居右今云昭穆之中央謂正當王冢前由其有功故特居中顯異之也

以爵等爲丘封之度與其樹數 別尊卑也王公曰丘諸臣曰封漢律曰列侯墳高四丈關內侯以下至庶人各有差○別彼列反 疏 以爵至樹數○釋曰此文自王已。下皆有而云爵等爲丘封之度則天子亦是爵號也雖云度與樹數天子已下無差次之文○注別尊至有差○釋曰云別尊卑尊者丘高而樹多卑者封下而樹少故云別尊卑也鄭知王公曰丘諸臣曰封者此無正文爾雅云土之高者曰丘高丘曰阜是自然之物故屬之王公也聚土曰封人所造故屬之諸臣若然則公中可以兼五等也鄭引漢律者周禮丘封高下樹木之數無文以漢法況之也若然案春秋緯云天子墳高三。刃樹以松諸侯半之樹以柏大夫八尺樹以。欒。草士四尺樹以槐庶人無墳樹以楊柳鄭不引之者以春秋緯或說異代多與周禮乖故不引或鄭所不見也王制云庶人不封不樹而春秋緯云庶人樹以楊柳者以庶人禮所不制故樹楊柳也大喪既有日請度甫竁遂爲之尸甫始也請量度所始竁之處地爲尸者成葬爲祭墓地之尸也鄭司農云既有日既有葬日也始竁時祭以告后土冢人爲之尸○度待洛反注量度同疏大喪至之尸○釋曰大喪謂王喪有日謂葬日天子七月而葬葬用下旬云請度甫竁者謂冢人請於冢宰量度始穿地之處也言遂爲尸者因事曰遂初請量度至葬訖祭墓故冢人遂爲尸也○注甫始至之尸○釋曰先鄭以遂爲之尸據始穿時祭墓地冢人爲之尸後鄭據始穿時無祭事至葬訖成墓乃始祭墓故冢人爲尸不從先鄭者見小宗伯云卜葬兆甫竁哭之又云既葬詔相喪祭之禮喪祭謂虞祔下乃云成葬而祭墓爲位據彼文則初穿地時無祭墓地之事葬訖乃有祭墓地即此遂爲之尸一也故後鄭不從先鄭若然引之在下者小宗伯雖無初祭墓地之事亦得通一義故引之在下及竁以度爲丘隧共喪之窆器隧羨道也度丘與羨道廣袤所至窆器下棺豐碑之屬喪大記曰凡封用綍去碑負引君封以衡大夫以咸○窆彼驗反又補鄧反去起呂反咸本又作緘同古鹹反○疏及竁至窆器○釋曰上經已甫竁祭墓訖此經復云及竁以度爲丘隧者此更本初欲竁之時先量度作丘作隧道之處廣狹長短故文重耳○注隧羨至以咸○釋曰以案僖二十五年左傳云晉文公請隧不許王曰未有代德而有二王則天子有隧諸侯已下有羨道隧與羨異者隧道則上有負土謂若鄭莊公與母掘地隧而相見者也羨道上無負土若然隧與羨別而鄭云隧羨道者對則異散則通故鄭舉羨爲況也云下棺豐碑之屬者此按檀弓公肩假云公室視豐碑三家視桓楹鄭注云豐大也天子斲大木爲碑形如石碑前後重鹿盧是大碑之事言之屬者仍有六綍之等故引喪大記也凡封者封即窆謂下棺云執綍去碑負引者謂天子千人分執六綍諸侯五百人分執四綍其棺當於壙上執綍者皆負綍背碑以鼓爲節而下之云君封以衡大夫以咸者衡横也謂以木横之於棺傍乃以綍繫木下棺大夫以咸者大夫卑不得以木横之直有棺傍咸耳以綍繫之而下棺也彼諸侯及大夫法但天

子無文故引之以爲證天子之法耳**及葬言鸞車象人**云鸞車巾車所飾遺車也亦設鸞旗鄭司農象人謂以芻爲人言問其不如法度者玄謂言猶語也語之者告當行若於生存者於是巾車行之孔子謂爲芻靈者善謂爲俑者不仁非作象人者不殆於用生乎○巾如字劉居覲反語魚據反下同俑音勇【疏】及葬至象人○釋曰及至也謂至葬冢人語巾車之官將明器鸞車及象人使行向壙○注鸞車至生乎○釋曰云鸞車巾車所飾遺車也者巾車職云大喪飾遺車遣車則明器遣送死者之車也云亦設鸞旗者以其遣車有鸞和之鈴兼有旌旂經直云鸞車不言鸞旗故鄭言之以其旌旗在車所建故知有車亦有旗先鄭云象人謂以芻爲人者後鄭不從以其上古有芻人至周不用而用象人則象人與芻靈別也云言言問其不如法度者此後鄭亦不從以其臨葬不得始問其不如法度玄謂語之者告當行若於生存者於是巾車行之者遣車之數依檀弓云諸侯七乘大夫五乘鄭云天子九乘遣車所載所苞大遣奠大夫苞五个諸侯七个天子當九个令向壙巾車拖之而行也云孔子謂爲芻靈者善謂無俑者不仁非作象人者不殆於用生乎者此檀弓文彼鄭云俑偶人也謂以爲木人與生人相對偶有似於人此則不仁又云非作象人不殆於用生乎哉是記人釋孔子語殆近也言用象人不近於生人乎是孔子善古而非周人也鄭引此者欲破先鄭以芻靈與象人爲一若然則古時有塗車芻靈至周仍存塗車唯改芻靈爲象人○**及窆執斧以涖**臨下棺也○涖音利又音類○【疏】及窆執斧以涖○釋曰案鄉師云執斧以涖匠師則此亦臨匠師兩官俱臨者葬事大故二官共臨也○**遂入藏凶器**凶器明器【疏】注凶器明器○釋曰因上文窆下棺訖即遂入壙藏明器明器即檀弓云木不成斲瓦不成味琴瑟張而不平笙竽備而不和神明死者之器也**正墓位蹕墓域守墓禁**位謂丘封所居前後也禁所爲塋限【疏】正墓至墓禁○釋曰墓位即上文昭穆爲左右是須正之使不失本位墓域即上文兆域是也謂四畔溝兆蹕謂止行人不得近之守墓禁謂禁制不得漫入也○注位謂至塋限○釋曰云丘封所居

前後者卽上文爲諸侯及有功者居前爲卿大夫士者居後是也云禁所爲塋限者謂禁者以塋域爲限而禁之○凡祭墓爲尸祭墓爲尸或禱祈焉鄭司農云爲尸冢人爲尸【疏】注祭墓至爲尸○釋曰後鄭知此祭墓爲禱祈者上文遂爲尸是墓新成祭后土此文云凡非一故知謂禱祈也先鄭云爲尸冢人爲尸者上文祭墓謂始穿地時此文據成墓爲尸後鄭以此亦得通一義故引之在下是以禮記檀弓云有司舍奠於墓左彼是成墓所祭亦引此凡祭墓爲尸證成墓之事也○凡諸侯及諸臣葬於墓者授之兆爲之蹕均其禁【疏】凡諸至其禁○釋曰上文唯見王及子孫之墓地不見同姓異姓諸侯之墓地故此經揔見之若然此墓地舊有兆域今新死者隨卽授之耳

墓大夫掌凡邦墓之地域爲之圖凡邦中之墓地萬民所葬。地【疏】注凡邦至葬地○釋曰鄭知邦中之墓地是萬民葬地者以其冢人掌王墓地下文云令國民族葬非有爵者故知經邦墓是萬民若然下云掌其度數鄭云度數爵等之大小而見有爵者謂本爲庶人設墓其有子孫爲卿大夫士其葬不離父祖故兼見卿大夫士也令國民族葬而掌其禁令族。葬各從其親【疏】注族葬各從其親○釋曰經云族葬則據五服之內親者共爲一所而葬異族卽別塋知族是五服之內者見左傳哭諸之例云異姓臨於外同姓於宗廟同宗於祖廟同族於禰廟故知族是服內是以鄭云各從其親也正其位掌其度數位謂昭穆也度數爵等之大小【疏】注位謂至大小○釋曰凡萬民墓地亦如上文豫有昭穆爲左右故云正其位云度數爵等之大小者亦如冢人云丘封之度與其樹數也○使皆有私地域古者萬民墓地同處分其地使各有區域得以族葬。後相容○【疏】注古者至相容○釋曰知古者墓地同處者上文云族葬是同處云使相容者釋經私地域也凡爭墓地者聽其獄訟爭墓地相侵區域○帥其屬而巡墓厲居其中之室以守之厲塋限遮列處鄭司農云居其中之室有官寺在墓中○疏帥其至守之○釋曰云帥其屬者墓大夫帥下屬官也云巡墓厲者謂墓大夫帥其屬巡行遮列之處云居其中之室以守之者謂萬民墓地族葬地中央為室而萬民各自守之注先鄭云官寺寺則室也

職喪掌諸侯之喪及卿大夫士凡有爵者之喪以國之喪禮涖其禁令序其事

國之喪禮喪服士喪既夕士虞今存者其餘則亡事謂小斂大斂葬也○疏職喪至其事○釋曰言諸侯者謂畿內王子母弟得稱諸侯者若司裘云諸侯共熊侯豹侯者也言凡有爵者還是卿大夫士言凡以該之耳云序其事者謂若襲斂殯葬先後之事○注國之至葬也○釋曰云國之喪禮喪服士喪既夕士虞今存者此據儀禮之內見在者而言故云今存者但士喪禮始死時事既夕葬時事士虞葬訖及日中而虞事也云其餘則亡者但儀禮本事義三千條其時有天子諸侯卿大夫士喪與既夕及虞卒哭與祔小祥大祥禮皆有遭暴秦而亡漢興唯得十七篇高堂生所傳即今儀禮是也故云其餘則亡云事謂小斂大斂葬也者舉大事而言其間仍有襲事亦掌之下文別見祭故此不兼也

凡國有司以王命有事焉則詔贊主人

有事謂含襚贈賵之屬詔贊者以告主人佐其受之鄭司農云凡國謂諸侯國有司謂王有司也以王命有事職喪主詔贊主人玄謂凡國有司有司從王國以王命往○賵芳鳳反○疏注有事至命往○釋曰知有事謂含襚贈賵之屬者春秋云王使榮叔歸含且賵又兩小傳皆言衣被曰襚貨財曰賻車馬曰賵珠玉曰含明知有含襚贈賵之屬又案士喪禮兼有贈。賵無常惟玩好是也不言賻者賻施於生者故亦不言也先鄭云凡國謂諸侯國有司謂王有司也後鄭不從者下文云公有司豈得公分之為諸侯有司為王有司乎明此國有司亦不得分之也故後鄭云國有司有司從王國以王命往向喪家者也

凡其喪祭詔其號治其禮

鄭司農云號。謂謚號玄謂告以牲號齍號之屬當以祝之○齍音咨疏凡其至其禮○釋曰喪祭餘文

皆爲虞此言凡者以其喪中自相對則虞爲喪祭卒哭爲吉祭若對二十八月
爲吉祭則祥禫已前皆是喪祭故言凡以該之是以鄭亦不言喪祭爲虞也云
治其禮者案大宗伯亦云治其禮鄭云謂簡習其事此治其禮義亦然也○注
鄭司至祝之○釋曰先鄭云號謚號後鄭不從者小宗伯云小喪賜謚讀誄
不在此故後鄭云告以牲號齍號之屬當以祝之有牲號齍號謂
若特牲少牢云柔毛剛鬣嘉薦普淖皆是祝辭故云當以祝之也
凡公有司之所共職喪令之趣其事
令令其當共物者給事之期也有司或言公或言國言
國者由其君所來居其官曰公謂王遣使奉命有贈之言
物各從其官出
職喪當催督也
【疏】
注令令至督也○釋曰云令令其當供物者給事之期也者
此謂諸官依法合供給喪家者不待王命職喪依式令之使
相供云有司或言公或言國言國者由其君所來者解稱國之意君則王也云
居其官曰公者謂不須王命自居其官之職往供則曰公公謂官之常職也

春官宗伯下

大司樂掌成均之灋以治建國之學政而合國之子弟焉
鄭司農云均調也樂
師主調其音大司樂
主受此成事已調之樂玄謂董仲舒云成均五帝之學成均之法者其遺禮可
法者國之子弟公卿大夫之子弟當學者謂之國子文王世子曰於成均以及
取爵於上尊然則
周人立此學之宮
【疏】
大司至弟焉○釋曰云掌成均之法以治建國之學政者
成均五帝學名建立也周人以成均學之舊法式以立國
之學內政教也云而合國之子弟焉者大司樂合聚國子弟將此以教之○注
鄭司至之宮○釋曰先鄭云均調也樂師主調其音大司樂主受此成事已調
之樂者案樂師惟教國子小舞大司樂教國子大舞其職有異彼樂師又無調
樂音之事而先鄭云樂師主調其音大司樂主受其成事義理不可且董仲舒
以成均爲五帝學故依而用之玄謂董仲舒云成均五帝之學者前漢董仲舒
作春秋繁露繁多露潤爲春秋作義潤益處多彼云成均五帝學也云成均之

法者其遺禮可法者鄭見經掌成均之法卽是有遺禮可法效乃可掌之故知有遺禮也云國之子弟公卿大夫之子弟當學者謂之國子者案王制云王大子王子公卿大夫元士之適子國之俊選皆造焉此不言王大子王子與元士之子及俊選者引文不具此云弟者則王子是也自公以下皆適子乃得入也云文王世子曰於成均以及取爵於上尊者案彼文上云或以德進或以事舉或以言揚又云曲藝皆誓之以待又語三而一有焉乃進其等注云進於衆學者又云以其序謂之郊人遠之於成均以及取爵於上尊也彼鄭注云董仲舒曰五帝名大學曰成均則虞庠近是也天子飲酒於虞庠則郊人亦得酌於上尊以相旅鄭引之者證成均是學意若如先鄭以義解之何得於中飲酒故知先鄭之義非也云然則周人立此學之宮者卽虞庠之學是也若然案王制有虞氏名學爲上庠下庠至周立小學在西郊者曰虞庠堯已上當代學亦各有名無文可知但五帝總名成均當代則各有別稱謂若三代天子學總曰辟雍當代各有異名也

凡有道者有德者使教焉死則以爲樂祖祭於瞽宗

道多才藝者德能躬行者若舜命夔典樂教冑子是也死則以爲樂之祖神而祭之鄭司農云瞽樂人樂人所共宗也或曰祭於瞽宗祭於廟中明堂位曰瞽宗殷學也泮宮周學也以此觀之祭於學宮中○瞽音古夔求龜反冑子音育本亦作冑泮音判本亦作頖同

疏 注道多至宮中○釋曰經直言道鄭知是多才藝者以其云道通物之名是己有才藝通教於學子故知此人多才藝耳但才藝與六藝少別知者見雍也云求也藝鄭云藝多才藝又憲問云冉求之藝文之以禮樂禮樂既是六藝明上云藝非六藝也此教樂之官不得以六藝解之故鄭云道多才藝也云德能躬行者案師氏注德行外內之稱在心爲德施之爲行彼釋三德三行爲外內此云德能躬行則身內有德又能身行尚書。傳。說云非知之艱行之惟艱則此人非直能知亦能身行故二者皆使教焉死則以爲樂之祖神而祭之先鄭云瞽樂人者序官上瞽中瞽下瞽皆是瞽矇掌樂事故云瞽樂人樂人所共宗也云或曰祭於瞽宗祭於廟中者此說非故引明堂位爲證是殷學也祭樂祖必於瞽宗者案文王世子云春誦夏弦大師詔之瞽宗以其教樂在瞽宗故祭樂祖還在瞽宗雖有學干戈在東序以誦弦爲正文王世子云禮在瞽宗書在上庠鄭注云學禮樂於殷之學功成治定與己同則學禮樂在瞽宗祭禮先師亦在瞽宗矣若然則書在上庠書之先師亦祭於上庠其詩則春誦夏弦在東序則祭亦在東序也故鄭注文王世子云禮有高堂生樂有制氏詩有毛公書有伏生億可以爲之也是皆有先師當祭可知也祭義云祀先賢於西學所以教諸侯之德是天子親祭之不見祭先聖者文不備祭可知

以樂德教國子中和祇庸孝友

中猶忠也和剛柔適也祇敬庸有常也善父母曰孝善兄弟曰友

○疏以樂至孝友○釋曰此必使有道有德者教之此是樂中之六德與教萬民者少別○注中猶至曰友○釋曰此六德其中和二德取大司徒六德之下孝友二德取大司徒六行之上其祇庸二德與彼異自是樂德所加也云中猶忠也和剛柔適也注大司徒與此同祇敬庸有常也並訓而見其義也善父母曰孝善兄弟曰友爾雅釋訓文也○

以樂語教國子興道諷誦言語

興者以善物喻善事道讀曰導導者言古以剴今也倍文曰諷以聲節之曰誦發端曰言荅述曰語○興道許應反劉虛甑反注同下音導諷方鳳反剴古愛反劉古哀反倍音佩

疏注興者至曰語○釋曰此亦使有道有德教之云興者以善物喻善事者謂若老狼與周公之輩亦以惡物喻惡事不言者鄭舉一邊可知云道讀曰導者取導引之義故讀從之云導者言古以剴今也者謂若詩陳古以刺幽王厲王之輩皆是云倍文曰諷者謂不開讀之云以聲節之曰誦者此亦皆背文但諷是直言之無吟詠誦則非直背文又爲吟詠以聲節之爲異文王世子春誦注誦謂歌樂歌樂即詩也以配樂而歌故云歌樂亦是以聲節之襄二十九年季札請觀周樂而云爲之歌齊爲之歌鄭之等亦是不依琴瑟而云歌此皆是徒歌曰謠亦得謂之歌若依琴瑟謂之歌即毛云曲合樂曰歌是也云發端曰言答述曰語者詩公劉云于時言言于時語語毛云直言曰言答述曰語許氏說文云直言曰論答難曰語論者語中之別與言不同故鄭注雜記云言言己

事爲人說爲語

以樂舞教國子舞雲門大卷大咸大㲈。大夏大濩大武此周所存六代之樂黃帝曰雲門大卷黃帝能成名萬物以明民共財言其德如雲之所出民得以有族類大咸咸池堯樂也堯能。殫均刑法以儀民言其德無所不施大㲈舜樂也言其德能紹堯之道也大夏禹樂也禹治水傅土言其德能大中國也大濩湯樂也湯以寬治民而除其邪言其德能使天下得其所也大武武王樂也武王伐紂以除其害言其德能成武功○大卷大劉皆音泰咸如字卷音權又卷勉反又居遠反沈又居勉反㲈上昭反濩戶故反共音恭殫時戰反傅音孚或音附邪似嗟反

疏以樂至大武○釋曰此大司樂所教是大舞樂師所教者是小舞案內則云十三舞勺成童舞象舞象謂戈皆小舞又云二十舞大夏即此六舞也特云大夏者鄭云樂之文武。中其實六舞皆樂也保氏云教之六樂二官共教者彼教以書此教以舞故共其職也○注此周至武功○釋曰案下文以六舞云大合樂明此舞是六代樂必知此六舞雲門已下是黃帝堯舜夏殷周者並依樂緯及元命包彼云雲門黃帝樂以下及堯舜等皆陳故知黃帝已下也云黃帝曰雲門大卷黃帝能成名萬物以明民共財者祭法文彼云百物不云萬物萬物即百物云言其德如雲之所出民得以有族類者鄭釋此雲門大卷二名云德如雲之所出解雲門云民得以有族類解大卷卷者卷聚之義即族類也故祭法云正名百物以明民是也云以大咸咸池堯樂也堯能殫均刑法以儀民者祭法文彼云義終此云儀民引其義不引其文云言其德無不施者解咸池之名咸皆也池施也言堯德無所不施者案祭法注云賞賞善謂禪舜封禹稷等也義終謂既禪二十八載乃死是也云大㲈舜樂也言其德能紹堯之道也者元命包云舜之民樂其紹堯之業樂記云韶繼也注云言舜能繼紹堯之德是也云大夏禹樂也禹治水傅土言其德能大中國也者案禹貢云敷土敷布也布治九州之水土是。敷土之事也樂記云夏大也注云禹樂名禹能大堯舜之德大中國即是大堯舜之德也元命包云禹能德並三聖德並三聖即是大堯舜之德亦一也云大濩湯樂也湯以寬治民而除其邪者亦祭法文彼云

除其虐。虐卽邪亦一也或本作邪也云言其德能使天下得其所也者言護者卽救護也救護使天下得其所也云大武武王樂也武王伐紂以除其害者亦祭法文彼云災災卽害一也云言其德能成武功者此卽克定禍亂曰武也案元命包云文王時民樂其興師征伐故曰武又詩云文王受命有此武功如是則大武是文王樂名而云武王樂者但文王有此武功不卒而崩武王卒其伐功以誅虐紂是武王成武功故周公作樂以大武爲武王樂也案樂記云大章章之也注云堯樂名也周禮闕之或作大卷又云咸池備矣注云黃帝所作樂名也堯增脩而用之周禮曰大咸與此經注樂名不同者本黃帝樂名曰咸池以五帝殊時不相沿樂堯若增脩黃帝樂體者存其本名猶曰咸池則此大咸也若樂體依舊不增脩者則改本名名曰大章故云大章堯樂也周公作樂更作大卷大卷則大章。章名雖堯樂其體是黃帝樂故此大卷。一爲黃帝樂也周公以堯時存黃帝咸池爲堯樂名則更與黃帝樂名立名名曰雲門則雲與大卷爲一名故下文分樂而序之更不序大卷也必知有改樂名之法者按條牒論云班固作漢書高帝四年作武德之樂又云高帝廟中奏武德文始注云舜之韶舞名秦始皇二十六年改名五行舞注云五行本周舞高帝六年改名文始五行之舞案此知有改樂之法也案孝經緯云伏犧之樂曰立基神農之樂曰下謀祝融之樂曰屬續又樂緯云顓頊之樂曰五莖帝嚳之樂曰六英注云能爲五行之道立根莖六英者六合之英皇甫謐曰少昊之樂曰九淵則伏犧已下皆有樂今此惟存黃帝堯舜禹湯者案易繫辭云黃帝堯舜垂衣裳鄭注云金天高陽高辛遵黃帝之道無所改作故不述焉則此所不存者義亦然也然鄭惟據五帝之中而言則三皇之樂不存者以質故也

以六律六同五聲八音六舞大合樂以致鬼神示以和邦國以諧萬民以安賓客以說遠人以作動物

六律合陽聲者也六同合陰聲者也此十二者以銅爲管轉而相生黃鍾爲首其長九寸各因而三分之上生者益一分下生者去一焉國語曰律所以立均出度也古之神瞽考中聲而量之以制度律均鍾言

以中聲定律以律立鍾之均大合樂者謂徧作六代之樂以冬日至作之致天神人鬼以夏日至作之致地祇物鬽動物羽贏之屬虞書云夔曰戛擊鳴球搏拊琴瑟以詠祖考來格虞賓在位羣后德讓下管鼗鼓合止柷敔笙鏞以間鳥獸鎗鎗簫韶九成鳳皇來儀夔又曰於予擊石拊石百獸率舞庶尹允諧此其於宗廟九奏效應○說音悅長如字上生時掌反後上生皆同去一起呂反下文去樂及注同度待洛反徧音遍鬽眉冀反贏力果反下贏物同戛一居八反劉古八反球音求搏音博拊方甫反鼗徒刀反柷昌六反敔本又作梧魚呂反間間廁之間牄本又作蹌七羊反於予上如字劉音為丁羊汝反應應對之應後皆同○不更音○

【疏】以六至動物○釋曰鄉來說大司樂教國子以樂自此已下論用樂之事也云以六律六同者此舉十二管以表其鍾樂器之中不用管也云大合樂者據薦腥之後合樂之時用之也此所合樂即下云若樂六變若樂八變若樂九變之等彼據祭天下神此據正祭合樂若然合樂在下神後而文退下神樂在後者以下神用一代樂此用六代六代事重故進之在上若然下神不亞合樂而陽分樂之後用者以分樂序之皆用一代此三禘下神亦用一代若不陽分樂恐其相亂且使一變二變之等與分樂所用樂同故三神在下也云以致鬼神示者是據三禘而言云以和邦國已下亦據三禘之祭各包此數事故鄭引虞書以證宗廟○注六律合陽聲者也至奏效應○釋曰云六律合陽聲者也六同合陰聲者也者案大師云掌六律六同以合陰陽之聲是以據而言焉云此十二者以銅為管者案典同先鄭云陽律以竹陰律以銅後鄭云皆以銅為與此注義同也云轉而相生已下據律曆志而言子午已東為上生子午已西為下生上生為陽陽主息故三分益一下生為陰陰主減故三分去一案律曆志黃鍾為天統律長九寸林鍾為地統律長六寸大簇為人統律長八寸又云十二管相生皆八八上生下生盡於中呂陰陽生於黃鍾始於左旋八八為位者假令黃鍾生林鍾是曆八辰自此已下皆然是八八為位蓋象八風也國語者案彼景王將鑄無射問律於伶州鳩鳩對曰律所以立均出度古之神瞽考中聲而量之以制度律均鍾百官軌儀鄭引之者欲取以六律六

同均之以制鍾之大小須應律同也故鄭云言以中聲定律以律立鍾之均也云中聲謂上生下生定律之長短度律以律計自倍半而立鍾之均均即是應律長短者也云大合樂者謂徧作六代之樂者此經六樂即上六舞故知徧作六代之樂言徧作樂不一時俱爲待一代訖乃更爲故云徧作也云以冬日作之至物鬽皆神。注職文案彼注致人鬼於祖廟致物鬽於墠壇蓋用祭天地之明日若然此經合樂據三禘正祭天而引彼天地之小神及人鬼在明日祭之者但彼明。日所祭小神。用樂無文彼神既多合樂之時當與此三禘正祭合樂同故彼此文同稱致但據彼正祭祭天地大神無宗廟之祭祭天明日兼祭人鬼與此爲異也云動物羽贏之屬者鄭不釋邦國之等直釋動物者以尙書不言動物故釋訖乃引尙書鳥獸之等證之也虞書者案古文在舜典是舜祭宗廟之禮案彼鄭注戛櫟也戛擊鳴球已下數器鳴球即玉磬也搏拊以韋爲之裝之以穅所以節樂云以詠者謂歌詩也云祖考來格者謂祖考之神來至也云虞賓在位者謂舜以爲賓即二王後丹朱也云羣后德讓者謂諸侯助祭者以德讓已上皆宗廟堂上之樂所感也云下管鼗鼓已下謂舜廟堂下之樂故言下云合止柷敔者合樂用柷柷狀如漆筩中有椎搖之所以節樂故狀如伏虎背有刻以物櫟之所以止樂云笙鏞以閒者東方之樂謂之笙笙生也東方生長之方故名樂爲笙也鏞者西方之樂謂之鏞庸功也西方物熟有成功亦謂之頌頌亦是頌其成也以閒者堂上堂下閒代而作云鳥獸蹌蹌者謂飛鳥走獸。蹌。蹌然而舞也云簫韶九成鳳皇來儀者韶舜樂也若樂九變人鬼可得而禮故致得來儀儀匹謂致得雄曰鳳雌曰皇來儀止巢而乘匹案此下文六變致象物象物有象在天謂四靈之屬四靈則鳳皇是其一此六變彼九成者其實六變致之而言九者以宗廟九變爲限靈鳥又難致之物故於九成而言耳云夔又曰於予擊石拊石百獸率舞者此於下文别而言之故云又曰夔語舜云磬有大小予擊大石磬拊小石磬則感百獸相率而舞云庶尹允諧者庶衆也尹正也允信也言樂之所感使衆正之官信得其諧和云此其於宗廟九奏之效應者此經總言三祀大祭但天地大祭效驗無文所引尙書惟有宗廟故指宗廟而言也然尚書云祖考卽此經致鬼也虞賓卽此經以安賓客羣后德讓卽此經邦國也鳥獸鳳皇等卽此經動物也庶尹允諧卽此經以諧萬民以說遠人也○乃分樂而序之以祭以享以祀分謂各用一代之樂【疏】注分謂至之樂○釋曰此與下諸文爲總目上總云六舞今分此六代之舞尊者用前代卑者用後代使尊卑有序故云序若然經所先云祭地後云祀天者欲見不問尊卑事起無常故倒文以見義也乃奏黃鍾歌大呂舞雲門以祀天神以黃鍾之鍾大呂之聲爲均者黃鍾陽聲之首大呂爲之合奏之以祀天神尊之也天神謂五帝及日月星辰也王者又各以夏正月祀其所受命之帝於南郊尊之也孝經說曰祭天南郊就陽位是也○正音征○【疏】乃奏至天神○釋曰此黃鍾言奏大呂言歌者云奏據出聲而言云歌據合曲而說其實歌奏通也知不言歌歌據堂上歌詩合大呂之調謂之歌者春秋左氏傳云晉侯歌鍾二肆取半以賜魏絳魏絳於是有金石之樂彼據磬列肆而言是不在歌詩亦謂之歌明不據偏歌詩也襄四年晉侯饗穆叔云奏肆夏歌文王大明緜亦此類也○注以黃至是也○釋曰云以黃鍾之鍾大呂之聲者以經云奏者奏擊以出聲故據鍾而言大呂經云歌歌者發聲出音故據聲而說亦互而通也言爲均者案下文云凡六樂者文之以五聲播之以八音鄭云六者言其均皆待五聲八音乃成也則是言均者欲作樂先擊此二者之鍾以均諸樂是以鍾師云以鍾鼓奏九夏鄭云先擊鍾次擊鼓論語亦云始作翕如也鄭云始作謂金奏是凡樂皆先奏鍾以均諸樂也必舉此二者以其配合是以鄭云黃鍾陽聲之首大呂爲之合也言合者此據十二辰之斗建與日辰相配合皆以陽律爲之主陰呂來合之是以大師云掌六律六同以合陰陽之聲注云聲之陰陽各有合黃鍾子之氣也十一月建焉而辰在星紀大呂丑之氣也十二月建焉而辰在玄枵太蔟寅之氣也正月建焉而辰在娵訾應鍾亥之氣也十月建焉而辰在析木已後皆然是其斗與辰合也云奏之以祀天神尊之也者以黃鍾律之首雲門又黃帝樂以尊祭尊故云尊之也云天神謂五帝及日月星辰也者案下

云若樂六變天神皆降是昊天則知此天神非天帝也是五帝矣知及日月星者案大宗伯昊天在禋祀中日月星辰在實柴中鄭注云五帝亦用實柴之禮則日月星與五帝同科此下文又不見日月星別用樂之事故知此天神中有日月星辰可知其司中已下在槱燎中則不得入天神中故下文約與四望同樂也云王者又各以夏正月祀其所受命之帝於南郊尊之也者案易緯乾鑿度云三王之郊一用夏正郊特牲云兆日於南郊就陽位大傳云王者禘其祖之所自出以其祖配之若周郊東方靈威仰之等是王者各以夏正月祀其所受命之帝於南郊特尊之也云孝經說者說卽緯也時禁緯故云說引之證與郊特牲義同皆見郊所感帝用樂與祭五帝不異以其所郊天亦是五帝故也

乃奏大蔟。歌應鍾舞咸池以祭地示

大蔟陽聲第二應鍾爲之合咸池大咸也地祇所祭於北郊謂神州之神及社稷○大蔟音太下七豆反下同

疏 乃奏至地示○釋曰地示卑於天神故降用大蔟陽聲第二及咸池也○注大蔟至社稷○釋曰云大蔟陽聲第二應鍾爲之合者以黃鍾之初九下生林鍾之初六林鍾之初六上生大蔟之九二是陽聲之第二也大蔟寅之氣也正月建焉而辰在娵訾應鍾亥之氣。也而辰在析木是應鍾爲之合也云咸池大咸也者此云咸池上文云大咸以爲一物故云大咸也云地祇所祭於北郊謂神州之神者以其下文若樂八變者是崐崘大地卽知此地祇非大地也是神州之神可知案河圖括地象云崐崘東南萬五千里曰神州是知神州之神也知祭於北郊者孝經緯文以其與南郊相對故也知及社稷者以六冕差之社稷雖在小祀若。薦祭言之大宗伯云以血祭祭社稷五祀五嶽用。血與郊同又在五嶽之上故知用樂亦與神州同謂若日月星與五帝同也

乃奏姑洗歌南呂舞大磬以祀四望

姑洗陽聲第三南呂爲之合四望五嶽四鎭四竇此言祀者司中司命風師雨師或亦用此樂與○竇本又作瀆同音獨與音餘○

疏 乃與至四望○釋曰四望又卑於神州故降用陽聲第三及用大磬也○注姑洗至樂與○釋曰云姑洗陽聲第三南呂爲之合者以其南。呂上生姑洗之九三是陽聲

第三也姑洗辰之氣也三月建焉而辰在大梁南呂酉之氣也八月建焉而辰在壽星是南呂爲之合也云四望五嶽四鎮四竇者以大宗伯五嶽在社稷下山川上此文四望亦在社稷下山川上故知四望是五嶽四鎮四竇也云此言祀者司中司命風師雨師或亦用此樂與者以此上下更不見有司中等用樂之法又案大宗伯天神云祀地祇云祭人鬼云享四望是地祇而不云祭而變稱祀明經意本容司中等神故變文見用樂也無正文故云或與以疑之也○

乃奏蕤賓歌函鍾舞大夏以祭山川 蕤賓陽聲第四函鍾爲之合函鍾一名林鍾○蕤人誰反函胡南反函鍾林鍾也○

疏 注蕤賓至林鍾○釋曰云蕤賓陽聲第四者應鍾之六三上生蕤賓之九四是陽聲第四也云函鍾爲之合者蕤賓午之氣也五月建焉而辰在鶉首函鍾未之氣也六月建焉而辰在鶉火是函鍾之爲合也云函鍾一名林鍾者此周禮言函鍾月令云林鍾故云一名林鍾也○

乃奏夷則歌小呂舞大濩以享先妣 夷則陽聲第五小呂爲之合小呂一名中呂先妣姜嫄也姜嫄履大人跡感神靈而生后稷是周之先母也周立廟自后稷爲始祖姜嫄無所妃是以特立廟而祭之謂之閟宮閟神之○中音仲亦如字後同嫄音元本亦作原妃音配本亦作配閟音祕

疏 注夷則至神之○釋曰案祭法王立七廟考廟王考廟皇考廟顯考廟祖考廟皆月祭之二祧享嘗乃止不見先妣者以其七廟外非常故不言若祭當與二祧同亦享嘗乃止若追享自然及之矣云夷則陽聲第五者以其大呂之六四上生夷則之九五是陽聲第五也云小呂爲之合者以其小呂巳之氣也四月建焉而辰在實沈夷則申之氣也七月建焉而辰在鶉尾是其合也云小呂一名中呂者此周禮言小呂月令言中呂故云一名中呂也云先妣姜嫄也姜嫄履大人跡感神靈而生后稷者詩云履帝武敏歆毛君義與史記同以爲姜嫄帝嚳妃履帝武敏歆謂履帝嚳車轍馬跡生后稷后稷爲帝嚳親子鄭君義依命歷序帝嚳傳十世乃至堯后稷爲堯官則姜嫄爲帝嚳後世妃而言履帝武敏歆者帝謂天帝也是以周本紀云姜嫄出野見聖人跡心悅忻然踐之始如有身動而孕居

期生子是鄭解聖人跡與毛異也云是周之先祖者生民詩序云生民尊祖也后稷生於姜嫄文武之功起於后稷是周之子孫功業由后稷欲尊其祖當先尊其母故云周之先母也云周立廟自后稷爲始祖姜嫄無所妃者凡祭以其妃配周立七廟自后稷已下不得更立后稷父廟故姜嫄無所妃也云是以特立廟而祭之者以其尊敬先母故特立婦人之廟而祭之云謂之閟宮閟神之者案閟宮詩云閟宮有侐實實枚枚毛云在周常閉而無事與此祭先妣義違故後鄭不從是以鄭云特立廟而祭之但婦人稱宮處在幽靜故名廟爲閟宮據其神則曰閟神也若然分樂序之尊者用前代其先妣先祖服衮冕山川百物用玄冕今用樂山川在先妣上者以其山川外神是自然之神先祖生時曾事之故樂用前代無嫌

乃奏無射歌夾鍾舞大武以享先祖無射陽聲之下也夾鍾爲之合夾鍾一名圜鍾先祖謂先王先公○射音亦注下同夾古洽反圜于權反

疏注無射至先公○釋曰云無射陽聲之下也者以其夾鍾之六五下生無射之上九是陽聲之下也云夾鍾爲之合者以其夾鍾卯之氣也二月建焉而辰在降婁無射戌之氣也九月建焉而辰在大火亦是其合也云夾鍾一名圜鍾者下文云圜鍾爲宮是一名圜鍾也云先祖謂先王先公者鄭據司服而言但司服以先王先公服異故別言此則知先王先公樂同故合說以其俱是先祖故也○

凡六樂者文之以五聲播之以八音六者言其均皆待五聲八音乃成也播之言被也故書播爲藩杜子春云藩當爲播讀如后稷播百穀之播○被皮寄反

疏注六者至之播○釋曰云六者言其均也謂若黃鍾爲宮自與已下徵商羽角等爲均其絲數五聲各異也或解以爲均謂樂器八音之等若然位得先云言其均始云皆待五聲八音乎明言其均者以爲六者各據其首與下四聲爲均故云皆待五聲八音乃成也云播之言被也者謂若光被四表是取被及之義也子春云播爲后稷播百穀之播者讀從詩云其始播百穀是后稷之事也○

凡六樂者一變而致羽物及川澤之示再變而致贏物及山林之示

三變而致鱗物及丘陵之示四變而致毛物及墳衍之示五變而致介物及土示六變而致象物及天神變猶更也樂成則更奏也此謂大蜡索鬼神而致百物六奏樂而禮畢東方之祭則用大蔟姑洗南方之祭則用蕤賓西方之祭則用夷則無射北方之祭則用黃鍾爲均焉每奏有所感致和以來之凡動物敏疾者地祇高下之甚者易致羽物既飛又走川澤有孔竅者蛤蟹走則遲墳衍孔竅則小矣是其所以舒疾之分土祇原隰及平地之神也象物有象在天所謂四靈者天地之神四靈之知非德至和則不至禮運曰何謂四靈麟鳳龜龍謂之四靈龍以爲畜故魚鮪不淰鳳以爲畜故鳥不矞麟以爲畜故獸不狘龜以爲畜故人情不失○介音界蜡士嫁反易以豉反竅苦弔反蛤古荅反分扶問反知音智畜許又反下同鮪于軌反淰音審矞休律反本又作獝亦作䫋同狘休越反

【疏】凡六至天神○釋曰此一變至六變不同者據難致易致前後而言案大司徒五地之物生動植俱有此俱言動物不言植物者據有情可感者而言也○注變猶至不失○釋曰云變猶更也者燕禮云終尚書云成此云變孔注尚書云九奏而致不同者凡樂曲成則終變更也終則更奏各據終始而言是以鄭云樂成則更奏也云此謂大蜡索鬼神而致百物者案郊特牲云蜡也者索也歲十二月合聚百物而索饗之也鄭云歲十二月周之正數謂建亥之月也五穀成於神有功故報祭之鄭必知此據蜡祭者此經總祭百神與蜡祭合聚萬物之神同故知蜡也云六奏樂而禮畢者下云若樂六變則天神皆降此經亦六變致天神故云六奏樂而禮畢也云東方之祭則用大蔟云云此鄭知四方各別祭之用樂不同者以郊特牲云八蜡以記四方四方又云四方年不順成八蜡不通順成之方其蜡乃通是四方各有八蜡故知四方用樂各別也云每奏有所感致和以來之者總釋地祇與動之神物雖有遲疾皆由以樂和感之云凡動物敏疾者地祇高下之甚者易致者言此欲見先致者皆由其神易致故也云羽物既飛又走川澤有孔竅者者此經羽物共川澤一變致之是其羽物飛川澤有孔竅故也自樂再變已下差緩云蛤

蟹走則遲墳衍孔竅則小矣者以其墳衍在丘陵後介物在毛物後由是走遲竅小故也云是其舒疾之分者謂就此羽物以下介物以上先致者疾之分後致者舒之分故有前後也云土祇原隰及平地之神也者此已下說天地及四靈非直有樂兼有德民和乃致也鄭知土祇中有原隰者案大司徒有五地山林已下有原隰今此則經上已說川澤山林丘陵及墳衍訖惟不言原隰故此土祇中有原隰可知也又土祇中有平地者案大宰九職云一曰三農生九穀後鄭以三農者原隰及平地以其生九穀故知此土祇中非直有原隰亦有平地之神也若。然不言原隰。而云土祇者欲見原隰中有社稷故鄭君駁異義云五變而致土祇土祇者五土之總神謂社是以變原隰言土祇郊特牲云社祭土而主陰氣是社稱土祇故鄭云土神也云象物有象在天所謂四靈者以其天神同變致之象者有形象在天物者與羽臝等同稱物故知有象在天四靈等也云天地之神四靈之知者天則天神地則土祇故云天地之神四靈之知也云非德至和則不至者欲見介物已上皆以樂和感之未必由德此天地四靈非直須樂要有德至和乃致之也云禮運已下者欲見象物則彼四靈也云何謂四靈者記人自問自答案彼注云淰之言閃也言魚鮪不閃閃畏人也獝狘飛走之貌二者皆據魚鮪不淰不可於龜更言魚鮪以龜知人情故變言人情不失也案大司徒山林宜毛物川澤宜鱗物丘陵宜羽物墳衍宜介物原隰宜臝物此經則以羽物配川澤臝物配山林鱗物配丘陵毛物配墳衍介物配土祇與大司徒文不類者彼以所宜而言此據難致易致而說故文有錯綜不同也案月令孟冬云祈來年於天宗鄭注云此周禮所謂蜡也天宗日月星鄭以月令祈於天宗謂之蜡則此天神亦是日月星辰非大天神以蜡祭所祭衆神祭卑不可援尊地神惟有土祇是以知無天地大神也。云尚書云簫韶九成鳳皇來儀九成乃致象物者鄭以儀爲匹謂止巢而孕乘匹故九變乃致此直據致其神故與大天神同六變也

凡樂圜鍾爲宮黃鍾爲角大蔟爲徵姑洗爲羽靁鼓靁鼗孤竹之管雲和之琴瑟雲門之舞冬日至

於地上之圜丘奏之若樂六變則天神皆降可得而禮矣凡樂圜鍾爲宮大蔟爲角姑洗爲徵南呂爲羽靁鼓靁鼗孫竹之管空桑之琴瑟咸池之舞夏日至於澤中之方丘奏之若樂八變則地示皆出可得而禮矣凡樂黃鍾爲宮大呂爲角大蔟爲徵應鍾爲羽路鼓路鼗陰竹之管龍門之琴瑟九德之歌九磬之舞於宗廟之中奏之若樂九變則人鬼可得而禮矣此三者皆禘大祭也天神則主北辰地祇則主崐崙人鬼則主后稷先奏是樂以致其神禮之以玉而祼焉乃後合樂而祭之大傳曰王者必禘其祖之所自出祭法曰周人禘嚳而郊稷謂此祭天圜丘以嚳配之圜鍾夾鍾也夾鍾生於房心之氣房心爲大辰天帝之明堂函鍾林鍾也林鍾生於未之氣未坤之位或曰天社在東井輿鬼之外天社地神也黃鍾生於虛危之氣虛危爲宗廟以此三者爲宮用聲類求之天宮夾鍾陰聲其相生從陽數其陽無射無射。上生中呂中呂與地宮同位不用也中呂上生黃鍾黃鍾下生林鍾林鍾地宮又不用林鍾上生大蔟大蔟下生南呂南呂與無射同位又不用南呂上生姑洗地宮林鍾林鍾上生大蔟大蔟下生南呂南呂上生姑洗人宮黃鍾黃鍾下生林鍾林鍾地宮又辟之林鍾上生大蔟大蔟下生南呂南呂與天宮之陽同位又辟之南呂上生姑洗姑洗南呂之合又辟之姑洗下生應鍾應鍾上生蕤賓蕤賓地宮林鍾之陽也又辟之蕤賓上生大呂凡五聲宮之所生濁者爲角清者爲徵羽此樂無商者祭尚柔商堅剛也鄭司農云雷鼓雷鼗皆謂六面有革可擊者也雲和地名也靁鼓靁鼗四面路鼓路鼗兩面九德之歌春秋傳所謂水火金木土穀謂之六府正德利用厚生謂之三事六府三事謂之九功九功之德皆可歌也謂之九歌也玄謂雷鼓雷鼗八面靈鼓靈鼗六面路鼓路鼗四面孤竹竹特生者孫竹竹枝根之。末生者陰竹生於山北者雲和空桑龍門皆山名九磬讀當爲大韶字之誤。也○角如字古音鹿徵張里反下同靁音雷九磬依字九音大諸書所引皆依字崐崘本又作混淪各依字讀祼古亂反礐苦篤反大辰如字劉音泰與鬼音餘本亦作輿辟音避下同○

疏凡樂至禮矣○釋曰此三者皆用一代之樂類上皆是下神之樂列之在下文者以分樂而序之據天地之次神故陳彼天地已下之神幷蜡祭訖乃列陳此三禘恐與上雜亂故也言六變八變九變者謂在天地及廟庭而立四表舞人從南表向第二表爲一成一成則一變從第二至第三爲二成從第三至北頭第四表爲三成舞人各轉身南向於北表之北還從第一至第二爲四成從第二至第三爲五成從第三至南頭第一表爲六成則天神皆降若八變者更從南頭北向第二爲七成又從第二至第三爲八成地祇皆出若九變者又從第三至北頭第一爲九變人鬼可得禮焉此約周之大武象武王伐紂故樂記云且夫武始而北出再成而滅商三成而南四成而南國是疆五成而分陝周公左召公右六成復綴以崇其餘大。濩已上雖無滅商之事但舞人須有限約亦應立四表以與舞人爲曲別也禮天神必於冬至禮地祇必於夏至之日者以天是陽地是陰冬至一陽生夏至一陰生是以還於陽生陰生之日祭之也至於郊天必於建寅者以其郊所感帝以祈穀實取三陽爻生之日萬物出地之時若然祭神州之神於北郊與南郊相對雖無文亦應取三陰爻生之月萬物秀實之時也言圜丘者案爾雅上之高者曰丘取自然之丘圜者象天圜既取丘之自然則未必要在郊無問東西與南北方皆可地言澤中方丘者因高以事天故於地上因下以事地故於澤中取方丘者水鍾曰澤不可以水中設祭故亦取自然之方丘象地方故也宗廟不言時節者天地自相對而言至此宗廟無所對謂祫祭也但殷人祫於三時周禮惟用孟秋之月爲之則公羊云大事者何大祫也毀廟之主陳于大祖未毀廟之主皆升合食于大祖是也天用雲門地用咸池宗廟用大部者還依上分樂之次序尊者用前代卑者用後代爲差也宗廟用九德之歌者以人神象神生以九德爲政之具故特異天地之神也天地及宗廟並言皆降皆出皆至者以祭尊可以及卑故禮記云大報天而主日配以月是其神多故云皆也天神六變地祇八變人鬼九變者上文四變已上所致有先後者動物據飛走遲疾地神有孔竅大小其土祇
及天神有靈智故據至德至和乃可以致今此三者六變已上則據靈異而言但靈異大者易感小者難致故天神六變人鬼九變也○注此三至之誤○釋
曰云此三者皆禘大祭也者案爾雅云禘大祭不辨天神人鬼地祇則皆有禘稱也祭法云禘黃帝之等皆據祭天於圜丘大傳云王者禘其祖之所自出據
夏正郊天論語禘自既灌據祭宗廟是以鄭云三者皆禘大祭也云天神則主北辰地祇則主崐崙人鬼則主后稷者此三者則大宗伯云祀之享之祭之又
大宰云祀大神祇及大享亦一也三者恆相將故鄭據此三者之神也云先奏是樂以致其神者致神則下神也。用之禮凡祭祀皆先作樂下神乃薦獻薦獻
訖乃合樂也云禮之以玉而祼焉乃後合樂而祭之者云禮之以玉據天地而祼焉據宗廟以小宰注天地大神至尊不祼又玉人典瑞宗伯等不見有宗廟
禮神之玉是以知禮之以玉據天地則蒼璧禮天黃琮禮地是也而祼焉據宗廟肆獻祼是也云大傳曰王者必禘其祖之所自出者謂王者皆以建寅之月
郊所感生帝還以感生祖配之若周郊以后稷配之也引之者證郊與圜丘俱是祭天之禘郊之禘以后稷配圜丘禘以嚳配故引祭法禘嚳而郊稷爲證云
圜鍾夾鍾也者卽上文夾鍾也云夾鍾生於房心之氣至明堂者案春秋緯文耀鉤及石氏星經天官之注云房心爲天帝之明堂布政之所出又昭十七年
冬有星孛於大辰公羊傳云大辰者何大火也大火爲大辰伐爲大辰北辰亦爲大辰夾鍾房心之氣爲大辰天之出日之處爲明堂故以圜鍾爲天之宮云
函鍾林鍾也者月令謂之林鍾是也云林鍾生於未之氣未坤之位者林鍾在未八卦坤亦在未故云坤之位云或曰天社在東井輿鬼之外者案星經天社
六星輿鬼之南是其輿鬼外也天社。神位皆是地神故以林鍾爲地宮也云黃鍾生於虛危之氣者以其黃鍾在子子上有虛危故云虛危之氣也云虛危爲
宗廟者案星經虛危主宗廟故爲宗廟之宮也云以此三者爲宮用聲類求之者若十二律相生終於六十卽以黃鍾爲首終於南事今此三者爲宮各於本

宮上相生爲角徵羽麤細須品或先生後用或後生先用故云聲類求之也云天宮夾鍾陰聲其相生從陽數者其夾鍾與無射配合之物夾鍾是呂陰也無射是律陽也天是陽故宮後歷八相生還從陽數也云無射上生中呂中呂與地宮同位不用也者地宮是林鍾林鍾自與蕤賓合但中呂與林鍾同在南方位故云同位以天尊地卑故嫌其同位而不用之也中呂上生黃鍾黃鍾爲角也黃鍾下生林鍾林鍾地宮又不用亦嫌不用也林鍾上生大蔟大蔟爲徵也大蔟下生南呂與無射同位又不用南呂上生姑洗姑洗爲羽祭天四聲足矣地宮林鍾林鍾上生大蔟大蔟爲角大蔟下生南呂南呂爲羽先生後用也南呂上生姑洗姑洗爲徵後生先用四聲足矣人宮黃鍾黃鍾下生林鍾林鍾爲地宮又避之不取也林鍾上生大蔟大蔟爲徵先生後爲用也大蔟下生南呂南呂與天宮之陽同位又避之南呂上生姑洗姑洗南呂之合又避之姑洗下生應鍾應鍾爲羽應鍾上生蕤賓蕤賓地宮之陽以林鍾是地宮與蕤賓相配合故又避之蕤賓上生大呂大呂爲角以絲多後生先用也四聲足矣凡言不用者卑之凡言避之者尊之天宮既從陽數故於本宮之位人地皆不避之至於南呂姑洗合地於天雖有尊卑體敵之義故用姑洗天宮之陽所合但人於天尊卑隔絕故避姑洗天宮之陽所合也鄭必知有避之及不用之義者以其天人所生有取有不敢知之不取者是嫌不用人鬼不敢者是尊而避之也云五聲宮之所生濁者爲角清者爲徵羽者此總三者宮之所生以其或先生後用謂若地宮所生姑洗爲徵後生先用南呂爲羽先生後用天宮所生大呂爲角後生先用大蔟爲徵先生後用以其後生絲多用角先生絲少用徵故云凡宮之所生濁者爲角清者爲徵羽也云此樂無商者祭尚柔商堅剛也者此經三者皆不言商以商是西方金故云祭尚柔商堅剛不用若然上文云此六樂者皆文之以五聲並據祭祀而立五聲者凡音之起由人心生單出曰聲雜比曰音泛論樂法以五聲言之其實祭無商聲鄭司農云雷鼓雷鼗皆六面靈鼓靈鼗皆四面路鼓路鼗皆兩面者以此三者皆祭祀之鼓路鼗不合與晉鼓等同兩面故後鄭不從也云九德之歌春秋傳云云此文七年趙宣子曰勸之以

九歌九功之德皆可歌也謂之九歌六府三事謂之九功水火金木土穀謂之六府正德利用厚生謂之三事注云正德人德利用地德厚生天德此本尚書大禹謨之言賈服與先鄭並不見古文尚書故引春秋也玄謂雷鼓已下八面六面四面者雖無正文以鼖鼓晉鼓等非祭祀鼓皆兩面宗廟尊於晉鼓等故知加兩面爲四面祭地尊於宗廟故知更加兩面爲六面祭天又尊於祭地知更加兩面爲八面是以不從先鄭也云孤竹竹特生者謂若嶧陽孤桐云孫竹竹枝根之末生者案詩毛傳云枝。榦也。榦即身也以其言孫若子孫然知枝根末生者云陰竹生於山北者爾雅云山南曰陽山北曰陰今言陰竹故知山北者也云雲和空桑龍門皆山名者以其禹鑿龍門見是山即雲和與空桑亦山可知故不從先鄭雲和地名也云九磬讀當爲大韶者上六樂無九韶而有大韶故破從大韶也

凡樂事大祭祀宿縣遂以聲展之叩聽其聲具陳次之以知完不○縣音玄下樂縣之類皆放此

疏凡樂至展之○釋曰凡樂事言凡語廣則不徒大祭祀而已而直言大祭祀者舉大祭祀而言其實中祭祀亦宿縣也但大祭祀中有天神地祇人鬼中小祭祀亦宿縣至於饗食燕賓客有樂事亦兼之矣言宿縣者皆於前宿豫縣之遂以聲展之者謂相扣使作聲而展省聽之知其完否善惡也

王出入則令奏王夏尸出入則令奏肆夏牲出入則令奏昭夏三夏皆樂章名○屍音尸本亦作尸

疏王出至昭夏○釋曰云王出入者據前文大祭祀而言王出入謂王將祭祀初入廟門。升祭訖出廟門皆令奏王夏也。尸出入謂。尸初入廟門及祭祀訖出廟門皆令奏肆夏牲出入者謂二灌後王出迎牲及爓肉與體其犬豕是牲出入皆令奏昭夏先言王次言。尸後言牲者亦祭祀之次也○注三夏皆樂章名○釋曰此三夏即下文九夏皆是詩詩與樂爲。之章故云樂章名也

帥國子而舞當用舞者帥以往

疏注當用至以往○釋曰凡與舞皆使國之子弟爲之但國子人多不必一時皆用當遞代而去故選當用者帥以往爲舞之處也

大饗不入牲其他皆如祭祀大饗饗賓

客也不入牲牲不入亦不奏昭夏也其他謂王出入賓客出入亦奏王夏肆夏【疏】大饗至祭祀○釋曰凡大饗有三案禮器云郊血大饗腥鄭云大饗祫祭

先王一也彼又云大饗尚腶脩謂饗諸侯來朝者二也曲禮下云大饗不問卜謂總饗五帝於明堂三也此經云大饗與郊特牲大饗尚腶脩爲一物言不入

牲謂饗亦在廟其祭祀則君牽牲入殺今大饗亦在廟諸侯其牲在廟門外殺因卽烹之升鼎乃入故云不入牲也○注大饗至肆夏○釋曰鄭知此大饗是

饗賓客者以其不入牲若祭祀大饗牲當入故知饗賓客諸侯來朝者也云其他謂王出入賓客出入亦奏王夏肆夏者則據賓客與尸同奏肆夏案禮器云

大饗其王事與又云其出也肆夏而送之鄭注云肆夏當爲陔夏彼賓出入奏肆夏與此大饗賓出入肆夏同而破肆夏爲陔夏者彼鄭注大饗爲祫祭先王

祭未有燕而飲酒有賓醉之法與鄉飲酒賓醉而出奏陔夏同故破肆夏爲陔夏此大饗饗諸侯來朝則左傳云饗以訓恭儉設几而不倚爵盈而不飲獻依

命數賓無醉理故賓出入奏肆夏與尸出入同也 大射王出入令奏王夏及射令奏騶虞 騶虞樂章名在召南之卒

章王射以騶虞爲節○騶側留反召上照反下召南同【疏】大射至騶虞○釋曰大射謂將祭祀擇士而射於西郊虞庠學中王有入出之時奏王夏及射

奏騶虞之詩爲射節○注騶虞至爲節○釋曰云騶虞樂章名在召南之卒章者召南卒章云一發五豝于嗟乎騶虞以言君一發其矢虞人驅五豝獸而來

喻得賢者多故下樂師注引射義云騶虞者樂官備也是故天子以備官爲節是也 詔諸侯以弓矢舞 舞謂執弓挾矢揖讓進退之儀○挾

子協反又音協【疏】詔諸至矢舞○釋曰此諸侯來朝將助祭預天子大射之時則司樂詔告諸侯射之舞節○注舞謂至之儀○釋曰案大射云命三耦取

弓矢於次三耦皆次第各與其耦執弓搢三挾一矢向西階前當階揖升揖當物揖射訖降揖如升射之儀是其舞節也 王大食三宥皆令

奏鍾鼓 大食朔月月半以樂宥食時也宥猶勸也○宥音又【疏】注大食至勸也○釋曰鄭知大食朔月加牲者案玉藻天子諸侯皆朔月加牲體之

事又知月半者此無正文約士喪禮月半不殷奠則大夫已上有月半殷奠法則知生人亦有月半大食法既言大食令奏若凡常日食則大司樂不令奏鍾鼓亦有樂。侑食矣知日食有樂者案膳夫云以樂侑食是常食也

王師大獻而令奏愷樂大獻獻捷於祖愷樂獻功之樂鄭司農說以春秋晉文公敗楚於城濮傳曰振旅愷以入於晉○敗必邁反濮音卜

疏注大獻至于晉○釋曰案鄭志趙商問大司馬云師有功則愷樂獻于社春官大司樂云王師大獻則令奏愷樂注云大獻獻捷於祖不達異意答曰司馬云師大獻則獻社以軍之功故獻於社大司樂宗伯之屬宗伯主於宗廟之禮故獻於祖也云愷樂獻功之樂者則晉之振旅愷是也故取先鄭所引於下案僖二十八年晉敗楚於城濮晉振旅愷以入於晉是所據也

凡日月食

四鎮五嶽崩大傀異烖。諸侯薨令去樂四鎮山之重大者謂揚州之會稽青州之沂山幽州之醫無閭冀州之霍山五嶽岱在兖州衡在荊州華在豫州。嶽在雍州恆在幷州傀猶怪也大怪異烖謂天地奇變若星辰奔霣及震裂為害者去樂藏之也春秋傳曰壬午猶繹萬入去籥萬言入則去者不入藏之可知○傀劉九靡反舊音怪說文以為傀偉之字解引此文字林公回反李一音杜回反會古外反沂魚依反雍於用反霣于敏反繹音亦

疏注四鎮至可知○釋曰鄭知四鎮山之重大者以職方九州州各有鎮山皆曰其大者以為一州之鎮故云山之重大者也但五州五鎮得入嶽名餘四州不得嶽名者仍依舊為鎮號故四鎮也自五嶽已下亦據職方而言以周處鎬京在五嶽外故鄭注康誥云岐鎬處五嶽之外周公為其於正不均故東行於洛邑合諸侯謀作天子之居是西都無西嶽權立吳嶽為西嶽爾雅嵩高為中嶽華山為西嶽者據東都地中而言即宗伯注是也以嵩與華山俱屬豫州雍州無嶽名此經欲見九州俱有災變之理故注據西都吳嶽為西嶽而說耳案爾雅霍山為南嶽案尚書及王制注皆以衡山為南嶽不同者案郭璞注云霍山今在廬江潛縣西南潛水出焉別名天柱山武帝以衡山遼遠因讖緯皆以霍山為南嶽故移其神於此今其土俗人皆謂之南嶽南嶽

本自以兩山爲名非從近來如郭此言卽南嶽衡山自有兩名若其不然則武帝在爾雅前乎明不然也案潛縣霍山一名衡陽山則與衡嶽異名實同也或曰荊州之衡山亦與廬江潛縣者別也云大怪異烖謂天地奇變者此奇變與星辰已下爲總之語也云若星辰奔霣者謂若左氏云歲在星紀而淫於玄枵是其奔霣石於宋五及星霣而兩是其霣也云及震裂爲害者謂若左氏云地震之類云去樂藏之也者以其樂器不縣則藏之今云去樂明知還依本藏之也云春秋傳者宣八年左氏云辛巳有事于大廟仲遂卒於垂壬午猶繹萬入去籥但卿佐卒輕於正祭故辛巳日不廢正祭重於繹祭當廢之宣公不廢繹故加猶以尤之籥有聲。者不入用是以公羊傳云去其有聲廢其無聲鄭答趙商云於去者爲廢是去者不用廢者入用卽萬入是也故鄭云萬言入則去者不。入藏之可知以其彼云去其有聲與此經去樂藏之同故引以爲證也

大札大凶大烖大臣死凡國之大憂令弛縣札疫癘也凶凶年也烖水火也弛釋下之若今休兵鼓之爲○凶札則八反鄭音截弛式氏反

【疏】大札至弛縣○釋曰大札疫癘則左氏傳夭昏札瘥是也大凶則曲禮云歲凶年穀不登是也大災水火則宋大水及天火曰災之類是也大臣死則大夫已上是也凡國之大憂者謂若禮記檀弓云國亡大縣邑及戰敗之類是也令弛縣謂大司樂令樂宮弛常縣之樂也○注札疫至之爲○釋曰札疫癘也者凡疫病皆癘鬼爲之故言疫癘也云弛釋下之若今休兵鼓之爲者樂縣在於虡釋下之與兵鼓縣之於車上休亦釋下之義相似故舉今以況古且上文云去樂據廟中。其縣之樂去其藏之而不作此文據路寢常縣之樂弛其縣互文以見義也去者藏之亦先弛其縣弛縣亦去而藏之但路寢常縣故以縣言之也

凡建國禁其淫聲過聲凶聲慢聲淫聲若鄭衛也過聲失哀樂之節凶聲亡國之聲若桑閒濮上慢聲。惰慢不恭○樂音洛

【疏】注淫聲至不恭○釋曰經云建國謂新封諸侯之國樂者移風易俗先當用其正樂以化民故禁此四者也云淫聲若鄭衛也者樂記文鄭則緇衣之詩說婦人者九篇衛則三衛之詩云期我乎桑中之類

是也云過聲失哀樂之節者若玉藻云御瞽幾聲之上下上下謂哀樂瞽人歌詩以察樂之哀樂使得哀樂之節若失哀樂之節則不可也云凶聲亡國之聲若桑閒濮上者亦樂記文鄭彼注云濮水之上地有桑閒者亡國之音於此之水出也又引史記昔武王伐紂師延東走自沈於濮水衛靈公朝晉過焉夜聞使師涓寫之至晉晉侯燕之謂晉平公曰寡人聞新聲爲公鼓之遂使師涓鼓之晉侯使師曠坐而聽之撫而止之曰昔紂使師延作靡靡之樂武王伐紂師延東走自沈於濮水此淫聲非新聲是其義也云慢聲惰慢不恭者謂若樂記子夏對魏文侯云齊音敖辟喬志即是惰慢不恭者也

大喪泣廞樂器泣臨也廞興也臨笙師鎛師之屬興樂器也興謂作之也○廞許金反興許應反後皆放此鎛音博

疏注泣臨至之也○釋曰鄭知臨笙師鎛師者案笙師鎛師皆云喪廞其樂器奉而藏之故知也云之屬籥師亦云大喪廞其樂器奉而藏之司干亦云大喪廞舞器此不言之即屬中兼之也

及葬藏樂器亦如之

疏及葬至如之○釋曰此臨藏樂器還臨笙師鎛師等故彼皆云奉而藏之也

附釋音周禮注疏卷第二十二

周禮注疏卷二十二校勘記　阮元撰盧宣旬摘錄

附釋音周禮注疏卷第二十二

冢人

因彼國葬而爲造塋之主 閩本主誤王惠棟云主一本作祖

若父爲天王卿昭 閩本卿誤鄉監毛本改是

此文自王已下皆有 閩監毛本已改以

天子墳高三刃 毛本刃作仞

樹以藥草 惠校本作樹以欒○按藥欒字形之誤草衍字耳說文亦曰大夫欒

天子十月而葬 惠校本作七月此誤

大夫以咸 釋文咸本又作緘○按咸緘古今字

以案僖二十五年左傳云 閩本同監毛本以案改案左左字複下以蓋此之誤○按以案不誤

此按檀弓公肩假云 此本此字剜劑當衍閩監毛本排入

以其旍旗在車所建 惠校本同閩監毛本旍改旌

欲破先鄭以芻靈與象人爲一 惠校本無欲

笙竽備而不和 浦鏜云笙竽字誤倒

墓大夫

萬民所葬也 余本岳本同嘉靖本監毛本也作地閩本先作也後剜改地此本及閩本疏中標起訖皆剜改也爲地○按作地是也經文前曰公墓之地此曰邦墓之地

族葬各從其親 諸本同惠校本葬下有謂

後相容 余本岳本嘉靖本同閩監毛本後作使按使字複上蓋涉疏文誤疏云使相容者蒙上使各有區域言之也

職喪

又按士喪禮兼有贈賵無常 浦鏜云幣誤賵語見記中

號謂謚號 毛本謂誤爲

令令其當共物者 余本嘉靖本同閩監毛本共改供非疏中此本亦作供

職喪依式令之 惠校本作職喪遣令之

春官宗伯下 唐石經缺釋文但題宗伯下三字

太司樂

教冑子是也 釋文作育子云本亦作冑九經古義云說文引虞書曰教育子云養子使善也爾雅育冑皆訓長故馬注尚書云冑長也教長天下之子弟按此注當與說文同作教育子陸本是也

尙書傳詩云 浦鏜云傳說誤傳詩

爾雅釋訓文也 孫志祖云監毛訓誤親

倍文曰諷 釋文亦作倍文賈疏作背文瞽矇疏引此注同○按此注用古字疏用今字之一證

答述曰語 余本嘉靖本答作荅此從竹非

又爲吟詠 閩監毛本詠作咏

大磬 漢讀考云經典舜樂字皆作韶說文革部鞀或作鞉或作鼗籀文作磬從殸召聲是則周禮爲古文假借字

堯能殫均刑法以儀民 閩監毛本同誤也余本岳本嘉靖本殫作禪余本岳本載音義同葉鈔釋文能禪時戰反今通志堂本改作殫非也按賈疏引注堯能殫均刑法以儀民而曰彼云義終此云儀民不全引其文言殫禪有異是賈疏本作殫也

樂之文武中 孫志祖云內則注作樂之文武備

是敷土之事也 按當作傅土

彼云除其災災卽邪閩監毛本災並改虐○按虐是也

章名雖堯樂經義雜記作大章名雖堯樂此因複舉大章遂脫一大字

故此大卷一爲黃帝樂也經義雜記曰一當作亦

則雲與大卷爲一經義雜記作則雲門此亦因上疊雲門字而誤脫

以律立鍾之均監本立誤直

笙鏞以閒漢讀考作笙庸按賈疏釋此注云庸功也西方物孰有成功亦謂之頌頌亦是頌其成也然則賈本鄭注本作庸字

鳥獸鎗鎗余本同嘉靖本毛本作牄牄閩監本作蹌蹌按釋文作牄牄云本又作蹌此本疏中亦作牄牄

始於左旋監本於改而

自此已下皆然閩監毛本已改以

皆神仕職文閩監毛仕誤社○按此謂凡以神士者一章

但彼明旦所祭小神用樂無文毛本脫用字浦鏜云日誤旦

云鳥獸牄牄者毛本同監本改蹌蹌非下同

乃分樂而序之余本嘉靖本毛本同閩監本序作祀誤唐石經乃分樂而以下缺石經考文提要云宋本九經宋纂圖互注本宋附釋音本余

仁仲本皆作乃分樂而序之

後云祀天者惠校本同閩監毛本改祭天非

明不據偏歌詩也宋本歌下有毛

乃奏大蔟余本嘉靖本毛本同閩監本蔟作簇非注疏及下同釋文作大蔟唐石經缺石經考文提要云宋纂圖互注本宋附釋音本余仁仲本皆作蔟

應鍾亥之氣也下脫十月建焉四字閩監毛本皆有

若薦祭言之惠校本無薦

用血與郊同閩本同監毛本血下衍祭

以其南呂上生姑洗之九三宋本閩本同監毛本南呂下增六二兩字

歌函鍾閩監毛本同岳本嘉靖本作凾鍾釋文作凾此譌唐石經此缺下作凾鍾爲宮

下生夷則之九五惠校本作上生此誤

凡祭以某妃配惠校本作其妃此誤

下生無射之上九惠校本作上生

故書播爲藩九經古義云古藩字亦作播尚書大傳五行傳云播國率相行事鄭注云播讀爲藩

以爲六者各據爲首惠校本同閩監毛本爲作其

地祇高下之甚者岳本祇皆改亓非

九奏而致不同者惠校本致作至

揔釋地祇與動之神物閩本同毛本動字實缺監毛本物誤來

非直有樂兼有德閩本同監毛本有樂誤以樂

若然不言原隰而云土祇者閩本同監毛本然下衍彼而下衍乃

云尚書云閩本同監毛本上云改又

九磬之舞釋文九磬依字九音大諸書所引皆依字困學紀聞云山海經夏后開得九辯九歌以下始歌九招於大穆之野史記禹乃興九招之樂索隱曰即舜樂簫韶九成呂氏春秋帝嚳命咸墨作爲舞聲歌九招大列六英帝舜令質修九招六列六英以明帝德然則九招作於帝嚳舜修而用之

無射上生中呂浦鏜云下誤上

竹枝根之末生者余本閩監毛本同宋本岳本嘉靖本末作未此本疏中亦作末按根末生者故云孫竹作末誤也詳漢讀考

九磬讀當爲大韶字之誤也惠校本無也此本疏標起訖云注此三至之誤亦無也字漢讀考云此謂九爲大之字誤

大護已上　閩本同監毛本護作濩

用之禮凡祭祀　浦鏜云周誤用

天社神位　浦鏜云坤誤神

姑洗爲徵後先生用　閩本剜倒先生字監毛本承之

大蔟爲徵先生後爲用也　閩本同監毛本無下爲

以絲多後先生用也　閩監毛本作生先用也

有不明知之不取者　宋本同閩監毛本明作敢

云五聲宮之所生　閩本同監毛本云下有凡

大宮所生大呂爲角　宋本作人官此誤爲大閩監毛本改作天

枝幹也　閩監毛本幹作榦下同

尸出入　唐石經余本岳本嘉靖本同閩監毛本尸改屍疏同釋文作屍出云音尸本亦作尸惠校本疏中亦作尸○按說文尸陳也屍終主也此經用屍爲假借

升祭訖出廟門　盧文弨曰通考升作及

詩與樂爲之章閩本同監毛本之作篇

王有入出之時閩監毛本作出入

王大食三宥唐石經余本岳本嘉靖本同閩監毛本宥改侑注中同余本岳本載音義作宥葉鈔釋文同石經考文提要云宋本九經宋纂圖互注本宋附釋音本皆作宥漢讀考云有司徹注曰古文侑皆作宥然則以宥爲侑古文假借字

大食朔月月半嘉靖本作朔日浦鏜云按疏下疑脫加牲二字

皆朔月加牲體之事浦鏜云皆疑有字誤

亦有樂侑食矣惠校本侑作宥下同○按疏內自可作侑

大傀異烖說文傀偉也从人鬼聲周禮曰大傀異按古人於災異散言皆通對文則異此言大傀異下言大烖則對文也故鄭注此云傀猶怪也大怪異謂天地奇變若星辰奔霣及震裂爲害者注下大烖云烖謂水火也今本經注大傀異下皆有烖字葢涉下文誤衍也當從說文所引○按傀異烖烖之傀異者非常之變也不當據說文疑有衍字鄭注亦曰大傀異烖

嶽在雍州余本岳本嘉靖本同閩監毛本嶽改嵩非按賈疏亦作嶽字

籥有聲者不入用宋本者作音

則去者不入惠校本毛本同閩監本入改用

據廟中其縣之樂浦鏜云其疑所之訛

隋慢不恭余本同嘉靖本閩監毛本隋改惰

周禮注疏卷二十二校勘記

附釋音周禮注疏卷第二十三

鄭氏注　賈公彥疏

樂師掌國學之政以教國子小舞謂以年幼少時教之舞內則曰十三舞勺成童舞象二十舞大夏疏樂師至小舞○釋曰此樂師教小舞卽下文帗舞已下是也此言小舞卽大司樂教雲門已下爲大舞也○注謂以至大夏○釋曰云謂以年幼少時教之舞對二十已後學大舞鄭知者所引內則文是也云十三舞勺者按彼上文云十年出就外傅又云十三舞勺勺卽周頌酌序云酌告成大武也言能酌先祖之道以養天下也鄭注云周公居攝六年所作是也云成童舞象者卽周頌序云維清奏象舞注云象舞象用兵時刺伐之舞武王制焉是也此皆詩詩爲樂章與舞人爲節故以詩爲舞也此勺與象皆小舞所用幼少時學之也云二十舞大夏者人年二十加冠成人而舞大夏大夏夏禹之舞雖舉大夏其實雲門已下六舞皆學以其自夏以上揖讓而得天下自夏以下征伐而得天下夏爲文武中故特舉之可以兼前後也

凡舞有帗舞有羽舞有皇舞有旄舞有干舞有人舞故書皇作翌鄭司農云帗舞者全羽羽舞者析羽皇舞者以羽冒覆頭上衣飾翡翠之羽旄舞者氂牛之尾干舞者兵舞人舞者手舞社稷以帗宗廟以羽四方以皇辟廱以旄兵事以干星辰以人舞翌讀爲皇書亦或爲皇玄謂帗析五采繒今靈星舞子持之是也皇雜五采羽如鳳皇色持以舞人舞無所執以手袖爲威儀四方以羽宗廟以人山川以干旱暵以皇○少詩照反勺章略反帗音拂一音弗翌音皇析星歷反下同氂舊音毛劉音來沈音狸或音茅字或作氂或作犛皆同暵呼旦反疏凡舞至人舞○釋曰此六舞者卽小舞也若天地宗廟正祭用大舞卽上分樂序之是也此小舞按舞師亦陳此小舞云教皇舞帥而舞旱暵之事卽皆據祈請時所用也○注故書至以皇○釋曰故書皇作翌鄭司農破翌爲皇也先鄭云帗

舞者全羽者先鄭意以司常有全羽爲旞析羽爲旌相對卽以此帗舞爲全羽
羽舞爲析羽。相對解之後鄭破帗舞不破羽舞也云皇舞以羽冒覆頭上衣飾
翡翠之羽者此後鄭亦不從之云旄舞者犛牛之尾者按山海經云潘侯之山
有獸如牛而節有毛其名曰旄牛注云今旄牛髀脚胡尾皆有長毛故先鄭據
而言之云干舞者兵舞者此有干舞舞師有兵舞先鄭以干戈兵事所用故以
干舞爲兵舞後鄭亦從之也云人舞者手舞者後鄭亦從之矣自社稷以帗已
下至星辰以人舞後鄭從其二不從其四者社稷以帗依舞師辟廱以旄以無
正文後鄭從之後鄭云帗析五采繒不從司農者若今者可以言古以漢時有
靈星舞子持之而舞故知帗舞亦析五色繒爲之也云皇雜五采羽如鳳皇色
持以舞者按山海經鳳皇出丹穴山形似鶴首文曰德背文曰義翼文曰順腹
文曰信膺文曰仁又按京房易傳云鳳皇麟前鹿後蛇頸龜背魚尾雞。喙燕翼
五采高二尺漢世鳳皇數出五色今皇舞與鳳皇之字同明雜以五采羽如鳳
皇色持之以舞故不從先鄭以羽覆頭上衣飾翡翠之羽也云人舞無所執以
手袖爲威儀者此就足先鄭手舞手舞用袖爲威儀也云四方以羽者依舞師
云宗廟以人者雖無文宗廟是人鬼故知用人也云山川以干者干舞卽
兵舞舞師云教兵舞帥而舞山川之祭祀是也旱暵以皇亦依舞師也

教樂儀行以肆夏趨以采。薺。車亦如之環拜以鍾。鼓爲節教樂儀教王以樂出入於大寢朝廷之儀故書趨作
趍鄭司農云趍當爲趨書亦或爲趨肆夏采薺皆樂名或曰皆逸詩謂人君行
步以肆夏爲節趨疾於步則以采薺爲節若今時行禮於大學罷出以鼓陔爲
節環謂旋也拜直拜也玄謂行者謂於大寢之中趨謂於朝廷爾雅曰堂上謂
之行門外謂之趨然則王出既服至堂而肆夏作出路門而采薺作其反入至
應門路門亦如之此謂步迎賓客王如有車出之事登車於大寢西階之前反
降於阼階之前尚書傳曰天子將出撞黃鍾之鍾右五鍾皆應入則撞蕤賓之
鍾左五鍾皆應大師於是奏樂○趨劉清須反薺本又作
薺徐私反朝直遙反下同趍倉注反陔改才反撞直江反

疏 教樂至爲節○釋曰此王行迎賓若

春夏受贄於朝無迎法受享於廟則迎之若秋冬一受之於廟並無迎法若饗
食在廟燕在寢則皆迎法若然鄭此注據大寢而言則是燕時若饗食在廟則
與此大寢同也○注教樂至奏樂○釋曰鄭知教王以樂出入於大寢之儀者
此經先言行後言趨又云環拜據從內向外而言是出時也禮記玉藻云趨以
采薺行以肆夏先言趨後言行據從外向內是入時也樂節是同故鄭出入並
言也先鄭云肆夏采薺皆樂名者案襄四年穆叔如晉晉侯饗之金奏肆夏杜
亦云肆夏樂曲名案鍾師注九夏皆詩之大者載在樂章樂崩從而亡以此言
之肆夏亦詩篇名先鄭云或曰皆逸詩得通一義也按玉藻注齊讀如楚茨之
茨此齊讀亦從茨可知也玄謂引爾雅者行是門內趨是門外之事也按爾雅
云室中謂之時堂上謂之行堂下謂之步門外謂之趨中庭謂之走大路謂之
奔但庭中走大路奔據助祭者而言故詩云駿奔走在廟也今總言行者謂大
寢之中不言堂下步者人之行必由堂下始與行小異大同故略步而言其行
也云然則王出既服至堂而肆夏作者是行以肆夏出路門而采薺作是趨以
采薺也云其反入至應門路門亦如之者反入至應門路門外當奏采薺
也入至路門內行以肆夏也但王有五門外仍有皐庫雉三門經不言
樂節鄭亦不言故但據路門外內而言若以義量之既言趨以采薺則門外謂
之趨可總該五門之外皆於庭中遙奏采薺云此謂步迎賓客者以其言行與
趨是步迎之法可知也云王如有車出之事者則經車亦如之是也但車無行
趨之法亦於門外奏采薺門內奏肆夏鄭知有登車於大寢西階之前反降於
阼階之前者以書傳云天子將出撞黃鍾之鍾明知出入升降皆在階前可知
出必撞黃鍾之鍾者黃鍾在子是陽生之月黃鍾又陽聲之首陽主動出而撞
之云右五鍾者謂林鍾至應鍾右是陰陰主靜恐王大動故以右五鍾黃鍾是
動以告靜者云入則撞蕤賓之鍾左五鍾皆應者蕤賓在午五月陰生之月陰
主靜入亦是靜故撞蕤賓之鍾左五鍾謂大呂至中呂左是陽陽主動入靜以
告動也云大師於是奏樂者謂王有此出入之時則大師於時奏此采薺肆夏
也按曲禮云國君下卿位彼注云出過之而上車入未至而下車彼謂諸侯禮

與天子禮異不得升降於階前也

凡射王以騶虞爲節諸侯以貍首爲節大夫以采蘋爲節士以采蘩爲節騶虞采蘋采蘩皆樂章名在國風召南惟貍首在樂記射義曰騶虞者樂官備也貍首者樂會時也采蘋者樂循法也采蘩者樂不失職也是故天子以備官爲節諸侯以時會爲節卿大夫以循法爲節士以不失職爲節鄭司農說以大射禮曰樂正命大師曰奏貍首間若一大師不興許諾樂正反位奏貍首以射貍首會孫○蘋音頻蘩音煩

疏凡射至爲節○釋曰凡此爲節之等者無問尊卑人皆四矢射節則不同故射人云天子九節諸侯七節大夫士五節尊卑皆以四節爲乘矢拾發其餘天子五節諸侯三節大夫士一節皆以爲先以聽先聽未射之時作之使射者預聽知射之樂節以其射法須其體比於禮其節比於樂而中多者乃得預於祭故須預聽但優尊者故射前節多也○注騶虞至會孫○釋曰鄭知云騶虞采蘋采蘩皆樂章名者以其詩爲樂章故也云在國風召南者見關雎已下爲周南鵲巢已下爲召南三篇見在召南卷內也云惟貍首在樂記者按樂記云左射貍首右射騶虞是也按射義亦云貍首曰會孫侯氏四正具舉大小莫處御於君所不引之者鄭略引其一以證耳云射義已下者證用此篇之義也先鄭引大射者證大師用樂節之事云間若一者謂七節五節之間緩急稀稠如一彼諸侯禮故有樂正命大師此天子禮故樂師命大師也云貍首會孫者貍首是篇名會孫章頭即射義所云是也

凡樂掌其序事治其樂政序事次序用樂之事

疏凡樂至樂政○釋曰云凡樂者謂凡用樂之時也云掌其敘事者謂陳列樂器及作之次第皆序之使不錯繆云治其樂政者謂治理樂聲使得其正不淫放也

凡國之小事用樂者令奏鍾鼓小事小祭祀之事

疏凡國至鍾鼓○釋曰此小事鄭云小祭祀之事謂王玄冕所祭則天地及宗廟皆有鍾鼓樂師令之若大次二者之樂大司樂令之也此小祭有鍾鼓但無舞故舞師云小祭祀不興舞是也

凡樂成則告備成謂所奏一竟書曰簫韶九成燕禮曰大師告于樂正曰

正歌備 疏「注成謂至歌備」○釋曰：云成謂所奏一竟者，竟則終也，所奏八音俱作，一曲終則爲一成，則樂師告備，如是者六，則六成，餘八變九變亦然。故
鄭引書簫韶九成爲證也。又引燕禮者，欲見彼諸侯燕禮大師告于樂正，樂正告於賓與君；此天子祭禮，亦大師於樂成之時，則大師告樂師，樂師乃告王。彼
據燕禮，此據祭禮，事節相當，故引爲證也。

詔來瞽。臯舞。鄭司農云：瞽當爲鼓，臯當爲告，呼擊鼓者，又告當舞者持鼓與舞俱來也。鼓字或作瞽。詔來瞽或曰：來，勑也。勑爾瞽，率爾衆工，奏爾悲誦，肅肅雍雍，毋怠毋凶。玄謂詔來瞽，詔視瞭扶瞽者來入也。臯之言號，告國子當舞者舞。○雍，毋音無，下同。瞭音了。

疏「詔來瞽臯舞」○釋曰：到讀之，云詔瞽來，謂詔告視瞭扶瞽人來入升堂作樂也。臯舞者，謂號呼國子舞者，使當舞。○「注鄭司至者舞」○釋曰：先鄭破瞽爲鼓，後鄭從字。或爲瞽，於義是，但文不足，後鄭增成之耳。云或曰來勑已下，但瞽人無目，而云勑爾瞽，率爾衆工，於義不可；且奏爾悲誦等，似逸詩，不知何從而出，故後鄭不從之。玄謂詔來瞽者，以來爲入，按大祝云來瞽令臯舞，注云來嘷者，皆謂呼之入，彼來爲呼之者，以彼來上無字，故以來爲呼之義，與此無異也。

詔及徹，帥學士而歌徹。學士，國子也。鄭司農云：謂將徹之時自有樂，故帥學士而歌徹。玄謂徹者歌雍，雍在周頌臣工之什。

疏「及徹至歌徹」○釋曰：此亦文承祭祀之下，亦謂祭。未至徹祭器之時，樂師帥學士而歌徹。但學士主舞，瞽人主歌。令云帥學士而歌徹者，此絶讀之，然後合義。歌徹之時，歌舞俱有，謂帥學士使之舞，歌者自是瞽人歌雍詩也。徹者，主宰君婦耳。○「注學士至之什」○釋曰：鄭云學士國子也者，此學士即下大胥職云掌學士之版以待致諸子，故知學士是國子，國子即諸子是也。玄謂徹者歌雍者，見論語云：三家者以雍徹。孔子云：相維辟公，天子穆穆，奚取於三家之堂？若然者，要有辟公助祭，幷天子之容穆穆，乃可用雍詩徹祭器，是大夫及諸侯皆不得用雍。故知此云歌徹者，歌雍詩也。又云雍在周頌臣工之什者，從清廟已下皆周頌，但此雍在臣工之什內。云之什者，謂聚十篇爲一卷，故云之什也。○

令相。令視瞭扶工。鄭司農云：告當相瞽師者言當罷也。瞽師盲者皆有相道之者，故

師冕見及階曰階也及席曰席也皆坐曰某在斯某在斯曰相師之道與○曰見賢遍反下注同【疏】注令視至道與○釋曰此令相之文在祭祀歌徹之下者欲見大小祭祀皆有令相之事故於下總結之鄭知令相令視瞭扶工者見儀禮扶工者皆稱相以其瞽人無目而稱工故云令視瞭扶工也先鄭引論語者亦見相是扶工也○

饗食諸侯序其樂事令奏鍾鼓令相如祭之儀

【疏】饗食至之儀○釋曰言如祭之儀者非直序樂令鍾鼓令相其中詔來瞽歌徹等皆如之但祭祀歌雍而徹饗食徹器亦歌雍知者下大師與此文皆云大饗亦如祭祀登歌下管故知皆同也○

燕射帥射夫以弓矢舞

射夫衆耦也故書燕為舞帥為率射夫為射矢鄭司農云舞當為燕率當為帥射矢書亦或為射夫○食音嗣下注疏食同凡言饗食皆放此【疏】注射夫衆耦也○釋曰凡射有三番又天子六耦畿內諸侯四耦畿外諸侯三耦前番直六耦三耦等射所以誘射故也第二番六耦與衆耦俱射第三番又兼作樂經直云射夫鄭知衆耦者以其三番射皆弓矢舞若言六耦等不兼衆耦若言衆耦則兼三耦故鄭據衆耦而言也言執弓矢舞謂射時執弓挾矢及發矢其體比於禮其節比於樂節相應於樂節也○

樂出入令奏鍾鼓

樂出入謂笙歌舞者及其器○【疏】注樂出至其器○釋曰鄭知樂是笙歌已下者按禮樂記單出曰聲雜比曰音又云雜以干戚羽毛謂之樂凡此笙弁瞽人歌者及國子舞者及器皆須出入故知樂中兼此數事也○

凡軍大獻教愷歌遂倡之

故書倡為昌鄭司農云樂師主倡也昌當為倡書亦或為倡○倡昌亮反【疏】凡軍至倡之○釋曰軍事言凡者有大軍旅王自行小軍旅遣臣去故言凡以該之云大獻者謂師克勝獻捷於祖廟也云教愷歌者愷謂愷詩師還未至之時預教瞽矇入祖廟遂使樂師倡道為之故云遂倡之○

凡喪陳樂器則帥樂官

帥樂官往陳之【疏】凡喪至樂官○釋曰喪言凡者王家有大喪小喪皆有明器之樂器故亦然言凡以該之明器之樂器者謂若檀弓云木不成斲瓦不成味琴瑟張而不平笙竽備而不和是也○注帥

樂官往陳之○釋曰樂官亦謂笙師鎛師之屬廞樂藏之者也云往陳之者謂如既夕禮陳器於祖廟之前庭及壙道東者也

及序哭亦如之 哭此樂器亦帥之○疏注哭此至帥之○釋曰按小宗伯云及執事。眡。葬獻明器之材又獻素獻成皆於殯門外王不親哭有官代之彼據未葬獻材時小宗伯哭之此序哭明器之樂器文承陳樂器之下而云序哭謂使人持此樂器向壙及入壙之時序哭之也○

凡樂官掌其政令聽其治訟 治直吏反 疏凡樂至治訟○釋曰凡樂官謂此已下大胥至司干皆無聽訟之事則皆樂師聽之耳○

大胥掌學士之版以待致諸子 鄭司農云學士謂卿大夫諸子學舞者版籍也今時鄉戶籍世謂之戶版大胥主此籍以待當召聚學舞者卿大夫之諸子則按此籍以召之漢大樂律曰卑者之子不得舞宗廟之酎除吏二千石到六百石及關內侯到五大夫子先取適子高七尺。已上年。十。二到年三十顏色和順身體脩治者以爲舞人與古用卿大夫子同義○版音板酎直救反適丁歷反上時掌反下六上反 疏注鄭司至同義○釋曰先鄭知學士謂卿大夫諸子者按夏官諸子職云掌國子之倅則國中兼有元士之適子不言者以其漢法卑者之子不得舞宗廟之酎則元士之子不入故知卿大夫之諸子也知學舞者下云入學合舞故知也云不得舞宗廟之酎者按月令四月云天子與羣臣飲酎鄭注云酎之言醇謂重釀之酒春酒至此始成作此酎亦謂重釀之酒祭宗廟而用之祭。未有相飲之法以宗廟言之云除吏二千石已下在前漢紀注云漢承秦爵二十等五大夫九爵關內侯十九爵列侯二十爵宗廟舞人用貴人子弟與周同故先鄭引以爲證也既云取七尺以上而云十二到三十則十二者誤當云二十至三十何者按鄉大夫職云國中自七尺以及六十野自六尺以及六十有五皆征之按韓詩二十從役與國中七尺同是七尺爲二十矣明不得爲十二也○

春入學舍采合舞 春始以學士入學宮而學之合舞等其進退使應節奏鄭司農云舍采謂舞者皆持芬香之。采或曰古者。士見於君以雉爲。摯見於師以菜爲摯菜直謂疏食菜羹之菜或曰學者皆人君卿大夫之子衣服采飾舍采者減損解釋盛服以下其師也月令仲春之月上丁命樂正習舞釋采仲丁又命樂正入學習樂玄謂舍卽釋也采讀爲菜始入學必釋菜禮先師也菜蘋蘩之屬○舍音釋采音菜注同疏所居反劉音蘇下戶嫁反【疏】注春始至之屬○釋曰云春始以學士入學者歲初貴始云學宮者則文王世子云春誦夏弦皆於東序是也云合舞等其進退使應節奏者謂等其舞者或進或退周旋使應八音奏樂之節合也按月令注春合舞者象物出地鼓舞也先鄭解舍采三家之說後鄭皆不從者按王制有釋菜奠幣文王世子又云始立學釋菜不舞不授器舍卽釋也采卽菜也故以爲學子始入學釋采禮先師也但學子始入學釋菜禮輕故不及先聖也其先師者鄭注文王世子云若漢禮有高堂生樂有制氏詩有毛公書有伏生知菜是蘋蘩之屬者詩有采蘋采蘩皆采名言之屬者周禮又有芹茆之等亦有菜名也

秋頒學合聲

春使之學秋頒其才藝所爲合聲亦等其曲折使應節奏○折之設反○【疏】秋頒學合聲○釋曰春物生之時學子入學秋物成之時頒分也分其才藝高下故鄭云春使之學秋頒其才藝所爲也云合聲者春爲陽陽主動舞亦動春合舞象物出地鼓舞秋爲陰陰主靜聲亦靜故秋合聲象秋靜也但舞與聲遞相合故鄭云合聲亦等其曲折使應節奏也○

以六樂之會正舞位

大同六樂之節奏正其位使相應也言爲大合樂習之○爲于僞反【疏】以六至位○釋曰六樂者卽六代之樂六舞雲門之等是也○注大同至習之○釋曰云大同者解經中會會合卽大同也云大同六樂之節奏者謂六代之舞一一作之使節奏大同而無錯謬故云正其位使相應也云爲大合樂習之者按月令仲春上丁命樂正習舞釋菜季春云大合樂則此云六樂之會爲季春大合樂習之春也若然此六樂之會與上春入學舍采合舞秋頒者別矣按文王世子云凡大合樂必遂養老注大合樂謂春入學舍采合舞秋頒學合聲則是合舞合聲與大合樂又爲一者季春大合樂與合舞合聲實別但春合舞秋合聲對春大合樂不爲大然於四時而言亦爲大合樂何者文王世子云凡大合樂必遂養老其中含有

合舞合聲必知含此二者以其言凡非一按月令仲春習舞釋采天子親往視之季春云大合樂天子親往視之至仲春合聲雖不云天子親往視之視之可知若然三者天子親往視之同則皆有養老之事則春合舞秋合聲皆得爲大合樂文王世子以大合樂爲合舞合聲解之也以序出入舞者以長幼次之使出入不紕錯○紕匹眦反劉博雞反疏注以長至紕錯○釋曰凡在學皆以長幼爲齒令爲舞者八八六十四人所須爲舞之處皆當以長幼出入若使幼者在前則爲紕錯故云使使出入不紕錯也比樂官比猶校也杜子春云次比樂官也鄭大夫讀比爲庀。庀具也錄具樂官○比鄭如字下同杜眦志反庀音匹婢反○疏注比猶至樂官○釋曰杜子春云次比樂官者也與後鄭同鄭大夫以比爲庀錄具樂官者雖與後鄭不同得爲一義故引之在下也○展樂器展謂陳數之○數所主反疏注展謂陳數之○釋曰樂器謂鼓鍾笙磬柷敔之等皆當陳列校數凡祭祀之用樂者以鼓徵學士擊鼓以召之文王世子曰大昕鼓徵所以警衆○昕音欣疏凡祭至學士○釋曰祭祀言凡者則天地宗廟之祀用樂舞之處以鼓召學士選之當舞者往舞焉舞師云小祭祀不與舞注。云小祭祀王玄冕所祭則亦不徵學士也序宮中之事

小胥掌學士之徵令而比之觵其不敬者比猶校也不敬謂慢期不時至也觵罰爵也詩云兕觵其觩○觵古橫反本或作觥同徐兕履反觩巨樛反○疏小胥至敬者○釋曰大胥掌學士之版以待召聚舞者小胥贊大胥爲徵令校比之知其在不仍觥其不敬者也○注比猶至其觩○釋曰引詩者是周頌絲衣之篇祭。未飲酒恐有過失設罰爵其時無犯非禮用爵觥然陳設而已引之者證觥是罰爵也○故巡舞列而撻其怠慢者撻猶抶也抶以荊扑○撻吐達反抶勑乙反又勑栗反扑普卜反○疏注撻猶至荊扑○釋曰按文十八年齊懿公爲公子也與邴歜之父爭田不勝及即位乃掘而刖之而使歜僕納閻職之妻而使職驂乘公游於申池二人浴于池歜以扑抶職職怒歜曰人奪汝妻而不怒

一抶汝庸何傷是抶爲撻以荆故云扑也正樂縣之位王宮縣諸侯軒縣卿大夫判縣士特。縣辨其聲樂縣謂鍾磬之屬縣於筍。簴者鄭司農云宮縣四面縣軒縣去其一面判縣又去其一面特縣又去其一面四面象宮室四面有牆故謂之宮縣軒縣三面其形曲故春秋傳曰請曲縣繁纓以朝諸侯禮也故曰惟器與名不可以假人玄謂軒縣去南面辟王也判縣左右之合又空北面特縣縣於東方或於階閒而已○特本亦作犆音特筍息允反虡音巨去起呂反下同繁步干反朝直遙反辟音避○疏注樂縣至而已○釋曰云樂縣謂鍾磬之屬縣於簨。簴者凡縣者通有一鼓鏄亦縣之鄭直云鍾磬者據下成文而言先鄭云軒縣判縣特縣皆直云去一面不辯所去之面故後鄭增成之也所引春秋傳者按成二年左氏傳云衛孫良夫將侵齊與齊師遇敗仲叔于奚救孫桓子桓子是以免既衛人賞之以邑辭請曲縣繁纓以朝許之仲尼聞之曰惜也不如多與之邑惟器與名不可以假人注云諸侯軒縣闕南方形如車輿是曲也引之者證軒爲曲義也玄謂軒縣去南面避王也若然則諸侯軒縣三面皆闕南面是以大射云樂人宿縣。於阼階東笙磬西面其南笙鍾其南鑮皆南陳西階之西頌磬東面其南鍾其南。鑮皆南陳又云一建鼓在西階之東南面注云言面者國君於其臣備。二面爾無鍾磬有鼓而已其爲諸侯則軒縣是其去南面之事也以諸侯大射於臣備三面惟有鼓則大夫全去北面爲判縣可知云特縣縣於東方或於階閒而已者按鄉飲酒記云磬階閒縮霤注云縮從也霤以東西爲從是其階閒也按鄉射云縣於洗東北西南注云此縣謂縣磬也縣於東方避射位也是其東方也云而已者言其少耳○凡縣鍾磬半爲堵全爲肆鍾磬者編縣之二八十六枚而在一虡謂之堵鍾一堵磬一堵謂之肆半之者謂諸侯之卿大夫士也諸侯之卿大夫半天子之卿大夫西縣鍾東縣磬士亦半天子之士縣磬而已鄭司農。云以春秋傳曰歌鍾二肆○堵丁古反○疏凡縣至爲肆○釋曰云凡縣鍾磬總目語也所縣者則半之爲堵全之爲肆是也云堵者若牆之一堵肆者行肆之名二物乃可爲半者一堵半其一肆故云半爲堵全爲肆也○注鍾磬至二肆○釋曰經直言鍾磬不言鼓鎛者周人縣鼓與鎛之大鍾惟縣一而已不編縣故不言之其十二辰頭之零鍾亦縣一而已今所言縣鍾磬者謂編縣之二八十六枚共在一簴者也鄭必知有十六枚在一簴者按左氏隱五年考仲子之宮初獻六羽衆仲云夫舞所以節八音而行八風故以八爲數樂縣之法取數於此又倍之爲十六若漏刻四十八箭亦倍十二月二十四氣故以十六爲數也是以淮南子云樂生於風亦是取數於八風之義也按昭二十年晏子云六律七音服注云七律爲七器音黄鍾爲宮林鍾爲徵大蔟爲商南吕爲羽姑洗爲角應鍾爲變宮蕤賓爲變徵外傳曰武王克商歲在鶉火月在天駟日在析木之津辰在斗柄星在天黿鶉火及天駟七列也南北之揆七月也鳧氏爲鍾以律計自倍半一縣十九鍾鍾七律十二縣二百二十八鍾爲八十四律此一歲之閏數此服以音定之以一縣十九鍾十二鍾當一月十二月十二辰辰加七律之鍾則十九鍾一月之有七律當一月之小餘十二月八十四小餘故云一歲之閏數按大射笙磬西面頌磬東面皆云其南鍾其南鎛北方直有鼓無鍾磬避射位則三面鍾磬鎛天子宮縣四面鍾磬鎛而已不見有十二縣服氏云十二縣非鄭義也云半之者謂諸侯之卿大夫士也又云諸侯之卿大夫半天子之卿大夫西縣鍾東縣磬者天子諸侯縣皆有鎛今以諸侯之卿大夫士半天子之卿大夫士言之則卿大夫士直有鍾磬無鎛也若有鎛不得半之耳必知諸侯之卿大夫分鍾磬爲東西者以其諸侯卿大夫亦稱判縣故知諸侯卿大夫以天子卿大夫判縣之一肆分爲。西。東也云士亦半天子之士者天子之士直有東方一肆二堵諸侯之士半之謂取一堵或於階間或於東方也先鄭引春秋者襄十一年鄭賂晉侯歌鍾二肆晉侯以樂之半賜魏絳魏絳於是乎始有金石之樂禮也按彼鄭賂晉侯止有二肆當天子卿大夫判縣故取半賜魏絳魏絳得之分爲左右故云始有金石之樂引之者證諸侯之卿大夫判縣有鍾磬之義也

大師掌六律六同以合陰陽之聲陽聲黄鍾大蔟姑洗蕤賓夷則無射陰聲大

呂應鍾南呂函鍾小呂夾鍾皆文之以五聲宮商角徵羽皆播之以八音金石土革絲木匏竹

以合陰陽之聲者聲之陰陽各有合黃鍾子之氣也十一月建焉而辰在星紀大呂丑之氣也十二月建焉而辰在玄枵大族寅之氣也正月建焉而辰在娵訾應鍾亥之氣也十月建焉而辰在析木姑洗辰之氣也三月建焉而辰在大梁南呂酉之氣也八月建焉而辰在壽星蕤賓午之氣也五月建焉而辰在鶉首林鍾未之氣也六月建焉而辰在鶉火夷則申之氣也七月建焉而辰在鶉尾中呂巳之氣也四月建焉而辰在實沈無射戌之氣也九月建焉而辰在大火夾鍾卯之氣也二月建焉而辰在降婁辰與建交錯貿處如表裏然是其合也其相生則以陰陽六體為之黃鍾初九也下生林鍾之初六林鍾又上生大蔟之九二大蔟又下生南呂之六二南呂又上生姑洗之九三姑洗又下生應鍾之六三應鍾又上生蕤賓之九四蕤賓又下生大呂之六四大呂又上生夷則之九五夷則又下生夾鍾之六五夾鍾又上生無射之上九無射又上生中呂之上六同位者象夫妻異位者象子母所謂律取妻而呂生子也黃鍾長九寸其實一籥下生者三分去一上生者三分益一五下六上乃一終矣大呂長八寸二百四十三分寸之一百四大蔟長八寸夾鍾長七寸二千一百八十七分寸之千七十五姑洗長七寸九分寸之一中呂長六寸萬九千六百八十三分寸之萬二千九百七十四蕤賓長六寸八十一分寸之二十六林鍾長六寸夷則長五寸七百二十九分寸之四百五十一南呂長五寸三分寸之一無射長四寸六千五百六十一分寸之六千五百二十四應鍾長四寸二十七分寸之二十文之者以調五聲使之相次如錦繡之有文章播猶揚也揚之以八音乃可得而觀之矣金鍾鎛也石磬也土塤也革鼓鼗也絲琴瑟也木柷敔也匏笙也竹管簫也○匏白交反枵虛驕反娵子榆反訾子斯反大梁如字劉音泰降戶江反貿音茂取七喻反塤虛袁反

【疏】注以合至簫○釋曰此大師無目於音聲審故使合六律六同及五聲八音也鄭云以合陰陽之聲者聲之陰陽各有合者六律為陽六同為陰兩兩相合十

二律爲六合故云各有合也云黄鍾子之氣也十一月建焉而辰在星紀者以
經云以合陰陽之聲卽言陽聲黄鍾大蔟。姑洗等據左旋而言云陰聲大呂應
鍾南呂等據右轉而說其左右相合之義按斗柄所建十二辰而左旋曰體十
二月與月合宿而右轉但斗之所建建在地上十二辰故言子丑之等辰者日
月之會會在天上十二次故言娵訾降婁之等以十二律是候氣之管故皆以
氣言之耳以黄鍾律之首與大呂合故先言之云辰與建交錯貿處如表裏然
是其合者貿易也謂若詩云抱布貿絲是貿易也十二月皆先言建後言辰皆
覆之亦先言建後言辰是辰與建交錯貿易處互爲先後如似有表裏然是其
交合也假令十一月先舉黄鍾後言星紀覆之則先舉大呂後言玄枵十二月
皆然義可知也云其相生則以陰陽六體爲之者向上所說順經六律左旋六
同右轉以陰陽左右爲相合若相生則六律六同皆左旋以律爲夫以同爲婦
婦從夫之義故皆左旋鄭知有陰陽六體法者見律曆志云黄鍾初九律之首
陽之變也因而六之以九爲法得林鍾林鍾初。六呂之首陰之變也皆。三天。地
之法也是其陰陽六體其黄鍾在子一陽爻生爲初九林鍾在未二陰爻生得
爲初六者以陰故退位在未故曰乾貞於十一月子坤貞於六月未也云同位
者象夫妻異位者象。母。子者同位謂若黄鍾之初九下生林鍾之初六俱是初
之第一夫婦一體是象夫婦也異位象子母謂若林鍾上生大蔟之九二於
第一爲異位象母子但律所生者爲夫婦呂所生者爲母子十二律呂律所生
者常同位呂所生者常異位故云律取妻而呂生子也故曰黄鍾爲天統律長
九寸林鍾爲地統律長六寸大蔟爲人統律長八寸林鍾位在未得爲地統者
以未衝丑故也志又云十二管相生皆八八上生下生盡於中呂陰陽相生自
黄鍾始而左旋八八爲伍又云皆參天兩地之法也注云三三而九二三而六
上生下生皆以九爲法九六陰陽夫婦子母之道律取妻而呂生子天地之情
也六律六呂而十二辰立矣五聲清濁而十日行矣鄭注皆取義於此也云黄
鍾長九寸其。實。一籥者亦律曆志文按彼云子穀秬黍中者千有二百其實一
籥彼又云黄鍾者律之實也云下生者三分去一上生者三分益一者子午巳

東爲上生子午巳西爲下生東爲陽陽主其益西爲陰陰主其減故上生益下生減必以三爲法者以其生故取法於天之生數三也云大呂長八寸二百四十三分寸之一百四者以黃鍾之律爲本以八相生下生林鍾林鍾上生大蔟大蔟下生南呂巳後皆然以此爲次今鄭以黃鍾大呂大蔟等相比爲次第不依相生爲次第者鄭意既以上生下生得寸數長短乃依十二辰次第而言耳此之寸數所生以黃鍾長九寸下生林鍾三分減一去三寸故林鍾長六寸林鍾上生大蔟三分益一六寸益二寸故大蔟長八寸此三者以爲三統故無餘分大蔟下生南呂三分減一八寸取六寸減二寸得四寸在餘二寸三寸爲三分合爲六分去二分四分在取三分爲一寸添前四寸爲五寸餘一分在是南呂之管長五寸三分寸之一也南呂上生姑洗三分益一爲五寸取三寸益一寸爲四寸又餘二寸者爲十八分又以餘一分者爲三分添前十八分爲二十一分益七分爲二十八分取二十七分爲三寸添前四寸爲七寸餘一分在是爲姑洗之管長七寸九分寸之一姑洗下生應鍾三分去一取六寸去二寸得四寸又以餘一寸者爲二十七分餘一分者爲三分添二十七分爲三十分減十分餘二十分是應鍾之管長四寸二十七分寸之二十自此已下相生皆以爲三分數而爲減益之法其義可知故不具詳也云文之者以調五聲使之相次如錦繡之有文章者謂據律呂以調五聲相次如錦繡有文章故名五聲爲文也此即八十一絲爲宮七十二絲爲商之等是也又云播猶揚也揚之以八音乃可得而觀之矣者五聲以律呂調之其八音亦使與律呂相應八音亦合五聲則絲是一但其聲發揚出聲故云播揚也云可得觀者義取左氏季札請觀周樂故以觀言之也云金鍾鎛已下鄭以義約之按下瞽矇職云播鼗柷敔塤簫管弦歌眡瞭職云掌擊頌磬笙磬磬師掌擊編鍾鼓人掌教六鼓笙師掌教吹笙是樂器中有此鍾磬等八者鍾鎛以金爲之磬以石爲之塤以土爲之鼓鼗以革爲之柷敔以木爲之笙以插竹於匏但匏笙一也故鄭以笙解匏簫管以竹爲之故以鍾磬等釋金石等八音但匏笙亦以竹爲之以經別言匏故匏不得竹名也○

教六詩曰風曰賦曰比曰興曰

雅曰頌教，教瞽矇也。風言賢聖治道之遺化也。賦之言鋪，直鋪陳今之政教善惡。比見今之失，不敢斥言，取比類以言之。興見今之美，嫌於媚諛，取善事以喻勸之。雅，正也，言今之正者以為後世法。頌之言誦也，容也，誦今之德廣以美之。鄭司農云：古而自有風雅頌之名，故延陵季子觀樂於魯時，孔子尚幼，未定詩書，而。因為之歌邶鄘衛，曰是其衛風乎。又為之歌小雅大雅，又為之歌頌。論語曰：吾自衛反魯，然後樂正，雅頌各得其所。時禮樂自諸侯出，頗有謬亂不正，孔子正之。曰比曰興，比者比方於物也，興者託事於物。○興，虛應反，注皆同。治，直吏反，下治功皆同。鋪，普吳反，又音孚。為之，于僞反，下為之、為作皆同。邶，步內反。

○疏教六至曰頌○釋曰：按詩上下惟有風雅頌是詩之名也，但就三者之中有比賦興，故總謂之六詩也。○注教教至於物○釋曰：鄭知此教是教瞽矇者，按下瞽矇職云諷誦詩，故知教者教瞽矇也。云風言賢聖治道之遺化也者，但風是十五國風，從關雎至七月，則是總號，其中或有刺責人君，或有褒美主上，今鄭云言賢聖治道之遺化者，鄭據二南正風而言，周南是聖人治道遺化，召南是賢人治道遺化，自邶鄘已下是變風，非賢聖之治道者也。云賦之言鋪，直鋪陳今之政教善惡者，凡言賦者，直陳君之善惡，更假外物為喻，故云鋪陳者也。云比見今之失，不敢斥言，取比類以言之，興見今之美，嫌於媚諛，取善事以喻勸之者，謂若關雎興后妃之類是也。云雅，正也，言今之正者以為後世法者，謂若鹿鳴、文王之類是也。云頌之言誦也，容也，誦今之德廣以美之者，凡言頌者，美盛德之形容，以其成功告於神明，謂若清廟頌文王之樂歌之類是也。鄭司農云古而自有風雅頌之名已下，後鄭從之，故不破。若然，此經有風雅頌，則在周公時，明不在孔子時矣。而先鄭引春秋為證者，以時人不信周禮者，故以春秋為證，以與春秋同，明此是周公所作耳。按襄二十九年，季札聘魯，請觀周樂，為之歌邶鄘衛、小雅、大雅及頌等。先鄭彼注云：孔子自衛反魯，然後樂正，雅頌各得其所。自衛反魯在哀公十一年，當此時雅頌未定，而云為歌大雅小雅頌者，傳家據已定錄之，言季札之於樂與聖人同。與此注違者，先鄭兩解，雖然，據此經是周公時已有風雅頌，則彼注非也。○

以六德為

之本。所教詩必有知仁聖義忠和之道。乃後可教以樂歌○知音智疏注所教至樂歌○釋曰凡受教者必以行為本故使先有六德為本乃可習六
詩也按大司徒職云以鄉三物教萬民一曰六德知仁聖義忠和又按師氏以三德教國子至德敏德孝德此既教瞽矇故取教萬民之六德以釋之耳以
六律為之音以律視其人為之音知其宜何歌子貢見師乙而問曰賜也聞樂歌各有宜若賜者宜何歌此問人性也本人之性莫善於律疏
注以律至於律○釋曰鄭云以律視其人為之音知其宜何歌者則大師以吹律為聲又使其人作聲而合之聽人聲與律呂之聲合謂之為音或合宮聲或
合商聲或合角徵羽之聲聽其人之聲則知宜歌何詩若然經云以六律為之音據大師吹律共學者之聲合乃為音似若曲合樂曰歌之類也云子貢已下
樂記文師乙乃魯之大師瞽之無目知音者也故子貢不自審就師乙而問之云此問人之性者謂子貢所問問人之性性即性宜見於聲氣故云本人之性
莫善於律也引之者證以律為音本人性所宜之事也○大祭祀帥瞽登歌令。奏擊拊擊拊瞽乃歌也故書拊為付鄭司農云登
歌歌者在堂也付字當為拊書亦或為拊樂或當擊或當拊登歌下管貴人聲也玄謂拊形如鼓以韋為之著之以糠○拊音撫○疏大祭至擊拊○釋曰
謂凡大祭之時大師有此一事言帥瞽登歌者謂下神合樂皆升歌清廟故將作樂時大師帥取瞽人登堂於西階之東北面坐而歌者與瑟以歌詩也令奏
擊拊者拊所以導引歌者故先擊拊瞽乃歌也歌者出聲謂之奏故云奏也○注擊拊至以糠○釋曰鄭云擊拊瞽乃歌也者見經云令奏擊拊故知擊拊乃
歌也先鄭云樂或當擊或當拊者先鄭之意擊拊謂若尚書云擊石拊石皆是作用之名拊非樂器後鄭不從者此擊拊謂若下文鼓朄乃擊應鼙之類彼朄
鼙是樂器則知此拊亦樂器也玄謂拊形如鼓以韋為之著之以糠者此破先鄭拊非樂器知義如此者約白虎通引尚書大傳云拊革裝之以糠今書傳無
者在亡逸中下管播樂器令奏鼓朄鼓朄管乃作也特言管者貴人氣也鄭司農云下管吹管者在堂下朄小鼓也先擊小鼓乃擊

大鼓小鼓爲大鼓先引故曰𪔵𪔵讀爲道引之引玄謂鼓𪔵言擊𪔵詩云應𪔵縣鼓○𪔵音胤道音導引之引並音胤 疏 下管至鼓𪔵○釋曰凡樂歌者在上匏竹在下故云下管播樂器樂器即笙簫及管皆是聲出曰播謂播揚其聲令奏鼓𪔵者奏即播亦一也欲令奏樂器之時亦先擊𪔵導之也○注鼓𪔵至縣鼓○釋曰鄭云鼓𪔵管乃作也者亦如上注擊拊瞽乃歌云特言管者貴人氣也者○以管簫皆用氣故云貴人氣若然先鄭云登歌下管貴人聲此後鄭云特言管者貴人氣不同者各有所對若以歌者在上對匏竹在下歌用人人聲爲貴故在上若以匏竹在堂下對鍾鼓在庭則匏竹用氣貴於用手故在階間也後鄭云鼓𪔵猶言擊𪔵者此上下文拊與鼓皆言擊則此鼓謂出聲亦擊之類也詩云應𪔵縣鼓周頌有瞽篇也○

大饗亦如之

疏 大饗亦如之○釋曰此大饗謂諸侯來朝即大行人上公三饗侯伯再饗子男一饗之類其在廟行饗之時作樂與大祭祀同亦如上大祭祀師瞽登歌下管播樂器令奏皆同故云亦如之凡祭祀大饗及賓射升歌下管一皆大師令奏小師佐之令其鍾鼓則大祝令奏故大祝云隋釁逆牲逆尸令鍾鼓右亦如之若賓射及饗鍾鼓亦當大祝令之與祭祀同也其小祭祀及小賓客文不見或無升歌之樂其外祭祀山川社稷皆準大祭祀令奏也

大射帥瞽而歌射節

射節。王歌騶虞

疏 注射節王歌騶虞○釋曰言射節者謂若射人所云樂以騶虞九節貍首七節采蘋采蘩五節之類則大師爲之歌也○

大師執同律以聽軍聲而詔吉凶

大師大起軍師兵書曰王者行師出軍之日授將弓矢士卒振旅將張弓大呼大師吹律合音商則戰勝軍士強角則軍擾多變失士心宮則軍和士卒同心徵則將急數怒軍士勞羽則兵弱少威明鄭司農。云以師曠曰吾驟歌北風又歌南風南風不競多死聲楚必無功○將子匠反卒子忽反下同呼火故反數所角反○

疏 注大師至無功○釋曰兵書者武王出兵之書云合音商則戰勝軍士強者商屬西方金金主剛斷故兵士強也角則軍擾多變失士心者東方木木主曲直故軍士擾多變失士心宮則軍和士卒同心者中央土土主生長又載四行故

軍士和而同心徵則將急數怒軍士勞者南方火火主熛怒故將急數怒羽則兵弱少威明者北方水水主柔弱又主幽闇故兵弱少威明也先鄭引師曠曰者按襄公十八年楚子使子庚帥師侵鄭左傳曰甚雨及之楚師多凍役徒幾盡晉人聞有楚師師曠曰不害吾驟歌北風又歌南風南風不競多死聲楚必無功注云北風夾鍾無射以北南風姑洗南呂以南南律氣不至故死聲多吹律而言歌與風者出聲曰歌以律是候氣之管氣則風也故言歌風引之者證吹律知吉凶之事也

大喪帥瞽而廞作匶謚。廞興也興言王之行謂諷誦其治功之詩故書廞爲淫鄭司農云淫陳也陳其生時行迹爲作謚○行下孟反下同

疏 大喪至匶謚○釋曰大喪言凡則大喪中兼王后雖婦從夫謚亦須論行乃謚之言帥瞽者即帥瞽矇歌王治功之詩廞作匶謚者匶即柩也古字通用之以其興喻王治功之詩爲柩作謚故云廞作柩謚是以瞽矇職云諷誦詩。誦作謚時。也○注廞興至作謚○釋曰云廞興也者先鄭以從古書廞作淫淫陳也周禮之內先鄭皆從淫爲陳後鄭皆爲興引之在下者以從無正文亦得爲一義故也凡作謚謂將葬時故檀弓云公叔文子卒其子戌請於君曰日月有時將葬矣請所以易其名者曾子問云賤不誄貴幼不誄長天子稱天以誄之引公羊傳制謚於南郊是也

凡國之瞽矇正焉從大師之政教

疏 注從大師之政教○釋曰大師是瞽人之中樂官之長故瞽矇屬焉而受其政教也

小師掌教鼓鼗柷敔塤簫管弦歌教教瞽矇也出。音曰鼓鼗如鼓而小持其柄搖之旁耳還自擊塤燒土爲之大如鴈卵簫編小竹管如今賣飴。餳所吹者絃謂琴瑟也歌依詠詩也鄭司農云柷如漆筩中有椎敔木虎也塤六孔管如篪。六孔玄謂管如篴。而小併。兩而吹之今大。予樂官有焉○搖音遙本亦作搖飴以之反餳辭盈反李音唐筩音動椎直追反六空音孔篪音馳篴音狄併薄令反

疏 注教教至有焉○釋曰鄭知教瞽矇者按瞽矇所作樂器與此所要者同明此教教瞽矇也鄭知此經鼓非六鼓之鼓者按鼓人云掌教六鼓眡瞭職云掌大師之縣又云賓射皆奏其鐘鼓則六

鼓鼓人教之眡瞭擊之非此小師教又瞽矇所作不言鼓明此鼓既在鼗已下諸器之上是出聲爲鼓也後鄭解鼗依漢法而知塤燒土爲之大如鴈卵先鄭云塤六孔者按廣雅云塤象秤錘以土爲之六孔故二鄭爲此解也云簫編小竹者按通卦驗云簫長尺四寸注云簫管形象鳥翼鳥爲火。火成數七生數二二七一十四簫之長由此廣雅云簫大者二十四管小者十六管有底三禮圖云簫長尺四寸頌簫長尺二寸此諸文簫有長短不同古者有此制也云管如今賣飴餳所吹者先鄭云管如篪六孔按廣雅云管象簫長尺圍寸八孔無底八孔者蓋傳寫誤當從六孔爲正也云弦謂琴瑟也歌依詠詩也者謂工歌詩依琴瑟而詠之詩此即詩傳云曲合樂曰歌亦一也故鄉飲酒之屬升歌皆有瑟。依詠詩也若不依琴瑟即爾雅徒歌曰謠也先鄭云柷狀如漆筩中有椎敔木虎也者書云合止柷敔注云敔狀如漆筩而有椎合之者投椎其中而撞之敔狀如。木虎背有刻所以鼓之以止樂爾雅注云柷如漆筩方二尺四寸深一尺八寸敔如伏虎背上有二十七鉏鋙刻以木長尺櫟之玄謂管如篴而小併兩而吹之今大予樂官有焉者觀後鄭意以不與諸家同故引漢法大予樂官爲況也○

大祭祀登歌擊拊

亦自有拊擊之佐大師令奏鄭司農云拊擊者擊石○令力呈反疏注亦自至擊石○釋曰鄭知小師亦自擊拊不共大師同擊拊者見大師下管鼓楝此小師下管別自擊應鼙不同明同擊拊亦別可知但小師佐大師耳引先鄭拊爲擊石者先鄭上注已解拊與擊同後鄭不從令引之在下者以無正文引之或得爲一義故也○

下管擊應鼓

應鼙也應與楝及朔皆小鼓也其所用別未聞○鼙薄西反○疏注應鼙至未聞○釋曰鄭知應是應鼙及有朔鼙者按大射建鼓在阼階西南鼓應鼙在其東以是知應是應鼙彼又云一建鼓在西階之西朔鼙在其北是知有朔鼙也知皆小鼓者擊鼓者即事之漸先擊小後擊大故大射云應鼙在其東朔鼙在其北鼙者皆在人右鄭彼注云便其先擊小後擊大既便其事是鼙皆小鼓也云其所用別未聞者此上下祭祀之事有應有楝無朔大射有朔有應無楝凡言應者應朔鼙祭祀既有應明有朔但無文不可強定之故云用

別未聞也徹歌於有司徹而歌雍○【疏】注於有至歌雍○釋曰鄭知徹祭器歌。雍者見論語八佾云三家者以雍徹孔子云相維辟公天子穆穆奚取於三家之堂以三家無辟公助祭又無天子之容則諸侯亦不得用惟天子得用之是天子之容則徹器用徹詩故云歌雍也大饗亦如之【疏】大饗亦如之○釋曰其大饗饗諸侯之來朝者徹器亦歌雍若諸侯自相饗徹器卽歌振鷺故仲尼燕居云大饗有四焉云徹以振羽振羽當為振鷺是其事也○大喪與廞從大師○與音預【疏】注從大師○釋曰知從大師者見大師職云廞作匶謚此言與謂與在廞中明從大師大師也凡小祭祀小樂事鼓㡧如大師鄭司。農云㡧小鼓名掌六樂聲音之節與其和和錞于○和戶臥反同錞音淳本或作淳【疏】治和錞于○釋曰鄭知和是錞于者見鼓人云金錞和鼓故知和是錞于也

瞽矇掌播鼗柷敔塤簫管弦歌。播謂發揚其音【疏】瞽矇至絃歌○釋曰此八者皆小師教此瞽矇令於作樂之時播揚以出聲也諷誦詩世奠繫鼓琴瑟諷誦詩謂闇讀之不依詠也故書奠或。為帝鄭司農云諷誦詩主誦詩以刺君過故國語曰瞍賦矇誦謂詩也杜子春云帝讀為定其字為奠書亦或為奠世奠繫謂帝繫諸侯卿大夫世本之屬是也小史主次序先王之世昭穆之繫述其德行瞽矇主誦詩并誦世繫以戒勸人君也故國語曰教之世而為之昭明德而廢幽昏焉以。休懼其動玄謂諷誦詩主謂廞作柩謚時也諷誦王治功之詩以為謚世之而定其繫謂書於世本也雖不歌猶鼓琴瑟以播其音美之○奠音定繫戶計反注同刺七賜反瞍素口反行下孟反怵勑律反北本作休○【疏】諷誦至琴瑟○釋曰諷誦詩謂於王喪將葬之時則使此瞽矇諷誦王治功之詩觀其行以作謚葬後當呼之云世奠繫者奠定也謂辨其昭穆以世之序而定其繫繫卽帝繫世本是也鼓琴瑟者詩與世本二者雖不歌詠猶鼓琴瑟而合之以美之也○注諷誦至美之○釋曰按上注云背文曰諷以聲節之曰誦別釋之此總云闇讀

之不依詠者語異義同背文與以聲節之皆是闇讀之不依琴瑟而詠也直背文闇讀之而已故雖有琴瑟猶不得爲曲合樂曰歌是以鄭云雖不歌猶鼓琴瑟以播其音美之也若然誦則以聲節之兼琴瑟則爲歌矣而得不爲歌者此止有諷而言誦者諷誦相將連言誦耳先鄭云諷誦詩主誦詩以刺君過弁引國語皆是諫諍人君法度鄭不從而爲廞作柩謚時者以其與世繫連文皆是王崩後事不得爲諫諍是以大師廞作柩謚此瞽矇諷詩事相成故也子春與先鄭同但兼解世繫耳帝繫據王卽經繫也諸侯卿大夫謂之世本卽經世也云小史主次序先王之世昭穆之繫者小史職云奠繫世辨昭穆故知小史次序之云述其德行者取義於國語云爲之昭明德是也子春之意與先鄭同爲諫諍之事後鄭亦不從也國語者按楚語云莊王使士亹傅大子箴辭王卒使傅之問於申叔時申叔時曰教之春秋而爲之聳善而抑惡焉以戒勸之教之世而爲之昭明德而廢幽昏焉以休懼其動注云先王之繫世本使知有德者長無德者短子春引之者證帝繫世本之事後鄭云世之而定其繫謂書於世本以世與繫爲一事用之又對文言之王謂之帝繫諸侯卿大夫謂之世本散則通故云書於世本世本卽帝王繫也○

掌九德六詩之歌以役大師役爲之使

眡瞭掌凡樂事播鼗擊頌磬笙磬視瞭播鼗又擊磬磬在東方曰笙笙生也在西方曰頌頌或作庸庸功也大射禮曰樂人宿縣於阼階東笙磬西面其南笙鍾其南鎛皆南陳又曰西階之西頌磬東面其南鍾其南鎛皆南陳○頌衆家不音當依字戚音容○

【疏】眡瞭至笙磬○釋曰按序官眡瞭三百人皆所以扶工以其扶工之外無事而兼使作樂故云掌凡樂事則播鼗已下至職末皆是也○注視瞭至南陳○釋曰云視瞭播鼗又擊磬者按小師教鼓鼗注云教教瞽矇瞽矇云掌播鼗今視瞭亦掌播鼗但有目不須小師教之耳故鄭云視瞭播鼗又擊磬是眡瞭兼掌鼗也云磬在東方謂之笙笙生也在西方曰頌頌或作庸庸功也者以東方是生長之方故云笙西方是成功之方故云庸庸功也謂之頌者頌者美盛德之形容以其成功

告於神明故云頌言或作庸者尚書云笙庸以間孔以庸爲大鍾鄭云庸即大射頌一也引大射者證東方之磬爲笙西方之磬爲頌之事也○

掌大師之縣大師當縣則爲之○疏注大師至爲之○釋曰按大司樂有宿縣之事小胥正樂縣之位大師無縣樂之事此大師之樂者大師掌六律六同五聲八音以其無目於音聲審本職雖不言縣樂器文寄於此明縣之可知言當縣則爲之者以其有目故也○

凡樂事相瞽相謂扶工○相息亮反注同○疏注相謂扶工○釋曰能其事曰工故樂稱工是以儀禮鄉飲酒鄉射燕禮大射皆言工相者以眡瞭有目瞽人無目須人扶持故也

大喪廞樂器大旅亦如之旅非常祭於時乃興造其樂器疏注旅非至樂器○釋曰大喪廞樂器謂明器故檀弓云木不成斲瓦不成味竹不成用琴瑟張而不平笙竽備而不和是沽而小耳是臨時乃造之大旅非常祭亦臨時乃造故云亦如之旅不用尋常祭器者以其旅是非常則其器亦如明器沽而小故文承明器而云亦如之也

賓射皆奏其鍾鼓擊朄以奏之其登歌大師自奏之○疏注擊朄至奏之○釋曰鄭知擊朄以奏之者見大師職云下管令奏鼓朄以其鍾鼓與管俱在下管既擊朄令奏則鍾鼓亦擊朄奏之可知云其登歌大師自奏之者大師職見大祭祀登歌擊拊雖不言賓射賓射登歌自然大師令奏擊拊也若然大射之時鍾鼓眡瞭擊朄登歌亦大師自奏也

鼜愷獻亦如之愷獻獻功愷樂也杜子春云讀鼜爲憂戚之戚謂戒守鼓也擊鼓聲疾數故曰戚疏鼜愷獻亦如之○釋曰鼜謂夜戒守之鼓愷獻謂戰勝獻俘之時作愷樂二者皆視瞭奏其鍾鼓故云亦如之也○

典同掌六律六同之和以辨天地四方陰陽之聲以爲樂器陽聲屬天陰聲屬地天地之聲布於四方爲作也故書同作銅鄭司農云陽律以竹爲管陰律以銅爲管竹陽也銅陰也各順其性凡十二律故大師職曰執同律以聽軍聲玄謂律述氣者也同

助陽宣氣與之同皆以銅爲。○疏注陽聲至銅爲○釋曰云陽聲屬天陰聲屬地天地之聲布於四方者此典同既云掌六律六同卽覆云以辨天地四方陰陽之聲明天地四方陰陽之聲還是六律六同也但於十二辰在陽辰爲律屬天在陰辰爲同屬地十二律布在四方方有。三也此卽大師所云六律。左旋六同右轉陰陽相合者也先鄭云陽律以竹爲管陰律以銅爲管竹陽也銅陰也各順其性幷大師執同亦爲銅字解之後鄭不從之故云律述氣者也同助陽宣氣與之同皆以銅爲之鄭知義然者按律歷志云律有十二陽六爲律陰六爲呂有三統之義焉其傳曰黃帝之所作也黃帝使泠。綸自大夏之西應劭曰大夏西戎之國也崐崘之陰取竹之解谷孟康曰解脫也谷竹溝也。取竹之脫無溝節者也一說崐崘之北谷名也生其竅。均。厚者斷兩節間而吹之以爲黃鍾之宮制十二筩以聽鳳之鳴其雄鳴爲六雌鳴亦六此則上古用竹又按律歷志云度者分寸尺丈引也所以度長短也本起黃鍾之長一黍爲一分十分爲寸十寸爲尺十尺爲丈。十丈爲引而五度審矣其法用銅是陽律用銅可知是後世用銅之明證也

凡聲高聲硍正聲緩下聲肆陂聲散險聲斂達聲贏微聲韽。回聲衍侈聲筰弇聲鬱薄聲甄厚聲石

故書硍或作硍杜子春讀硍爲鏗。鎗之鏗高謂鍾形容高也韽讀爲闇不明之闇筰讀爲行扈唶唶之唶石如磬石之聲鄭大夫讀硍爲衮冕之衮陂讀爲人短罷之罷韽。讀爲鶉鶕之鶕鄭司農云鍾形下當。䠂正者不高不下鍾形上下正傭玄謂高鍾形大上上大也高則聲上藏衮然旋如。裏正謂上下直正則聲緩無所動下謂鍾形大下下大也下則聲出去放肆陂讀爲險陂之陂陂謂偏侈陂則聲離散也險謂偏弇也險則聲斂不越也達謂其形微大也達則聲有餘若大放也微謂其形微小也韽讀爲飛鉆涅。闇之闇韽聲小不成也回謂其形微圜也回則其聲淫衍無鴻殺也侈謂中央約也侈則聲迫筰出去疾也弇謂中央寬也弇則聲鬱勃不出也甄讀爲甄。燿之甄甄猶。掉也鍾微薄則聲掉鍾大厚則如石叩之無聲○硍古本反又胡本反陂彼義反韽劉音闇又於贍反鄭於貪

反戚於感反李為南反後昌氏反又式氏反筰側百反弇沈戚音掩劉於驗反甄音震注同硍音艱又苦耕反字林音限鏗苦耕反鎗初衡反劉初耕反喈側
百反罷皮買反字或作一罷音同桂林之間謂人短為纙矮矮音苦買反鶴為南反蹕音婢李又孚葵反一音豐已反或音蒲年反傭勑龍反形大上大音泰下
形大下大厚同舊一蘗佐反上時掌反鉆張林反又其廉反戚或音沾劉又渠金反說文云鏗鏗也一曰膏車鐵鉆鉆竹涉反涅乃結反劉其兼反殺色界反舊
色側反約如字戚於教反反掉徒弔反劉奴較反疏注故書至無聲○釋曰此十二種並是鍾之病此職掌十二律之鍾是十二辰之零鍾非編者直言病鍾
者欲見除此病外即是鍾之善者故言病鍾而已杜子春讀碮為鏗鎗之鏗者讀從樂記鍾聲鏗鏗以立號是鏗鎗之鏗後鄭不從又讀筰為行扈喈喈之喈
讀從左氏傳少皞以鳥名官有行扈喈喈後鄭亦不從也云石如磬石之聲者磬用石者故讀從磬聲後鄭增成之鄭大夫讀碮為袞冕之袞取音同後鄭從
之陂讀為人短罷之罷從俗語讀之後鄭不從鎛讀為鶉鶉之鶉讀從孝經緯後鄭亦不從此讀鄭司農云下謂鍾形下當踔後鄭不從云正者不高不下鍾
形上下正傭後鄭增成其義玄謂高鍾形大上上大也高則聲上藏袞然旋如裹者言旋如裹謂聲周旋如在裹云正謂上下直正則聲緩無所動者由無鴻
殺故也云下謂鍾形大下下大也下則聲出去放肆者由下大故也鄭知上是上大下是下大者以其正是上下直則上是上大下是下大可知故為此解云
陂讀為險陂之陂者讀從詩序險陂私謁之心陂是偏私之意故為偏侈也云險謂偏弇也者此險與陂相對陂既為偏侈故險為偏弇也云達謂其形微大
也者凡物大則疏達故為微大對高為上大故此達為微大微大則聲有餘若大放也云微謂其形微小也者此微對達達為微大則微為微小矣云韽讀為
飛鉗涅闇之闇者謂鬼谷子有飛鉗揣摩之篇皆言從橫辨說之術飛鉗者言察是非語飛而鉗持之揣摩者云揣人主之情而摩近之云韽聲小不成也者
飛鉗涅闇使之不語此鍾聲韽亦是聲小不成也云回謂其形微圜也者凡鍾依鳧氏所作若鈴不圜令此回而微圜故聲淫衍無鴻殺也云侈謂中央約也

者此非偏侈侈謂鍾口總寬則聲迫笮出去疾由口寬故也云弇謂中央寬者此與侈相對侈既口總寬則弇是口總狹是中央寬也云弇則聲鬱勃不出也者由口籠故也云甄讀從甄燿之甄者讀從春秋緯甄燿度之篇名云甄猶掉也鍾微薄則聲掉者由薄故也云鍾大厚則如石者按鳧氏爲鍾云鍾已厚則石已薄則播是故大鍾十分其鼓間以其一爲之厚小鍾十分其鉦間以其一爲之厚是厚薄得中也

凡爲樂器以十有二律爲之數度以十有二聲爲之齊量數度廣長也齊量侈弇之所容○齊才計反注同廣古曠反長直亮反○**疏**注數度至所容○釋曰樂器據典同所作謂鍾也云以十有二律爲之度數者依律歷志云古之神瞽度律均鍾以律計倍半假令黃鍾之管長九寸倍之爲尺八寸又九寸得四寸半總二尺二寸半以爲鍾口之徑及上下之數自外十二辰頭皆以管長短計之可知故云度數廣長也廣則口徑長則上下也云以十有二聲爲之齊量者十二聲則十二辰零鍾鍾則聲也十二鍾皆有所容多少之齊量故云侈弇之所容。者上文侈弇雖是鍾病所容多少則依法故舉侈弇見文而言也

凡和樂亦如之和謂調其故器也○**疏**注和謂至器也○釋曰鄭知調故器者上文凡爲樂器是新造者今更言和樂明是調故器知聲得否及容多少當依法度也

附釋音周禮注疏卷第二十三

周禮注疏卷二十三校勘記　阮元撰盧宣旬摘錄

附釋音周禮注疏卷第二十三

樂師

有帗舞　漢讀考云說文翇樂舞執全羽以祀社稷也从羽犮聲讀若紱大鄭云全羽正以其字從羽知之也疑今注有脫誤當云故書帗作翇皇作𦏲鄭司農云翇舞者全羽社稷以翇蓋大鄭從故書與許同後鄭從今書作帗也地官舞師職當亦然

歧羽相對解之　惠校本無相此衍

魚尾雞喙　宋本作啄

趨以采薺　唐石經諸本同釋文作采齊云本又作薺

以鍾鼓爲節　唐石經余本岳本嘉靖本同閩監毛本鍾改鐘注及疏同

則皆迎法　閩本同監毛本皆下有有字

云趍以采薺　閩監毛本趍作趨下並同

既言趍以采薺　閩本同監毛本薺誤齊

皆於庭中遙奏采薺　閩本同監毛本下有矣

惟貍首在樂記余本嘉靖本惟作唯

即燕義所云是也惠校本閩本同誤也監毛本改作射義爲是

云掌其敘事者閩監毛本敘作序

又引燕禮者惠校本閩本同監毛本引作云非

詔來瞽皋舞說文臯气臯白之進也从本从白禮祝曰臯登歌曰秦故臯秦皆从本周禮曰詔來鼓臯舞臯告之也按鄭司農云瞽當爲鼓臯當爲告後鄭云臯之言號告國子當舞者舞先鄭以瞽爲鼓與許同後鄭則如字讀臯爲呼號即告義也不必易字後鄭與許同

亦謂祭未至徹祭器之時浦鏜云未誤末

其中詔來瞽歌徹等皆如之宋本瞽作鼓

帥射夫以弓矢舞監本帥誤師

率當爲帥漢讀考云率與帥今人混用而漢人分别毛詩率時農夫韓詩作帥時農夫周禮帥都建旗說文作率都建旗聘禮注曰古今帥皆作率凡周禮帥字故書當皆作率

雜以干戚羽毛謂之樂浦鏜云旌譌毛

軍事言凡者孫志祖云監本事誤士

故亦然言凡以該之 浦鏜云然衍字

笙竽備而不和是也 惠校本作竽笙此倒眡瞭疏引作竽笙

眡葬獻明器之材 閩本同監毛本眡葬下有獻器遂哭注云至將葬十字○案此因兩獻字相重而誤脫也以監毛本爲是

大胥

則按此籍以召之 閩監毛本同余本岳本嘉靖本漢制考按皆作案

先取適子高七尺已上 釋文作以上此作已非

年十二到年三十 閩監毛本及漢制考所引同余本嘉靖本十二作二十按賈疏云十二者誤當云二十至三十然則舊本皆作十二作二十者據賈疏改也惠士奇云劉昭引此亦作十二似非誤

祭未有相飲之法 漢制考未作末此誤

謂舞者皆持芬香之采 漢讀考云采當作菜

士見於君以雉爲摯 余本嘉靖本同閩監毛本摯作贄非下句仍作摯毛本士誤七

鄭大夫讀比爲庀 釋文作爲庇

注云小祭祀 宋本無云

小胥
祭未飲酒閩本同監毛本未改不按未當爲末
士特縣釋文特作犆云本亦作特唐石經缺
縣於筍虡者毛本虡改簴按釋文作簴葉鈔本作簾
云樂縣謂鐘磬之屬縣於簨簴者閩監毛本簴作虡
樂人宿縣于阼階東閩本同監本于誤于毛本改於
其南鐘其南鎛閩監毛本鎛誤鏄
國君於其臣備二面爾閩監毛本二作三
鄭司農云以春秋傳曰段玉裁云當作鄭司農說
分爲東西也監本作西東
大師
正月建焉而辰在娵訾毛本焉誤寅嘉靖本娵作陬
蕤賓又下生大呂之六四大呂又上生夷則之九五夷則又下生夾鍾之六

五夾鍾又上生無射之上九閩監毛本同誤也余本岳本嘉靖本下生皆作上生上生皆作下生當據以訂正盧文弨曰禮記月令正義春秋昭二十年正義引此注皆不誤

黃鍾大蔟沽洗等閩監毛本作姑洗下並同

林鍾初九閩本同誤也監毛本改作初六是

皆三天地之法也浦鏜云當作皆參天兩地

異位者象母子者今注作子母蓋誤倒當從賈所引

其實一籥者監本實誤貴一字空缺

而因爲之歌邶鄘衛閩監毛本同余本嘉靖本惠校本因作曰

以六德爲之本唐石經嘉靖本本作夲

乃後可教以樂歌余本嘉靖本同閩監本乃作然毛本後誤夜

令奏擊拊唐石經諸本同浦鏜云此及下令字鄭注樂記會守拊鼓下引作合以證會義經如作令則當音力呈反如小師職注大師令奏是令釋文無音明本不作令按孔氏正義本作合故云謂大師合奏樂之時先擊拊而合奏之又云合奏時親擊𣔻以奏之宋本禮記注疏二合字皆改作令非賈疏令奏鼓𣔻云欲令奏樂器之時亦先擊𣔻導之也當本作合奏樂器

主歌騶虞閩監毛本同誤也余本嘉靖本主作王此本疏中標注亦作王當據以訂正

鄭司農云以師曠曰閩監毛本同誤也余本岳本嘉靖本云作說當據正

沽洗南呂以南閩監毛本改姑洗非賈疏多用沽字

作匱謚唐石經諸本同岳本謚改諡非○按用毛居正之謬說也

誦作謚時也惠校本無也浦鏜云謂誤誦

小師毛本小字空缺

簫管弦歌唐石經余本嘉靖本毛本同閩監本弦改絃注及疏同

出音曰鼓嘉靖本音下有者六經正誤云出音者曰鼓闕者字○按嘉靖本者字誤衍有者字則鼗柷敔可通而塤簫管弦不可通凡出其音皆曰鼓非必有他物以出之也毛氏居正以有者字與其改鼔爲鼓之說相合乃從此誤本而謂無者闕矣

如今賣飴餳所吹者閩毛本同余本嘉靖本監本餳作餳釋文飴餳辭盈反李音唐此本疏及載音義皆作餳○按从易是也

管如箎六孔余本嘉靖本閩監毛本同岳本箎作篪爲是篪从虒聲

元謂管如遂而小孫志祖云詩周頌有瞽疏引鄭注而作形

併兩而吹之惠校本無兩

今大子樂官有焉嘉靖本閩監毛本同誤也余本岳本子作予當據正疏中同○按光武樂曰大予見後漢書及文選兩都賦注

烏爲火火成數七此本剜剩一火字閩監毛本排入

升歌皆有瑟閩監毛本瑟誤琴

敔狀如木虎浦鏜云伏誤木

鄭知徹祭器歌詩者惠校本詩作雍此誤

鄭司農云鞞小鼓名此本及閩監本脫農字今據余本嘉靖本毛本補正

瞽矇

簫管弦歌監本歌誤細

故書奠或爲帝岳本云或作帝

以怵懼其動釋文云怵懼北本作休按國語楚語作休韋昭曰休嘉也北本是賈疏引國語亦作休

莊王使士亹傅大子箴惠校本閩本同此本箴字模糊監毛本遂誤作緘

以休懼其動閩監毛本依注改怵懼非

卽帝王繫也宋本作王帝

眡瞭

視瞭播鼗 毛本視改眡非

注視瞭至南陳 閩監毛本視改眡

大師當縣則爲之 嘉靖本閩監毛本同余本當作掌盧文弨曰按疏是當字

小胥正樂縣之位 此本及閩本位誤磬監本誤差今據毛本訂正

杜子春云讀鼜爲憂戚之戚 余本嘉靖本無云此衍

典同

故書同作銅 按此疑當爲故書銅作同司農從今書作銅後鄭從故書作同經文不作六銅者從後鄭本也尚書顧命篇亦今文作銅古文作同〇按前說非也故書作銅注甚明了未可牽合尚書顧命今文古文而疑之謂書禮今文必銅字書禮古文必同字失之固矣

執同律以聽軍聲 漢讀考作執銅律按此據先鄭本耳今大師職作同從後鄭本也

皆以銅爲 余本嘉靖本同閩本爲下剜擠之字監毛本因之按此本疏中標起訖云注陽聲至銅爲亦無之字亦閩本剜擠監毛本承其誤

方有三也 閩本同監毛本三改四誤

六律右旋 浦鏜云左誤右

黃帝使泠綸自大夏之西 惠校本作泠淪此與漢志同閩監毛本改伶倫非

取竹之脫無溝節者也 惠校本無取此衍

生其竅均厚者 惠校本作厚均

七丈爲引 浦鏜云十誤七

微聲韽 唐石經諸本同閩監本韽作鷂毛本作韽皆訛

杜子春讀硍爲鏗鎗之鏗 毛本鏗鎗誤鏗鏘漢讀考硍作硍云此杜從作硍之本而易爲鏗字今本作讀硍誤音義硍鏗皆苦耕反陸時蓋未誤也

韽讀爲鶉鷂之鷂 閩監本鷂皆誤韽漢讀考云爲當作如

鍾形下當蹕 閩監毛本同誤也余本嘉靖本蹕作踝當據正釋文踝作婐

衮然旋如裏 余本嘉靖本閩監毛本同岳本惠校本裏作裹按衮裹一聲之轉故讀從之衮亦與卷通卷旋卽裹義也蓋作裹是釋曰言旋如裹謂聲周旋如在裹是賈本作裹字

韽讀爲飛鉆涅韽之韽 釋文作飛鉆賈疏作飛鉗云言察是非語飛而鉗持之集韻二十四鹽二十五沾皆云鬼谷篇有飛鉆涅闇段玉裁云集韻所本者是也注當作涅闇之闇

甄讀爲甄濯之甄余本嘉靖本閩監本同毛本濯作燿按賈疏本作燿云讀從春秋緯甄燿度○按甄燿卽震燿古人震多讀平聲古本作濯者亦當讀爲燿

甄猶掉也閩監本同誤也余本嘉靖本毛本棹作掉當據正下同釋文出掉也二字○按㒸氏云長甬則震注云鐘掉則聲不正亦以掉釋震是知甄震一字甄爲震之假借也震有平去二音甄亦可平可去故集韻云甄之刃切掉也鐘病聲

衰然旋如裹者惠校本裹作褢下並同

此險與陂相對惠校本陂作詖

皆言從横辨說之術惠校本辨作辯

故云後弇之所容者浦鏜云者當也字誤

周禮注疏卷二十三校勘記

附釋音周禮注疏卷第二十四

鄭氏注　　賈公彥疏

磬師掌教擊磬擊編鐘教教視瞭也磬亦編於鐘言之者鐘有不編不編者鐘師擊之杜子春讀編爲編書之編疏注教教至之編○釋曰鄭知教教視瞭者視瞭職云掌播鼗擊笙磬頌磬若然視瞭不言擊鐘知亦教視瞭擊編鐘者以磬是樂縣之首故特舉此言其實編鐘亦視瞭擊之故鎛師注云擊鐘者亦視瞭也云磬亦編於鐘言之者鐘有不編不編者鐘師擊之者鄭知鐘有不編者以此經云擊磬不言編則磬無不編以其無可對故不言編鐘言編則對不編者故鄭云磬亦編於鐘言之者鐘有不編不編者鐘師自擊之也鄭必知鐘有不編使鐘師自擊者以其言教視瞭擊編鐘明不編者不教視瞭不教者自擊之可知是以鐘師云掌金奏又云以鐘鼓奏九夏明是鐘不編者十二辰零鐘也若書傳云左五鐘右五鐘也杜子春讀編爲編書之編者按史記孔子讀易韋編三絶是古者未有紙皆以韋編竹簡此鐘磬亦編之十六枚在一簴故讀從之也教縵樂燕樂之鐘磬杜子春讀縵爲怠慢之慢玄謂縵讀爲縵錦之縵謂雜聲之和樂者也學記曰不學操縵不能安弦燕樂房中之樂所謂陰聲也二樂皆教其鐘磬○縵莫半反杜音慢操七曹反疏注杜子至鐘磬○釋曰子春讀縵爲慢後鄭不從之也玄謂縵讀爲縵錦之縵者時有縵錦之言依俗讀之也云謂雜聲之和樂者也者謂雜弄調和引學記爲證按彼鄭注云操縵雜弄即今之調辭曲若不學調弦則不能安意於弦也云燕樂房中之樂者此即關雎二南也謂之房中者房中謂婦人后妃以風喻君子之詩故謂之房中之樂凡祭祀奏縵樂

鐘師掌金奏金奏擊金以爲奏樂之節金謂鐘及鎛疏注金奏至及鎛○釋曰此即鐘師自擊不編之鐘凡作樂先擊鐘故鄭云金奏擊金

以爲奏樂之節是以下云以鍾鼓奏九夏亦先云鍾也鄭云金謂鍾及鎛者以是二者皆不編獨縣而已

凡樂事以鍾鼓奏九夏王夏肆夏昭夏納夏章夏齊夏族夏祴夏驁夏以鍾鼓者先擊鍾次擊鼓以奏九夏夏大也樂之大歌有九故書納作內杜子春云內當爲納祴讀爲陔鼓之陔王出入奏王夏尸出入奏肆夏牲出入奏昭夏四方賓來奏納夏臣有功奏章夏夫人祭奏齊夏族人侍奏族夏客醉而出奏陔夏公出入奏驁夏肆夏詩也春秋傳曰穆叔如晉晉侯享之金奏肆夏三不拜工歌文王之三又不拜歌鹿鳴之三三拜曰三夏天子所以享元侯也使臣不敢與聞肆夏與文王鹿鳴俱稱三謂其三章也以此知肆夏詩也國語曰金奏肆夏繁遏渠天子所以享元侯肆夏繁遏渠所謂三夏矣呂叔玉云肆夏繁遏渠皆周頌也肆夏時邁也繁遏執傹也渠思文肆遂也夏大也言遂於大位謂王位也故時邁曰肆于時夏允王保之繁多也遏止也言福祿止於周之多也故執傹曰降福穰穰降福簡簡福祿來反渠大也言以后稷配天王道之大也故思文曰思文后稷克配彼天故國語謂之曰皆昭令德以合好也玄謂以文王鹿鳴言之則九夏皆詩篇名頌之族類也此歌之大者載在樂章樂崩亦從而亡是以頌不能具○納夏本或作夏納齊側皆反本作齋祴古哀反驁五羔反劉五到反使色吏反與音預過於葛反傹音競詩作競穰如羊反好呼報反

疏注以鍾至能具○釋曰云以鍾鼓者先擊鍾次擊鼓者鍾師直擊鍾不擊鼓而兼云鼓者凡作樂先擊鍾次擊鼓欲見鼓鍾先後次第故兼言之也鍾中得奏九夏者謂堂上歌之堂下以鍾鼓應之故左氏傳云晉侯歌鍾二肆亦謂歌與鍾相應而言也云夏大也者欲明此九夏者皆詩之大者故云樂之大歌有九杜子春云祴讀爲陔鼓之陔者漢有陔鼓之法故樂師先鄭云若今時行禮於大學罷出以鼓陔爲節故讀從之也云王出入奏王夏尸出入奏肆夏牲出入奏昭夏者皆大司樂文云四方賓來奏納夏臣有功奏章夏夫人祭奏齊夏族人侍奏族夏者此四夏皆無明文或子春別有所見故後鄭從之云賓醉而出奏陔夏者賓醉將出奏之恐其失禮故陔切之使不失禮

是以鄉飲酒鄉射燕禮大射賓醉將出之時皆云奏陔云公出入奏驁夏者按大射云公入奏驁夏是諸侯射於西郊自外入時奏驁夏不見出入時奏而云出者見樂師云行以肆夏趨以采薺出入禮同則驁夏亦出入禮同故兼云出也此九夏者惟王夏惟天子得奏諸侯已下不得其肆夏則諸侯亦當用故燕禮奏肆夏大夫已下者不得故郊特牲云大夫之奏肆夏由趙文子始明不合也其昭夏已下諸侯亦用之其驁夏天子大射入時無文故子春取大射公入驁以明天子亦用也云肆夏詩也者子春之意九夏皆不言詩是以解者不同故杜注春秋云肆夏爲樂曲名今云肆夏詩則九夏皆詩後鄭從之以春秋傳曰已下襄公四年傳文云俱稱三謂其三章者此皆篇而云章者子春之意以章名篇耳引國語曰金奏肆夏繁遏渠天子所以享元侯者歌詩尊卑各别若天子享元侯升歌肆夏頌合大雅享五等諸侯升歌大雅合小雅享臣子歌小雅合鄉樂若兩元侯自相享與天子享已同五等諸侯自相享亦與天子享已同諸侯享臣子亦與天子享臣子同燕之用樂與享同故燕禮燕臣子升歌鹿鳴之等三篇襄四年晉侯享穆叔爲之歌鹿鳴云君所以嘉寡君是享燕同樂也云所謂三夏矣者即上引春秋肆夏三不拜三三是三夏故云三夏呂叔玉者是子春引之者子春之意與叔玉同三夏並是在周頌篇故以時邁執競思文三篇當之後鄭不從者見文王大明緜及鹿鳴四牡皇皇者華皆舉見在詩篇名及肆夏繁遏渠舉篇中義意故知義非也玄謂以文王鹿鳴言之則九夏皆詩篇名者以襄四年晉侯享穆叔奏肆夏與文王鹿鳴同時而作以類而言文王鹿鳴等既是詩明肆夏之三亦是詩也肆夏既是詩則九夏皆詩篇名也云頌之族類也者九夏並是頌之族類也云此歌之大者以其皆稱夏也云載在樂章者此九夏本是頌以其大而配樂歌之則爲樂章載在樂章也云樂崩亦從而亡是以頌不能具者樂崩在秦始皇之世隨樂而亡頌内無故云頌不能具也

凡祭祀饗食奏燕樂以鍾鼓奏之

疏 注以鍾鼓奏之○釋曰饗食謂與諸侯行饗食之禮在廟故與祭祀同樂故連言之知以鍾鼓奏之者以其鍾師奏九夏用鍾鼓故知此燕樂亦用鍾鼓奏之可知也

凡

射王奏騶虞諸侯奏貍首卿大夫奏采蘋士奏采蘩鄭司農云騶虞聖獸【疏】○凡射至采蘩○釋曰言凡射則大射賓射等同用此為射節故言凡射人與樂師辨其節數於此見其作樂人為之故數職重言○注騶虞聖獸○釋曰按異義今詩韓魯說騶虞天子之掌鳥獸官古毛詩說騶虞義獸白虎黑文食自死之肉不食生物人君有至信之德則應之周南終麟。止召南終騶虞俱稱嗟歎之皆獸名謹按古山海經鄒書云騶虞獸說與毛詩同是其聖獸也

掌鼙鼓縵樂鼓讀如莊王鼓之。鼓玄謂作縵樂擊鼙以和之○和胡臥反【疏】注鼓讀至和之○釋曰鼓讀如莊王鼓之鼓者讀從左氏傳莊王親鼓之鼓玄謂作縵樂擊鼙以和之者此官主擊鼙於磬師作縵樂則鍾師擊鼙以和之

笙師掌教龡竽笙塤籥簫篪。篴管舂牘應雅以教祴樂教教視瞭也鄭司農云竽三十六簧笙十三簧篪七。空舂牘以竹大五六寸長七尺短者一二尺其端有兩空髤畫以兩手築地應長六尺五寸其中有椎雅狀如漆筩而弇口大二圍長五尺六寸以羊韋鞔之有兩紐疏畫杜子春讀篴。為蕩滌之滌今時所吹五空竹篴玄謂籥如篴三空祴樂祴夏之樂牘應雅教其舂者謂以築地笙師教之則三器在庭可知矣賓醉而出奏祴夏以此三器築地為之行節明不失禮○龡昌垂反竽音于牘音獨或大錄反空音孔下同髤香牛反或七利反鞔莫干反【疏】注教教至失禮○釋曰此樂器瞽矇有視瞭無所以知不教瞽矇者按小師云教鼓鼗柷敔塤簫管弦歌注云教教瞽矇也以小師在瞽矇之上又瞽矇所作與小師同故知小師所教瞽矇笙師所教文在視瞭之下不可隔視瞭教瞽矇其視瞭雖不云其器明所教教視瞭也先鄭云竽三十六簧笙十三簧者按通卦驗竽長四尺二寸注云竽管類用竹為之形參差象鳥翼鳥火禽火數七冬至之時吹之冬水用事水數六六七四十二竽之長蓋取於此也笙十三簧廣雅云笙以匏為之十三管宮管在左方竽象笙三十六管宮管在中央禮圖云竽長四尺二寸此竽三十六簧與禮圖同云篪七空者廣雅云篪以竹為之長尺四寸八

孔一孔上出寸三分禮圖云篪九空司農云七孔蓋寫者誤當云八空也或司農別有所見云春牘以竹大五六寸長七尺短者一二尺其端有兩空髤畫以兩手築地應長六尺五寸其中有椎雅狀如漆筩而弇口大二圍長五尺六寸以羊韋鞔之有兩紐疏畫者此皆約漢法知之而言鄭注巾車髤赤多黑少之色疏畫者長疏而畫之子春讀篴爲蕩滌之滌讀從郊特牲臭味未成滌蕩其聲之滌云今時所吹五空竹篴後鄭從之也玄謂裓樂裓夏之樂者以其鍾師有裓夏此裓樂與之同故知此所教裓樂是鍾師所作裓夏者也云笙師教之則三器在庭可知矣者以其笙管在堂下近堂則三者亦在堂下遠堂在庭可知云賓醉而出奏裓夏者此則鄉飲酒及鄉射之等賓出奏陔是也云以此三器築地爲之行節明不失禮者三器言舂舂是向下之稱是其築地與裓樂連文明與裓樂爲節可知也經中樂器不解塤與簫管者上文已釋也

凡祭祀饗射共其鍾笙之樂 鍾笙與鍾聲相應之笙

疏 注鍾笙至之笙○釋曰鄭爲此解者以其笙師不掌鍾而兼言鍾故知義然也

燕樂亦如之

疏 燕樂亦如之○釋曰言亦如之者謂作燕樂亦如上共其鍾笙之樂也

大喪廞其樂器及葬奉而藏之 廞興也興謂作之奉猶送

疏 注廞興至猶送○釋曰此所興作卽上竽笙已下皆作之送之於壙而藏之也

大旅則陳之 陳於饌處而已不泣其縣

疏 注陳於至其縣○釋曰此經直言陳之明陳於饌處而已不臨其縣其臨縣者大司樂故大司樂云大喪臨廞樂器注云臨笙師鎛師之屬是也

鎛師掌金奏之鼓 謂主擊晉鼓以奏其鍾鎛也然則擊鎛者亦視瞭

疏 鎛師至之鼓○釋曰鎛師不自擊鎛使視瞭擊之但擊金奏之鼓耳○注謂主至視瞭○釋曰知金奏之鼓謂主擊晉鼓者鼓人職云以晉鼓鼓金奏故知之也金奏謂奏金金卽鍾鎛鍾鎛以金爲之故言金云然則擊鎛者亦視瞭者按視瞭直云樂作擊編鍾不言鎛鎛與鍾同類大小異耳既擊鍾明亦擊鎛故云亦視瞭也

凡祭祀鼓其金奏之樂饗

食賓射亦如之軍大獻則鼓其愷樂凡軍之夜三鼜皆鼓之守鼜亦如之守鼜備守鼓也鼓之以鼖鼓杜子春云一夜三擊備守鼜也春秋傳所謂賓將趨者音聲相似○鼖扶云反趨左傳作棷莊九反杜注云行夜疏凡祭至如之○釋曰云鼓其金奏之樂者金奏之樂者即八音是也亦以晉鼓鼓之饗食謂饗食來朝諸侯賓射亦謂與來朝諸侯射於朝皆鼓其金奏之鼓也軍大獻謂獻捷於祖作愷歌亦以晉鼓鼓之云凡軍之夜三鼜皆鼓之守鼜亦如之者亦鼓之也○注守鼜至相似○釋曰鄭知用鼖者鼓人職云鼖鼓鼓軍事此並軍事故知用鼖鼓也子春云一夜三擊備守鼜也者鼓人注引司馬法云昬鼓四通爲大鼜夜半三通爲晨戒旦明五通爲發昫是一夜三擊備守鼜也春秋傳者昭二十年衛侯如死鳥齊侯使公孫青聘衛賓將棷注云棷謂行夜子春云賓將趨讀人音異云音聲相似者趨與鼜音聲相似皆是夜戒守也大喪廞其樂器奉而藏之疏大喪至藏之○釋曰此官所廞謂作晉鼓鼖鼓而已以其當職所擊者也

韎師掌教韎樂祭祀則帥其屬而舞之舞之以東夷之舞疏注舞之至之舞○釋曰知舞之以東夷之舞者以其專主夷樂則東夷之樂曰韎是也凡舞夷樂皆門外爲之大饗亦如之

旄人掌教舞散樂舞夷樂散樂野人爲樂之善者若今黃門倡矣自有舞夷樂四夷之樂亦皆有聲歌及舞疏旄人至夷樂○釋曰云掌教舞散樂舞夷樂者旄人教夷樂而不掌鞮鞻氏掌四夷之樂而不教二職互相統耳但旄人加以教散樂鞮鞻氏不掌之也○注散樂至及舞○釋曰云散樂人爲樂之善者以其不在官之員內謂之爲散故以爲野人爲樂善者也云若今黃門倡矣者漢倡優之人亦非官樂之內故舉以爲說也云夷樂四夷之樂者即孝經緯云東夷之樂曰韎南夷之樂曰任西夷之樂曰株離北夷之樂曰禁知亦皆有聲歌及舞者此經有舞下鞮鞻氏云掌四夷之樂爲

其聲歌是也凡四方之以舞仕者屬焉【疏】凡四至屬焉○釋曰云凡四方之以舞仕者屬焉者此即野人能舞者屬旄人選舞人當於中取之故也凡祭祀賓客舞其燕樂【疏】凡祭至燕樂○釋曰賓客亦謂饗燕時舞其燕樂謂作燕樂時使四方舞士舞之以夷樂

籥師掌教國子舞羽龡籥文。舞有持羽吹籥者所謂籥舞也文王世子曰秋冬學羽籥詩云左手執籥右手秉翟【疏】注文舞至秉翟○釋曰此籥師掌文舞故教羽籥若武舞則教干戚也故云文舞有持羽吹籥者也云所謂籥舞也者所謂詩頌籥舞笙鼓彼亦文舞也文王世子曰秋冬學羽籥彼對春夏學干戈陽時學之法陽動秋冬學羽籥陰時學之法陰靜詩云左手執籥右手秉翟者邶風簡兮之篇引此二文者證皆文舞所執之器也此官所教當樂師教小舞互相足故文王世子云小樂正學干大胥贊之籥師學戈籥師丞贊之注云四人皆樂官之屬也通職秋冬亦學以羽籥小樂正樂師也祭祀則鼓羽籥之舞鼓之者恆爲之節【疏】注鼓之至之節○釋曰祭祀先作樂下神及合樂之時則使國子舞鼓動以羽籥之舞與樂節相應使不相奪倫故鄭云鼓之者恆爲之節賓客饗食則亦如之【疏】賓客至如之○釋曰亦鼓之以羽籥之舞與祭祀同以其俱在廟故樂亦同也大喪廞其樂器奉而藏之【疏】大喪至藏之○釋曰此所廞作惟羽籥而已不作餘器

籥章掌土鼓豳籥杜子春云土鼓以瓦爲匡以革爲兩面可擊也鄭司農云。豳籥。豳國之地竹豳詩亦如之玄謂豳籥豳人吹籥之聲章明堂位曰土鼓蒯桴葦籥伊。耆氏之樂○豳彼貧反注邠同蒯苦對反劉苦懷反桴音孚耆又作帆皆音耆【疏】注杜子至之樂○釋曰子春云土鼓以瓦爲匡以革爲兩面可擊也後鄭不從者土鼓因於中古神農之器黃帝已前未有瓦器故不從也先鄭云豳籥豳國之地竹豳詩亦如之後鄭不從者按下文吹豳

詩吹豳雅吹豳頌更不見豳籥則是籥中吹豳詩及雅頌謂之豳籥何得有豳國之地竹乎若用豳國之地竹當云之籥中故後鄭云豳人吹籥之聲章云豳人吹籥其義難明謂作豳人吹籥之聲章商祝夏祝之類聲章卽下文豳詩之等是也明堂位曰土鼓蕢桴葦籥伊耆氏之樂者鄭注禮運云土鼓築土爲鼓也蕢桴桴謂擊鼓之物以土塊爲桴引之者破子春土鼓用瓦

中春晝擊土鼓歈豳詩以逆暑

豳詩豳風七月也吹之者以籥爲之聲七月言寒暑之事迎氣歌其類也此風也而言詩詩總名也迎暑以晝求諸陽○中音仲下同

【疏】中春至逆暑○釋曰中春二月也言迎暑者謂中春晝夜等已後漸暄故預迎之耳○注豳詩至諸陽○釋曰鄭知吹之者以籥爲之聲者以發首云掌土鼓豳籥故知詩與雅頌皆用籥吹之也云七月言寒暑之事者七月云一之日觱發二之日栗烈七月流火之詩是寒暑之事云迎氣歌其類也者解經吹豳詩逆暑及下迎寒皆當歌此寒暑之詩也云此風也而言詩詩總名也者對下有雅有頌卽此是風而言詩詩總名含豳風矣故云詩不言風也云迎暑以晝求諸陽者對下迎寒以夜求諸陰也

中秋夜迎寒亦如之

迎寒以夜求諸陰

【疏】中秋至如之○釋曰言亦如之亦當擊土鼓歈豳詩也

凡國祈年于田祖歈豳雅擊土鼓以樂田畯

祈年祈豐年也田祖始耕田者謂神農也豳雅亦七月也七月又有于耜舉趾饁彼南畝之事是亦歌其類謂之雅者以其言男女之正鄭司農云田畯古之先教田者爾雅曰畯農夫也○樂音洛畯音俊饁于輒反劉于法反

【疏】凡國至田畯○釋曰此祈年於田祖并上迎暑迎寒○並不言有祀事既告神當有祀事可知但以告祭非常故不言之耳若有禮物不過如祭法埋少牢之類耳此田祖與田畯所祈當同日但位別禮殊樂則同故連言之也○注祈年至夫也○釋曰祈年祈豐年也者義取小祝求豐年俱是求甘雨使年豐故引彼解此也云田祖始耕田者謂神農也者此卽郊特牲云先嗇一也故甫田詩云琴瑟擊鼓以御田祖以祈甘雨以介我稷黍毛云田祖先嗇。者。也七月又有于耜舉趾饁彼南畝之事亦是歌其類者按彼七月云三之日于耜四之日舉趾同我婦子饁彼南畝田畯至喜並次在寒暑之下彼爲風此爲雅者也云謂之雅者以其言男女之正者先王之業以農爲本是男女之正故名雅也司農云田畯古之先教田者此卽月令命田舍東郊鄭云田謂田畯是也爾雅曰畯農夫也者以其教農故號農夫

國祭蜡則龡豳頌擊土鼓以息老物故書蜡爲蠶杜子春云蠶當爲蜡郊特牲曰天子大蜡八伊耆氏始爲蜡歲十二月而合聚萬物而索饗之也蜡之祭也主先嗇而祭司嗇也黃衣黃冠而祭息田夫也既蜡而收民息已玄謂十二月建亥之月也求萬物而祭之者萬物助天成歲事至此爲其老而勞乃祀而老息之於是國亦養老焉月令孟冬勞農以休息之是也豳頌亦七月也七月又有穫稻作酒躋。彼。公堂稱。彼。兕觥萬壽無疆之事是亦歌其類也謂之頌者以其言歲終人功之成○索色白反爲于僞反勞戶報反穫戶郭反躋子兮反疆居良反

疏國祭至老物○釋曰此爲蜡直擊土鼓按明堂位云土鼓蕢籥伊耆氏之樂卽此。各有蕢籥可知言以息老物者謂息田夫萬物也○注故書至之成○釋曰子春引郊特牲後鄭從之增成其義耳故還引郊特牲而解之云求萬物而祭之者卽合聚萬物而索饗之是也云乃祀而老息之者老卽老物蜡祭是也息之者卽息田夫臘祭宗廟是也云於是國亦養老焉者卽所引月令孟冬勞農以休息之是也云豳頌亦七月也七月又有穫稻作酒等至之事是亦歌其類也者其類謂穫稻已下是也云謂之類者以其言歲終人功之成者凡言頌者頌美成功之事故於七月風詩之中亦有雅頌也鄭注郊特牲云歲十二月周之正數故此鄭云建亥解之知非夏十二月者以其建亥萬物成故月令祈來年及臘先祖之等皆在孟冬月是十二月據周於夏爲建亥十月也

鞮鞻氏掌四夷之樂與其聲歌四夷之樂東方曰韎南方曰任。西方曰株離北方曰禁詩云以雅以南是也王者必作四夷之樂一天下也言與其聲歌則云樂者主於舞○任音壬下同

疏注四夷至於舞○釋曰四夷樂名出於孝經緯鉤命決故彼云東夷之樂曰韎持矛助時

生南夷之樂曰任持。弓助時養西夷之樂曰侏離持鉞助時殺北夷之樂曰禁持楯助時藏皆於四門之外。有辟是也按明堂位亦有東夷之樂曰韎南夷之樂曰任又按虞傳云陽伯之樂舞。侏離則東夷之樂亦名侏離者東夷樂有二名亦名侏離鄭注云侏離舞曲名言象萬物生。株。離若詩云彼黍離離是物生亦曰離云王者必作四夷之樂一天下也者按白虎通云王者制夷狄樂不制夷狄禮者所以拘中國不制禮恐夷人不能隨中國禮故也四夷之樂雖。謂舞使國之人也云與其聲歌則云樂者主於舞者凡樂止有聲歌及舞既下別云聲歌明上云樂主於舞可知也按月令仲春云命樂正入學習樂注云歌與八音知非舞以其下季春云大合。祭明所合多故知非直舞而有歌與八音也

祭祀則龡而歌之燕亦如之吹之以管籥為之聲

疏 注吹之至之聲○釋曰知吹之以管籥為之聲者以其歌者在上管籥在下既言吹之用氣明據管籥為之聲可知是以笙師教吹管籥之等

典庸器掌藏樂器庸器庸器伐國所藏之器若崇鼎貫鼎及以其兵物所鑄銘也

疏 注庸器至銘也○釋曰庸功也言功器者伐國所獲之器也云若崇鼎貫鼎者明堂位文云及以其兵物所鑄銘也者謂左氏傳季氏以所得齊之兵作林鍾而銘魯功是經中樂器也彼既譏其非時征伐又。籍晉之功引之取一邊證鑄作銘功之事耳

及祭祀帥。其屬而設筍虡。陳庸器設筍虡視瞭當以縣樂器焉陳功器以華國也杜子春云筍讀為博選之選橫者為筍從者為。鐻○選胥衮反復子容反鐻音距舊本作此字今或作虡

疏 注設筍至為鐻○釋曰鄭知此設筍虡○視瞭當以縣樂器焉者按視瞭職云掌大師之縣此直云設筍虡明是視瞭縣之可知子春云筍讀為博選之選者此當俗讀當時語者有博選之言故讀從之也

饗食賓射亦如之大喪廞筍虡廞興也興謂作之

疏 注廞興至作之○釋曰按檀弓有鍾磬而無筍虡鄭注云不縣之彼鄭注見此文有筍虡明有而不縣以喪事略故也

司干掌舞器舞器羽籥之屬疏注舞器羽籥之屬○釋曰鄭知司干所掌舞器是羽籥以其文武之舞所執有異則二者之器皆司干掌之言司干者周尚武故以干為職首其籥師教而不掌若然干與戈相配不言戈者下文云祭祀授舞器則所授者受干與羽籥也按司戈盾亦云祭祀授旅賁殳故主戈盾受舞者兵云舞者兵惟謂戈其干亦於此官受之司兵云祭祀授舞者兵鄭注云受以朱干玉戚謂受大武之舞與此受小舞干戈別也祭祀

舞者既陳則授舞器既舞則受之既已也受取藏之賓饗亦如之大喪廞舞器及葬奉而藏之疏大喪至藏之○釋曰此官云干盾及羽籥及其所廞廞干盾而已其羽籥籥師廞之○故其職云大喪廞其樂器及葬奉而藏之其視瞭所廞者謂鼓與磬鍾師不云廞則鍾亦視瞭廞之如是瞽矇及大師小師皆不云廞者以其無目其瞽矇所云柷敔塤簫管及琴瑟皆當視瞭廞之不云奉而藏之文不具笙師云竽笙已下則笙師自廞之故其職云廞五藏鎛師云擊晉鼓則晉鼓鎛師廞之其兵舞所廞入五兵中故司兵云大喪廞五兵凡廞樂器皆大司樂臨之故其職云大喪臨廞樂器典同不云廞者以其律呂與鍾器等為制度不掌成器故不云廞鞻師旄人鞮鞻氏等不云廞者死後無一天下之事故不云廞也典庸器不云廞者以其庸器非常故不廞也以其樂師非一故諸官各廞不同

大卜掌三兆之灋一曰玉兆二曰瓦兆三曰原兆兆者灼龜發於火其形可占者其象似玉瓦原之舋罅是用名之焉上古以來作其法可用者有三原原田也杜子春云玉兆帝顓頊之兆瓦兆帝堯之兆原兆有周之兆○兆亦作垗音兆舋許覲反沈依聶氏音問云依字作璺璺玉之坼也龜兆文似之占人注同疏大卜至原兆○釋曰大卜所掌先三兆後三易次三夢者筮短龜長夢以叶卜筮故以先後為次○注兆者至之兆○釋曰云兆者灼龜發於火者此依下文菙氏云凡卜以明火爇燋遂吹其焌契是以火灼龜其兆發於火也云其形可占者則占人云君占

體大夫占色之等彼不云占玉瓦原體色中含之是其形可占也云象似玉瓦原之璺罅謂破而不相離也謂似玉瓦原之破裂或解以爲玉瓦原之色云是用名之焉者謂用是似玉瓦原名之爲玉兆瓦兆原兆也云上古以來其作法可用者有三者謂但卜筮是先聖王之所作蓋伏犧時已有其時未有此玉瓦原之名至顓頊以來始有此名故云然也云原原田也者謂若左氏僖二十八年傳云原田每每以其原與原田字同故爲此傳解也子春云玉兆帝顓頊之兆瓦兆帝堯之兆原兆有周之兆者趙商問此弁問下文子春云連山宓戲歸藏黃帝今當從此說以不敢問杜子春何由知之鄭答云此數者非無明文改之無據故著子春說而已近師皆以爲夏殷周鄭既爲此說故易贊云夏曰連山殷曰歸藏又注禮運云其書存者有歸藏如是玉兆爲夏瓦兆爲殷可知是皆從近師之說也按今歸藏坤開筮帝堯降二女爲舜妃又見節卦云殷王其國常毋谷若然依子春之說歸藏黃帝得有帝堯及殷王之事者蓋子春之意宓戲黃帝造其名夏殷因其名以作易故鄭云改之無據是以皇甫謐記亦云夏人因炎帝曰連山殷人因黃帝曰歸藏雖炎帝與子春黃帝不同是亦相因之義也

其經兆之體皆百有二十其頌皆千有二百

頌謂繇也三法體繇之數同其名占異耳百二十每體十繇體有五色又重之以墨坼也五色者洪範所謂曰雨曰濟曰圛曰蟊曰尅○繇直又反下同重直用反坼勑白反濟節細反又才禮反圛音亦蟊音濛劉莫溝反沈音謀

疏 其經至二百○釋曰云經兆者謂龜之正經云體者謂龜之金木水火土五兆之體云經兆之體名體爲經也云皆百有二十者三代皆同百有二十若經卦皆八然也若然龜兆有五而爲百二十者則兆別分爲二十四分云其頌千有二百者每體十繇故千二百也○注頌謂至曰尅○釋曰云頌謂繇者繇之說兆若易之說卦故名占兆之書曰繇云三法體繇之數同者上云三代兆有異此云皆百有二十皆千有二百故云體繇之數同也云其名占異者上云玉瓦原是名異其云占異者三代占兆無文異否不可知但三易名異占亦異則三兆名異占亦異可知故鄭云名占異也云百二十每體十繇也

者鄭欲解體百有二十而繇有千二百之意體既有百二十每體十繇則得千有二百也云體有五色又重之以墨坼也者按占人云君占體大夫占色史占墨卜人占坼彼注云體兆象色兆氣墨兆廣坼兆璺若然體色墨坼各不同今鄭云體有五色又重之以墨坼則四者皆相因而有也何者以其有五行兆體體中有五色既有體色則因之以兆廣狹爲墨又因墨之廣狹支分小璺爲坼每是皆相因之事也今每體有十繇其體有五色曰雨曰濟之等其色統得體每色皆有墨坼則五色中各有五墨坼含得五色不復別云五色似若八卦卦別重得七通本爲八卦總云八八六十四卦不復別云八卦以其六十四卦合有八卦故也云洪範所謂曰雨曰濟曰圛曰蟊曰尅者彼鄭注云曰雨者兆之體氣如雨氣然曰濟者兆之光明如雨止曰蟊者氣不澤鬱冥也曰圛者色澤者曰尅者氣色相犯入此鄭義若孔注則云有似雨者有似雨止者蟊謂陰闇圛氣落。圛不連屬尅兆相交錯與鄭異也

掌三易之灋一曰連山二曰歸藏三曰周易易者揲蓍變易之數可占者也名曰連山似山出。內氣。變也歸藏者萬物莫不歸而藏於其中杜子春云連山宓。戲。歸藏黃帝○揲時設反劉音舌宓音伏戲本又作虧音羲

【疏】注易者至黃帝○釋曰云易者揲蓍變易之數可占者也者按易繫辭云分而爲二以象兩掛一以象三揲之以四以象四時歸奇於扐以象閏此是揲蓍變易之數可占者也就易文卦畫七八爻稱九六用四十九蓍三多爲交錢六爲老陰也三少爲重錢九爲老陽也兩多一少爲單錢七爲少陽也兩少一多爲少陰也夏殷易以七八不變爲占周易以九六變者爲占按襄九年左傳云穆姜薨於東宮始往而筮之遇艮之八注云爻在初六九三六四六五上九惟六二不變連山歸藏之占以不變者爲正但周易占九六而云遇艮之八是據夏殷不變爲占之事云名曰連山似山出內氣也者此連山易其卦以純艮爲首艮爲山山上山下是名連山雲氣出內於山故名易爲連山歸藏者萬物莫不歸而藏於其中者此歸藏易以純坤爲首坤爲地故萬物莫不歸而藏於中故名爲歸藏也鄭雖不解周易其名周易者連山歸藏皆不言地號以義名易則周

非地號以周易以純乾爲首乾爲天天能周帀於四時故名易爲周也必以三者爲首者取三正三統之義故律曆志云黄鍾爲天統黄鍾子爲天正林鍾爲地統未之衝丑故爲地正大簇爲人統寅爲人正周以十一月爲正天統故以乾爲天首殷以十二月爲正地統故以坤爲首夏以十三月爲正人統人無爲卦首之理艮漸正月故以艮爲首也杜子春云連山宓戲歸藏黄帝者鄭志答趙商云非無明文改之無據且從子春近師皆以爲夏殷也

其經卦皆八其別皆六十有四

三易卦別之數亦同其名占異也每卦八別者重之數○重直龍反

疏其經至有四○釋曰云經卦皆八者謂以卦爲經卽周易上經下經是也皆八者連山歸藏周易皆以八卦乾坤震巽坎離艮兌爲本其別六十四鄭云謂重之數通本相乘數之爲六十四也○注三易至之數○釋曰云三易卦別之數亦同者三代易之卦皆八面別皆六十四亦如上三兆體別之數故云亦同云其名占異也者其名謂連山歸藏周易是名異也占異者謂連山歸藏占七八周易占九六是占異也云每卦八別者重之數者據周易以八卦爲本是八卦重之則得六十四何者伏犧本畫八卦直有三爻法天地人後以重之重之法先以乾之三爻爲下體上加乾之三爻爲純乾卦又以乾爲下體以坤之三爻加之爲泰卦又以乾爲本上加震之三爻於上爲大壯卦又以乾爲本上加巽於上爲小畜卦又以乾爲本上加坎卦於上爲需卦又以乾爲本上加離卦於上爲大有卦又以乾爲本上加艮於上爲大畜卦又以乾爲本加兌卦於上爲夬卦此是乾之一重得七爲八又以坤之三爻爲本上加坤爲純卦又以坤爲本上加乾爲否卦又以坤爲本上加震爲豫卦又以坤爲本上加巽爲觀卦又以坤爲本上加坎爲比卦又以坤爲本上加離爲晉卦又以坤爲本上加艮爲剝卦又以坤爲本上加兌爲萃卦是以通本爲八卦也自震巽坎離艮兌其法皆如此則爲八八六十四故鄭云別者重之數後鄭專以爲伏犧畫八卦神農重之諸家以爲伏犧畫八卦還自重之

掌三夢。之灋一曰致夢二曰觭夢三曰咸陟

夢者人精神所寤可占者致夢言夢之所至夏后氏作焉咸皆

也陟之言得也讀如王德翟人之德言夢之皆得周人作焉杜子春云觭讀爲奇偉之奇其字當直爲奇玄謂觭。讀。如諸戎掎之。掎掎亦得也亦言夢之所得殷人作焉○𦾔音夢本多作夢觭居綺反注掎同又紀宜反杜其宜反陟如字或音得[疏]注夢者至作焉○釋曰云夢者人精神所寤可占者謂人之寐形魄不動而精神寤見覺而占之故云精神所寤可占者也云致夢言夢之所至者馴致爲至故云夢之所至也云夏后氏作焉者上文三兆三易有子春所解且從子春至於餘文正解卽從近師所說此三夢子春等不說故卽從近師爲夏殷周也云讀如王德翟人之德者按僖二十四年左傳云王德翟人以其女爲后德亦爲得義故讀從之故杜子春讀觭爲奇偉之奇讀從家語玄謂觭讀如諸戎掎之掎掎亦得也者按襄十四年左傳云戎子駒支曰秦師不復我諸戎實然譬如捕鹿晉人角之諸戎掎之是掎爲得也

其經運十其別九十運或。爲緷當爲煇是視祲所掌十煇也王者於天日也夜有夢則晝視日旁之氣以占其吉凶凡所占者十煇每煇九變此術今亡○緷胡本反字林云大束也說文音運云緯也𩇯音徽煇音運祲子鴆反[疏]注運或至今亡○釋曰運或作緷者此經運十一部周禮或作緷字並不從故云當爲煇讀從視祲十煇之煇故引視祲所掌十煇爲證也云王者於天日也夜有夢則晝視日旁之氣以占其吉凶者此按占夢云以日月星辰占六夢之吉凶注引趙簡子夜夢日而日食史墨占之又視祲有十煇之法五曰闇先鄭云謂日月食餘九煇皆日旁氣故以日旁氣解之云凡所占者十煇每煇九變者此類上三兆三易皆有頌別之數此經煇十其別有九十以義言之明一煇九變故爲九十解之云此術今亡者數見十煇爲九十變此術今亡未知其義耳

以邦事作龜之八命一曰征二曰象三曰與四曰謀五曰果六曰至七曰雨八曰瘳國之大事待蓍龜而決者有八定作其辭於將卜以命龜也鄭司農云征謂征伐人也象謂災變雲物如衆赤烏之屬有所象似易曰天垂象見吉凶春秋傳曰天事恒象皆是也與謂予人物也謀謂謀議也果謂事成與不也至謂

至不也兩謂兩不也瘳謂疾瘳不也玄謂征亦云行巡守也象謂有所造立也易曰以制器者尚其象與謂所與共事也果謂以勇決爲之也若吳伐楚楚司馬子魚卜戰令龜曰鮒也以其屬死之楚師繼之尚大克之吉是也〇瘳勑留反命龜命亦作令螸音災見賢遍反鮒音附左傳作魴

疏以邦至曰瘳〇釋曰云以邦事者謂國家有大事須卜故特作龜而命之其事有八〇注國之至是也〇釋曰云國之大事待蓍龜而決者有八者謂此八者皆大事除此八者卽小事入於九筮也若然大事卜小事筮此既大事而兼言筮者凡大事皆先筮而後卜故兼言蓍也云定作其辭於將卜以命龜也者凡命龜辭大夫已上有三命筮辭有二士命龜辭有二命筮辭一知者按士喪禮命筮者命曰哀子某爲其父某甫筮宅度茲幽宅兆基無有後艱筮人許諾不述命注云既命而申之曰述不述者士禮略凡筮因會命筮爲述命及卜葬日云涖卜命曰哀子某來日某卜葬其父某甫考降無有近悔許諾不述命還卽席西面坐命龜注云不述命亦士禮略凡卜述命命龜異龜重威儀多也命筮云不述下無西面命筮明命共述命作一辭不述命則其所命龜筮辭兼在其中故曰因命也卜云不述命猶有西面命龜則知命龜與述命異故曰述命命龜異龜重威儀多是士禮命龜辭有二命筮辭有一之事大夫已上命筮辭有二命龜辭有三者按少牢云史執策受命於主人曰孝孫某來日丁亥用薦事於皇祖伯某以某妃配某氏尚饗史曰諾又述命曰假爾大筮有常孝。子某以下與前同以其述命述前辭以命筮冠述命首大夫筮既得述命卽卜亦得述命也是知大夫以上命龜有三命筮有二也先鄭云征謂征伐人也後鄭從之云象謂災變雲物如衆赤鳥之屬有所象似者按哀六年楚子卒是歲有雲如衆赤鳥夾日以飛三日使問諸周大史史曰其當王身乎若禜之可移令尹司馬是赤鳥之事云易曰天垂象見吉凶春秋傳曰天事恆象者昭十七年冬有星孛於大辰西及漢申須曰彗所以除舊布新也天事恆象是也此所解後鄭不從之與謂予人物後鄭亦不從云謀謂謀議後鄭從之果謂事成與不後鄭亦不從云至謂至不也兩謂兩不也瘳謂疾瘳不也此後鄭皆從也玄謂征亦云行巡守也者增成先鄭義知征兼有巡守者左氏傳鄭良霄云先王卜征五年歲襲其祥是征亦得爲巡。狩之事也云易曰以制器者尚其象者上繫辭文注云此者存於器象可得而用一切器物及造立皆是云與謂所與共事不從先鄭予人物者與物情義可知不須卜與人共事得失不可知故須卜也云果謂以勇決爲之若吳伐楚者昭十七年吳人伐楚陽匄爲令尹卜戰不吉司馬子魚曰我得上流何故不吉且楚故司馬令龜我請改卜令曰魴也以其屬死之楚師繼之尙大克之吉戰于長岸子魚先死楚師繼之大敗吳師是果決之事也

以八命者贊三兆三易三夢之占以觀國家之吉凶以詔救政鄭司農云以此八事命卜筮蓍龜參之以夢故曰以八命者贊三兆三易三夢之占春秋傳曰筮襲於夢武王所用玄謂贊佐也詔告也非徒占其事吉則爲否則止又佐明其繇之占演其意以視國家餘事之吉凶則告王救其政○演以善反

疏以八至救政○釋曰云以八命者贊三兆三易三夢之占以上文八事命龜之辭贊佐也佐明三兆三易三夢之占辭將此辭演出其意以觀國家之吉凶詔告也凶則吉凶救其政使王改過自新○注鄭司至其政○釋曰先鄭云以此八事命卜筮蓍龜參之以夢者先筮後卜聖人有大事必夢故又參之以夢云故曰以八命者贊三兆三易三夢之占者此先鄭不釋贊意後鄭增成其義云春秋傳曰筮襲於夢武王所用者按昭七年左傳云衞靈公之立成子以周易筮之遇屯之比以示史朝史朝曰元亨又何疑焉又云筮襲於夢武王所用也弗從何爲外傳曰大誓曰朕夢協朕卜襲於休祥戎商必克此外內傳相包乃具引之者證夢與卜筮相參也玄謂非徒占其事吉則爲否則止者此解以八命命龜之常事也云又佐明其繇之占演其意以視國家餘事之吉凶者以釋八命者贊三兆三易三夢之占以觀國家之吉凶也

凡國大貞卜立君卜大封則眡。高作龜卜立君君無家適卜可立者卜大封謂竟界侵削卜以兵征之若魯昭元年秋叔弓帥師疆鄆田是也視高以龜骨高者可灼處示宗伯也大事宗伯涖卜卜。用龜之腹骨骨近足者其部高鄭司農云貞問

也國有大疑問於蓍龜作龜謂鑿龜令可。爇也玄謂貞之爲問問於正者必先正之乃從問焉易曰師貞丈人吉作龜謂以火灼之以作其兆也春灼後左夏
灼前左秋灼前右冬灼後右士喪禮曰宗人受卜人龜示高涖卜受視反之又曰卜人坐作龜○右音示下同適丁歷反竟音境疆居良反鄆音運近附近之
近令力呈反爇人悅反
【疏】凡國至作龜○釋曰言凡國大貞者言凡非一貞正也凡國家有大事正問於龜之事有二則。有。二。則卜立君卜大封是也云
則眡高作龜者凡卜法在禰廟廟門閾外閾西南北面有席先陳龜於廟門外之西塾上又有貞龜貞龜謂正龜於閾外席上又有涖卜命龜眡高作龜六節
尊者宜逸卑者宜勞從下向上差之作龜眡高二者勞事以大貞事大故大卜身爲勞事則大宗伯臨卜其餘陳龜貞龜皆小宗伯爲之事也○注卜立至作龜
○釋曰鄭云君無冢適卜可立者若然君無冢適則有卜法按昭二十六年王后無適則擇立長年鈞以德德鈞以卜王不立愛公卿無私古之制也休以爲
春秋之義三代異建適媵別貴賤有姪娣以廣。親疏立適以長不以賢立子以貴不以長王后無適明尊之敬之義無所卜筮不以賢者人狀難別嫌有所私
故絕其怨望防其覬覦今如左氏言云年鈞以德德鈞以卜君之所賢人必從之豈復有卜隱桓之禍皆由是興乃曰古制不亦謬哉又大夫不世如幷爲公
卿通。計嗣之禮左氏爲短玄箴之曰立適固以長矣無適而立子固以貴矣今言無適則擇立長謂貴均如立長王不得立愛之法年均則會羣臣羣吏萬民
而詢之有司以序進而問大衆之中非君所能掩是王不得立愛之法也禮有詢立君示義在此距之而言謬失春秋與禮之義矣公卿之世立者有功德先王
之命有所不犯如是宅中卜立君亦是年均德均也云卜大封謂竟界侵削卜以兵征之若魯昭元年秋叔弓帥師。疆鄆田是也按彼莒魯爭鄆故魯叔弓往
定其疆界以其出兵故須卜知吉凶也云視高以龜骨高者可灼處示宗伯也者以鄭言示宗伯則示字不得爲視但古字通用以目視物以物示人同爲視
也知大事宗伯。臨卜者按大宗伯云祀大神享大鬼祭大示帥執事而卜日官尊故知涖卜也云大事宗伯臨則小事不使宗伯故下文云凡小事涖卜是大

卜臨之也云卜用龜之腹骨骨近足者其部高者言龜近四足其下腹骨部然而高高處灼之也先鄭云貞問也者謂正意問龜非謂訓貞為問也云國有大疑問於蓍龜者義取尚書洪範云女則有大疑謀及乃心謀及卜筮是也云作龜謂鑿令可爇也者按下。華氏云凡卜以明火爇燋鑿即灼也故云令可爇也玄謂易曰師貞丈人吉者此師卦繇辭丈人者嚴莊之辭則法須嚴莊則吉云作龜謂以火灼之以作其兆也者作謂發使璺拆云春灼後左已下並取義於禮記中庸故彼云國家將興亡見於蓍龜動於四體鄭注云四體龜之四足亦云春占後左夏占前左秋占前右冬占後右彼云占此云灼即灼而占之亦一也云士喪禮者彼謂卜葬日引之證有示高作龜之事彼云事宗族長尊故云臨卜也

大祭祀則眡高命龜

命龜告龜以所卜之事不親作龜者大祭祀輕於大貞也士喪禮曰宗人即席西面坐命龜

【疏】大祭至命龜○釋曰云不親作龜者大祭祀輕於大貞也者大貞之內有立君大封大卜作龜不命龜此大祭祀不作龜進使命龜作龜作龜是勞事故云大祭祀輕於大貞也引士喪禮宗人即席西面坐命龜者證天子命龜處所與士禮同

凡小事涖卜

代宗伯

【疏】凡小事涖卜○釋曰凡大事卜小事筮若事小當入九筮不合入此大卜大卜云小事者此謂就大事中差小者非謂筮人之小事也小事既大卜涖卜則其餘仍有陳龜已下則陳龜貞龜命龜視高皆卜師為之其作龜則卜人也大宗伯六命卿小宗伯四命中大夫大卜亦四命下大夫卜師上士卜人中士以大宗伯涖卜大卜視高作龜其中陳龜貞龜命龜皆小宗伯為之下文大遷大師大卜貞龜貞龜上有涖卜亦大宗伯為之陳龜亦宜小宗伯也其命龜視高卜師作龜卜人次下云凡旅陳龜則涖卜仍是大宗伯貞龜命龜視高皆卜師亦卜人作龜次下云凡喪事命龜命龜之上有陳龜貞龜亦小宗伯涖卜還是大宗伯視高作龜卜師也

國大遷大師則貞龜

正龜於卜位也士喪禮曰卜人抱龜燋先奠龜西面是也又不親命龜亦大遷大師輕於大祭祀也○燋哉約反

【疏】國大至貞龜○釋曰正龜於卜位卜位即闑外席上也故引士喪禮為證也云又不

親命龜亦大遷大師輕於大祭祀者以命龜在貞龜後而爲勞故云輕於大祭祀也

凡旅陳龜陳龜於饌處也士喪禮曰卜人先奠龜於西塾上南首是也不親貞龜亦以卜旅祭非常輕於大遷大師。也○塾音孰舊音育疏凡旅陳龜○釋曰云陳龜於饌處也者饌處謂在西塾南首故引士喪禮爲證也云亦以卜旅祭非常輕於大遷大師者按大宗伯國有故旅上帝及四望則祀天亦是大祭祀而輕於大遷大師退在下者鄭以旅爲非常祭故也

凡喪事命龜重喪禮次大祭祀也士喪禮則筮宅卜日天子卜葬兆凡大事大卜陳龜貞龜命龜視高其他以差降焉疏凡喪事命龜○釋曰云重喪禮次大祭祀也者大祭祀大卜非直命龜兼視高此喪事亦命龜與大祭祀同但不兼視高卽輕於大祭祀也但以喪事爲終故文退在凡旅下也云士喪禮則筮宅卜日天子卜葬兆者欲見此經天子法卜葬日與士同其宅亦卜之與士則異孝經云卜其宅兆亦據大夫以上若士則筮宅也云凡大事大卜陳龜貞龜命龜視高者據此大卜所掌皆是大事故大卜或陳龜或貞龜或視高雖不言作龜於大貞亦作龜不言之者在其他以差降之中云其他以差降者更有臨卜已下至作龜官之尊卑以次爲之是也按上所解陳龜在前重於命龜而士喪禮卜人卑而陳龜宗人尊而命龜在後者士之官少故所勑不依官之尊卑也

卜師掌開龜之四兆一曰方兆二曰功兆三曰義兆四曰弓兆開。開出其占書也經兆百二十體。今言四兆者分之爲四部若易之二篇書金縢曰開籥見書是謂與其云方功義弓之名未聞○與音餘疏卜師至弓兆○釋曰云開開出其占書也者鄭意兆出於龜其體一百二十今云用龜之四兆謂開出其占兆之書分爲四部若易之二篇故引金縢爲證也云開籥見書謂啓匱以籥乃見其書云是謂與者但開出占兆書爲四兆以意言無正文故云是謂與以疑之云其云方功義弓之名未聞者但名此四部爲方功義弓必有其義但無文以言疑事無

貿故云未聞也凡卜事眂高示涖卜也【疏】凡卜事眂高○釋曰按上大卜而言則大貞使大卜眂高今云凡卜眂高者謂大卜不眂高者皆卜師眂高以龜處示臨卜也高揚火以作龜致其墨揚猶熾也致其墨者。孰灼之明其兆【疏】揚火至其墨○釋曰致其墨者孰灼之明其兆者按占人注墨兆廣也墨大坼明則逢吉坼稱明墨稱大今鄭云孰灼之明其兆以解墨者彼各偏據一邊而言其實墨大兼明乃可得吉故以明解墨

凡卜辨龜之上下左右陰陽以授命龜者而詔相之所卜者當各用其龜也大祭祀喪事大卜命龜則大貞小宗伯命龜其他卜師命龜卜人作龜。卜。人。作。龜則亦辨龜以授卜師上仰者也下俯者也左左倪也右右倪也陰後弇也陽前弇也詔相告以其辭及威儀○辨如字劉皮勉反倪五計反又五未反弇於檢反【疏】凡卜至相之○釋曰卜師辨此龜上下左右陰陽六種授命龜者據大卜命龜之無定俱是命龜卽辨而授之○注所卜至威儀○釋曰云所卜者當各用其龜也者卽上下左右陰陽者是也云大祭祀喪事已下皆據大卜而言鄭知大貞小宗伯命龜者以其大貞大卜下大夫視高視高之上有命龜貞龜陳龜小宗伯中大夫尊於大卜卑於大大宗伯故知大貞小宗伯命龜也云其他卜師命龜者其他謂凡小事大卜臨卜大遷大師大卜貞龜凡旅陳龜如此之輩則卜師命龜卜師命龜則卜人作龜卜人灼龜則亦辨龜以授卜師按序官卜人中士八人於此不命列其職者以其與卜師同職不見之也云上仰者也者爾雅云仰者謝言此經上卽爾雅云仰者也此已下皆據爾雅及下文而言按爾雅云龜俯者靈行頭低仰者謝行頭仰前弇諸果甲前長後弇諸獵甲後見左倪不類行頭左痺右倪不若行頭右痺故鄭據而言焉云詔相告以其辭及威儀者辭謂命龜之辭威儀者謂若士喪禮卜日在廟門外臨卜在門東西面龜在閾外席上西首執事者門西東面行立皆是威儀之事也

龜人掌六龜之屬各有名物天龜曰靈屬地龜曰繹屬東龜曰果屬西龜曰靁

屬南龜曰獵屬北龜曰若屬各以其方之色與其體辨之屬言非一也色謂天龜玄地龜黃東龜青西龜白南龜赤北龜黑龜俯者靈仰者繹前弇果後弇獵左倪靁右倪若是其體也東龜南龜長前後在陽象經也西龜北龜長左右在陰象緯也天龜俯地龜仰東龜前南龜卻西龜左北龜右各從其耦也杜子春讀果爲贏○繹音亦果魯火反注贏同靁力胄反又如字卻起略反

疏龜人至辨之○釋曰云各有名物物色也六方之龜各有其名其色各異也○注屬言至爲贏○釋曰云龜俯者靈已下鄭亦取爾雅云俯者靈此云天龜曰靈屬爲一物但天在上法之故向下低也爾雅云仰者繹此云地龜曰繹同稱故爲一物但地在下法故向上仰爾雅云前弇果此云東龜曰果同稱果故爲一物但在陽方故甲向前長而前弇也云後弇獵者爾雅云後弇獵此云南龜曰獵故爲一物亦在陽方故甲後長而後弇云左倪靁者爾雅云左倪不類不類卽雷一也以其在陰方故不能長前後而頭向左相睥睨然云右倪若者爾雅云右倪不若不若卽若也同稱若故爲一物亦在陰方故亦不長前後而頭向右睥睨然云是其體也者體有二法此經體據頭甲而言占人云君占體體謂兆象與此異也云東龜南龜長前後在陽象經也者據甲而言凡天地之閒南北爲經東西爲緯云西龜北龜長左右在陰象緯也者據頭爲說此解稱果獵之意云天龜俯地龜仰東龜前南龜卻西龜左北龜右各從其耦者此鄭解兩兩相對爲長短低仰之意也杜子春讀果爲贏者此龜前甲長後甲短露出邊爲贏露得爲一義故鄭引之在下

凡取龜用秋時攻龜用春時各以其物入于龜室六龜各異室也秋取龜及萬物成也攻治也治龜骨以春是時乾解不發傷也○解音蟹一音佳買反

疏注六龜至傷也○釋曰云各以其物入于龜室龜有六室物色也六龜各入於一室以其蓍龜歲易秋取春攻訖卽欲易去前龜也

上春釁龜祭祀先卜釁者殺牲以血之神之也鄭司農云祭祀先卜者卜其日與其牲玄謂先卜始用卜筮者言祭言祀尊焉天地之也世本作曰巫咸作筮卜未聞其人也

是上春者夏正建寅之月月令孟冬云釁祠龜策相互矣秦以十月建亥爲歲首則月令秦世之書亦或欲以歲首釁龜耳○釁許靳反【疏】注釁者至龜耳○釋曰云釁者殺牲以血之神之也者謂若禮記雜記云廟成則釁之廟用羊地夾室用雞之類皆是神之故血之也先鄭云祭祀先卜者卜其日與其牲後鄭不從者以其此官不主卜事故不從也故解先卜始用卜筮者云言祭言祀尊焉天地之也者按大宗伯天稱禋祀地稱血祭是天地稱祭祀今此先卜是人應曰享而云祭祀與天地同稱故云尊焉天地之也云世本作曰巫咸作筮卜未聞其人也者曲禮云卜筮者先聖王之所以信時日其易所作卽伏犧爲之矣但未有探蓍之法至巫咸乃教人爲之故巫咸得作筮之名未聞其源世本又不言其人故云未聞其人也云是上春者夏正建寅之月月令孟冬云釁祠龜策相互矣者然周與秦各二時釁龜策月令孟冬亦釁之周以建寅上春釁秦亦建寅上春釁之故云相互也云秦以十月建亥爲歲首則月令秦世之書亦或欲以歲首釁龜耳○若據此注則周秦各一時釁此鄭兩解按月令秦注云周禮龜人上春釁龜謂建寅之月秦以其歲首使大史釁龜策與周異矣彼注與此後注義同也

若有祭祀則奉龜以往奉猶送也送之所當於卜【疏】若有至以往○釋曰此云祭事不辨外內則外內俱當卜皆奉龜以往所當卜處

旅亦如之喪亦如之【疏】旅亦至如之○釋曰旅謂祈禱天地及山川喪謂卜葬宅及日皆亦奉龜往卜處也按爾雅有十龜一曰神龜龜之最神明者二曰靈龜涪陵郡出大龜甲可以卜緣中文似瑇瑁俗呼爲靈龜卽今大觜蠵龜也一名靈蠵能鳴也三曰攝龜小龜也腹甲曲折解能自張閉好食蛇江東呼爲陵龜也四曰寶龜大寶龜也五曰文龜甲有文采者也河圖曰靈龜負書丹甲青文六曰蓍龜常在蓍叢下也七曰山龜八曰澤龜九曰水龜十曰火龜龜山澤水火皆說生出之處所也火龜猶火鼠也

菙氏掌共燋契以待卜事杜子春云燋讀爲細目燋之燋或曰如薪樵之樵謂所爇灼龜之木也故謂之樵契謂契龜之鑿也詩云

爰始爰謀爰契我龜玄謂士喪禮曰楚焞置于燋在龜東楚焞即契所用灼龜也燋謂炬其存火○華又本作垂同時髓反燋哉約反李又俎堯反一音哉益反契苦計反劉苦絜反樵在消反焞吐敦反又徒敦反又在悶反又祖悶反一音純本一音祖館反炬具呂反

【疏】華氏至卜事○釋曰子春讀燋樵二者皆作俗讀爲柴樵之樵後鄭不從依音爲雀意取莊子爝火之義熒熒然也玄謂士喪禮曰楚焞置于燋在龜東者謂陳龜於西塾上龜南首燋在龜東置楚焞于上言楚焞者謂荊爲楚用之焞龜開兆故云楚焞也

凡卜以明火爇燋遂龡其焌契以授卜師遂役之

杜子春云明火以陽燧取火於日焌讀爲英俊之俊書亦或爲俊玄謂焌讀如戈鐏之鐏謂以契柱燋火而吹之也契既然以授卜師用作龜也役之使助之○焌音俊又存悶反又祖悶反李祖館反鐏存悶反劉祖悶反杜張注反

【疏】凡卜至役之○釋曰云遂吹其焌契以授卜師者謂若大卜視高已上則卜師作龜故以焌契授卜師若差次使卜人作龜則授卜人言遂役之者因事曰遂以因授契訖即授卜師所役使也○注杜子至助之○釋曰子春云明火之陽燧取火於日者此秋官司烜氏職文謂將此明火以燒爇燋使然也云焌讀爲英俊之俊者意取荊樵之中英俊者爲楚焞用之灼龜也後鄭讀焌爲戈鐏之鐏者讀從曲禮云進戈者前其鐏意取鋭頭以灼龜也云謂以契柱燋火而吹之也者解經遂吹其焌契謂將此焌契以柱於燋火吹之使熾也

占人掌占龜以八簭占八頌以八卦占簭之八故以眂吉凶

占人亦占筮言掌占龜者筮短龜長主於長者以八筮占八頌謂將卜八事先以筮筮之言頌者同於龜占也以八卦占筮之八故謂八事不卜而徒筮之也其非八事則用九筮占人亦占焉○簭音筮長如字下同

【疏】占人至吉凶○釋曰云占人亦占筮言掌占龜者筮短龜長主於長者占筮即此經云以八筮占八頌又云以八卦占筮之八故並是占筮故首云掌占龜不云占筮故云主於長者也鄭知筮短龜長者按左氏僖四年傳云初晉獻公欲以驪姬爲夫人卜之不吉筮之吉公從筮卜人曰筮

短龜長不如從長是龜長筮短之事龜長者以其龜知一二三四五天地之生數知本易知七八九六之成數知末是以僖十五年傳韓簡云龜象也筮數也物生而後有象象而後有滋滋而後有數故象長知易曆三聖而窮理盡性云短者以其易雖窮理盡性仍六經並列龜之繇辭譬若讖緯圖書不見不可測量故爲長短馬融曰云筮史短龜史長者非鄭義也云以八筮占八頌謂將卜八事先以筮筮之者凡大事皆先筮而後卜此八還是上文大事之八也凡筮之卦自用易之爻占之龜之兆用頌辭占之今言八筮占八頌者鄭云同於龜占也以其吉凶是同故占筮之辭亦名頌故云同於龜占龜占則繇辭是也云以八卦占筮之八故謂八事不卜而徒筮之也者此出人君之意此八事卽大卜大事之八故令先筮後卜今人君欲得徒筮吉凶占則行之不假更卜故云占筮之八故云非八事則用九筮占人亦占焉者此云九筮卽下筮人所云凡九筮是也知占人亦占焉者以其占人於此占筮明下九筮亦占可知也

卜簭君占體大夫占色史占墨卜人占坼。體兆象也色兆氣也墨兆廣也坼兆璺也體有吉凶色有善惡墨有大小坼有微明尊者視兆象而已卑者以次詳其餘也周公卜武王占之曰體王其無害凡卜。象吉色善墨大坼明則逢吉

疏 凡卜至占坼○釋曰此君體已下皆據卜而言而兼云筮者凡卜皆先筮故連言之云體兆象也者謂金木水火土五種之兆言體言象者謂兆之墨縱橫其形體象以金木水火土也凡卜欲作龜之時灼龜之四足依四時而灼之其兆直上向背者爲木兆直下向足者爲水兆邪向背者爲火兆邪向下者爲金兆橫者爲土兆是兆象也云色兆氣也者就兆中視其色氣似有雨及雨止之等是兆色也墨兆廣也者據兆之正璺處爲兆廣坼兆璺者就正墨。旁有奇璺鏬者爲兆璺也云體有吉凶色有善惡墨有大小坼有微明者據鄭後云象吉色善墨大坼明則逢吉若然則此四者各舉一邊而言則善與大及明皆是吉惡小及微皆凶也引周公卜武王者是尚書金縢彼爲武王有疾不愈恐死周公欲代武王死爲三壇因告太王王季文王以請天未知天之許不故壇所卽卜。云三龜一習吉啓籥見書乃幷是

吉周公曰體王其無害引之者證君占體之事也

凡卜簭既事則繫幣以比其命歲終則計其占之中否杜子春云繫幣者以帛書其占繫之於龜也云謂既卜筮史必書其命龜之事及兆於策繫其禮神之幣而合藏焉書曰王與大夫盡弁開金縢之書乃得周公所自以爲功代武王之說是命龜書○轂音係比毗志反一音必履反中丁仲反疏凡卜至中否○釋曰既事者卜筮事訖卜筮皆有禮神之幣及命龜筮之辭書其辭及兆於簡策之上并繫其幣合藏府庫之中至歲終總計占之中否而句考之○注杜子至龜書○釋曰子春云繫幣者以帛書其占繫之於龜也者後鄭不從云書其命龜之事及兆於策者云既卜筮即筮亦有命筮之辭及卦不言者舉龜重者而略筮不言可知或有筮短龜長直據龜而言其筮則否書曰已下亦金縢文案彼武王崩後周公將攝政遭管蔡流言成王未寤遭雷風之變王與大夫盡弁弁謂爵弁應天變之服以啓金縢之書乃得周公所自以爲功之事也事謂請命之事故云代武王之說是命龜書也引之證比其命藏之事也

簭人掌三易以辨九簭之名一曰連山二曰歸藏三曰周易九簭之名一曰巫更二曰巫咸三曰巫式四曰巫目五曰巫易六曰巫比七曰巫祠八曰巫參九曰巫環以辨吉凶此九巫讀皆當爲筮字之誤也更謂筮遷都邑也咸猶僉也謂筮衆心歡不也式謂筮制作法式也目謂事衆筮其要所當也易謂民衆不說筮所改易也此謂筮與民和比也祠謂筮牲與日也參謂筮御與右也環謂筮可致師不也○巫音筮比毗志反注同僉七廉反說音悦下同疏簭人至吉凶○釋曰此簭人掌三易者若卜用三龜此簭人用三易故云掌三易也○注此九至不也○釋曰鄭破巫爲筮者此筮人掌筮不主巫事故從筮也云更謂筮遷都邑也者此遷都謂公卿大夫之都邑鄭答趙商若武王遷洛盤庚遷殷之等則卜故大卜有卜大遷之事云咸猶僉也謂筮衆心

歡不也者謂國有營建之事恐衆心不齊故筮之也云式謂筮制作法式也者式是法式故知制作法式也云目謂事衆筮其要所當也者是要目之事故論語顏回云請問其目鄭云欲知其要顏回意以禮有三百三千卒難周備故請問其目此云事衆故亦筮其要目所當者也云易謂民衆不說筮所改易者改易之事上既有更爲遷都邑故以此易爲民衆不和說須筮改易政教之事云比謂筮與民和也者比是相親比之事故比卦云建萬國親諸侯故知比爲筮與民和比云祠謂筮牲與日也者按大卜大祭祀而卜之今此祀不卜而筮者彼大祀用卜此謂小祭祀故用筮也云參謂筮御與右也者云參謂參乘之事故知是御及車右勇力與君爲參乘故筮之也云環謂筮可致師不者此環與環人字同彼環人注致師引宣公十二年楚許伯御樂伯攝叔爲右以致晉師之事明此經筮環亦是主致師以卜之事也趙商問僖十五年秦晉相戰晉卜右慶鄭吉襄二十四年晉致楚師求觀於鄭鄭人卜宛射犬吉皆用卜今此用筮何鄭答天子具官有常人非一人致筮可使者諸侯患官無常人故臨時卜之也且此云筮是國之大事先筮而後卜曲禮注引春秋獻公卜娶驪姬不吉公曰筮之請明所據又尚書龜從

凡國之大事先簭而後卜

當用卜者先筮之即事有漸也於筮之凶則止不卜 疏 注當用至不卜○釋曰此大事者即大卜之八命及大貞大祭祀之事大卜所掌者皆是大事皆先筮而後卜故鄭云當用卜者先筮之即事漸也者筮輕龜重賤者先即事故卜即事漸也云於筮之凶則止不卜者曲禮云卜筮不相襲若筮不吉而又卜是卜襲筮故於筮凶則止不卜按洪範云龜從筮逆又云龜筮共違於人彼有先卜後筮筮不吉又卜與此經違者彼是箕子所陳用殷法殷質故與此不同

上春相簭

相謂更選擇其蓍也蓍龜歲易者與○相息亮反注同與音餘 疏 注相謂至者與○釋曰上春謂建寅之月歲之始除舊布新故更選擇其蓍易去其舊者據此則蓍歲易也兼云龜者龜人云攻龜用春時明亦以新易故故知龜亦歲易此龜之歲易者謂龜人天地四時之龜若大寶龜等非常用之龜不歲易

凡國事共簭

附釋音周禮注疏卷第二十四

周禮注疏卷二十四校勘記　阮元撰盧宣旬摘錄

附釋音周禮注疏卷第二十四

磬師

凡祭祀奏縵樂　唐石經岳本嘉靖本同余本閩監毛本凡誤及石經考文提要云宋本九經宋纂圖互注本宋附釋音本余仁仲本皆作凡祭祀

鍾師

金謂鍾及鎛　閩監本鎛誤鏄疏同

納夏　唐石經諸本同釋文作夏納云本或作納夏經義雜記曰左傳襄四年金奏肆夏之三杜注四曰納夏釋文作夏納云本或作納夏誤又春秋正義曰定本納夏爲夏納依陸氏之書知舊本是夏納今周禮作納夏非也

齊夏　釋文齊本又作齋按齋俗字○按齌者正字齊者假借字

祴夏　余本嘉靖本同釋文唐石經作祴夏字從衣宋人書衣示往往不加區別閩監毛本因作祴矣注及疏并下笙師同○按祴見說文示部祴宗廟奏祴樂也唐石經從衣乃大誤

金奏肆夏三　浦鏜云夏下脫之

繁遏執傹也余本岳本同嘉靖本作傹閩監毛本傹改競非下同釋文作埶傹云詩作競

渠思文余本岳本嘉靖本閩本同監毛本文下增也

趨以采茨閩監毛本茨作薺

周南終麟止閩監毛本止改趾非此與詩釋文合○按足趾字古作足止止乃正字

鼓讀如莊王鼓之鼓漢讀考云莊王鼓之見宣十二年公羊傳當云莊王鼓之之鼓今脫一之字

笙師

掌教歙竽笙塤籥簫箎篴管余本閩監毛本同唐石經嘉靖本箎作篪爲是

箎七空余本空作孔下仍作空按當並作孔釋文七空音孔下同經注本作空者據釋文本改也賈疏亦作空

杜子春讀篴爲蕩滌之滌漢讀考云爲當作如

司農云七孔上引注作空引廣雅作孔此亦當作空涉上廣雅誤

其端有兩空閩監毛本空改孔非

鎛師閩監本鎛誤鏄注及疏同

春秋傳所謂賓將趨者掌固注引作賓將趨者今左傳作賓將掫說文同禮說云左傳扞掫齊世家作爭趣按趨趣掫皆聲相近

金奏之樂者卽八音是也 閩監毛本無者

旦明五通爲發昫 監本昫誤眗

韎師 唐石經諸本同字從未閩本作韎誤○按說文从韋末聲五經文字作韎音末五經文字从末則唐石經从未誤也

旄人

西夷之樂曰株離 閩監毛本株改侏

爲其聲歌是也 浦鏜云與誤爲

籥師

文舞有持羽吹籥者 余本舞誤武

籥章

掌土鼓豳籥 唐石經嘉靖本同閩監毛本豳作豳

豳籥豳國之地竹 釋文音經豳籥云注邠同段玉裁取此爲經用古字注用今字之一證今本皆改爲豳矣

伊耆氏之樂 釋文耆又作帆阢二皆音耆○按从几聲是从九聲則非余本載音義作阢是也

並不言有祀事 閩監毛本並改并

田祖先嗇者也浦鏜云也云誤者也

七月又有穫稻作酒躋彼公堂稱彼兕觥萬壽無疆之事閩監毛本同余本嘉靖本穫作穫觥作觵按釋文躋堂子兮反無彼公二字蓋陸本作躋堂稱觵萬壽無疆之事注約舉其事非引詩全文也惠校本刪彼公彼兕四字

亦各有葦籥可知浦鏜云各疑合字誤

鞮鞻氏

南方曰任釋文曰任任音壬葉鈔本作音任則陸本注當作南方曰壬

持弓助時養浦鏜云羽誤弓從白虎通校○按此等未可肊定爲誤

皆於四門之外有辟是也閩本同監毛本有作右是也○按右辟猶右邊也如左傳之西辟

陽伯之樂舞株離閩本同監毛本株作侏下並同

言象萬物生株離惠校本生株離作生離根株也

四夷之樂誰謂舞閩本同監毛本刪謂按謂疑當作爲

以其下季春云大合祭浦鏜云樂誤祭

典庸器

又籍晉之功　浦鏜云藉誤籍

帥其屬而設筍虡　唐石經諸本同毛本虡改簴此本及毛本帥誤師

從者爲鐻　釋文爲鐻音距舊本作此字今或作虡按經作虡注作鐻此亦段玉裁經作古字注作今字之證也鐻在漢爲今字

司干

受干與羽籥也　浦鏜云授誤受下並同

鎛師云擊晉鼓　浦鏜云主誤云

大卜

掌三兆之灋　唐石經諸本同釋文作三𠧞云亦作兆按古文經當作𠧞注從今字作𠧞今本後人援注所改○謂前說非也經注皆未嘗作𠧞𠧞乃俗字後人所造竄入說文者周禮有作𠧞者俗本耳

其象似玉瓦原之舋罅　余本嘉靖本同閩本舋誤亹監毛本改舋按釋文作舋云依字作舋則本不作舋可知葉鈔釋文罅作呼

上古以來作其法可用者有三　賈疏引注作上古以來其作法可用者有三讀亦異

此依下文華氏云　閩本蕐誤華監本誤蕐

遂吹其焌契　閩本同監毛本吹改歈

頌謂繇也岳本繇改䌛俗字下同釋文亦作繇

曰蝨曰尅岳本嘉靖本尅作剋

圛氣落圛不連屬按落圛當作驛

似山出内氣變也閩本同余本嘉靖本監毛本無變字臧禮堂云春秋襄九年正義引此注作出内雲氣也今本作氣變誤按賈疏云雲氣出内於山故名易爲連山是賈疏本本作雲氣當據正

連山虙戲余本嘉靖本閩監毛本作宓戲此本疏中引注亦作宓釋文宓作虙戲本又作虧音羲

三少爲重錢閩監毛本作單錢當據正此複下

天能周帀於四時閩監毛本帀誤布

掌三夢之灋唐石經諸本同釋文作三𧮮不成字蓋說文㝱字之譌耳㝱者正字夢者假借字也

讀如諸戎掎之掎監本上掎誤荷漢讀考作讀爲諸戎掎之之掎云下云掎亦得也可知鄭之易字矣今本作讀如非

運或爲緷當爲煇釋文出作緷爲煇四字則上爲當是作

孝子某以下與前同浦鏜云孫誤子

是征亦得爲巡狩之事也閩監毛本狩作守

則眡高作龜釋文作視高非

卜用龜之腹骨余本嘉靖本同閩監毛本用誤因按賈疏引注亦作用

令可爇也葉鈔釋文爇作𤎩爲是

正問於龜之事有二則有二則監毛本删一有二則閩本上則作其

有姪娣以廣愛疏閩監毛本愛作親

如并爲公卿通計嗣之禮浦鏜云計疑繼字誤

叔弓帥師壃鄆田是也閩監毛本壃改疆下壃界同

知大事宗伯臨下者閩監毛本臨改涖

按下華氏云閩監毛本華誤華

作謂發使璺拆閩本同監毛本璺改釁非

輕於大遷大師也閩監毛本同余本岳本嘉靖本無也

卜師

開開出其占書也余本不重開字此衍○按據疏亦重開字然余本爲是

今言四兆者　閩監毛本同余本嘉靖本今作此

孰灼之明其兆　浦鏜云爇誤孰疏同從集注校○按浦鏜誤也灼者灸也灸之不熟其兆不明孰者今之熟字爇之訓燒也古皆言灼龜未有言爇龜者

卜人作龜卜人作龜　余本脫一卜人作龜

龜人

左倪靁　此本及閩監毛本靁誤靈今據余本岳本嘉靖本訂正

杜子春讀果爲羸　閩監毛本同誤也余本岳本嘉靖本羸作蠃當據正釋文音經果魯火反注蠃同

但未有探著之法　浦鏜云揲誤探

亦或欲以歲首釁龜耳若　浦鏜云者誤若

與周異矣　毛本矣改也

六曰著龜　浦鏜云筮誤著○按此不誤賈氏所據爲長

常在著叢下也　閩監毛本也改潛伏二字

菙氏　唐石經諸本同葉鈔釋文作垂氏云本又作菙余本載音義同

燋讀爲細目燋之燋或曰如薪樵之樵 漢讀考云爲當作如細目燋讀同焦其字不當從火轉寫誤也曰如當作讀爲

遂歙其焌契 說文焌然火也从火夋聲周禮曰遂籥其焌焌火在前以焞焯龜按今本籥作歙者從炊省也〇按說文籥从龠炊聲

以柱於樵火 浦鏜云燋誤樵

占人

占人亦占筮 岳本筮改簭非凡經作簭注作筮

坼兆璺也 余本嘉靖本閩本同監毛本璺改釁非〇按璺璺璺皆俗字釁是正字凡小學必推其源流而後定其是非

凡卜象吉 諸本同浦鏜云體誤象疏同

就正墨旁有奇釁罅者 閩本同監毛本旁改傍

故壇所卽卜云 浦鏜云云疑衍

則繫幣 唐石經諸本同釋文作則毄音係〇按古文假毄爲係凡作繫者皆後人所改俗字也

簭人

故知其御及車右勇力 閩本同監毛本其改是

求覯於鄭　浦鏜云御誤覯

鄭人卜宛射犬吉　閩本同監毛本犬誤大

周禮注疏卷二十四校勘記

附釋音周禮注疏卷第二十五

鄭氏注　　　　賈公彦疏

占夢。掌其歲時觀天地之會辨陰陽之氣其歲時今歲四時也天地之會建厭所處之日辰陰陽之氣休王前後○夢本又作寢音同厭於琰反王于況反

疏注其歲至前後○釋曰鄭云其歲時今歲四時也者但天地之會陰陽之氣年年不同若今歷日今歲亦與前歲不同故云今歲四時也云天地之會建厭所處之日辰者建謂斗柄所建謂之陽建故左還於天厭謂日前一次謂之陰建故右還於天故堪輿天老曰假令正月陽建於寅陰建在戌日辰者日據幹辰據支云陰陽之氣休王前後者案春秋緯云王者休王所勝者死相所勝者囚假令春之三月木王水生木水休木勝土土死木王火相王所生者相相所勝者囚火勝金春三月金囚以此推之火王金王水王義可知觀此建厭所在辨陰陽之氣以知吉凶也以

日月星辰占六夢之吉凶日月星辰謂日月之行及合辰所在春秋昭三十一年十二月辛亥朔日有食之是夜也晉趙簡子夢童子倮而轉以歌旦而日食占諸史墨對曰六年及此月也吳其入郢乎終亦弗克入郢必以庚辰日月在辰尾庚午之日日始有謫火勝金故弗克此以日月星辰占夢者其術則今八會其遺象也用占夢則亡○倮魯火反轉如字又張戀反郢以井反劉餘政反適直革反

疏以日至吉凶○釋曰六夢者卽下云一曰二曰是也以日月星辰占知者謂夜作夢旦於日月星辰以占其夢以知吉凶所在○注日月至則亡○釋曰張逸問占夢注云春秋昭三十一年十二月辛亥朔日有食之是夜也趙簡子夢童子倮而轉以歌旦而日食占諸史墨對曰六年及此月也吳其入郢乎終亦弗克入郢必以庚辰日月在辰尾庚午之日日始有謫火勝金故弗克此以日月星辰占夢者不知何術占之前問不了答曰日月在辰尾夏之九月辰在房未有尾星建戌厭寅寅與申對辰與戌

對申近庚辰與戌對故知庚辰辰下爲主人故。于爲主人金侵火故不勝雖不勝卽復故云弗克日有適氣時九月節者以庚午在甲子篇辛亥在甲辰篇也中有甲戌甲申甲午戌一月也從庚午以下四日從甲辰至辛亥八日并之十二日通同四十二日如是庚午之日當在八月十九日故言時得九月節也言雖不勝卽復者以其庚金午火位相連故云雖不勝卽復也言雖不勝者吳君臣爭宮秦救復至不能定楚是其不勝不能損吳是明卽復也問曰何知有此厭對之義乎答曰按堪輿黃帝問天老事云四月陽建於巳破於亥陰建於未破於癸是爲陽破陰陰破陽故四月有癸亥爲陰陽交會十月丁巳爲陰陽交會言未破癸者卽是未與丑對而近癸也交會惟有四月十月也若有變異之時十二月皆有建厭對配之義也云則今八會其遺象也者按堪輿大會有八也小會亦有八服氏云是歲歲在析木後六年在大梁大梁水宗十一月日在星紀爲吳國分楚之先顓頊之子老童。老。童楚象行歌象楚走哭姬姓日月在星紀星紀之分姬姓吳也楚衰則吳得志吳世世與楚怨楚走去其國故曰吳其入郢吳屬水分水數六十月水位故曰六年及此月也有適而食故知吳終亦不克有彼注云後六年定四年十一月閏餘十七閏在四月後其十一月晦晦庚辰吳入郢在立冬後復此月也十二月辛亥日會月於龍尾而食庚午日初有適故曰庚辰一日日月在辰尾尾爲亡臣是歲吳始用子胥之謀以伐楚故天垂象又注云午火庚金也火當勝金而反有適故爲不克晉諸侯之霸與楚同盟趙簡子爲執政之卿遠夷將伐同盟日應之食故夢發簡子服氏以庚午之日日始適火勝金故不克入楚必以庚辰此與鄭義別其餘略相依也問曰周之十二月夏之十月日夏體正應在析木而云在星紀何答曰據此月一曰中有十一月節故舉言之成長以爲誤也此六夢蓋三王同有六夢法也

一曰正夢無所感動平安自夢[疏]注無所至自夢○釋曰鄭知無感動平安自夢者以其言正是平安之義故知無所感動平安自夢

二曰噩。夢杜子春云噩當爲驚。愕之。愕謂驚。愕而夢○噩五各反注鄂同[疏]注杜子至而夢○釋曰以其言噩噩是驚愕之意故子春讀噩從驚愕解之

三曰

思夢覺時所思念之而夢○覺芳孝反下同疏注覺時至而夢○釋曰以其思是思念之意故解云覺時所思念而夢也四曰寤。夢覺時道。之而夢○寤本又作寤五故反疏注覺時道之而夢○釋曰以其字爲覺寤之字故知覺寤時道之睡而夢也五曰喜夢喜。悦而夢疏注喜悦而夢○釋曰以其字爲喜說之字故知未睡心說睡而爲夢六曰懼夢恐懼而夢疏注恐懼而夢○釋曰以其字爲恐懼之字故云恐懼而夢

季冬聘王夢獻吉夢于王王拜而受之聘問也夢者事之祥吉凶之占在日月星辰季冬日窮于次月窮于紀星迴于天數將幾終於是發幣而問焉若休慶之云爾因獻羣臣之吉夢於王歸美焉詩云牧人乃夢衆維魚矣旐維旟矣此所獻吉夢○幾如字又音祈疏季冬至受之○釋曰季冬歲終除舊惡擬來歲布新善故問王夢之善惡夢惡者贈去之下文是也獻吉夢於王者歸美於王○注聘問至吉夢○釋曰云夢者事之祥者若對文禎祥是善妖孽是惡散文祥中可以兼惡夢者有吉有惡故云夢者事之祥也云吉凶之占在日月星辰者即上文以日月星辰占六夢之吉凶是也云季冬日窮于次月窮於紀星迴於天數將幾終者皆月令文日窮於次者次謂日辰所在季冬日月會于玄枵是日窮於次月窮於紀謂星紀日月五星會聚之處月謂斗建所在十二月斗建丑故云月窮於紀星迴於天者星謂二十八宿十三月復位此十二月未到本位故直云星迴於天數將幾終者幾近也至此十二月歷數將終云於是發幣而問焉若休慶之云爾者鄭以禮動不虛必以幣帛行禮乃始問王故云發幣而問焉休美也問王夢若美慶云爾云因獻羣臣之吉夢於王歸美焉者君吉夢由於羣臣君統臣功故獻吉夢歸美於王也詩云牧人乃夢是無羊美宣王詩也牧人乃夢衆維魚矣旐維旟矣者牧人謂牧牛羊之人故注衆維魚矣豐年之祥旐旟所以聚衆引之者證獻吉慶之事

乃舍萌于四方以贈惡夢杜子春讀萌爲明。或云其字當爲明明謂歐疫也謂歲竟逐疫置四方書亦或爲明玄謂舍讀爲釋舍萌猶釋。采也古書釋菜釋奠多作舍字萌菜始生也贈送也

欲以新善去故惡○舍音釋注舍萌同萌亡耕反去起呂反

【疏】注杜子至故惡○釋曰子春之說舍萌爲歐疫案下文自有歐疫於此以舍萌爲之其義不同故後鄭不從玄謂舍萌猶釋采也者按王制有釋采奠幣之事故從之云萌菜始生也者案樂記區萌達鄭注云屈生曰區芒而直出曰萌故知萌菜始生者云欲以新善去故惡者舊歲將盡新年方至故於此時贈去惡夢

遂令始難歐疫

令令方相氏也難謂執兵以有難卻也方相氏蒙熊皮黃金四日玄衣朱裳執戈揚盾帥百隸爲之歐疫厲鬼也故書難或爲儺杜子春難讀爲難問之難其字當作難月令季春之月命國儺九門磔禳以畢春氣仲秋之月天子乃儺以達秋氣季冬之月命有司大儺旁磔出土牛以送寒氣○難戚乃多反劉依杜乃旦反注以意求之儺字亦同磔涉百反禳如羊反

【疏】遂令始難歐疫○釋曰因事曰遂上經贈惡夢遂令方相氏始難歐疫○注令遂令至寒氣○釋曰云令令方相氏以方相氏專主難者故先令方相氏云難謂執兵以有難卻也者所引方相氏以下是也杜子春云難讀爲難問之難者以其難去疫癘故爲此讀又引月令云季春之月命國難案彼鄭注此月之中日行歷昴昴有大陵積尸之氣氣佚則厲鬼隨而出行故難之云命國難者惟天子諸侯有國者令難去九門磔禳者九門依彼注路門應雉庫皋國近郊遠郊關張磔牲體禳去惡氣也云以畢春氣者畢盡也季春行之故以盡春氣云仲秋之月天子乃難以達秋氣者按彼鄭注陽氣左行此月宿直昴畢昴畢亦得大陵積尸之氣氣佚則厲鬼亦隨而出行故難之以通達秋氣此月難陽氣故惟天子得難云季冬之月命有司大難旁磔出土牛以送寒氣者按彼鄭注此月之中日歷虛危虛危有墳墓四司之氣爲厲鬼將隨強陰出害人也故難之命有司者謂命方相氏言大難者從天子下至庶人皆得難言旁磔者謂四方於四方之門皆張磔牲體云出土牛以送寒氣者彼鄭注云出猶作也作土牛者丑爲牛牛可牽可止送猶畢也故作土牛以送寒氣此子春所引雖引三時之難惟卽季冬大難知者此經始難文承季冬之下是以方相氏亦據季冬大難而言

眡祲掌十煇之灋以觀妖祥辨吉凶。妖祥善惡之徵鄭司農云煇謂日光炁也○煇音運炁音氣本亦作氣【疏】眡祲至吉凶○釋曰按下十等惟一曰言祲故據一曰以爲官首言掌十煇之法者一曰以下十等多是日旁之氣言煇亦是日旁煇光故總以煇言之○注妖祥至炁也○釋曰云妖祥善惡之徵者祥是善之徵妖是惡之徵故言善惡之徵此妖祥相對若散文祥亦是惡徵亳有祥桑之類是也鄭司農云煇謂日光氣也者就十等之中五曰闇闇謂日食則無光氣而云十等皆謂日光氣者據多而言

一曰祲二曰象三曰鑴四曰監五曰闇六曰瞢七曰彌八曰敘九曰隮十曰想故書彌作迷隮作資鄭司農云祲陰陽氣相侵也象者如赤。烏也鑴謂日旁氣四面反鄉如。煇狀也監雲氣臨日也闇日。月也瞢日月瞢瞢無光也彌者白虹彌天也敘者雲有次序。也如山在日上也隮者升氣也想者。煇光也玄謂鑴讀如童子佩鑴之鑴謂日旁氣刺日也監冠珥也彌氣貫日也隮虹也詩云朝隮于西想雜氣有似可形想○鑴鄭許規反劉思隨反或下圭反瞢七鄧反隮子兮反鄉許亮反煇音運本亦作暈音同虹音洪又古巷反劉古項反【疏】注故書至形想○釋曰此經上事先鄭皆解之後鄭從其六不從其四先鄭云祲陰陽氣相侵也者若赤雲爲陽黑雲爲陰如春秋傳云赤黑之祲在日旁云象者如赤烏也者楚有雲如衆赤烏在日旁者也云鑴謂日旁氣四面反鄉如煇狀也者後鄭不從云監雲氣臨日也者後鄭亦不從云闇日月食也者以其日月如光消故闇蒙也云瞢日月瞢瞢無光也者以其瞢瞢無光之貌故知無光云彌者白虹彌天也者此從故書爲迷後鄭不從云敘者雲有次敘如山在日上也者以其此十煇皆在日旁敘爲次敘之字故知敘者雲氣次敘如山在日上云隮者升氣也者以其隮訓爲升故隮者是升氣也此後鄭不破增成其義云想者煇光此後鄭亦不從玄謂鑴讀如童子佩鑴之鑴謂日旁氣刺日也者此讀從芄蘭詩童子佩鑴能不我知鑴是錐類故爲雲氣刺日云監冠珥也者謂有赤雲氣在日旁如冠耳珥即耳也今人猶謂之日珥云彌氣貫日也者以

其言彌故知雲氣貫日而過云隮虹也者即爾雅螮蝀謂之虹日在東則西邊見日在西則東邊見故引詩云朝隮于西爲證也云想雜氣有似可形想者以其雲氣雜有所象似故可形想

掌安宅敘降宅居也降下也人見妖祥則不安主安其居處也次序其凶禍所下謂禳移之

疏注宅居至移之○釋曰掌主也此官主安居者人見妖祥則意不安主安居其處不使不安故次敘其凶禍所下之地禳移之其心則安

正歲則行事占夢以季冬贈惡夢此正月而行安宅之事所以順民

疏注占夢至順民○釋曰民心欲得除惡樹善占夢之官以季冬贈去惡夢至此歲之正月行是安宅之事順民心也

歲終則弊其事弊斷也謂計其吉凶然否多少○弊必世反下注同斷丁亂反

疏注弊斷至多少○釋曰占夢之官見有妖祥則告之吉凶之事其吉凶或中或否故至歲終斷計其吉凶也云然否多少者然謂中也知中否多少而行賞罰

大祝掌六祝之辭以事鬼神示祈福祥求永貞一曰順祝二曰年祝三曰吉祝四曰化祝五曰瑞祝六曰筴祝永長也貞正也求多福歷年得正命也鄭司農云順祝順豐年也年祝求永貞也吉祝祈福祥也化祝弭災兵也瑞祝逆時雨寧風旱也筴祝遠罪疾○祝之秀反後除大祝宗祝諸官皆同

疏大祝至筴祝○釋曰云掌六祝之辭者此六辭皆是祈禱之事皆有辭說以告神故云六祝之辭云以事鬼神示者此六祝皆所以事人鬼及天神地祇云祈福祥求永貞者禱祈者皆所以祈福祥求永貞之事按曰已下其事有六祈福祥即三曰吉祝是也求永貞二曰年祝是也今特取二事爲總目者欲見餘四者亦有此福祥永貞之事故也○注永長至罪疾○釋曰云求多福歷年得正命也者經祈福祥求永貞祈亦求也今鄭云求多福即經祈福祥也歷年得正命即經求永貞也歷年之上宜有求鄭不言之者多福之上一求鄭則該此二事故鄭歷年之上略不言求鄭司農云順祝順豐年已下皆約小祝而說小祝有順豐年此言順祝故知當小祝順豐年也云年祝求

永貞也者以祈永貞是命年之事故知年祝當求永貞也云吉祝祈福祥也者以其小祝有祈福祥之事此上總目亦有祈福祥是吉慶之事故知吉祝
當祈福祥也云化祝弭災兵也者弭安也安去災兵是化惡從善之事小祝有弭災兵故知化祝當之云瑞祝逆時雨寧風旱也者小祝有逆時雨寧風旱此
逆時雨卽寧風旱寧風旱卽。逆時雨對則異理則通此二者似若天之應瑞故總謂之瑞祝云筴祝遠罪疾者自此已上差次與小祝不同惟有筴祝與小祝
遠罪疾相當宜爲一也此六祝有永貞小祝不言之者大祝已見故小祝略不言也此六祝一曰順祝已下差次與小祝次第不同者欲見事起無常故先
後有異、

掌六祈以同鬼神示一曰類二曰造三曰禬四曰禜。五曰攻六曰說

祈嘄也謂爲有災變號呼告。于神以求福天神人鬼地祇不和則六癘作見故以祈禮同之故書造作竈杜子春讀竈爲造次之造書亦或爲造造祭于祖也鄭司農云類造禬禜攻說皆祭名也類祭于上帝詩曰是類是禡爾雅曰是類是禡師祭也又曰乃立冢土戎醜攸行爾雅曰起大事動大衆必先有事乎社而後出謂之宜故曰大師宜于社造于祖設軍社類上帝司馬法曰將用師乃告于皇天上帝日月星辰以禱于后土四海神祇山川冢社乃造于先王然後冢宰徵師于諸侯曰某國爲不道征之以某年某月某日師至某國禜日月星辰山川之祭也春秋傳曰日月星辰之神則雪霜風雨之不時於是乎禜之山川之神則水旱癘疫之。災於是乎禜之玄謂類造加誠肅求如志禬禜告之以時有災變也攻說則以辭責之禜如日食以朱絲縈社攻如其鳴鼓然董仲舒救日食祝曰炤炤大明瀸滅無光奈何以陰侵陽。以卑。侵尊是之謂說也禬未聞焉造類禬禜皆有牲攻說用幣而已○造七報反注下皆同禬戚古外反劉音會禜音詠嘄音叫劉音禱爲于僞反號戶羔反呼火故反見賢遍反禡莫駕反縈烏營反炤章搖反瀸子廉反

疏 掌六至曰說○釋曰上經六祝此云六祈皆是祈禱之事別見其文者按小祝重掌六祝云將事侯禳禱祠之祝號鬼神雖和同爲事禱請此六祈爲百神不和同卽六癘作見而爲祈禱故云以同鬼神祇

是以別見其文○注祈嘄至而已○釋曰云謂爲有災變號呼告神以求福者鄭知號呼者見小祝云掌禱祠之祝號故知此六祈亦號呼以告神云天神人
鬼地祇不和則六癘作見故以祈禮同之者鄭知鬼神祇不和者見經云掌六祈以同鬼神祇明是不和設六祈以和同之按五行傳云六沴作見云貌之不
恭惟金沴木視之不明惟水沴火言之不從惟火沴金聽之不聰惟土沴水思之不睿惟金木水火沴土五行而沴有六者除本五外來沴已則六彼云沴此
云癘者沴有六則癘鬼作見故變沴言癘杜子春云造謂造祭於祖知者禮記云造于祖故後鄭從之先鄭云類造禬禜攻說皆祭名以其祈禱皆是祭事按
後鄭類造禬禜皆有牲攻說用幣而已用幣非祭亦入祭科之中云類祭于上帝知者禮記王制及尚書泰誓皆云類于上帝故知類祭上帝也引詩云已下
至師至某國以類造爲出軍之祭後鄭皆不從矣所以不從者但出軍之祭自是求福此經六祈皆爲鬼神不和同設祈禮以同之不得將出軍之禮以解之
故後鄭不從先鄭引大雅皇矣詩卽引爾雅者所以釋此詩故也云又曰乃立冢土戎醜攸行者大雅緜詩云爾雅曰起大事以下亦釋此詩故也又曰乃。立
引以相副故大事宜于社造于祖設軍社類于上帝並是此大祝下文云司馬法曰將用師三字司農語云禜日月星辰山川之祭也者引春秋爲證春秋傳
曰者昭元年左氏傳云鄭子產聘晉晉侯有疾問於子產子產對此辭按彼傳文癘疫之災於是乎禜之此云不時者鄭君讀傳有異玄謂類造加誠肅求如
志者欲明天神人鬼地祇不得同名類造故云加誠肅求如志云禬禜告之以時有災變也者春秋所云雪霜風雨水旱癘疫之不時於是乎禜之禬雖未聞
禬是除去之義故知禬亦災變云攻說則以辭責之者引論語及董仲舒皆是以辭責之云禜如日食以朱絲禜社者按莊公二十五年六月辛未朔日有食
之鼓用牲于社公羊傳云曰食則曷爲鼓用牲于社求乎陰之道也以朱絲禜社或曰脅之或曰爲闇恐人犯之故禜之何休云朱絲禜之助陽抑陰也或曰
爲闇者恐人犯曆之故禜之然此說非也記或傳者示不欲絕異說爾先言鼓後言用牲者明先以。爲尊命責之後以臣子禮接之所以爲順也鄭引公羊傳

者欲見禜是禜之義云攻如其鳴鼓然者此是論語先進篇孔子責冉有爲季氏聚斂之臣故云小子鳴鼓而攻之可彼是以辭攻責之此攻責之亦以辭責故引以爲證引董仲舒者是漢禮救日食之辭以證經說是以辭責之云禬未聞焉者經傳無文不知禬用何禮故云未聞鄭知類造禬禜皆有牲者按禮記祭法云埋少牢於泰昭祭時也下云幽禜祭星雩禜祭水旱鄭注云凡此以下皆祭用少牢禜既用牲故知類造皆亦有牲故云皆有牲也云攻說用幣而已者知攻說用幣者是日食伐鼓之屬天災有幣無牲故知用幣而已既云天災有幣無牲其類禮以亦是天災得有牲者災始見時無牲及其災成之後即有牲故詩云靡愛斯牲是也

作六辭以通上下親疏遠近一曰祠。二曰命三曰誥四曰會五曰禱六曰誄

鄭司農云祠當爲辭謂辭令也命論語所謂爲命。裨諶草創之誥謂康誥盤庚之誥之屬也盤庚將遷于殷誥其世臣卿大夫道其先祖之善功故曰以通上下親疏遠近會謂王官之伯命事於會胥命于蒲主爲其命也禱謂禱於天地社稷宗廟主爲其辭也春秋傳曰鐵之戰衛大子禱曰會孫蒯。聵敢昭告皇祖文王烈祖康叔文祖襄公鄭勝亂從晉午在難不能治亂使鞅討之蒯聵不敢自佚備持矛焉敢告無絶筋無破骨無面夷無作三祖羞大命不敢請佩玉不敢愛若此之屬誄謂積累生時德行以。錫之命主爲其辭也春秋傳曰孔子卒哀公誄之曰閔天不淑不。慭遺一老俾屏余一人以在位嬛嬛。予在疚嗚呼哀哉尼父無自律此皆有文雅辭令難爲者也故大祝官主作六辭或曰誄論語所謂誄曰禱爾于上下神祇杜子春云誥當爲告書亦或爲告玄謂一曰。祠者交接之辭春秋傳曰古者諸侯相見號辭必稱先君以相接。辭之辭也會謂會同盟誓之辭禱賀慶言福祚之辭晉趙文子成室晉大夫發焉張老曰美哉輪焉美哉奐焉歌於斯哭於斯聚國族於斯文子曰武也得歌於斯哭於斯聚國族於斯是全要領以從先大夫於九京也北面再拜稽首君子謂之善頌善禱。禱。是之辭○會如字禆婢支反諶市林反蒯苦怪反聵五怪反難乃旦反佚音逸行下孟反閔音旻武巾反慭魚覲反嬛求營反疚九又

反父音甫奐音喚京音原疏作六至曰誄〇釋曰此六者惟一曰稱辭自餘二曰已下不稱辭而六事皆以辭目之者二曰已下雖不稱辭命誥之等亦以

言辭為主故以辭苞之云以通上下親疏遠近者此六辭之中皆兼苞父祖子孫上則疏而遠下則親而近故云以通上下親疏遠近也〇注鄭司至之辭〇

釋曰先鄭破祠為辭謂辭令者一以其目云六辭明知為言辭之字不得為禱祠言為辭令者則玄謂增成之云交接之辭是也云命謂論語所謂為命卑諶

草創之誥謂康誥盤庚之誥之屬也者盤庚雖不言誥亦是誥臣遷從之事故同為誥又云盤庚將遷于殷誥其世臣卿大夫道其先祖之善功者卽盤庚云

乃祖乃父世選爾勞是也此命誥之議後鄭從之云會謂王官之伯命事於會胥命于蒲主為其命也者後鄭不從之者按公羊傳云胥命者何相命也何言

乎相命近正也此其為近正奈何古者不盟結言而退又見昭四年楚椒舉云商湯有景亳之命周穆王有塗山之會以此觀之胥命于蒲與會有異今先鄭

以胥命解會於義不可故不從云禱謂禱於天地社稷宗廟主為其辭也又引春秋鐵之戰事在哀二年按哀二年衞靈公卒六月乙酉晉趙鞅納衞太子于

戚秋八月齊入輸范氏粟鄭子姚子般送之趙鞅禦之衞太子為右衞為太子禱而為此辭言曾孫者凡祭外神皆稱曾孫言昭告于皇祖文王皇君也衞得

立文王廟故云君祖文王烈祖康叔者衞之始封君有功烈之祖云鄭勝亂從者勝鄭伯名助范氏亂故云亂從云晉午在難者午晉定公名范氏等作亂與

君為難故云在難云備持矛焉者蒯聵與趙鞅為車右車右執持戈矛故云備持矛焉云無作三祖羞者三祖謂文王康叔襄公戰不克則以為三祖羞辱先

鄭此義後鄭皆不從之者此六辭皆為生人作辭無為死者之事故不從云誄謂積累生時德行以賜之命而引春秋傳曰者哀公十六年傳辭此義後鄭從

之引論語者為孔子病子路請禱孔子問曰有諸子路對此一辭生人有疾亦誄列生時德行而為辭與哀公誄孔子意同故引以相續玄謂一曰辭者司農云

謂辭令無所指斥故後鄭相事而言引春秋傳曰者按莊四年公羊傳曰古者諸侯必有會聚之事相朝聘之道號辭必稱先君以相接是此之辭也彼無相

見二字鄭以義增之云會謂會同盟誓之辭會中兼有誓盟者以其盟時皆云公會某侯某侯盟于某以此出會中含有盟其誓必因征伐按春秋征伐皆云公會某侯某侵某既有士卒當有誓辭故出會中兼有誓也云禱賀慶言福祚之辭者破先鄭禱鬼神之事云晉趙文子成室者禮記檀弓文按彼文云晉獻文子成室鄭注云獻猶賀也晉君賀文子文子成室此言晉趙文子成室引文略趙文子則趙武也晉大夫發焉見文子室成卿大夫皆發幣以往慶賀之張老者亦晉大夫云美哉輪焉者謂輪囷高大云美哉奐焉者謂奐爛有文章云歌於斯者斯此也謂作樂饗宴之處云哭於斯謂死於適寢之處聚國族於斯謂與族人。飲食宴之處張老言此者譏其奢泰一室兼此數事防其更爲云文子曰武也者武文子名謂武得歌於斯哭於斯聚國族於斯是全要領以從先大夫於九京也古者有要斬領斬故要領並言按彼注九京當爲九原晉卿大夫之墓地在九原故言以從先大夫於九原云北面再拜稽首者平敵相於並列則頓首臣於君作稽首今文子作稽首者時晉君在焉北面向君拜故作稽首云君子謂之善頌善禱者君子謂知禮之人彼注云善頌謂張老之言善禱謂文子之言云是。之辭者是經禱之辭也此六者皆以辭解之

辨六號一曰神號二曰鬼號三曰示號四曰牲號五曰齍號六曰幣號

號謂尊其名更爲美稱焉神號若云皇天上帝鬼號若云皇祖伯某祇號若云后土地祇幣號若玉云嘉玉幣云量幣鄭司農云牲號。爲犧牲皆有名號曲禮曰牛曰一元大武豕曰剛鬣羊曰柔毛雞曰翰音。粢號。謂黍稷皆有名號也曲禮曰黍曰。香合。粱曰。香。萁稻曰嘉疏少牢饋食禮曰敢用柔毛剛鬣士虞禮曰敢用絜牲剛鬣香合○齍音咨稱尺證反大如字劉音泰鬣力輒反萁音基疏所魚反劉音蘇

【疏】注號謂至香合○釋曰云號謂尊其名更爲美稱焉者謂若尊天地人之鬼神示不號爲鬼神示而稱皇天后土及牲幣等皆別爲美號焉若云神號若云皇天上帝者月令季夏云以養犧牲以供皇天上帝皇天謂北辰曜魄寶上帝謂大微五帝云鬼號若云皇祖伯某者謂若儀禮少牢特牲祝辭稱皇祖伯某云祇號若云后土地

祇者左氏傳云君戴皇天而履后土地祇謂若大司樂云若樂八變地祇皆出
云幣號若玉云嘉玉幣云量幣此並曲禮文經無玉號鄭兼言玉者祭祀禮神
有玉曲禮亦有玉號按小行人合六幣圭以馬璋以皮一玉得與幣同號故鄭兼
言玉也先鄭云牲號為犧牲皆有名號引曲禮曰牛曰一元大武者鄭彼注元
頭也武迹也一頭大迹豕曰剛鬣者豕肥則鬣鬣剛强羊曰柔毛者羊肥則毛
柔潤雞曰翰音者翰長也音鳴也謂長鳴雞齍號謂黍稷皆有名號引曲禮黍
曰香合者言此黍香合以為祭云粱曰香萁者鄭注云萁辭也言此粱香可祭
云稻曰嘉疏者言稻下萊地所生嘉善也疏草也言此稻善疏草可祭云少牢
饋食禮云敢用柔毛剛鬣者大夫少牢祭故號此二牲云士虞禮曰敢用絜牲
剛鬣者士祭用特豕故號一牲言香合者據曲禮黍之號也故彼鄭注云黍也
大夫士於黍稷之號合言普淖而已此言香合蓋記者誤耳 辨九祭一曰命祭
此連引之耳無所取證此士虞記文而云禮者記亦是禮

二曰衍祭三曰炮祭四曰周祭五曰振祭六曰擩祭七曰絕祭八曰繚祭九曰共祭

杜子春云命祭祭有所主命也振祭振讀為慎禮家讀振為振旅之振擩祭擩讀為虞芮之芮鄭司農云衍祭羨之道中如今祭殤無所主命周祭四面為坐也炮祭燔柴也爾雅曰祭天曰燔柴擩祭以肝肺菹擩鹽醢中以祭也繚祭以手從肺本循之至于末乃絕以祭也絕祭不循其本直絕肺以祭也重肺賤肝故初祭絕肺以祭謂之絕祭至祭之末禮殺之後但擩肝鹽中振之擬之若祭狀弗祭謂之振祭特牲饋食禮曰取菹擩于醢祭于豆閒鄉射禮曰取肺坐絕祭鄉飲酒禮曰右取肺左卻手執本坐弗繚右絕末以祭少牢曰取肝擩于鹽振祭玄謂九祭皆謂祭食者命祭者玉藻曰君若賜之食而君客之則命之祭然後祭是也衍字當為延炮字當為包聲之誤也延祭者曲禮曰客若降等執食興辭主人興辭於客然後客坐主人延客祭是也包猶兼也兼祭者有司曰宰夫贊者取白黑以授尸尸受兼祭于豆祭是也周猶徧也徧祭者曲禮曰殽之序徧祭之是也振祭擩祭本同不食者擩則祭之將食者既擩必

振乃祭也絕祭繚祭亦本同禮多者繚之禮略者絕則祭之共猶授也。主祭食宰夫授祭孝經說曰。共綏執授○衍音延炮百交反劉曰交反擩而泉反一音而劣反劉又而誰反繚音了劉音料共音恭注同芮人劣反又而歲反下同坐才臥反從胏一本作從持胏從劉沈皆子容反或如字殺色界反劉色例反卻去逆反又起略反執食思四反偏音遍下同

【疏】辨九至共祭○釋曰此九祭先鄭自周祭已上皆是祭鬼神之事振祭已下皆是生人之祭食之禮後鄭不從之者祭天神地祇人鬼大宗伯辨之大祝不須別列且生人祭食不合與祭鬼神同科故皆以爲生人祭食法○注杜子至。○釋曰杜子春云命祭祭有所主命也者凡祭祀天子諸侯木主大夫士有幣帛主其神曾子問以幣帛皮圭以爲主命當主之處此子春之意亦當以幣帛謂之主命但此經文皆是祭食法不得爲主命故後鄭不從之又讀振爲慎或爲振旅之振或讀擩爲虞芮之芮此讀皆無義意故後鄭皆不從之鄭司農云衍祭羨之道中如今祭殤無所主命者此據生人祭食法而云如今祭殤故後鄭亦不從之云周祭四面爲坐也謂若祭百神四面各自爲坐炮祭燔柴以其炮是燔燒之義故爲燔柴祭天此皆生人祭食法非祭鬼神故後鄭亦不從之云擩祭以肝肺菹擩鹽醢中以祭也者按特牲少牢墮祭之時皆有以菹擩醢中以祭主人獻尸時賓長以肝從尸以肝擩鹽中以祭故先鄭云以肝肺菹擩鹽醢中以祭彼無云用肺擩鹽醢中先鄭連引之耳按彼肝擩鹽中以振祭嚌之加于肵俎此則是振祭司農。云以初。祭擩于鹽即同擩祭解之於義不可云繚祭以手從肺本循之至于末乃絕以祭也者此據鄉飲酒而言云絕祭不循其本直絕肺以祭也者據鄉射而言云重肺賤肝故初祭絕肺以祭謂之絕祭至祭之末禮殺之後但擩肝鹽中振之擬之若祭狀弗祭謂之振祭云重肺者此繚祭絕祭二者皆據肺而言周貴肺故云重肺云賤肝者司農意上云以肝擩于鹽據特牲少牢尸食後賓長以肝從之意云故初祭絕肺以祭謂之絕祭者此絕祭依特牲少牢無此絕祭之事於義不可云至祭之末禮殺之後但擩肝鹽中振之擬之若祭狀者此還據少牢擩肝祭而云若祭狀弗祭於義不可引特牲饋食禮曰取菹擩于

臨祭于豆閒者此據。授。義而言也引鄉射禮及鄉飲酒禮證有絕祭之事引少牢禮證有振祭之事此先鄭所引四文後鄭皆不從故增成其義但先鄭所引特牲少牢皆據一邊而言按特牲少牢皆擩祭振祭兩有玄謂九祭皆謂祭食者謂生人將食先以少許祭先造食者故謂之祭食命祭引玉藻彼注云侍食不祭其侍食之人而君賓客之雖得祭待君命之祭然後祭是命祭也云衍字當爲延炮字當爲包者衍與炮於義無所取故破從延與包延祭者曲禮曰賓若降等執食興辭鄭彼注云辭者辭主人之臨已食若欲食於堂下然云有司曰宰夫贊者取白黑以授尸者彼注云白謂稻黑謂黍又引曲禮曰殽之序徧祭之是也者凡祭者皆盛主人之饌故所設殽羞次第徧祭按公食大夫惟魚腊湆醬不祭以其薄故也其餘皆祭故謂之周祭云振祭擩祭本同者皆擩但振者先擩復振擩者不振言不食者擩則祭之者特牲少牢皆有挼祭挼祭未食之者前以菹擩于醢祭于豆閒是不食者擩則祭之云將食者既擩必振乃祭也者特牲少牢皆有主人獻尸賓長以肝從尸右取肝擩于鹽振祭嚌之加于菹豆是謂振祭言將食者振訖嚌之是將食也云絕祭繚祭亦本同者同者絕之但絕者不繚繚者亦絕故云本同云禮多者繚之者此據鄉飲酒鄉大夫行鄉飲酒賓賢能之禮故云禮多所繚之法卽司農所引右取肺已下是也云禮略者絕則祭之者此據鄉射州長射則士禮故云禮略者絕則祭之祭法卽上先鄭所引鄉射禮取肺坐絕祭是也云共猶授也王祭食宰夫授祭者此則膳夫職云王祭食則授是也王謂之膳夫而謂之宰夫者據諸侯是宰夫云孝經說曰共授執授者孝經。緯文漢時禁緯故云說云共綏執授者謂將綏祭之時共此綏祭以授尸引之者證共爲授之義

辨九𢷎。一曰稽。首二曰頓首三曰空首四曰振動五曰吉𢷎六曰凶𢷎七曰奇𢷎八曰褒𢷎九曰肅𢷎以享右祭祀。稽首拜頭至地也頓首拜頭叩地也空首拜頭至手所謂拜手也吉拜拜而。後稽顙謂齊衰不杖以下者言吉者此殷之凶拜周以其拜與頓首相近故謂之吉拜云凶拜稽顙而后拜謂三年服者杜

子春云振讀爲振鐸之振動讀爲哀慟之慟奇讀爲奇偶之奇謂先屈一膝今雅拜是也或云奇讀曰倚倚拜謂持節持戟拜身倚之以拜鄭大夫云動讀爲董書亦或爲董振董以兩手相擊也奇拜謂一拜也褒讀爲報報拜再拜是也鄭司農云褒拜今時持節拜是也肅拜但俯下手今時撎是也介者不拜故曰爲事故敢肅使者玄謂振動戰栗變動之拜書曰王動色變一拜答臣下拜再拜拜神與尸享獻也謂朝獻饋獻也右讀爲侑侑勸尸食而拜○𢷎音拜下同䭫音啓本又作稽振動如字李音董杜徒弄反今倭人拜以兩手相擊如鄭大夫之說蓋古之遺法奇紀宜反注同褒音報右音又近附近之近動徒弄反倚於綺反下同撎於立反即今之揖爲于僞反使所吏反朝直遙反

疏辨九至祭祀○釋曰此九拜之中四種是正拜五者逐事生名還依四種正拜而爲之也一曰稽首二曰頓首三曰空首此三者相因而爲之空首者先以兩手拱至地乃頭至手是爲空首也以其頭不至地故名空首頓首者爲空首之時引頭至地首頓地即舉故名頓首一曰稽首其稽稽留之字頭至地多時則爲稽首也此三者正拜也稽首拜中最重臣拜君之拜二曰頓首者平敵自相拜之拜三曰空首拜者君答臣下拜知義然者按哀十七年公會齊侯盟於蒙孟武伯相齊侯稽首公則拜齊大怒武伯曰非天子寡君無所稽首公如晉孟獻子相公稽首知武子曰天子在而君辱稽首寡君懼矣孟獻子曰以敝邑介在東表密邇仇讎寡君將君是望敢不稽首郊特牲曰大夫之臣不稽首非尊家臣以避君也如是相禮諸侯于天子臣于君稽首禮之正然諸相於大夫之臣及凡自敵者皆當從頓首之拜也如是差之君拜臣下當從空首拜其有敬事亦稽首故大誓云周公曰都懋哉予聞古先哲王之格言以下太子發拜手稽首是其君于臣稽首事洛誥云周公拜手稽首朕復子明辟成王拜手稽首不敢不敬天之休者此即兩相尊敬故皆稽首九曰肅拜者拜中最輕惟軍中有此肅拜婦人亦以肅拜爲正其餘五者附此四種正拜者四曰振動附稽首五曰吉拜附頓首六曰凶拜亦附稽首七曰奇拜附空首八曰褒拜亦附稽首以享侑祭祀者享獻也謂朝踐獻尸時拜侑侑食侑勸尸食時而拜此九拜不專爲

祭祀而以祭祀結之者祭祀事重故舉以言之○注稽首至而拜○釋曰稽首拜頭至地頓首拜頭叩地也者二種拜俱頭至地但稽首至地多時頓首至地則舉故以叩地言之謂若以首叩物然云空首拜頭至手所謂拜手也者鄭尚書拜手稽首云吉拜之拜而後稽顙謂齊衰不杖以下者此謂齊衰已下喪拜而云吉者對凶拜爲輕此拜先作稽首後作稽顙還是頓首但觸地無容則謂之稽顙云齊衰不杖已下者以其杖齊衰入凶拜中故雜記云父在爲妻不杖不稽顙明知父沒爲妻杖而稽顙是以知此吉拜謂齊衰不杖已下云言吉者此殷之凶拜者按檀弓云拜而后稽顙頹乎其順也稽顙而后拜頎乎其至也三年之喪吾從其至者鄭注云自期如殷可言自期則是齊衰不杖已下用殷之喪拜故云此殷之凶拜也云周以其拜與頓首相近故謂之吉拜者言相近者非謂。文相近是拜體相近以其先作頓首后作稽顙還依頓首而爲之是其拜體相近以其約義故言云以疑之云凶拜稽顙而后拜謂三年服者此雜記云三年之喪即以喪拜非三年喪以其吉拜又檀弓云稽顙而后拜頎乎其至孔子云三年之喪吾從其至者若然上吉拜齊衰不杖已下則齊衰入此凶拜中鄭不言之者以雜記云父在爲妻不杖不稽顙父卒乃稽顙則是適子爲妻有不得稽顙之時故略而不言但適子妻父爲主故適子父在不稽顙則衆子爲妻父在亦稽顙不據衆子常稽顙者據雜記成文杜子春云振讀爲振鐸之振者讀從小宰職振木鐸于朝之振云動讀爲哀慟之慟者謂從孔子哭顏回哀慟之慟云奇讀爲奇耦之奇者謂從郊特牲鼎俎奇籩豆耦之奇已上讀字後鄭皆從之云先屈一膝今雅拜是也或云奇讀曰倚倚拜謂持節持戟拜身倚之以拜此二者後鄭皆不從之鄭大夫云動讀爲董書亦或爲董振之董者此讀從左氏董之以威是董振之董云以兩手相擊此后鄭皆不從云奇拜謂一拜也一拜者謂君拜臣下按燕禮大射有一拜之時君答一拜后鄭從之云褒讀爲報報拜謂再拜是也後鄭亦從鄭司農云褒拜今之持節拜是也者后鄭不從云肅拜但俯下手今時撎是也按儀禮鄉飲酒賓客入門有撎入門之法推手曰揖引手曰撎云介者不拜故曰爲事故敢肅使者按成十六年晉楚戰於鄢陵楚子使工尹襄問郤至以弓郤至見客免胄承命又云不敢拜命注云介者又拜又云君命之辱爲事故敢肅使者三肅使者而退又是軍中有肅拜法按成二年鞌之戰獲齊侯晉郤至投戟逡巡再拜稽首軍中得拜者公羊之義將軍不介胄故得有拜法玄謂振動戰栗變動之拜書曰王動色變按中候我膺云季秋七月甲子赤雀銜丹書入酆至昌戶再拜稽首受按今文大誓得火烏之瑞使上附以周公書報誥於王王動色變雖不見拜文與文王受赤雀之命同爲稽首拜也云一拜答臣下拜再拜拜神與尸此二者增鄭大夫之義知再拜拜神與尸者按特牲禮祝酌奠於鉶南主人再拜祝在左也再拜於尸謂獻尸尸拜受主人拜送是也天子諸侯亦當然或解一拜答臣下亦據祭祀時以其宴禮君答拜臣或再拜時故也云享獻也謂朝獻一饋獻也者以祭祀二灌之後惟有朝踐饋獻稱獻故知享獻據朝踐饋獻時也云右讀爲侑侑勸尸食而拜者按特牲尸食祝侑主人拜少牢主人不言拜侑故知侑尸時有拜

凡大禋祀肆享祭示則執明水火而號祝明水火司烜所共日月之氣以給烝享執之如以六號祝明此圭絜也禋祀祭天神也肆享祭宗廟也故書祇爲祊杜子春云祊當爲祇○禋音因烜況晚反祊必庚反疏注明水至爲祇○釋曰知明水火司烜所共日月之氣者按司烜氏職云以夫遂取明火於日以鑒取明水於月彼雖不云氣此水火皆由日月之氣所照得之故以氣言之云以給烝享執之如以六號祝明此圭絜也者經云執明水火而號祝明知六號皆執之明絜也號祝執明水火明主人圭絜之德云禋祀祭天神也者大宗伯昊天稱禋日月稱實柴司中之等稱槱燎通而言之三者之禮皆有禋義則知禋祀祀天神通星辰已下云肆享祭宗廟也者按宗伯宗廟之祭六等皆稱享則此含六種之號杜子春云祊當爲祇宗伯血祭已下是也

隋釁逆牲逆尸令鐘鼓右亦如之隋釁謂薦血也凡血祭曰釁既隋釁後言逆牲容逆鼎右讀亦當爲侑○隋許規反又惠恚反後同右音又疏注隋釁至爲侑○釋曰鄭云隋釁謂薦血也者賈氏云釁釁宗廟馬氏云血以塗鐘鼓鄭不從而以爲薦血祭

祀者下文云既祭令徹則此上下皆是祭祀之事何得於中輒有釁廟塗鼓直稱釁何得兼言隋故爲祭祀薦血解之鄭云凡血祭曰釁者此經文承上禋祀
肆享祭祀之下卽此血祭之中含上三祀但天地薦血于座前宗廟卽血以告殺故言凡血祭曰釁云既隋釁後言逆牲容逆鼎者凡祭祀之法先逆牲後隋
釁令隋釁在前逆牲在後者以其鼎在門外薦血後乃有爓孰之事逆鼎而入故云容鼎知鼎在門外者按中霤禮竈在廟門外之東主人迎鼎事云右讀亦
爲侑者亦上九拜之下享右之字皆爲侑 來瞽令皐舞 皐讀爲卒嘷呼之嘷來嘷者皆謂呼之入○皐音嘷尸高反劉戸報反卒子忽反呼火故
反【疏】注皐讀至之入○釋曰皐讀爲卒嘷呼之嘷者依俗讀云來嘷者皆謂呼之入者經云瞽人擬升堂歌舞謂學子舞人瞽人言來亦呼之乃入皐舞
令呼亦來入故鄭云來嘷皆謂呼之入也 相尸。禮 延其出入詔其坐作○相息亮反下同【疏】注延其至坐作○釋曰凡言相尸者諸事皆相故以
出入坐作解之尸出入者謂祭初延之入二灌訖退出坐于堂上南面朝踐饋獻訖又延之入室言詔其坐作者郊特牲云詔祝於室坐尸於堂饋獻訖又入
室坐言作者凡坐皆有作及與主人答拜皆有坐作之事故云詔其坐作也 既祭令徹【疏】既祭令徹○釋曰祭訖尸謖之後大祝命徹祭器卽
詩云諸宰君婦廢徹不遲是也 大喪始崩以肆鬯渳尸相飯贊斂徹奠。肆鬯所。爲陳尸設鬯也鄭司農云渳尸以鬯浴
尸○渳彌爾反飯扶晚反斂力驗反【疏】大喪至徹奠○釋曰此經皆是大祝之事云始崩以肆鬯渳尸者肆陳也渳浴也王喪始崩陳尸以鬯浴尸取其香
美云相飯者浴訖卽飯含故言相飯也不言相含者大宰云大喪贊贈玉含玉此故不言云贊斂者小斂十九稱在戶內大斂百二十稱在阼階冬官主斂事
大祝贊之徹者小祝注云奠奠爵也謂正祭時此文承大喪之下故奠爲始死之奠小斂大斂奠並大祝徹之 言甸人讀禱付練祥。掌
國事 鄭司農云甸人主設復。梯大祝主言問其具梯物玄謂言猶語也禱六辭之屬禱也甸人喪事代王受眚災大祝爲禱辭語之使以禱於藉田之神

珍倣宋版印

也付當爲祔祭於先王以祔後死者掌國事辨護之○付音附祔他令反語魚據反下同【疏】言甸至國事○釋曰既殯之後大祝爲禱辭與甸人言猶語也故言語甸人讀禱辭代王受眚災云祔練祥掌國事者祔謂虞卒哭後祔祭於祖廟練謂十三月小祥練祭祥謂二十五月大祥除衰杖此三者皆以國事大祝掌之故云掌國事也○注鄭司至護之○釋曰先鄭云甸人主設復祶大祝主言問其具祶物者此文承贊斂之下則是既殯之事始云設復祶者故後鄭不從玄謂禱六辭之屬禱也者此經讀禱則六辭之中五曰禱故云六辭之禱也云甸人喪事代王受眚災者按甸人職云喪事代王受眚災按彼注云粢盛者祭祀之主也今國遭大喪若云此黍稷不馨使鬼神不逞於王既殯大祝作禱辭授甸人使以禱藉田之神受眚災弭後殃彼注與此意同言弭後殃者今王已崩雖無救爲後王而謝過故云弭後殃鄭知既殯後者此文承贊斂之下斂訖則殯故知此讀禱在既殯之後也云付當爲祔祭於先王以祔後死者按喪服小記以孫祔於祖以其昭穆同先王卽祖也故云祭於先王祔後死者云掌國事辨護之者辨護之中候文按中候握河紀云堯受河圖時伯禹進迎舜契陪位稷辨護注云進迎接神也稷官名謂棄辨護者供時用相禮儀引之以證掌國事則此大祝於祔練祥之時共其祭用之物及相其禮儀也

國有大故天烖彌祀社稷禱祠大故兵寇也天烖疫癘水旱也彌猶徧也徧祀社稷及諸所禱既則祠之以報焉【疏】注大故至報焉○釋曰鄭知大故兵寇也者下列云天災故知大故直是兵寇也知天烖疫癘水旱者見宗伯云以荒禮哀凶札鄭注云荒人物有害又云弔禮哀禍災注云禍災謂水火此皆是天災流行故云天災謂疫癘水旱云彌猶徧也徧祀社稷及諸所禱按小祝云弭災兵弭爲安此弭爲徧不同者義各有所施彼是災兵之事故弭爲安此禱祀之事靡神不舉以彌爲徧云既則祠之以報焉者以其始爲曰禱得求曰祠故以報賽解祠

大師宜于社造于祖設軍社類上帝國將有事于四望及軍歸獻于社則前祝鄭司農說設軍社以春秋傳曰所謂君以

師行祓社釁鼓祝奉以從者也則前祝大祝自前祝也玄謂前祝者王出也歸也將有事於此神大祝居前先以祝辭告之○祓芳弗反劉音廢從才用反一音如字下注同疏大師至前祝○釋曰此經六事皆大祝所掌言大師者王出六軍親行征伐故曰大師云宜于社者軍將出宜祭於社即將社主行不用命戮於社云造於祖者出必造即七廟俱祭取遷廟之主行用命賞于祖皆載於齊車云設軍社者此則據社在軍中故云設軍社云類上帝者非常而祭曰類軍將出類祭上帝告天將行云國將有事於四望者謂軍行所過山川造祭乃過及軍歸獻于社者謂征伐有功得囚俘而歸獻捷于社按王制云出征執有罪反以釋奠于學注云釋菜奠幣禮先師也引詩執訊獲醜則亦獻于學云則前祝者此經六事皆大祝前辭○注鄭司至告之○釋曰司農引春秋傳者定四年左氏傳按彼祝佗云君以軍行者師則軍也故尚書云大巡六師詩云六師及之皆以師名軍引之者證社在軍謂之軍社之事玄謂前祝者王出也歸也將有事於此神據此經四望已上爲出時獻於社爲歸時皆大祝前祝以辭告之按尚書武成丁未祖于周廟庚戌柴望皆是軍歸告宗廟告天及山川即此經出時告之歸亦告之此經上帝四望不見歸之時所告故鄭總云王出也歸也而將有事於此神以該之

大會同造于廟宜于社

過大山川則用事焉反行舍奠用事亦用祭事告行也玉人職有宗祝以黃金勺前馬之禮是謂過大山川與曾子問曰凡告必用牲幣反亦如之○舍音釋一音赦與音餘疏大會至舍奠○釋曰大會同者王與諸侯時見曰會殷見曰同或在畿內或在畿外亦告廟而行云造者以其非時而祭造次之意即上文造于祖一也云反行舍奠者曲禮云出必告反必面據生時人子出入之法今王出行時造于廟將遷廟主行反行還祭七廟非時而祭曰奠○注用事至如之○釋曰言用事亦用祭事告行也者言亦如上經大師用祭事告行引玉人職者按玉人職大璋中璋九寸邊璋七寸射四寸厚寸黃金勺青金外天子以巡守宗祝以前馬此云有宗祝以黃金勺前馬之禮非是彼正文義略言之耳云是謂過大山川與者彼不云過山川此言

過大山川此不言用黃金勺彼言以黃金勺以義約爲一故言與以疑之彼注云大山川用大璋中山川用中璋小山川用邊璋此直見過大山川不見中小者欲見中小山川共大山川一處直告大山川不告中小故不見中小山川各自別處則用中璋邊璋此所過山川非直用黃金勺酌獻而已亦有牢故校人職云將有事於四海山川則飾黃駒注云四海猶四方王巡守過大山川則有殺駒以祈沈之禮與是其牲牢也引曾子問曰凡告必用牲幣反亦如之者按彼注破牲爲制此用牲幣不破之者彼文不取牲義直取出告反亦告而已故破牲爲制於此經皆用牲知者王制云歸假于祖禰用特堯典亦云歸格于藝祖用特校人有飾黃駒之文則知此經出入皆有牲禮故不破牲爲制

建邦國先告后土用牲幣后土社神也【疏】注后土社神也○釋曰按大宗伯王大封則先告后土注云后土土神土神則社神也按孝經緯云社者五土之總神郊特牲云社祭土而主陰氣故名社爲土神勾龍生爲后土之官死則配社故舉配食人神以言社其實告社神也以其建邦國土地之事故先告后土雖告祭非常有牲有幣禮動不虛故也

禁督逆祀命者督正也正王之所命諸侯之所祀有逆者則刑罰焉【疏】禁督逆祀命者○釋曰王者有命命諸侯祭祀之事不使上僭下逼謂之禮若有違者即謂之逆命大祝掌鬼神之官故禁正逆祀命也○注督正至罰焉○釋曰經直云禁督逆祀命鄭以諸侯解之者承上建邦國故知據諸侯云有逆者則刑罰焉者大祝主諸侯逆祀告上與之刑罪不得自施刑罰

頒祭號于邦國都鄙祭號六號【疏】注祭號六號○釋曰邦國謂畿外諸侯都鄙畿內三等采地大祝主祭號故大祝頒之六號之中兼有天地諸侯不得祭天地而鄭云祭號六號鄭據大祝掌六號據上成文而言魯與二王之後得祭所感帝兼有神號

小祝掌小祭祀將事侯禳禱祠之祝號以祈福祥順豐年逆時雨寧風旱彌烖

兵遠辠疾侯之言候也候嘉慶祈福祥之屬禳禳卻凶咎寧風旱之屬順豐年而順爲之祝辭逆迎也彌讀曰敉敉安也○彌依注音敉亡爾反下注同遠于萬反

疏小祝至疾○釋曰掌小祭祀者卽是將事侯禳已下禱祠之事是也小祭祀與將事侯禳已下作目將事侯禳禱祠祝號又與祈福祥順豐年已下爲目祈福祥順豐年逆時雨三者皆是侯寧風旱彌裁兵遠辠疾。三者卽是禳求福謂之禱報賽謂之祠皆有祝號故總謂之禱祠之祝。辭祈福祥已下不言一曰二曰者大祝已言訖小祝佐大祝行事故略而不言亦欲見事起無常故不言其次第○注侯之至安也○釋曰侯之言候也候嘉慶祈福祥之屬者之屬中兼有順豐年逆時雨嘉善也此三者皆是善慶之事故設祈禱侯迎之云禳禳卻凶咎寧風旱之屬者之屬中兼有彌災兵遠辠疾三者是凶咎之事故設禱祠禳卻之云順豐年而順爲之祝辭者案管子云倉廩實而知禮節衣食足知榮辱意皆欲如此是豐年順民意也故設祈禮以求豐年而順民故云爲之祝辭也云彌讀曰敉敉安也者案洛誥云亦未克敉公功注云敉安也故知此彌讀曰敉敉安也

大祭祀逆齍盛送逆尸沃尸盥贊隋贊徹贊奠隋尸之祭也奠奠爵也祭祀奠先徹後反言之者明所佐大祝非一

疏大祭至贊奠○釋曰云逆齍盛者祭宗廟饋獻後尸將入室食小祝於廟門外迎饎人之齍盛於廟堂東實之簋於神座前送逆尸者。爲始祭迎尸而入祭末送尸而出祭義云樂以迎來哀以送往是也云沃尸盥者尸尊不就洗按特牲少牢尸入廟門盥於盤其時小祝沃水云贊隋者案特牲少牢尸始入室拜妥尸尸隋祭以挼菹擩于醢以祭於豆閒小祝其時贊尸以授之云贊徹者大祝云既祭命徹諸宰君婦徹時小祝贊之也云贊奠者大祝酌酒奠于鉶南則郊特牲注天子奠斝諸侯奠角小祝其時贊之○注隋尸至非一○釋曰主人受尸酢時亦有隋祭但此經贊隋文承逆尸沃尸之下故隋是尸之祭也云奠奠爵也者則特牲祝酌奠于鉶南是也云祭祀奠先徹後者奠爵在尸食前徹在尸謖後故云奠先徹後云反言之者經先言徹後言奠反言之者欲見所佐大祝非一故倒文以見義

凡事

佐大祝唯大祝所有事【疏】注唯大祝所有事○釋曰經云凡事諸有事皆佐大祝故鄭云唯大祝所有事乃佐之據大祝職不言之者或佐餘官或小祝專行之也若然佐大祝不在職末言之於此見文者欲自此已上有佐大祝者自此已下唯大喪贊渳佐大設祝熬以下小祝專行**大喪贊渳**故書渳爲攝杜子春云當爲渳渳謂浴尸**設熬置銘**銘今書或作名鄭司農云銘書死者名於旌今謂之柩士喪禮曰爲銘各以其物亡則以緇長半幅䞓末長終幅廣三寸書名于末曰某氏某之柩竹杠長三尺置于西階上重木置于中庭參分庭一在南粥餘飯盛以二鬲縣于重冪用葦席取銘置于重杜子春云熬謂重也檀弓曰銘明旌也以死者爲不可別故以其旗識之愛之斯錄之矣敬之斯盡其道焉爾重主道也殷主綴重焉周主徹重焉奠以素器以主人有哀素之心也玄謂熬者棺既蓋設於其旁所以惑蚍蜉也喪大記曰熬君四種八筐大夫三種六筐士二種四筐加魚腊焉士喪禮曰熬黍稷各二筐有魚腊饌于西坫南又曰設熬旁一筐乃塗○熬五羔反爲名音銘下取名同䞓勑貞反杠音江重直龍反下同粥之六反又音育盛音成鬲音歷識識並傷志反一讀下識如字盡津忍反蚍音毗蜉音浮一種章勇反下同坫丁念反【疏】熬置銘○釋曰熬謂熬穀殯在堂時設熬於棺旁所以惑蚍蜉云置銘者銘謂銘旌書死者名既殯置於階西上所以表柩○注銘今至乃塗○釋曰銘今書或作名者非古書出見今周禮或作名以其銘書死者名亦得通一義故司農以名解之司農云銘書死者名於旌今謂之柩者銘所以表柩故漢時謂銘爲柩士喪禮曰爲銘各以其物者謂爲銘旌用之生時旌旗但沽而小案士喪禮注王則大常諸侯則建旂孤卿建旜大夫士建物云亡則以緇長半幅長一者亡無也爲生時無旌旗子男之士不命是也生時無旌旗故用緇長半幅長一尺云䞓末長終幅廣三寸者依爾雅一入赤汁謂之縓再入謂之䞓䞓赤色繒也長終幅長二尺云書名于末者書死者名於䞓末之上云曰某氏某之柩者某氏是姓下某是名此謂士禮案喪服小記云周天子諸侯大夫書銘並與士同云竹杠長三尺者依禮緯天子旌旗之杠九仞諸侯七仞大夫五仞士三仞今

士三尺者則天子以下皆以尺易仞云置于西階上者始死即作銘倚于重殯訖置於西階上屋宇下云重木以下亦士喪禮文經雖不言重士喪禮有取銘置于重是以因銘兼解重言粥餘飯者飯米與沐米同按喪大記君沐粱大夫沐稷天子之士沐粱諸侯士沐稻天子當沐黍飯米之餘以爲粥盛以二鬲按鄭注士喪禮鬲與簋同差天子八諸侯六大夫四士二云取銘置于重者謂未殯以前殯訖則置于西階上是也杜子春云熬謂重也者以士喪禮云取銘置於重與此經云設熬置銘亦謂設熬訖置銘於熬上事相當故以熬爲重故鄭以熬與重所設不同故不從也引檀弓者子春既解熬爲重遂引銘與重爲證耳云銘明旌也者謂神明死者之旌故云明死者之銘云愛之斯錄之矣敬之斯盡其道焉爾鄭彼注謂重與奠則斯錄之據重斯盡其道據奠以是子春引證重則取愛之斯錄之不取敬之斯盡其道連引之耳云重主道也者始死作重葬後乃有主是始死雖未有主其重則是本主之道故云重主道也云殷主作綴重焉者鄭彼注云殷人作主而聯其重懸諸廟也去顯考乃埋之謂始死作重之時至葬後作木主乃綴連重之鬲懸於祖廟大祥遷廟乃埋重於廟門外之左故云殷主綴重焉云周主徹重焉者周人不綴重亦死始作重至葬朝廟重先柩從入祖廟朝廟訖明旦將葬重先出倚于道左葬後既虞埋於所倚之處故鄭注云周人作主徹重埋之云奠以素器以主人有哀素之心也者杜子春連引於經無所當玄謂熬者棺既蓋設於其旁者約士喪禮而知云所以惑蚍蜉也者無正文鄭君以意解之以其熬穀似蚍蜉蚍蜉見之不至棺旁故言惑云喪大記曰熬君四種八筐者黍稷稻粱各二筐云大夫三種六筐者黍稷粱各二筐云士二種四筐者黍稷各二筐云加魚腊焉者君大夫士同云士喪禮曰熬黍稷各二筐有魚腊饌于西坫南者當西南隅謂之坫饌於此者據未用時加之蓋後設於棺旁云又曰設熬旁一筐乃塗者此皆所設之處言旁一筐則首足各一筐大夫亦旁各二筐首足各一筐君八筐左右各二筐首足亦各二筐鄭君引此者將以破子春爲重

及葬設道齎之奠分禱五祀杜子春云齎當爲粢道中祭也漢儀每街路輒祭玄謂齎

猶送也送道之奠謂遣奠也分其牲體以祭五祀告王去此宮中不復反故與祭祀也王七祀五者司命大厲平生出入不以告〇王齋音咨遣弃戰反

疏及葬至五祀〇釋曰齋送也送道之奠謂將葬於祖廟之庭設大遣奠遣送死者故謂之送道之奠因分此奠以告五祀言王去此宮中也〇注杜子至以告〇釋曰子春云讀齋爲粢粢謂黍稷以爲道中祭也者引漢法爲證後鄭不從者按既夕禮祖廟之庭禮道中無祭法玄謂齋猶送也送道之奠謂遣奠也者按既夕禮祖廟之庭厥明設大遣奠包牲取下體是也云分其牲體以祭五祀告王去此宮中不復反者言分牲體者包牲而取其下體下體之外分之爲五處祭也云王七祀者祭法文云司命大厲平生出入不以告者按月令春祀戶夏祀竈季夏祀中霤秋則祀門冬則祀行此並是人之以所由從之處非直四時合祭所以出入亦宜告之按祭法王七祀之中有司命大厲此經五祀與月令同月令不祭司命及大厲之等此不祭則可知既夕士禮亦云分禱五祀者鄭注云博求之依祭法士二祀

大師掌釁祈號祝

鄭司農云釁謂釁鼓也春秋傳曰君以軍行祓社釁鼓祝奉以從

疏大師至號祝〇釋曰言掌釁者據大師氏之文而言耳則惟爲以血釁鼓祈號也者將出軍禱祈之禮皆小祝號以讀祝辭蓋所以令將軍祈而請之也此皆小事故大師用小祝以讀祝耳〇注鄭司至以從〇釋曰引春秋傳曰者定四年祝佗辭引之者證軍師有釁鼓之事所引之辭者將以登軍師有必取威於天下欲使敵人畏之也所以必有征伐四方之事須用血以釁鼓故有釁鼓之事

故有寇戎之事則保郊祀于社

故書祀或作禩鄭司農云謂保守郊祭諸祀及社無令寇侵犯之杜子春讀禩爲祀書亦或爲祀玄謂保祀互文郊社皆守而祀之彌裁兵〇禩音祀令力呈反下令可同

疏注故書至裁兵〇釋曰先鄭云謂保守郊祭諸祀及社者先鄭之義經之祀謂祀神故云祭諸祀及社後鄭不從者以其經祀爲諸祀祀與社文孤不見祭事故祀於社其爲一事解之玄謂保祀互文者郊言保守亦祀社言祀亦保守故云郊社皆守而祀之云彌裁兵者經言有寇戎之事則亦是裁兵故引小祝彌裁兵

而解之

凡外内小祭祀小喪紀小會同小軍旅掌事焉

【疏】凡外至事焉○釋曰外内小祭祀者按小司徒小祭祀奉牛牲鄭注云小祭祀王玄冕所祭按司服羣小祀用玄冕鄭注云小祭祀謂林澤四方百物是外小祭祀也其内小祀謂宫中七祀之等小喪紀者王后以下之喪小會同謂諸侯遣臣來王使卿大夫與之行會同之禮小軍旅者王不自行遣卿大夫征伐掌事者此數事皆小祝專掌其事也

附釋音周禮注疏卷第二十五

周禮注疏卷二十五校勘記　阮元撰盧宣旬摘錄

附釋音周禮注疏卷第二十五

占夢　唐石經諸本同釋文占夢本又作㝱按說文㝱部云㝱寐而有覺也从宀从爿夢聲引周禮以日月星辰卜六㝱之吉凶夢皆作㝱故陸氏本又作夢此後人據今本乙改也當云㝱本又作夢

陰建在戌　漢制考戌作戊

春秋緯云王者休　按王上當脫生

日始有謫　閩監本同余本嘉靖本毛本謫作適當據以訂正釋文賈疏皆作適

故于爲主人　監毛本于作干皆午之訛閩毛本改知非

老童楚象　惠校本老童作童子

二曰噩夢　困學紀聞云列子夢有六候與占夢同噩作蘁按說文引周禮作㖾㝱蓋許讀噩爲㖾○按㖾即今咢字杜云驚愕是也許所據周禮實作㖾杜本蓋同

噩當爲驚愕之愕　葉鈔釋文愕作鄂○按釋文是也

四曰寤夢　釋曰寤本又作䆿釋文作悟㝱

覺時道之而夢 廣韻引此時下有所按上思夢注云覺時所思念之而夢則此亦當有所字今本脫也

喜悅而夢 閩監毛本同余本嘉靖本悅作說此本疏中亦作說

或云其字當爲明 閩監本同毛本爲誤謂余本岳本嘉靖本或作又當據正

猶釋采也 余本嘉靖本閩監本同誤也毛本采作菜與下釋菜及采始生正一例岳本嘉靖本上下皆作釋菜非

難謂執兵以有難卻也 余本卻作郤是

疫厲鬼也 閩監毛本同余本嘉靖本厲作癘是

杜子春難讀爲難問之難 閩監毛本同誤也余本岳本嘉靖本上一難字作儺當據正

其字當作難 余本岳本嘉靖本閩本同監毛本難誤儺

命國儺 余本岳本嘉靖本同下並同誤也閩監毛本皆作難當據以訂正

故先令方相氏 監本同毛本先改告皆非閩本作故云當據正

以其難去疫癘 毛本同閩監本癘作厲非

去九門磔禳者 浦鏜云云誤去毛本磔作碟

煇謂日光炁也釋文炁本亦作氣按賈疏引作謂日光氣也炁俗字下注皆作氣

象者如赤烏也嘉靖本作赤烏

如煇狀也釋文如暈本亦作煇音同按日旁氣字當作暈從日今本作十煇之煇非

闇日月食也補毛本月下有食字此本誤脫

敘者雲有次序也閩監毛本同余本嘉靖本無也此衍○按毛本也誤敘

想者煇光也閩監本同余本嘉靖本毛本煇作熉此誤

主安居其處浦鏜云當作主安其居處

大祝

此六辭皆是祈禱之事盧文弨曰通考作六祝

按一曰已下閩本同監毛本已改以下自此已上同

寧風旱卽迎時雨閩監本同誤也當從毛本作逆時雨

四曰禜唐石經禜字缺

號呼告于神以求福閩監毛本同余本岳本嘉靖本無于此衍賈疏引注亦作號呼告神

則水旱癘疫之災賈疏云傳文癘疫之災於是乎禜之此云不時者鄭君讀傳有異孫志祖云據疏當作水旱癘疫之不時兼有㐫人注可證今本作災是從人據左傳改段玉裁亦云當作不時

柰何以陰侵陽以卑侵尊漢制考無下以

又曰乃立引以相副閩本同監毛本立作竝

明先以爲尊命責之浦鏜云爲衍字

一曰祠諸本同唐石經缺漢讀考云祠當是詞之誤大行人協辭命注故書協辭命作汁詞命鄭司農云詞當爲辭元謂辭命六辭之命也是故書辭作詞之證

禆諶草創之余本嘉靖本同閩監毛本禆作裨非此本疏中引註作卑葉鈔釋文及余本載音義皆作卑〇按漢書古今人表作卑

曾孫蒯瞶余本嘉靖本瞶作聵此從目訛

誄謂積累生時德行以錫之閩監毛本同余本嘉靖本錫作賜按疏中引注亦作賜

不憖遺一老閩監毛本憖作憗皆訛釋文余本嘉靖本作慭當據正

嬛嬛予在疚釋文嬛嬛求營反在疚九又反不出予字按左傳予作余此注余一人亦作余陸本或無此字

元謂一曰祠者賈疏引注作元謂一曰辭者按鄭君從司農改祠爲辭故下云辭之辭也此仍作祠非

辭之辭也 賈疏引作是此之辭也非是

禱是之辭 余本嘉靖本同閩監毛本作是禱之辭

故以辭苞之 閩監毛本苞作包下同

此命詰之議 浦鏜云義誤議從儀禮通解續校

齊入輸范氏粟 浦鏜云人誤入

衞爲大子禱而爲此辭 浦鏜云上爲字衍

謂與族人飲食宴之處 浦鏜云族誤飲

云是之辭者 浦鏜云是下脫禱

爲犧牲皆有名號 賈疏引注爲作謂此誤諸本同

粢號謂黍稷皆有名號也 嘉靖本同閩監毛本粢改齍謂誤爲余本作粢岳本作謂與此合

黍曰香合 余本嘉靖本同閩監毛本香改薌下句香字及疏同

粱曰香箕 賈疏余本嘉靖本閩本箕作萁釋文作香其此從竹非閩毛本粱作粢○按粢曰香其釋文是也說詳禮記

六曰擩祭 漢讀考擩字經注皆作㨎云儀禮㨎字屢見開成石經以下特牲少牢作㨎不誤公食大夫士虞及周禮誤作擩以子春讀如芮儀禮周

禮釋文皆曰而泉反一音而劣反劉又而誰反證之則其字定爲耎聲今本說文作擩染也引周禮擩祭則并其原本改之以致五經文字云㨎字書無此字見禮經然則當張參時說文字林玉篇皆已有擩無㨎矣

擩讀爲虞芮之芮 岳本嘉靖本同閩監毛本爲誤謂漢讀考云此讀爲當作讀如擬其音如芮耳經注擩字皆㨎之誤

如今祭殤無所主命 漢讀考云殤當爲禓說文示部禓道上祭也正司農所謂羨之道中無所主命也

擩祭以肝肺菹 余本肺作胏下並同此本亦下並作胏○按胏非也胏訓乾肉

以手從胏本 釋文出從持胏三字云劉沈皆子容反今本或無持字從則如字按賈疏本亦無持字

主祭食 閩監毛本同余本嘉靖本主作王當據正賈疏引注不誤

共綏執授 援神契共作供按注引孝經說共綏爲授綏以證共之訓授耳疏云共此綏祭非也宋王應麟辨之困學紀聞云續漢禮儀志注孝經援神契曰尊三老者父象也謁者奉几安車輭輪供綏執授宋均曰供綏三老就車天子親執綏授之永平二年養老詔有安車輭輪供綏執授之語

注杜子至執授 補此本脫執授二字

司農云以初祭擩于鹽 閩毛本同監本祭作時云疑衍

此據挼義而言也 閩監本作挼祭毛本作振祭

孝經諱文 閩監本同誤也毛本諱作緯當據正

辨九𢷎閩監毛本同誤也余本作𢷎亦非釋文唐石經嘉靖本作㩳當據正廣韻十六怪㩳下引作辯九㩳

一曰稽首唐石經諸本作稽首釋文作䭫首云本又作稽毛本改從釋文

以享右祭祀毛本祀誤祝

稽顙而后拜閩監毛本同余本嘉靖本后作後當據正此蓋因疏引檀弓文竄改而疏中反互改爲後

動讀爲哀慟之慟葉鈔釋文作哀動余本載音義亦作動今通志堂本作哀慟

書亦或爲董振董以兩手相擊也疏云書亦或爲董振之董者讀從左氏董之以威是董振之董漢讀考云書亦或爲董句絶疏誤

王動色變余本作變色

其稽稽留之字浦鏜云當從儀禮經傳通解作稽是稽留之義

敢不稽首補此本脫首字

非謂文相近浦鏜云義誤文從儀禮通解續校

不據衆子常稽顙者閩監毛本常作當

此二者后鄭皆不從之閩監毛本作後鄭此誤下三后鄭同

按今文大誓得火烏之瑞 閩監毛本烏誤爲

以給烝享 監本烝作蒸非

令鐘鼓右 閩監毛本同唐石經余本嘉靖本鐘作鍾此後人改從正字耳

相尸禮 唐石經諸本同葉鈔釋文作相屍○按此古本從叚借字

肆卽所爲陳尸設卽也 惠校本爲作謂

付練祥 唐石經諸本同毛本祥誤詳

甸人主設復祶 閩監本同毛本祶誤稊余本嘉靖本作梯葉鈔釋文同

祔祭於祖□ 監本祔誤附祖下實缺一字閩本删去監毛本作廟

代王受眚災 毛本眚災誤倒

小祝

禳禳卻凶咎 余本同閩監毛本卻誤郤

二者卽是禳 浦鏜云三誤二

故總謂之禱祠之祝辞 閩本辞作辭監毛本誤號

爲始祭逆尸而入　浦鏜云爲當謂字

欲自此已上　浦鏜云欲下當脱見

故書灄爲攝　閩監本灄誤弭

銘書死者名於旌　漢讀考銘作名云此司農從今書作名也今本作銘非是

爲銘各以其物　釋文爲名音銘下取名同按司農從今書士喪禮注亦云今文銘皆爲名今本爲名及下取名皆改銘非也當從陸本

䞓末長終幅　余本閩監毛本䞓作頳嘉靖本作赬按釋文作䞓與集韻同賈疏作䞓〇按作䞓是也

故以其旗識之　釋文旗識下重識字云並傷志反一讀下識如字漢讀考云子春所引檀弓與鄭君注士喪皆云故以旗識識之今本周禮注少一識字釋文獨爲善本

旣殯置於階西上　浦鏜云階西字誤倒

君沐粱大夫沐稷　閩監毛本粱誤梁下同毛本稷誤卽

置銘于敷上　閩監本同毛本上作二則下屬二事相當爲句

王七祀五者　閩監毛本同徐本余本嘉靖本疊祀字此脱

據大師氏之文而言耳　浦鏜云氏當衍文按或職之誤

則惟爲以血釁鼓 毛本爲誤薦

祈號也者 盧文弨曰通考也作祝此誤

周禮注疏卷二十五校勘記

附釋音周禮注疏卷第二十六

鄭氏注　賈公彥疏

喪祝掌大喪勸防之事鄭司農云勸防引柩也杜子春云防當爲披玄謂勸猶倡帥前引者防謂執披備傾戲○披彼寄反下同倡昌亮反戲音虧

疏注鄭司至傾戲○釋曰先鄭云勸防引柩後鄭不從者但引者天子千人執六引在柩車前防謂披在柩車傍備傾虧二者別司農共爲一故不從子春云防當爲披義無所取故不從玄謂勸猶倡帥前引者即下經御柩一也謂執纛居柩路前却行左右車脚有高下則以纛詔告執披者使持制之不至傾虧倡先也故云倡帥前引者云防謂執披備傾虧者按夏官司士作六軍之執披故以執披解防恐柩車傾側故云備傾虧此經勸防因言所掌事及其行事下文及朝御匶是也

及辟令啓鄭司農云辟謂除菆塗椁也令啓謂喪祝主命役人開之也檀弓曰天子之殯也菆塗龍輴以椁加斧于椁上畢塗屋天子之禮也○菆才官反輴勑倫反

疏注鄭司至禮也○釋曰先鄭云辟謂除菆塗椁也者天子七月而葬七日殯殯時以椁菆塗其棺及至葬時故命役人開之引檀弓曰天子之殯也菆塗龍輴以椁者天子諸侯殯用輴車天子畫轅爲龍先置龍輴於西階之上又置四重棺於輴車之中大斂於阼階訖奉尸入棺加蓋乃置欑於棺傍乃於椁欑其四面與棺平乃加斧於棺上以覆棺上更加之以椁材乃畢塗之如四面霤屋故云菆塗龍輴以椁加斧於椁上畢塗屋天子之禮也加斧於椁上者按檀弓云布幕衞綃幕魯布幕諸侯法綃幕天子禮刺以黼文謂之斧者形如大斧文言上者加斧訖乃欑塗其上故言加斧於椁上

及朝御匶乃奠鄭司農云朝謂將葬朝於祖考之廟而後行則喪祝爲御柩也檀弓曰喪之朝也順死者之孝心也其哀離其室也故至於祖考之廟而後行殷朝而殯於祖周朝而遂葬故春秋傳曰凡夫人不殯于廟不祔于姑則弗致也晉文公卒將殯。於曲沃就宗

廟晉宗廟在曲沃故曰曲沃君之宗也又曰丙午入于曲沃丁未朝于武宮玄謂乃奠朝廟奠○朝直遙反注皆同匶音舊離力智反下同

【疏】及朝御匶乃奠○釋曰言及朝者及猶至也謂侵夜啓殯昧爽朝廟故云及朝云御柩者發殯宮輴車載至廟其時喪祝執纛居前以御。正柩也云乃奠者按既夕禮朝廟之時重先奠從燭從柩從彼奠昨夜夕奠至廟下棺於廟兩楹之間棺西設此宿奠至明徹去宿奠乃設此朝廟之奠於柩西故云乃奠○注鄭司至廟奠○釋曰先鄭解朝廟法後鄭皆從之不改引檀弓云殷朝而殯於祖者殷人殯於廟始死斂訖即以柩朝廟而殯之故云殷朝而殯於祖云周朝而遂葬者周人不殯於廟故始死殯於路寢七月而葬以次朝七廟先禰而後祖廟別一宿後朝始祖廟遂出葬於墓故云周朝而遂葬云故春秋傳曰凡夫人不殯于一廟者此僖八年左氏傳秋七月禘于大廟用致夫人傳曰秋禘而致哀姜焉非禮也凡夫人不薨于寢不殯于廟不赴于同不祔于姑則弗致也注云寢小寢同同盟言諸侯夫人有罪不以禮終不當致云晉文公卒將殯于曲沃此左氏僖公三十二年晉文公卒庚辰將殯於曲沃就宗廟已下鄭君解義語晉宗廟在曲沃者晉承桓叔之後桓叔本在曲沃故晉宗廟在曲沃云故曰曲沃君之宗也者莊二十八年左氏傳驪姬欲立其子賂外嬖梁五與東關嬖五使言於公曰曲沃君之宗也不可以無主夏大子居曲沃是也又曰丙午入于曲沃丁未朝于武宮此僖二十四年二月壬寅公子重耳入於晉丙午入曲沃丁未朝於武宮按趙商問周朝而遂葬則是殯于宮葬乃朝廟按春秋晉文公卒殯于曲沃是爲去絳就祖殯與禮記義異未通其。記答曰葬乃朝廟當周之正禮也其末世諸侯國何能同也傳合不合當解傳耳不得難經何者既夕將葬遷于祖用軸既夕是周公正經朝廟乃葬故云不得難經孔子發凡言不薨于寢不殯于廟不祔于姑則不致明正禮約殯于廟發凡。則是。關異代何者孔子作春秋以通三王之禮先鄭引之者欲見春秋之世諸侯殯于廟亦當朝廟乃殯玄謂乃奠朝廟奠者以經文奠在朝下明不據初來宿奠是據厥明所設朝廟之奠

及祖飾棺乃載遂御

鄭司農云祖謂將葬祖於庭象生時

出則祖也故曰事死如事生禮也檀弓曰飯於牖下小斂於戶內大斂於阼殯於客位祖於庭葬於墓所以卽遠也祖時喪祝主飾棺乃載遂御之喪祝爲柩
車御也或謂及祖至祖廟也玄謂祖爲行始飾棺設柳池紐之屬其序載而後飾既飾當還車鄉外喪祝御之御之者執翿居前卻行爲節度○飯扶晚反還
音旋一音回鄉許亮反翿音道【疏】及祖至遂御○釋曰言及祖者及至也初朝禰次第朝親廟四次朝二祧次朝始祖后稷之廟至此廟中設祖祭按既夕
禮請祖期曰日側是至祖廟之中而行祖祖始也爲行始言飾棺乃載者既載乃飾按既夕禮遂匠納車於階間卻柩而下棺乃飾棺設帷荒之屬飾訖乃還
車向外移柩車去載處至庭中車西設祖奠天子之禮亦是先載乃飾棺此先云飾棺後言乃載者直取便文非行事之次第云遂御者加飾訖移柩車喪祝
執纛卻行御正柩故云遂御之○注鄭司至節度○釋曰先鄭解祖及飾棺其義是故後鄭從之增成其義云將葬祖於庭者檀弓文云象生時出則祖也者
詩云仲山甫出祖是也云故曰事死如事生禮也者按祭義云文王之祭也事死如事生義出於彼以其生時出有祖故死亦有祖者檀弓曰飯於牖下至卽遠
也按檀弓曾子弔於負夏氏主一人既祖奠徹推柩而反之曾子從者怪主人推柩而反問於曾子曾子對曰胡爲其不可從者問子游子游對此辭云飯於
牖下者謂始死於北牖下遷尸於南牖下沐浴訖卽飯含故云飯於牖下小斂於戶內小斂十九稱在戶內大斂於阼者士三十稱大夫五十稱諸侯百稱天
子百二十稱皆於阼階故言大斂於阼殯於客位者夏后氏殯於阼階殷人殯兩楹間周人殯於西階故云殯於客位祖於庭者行祖祭在祖廟之庭葬於墓
者行祖祭訖至明旦行大遣奠既奠引柩向壙故云葬於墓所以卽遠也者此子游之意從飯於牖下至葬於墓卽就也節級皆是就遠不合反來引之者證
此經祖是爲行始向遠之義云祖時喪祝主飾棺乃載者重解祖及飾載之事云遂御之喪祝爲柩車御也者後鄭增成之云或謂及祖至祖廟也者以其飾
載在祖廟中故以祖爲祖廟解之後鄭雖不從亦通一義玄謂祖爲行始此後鄭增成先鄭前解祖也云飾棺設柳池紐之屬者喪大記文柳者諸色所聚帷

荒之屬是也紐者君三池纁組六之屬是也司士云作六軍之士執披彼引喪大記其於此略言也云其序者鄭見經先言飾棺後言乃載車向外於文到故
依既夕禮先載而後飾當還車向外以其載時車北向飾訖當還車向外喪祝御之御之者執纛居前卻行爲節度者恐柩車傾虧以纛告之故云爲節度也

及葬御匶出宮乃代喪祝二人相與更也○更音庚【疏】注喪祝至更也○釋曰及至也謂於祖廟厥明大奠後引柩車出喪祝於柩車前卻行御柩車出宮乃代者按序官云喪祝上士二人故鄭云二人相與更也

及壙說載除飾鄭司農云壙謂穿中也說載下棺也除飾去棺飾也四翣之屬令可舉移安錯之玄謂除飾便其窆爾周人之葬牆置翣○說吐活反注同劉詩悅反去起呂反翣所甲反本亦作翣錯七故反便婢面反窆彼驗反劉補鄧反【疏】及壙說載除飾○釋曰及至也至壙脫載謂下棺於地除飾謂除去帷荒下棺於坎訖其帷荒還入壙張之於棺○注鄭司至置翣○釋曰云四翣之屬者按襄公二十五年齊崔杼弒莊公不以君禮葬之按喪大記及禮器士二翣大夫四翣諸侯六翣天子八翣今用四翣是不成君禮也云令可舉移安錯之者除去棺飾者令可舉移安錯於壙中安錯之言出孝經玄謂周人之葬牆置翣者檀弓云殷人棺椁周人牆置翣牆謂帷荒與柩爲鄣若牆然故謂之牆言置翣者翣在道柩車傍人執之入壙置之於椁傍故云置也引之者證飾既除還入壙設之義也

小喪亦如之【疏】小喪亦如之○釋曰小喪王后世子已下之喪自掌勸防已下至除飾皆據王喪其小喪亦有勸防已下之事故云亦如之

掌喪祭祝號喪祭虞也檀弓曰葬日虞不忍一日離也是日也以虞易奠卒哭曰成事是日也以吉祭易喪祭【疏】注喪祭虞也至祭易喪祭○釋曰引檀弓云葬日虞不忍一日離也者葬日設大遣奠而出葬訖反日中而虞送形而往迎魂而反虞者安也葬日虞祭所以安神不使父母一日離散故設虞祭也云是日也以虞易奠者葬日反日中而虞奠者自未葬已前始死之後皆是今既葬是以虞易奠也云卒哭曰成事是日也以吉祭易喪祭者喪中自相對虞爲喪祭卒哭爲吉祭士

虞禮始虞曰哀薦祫事再虞曰哀薦虞事三虞曰哀薦成事卒哭祝辭亦稱成事也祭以吉爲成故云是日也以吉祭易喪祭引之者證經喪祭是虞也

王弔則與巫前

鄭司農云喪祝與巫以桃厲執戈在王前檀弓曰君臨臣喪以巫祝桃。茢執戈惡之也所以異於生也春秋傳曰楚人使公親襚公使巫以桃茢先祓殯楚人弗禁既而悔之君臨臣喪之禮故悔之〇厲音列記作茢黍苞稷也音倒亦音列惡烏路反

疏 王弔則與巫前〇釋曰王弔者諸侯諸臣死王就室弔之喪祝與男巫在王前也〇注鄭司至悔之〇釋曰先鄭云喪祝與巫以桃厲執戈在王前者桃者鬼所惡茢萟帚所以掃不祥桃茢二者祝與巫執之執戈者是小臣也按喪大記小臣二人執戈立於前二人立於後彼是諸侯法王弔亦然故兼言執戈檀弓曰君臨臣喪以巫祝桃茢執戈惡之是天子之禮故引之言惡之也所以異於生也者死者之傍有凶邪之氣故須桃茢以惡之是異於生春秋傳曰者是襄二十九年左傳文按傳襄公朝於荆康王卒楚人使公襲襲者臣賤之事欲使公行臣禮公使巫以桃茢祓殯楚人弗禁者不知禮故不禁既而悔之者後覺始悔是君臨臣喪之禮故悔之引之者證經喪祝與巫前有桃茢之事按檀弓云使公襲左傳云襚之不同者襚即襲也襲時未殯而云祓殯者名尸爲殯耳

掌勝國邑之社稷之祝號以祭祀禱祠焉

勝國邑所誅討者社稷者若亳社是矣存之者重神也蓋奄其上而棧。其下爲北牖〇亳步博反棧劉才產反一音上諫反

疏 掌勝至。祠釋曰以祭祀禱祠者祭祀謂春秋正祭禱祠謂國有故所請求福曰禱得福報賽曰祠〇注勝國至北牖〇釋曰云勝國邑所誅討者古者不滅國有違逆被誅討者更立其賢子弟還得事其社稷今云勝國之社稷者爲不據武王伐紂取其社稷而事之故云若亳社是矣也據其地則曰亳據彼國喪亡即爲亡國之社稷此注勝之即爲勝國之社稷是以郊特牲云喪國之社春秋謂之亳社也云存之者重神也者君自無道被誅社稷無罪故存之是重神也云蓋奄其上而棧其下爲北牖者按哀公四年夏六月辛丑亳社災公羊傳曰亡國之社蓋揜其上而柴其下爲北牖者郊特牲文郊

特牲喪國之社必屋之爲北牖不受天陽使陰明公羊云揜其上即屋之是也棧其下者非直不受天陽亦不通地陰

凡卿大夫之喪掌事而斂飾棺焉【疏】凡卿至棺焉釋曰言掌事者雖禮有降殺勸防以下皆掌之兼主斂事故總云掌事而斂飾棺焉

甸祝掌四時之田表貉之祝號杜子春讀貉爲百爾所思之百書亦或爲禡貉兵災也甸以講武治兵故有兵祭詩曰是類是禡爾雅曰是類是禡師祭也玄謂田者習兵之禮故亦禡祭禱氣勢之十百而多獲○貉莫駕反注禡同甸音田下文同【疏】甸祝至祝號○釋曰言掌四時之田表貉之祝號者四時田即大司馬所云春蒐夏苗秋獮冬狩按大司馬大閱禮云既陳乃設驅逆之車有司表貉於陳前當此貉祭之時田祝爲號○注杜子至多獲○釋曰子春云讀貉爲百爾所思之百讀從毛詩後鄭從之增成其義云書亦或爲貉者毛詩爾雅皆爲此字云貉兵祭也者爾雅云禡師祭是也引詩云是類是禡者大雅皇矣之詩也玄謂田者習兵之禮故亦禡祭者詩與爾雅據出征之祭田是習兵故亦禡祭云禱氣勢之十百而多獲者應十得百望多獲禽牲此解禡字之意

舍奠于祖廟禰亦如之舍讀爲釋釋奠者告將時田若時征伐鄭司農云禰父廟○舍音釋下同【疏】舍奠至如之○釋曰天子將出告廟而行言釋奠於祖廟者非時而祭即曰奠以其不立尸奠之言停停饌具而已七廟俱告故祖禰并言○注舍讀至父廟○釋曰舍讀爲釋者周禮禮記多爲舍字鄭讀皆爲釋云釋奠者告將時田若時征伐者此經上下惟言時田不言征伐按大祝大師造于祖大會同造于廟皆造祖禰故兼言征伐

師甸以禽于虞中乃屬禽及郊饁獸舍奠于祖禰乃斂禽禂牲禂馬皆掌其祝號師田謂起大衆以田也致禽於虞中使獲者各以其禽來致于所表之處屬禽別其種類饁饋也以所獲獸饋於郊薦于四方羣兆入又以奠于祖禰薦且告反也斂禽謂取三十入腊人焉杜子春云禂禱也爲馬禱無疾爲田禱多獲禽牲詩云既伯既禱爾雅曰既伯既禱馬祭也玄

謂禍讀如伏誅之誅今。侏大字也爲牲祭求肥充爲馬祭求肥健○屬音燭鐺于輒反禍音誅一音禱別彼列反爲于僞反下同侏音誅字林音朱

疏注師田至肥健○釋曰云致禽於虞中使獲者各以其禽來致於所表之處者若田獵在山山虞植旗田獵在澤澤虞植旌各植旗爲表故解致禽于虞中者使獲者各以其禽來致於所表之處也云屬禽別其種類者禽獸既致於旌旗之所甸祝分別其種類麋鹿之類各爲一所云鐺別饋也以所獲禽獸饋於郊薦于四方羣兆者按小宗伯兆五帝於四郊四類四望亦如之兆山川丘陵各於其方是以四郊皆羣神之兆今田獵在四郊之外還國必過羣兆故將此禽獸薦於羣兆直以禽祭之無祭事云入又以奠於祖禰薦且告反也者上經舍奠於祖廟謂出田今此舍奠在鐺獸之下是告反也言薦者又以所獲禽牲薦廟也云祖斂禽謂取三十者按穀梁云禽擇取三十知入腊人者按腊人云掌凡田獸之脯腊按王制三一爲乾豆二爲賓客三爲充君之庖此入腊人者按上殺者乾之以爲豆實供祭祀其餘入賓客庖廚直入腊人者據祭祀重者而言脯非豆實而言乾豆者以脯爲醢故醢人注云作醢及臡者先膊乾其肉乃後莝之雜以粱麴及鹽漬以美酒塗置瓶中百日則成矣是也杜子春云禍禱也爲馬禱無疾已下後鄭皆以不從者以凡言牲者卜日曰牲據祭祀之牲云不得據田獵之獸又禍不得爲禱祈字玄謂禍讀如伏誅之誅者此俗讀也時有人甘心惡伏誅故云伏誅之誅此從音爲誅云今。誅大字也者今漢時人傍侏是侏大之字此取肥大之意故云爲牲祭求肥充解經禍牲云爲馬祭求肥健釋經禍馬鄭既解禍爲大知此皆有祭者以其言皆掌其祝號是有祭事

詛祝掌盟詛類造攻說禬禜之祝號八者之辭皆所以告神明也盟詛主於要誓大事曰盟小事曰詛

疏注八者至曰詛○釋曰此八者之內類造已下是大祝六祈大祝不掌祝號故此詛祝與盟同爲祝號秋官自有司盟之官此詛祝兼言之者司盟直掌盟載之法不掌祝號與載辭故使詛祝掌之云大事曰盟小事曰詛者盟者盟將來春秋諸侯會有盟無詛詛者詛往過不因會而爲之故云大事曰盟小事曰詛也

作

盟詛之載辭以敘國之信用以質邦國之劑信載辭爲辭而載之於策坎用牲加書。于其上也國謂王之國邦國諸侯國也質正也成也文王脩德而虞芮質厥成鄭司農。云載辭以春秋傳曰使祝爲載書

【疏】作盟至劑信○釋曰云作盟詛之載辭者爲要誓之辭載之於策人多無信故爲辭對神要之使用信故云以敘國之信用云以質邦國之劑信者質正也成也亦爲此盟詛之載辭以成正諸侯邦國之劑謂要券故對神成正之使不犯○注載辭至載書○釋曰言爲辭而載之于策者若然則策載此辭謂之載云坎用牲加書于其上也者按襄二十六年左氏傳云宋寺人伊戾坎用牲加書爲世子痤僞與楚客盟司盟注具引此文於此注略也引春秋者據載書而言知者按司盟掌盟載之法後注云載盟辭也盟者書其辭於策卽是此載辭也又注云殺牲取血坎其牲加書於上而埋之謂之載書卽引春秋宋寺人之事明此坎用牲加書於其上據載書而言以此言之則書辭於策謂之載辭加書於牲上謂之載書司盟掌載書詛祝掌載辭此注兼言坎用牲加書之事者事相因故兼解之云國謂王之國邦國謂諸侯國也者周禮體例單言國者皆據王國邦國連言者皆據諸侯故爲此解云文王脩德而虞芮質厥成者大雅文王詩也彼訓質爲成成爲平謂成其平和之事引之者證質爲成義先鄭引春秋傳曰者按哀二十六年左氏傳云宋大尹使祝爲載書司農之意以載辭與載書爲一得通一義故引之在下

司巫掌羣巫之政令若國大旱則帥巫而舞雩雩旱祭也天子於上帝諸侯於上公之神鄭司農云魯僖公欲焚巫尩以其舞雩不得雨○尩音汪

【疏】司巫至舞雩○釋曰掌羣巫之政令者下文男巫女巫皆掌之云若國大旱則帥巫而舞雩者謂帥女巫已下是以女巫職云旱暵則舞雩亦據脩雩而言也○注雩旱至得雨○釋曰言雩旱祭也者經云國大旱而舞雩明雩是旱祭是以春秋緯考異郵云雩者呼嗟求雨之祭云天子於上帝諸侯於上公之神知者按禮記月令大雩帝習盛樂據天子雩五帝按彼下文命百縣雩祀百辟卿士百縣謂畿內鄉遂明畿外諸侯亦

雩祀百辟卿士卽古上公句龍柱棄之等是天子祀上帝諸侯祀上公若魯與
二王之後得祀天者亦得雩祭天鄭司農云魯僖公欲焚巫。尫以其舞雩不得
雨者按僖二十一年夏大旱公欲焚巫尫尫不必舞雩故檀弓云魯穆公云吾
欲暴尫而奚若又云吾欲暴巫而奚若縣子曰天則不雨而暴人之疾子虐無
乃不可與鄭注云尫者面鄉天覬天哀而雨之明非舞雩之人司農兼引尫者
挾句連引之其實非舞者若四月正雩非直有男巫女巫按論語曾晳云春服
旣成童子六七人冠者五六人兼有此等故舞師云教皇舞帥
而舞旱暵之祀舞師。謂野人能舞者明知兼有童子冠者可知

國有大烖則帥巫而造巫恆

杜子春云司巫帥巫官之屬會聚常處以待命也玄
謂恆久也巫久者先巫之故事造之當。按視所施爲

疏 注杜子至施爲○釋

曰子春之意帥巫者巫則女巫恆訓爲常故云會聚常處後鄭不從玄謂恆久
也巫久者先巫之故事後鄭之意以恆爲先世之巫久故所行之事今司巫見
國大烖則帥領女巫等往造所
行之事按視舊所施爲而法之

祭祀則共匰主及道布及蒩館

杜子春云。蒩讀
爲鉏匰器名主
謂木主也道布新布三尺也鉏藉也館神所館止也書或爲蒩館或爲。租。飽或
曰布者以爲席也租飽茅裹肉也玄謂道布者爲神所設巾中霤禮曰以功布
爲道布屬于几也蒩之言藉也祭食有當藉者館所以承蒩謂若今筐也主先
匰蒩後館。玄言之者明共主以匰共蒩以筐大祝取其主蒩陳之器則退也士
虞禮曰苴刌茅長五寸實于筐饌于西坫上又曰祝盥取苴降洗之升入設于
几東席上東縮○匰音丹蒩于都反鉏子都反下同藉慈夜反下同租劉音緅
又音卷沈音子餘反飽音苞又
音弭裹音果爲于僞反刌音寸

疏 注杜子至一東縮○釋曰子春所解及讀字惟
解匰器名一事後鄭從之自餘並義無所取

後鄭不從玄謂道布者爲神所設巾卽引中霤禮以功布爲道布屬於几是也
云蒩之言藉也祭食有當藉者謂當藉所當之食云館所以承蒩謂若今筐也
者筐所以盛蒩者也云主先匰蒩後館互言之者謂主先匰器在上者欲見以
匰器盛主來向祭所大祝取得主匰器卽退蒩後言館器欲見大祝取得蒩館

器退明亦初以館盛葅來互言之是以鄭云明共主以匴共葅以筐大祝取其主葅陳之器則退也二事雙解之引士虞禮曰苴刌茅長五寸實於筐饌于西坫上者刌切也切之長五寸又陳之西坫者堂西南隅謂之坫饌陳於此未用前又曰祝盥升取苴降洗之。升設於几東席上東縮者士虞禮設席於奥禮神東面右几放設于几東席上東縮縮縱也據神東面爲正東西設之故言東縮引之者見苴是藉祭之物

凡祭事守瘞

瘞謂若祭地祇有埋牲玉者也守之者以祭禮未畢若有事然祭禮畢則去之○瘞於例反

【疏】注瘞謂至去之○釋曰按爾雅祭天曰燔柴祭地曰瘞埋又按肆師立大祀用玉帛牲牷故鄭云瘞謂若祭地祇有埋牲玉者也鄭不言帛亦有帛可知云守之者以祭禮未畢若有事然者但祭地埋牲與禋祀同節作樂下神之後即有埋牲之事以後更有祭祀之節事故使司巫守埋是以鄭云。有祭事然云祭。祀畢即去之者以其無事故去之不復守也

凡喪事掌巫降之禮

降下也巫下神之禮今世或死既斂就巫下禓其遺禮○禓音傷

【疏】注降下至遺禮○釋曰人死骨肉下沈於地精魂上歸於天天地與神人通故使巫下神云今世或死既斂就巫下禓其遺禮者按郊特牲鄉人禓鄭注云禓彊鬼彼逐疫癘之事故以禓爲彊鬼此禓當家之鬼非彊鬼也

男巫掌望祀望衍授號旁招以茅

杜子春云望衍謂衍祭也授號以所祭之名號授之旁招以茅招四方之所望祭者玄謂衍讀爲延聲之誤也望祀謂有牲粢盛者延進也謂但用幣致其神二者詛祝所授類造攻說禬禜之神號男巫爲之招○衍音延下同爲于僞反

【疏】男巫至以茅○釋曰云望祀者類造禬禜遙望而祝之云望衍者衍延也是攻說之禮遙望延其神以言語責之云授號者此二者皆詛祝授以神號云旁招以茅者旁謂四方此男巫於地官祭此神時則以茅招之於四方也○注杜子至之招○釋曰子春所云皆無依據故後鄭不從玄謂破衍爲延者衍字於六祈義無所取故破從延云望祀謂有牲粢盛者注大祝已云類造禬禜皆有牲攻說用幣而已有牲則有黍稷故此兼云粢盛者也云延進也謂但用幣致其神者

此即攻說用幣而已是也云二者詛祝所授類造攻說禬禜之神號男巫爲之招者以其授號文。故二者之下故知此六神皆授之號。之授號知是詛祝者按詛祝知也

而冬堂贈無方無筭。

故書贈爲矰杜子春云矰當爲贈堂贈謂逐疫也無方四方爲可也無算道里無數遠益善也玄謂冬歲終以禮送不祥及惡夢皆是也其行必由堂始巫與神通言當東則東當西則西可近則近可遠則遠無常數○矰音曾

疏注故書至常數○釋曰子春以堂贈爲逐疫後鄭不從者逐疫方相氏及占夢不合在此故不從云無算道里無數遠益善也後鄭不從者既言無數遠近由人不得云遠益善故不從玄謂知堂贈是送不祥及惡夢者見占夢云舍萌于四方以贈惡夢故知鄭云當東則東當西則西不言南北舉東西可知此解無方可近則近可遠則遠無常數此解無算

春招弭以除疾病。

招招福也杜子春讀弭如彌兵之彌玄謂弭。讀爲敉字之誤也敉安也安凶禍也招敉皆有祀衍之禮○弭與彌同及下敉皆亡氏反

疏注招招至之禮○釋曰子春讀弭。如彌兵之彌讀從小祝彌災兵之彌玄謂弭讀爲敉字之誤也按小祝後鄭注彌讀曰敉於此云爲敉從子春之說云敉安也安凶禍也者以經云除疾病故知所安者凶禍知招敉皆有祀敉之禮者此招敉爲招福安禍與侯禳意同侯禳在六祝有祭之法故知此二者亦有望祀望衍之禮可知

王弔則與祝前。

巫祝前王也故書前爲先鄭司農云爲先非是也

疏注巫祝至是也○釋曰按上喪祝云王弔則與巫前此男巫與祝前故二官俱在王前

女巫掌歲時祓除釁浴

歲時祓除如今三月上巳如水上之類釁浴謂以香薰草藥沐浴○巳音祀

疏注歲時至沐浴○釋曰歲時祓除者非謂歲之四時惟謂歲之三月之時故鄭君云如今三月上巳解之一月有三巳據上旬之巳而爲祓除之事見今三月三日水上戒浴是也云釁浴謂以香薰草藥沐浴者若直言浴則惟有湯今兼言釁明沐浴之物必和香草故云以香薰草藥經直云浴兼言沐者凡絜靜者沐浴相將故知亦有沐也

旱暵則舞雩使女巫舞旱祭崇陰也鄭司農云求雨以女巫故檀弓曰歲旱繆公召縣子而問焉曰吾欲暴巫而奚若曰天則不雨而望之愚婦人無乃已疏乎○暵呼旱反繆音穆縣音玄暴蒲卜反【疏】旱暵則舞雩○釋曰此謂五月已後脩雩故有旱暵之事旱而言暵者暵謂熱氣也○注使女至疏乎○釋曰司農引繆公者魯繆公春秋後事縣子者魯大夫欲暴巫者以其舞雩不得雨引之者證使女巫舞雩之事

若王后弔則與祝前女巫與祝前后如王禮【疏】若王至祝前○釋曰此女巫云與祝前則與天官女祝前后○注女巫至王禮○釋曰云女巫與祝前后如王禮者按前男巫與喪祝前王執桃茢此女巫與女祝前后亦巫執桃祝執茢故云如王禮

凡邦之大烖歌哭而請有歌者有哭者冀以悲哀感神靈也【疏】凡邦至而請○釋曰大烖言歌哭而請則大烖謂旱暵者○注有歌靈也○釋曰按林碩難曰凡國有大災歌哭而請魯人有日食而哭傳曰非所哭哭者哀也歌者是樂也有哭而歌是以樂烖烖而樂之將何以請哀未失所禮又喪矣孔子曰哭則不歌歌哭而請道將何爲玄謂日食異者也於民無困哭之爲非其所烖害不害穀物故歌必禮也董仲舒曰雩求雨之術呼嗟之歌國風周南小雅鹿鳴燕禮鄉飲酒大射之歌焉然則雲漢之篇亦大旱之歌考異郵曰集二十四旱志立服而緩雲刑理察挺罪赦過呼嗟哭泣以成發氣此數者非大烖歌哭之證也多烖哀也歌者樂也今喪家輓歌亦謂樂非孔子哭則不歌是出何經論語曰子於是日哭則不歌謂一日之中既以哀事哭又以樂而歌是爲哀樂之心無常非所以譏此禮若然此云歌者憂愁之歌若雲漢之詩是也

大史掌建邦之六典以逆邦國之治掌灋以逆官府之治掌則以逆都鄙之治典則亦法也逆迎也六典八法八則冢宰所建以治百官大史又建焉以爲王迎受其治也大史日官也春秋傳曰天子有日官諸侯有日御日官居卿以底

日禮也日御不失日以授百官于朝居猶處也言建六典以處六卿之職注○治直吏反下及注其治同爲于僞反下爲有同底音旨朝直遙反下同【疏】典
則至之職○釋曰云典則亦法也者按大宰注典法則所用異異其名也其實典則與法一也故云典則亦法也云六典八法八則冢宰所建以治百官者冢
宰職八法云治官府是也云大史又建焉以爲王迎受其治也者鄭言此者欲見大史重掌此三者非是相副貳大宰既掌此大史迎其治職文書云大史日
官也者以其掌曆數故云日官引春秋傳者桓十七年冬十月朔日有食之不書日官失之天子有日官諸侯有日御服氏注云日官日御典曆數者也日官
居卿以底日禮也日御不失日以授百官于朝服注云是居卿者使卿居其官以主之重歷數也按鄭注居猶處也言建六典以處六卿之職與服不同服君
之意大史雖下大夫使卿來居之治大史之職與堯典云乃命羲和欽若昊天曆象日月星辰是卿掌曆數明周掌曆數亦是日官鄭意以五帝殊時三王異
世文質不等故設官不同五帝之時使卿掌歷數至周使下大夫爲之故云建六典處。六卿之職。以解之凡辨。灋者攷焉不信者刑
之謂邦國官府都鄙以法爭訟來正之者○攷音考爭爭鬬之爭【疏】凡辨至刑之○釋曰按上文大史既受邦國官府都鄙治職文書其三者之內有爭訟來
正之者大史觀其辨法得理考之不信者刑之者事理妄冒不信者刑罰之○注謂邦至之者○釋曰鄭知此事是邦國官府都鄙者以其文承上文三者之
下故知之凡邦國都鄙及萬民之有約劑者藏焉以貳六官六官之所登約劑要盟之載辭及
券書也貳猶副也藏法與約劑之書以爲六官之副其有後事六官又登焉【疏】凡邦至所登○釋曰上文邦國官府都鄙三者俱充此約不言官府者此
擧邦國都鄙及萬民在外者而言其實官府約劑亦藏之云以貳六官者六官各有一通此大史亦副寫一通故云以貳六官云六官之所登者約劑相續不
絕在後六官更有約劑皆副寫一通上於大史以藏之○注約劑至登焉○釋曰鄭知約劑要盟之載辭及券書者按司盟凡邦國有疑會同則掌其盟約之

載故知約劑中有盟要之載辭言及券書者此經萬民約劑無盟要載辭惟有券書故別言券書鄭知所藏之中有法者按司盟云掌盟載之法下又云及其禮儀北面詔明神此既掌辭明并法亦藏之

若約劑亂則辟灋不信者刑之謂抵冒盟誓者辟法者考。按。讀其然。不〇辟婢亦反劉芳益反注同抵丁禮反疏若約至刑之釋曰盟誓要辭藏在府庫在後抵冒其事不依要辭謂之約劑亂也則辟法者辟開也法則約劑也則爲之開府庫考按其然否不信者不依約劑與之刑罪故云不信者刑之

正歲年以序事頒之于官府及都鄙中數曰歲朔數曰年中朔大小不齊正之以閏若今時作曆日矣定四時以次序授民時之事春秋傳曰閏以正時時以作事事以厚生生民之本於是乎在〇數所主反下同疏正歲至都鄙〇釋曰云正歲年者謂造曆正歲年以閏則四時有次序依曆授民以事故云以序事也云頒之于官府及都鄙者官府據在朝都鄙據三等采地先近及遠故先言官府次言都鄙下乃言邦國〇注中數至乎在〇釋曰云中數曰歲朔數曰年者一年之內有二十四氣正月立春節啓蟄中二月。雨水節春分中三月清明節穀雨中四月立夏節小滿中五月芒種節夏至中六月小暑節大暑中七月立秋節處暑中八月白露節秋分中九月寒露節霜降中十月立冬節小雪中十一月大雪節冬至中十二月小寒節大寒中皆節氣在前中氣在後節氣一名朔氣朔氣在晦則後月閏中氣在朔則前月閏節氣有入前月法中氣無入前月法中氣帀則爲歲朔氣帀則爲年假令十二月中氣在晦則閏十二月十六日得後正月立春節此即朔數曰年至後年正月一日得啓蟄中此中氣帀此即是中數曰歲云中朔大小不齊正之以閏者周天三百六十五度四分度之一日一日行一度月一日行十三度十九分度之七二十四氣通閏分之一氣得十五日二十四氣分得三百六十度仍有五度四分度之一一度更分爲三十二五度爲百六十四分度之一者又分爲八分通前爲百六十八分二十四氣分之氣得七分若然二十四氣氣有十五日七分五氣得三十五分取三十二分爲一日餘三分推入後氣即有十六日

氣者十五日七分者故云中朔大小不齊正之以閏者月有大小一年三百五十四日而已自餘仍有十一日是以三十三月已後中氣在晦不置閏則中氣入後月故須置閏以補之故云正之以閏是以云若今時作曆日矣云定四時以次序者堯典以閏月定四時解經中序故云定四時以次序云授民時之事者亦取堯典敬授民時解經中事春秋傳曰者文公六年冬閏月不告朔非禮也閏以正時時以作事事以厚生生民之道於是乎在不告閏朔棄時正也何以爲民彼譏文公不告閏朔引之者證閏歲年之事也

頒告朔于邦國

天子。頒朔于諸侯諸侯藏之祖廟至朔朝于廟告而受行之鄭司農云頒讀爲班班布也以十二月朔布告天下諸侯故春秋傳曰不書日官失之也

【疏】注天子至之也○釋曰鄭云天子班朔於諸侯諸侯藏之於祖廟者按禮記玉藻諸侯皮弁聽朔於大祖大祖卽祖廟也至朔朝於廟告而受行之者諸侯約天子故縣之於中門。而日斂之藏之於祖廟日月用羊告而受行之此經及論語稱告朔之玉藻謂之聽朔春秋謂之視朔視朔者人君入廟視之告者使有司讀祝以言之聽者聽治一月政令所從言之異耳鄭司農云以十二月朔布告天下諸侯者言朔者以十二月曆及政令若月令之書但以受行號之爲朔故春秋傳曰者還是桓十七年傳文春秋之義天子班曆於諸侯日食書日不班曆於諸侯則不書日其不書日者。猶天子日官失之不班曆引之證經天子有班告朔之事

閏月詔王居門。終月

門謂路寢門也鄭司農云月令十二月分在青陽明堂總章玄堂左右之位惟閏月無所居居于門故於文王在門謂之閏

【疏】閏月至終月○釋曰明堂路寢及宗廟皆有五室十二堂四門十二月聽朔於十二堂閏月各於時之門故大史詔告王居路寢門若在明堂告事之時立行祭禮無居坐之處若在路寢堂與門聽事之時各居一月故立居門終月○注門謂至之閏○釋曰鄭知此經門是路寢門者按玉藻云閏月則闔門左扉立於其中不云居又不云終月此經言居門終月故知路寢門先鄭云月令十二月據月令而言按月令是秦時書明堂路寢有九室大室在中央四角各有二堂隔之爲个堂大室正東之堂謂之

青陽正南之堂謂之明堂正西之堂謂之總章正北之堂謂之玄堂云左右之位者青陽明堂總章玄堂各有左右之位月令謂之左右个故月令孟春云青陽左个仲春居青陽季春云居青陽右个孟夏云明堂左个仲夏居明堂季夏云居明堂右个孟秋云居總章左个仲秋居總章季秋云居總章右个孟冬居玄堂左个仲冬居玄堂季冬居玄堂右个月令皆云居故鄭以大寢解之是以先鄭引之證此大寢之禮云惟閏月無所居居於門者以其十二月居十二堂故云閏月無所居居於門云故於文王在門謂之閏者解閏字之意以閏月王在門中故制文字亦王在門中謂之閏也

大祭祀與執事卜日執事大卜之屬與之者當視墨【疏】注執事至視墨○釋曰知執事大卜之屬者大卜掌卜事故知執事是大卜言之屬者兼有卜師及卜人知當視墨者按占人云君占體大夫占色史占墨卜人占坼彼言史者即此大史故知當視墨

戒及宿之日與羣執事讀禮書而協事協合也合謂習錄所當共之事也故書協作叶杜子春云叶協也書亦或為協或為汁○叶音協汁音執又音協劉子集反【疏】戒及至協事○釋曰戒及宿之日者戒謂散齊七日宿謂致齊三日云與羣執事讀禮書而協事者謂當此二日之時與羣執事預祭之官讀禮書而協事恐事有失錯物有不供故也

祭之日執書以次位常謂校呼之教其所當居之處【疏】祭之至位常○釋曰言執書者謂執行祭禮之書若今儀注以次位常者各居所掌位次常者此禮一定常行不改故云常也

辨事者攷焉不信者誅之謂抵冒其職事【疏】注謂抵冒其職事○釋曰此謂助祭之人大史掌禮知行事得失所行依注謂之事則與人考焉抵冒職事詐欺不信者刑誅之

大會同朝覲以書協禮事亦先習錄之也【疏】大會同朝至禮事○釋曰天子與諸侯不錄

及將幣之日執書以詔王將送也詔王告王以禮事【疏】及將至詔王○釋曰將幣之日者則上經所習會同之事至此得朝覲之時則有三享之禮將送也幣謂璧帛之等故云將幣之日云執書以詔王者王與諸侯行

禮之時大史執禮書以告王使不錯誤大師抱天時與大師同車鄭司農云大出師則大史主抱式以知天時處吉凶史官主知
天道故國語曰吾非瞽史焉知天道春秋傳曰楚有雲如衆赤烏夾日以飛楚子使問諸周大史大史主天道玄謂瞽卽大師大師瞽官之長〇大音泰注同
式劉音敕今俗音如字焉於虔反夾古洽反劉古協反【疏】大師至同車〇釋曰云大師者大起軍師也云抱天時者大史知天道天時謂天文見時候者
史抱此天時與大師同在一車之上共察天文故同車也〇注鄭司至之長〇釋曰先鄭云知大出師則大史主抱式以知天時處吉凶者云抱
式者據當時占文謂之式以其見時候有法式故謂載天文者爲式知天時處吉凶者候天時知吉凶以告王故云處吉凶國語者按周語單子謂魯成公吾
非瞽史焉知天道春秋傳者在哀六年玄謂瞽卽大師者此足先鄭之義周語云瞽者卽此經大師一也云大師瞽官之長者按春官瞽人之內立其賢者爲
大師之官故云瞽官之長大遷國抱灋以前法司空營國之法也抱之以前當先王至知諸位處〇先悉薦反大喪執法以
涖勸防鄭司農云勸防引六紼遣之日讀誄遣謂祖廟之庭大奠將行時也人之道終於此累其行而讀之大師又帥瞽廞之而作謚
瞽史知天道使共其事言王之誄謚成於天道〇遣弃戰反下同行下孟反【疏】注遣謂至天道〇釋曰遣謂大遣奠故以遣謂祖廟之奠云人之道終於
此者以其未葬已前孝子不忍異於生仍以生禮事之至葬送形而往迎魂而反則以鬼事之故既葬之後當稱謚故誄生時之行而讀之此經誄卽累也云
大師又帥瞽廞之而作謚者按大師職凡大喪帥瞽而廞作柩謚云言王之誄謚成於天道者按禮記曾子問惟天子稱天以誄之注云以其無尊焉彼又引
公羊傳制謚於南郊瞽史既知天道又於南郊祭天之所稱天以誄之是王之謚成於天道也若然先於南郊制謚乃於遣之日讀之葬後則稱謚凡喪
事攷焉爲有得失小喪賜謚小喪卿大夫也【疏】注小喪卿大夫也〇釋曰大史雖賜之謚不讀使小史讀之故小史職云卿大夫之喪賜

諡讀誄彼注云其讀誄亦以大史賜諡爲節事相成其卿大夫將作諡之時其子請諡於君君親爲之制諡諡成使大史將往賜之小史至遣之日往爲讀之知義然者見禮記檀弓云公叔文子卒其子戌請諡於君曰日月有時將葬矣請所以易其名者君曰昔者夫子脩其班制以與四鄰交衞國之社稷不辱不亦文乎是其事也明禮亦當然其諸侯之法按曾子問云賤不誄貴幼不誄長諸侯相誄非禮春秋之世卑諡於尊不得如禮按曲禮言諡曰類以其象聘問之禮見天子乃使大史賜之諡小史不讀之以其諸侯自有史若然此直言小喪賜之諡則三公諸侯亦在焉

凡射事飾中舍筭執其禮事舍讀曰釋鄭司農云中所以盛算也玄謂設算於中以待射時而取之中則釋之即射禮曰君國中射則皮豎中於郊則閭中於竟則虎中大夫兕中士鹿中天子之中未聞○舍音釋盛音成中丁仲反竟音境

疏凡射至禮事○釋曰言凡射事者則大射賓射燕射之等皆使大史爲此三事飾中者謂飾治使絜靜舍算者射有三番第一番三耦射不釋算第二第三番射乃釋算執其禮事者大史主禮者天子諸侯射先行燕禮後乃射其中禮事皆大史掌之○注舍讀至未聞○釋曰先鄭云中所以盛算也者司農之意所有射算皆盛於中故後鄭不從玄謂設算於中以待射時而取之中則釋之者按鄉射大射算皆於中西設八算於中內偶升將射大史取中之八算執之待射中則更設於中待第二耦射第三耦已下皆然鄉射禮曰已下是鄉射記文云君國中射皮豎中者謂燕禮在寢則以皮豎獸形爲中云於郊則閭中者謂大學之射云於竟則虎中者謂與鄰國君射也云大夫兕中士鹿中者大夫士各一中故大夫以兕獸爲中士以鹿獸爲中云天子之中未聞者經記不言故也

小史掌邦國之志奠繫世辨昭穆若有事則詔王之忌諱鄭司農云志謂記也春秋傳所謂周志國語所謂鄭書之屬是也史官主書故韓宣子聘于魯觀書大史氏繫世謂帝繫世本之屬是也小史主定之瞽矇諷誦之先王死日爲忌名爲諱故書奠爲帝

杜子春云帝當爲奠奠讀爲定書帝亦或爲奠玄謂王有事祈祭於其廟○奠音定繫戶計反下同昭如字或作佋音韶

【疏】小史至忌諱○釋曰小史掌邦國之志者邦國連言據諸侯志者記也諸侯國內所有記錄之事皆掌之云奠繫世者謂定帝繫世本云辨昭穆者帝繫世本之中皆自有昭穆親疏故須辨之云若有事者謂在廟中有祈祭之事云則詔王之忌諱者謂小史告王以先王之忌諱也○注鄭司至其廟○釋曰古者記識物爲志春秋傳所謂周志者皆是左氏傳殽之役晉襄公縛秦囚來駒失戈狠瞫取戈斬囚遂爲車右箕之役先軫黜之而立續簡伯其友曰盍死之瞫曰吾未獲死所其友曰吾與汝爲難瞫曰周志有之勇則害上不登於明堂引之者證志爲記識之義也引韓宣子者按昭公二年左氏傳晉韓起來聘觀書於大史氏見易象與魯春秋引之者證史官掌邦國之志此經小史掌志引大史證之者大史史官之長共其事故也云繫世謂帝繫世本之屬是也者天子謂之帝繫諸侯謂之世本云瞽矇諷誦之者按瞽矇職云掌諷誦詩世奠繫鼓琴瑟是也云先王死日爲忌名爲諱者告王當避此二事

大祭祀讀禮灋史以書敘昭穆之俎簋。讀禮法者大史與羣執事。史此小史也言讀定法者小史敘俎簋以爲節故書簋或爲几鄭司農云几讀爲軌書亦或爲簋古文也大祭祀小史主敘其昭穆以其主定繫世祭祀史主敘其昭穆次其俎簋故齊景公疾欲誅於祝史玄謂俎簋牲與黍稷以書次之校比之○比毗志反

【疏】大祭至俎簋○釋曰此言敘昭穆之俎簋則非外神耳則大祭祀惟謂祭宗廟三年一祫之時有尸主兼序昭穆俎簋也○注讀禮至比之○釋曰鄭知讀禮法是大史與羣執事者大史職云大祭祀戒及宿之日與羣執事讀禮書而協事彼云禮書即此禮法也云言讀禮法者小史敘俎簋以爲節者謂大史讀禮法之時小史則敘昭穆及俎簋當依禮法之節校比之使不差錯故俎及簋云爲節也齊景公事在昭二十年左氏傳彼傳云公有疾語晏子曰據與款謂寡人能事鬼神故欲誅於祝史是其事也

大喪大賓客大會同大軍旅佐大史凡國事之用禮灋者

掌其小事【疏】大喪至小事○釋曰此數事皆大史掌之小史得佐之

卿大夫之喪賜謚讀誄其讀誄亦以大史賜謚爲節事相成。也【疏】注其讀至相成○釋曰按大史云小喪賜謚注云小喪卿大夫之喪注取此文彼不云讀誄今此云卿大夫之喪賜謚讀誄賜謚是大史之事非小史但小史於大史賜謚之時須誄列生時行跡而讀之故云其讀誄亦以大史賜謚爲節云事相成者謚法依誄爲之故云事相成

馮相氏掌十有二歲十有二月十有二辰十日二十有八星之位辨。其敘事以會天位歲謂太歲歲星與日同次之月斗所建之辰樂說說歲星與日常應大歲月建以見然則今曆大歲非此也歲日月辰星宿之位謂方面所在辨其敘事謂若仲春辯秩東作仲夏辯秩南。譌仲秋辯秩西成仲冬辯在朔易會天位者合此歲日月辰星宿五者以爲時事之候若今曆日大歲在某月某日某甲朔日直某也國語曰王合位于三五孝經說曰故勑以天期四時節有晚早趣勉趣時無失天位皆由此術云○馮音憑相息亮反會如字注同見賢遍反下皆同譌五和反直音值【疏】馮相至天位○釋曰云十有二歲者歲謂太歲左行於地行有十二辰一歲移一辰者也云十有二月者謂斗柄月建一辰十二月而周故云十有二月云十有二辰者謂子丑寅卯之等十有二辰也十日者謂甲乙丙丁之等也云二十八星者東方角亢氐房心尾箕北方斗牛之等爲二十八星也若指星體而言謂之星日月會於其星即名宿亦名辰亦名次亦名房云之位者總五者皆有位處也云辨其敘事者謂五者皆與人爲候之以爲事業次敘而事得分辨故云辨其序事也云以會天位者五者在天會合而爲候也此謂之五者也○注歲謂至術云○釋曰云歲謂大歲歲星與日同次之月斗所建之辰者此太歲在地與天上歲星相應而行歲星爲陽右行於天一歲移一辰又分前辰爲一百三十四分而侵一分則一百四十四年跳一辰十二辰帀則總有千七百二十八年十二跳辰帀以此而計之十二歲一小周謂一年移一辰故也千七百二十八年一大周十二跳帀故也歲左行

於地一與歲星跳辰年歲同此則服虔注春秋龍度天門是也以歲星本在東方謂之龍以辰爲天門故以歲日跳度爲龍度天門也云歲星與日同星次之月斗所建之辰者以歲星爲陽人之所見大歲爲陰人所不覩既歲星與大歲雖右行左行不同要行度不異故舉歲星以表大歲言歲星與日同次之月一年之中唯於一辰之上爲法若元年甲子朔旦冬至日月五星俱起於牽牛之初是歲星與日同次之月十一月斗建子子有大歲至後年歲星移向子上十二月日月會於玄枵十二月斗建丑丑有大歲自此已後皆然引樂說者證太歲在月日建之義也云然則今歷大歲非此也者以今曆太歲歲星北辰大歲無跳辰之義非此經太歲者也云歲日月辰星宿之位謂方面所在者此五物皆依四方四面十二辰而見故云方面所在云謂若仲春辨秩東作已下者按尚書皆作平秩不爲辨秩今皆云辨秩據書傳而言辨其平也注引國語者周語文云王合位于三五者按彼武王伐紂之時歲在鶉火月在天駟日在析木之津辰在斗柄星在天元引之者證經五者各於其位

冬夏致日春秋致月以辨四時之敘冬至日在牽牛景丈三尺夏至日在東井景尺五寸此長短之極極則氣至冬無愆陽夏無伏陰春分日在婁秋分日在角而月弦於牽牛東井亦以其景知氣至不春秋冬夏氣皆至則是四時之敘正矣

【疏】冬夏至之敘○釋曰此經欲知人君政之得失之所致觀日月之景以辨四時之敘若政教得所則四時之景依度若依度則四時之敘得正矣必冬夏致日春秋致月者以日者實也故於長短極時致之也月者闕也故於長短不極時致之也○注冬至至正矣○釋曰鄭知冬至景丈三尺者按易緯通卦驗云冬至日置八神樹八尺之表日中視其影如度者歲美人和晷不如度者歲惡人僞言政令之不平法神讀如引言八引者樹杙於地四維四中引繩以正之故因名之曰引立表者先正方面於視日審矣晷進則水晷退則旱進尺二寸則月食退尺二寸則日食注云晷進謂長於度日之行黃道外則晷長晷長者陰勝故水晷短於度者日之行入進黃道內故晷短晷短者陽勝是以旱進尺二寸則月食者月以十二爲數以勢言之宜爲月食退尺二

寸則日食者日之數備于十晷進爲盈晷退爲縮冬至晷長丈三尺。至云所立八尺之表。陰長丈三尺長之極彼雖不言夏至尺五寸景以冬至。影長丈三尺反之致夏惟尺五寸景也是以鄭注考靈耀云日之行冬至之後漸差向北夏至之後漸向南日差大分六小分四大分六者分一寸爲十分。分小分四者分一。寸爲十分一寸千里則差六百四十里按大司徒職云日至之景尺有五寸謂之地中從夏至之後差之至冬至得丈三尺景又按天文志春秋分日在婁而晷中立八尺之表而晷景長七尺三寸六分云極則冬無愆陽夏無伏陰者愆陽伏陰者昭四年申豐辭以其德政所致而四時之景合度故陰陽和也云春分日在婁秋分日在角而月弦於牽牛東井亦以其景知氣至不者按通卦驗云夫八卦氣驗常不在望以入月八日不盡八日候諸卦氣注云入月八日不盡八日陰氣得正而平以此而言明致月景亦用此日矣若然春分日在婁其月上弦在東井圓於角下弦於牽牛秋分日在角上弦於牽牛圓於婁下弦東井故鄭幷言。井弦於牽牛東井不言圓望義可知也此以三月諸星復若不在三月則未到本位大判皆以合昏星體在西而言以其二月春分婁星昏在西秋分角星昏亦在西以是推之皆可知按天文志云月有九行云黑道二出黃道北赤道二出黃道南白道二出黃道西青道二正出黃道東立春春分。日東從青道云云然則用之決房中赤青出陽道白黑出陰道月失節度而行出陽道則旱風出陰道則雨。此云九行則通數黃道也進入黃道南別謂之赤道夏時月在黃道南謂之赤道進入黃道北謂之黑道東西自相對春時月行黃道東謂之青道進入黃道西謂之白道秋時月在黃道西西謂之白道進入黃道東謂之青道此皆不得其正故曰出陽道則旱風出陰道則雨若在黃道是其正亦如日然故星備云明王在上則日月五星皆乘黃道又云黃帝占日天道有三黃道者日月五星所乘問曰按鄭駮異義云三光考靈耀書云日道出于列宿之外萬有餘里謂五星則差在其內何。得與日同乘黃道。又問曰日何得在婁角牽牛東井乎答曰黃道數寬廣雖差在內猶不離黃道或可以上下爲外內又按天文志云春秋分日在婁角去極中而晷中立八尺之表而晷景長

七尺三寸六分也若然通卦驗云春秋晷長七尺二寸四分者謂晷表有差移故不同也

保章氏掌天星以志星辰日月之變動以觀天下之遷辨其吉凶志古文識識記也星謂五星辰日月所會五星有贏縮圜角日有薄食暈珥月有盈虧朓側匿之變七者右行列舍天下禍福變移所在皆見焉○識音志又音試又如字下同暈本又作輝亦作運音同朓他了反晦而月見西方匿女力反劉吐則反朔而月見東方日側匿亦名朒朒女六反

疏保章至吉凶○釋曰上馮相氏掌日月星辰不變依常度者此官掌日月星辰變動與常不同以見吉凶之事○注志古至見焉○釋曰云志古文識識記也者古之文字少志意之志與記識之志同後代自有記識之字不復以志爲識故云志古文識識卽記也云星謂五星者按天文志謂東方歲南方熒惑西方大白北方辰中央鎮星云辰日月所會者左氏傳士文伯對晉侯之辭也云五星有贏縮者按天文志云歲星所在其國不可以伐人起舍如前出贏贏爲客客晚出爲縮縮爲主人故人有言曰天下大平五星循度亡有逆行日不蝕朔月不蝕望云圜角者星備云五星更王相休廢其色不同王則光芒相則內實休則光芒無角不動搖廢則少光色順四時其國皆當也又云立春歲星王七十二日其色有白光角芒土王三月十八日其色黃而大休則圜廢則內虛立夏熒惑王七十二日色赤角芒土王六月十八日其色黃而大立秋大白王七十二日光芒無角土王九月十八日其色黃而大立冬辰星王七十二日其色白芒角土王十二月十八日其色黃而大星當王相不芒角其邦大弱强國取地大弱失國亡土也云日有薄蝕暈珥者此則視祲職具釋其事也云月有虧盈者此則禮運所云三五而盈三五而闕也云朓側匿之變者按尚書五行傳云晦而月見西方謂之朓朔而月見東方謂之側匿側匿則侯王其肅朓則侯王其舒云七者右行列舍者七謂日月五星皆右行於天留伏順逆以見吉凶故云天下禍福變移所在皆見焉若然經有辰鄭云日月所會直釋辰名不解辰之禍福者但辰與二十八星隨天左行

非所以見吉凶已見馮相氏而此言之者星辰是相將之物挾句而言故鄭不釋爲禍福之事也

以星土辨九州之地所封封域皆有分星以觀妖祥星土星所主土也封猶界也鄭司農說星土以春秋傳曰參爲晉星商主大火國語曰歲之所在則我有周之分野之屬是也玄謂大界則曰九州州中諸國中之封域於星亦有分焉其書亡矣堪輿雖有郡國所入度非古數也今其存可言者十二次之分也星紀吳越也玄枵齊也娵訾衛也降婁魯也大梁趙也實沈晉也鶉首秦也鶉火周也鶉尾楚也壽星鄭也大火宋也析木燕也此分野之妖祥主用客星彗孛之氣爲象○分扶問反注同參所林反娵子須反訾子斯反降戶江反彗以歲反又息遂反孛音佩

疏以星至妖祥○釋曰此經論北斗及二十八宿所主九州及諸國封域之妖祥所在之事故云以星土也云辨九州之地者據北斗而言云所封封域者據二十八星而說云皆有分星者總解九州及諸國也云以觀妖祥者據星見徵應所在以觀妖祥之事也○注星土至爲象○釋曰先鄭所引春秋傳者按昭元年左氏傳鄭子產云辰爲商星參爲晉星又襄九年左氏傳云辰爲商主大火此所引及國語皆據諸國而言故增成其義并釋九州之土也後鄭云大界則曰九州州者此解經九州之地按春秋緯文耀鉤云布度定記分州繫象華岐。以龍門積石至三危之野雍州屬魁星。則大行以東至碣石王屋。砥柱冀州屬樞星三河雷澤東至海岱以北兖州青州屬機星蒙山以東至南江會稽震澤徐揚之州屬權星大別以東至雷澤九江荆州屬衡星荆山西南至岷山北嶇鳥鼠梁州屬開星外方熊耳以至泗水陪尾豫州屬搖星此九州屬北斗星有七州有九但兖青徐揚并屬二州故七星主九州也周之九州差之義亦可知云州中諸國已下別釋經所封封域古黃帝時堪輿亡故其書亡矣云堪輿雖有郡國所入度非古數者謂後代有作堪輿者非古數雖非古數時有可言者故云今其存可言者十二次之分也者但吳越在南齊魯在東今歲星或北或西不依國地所在者此古之受封之日歲是所在之辰國屬焉故也吳越二國同次者亦謂同年度受封故同次也云此分野之妖祥主用客星彗孛之氣爲象者按公羊傳昭十七年冬有星孛于大辰孛者何彗星也何休云孛彗者邪亂之氣埽故置新之象左氏申繻曰彗所以除舊布新如是彗孛一也時爲宋衞陳鄭裁天文志彗長丈三言用客星者彗非位奔實而入他辰者也

以十有二歲之相觀天下之妖祥

歲謂太歲歲星與日同次之月斗所建之辰也歲星爲陽右行於天太歲爲陰左行於地十二歲而小周其妖祥之占甘氏歲星經其遺象也鄭司農云大歲所在歲星所居春秋傳曰越得歲而吳伐之必受其凶之屬是也○相息亮反下同

疏 以十至妖祥○釋曰此經又以太歲以觀妖祥之異耳○注歲謂至是也○釋曰云歲謂大歲者上文已說五星訖以文次而推知非歲星故知是在地之太歲也其惟太歲所在以下於上馮相氏釋訖鄭恐人不曉故重言之也先鄭云太歲所在歲星所居者亦欲見推太歲之處云歲星所居亦是歲星與日同次之月也太歲所在亦是斗所建之辰下有大歲也云越得歲而吳伐之必受其凶之屬者按昭三十二年夏吳伐越史墨曰不及四十年越其有吳乎越得歲而吳伐之必受其凶按昭十二年蔡復之歲歲在大梁至昭三十二年正應在析木而越得歲者按彼服注歲星在星紀吳越之分野蔡復之歲歲在大梁距此十九年昭十五年有事於武宮之歲龍度天門龍歲星也天門在戌是歲越過故使今年越得歲龍東方宿天德之貴神其所在之國兵必昌向之以兵則凶吳越同次吳先舉兵故凶也或歲星在越分中故云得歲史墨知不及四十年越有吳者以其歲星十二年一周天存亡之數不過三紀三者天地人之數故歲星三周星紀至玄枵哀二十二年越滅吳至此三十八年鄭君之義則不然故春秋志云五星之期各用數有氣者期遠而禍大無氣者期近而禍小吳越以夏周之孟夏建卯仲夏建辰木用事之時木數三木用事則歲星王當從遠期以三乘十二爲三十六歲星復其所而三十七過其次而歲星去矣故伐越亦後至哀二十二年猶三十八年冬十一月丁亥而越滅吳按越與在哀二十年吳惡未周故不滅也此鄭義與服小異大同也按括地象天不足於西此則西爲天門昭十五年歲星正應在鶉首越一次當在鶉火是以昭

三十二年得在星紀若然天門不在戌者但龍度天門正應在五月日體在鶉首與歲星同次日沒於戌歲星亦應沒由度戌至酉上見而不沒故云龍度天門

以五雲之物辨吉凶水旱降豐荒之祲象物色也視日旁雲氣之色降下也知水旱所下之國鄭司農云以二至二分觀雲色青爲蟲白爲喪赤爲兵荒黑爲水黃爲豐故春秋傳曰凡分至啓閉必書雲物爲備故也故曰凡此五物以詔救政

疏以五至祲象○釋曰物色也此五色之雲以辨吉凶也云水旱降豐荒者水旱降爲荒凶也風雨降爲豐吉也云之祲象者祲謂日旁雲氣以見五色之雲則知吉凶也○注物色至救政○釋曰鄭知視日旁雲氣之色者以其視祲職十者皆視日旁雲氣之色此云祲象故知所視五雲亦視日旁雲氣之色也鄭知水旱所下之國者以其云降明據日旁雲氣則知當十二辰之分野所下之國有豐荒也鄭以二至二分觀雲色者即所引春秋者是云青爲蟲已下蓋據陰陽書得知按傳五年左氏傳云春王正月辛亥朔日南至公既視朔遂登觀臺以望而書禮也凡分至啓閉必書雲物爲備故也注云分春秋分至冬夏至啓立春立夏閉立秋立冬據八節而言也先鄭引下文凡此五物者欲見春秋與此相當故也

以十有二風察天地之和命乖別之妖祥十有二辰皆有風吹其律以知和不其道亡矣春秋襄十八年楚師伐鄭師曠曰吾驟歌北風又歌南風南風不競多死聲楚必無功是時楚師多凍其命乖別審矣

疏以十至妖祥○釋曰此一經欲見十二辰順律氣以知妖祥之事○注十有至審矣○釋曰鄭知十二風是十二辰氣爲風者師曠云歌北風南風皆據十二辰之氣爲風故知風即氣也云吹其律以知和不其道亡者鄭亦按師曠吹律而知此氣亦當吹律也今無吹律之法故云其道亡引襄十八年者是時鄭屬晉不復事楚楚師伐之晉爲盟主欲救之故師曠吹律以觀楚強弱按彼服注北風無射夾鍾以北南風。沽洗以南云命乖別審矣者以南風弱即知楚無功是其命楚師乖離別審矣按考異郵曰陽立于五極于九五九四十五且變以陰合陽故八卦主八風距同各四十五日艮爲條風震爲明庶風巽爲清明風離爲景風坤爲涼風兌爲閶闔風乾爲不周風坎爲廣莫風按通卦驗云冬至廣莫風十二月大寒小寒皆不云風至立春條風至雨水猛風至二。驚蟄不見風至春分明庶風至清明雷鳴雨下清明風至玄鳥來穀雨不見風立夏清明風至小滿不見風五月芒種不見風大暑不見風立秋涼風至處暑不見風白露不見風秋分涼風至寒露霜降皆不見風立冬不周風至小雪大雪皆不見風如是無十二風何云十二月皆有風乎按通卦驗云三月六月九月十二月皆不見風惟有八以當八卦八節云十一月者則乾之風漸九月坤之風漸八月艮之風漸十二月巽之風漸三月故清明節次云清明風立夏復云清明風是清明風主三月復主四月則其餘四維之風主兩月可知雨水猛風與條風俱在正月則猛風非八卦之風亦。不。如。之

凡此五物者以詔救政訪序。事訪謀也見其象則當。豫爲之備以詔王救其政且謀令。年天時占相所宜次序其事

疏○凡此至序事○釋曰此經總計上五經文云凡此五物者謂從掌天星以下五經並是已見之物有此五事云詔者詔告也告王改脩德政以備之以救止前之惡政云訪序之事者謂事未至者預告王訪謀今年天時占相所宜次敘其事使不失所也

內史掌王之八枋之。灋以詔王治一曰爵二曰祿三曰廢四曰置五曰殺六曰生七曰予八曰奪大宰既以詔王內史又居中貳之○柄本又作枋兵病反治直吏反下同

疏內史至曰奪○釋曰此按大宰有誅無殺此有殺無誅者誅與殺相因欲見爲過不止則殺之假令過失已麗於法內之圜土司圜職云掌收教罷民又云不能改而出圜土者殺之是因過而致殺也八者不與大宰次第同者亦欲見事起無常故不依本也

執國灋及國令之貳以攷政事以逆會計國法六典八法八則

疏。執國法及國令至政事以逆會。計○釋曰以內史掌爵祿殺生之事故執國法及國令之貳者國法大宰掌其正國令謂若凡國之政令故亦掌其

貳國郎句考其政事及會計以知得失善惡而誅賞也○注國法至八則釋曰按太宰則皆訓爲法故知國法中含有六典八法八則也掌敘事之

頒受納訪以詔王聽治敘六敘也納訪納謀於王也六敘六曰以敘聽其情疏注敘六至其情釋曰云敘六敘也者按小宰職有六

序六。序之內云六曰以。序聽其情是其聽治之法也凡命諸侯及孤卿大夫則策命之鄭司農說以春秋傳曰王命內史興

父策命晉侯爲侯伯策謂以簡策書王命其文曰王謂叔父敬服王命以綏四國糾逖王。慝晉侯三辭從命受策以出○父音甫逖吐歷反慝吐得反疏

凡命至命之○釋曰周法爵及士餘文更不見命士之法明士亦內史命之不言者以其賤略之也○注鄭司至以出○釋曰此事見僖二十八年左氏傳以

晉文公敗楚於城濮王命爲侯伯之長按曲禮云大國曰伯父州牧曰叔父晉既大國而云叔父者王以州牧之禮命之故也凡四方之事書

內史讀之若今尚書入省事疏凡四至讀之○釋曰言四方之事書者諸侯凡事有書奏白於王內史讀示王○注若今至省事○釋曰漢法

奏事讀之故舉以況之也王制祿則贊爲之以方出之贊爲之爲之辭也鄭司農云以方出之以方版書而出之上農夫食九人

其次食八人其次食七人其次食六人下農夫食五人庶人在官者其祿以是爲差諸侯之下士視上農夫祿足以代其耕也中士倍下士上士倍中士下大

夫倍上士卿四大夫祿君十卿祿杜子春云方直謂今時牘也玄謂王制曰王之三公視公侯卿視伯大夫視子男元士視附庸○食音似下同牘音獨疏

注贊爲至附庸○釋曰先鄭云上農夫已下皆禮記王制文按彼所釋凡地有九等按遂人注有夫有婦乃成家自二人以至十人爲九等則地有上上上中

上下中上中中中下下上下中下下若然上地之中有上上之地食十人上中食九人今言上農夫食九人不言上上食十人者欲取下士食九人祿與上中

之地食九人同故據上中已下而言也云其次食八人據上下之地云其次食七人者據中上之地云其次食六人者據中中之地云其次食五人者據中下

之地又不言下上之地食四人以下者欲見八人以下至五人有四等當庶人在官者有府史胥徒其祿以是爲差故不言四人以下也若然則有府食八人史食七人胥食六人徒食五人故云庶人在官者其祿以是爲差也云諸侯之下士視上農夫祿足以代其耕也者欲見從下士以上祿轉多故以此爲本以增之杜子春云方直謂今時牘也者古時名爲方漢時名爲牘故舉以說之玄謂王制曰已下以先鄭不言者故引之以增成其義欲見此經所云據王臣爲本故先鄭後鄭內外兼見

賞賜亦如之

疏 賞賜亦如之○釋曰此謂王以恩惠賞賜臣下之祿亦以方書賛爲之辭按司勳職凡賞無常輕重視功功多則多功少則少耳

內史掌書王命遂貳之 副寫藏之

疏 內史至貳○釋曰謂王有詔勑頒之事則當副寫一通藏之以待勘校也

外史掌書外令 王令下畿外○下戶嫁反

疏 注王令下畿外○釋曰經典凡言四方及外者據畿外而言經言外。固知王下畿外之命也

掌四方之志 志記也謂若魯之春秋晉之乘楚之檮杌○乘繩正反檮徒刀反杌五忽反

疏 注志記至檮杌○釋曰謂若魯之春秋之等孟子。又名春秋者謂四時之書春爲陽之首秋爲陰之先故舉春秋以包四時也云晉謂之乘者春秋爲出軍之法甸方八里出長轂一乘故名春秋爲乘也云楚謂之檮杌者檮杌謂惡獸春秋者直史不避君之善惡事同檮杌故謂春秋爲檮杌也皆是國異故史異名也引之者欲見春秋是記事云與四方之志爲一故也

掌三皇五帝之書 楚靈王所謂三墳五典○墳扶云反

疏 注楚靈至五典○釋曰按孝經緯云三皇無文五帝畫象三王肉刑又世本作云蒼頡造文字蒼頡黃帝之史則文字起於黃帝今此云五帝之書爲可而云三皇之書者三皇雖無文以有文字之後仰錄三皇時事故云掌三皇之書也按昭十二年楚靈王謂左史倚相能讀三墳五典八索九丘彼三墳三皇時書五典五帝之常典八索二王之法九丘九州亡國之戒下有延叔堅

馬季常等所說不同惟孔安國尚書序解三墳五典與鄭同以無正文故所解有異掌達書名于四方謂若堯典禹貢達此名使知之或曰古曰名今曰字使四方知書之文字得能讀之**疏**注謂若至讀之○釋曰尚書有堯典舜典禹貢之等是書之篇名聘禮記云百名以上書之於策不滿百名書之於方。其文字之書名俱是書名此經。宜云書名未知何者之書名故鄭兩解之云古曰名今曰字古者之文字少直曰名後代文字多則曰字字者滋也滋益而名故更稱曰字正其名字使四方知而讀之也若以書使于四方則書其令書王令以授使者○使所吏反注同

附釋音周禮注疏卷第二十六

周禮注疏卷二十六校勘記　阮元撰盧宣旬摘錄

附釋音周禮注疏卷第二十六

喪祝

防謂執披備傾戲　釋文傾戲音虧按賈疏引注作傾虧

作六軍之執披　浦鏜云之下脫士

下文及朝御匶是也　閩毛本同監本匶作柩

將殯於曲沃　閩監毛本同余本嘉靖本於作于

以御正柩也　毛本同閩監本正誤王下節疏同

未通其記　浦鏜云記當說字誤

發凡則是闕異代　閩監毛本則誤例闕誤闕○按此等最見十行本之善

主一人既祖奠徹　補案主下一字誤衍

後言乃載車向外於文到　閩本同監毛本到改倒

以巫祝桃茢執戈 諸本同段玉裁云此及下二茢字當本同上作厲如縫人注改蹬爲翣之類釋文音上桃厲云記作茢正謂與此注不同也

蓋揜其上而柴其下也 閩監毛本柴改棧非此注作棧公羊傳作柴柴亦棧

掌勝至祠 補祠下當有焉字

甸祝

禱氣埶之十百而多獲 余本岳本同此本及嘉靖本埶訛執今訂正閩監毛本改爲勢

云書亦或爲貉者 閩本同監毛本貉改禡○按禡是也注故作禡疏云毛詩爾雅皆爲此字可證毛本或誤爲

若時征伐 閩監本同誤也余本嘉靖本毛本時作將當據正

今侏大字也 禮說云揚雄國三老箴曰負乘覆餗姦寇侜張侜張猶張大也大元曰修侏侏比于侏儒侏侏長大見言雖長大與侏儒等○按說文無此字當是侜之異體

直以禽祭之 此本及閩本誤者以禽獸之今從監毛本訂正

上經舍奠於祖廟謂出田 浦鏜云時誤田

塗置瓶中 閩本同監毛本瓶誤甄○按毛直誤作甄無此字依臨人注古本則作甀甀說文作𦉥小口罌也俗本多改爲瓶字

云今誅大字也者 閩監本同誤也當從毛本作侏大

詛祝

加書于其上也　余本嘉靖本閩本同監毛本于作於是也

鄭司農云載辭以春秋傳曰　監毛本載誤戴按云當作說

司巫

魯僖公欲焚巫尪　余本尪作𡯁載音義同

舞師謂野人能舞者　按謂當誨字之誤

當按視所施爲　閩監毛本同余本嘉靖本按作案

蒩讀爲鉏　漢讀考作鉏讀爲蒩云經文作鉏杜子春易爲蒩訓爲藉也今本以注改經復以經改注不可通矣

或爲租飽　嘉靖本監毛本同余本閩本租作蒩當據正禮說云飽古文包字天文訓曰酉者飽也任包大也說文包象裹妊故曰任包然則蒩飽者謂以茅包墮祭而藏之也

元言之者　閩監本同誤也余本嘉靖本毛本作互言當訂正

升設於几東席上　浦鏜云升下脫入

凡祭事守瘞　唐石經諸本同毛本事誤祀

是以鄭云有祭事然 按注作若有事然

云祭祀畢卽去之者 按祀當作禮

就巫下禓 毛本禓作裼疏中同釋文亦作禓

男巫

以其授號文故二者之下 浦鏜云承誤故

故知此六神皆授之號之 惠校本無下之

無方無筭 唐石經余本嘉靖本閩本同監毛本筭改算非注及疏及下同○按唐石經宋槧多作筭少作算者

杜子春讀弭如彌兵之彌元謂弭讀爲敉 漢讀考云如當作爲讀爲應作當爲

女巫

凡邦至而請 閩監毛本至下多歌哭二字

則大烖謂旱暵者 浦鏜云者當也訛

注有歌靈也 補案歌下當有至字

大史

日官居卿以底日 余本嘉靖本閩監毛本同誤也釋文作底日音旨當據正此本疏中引作底非

故云建六典處六卿之職以解之 浦鏜云以當在六卿上

凡辨灋者攷焉 諸本同唐石經辨作辯誤下辨事者攷焉同

考按讀其然不 毛本同余本岳本嘉靖本按作案可通閩監本不作否非浦鏜云讀疑衍字按浦鏜誤蓋因疏語有考按其然否之文而誤會耳辟灋者開法讀之也

正月立春節啓蟄中二月雨水節 閩本同監毛本啓蟄雨水互改非○按古曆啓蟄在雨水前不得以後世法改之

氣有十五日 此本及閩本誤十三日今據監毛本訂正

天子頒朔于諸侯 余本閩監毛本同誤也嘉靖本頒作班賈疏引注同凡經文作頒注中多作班○按此亦段玉裁云經用古字注用今字之一證

而日斂之 監本作帀日當據正

猶天子日官失之 浦鏜云猶當作由

詔王居門終月 說文王部閏字下云告朔之禮天子居宗廟閏月居門中从王在門中周禮曰閏月王居門中終月引周禮多中字

故月令孟春云青陽左个云當居字之誤下孟夏同閩本云下剜擠居字監毛本遂排入此引月令十二月原文皆有居無云

仲春居青陽閩本居上補刻云字下仲夏仲秋孟冬仲冬季冬同

季春云居青陽右个此云字當衍下季夏孟秋季秋同

卜人占坼監本坼誤拆

讀禮書而協事閩本同唐石經余本嘉靖本監毛本協作恊疏中準此嘉靖本注中作恊

或爲汁余本閩本毛本同嘉靖本監本汁作叶按釋文作爲汁

謂校呼之毛本校作挍六經正誤云校當作挍考挍之挍從手欄校之校從木

所行依注謂之事浦鏜云依注當儀注訛

則大史主抱式釋文抱式劉音勑今俗音如字史記龜策傳援式而起徐廣曰式音勑漢讀考云漢書王莽傳顏氏家訓式作栻按漢制考引藝文志有羨門式法困學紀聞云史記日者傳旋式正棊唐六典太卜令三式曰雷公太一六壬其局以楓木爲天棗心爲地式皆如字蓋因以木爲之故字又作栻

辨昭穆　唐石經諸本同釋文昭穆或作㫖音韶按小宗伯辨廟祧之昭穆葉鈔釋文作之㫖音常遙反周禮古文經常並作㫖因注中作昭遂據以改經也○按此當是古文假借字㫖卽說文卩部之卲字也凡從卩字有書作巳者

帝繫世本之中皆自有昭穆親疏　閩監毛本中改上非此本皆字剜擠閩監毛本遂排入

來駒失戈　浦鏜云萊誤來

史以書敘昭穆之俎簋　漢讀考云簋當作軌

讀禮法者大史與羣執事　余本脫讀禮二字

史此小史也　惠校本作此史

言讀禮法者　余本禮作定蓋礼之訛

故書簋或爲几鄭司農云几讀爲軌　漢讀考云當作故書軌或爲九鄭司農云九讀爲軌

書亦或爲簋古文也　漢讀考云或爲下當有軌字句絕簋古文也四字句絕謂此軌字乃簋之古文不徑易九爲軌者簋秦時小篆必從周人作軌也

事相成也　閩監毛本同余本岳本嘉靖本無也按賈疏標起訖云注其讀至相成又疏中引注亦無也字當刪正

馮相氏

辯其叙事以會天位唐石經余本嘉靖本同閩監毛本辯作辨注及下同監毛本此敘誤序注同

辯秩南譌葉鈔釋文作南僞余本載音義同此本及閩監本僞字皆剜改蓋本作僞

故以歲日跳度爲龍度天門也浦鏜云日當星字誤

日月五星俱赴於牽牛之初閩本同監毛本於改于浦鏜云起誤赴

云歲日月辰星宿之位閩監毛本作星辰與注乖○按毛本辰星不誤

星在天元浦鏜云黿誤元

法神讀如引浦鏜云注誤法因形相近也閩監毛本因改盧其可笑有如此者

至云所立八尺之表陰長丈三尺浦鏜云注誤至景誤陰

以冬至影長丈三尺反之按影當作景上下皆作景

分一寸爲十分分按下分字不當重

分一寸爲十分浦鏜云一分誤一寸

故鄭幷言井弦於牽牛閩監本同毛本井作升皆月字之訛

日東從青道云云浦鏜云月誤日

出陰道則雨 惠校本雨上有陰

何得與日同乘黄道 閩監毛本得誤謂

及問曰 浦鏜云又誤及

保章氏

五星有贏縮圜角 余本贏作嬴

月有盈虧朓側匿之變 閩監毛本同此本及閩監本朓誤眺從目今訂正監本疏中亦誤余本嘉靖本盈虧作虧盈此誤倒賈疏引注亦作虧盈

贏爲客客 補案客字誤重

華岐以龍門積石 補案以下當有西字

則大行以東至碣石王屋砥柱 閩本同有則字砥誤紙監毛本刪則

按昭十二年 浦鏜云三誤二

其在所之國兵必昌 浦鏜云所在字誤倒

有氣者期遠而禍大 閩本同監毛本遠誤近

天不足於西此 閩監本同毛本西此作西北不誤

南風沽洗以南 閩監毛本沽改姑非

五九四十五且變 惠校本作五九四十五日一變風此誤幷日一作且又脫風

至二驚蟄不見風 毛本二下有月字

亦不如之 惠校本作亦可知之按上云則其餘四維之風主兩月可知故此云亦可知也

訪序事 唐石經諸本同按序當作敘

則當豫爲之備 余本嘉靖本同閩監毛本豫改預

且謀今年天時占相所宜 閩監毛本同余本嘉靖本年作歲此本年字誤今訂正

內史

掌王之八枋之灋 唐石經諸本同釋文作八柄云本又作枋按大宰作八柄

執國法及國令至政事以逆會計 閩本同監毛本刪作執國至會計

按小宰職有六序 閩監毛本序改敘下二序字同

糾逖王慝 葉鈔釋文作王匿○按此恐匿譌慝是

內史

固知王下畿外之命也 按固蓋因之誤

孟子又 按又爲文之訛

其文字之書名 浦鏜云其當是之訛

此經宜云書名 閩監本同毛本宜作直是也

周禮注疏卷二十六校勘記

附釋音周禮注疏卷第二十七

鄭氏注　賈公彥疏

御史掌邦國都鄙及萬民之治令以贊冢宰王所以治之令冢宰掌王治〇治直吏反注及下凡治同疏御史至冢宰〇釋曰天官冢宰六典治邦國入則治都鄙畿內萬民之治令此御史亦掌之以贊佐故同其事及凡治者受灋令焉為書寫其治之法令來受則授之疏凡治至令焉〇釋曰言凡語廣謂外內官所有治職者皆御史書王之法令授與受者故言凡以該之也掌贊書王有命當以書致之則贊為辭若今尚書作詔文疏注王有至詔文〇釋曰謂若今出詔勑之書是王有命須下於外其詔勑書則御史贊王為此書故云掌贊也凡數從政者自公卿以下至胥徒凡數及其見在空缺者鄭司農讀言掌贊書數書數者經禮三百曲禮三千法度皆在玄以為不辭故改之云〇數所主反見賢遍反疏凡數從政者〇釋曰自公卿已下至胥徒在王朝者皆是凡數又是從政之人故云凡數從政者也先鄭所云以掌贊書數為句讀之玄以為不辭故鄭後云者掌贊書數書數既為三百三千有何可贊也且書數得為三百三千下別言從政者有何義意乎故後鄭以為不辭而改之也

巾車掌公車之政令辨其用與其旗物而等敘之以治其出入公猶官也用謂祀賓之屬旗物太常以下等敘之以封同姓異姓之次。敘疏巾車至出入〇釋曰云公車之政令者以下辨其用及等敘出入皆是政令故先言其總也出入謂若下文凡車之出入則會之冬官遠車訖來入巾車又當出封同姓之等亦是也〇注公猶至次序〇釋曰云公猶官也者謂若言公似據三公及諸侯若言官則王家皆是故從官也云用謂祀賓之屬者其中仍有朝及田戎之等故言之屬以總之云太常以下仍有大旂大赤大白大麾之等故云以下云等敘之以封同姓異姓之次敘者周人先同姓次異姓後云四衛蕃國以下故云次序也

王之五路一曰玉路錫。樊纓十有再就建大常十有二斿以祀王在焉曰路玉路以玉飾諸末錫馬面當盧刻金爲之所謂鏤錫也樊讀如鞶帶之鞶謂今馬大帶也鄭司農云纓謂當胷士喪禮下篇曰馬纓三就禮家說曰纓當胷以削革爲之三就三重三匝也玄謂纓今馬。鞅王路之樊及纓皆以五采罽飾之十二就就成也大常九旗之畫日月者正幅爲。縿斿則屬焉○錫音陽樊步干反下同斿音留鞶步干反重直龍反罽居例反縿所御反又所廉反屬音燭

【疏】王之至以祀○釋曰云王之五路此言與下爲總目一曰已下析別言之云以祀者以下諸路皆非祭祀之事則一名外內大小祭祀皆用此一路而已○注王在至屬焉釋曰言王在焉曰路者謂若大路門路寢路車路馬皆稱路故廣言之云王在焉曰路大也王之所在故以大爲名諸侯亦然左氏義以爲行於道路故以路名之若路然門寢之等豈亦行於路乎云玉路以玉飾諸末者凡言玉路金路象路者皆是以玉金象爲飾不可以玉金爲路路故以知玉飾金等飾之言諸末者凡車上之材於末頭皆飾之故云諸末也云錫馬面當盧刻金爲之者云眉上曰錫故知當額盧按韓弈詩鉤膺鏤錫金稱鏤故知刻金爲之故鄭引詩云所謂鏤錫也彼詩毛傳亦云金鏤其錫鄭箋云眉上曰錫刻金飾之云樊讀如鞶帶之鞶者按易訟卦上九云或錫之鞶帶注云鞶帶佩鞶之帶但易之鞶謂鞶囊即內則云男鞶革是也此鞶謂馬大帶音字同故讀從之是以鄭即云馬大帶也先鄭云纓謂當胷引士喪禮下篇馬纓以削革爲之貫馬亦云鞶纓馬飾在膺前十有二帀以毛牛尾金塗十二重後鄭皆不從之者以鞶爲馬大帶明纓是夾馬頸故以今馬鞅解之也後鄭云玉路之樊及纓皆以五采罽飾之者按爾雅釋言云氂罽也郭氏云毛氂所以爲罽如是罽染毛爲之鄭必知罽飾之者蓋以今時所見擬之必知用五采者按典瑞云鎮圭繅五采五就則知王者就飾用五采

惟有外傳小采以朝月者用三采耳繅藉五采卽云五就則一采一帀爲一就此中樊纓十二就之屬就數雖多亦一采一帀爲一就如玉藻十二就然大常九旗之畫日月者按司常云日月爲常是也云正幅爲縿者爾雅文知旂則屬焉者爾雅云纁帛縿練旒九縿旒用物不同旒又有數明知別屬可知也

金路鉤樊纓九就建大旂以賓同姓以封金路以金飾諸末鉤婁頷之鉤也金路無錫有鉤亦以金爲之其樊及纓以五采罽飾之而九成大旂九旗之畫交龍者以賓以會賓客同姓以封謂王子母弟率以功德出封雖爲侯伯其畫服猶如上公若魯衛之屬其無功德各以親疏食采畿內而已故書鉤爲拘杜子春讀爲鉤○旂其依反賓如字劉沆方刃反頷戶感反率音律又音類

【疏】金路至以封○釋曰上五路云一曰此已下皆不云二曰三曰之等者若據王而言玉路言一曰則金路已下二曰三曰之等可知若據諸侯言之從此金路已下所受得各自爲上故此已下略不言二曰三曰之等也云同姓以封者周人先同姓故得金路賜路已下則用象路之等同姓雖尊仍不得玉路玉路以祭祀故不可分賜○注金路至爲鉤○釋曰云金路以金飾諸末者亦如玉路所飾也云鉤婁頷之鉤也者詩云鉤膺鏤錫鉤連言膺明鉤在膺前以今驗古明鉤是馬婁頷也云金路無錫有鉤者以玉路金路二者相參知之何者玉路云錫金路云鉤明知金路有鉤無錫上得兼下言之則玉路直言錫兼有鉤可知云亦以金爲之者錫用金明鉤亦用金爲飾也云九成者亦如上一采罽爲一成凡九就九成也云大旂九旗之畫交龍者司常職文云以賓以會賓客者按齊右會同賓客前齊車故知以賓是以會賓客至於載主亦同焉故曾子問云天子巡守以遷廟主行載於齊車注云齊車金路若王弔亦乘金路是以士喪禮注云君弔蓋乘象路謂得金路之賜者弔時降一等乘象路明知王有玉路弔時降一等乘金路可知云同姓以封謂王子母弟率以功德出封雖爲侯伯其畫服猶如上公若魯衛之屬者周之法二王之後稱公王之同姓例稱侯伯而已若魯衛稱侯鄭稱伯故兼云雖爲侯伯也知畫服如上公者典命云上公九命車旗衣服以九爲節是上公九

命服衮冕又云侯伯七命車旗衣服以七爲節則服鷩冕爲異姓侯伯若魯衛鄭雖爲侯伯則服衮受五百里之封是以明堂位魯侯服衮冕是雖爲侯伯服如上公也言此者欲見二王後上公雖是異姓庶姓乘金路今同姓王子母弟以衣服與上公同明乘金路亦同上公矣云其無功德各以親疏食采畿內而已者天工不可私非其才其無功德不可輒授之以職禮運云天子有田以處其子孫故封之於畿內而已是以司裘云諸侯則共熊侯豹侯是王子母弟封於畿內者也言親疏食采者按載師職家邑任稍地小都任縣地大都任疆地其中非直有公卿大夫食采若親王母弟則與公同食大都百里稍疏者與卿同食小都五十里更疏者與大夫同食二十五里耳故云各以親疏食采畿內而已

象路朱樊纓七就建大赤以朝異姓以封

象路以象飾諸末象路無鉤以朱飾勒而已其樊及纓以五采罽飾之而七成大赤九旗之通帛以朝以日視朝異姓王甥舅○朝直遙反注皆同

〔疏〕注象路至甥舅○釋曰象路以象飾諸末者此所飾亦如玉金矣但用象爲異此云象路無鉤以朱飾勒而已者經不云鉤明無鉤經直云。先鄭知以朱飾勒者見下文革路云龍勒明知此朱同爲飾勒也云大赤九旗之通帛者司常職文以日視朝者謂於路門外常朝之處乘之此雖據常朝而言至於三朝皆乘之按司常云道車建旞鄭注云道車象路也王以朝夕燕出入乘此象路則建旞若在朝廷大赤也其車則同也云異姓王甥舅者謂先王及今王有舅甥之親若陳國杞國則別於庶姓故乘象路之車也

革路龍勒條纓五就建大白以卽戎以封四衛

革路鞔之以革而漆之無他飾龍駹也以白黑飾韋雜色爲勒條讀爲條其樊及纓以條絲飾之而五成不言樊字蓋脫爾以此言條知玉路金路象路飾樊纓皆不用金玉象矣大白殷之旗猶周大赤蓋象正色也卽戎謂兵事四衛四方諸侯守衛者蠻服以內○龍如字駹音尨條作絛他刀反鞔莫干反

〔疏〕注革路至以內○釋曰云革路鞔之以革而漆之無他飾者自玉路金路象路四者皆以革鞔則冬官云飾車欲侈者也但象路以上更有玉金象爲飾謂之他物則得玉金

象之名此革路亦用革鞔以無他物飾則名爲革路也鄭知駹是白黑飾韋雜色爲勒者以繢人云白與黑謂之黼黑白相形之物且下有駹車邊側有黑漆爲駹此革路既素又有大白之旗故以白黑駹爲雜也云以此言條知玉路金路象路飾樊纓皆不用金玉象矣者上玉路鞶纓十有二就馬氏以爲旄牛尾金塗十二重有此嫌故微破之也云大白殷之旗猶周大赤蓋象正色也者明堂位云殷之大白周之大赤相對而言故云猶周大赤周以十一月爲正物萌色赤殷以十二月爲正物牙色白是象正色無正文故云蓋云即戎謂兵事也者司服兵事韋弁服車服相配俱是即戎故云謂兵事也趙商問巾車職云建大白以即戎注云謂兵事司馬職仲秋辨旗物以治兵王載大常下注云凡班旗物以出軍之旗則如秋不知巾車大白以即戎爲在何時答曰殷之正色者或會事或勞師不親將故建先王之正色異於親自將又按司馬法云章夏以日月上明殷以虎上威周以龍上文不用大常者周雖以日月爲常以韻爲章故郊特牲云龍章而設日月又按周本紀武王遂人至紂之死所王射之三發而后下車以輕劍斬紂頭懸於大白之旗不用大常者時未有周禮故武王雖親將猶用大白也云四衞四方諸侯守衞者鑾服以內者此四衞非謂在衞服者以其諸侯非同姓與王無親即是庶姓在四方六服已內衞守王大司馬以要服爲鑾服故云鑾服以內也

木路前樊鵠纓建大麾以田以封蕃國

木路不鞔以革漆之而已前讀爲緇翦之翦翦淺黑也木路無龍勒以淺黑飾韋爲樊鵠色飾韋爲纓不言就數飾與革路同大麾不在九旗中以正色言之則黑夏后氏所建田四時田獵蕃國謂九州之外夷服鎮服蕃服杜子春云鵠或爲結○前作翦子踐反鵠戶篤反

【疏】注木路至爲結○釋曰鄭知木路不鞔以革者以其言木則木上無革可知必知有漆者以其喪車尚有漆者況吉之乘車有漆可知云前讀爲緇翦之翦者讀從既夕文也彼爲加茵用疏布緇翦有幅亦縮二橫三鄭云翦淺也此前亦取淺義故讀從之知木路無龍勒者以經不云勒明降於革路無龍勒可知云大麾不在九旗中者上大白亦不在九旗之中而不言者九旗之中雖無大白仍有

雜帛爲物兼在殷正色故此特言之云以正色言之則黑夏后氏所建者此亦以正色言之上文大赤據周大白據殷則此大麾當夏之正色黑故言夏后氏所建也按明堂位有虞氏之旂夏后氏之綏鄭注云有虞氏當言綏夏氏當言旂若然則夏后氏有旂無綏今此大麾則綏而爲夏后氏所建者彼以前代質後代文差之則綏當有虞氏旂當夏后氏但旌旂皆上有綏夏之旂去旒而用之鄭是綏故以正色推之當夏也云田四時田獵者趙商問巾車職曰建大麾以田注云田四時田獵商按大司馬職曰四時皆建大常今又云建大麾以田何荅曰麾夏之正色雖習戰春夏尙生其時宜入兵夏本不以兵得天下故建其正色以。春田秋冬出兵之時乃建大常故雜問志云四時治兵王自出禮記天子殺則下大綏司馬職王建大常足相參正云蕃國謂九州之外夷服鎮服蕃服者按司馬職要服已內爲九州其外更有三服夷鎮蕃總而言之皆號蕃國是以此文及大行人謂之蕃國也杜子春云鵠或爲結者按馬氏云前樊結纓謂再重樊纓在前有結在後往往結革以爲堅且飾節皃以爲樊纓皆有采就則前與鵠亦可以爲飾而賈氏謂前纓有結其義非今子春爲結後鄭引之在下得通一義故也凡五等諸侯所得路者在國祭祀及朝天子皆乘之但朝天子之時乘至天子館則舍之於館是以覲禮記云偏駕不入王門謂舍之於客館乘墨車龍旂以朝鄭云在旁與己同曰偏若兩諸侯自相朝亦應乘之若齊弔及朝弁朝夕燕出入可降一等若在軍皆乘廣車若以田以鄙則乘木路也若五等諸侯親迎皆乘所賜路以其士親迎攝盛乘大夫車則大夫已上尊則尊矣不可更攝盛轉乘在上之車當乘所賜車與祭祀同則王乘玉路可也若然同姓金路無錫韓侯受賜得有鏤錫者正禮雖不得後有功特賜有之也若如鄭注同姓雖爲侯伯畫服如上公得乘金路若爲子男似不得當與異姓同乘象路也異姓象路則降上公以其上公雖庶姓亦乘金路其異姓侯伯子男皆乘象路也言四衞革路者亦謂庶姓侯伯子男蕃國木路者夷狄惟有子男同木路也無問祀賓已下皆乘之

王后之五路重翟錫面朱總厭翟勒面繢總安車彫面鷖

總皆有容蓋重翟重翟雉之羽也厭翟次其羽使相迫也勒面謂以如玉龍勒之韋爲當面飾也。彫者畫之不龍其韋安車坐乘車凡婦人車皆坐乘故書朱總爲䌰鷖或作繄鄭司農云錫馬面錫䌰當爲總書亦或爲總。鷖讀爲鳧鷖之鷖鷖總者青黑色以繒爲之總著馬勒直兩耳與兩鑣容謂幨車山東謂之裳幃或曰。幢容玄謂朱總繢總其施之如鷖總車衡輨亦宜有焉繢畫文也蓋如今小車蓋也皆有容有蓋則重翟厭翟謂蔽也重翟后從王祭祀所乘厭翟后從王賓饗諸侯所乘安。車無蔽后朝見於王所乘謂去飾也詩國風碩人曰翟蔽以朝謂諸侯夫人始來乘翟蔽之車以朝見於君盛之也此翟蔽蓋厭翟也然則王后始來乘重翟乎○重直龍反注同總作動反厭於涉反注同繢戶對反鷖烏兮反劉烏計反乘繩證反下皆坐乘同或如字䌰咸云檢字林蒼雅及說文皆無此字衆家亦不見有音者惟昌宗音廢以形聲會意求之實所未了當是廢而不用乎非其音也李兵廢反本或作總恐是意改也鷖音烏兮反著直略反鑣表驕反幨昌廉反湩本亦作潼詩注作童皆音同輨音管一音胡瞎反蔽劉音弗下及文並同一音必世反見賢遍反下同去起呂反下去戈去毛同

疏王后至容蓋○釋曰言王后之五路亦是總目之言也凡言翟者皆謂翟鳥之羽以爲兩旁之蔽言重翟者皆二重爲之也厭翟者謂相次以厭其本下有翟車者又不厭其本也凡言總者謂以總爲車馬之飾若婦人之總亦既繫其本又垂爲飾故皆謂之總也按下翟車以尊於安車而進安車在上者以其翟車有幄無蓋安車重翟同無幄而有容蓋故進安車與重厭之車同在上也○注重翟至翟乎○釋曰云勒面謂以如王龍勒之韋爲當面飾也者按上龍勒不言面此勒言面則所施之處不同則上言勒者馬之鑾飾皆是不在面此言勒面則在面矣用物則同故鄭引龍勒以釋此也云安車坐乘車凡婦人車皆坐乘者按曲禮上云婦人不立乘是婦人坐乘男子立乘曲禮上大夫七十而致事若不得謝則必賜之几杖乘安車則男子坐乘亦謂之安車也若然則王后五路皆是坐乘獨此得安車之名者以餘者有重翟厭翟翟車輦車之名可稱此無異物之稱故獨得安車之名也云鷖讀爲鳧鷖之鷖

者從毛詩鳧鷖之篇名鷖者取鳥之鷖色青黑爲義。如。以繒爲之總著馬勒直兩耳與兩鑣者先鄭蓋見當時以況古也云容謂幨車山東謂之裳幃或曰潼容者按昏禮云婦車亦如之有裧注云裧車裳幃周禮謂之容又衛詩云漸車幃裳毛氏亦云。童容是容潼容與幨及裳幃爲一物也玄謂朱總續總其施之如鷖總車衡輨亦宜有焉者後鄭取先鄭總著馬勒直兩耳與兩鑣爲本其於車之衡輨亦宜有焉以其皆是革飾之事故兼施於車也云蓋如今小車蓋也者此舉漢法小車有蓋以況周凡蓋所以表尊亦所以禦雨故三者皆有之也云皆有容有蓋則重翟厭翟謂蔽也者按馬氏等云重翟爲蓋今之羽蓋是也爲有此嫌故微破之若重翟厭翟是蓋何須下文云皆有容蓋乎是以後鄭約下王之喪車五乘皆有蔽明后之車言翟者亦謂蔽也云重翟后從王祭祀所乘者此約王之五路則重翟當。王路后無外事惟祭先王先公羣小祀皆乘此重翟也云厭翟后從王賓饗諸。侯所乘者按內宰職云賓客之祼獻瑤爵皆贊注云謂王同姓及二王之後王祼賓客亞王而禮賓獻謂王饗燕亞王獻賓也此時后則乘厭翟故云從王賓饗諸侯也不言祼者文略耳云安車無蔽后朝見於王所乘謂去飾也者以其安車不言翟明無蔽以其朝王質故去飾也引詩國風碩人曰翟蔽以朝謂諸侯夫人始來乘翟蔽之車以朝見於君盛之也此翟蔽蓋厭翟也者彼是衛侯之夫人當一乘厭翟則上公夫人亦厭翟以其王姬下嫁於諸侯車服不繫於其夫下王后一等不得乘重翟則上公與侯伯夫人皆乘厭翟可知若子男夫人可以乘翟車至於祭祀及嫁皆乘之云然則王后始來乘重翟乎者王姬下嫁下后一等及諸侯夫人皆乘厭翟則王后自然始來乘重翟可知若然王之三夫人與三公夫人同乘翟車九嬪與孤妻同乘夏篆二十七世婦與卿妻同乘夏縵女御與大夫妻同乘墨車士之妻攝盛亦乘墨車非嫁攝盛則乘棧車也諸侯已下夫人祭祀賓饗出桑朝君差之皆可知也若然諸侯夫人亦當有安車以朝君也

翟車貝面組總有握。翟車不重不厭以翟飾車之側爾貝面貝飾勒之當面也有握則此無蓋矣如今軿車是也后所乘以出桑○握劉音屋干馬皆作幄烏學反沈云

劉音非輧薄經反

疏翟車至有握○釋曰上言朱總繢總鷖總彼皆以繒爲之今此言組總則以組條爲之總亦施於勒及兩耳兩鑣幷車衡轄焉○注翟車至出桑○釋曰翟車不重不厭明以翟飾車之側可知云貝面貝飾勒之當面也者貝水物謂餘泉餘蚳之貝文以飾勒之當面者也云有握則此無蓋矣者但蓋所以禦雨無幄乃施之今既有幄故知無蓋矣云如今輧車是也者漢法輧車無蓋故舉以況之云后所乘以出桑者按月令三月薦鞠衣於先帝又后妃親桑於東郊二者后皆乘此翟車以其告先帝非祀親桑又非大事故知乘翟車也

輦。車組輓有翣羽蓋輦車不言飾后居宮中從容所乘但漆之而已爲輇輪人爲輓之以行有翣所以禦風塵以羽作小蓋爲翳日也故書翣爲毼杜子春云當爲翣書亦或爲鬣○輦本作連音輦組音祖輓音晚翣所甲反從七容反輇市專反翳烏帝反毼鬣並音獵毼或音毛

疏注輦車至爲鬣○釋曰輦車不言飾者以其不言翟又不言面總之等是不言飾也此無所供事直是后居宮中從容所乘車也知漆之者凡古之車器之等皆漆之明此亦有漆也知爲輇輪者按禮記云載以輲車輲車載柩之車則地官蜃車人輓之以行此輦車組輓亦是人輓行者按雜記注引許氏說文解字曰有輻曰輪無輻曰輇則人輓行者皆是無輻曰輇按上雜記注輇崇蓋半乘車之輪乘車高六尺六寸則此當三尺三寸云有翣所以禦風塵者翣即扇也扇所以爲障蔽亦所以禦風塵也云以羽作小蓋爲翳日也者翣既禦風塵明羽蓋所以翳日可知也

王之喪車五乘木車蒲蔽犬褔。尾櫜疏飾小服皆疏木車不漆者鄭司農云蒲蔽謂。藺車以蒲爲蔽天子喪服之車漢儀亦然犬褔以犬皮爲覆笭故書疏爲揟杜子春讀揟爲沙玄謂蔽車旁禦風塵者犬白犬皮既以皮爲覆笭又以其尾爲戈戟之弢纛布飾二物之側爲之緣若攝服云服讀爲。箙小箙刀劍短兵之衣此始遭喪所乘爲君之道尚微備姦臣也書曰以虎賁百人逆子釗亦爲備焉○乘繩證反褔莫歷反櫜沈音羔劉姑道反纛魯火反劉又音果笭力丁反劉又音泠揟本又作胥同思如反弢吐刀反緣悅絹反下同箙音服

賁音奔劍古堯反又音昭【疏】注木車至備焉○釋曰云木車不漆者喪中無飾後至禫乃漆之此明木車及下素車等皆未漆也若然上王之木路鄭注云不革鞔漆之而已彼亦稱木而有漆者彼此各有所對上文木路對革路有革又有漆則木路漆之而已據吉時言耳此木路對禫始有漆明此木路不漆飾指木體而言也先鄭云謂羸蘭車者此舉漢時有羸長蘭乘不善之車故舉以說之也云犬𧘝以犬皮爲覆笭者古者男子立乘須馮軾軾上須皮覆之故故云犬𧘝子春讀揟爲沙於義無所取故不從也玄謂蔽車旁禦風塵者上文重翟厭翟之等爲蔽皆是禦風塵故知此蔽亦是禦風塵也云犬白犬皮者以喪無飾明用犬之白者是以士喪記主人乘惡車白狗幦是也云既以皮爲覆笭又以其尾爲戈戟之弢者以經云犬𧘝尾櫜明𧘝與櫜共用犬櫜則弢也云麤布飾二物之側爲之緣者按喪服齊衰已下皆稱疏禮之通例凡言疏布者皆據大功布而言若然此則以八升布爲二物之緣也云若攝服者按既夕記云貳車白狗攝服注云攝猶緣也狗皮緣服差飾引之者證其二物爲緣之事也小箙刀劍短兵之衣者此小箙即既夕記云主人乘惡車白狗幦蒲蔽犬服鄭彼注云笭間兵服以犬皮爲之是也云此始遭喪所乘者此喪車五乘貴賤皆同乘之是以士喪禮主人乘惡車鄭注引雜記曰端衰喪車皆無等然則此惡車王喪之木車也是其尊卑同也云爲君之道尚微備姦臣也者按士喪有大服則此小服亦是其常今言爲君之道尚微備姦臣者此言非爲小兵服以戈戟人君乃有之然則備姦臣爲尾櫜戈戟而言也引書曰者顧命文彼以成王崩子釗康王也康王常在尸所以爲適子故使康王出鄉門外以虎賁百人更以大子之禮迎之別於庶子必用虎賁備姦臣引之者證人君有戈戟亦是備姦臣○

素車棼蔽犬𧘝素飾小服皆素

素車以白土堊車也棼讀爲薠薠麻以爲蔽其𧘝服以素繒爲緣此卒哭所乘爲君之道益著在車可以去戈戟○棼扶云反堊烏路反又烏洛反薠扶文反【疏】注素車至戈戟○釋曰鄭知素車以白土堊者以上有木車下有漆車中有駹藻素三者非漆非木皆以所飾爲名明素是白土飾之也爾雅釋宮云地謂之黝牆

謂之堊堊謂以白土爲飾則此素車亦白土爲飾可知云苓讀爲蕡蕡麻者苓字非所以飾物之事故破苓爲蕡義取用麻爲蔽之意云其禨服以素繒爲緣者禮之通例素有二種其義有色飾者以素爲白土義有以繒爲飾者即以素爲繒故鄭釋二素以白繒別釋之也云此卒哭所乘者按士虞禮卒哭。大夫說經帶于廟門外婦人說首經不說帶是卒哭變服變服即易車按喪服大功章注云凡天子諸侯卿大夫既虞士卒哭而受服此鄭云卒哭據士而言也云爲君之道益有在車可以去戈戟者以經不云尾不明去戈戟故爲此解也

藻車藻蔽鹿淺禨革飾

故書藻作轙杜子春轙讀爲華。藻之藻直謂華藻也玄謂。藻水草蒼色以蒼土堊車以蒼繒爲蔽也鹿淺禨以鹿夏皮爲覆笭又以所治去毛者緣之此既練所乘○轙音總又音藻李一音倉會反

疏 注故書至所乘○釋曰後鄭云藻水草者就足子春藻爲華藻也鄭爲蒼色者上文素車爲白色下文駹車邊側有漆差之此當蒼色且藻之水草見爲蒼。文色也云鹿淺禨以鹿夏皮爲覆笭者夏時鹿毛新生爲淺毛故鄭云鹿夏皮爲覆笭也云又以所治去毛者緣之者以經云革飾皮去毛曰革故以去毛言之云此既練所乘者王喪十三月練是變除之節故知此即既練所乘也○

駹車萑。蔽然禨髤。飾

故書駹作龍髤爲。軟杜子春云龍讀爲。駹軟讀爲桼垸之桼直謂髤桼也玄謂駹車邊側有。漆飾也萑細葦席也以爲蔽者漆則成。藩即吉也然果然也髤赤多黑少之色韋也此大祥所乘○萑音丸髤香求反軟音次桼音七垸胡翫反

疏。注故書至所乘○釋曰故書駹作龍上文龍爲勤後鄭以破龍爲白黑之色故此注從子春爲。駹髤爲軟於義無所取故不從子春以軟爲漆亦不從也後鄭知駹爲邊側之飾者以下文漆車全有漆則此時未全以爲漆故知駹不是邊側少有漆也云漆則成藩者以下文藩蔽者因此舊蔽而漆之則藩者以此爲本故云漆則成藩也云然果然也者按果然獸名是以賈氏亦云然獸名也云髤赤多黑少之色韋也知色如此者按下注雀黑多赤少故知此髤是赤多黑少者也云此大祥所乘者以二十五月大祥除服之節故知此車是大祥所乘也

漆車藩蔽豻禨雀

飾漆車黑車也藩今時小車藩漆席以爲之犴胡犬雀黑多赤少之色韋也此禪所乘〇犴五旦反禪直感反〇疏注漆車至所乘〇釋曰知漆是黑者
凡漆不言色者皆黑且大夫所乘黑車及篆縵之飾直得黑名是凡車皆黑漆也鄭知漆席以爲之者以其席即上文雀上注云漆即成藩是也云犴胡犬者
謂胡地之野犬或作狐字者謂狐與犬合所生之犬也云雀黑多赤少之色韋也者鄭以目驗雀頭黑多赤少雀即緅也此禪所乘者以二十七月釋禫之節
素縞麻衣而服禫服朝服緣冠故知當禫所乘也按下文大夫乘墨車士乘棧車皆吉時所乘之車既言天子至士喪車五乘尊卑等則大夫士禫亦得乘漆
車所以大夫士禫即乘漆車與吉同者禮窮則同也服車五乘孤乘夏篆。卿乘夏縵大夫乘墨車士乘棧
車庶人乘役車服車服事者之車故書夏篆爲夏。緣鄭司農云夏赤。也緣綠色或曰夏篆篆讀。爲圭瑑之瑑夏篆轂有約也玄謂夏篆五采畫
轂約也夏縵亦五采畫無瑑爾墨車不畫也棧車不革。輓而漆之役車方箱可載任器以共役〇篆音瑑直轉反縵莫干反棧才產反又仕板反約如字又於
兒反下同箱息羊反疏注服至共役〇或曰云服車服事者之車者其孤卿以下皆是輔佐之臣服事於上故以服事之車解之也先鄭云夏赤也緣綠色
後鄭不從者夏翟是采五采備乃爲夏而以夏爲赤而從古書篆爲色於義不可故後鄭解之以夏爲五采也云或曰夏篆篆讀爲圭瑑之瑑者以篆爲轂約
後鄭從之云夏縵亦五采畫無瑑爾者言縵者亦如縵帛無文章故云無瑑也以其篆爲轂約則言縵者無約也云墨車不畫也者言墨漆革車而已故知不
畫也棧車不革輓而漆之者此則冬官棧車欲弇恐有坼壞是不革輓者也此已上尋常所乘若親迎則士有攝盛故士昏禮主人乘墨車婦車亦如之有裧。
爲異耳王后別見車五乘此卿孤已下不見婦人車者婦人與夫同故昏禮云婦車亦如之但大夫以上尊則尊矣親迎不假攝盛轉乘上車也知士車有漆
飾者按唐傳云古之帝王必有命民於其君得命然後得乘飾車駢馬衣文駢錦注云飾漆之駢併也是其事云役車方箱可載任器以共役者庶人以力役

爲事故名車爲役車知方箱者按冬官乘車田車橫廣前後短大車柏車羊車皆方故知庶人役車亦方箱是以唐傳云庶人木車單馬衣布帛此役車亦名棧車以其同無革輓故也是以何草不黃詩云棧有棧之車行彼周道注云棧車役車是也

凡良車散車不在等者其用無常

給遊燕及恩惠之賜不在等者謂若今輜車後戶之屬作之有功有沽○散素旱反輜側其反沽音古○

疏凡良至無常○釋曰云凡者以其衆多故也此良車散車二者皆不在於服車五乘之等列作之有精麤故有良散之名○注給遊至有沽○釋曰云給遊燕及恩惠之賜者君臣遊燕歡樂或有賜言及恩惠之賜雖非遊燕君於臣有恩好而惠及之者亦有賜此釋經其用無常云不在等者謂若今輜車後戶之屬者漢時輜車與古者從軍所載輜重財貨之車皆車後開戶故舉以說之云作之有功有沽者釋經良車散車精作爲功則曰良麤作爲沽則曰散也

凡車之出入歲終則會之

計其完敗多少

疏凡車至會之○釋曰車之出謂出給官用車之入謂用罷歸官於當時錄爲簿帳至歲終則總會計完敗多少以入計會也○

凡賜闕之

完敗不計

疏注完敗不計○釋曰以其賜人以後完敗隨彼受賜之人在官不復須知故闕之不計會

毀折入齎于職幣

計所傷敗入其直杜子春云齎讀爲資資謂財也乘官車毀折者入其財以償繕治之直○齎音咨償時讓反

疏注計所至之直○釋曰謂乘官車者毀損有折壞其車不堪乘用者或全輸價直入官或計所損處酬其價直入官皆入其資貨即貨物也以此貨物入於職幣職幣主受給官物所用之餘此之財物亦授之職幣既得此物還與冬官繕治之故鄭云以償繕治之直也

大喪飾遣車遂廞之行之

廞興也謂陳駕之行之使人以次舉之以如墓也遣車一曰鸞車○遣弃戰反注同

疏大喪至行之○釋曰大喪謂王喪遣車謂將葬遣送之車入壙者也言飾者還以金象革飾之如生存之車但麤小爲之耳○注廞興至鸞車○釋曰後鄭訓廞爲興即言謂陳駕之者解廞爲陳駕也按下車僕云大喪廞革車彼廞謂作之此文既言飾遣車已是作更

言遂廞之故以陳駕解廞也云行之使人以次舉之以如墓也者按檀弓云諸侯大牢苞七个遣車七乘大夫亦大牢苞五个遣車五乘鄭注云諸侯不以命數喪數略天子當大牢苞九个遣車九乘此時當在朝廟之時於始祖一廟陳器之明旦大遣奠之後則使人以次抗舉人各執其一以如墓也云遣車一曰鸞車者按冢人云及葬言鸞車象人是名遣車爲鸞車以其遣車亦有鸞鈴故也

及葬執蓋從車持旌從車隨柩路持蓋與旌者王平生時車建旌雨則有蓋今蜃車無蓋執而隨之象生時有也所執者銘旌○從才用反注同

疏及葬至持旌○釋曰及葬者謂至葬時將向壙云執蓋從車者謂此巾車之官執蓋以隨柩車之後云持旌者亦使巾車之官執持銘旌此在柩車之前而之文在下者以執蓋是巾車因言持旌耳非謂持旌亦從車也以車銘旌表柩象殯時在柩前是以既夕禮云祝取銘置于茵注云以重不藏故於此移銘加於茵上若然茵既行時在柩車前明銘旌亦與茵同在柩車前可知也○注從車至銘旌○釋曰云從車隨柩路者鄭欲以經車爲蜃車柩路解之云今蜃車無蓋執而隨之象生時有也者蓋所以表尊亦執而隨之所以禦雨今蜃車既設帷荒不得設蓋是以執而隨柩車雖無用但象生時有也云所執者銘旌者將葬之旌士有二旌大夫已上皆有三旌知者以既夕禮是士禮而有乘車所建○旌是攝盛故用孤卿所建通帛之旃也又有銘旌以其士無遣車故無廞旌也大夫以上有乘車所建旌卿已上尊矣無攝盛以尋常所建旌王則大常孤卿建旃大夫亦應攝盛用旃是一也又有廞旌又有銘旌也○

及墓嘑啓關陳車關墓門也車貳車也士喪禮下篇曰車至道左北面立東上○

疏注關墓至東上○釋曰鄭知車是貳車者以其遣車在明器之中按既夕陳明器在道東西面此不言明器而別陳東是貳車可知天子貳車象生時當十二乘也士喪禮下篇曰者是既夕禮也而言士喪禮下篇者以其士喪禮論初死弁在殯之事既夕禮論葬時事既夕之下同有一記記士喪及既夕不備之事總爲一記故鄭以既夕連士喪而言下篇也此所引者引記彼云車至道左北面立東上者士無貳車惟據乘車道車稾車三乘此王禮

亦有此三乘車於後別有貳車十二乘若然則此車非止貳車而已鄭直云貳車者舉其士喪禮不見者而言耳

小喪共匶路與其飾柩路載。柩車也飾棺飾也疏注柩路至飾也○釋曰言小喪者上言大喪據王不別言后與世子則此小喪中可以兼之鄭云柩路載柩車也者卽蜃車也云飾棺飾也者卽帷荒柳翣池組之屬皆是棺之飾

歲時更續共其幣。車故書更續爲受讀杜子春云受當爲更讀當爲續更續更受新共其弊車歸其故。弊車也玄謂俱受新耳更易其舊續其不任用共其弊車巾車既更續之取其弊車共於車人材或有中用之○弊婢世反任音壬注同疏注故書至用之○釋曰言歲時更續者謂一歲四時皆有受官車更謂車雖未破日月已久舊壞者更易以新者續謂雖未經久其有破壞不中用者復以新車續之云共其弊車者此言爲二者而設以其既易續以新車其本或舊或壞皆是弊車巾車受取以共冬官車人耳子春以爲更續謂更受新若然則更續共爲一事不當經旨故後鄭不從也云共其弊車歸其故弊車者此言亦不從也後鄭以爲俱受新者謂更與續二者於彼用車之人俱受其新車也云更易其舊者釋更也云續續其不任用者別釋續也云共於車人者此巾車不專主車人所造大車柏車而已兼主輪人輿人所造乘車兵車而云共車人者則車人謂造車之人兼輪人輿人等造車人也

大祭祀鳴鈴以應雞人雞人主呼旦鳴鈴以和之聲。且警衆必使鳴鈴者車有和鸞相應和之象故書鈴或作。軨杜子春云當爲鈴○和胡臥反下應和同警音景軨音零劉音領疏注雞人至爲鈴○釋曰云雞人主呼旦雞人職文按韓詩云升車則馬動馬動則鸞鳴鸞鳴則和應是車有和鸞相應之象故鳴鈴以應雞人

典路掌王及后之五路辨其名物與其用說用謂將有朝祀之事而駕之鄭司農云說謂舍車也春秋傳曰雞鳴而駕日中而說用謂所宜用○說書銳反注及下駕說幷注同朝直遙反下同疏典路至用說○釋曰上巾車已主王后之五路今此又掌之者以其冬官

造得車訖以授巾車飾以玉金象之等其王及后所乘者又入典路別掌之○注用謂至宜用○釋曰此經雖不言所用之處典路所掌還依巾車朝祀所用故鄭依巾車而言也先鄭所引春秋者在左氏傳宣十二年楚與晉戰於邲之事云用謂所宜用者還是朝祀之等也

若有大祭祀則出路贊駕說

出路王當乘之贊駕說贊僕與趣馬也○趣倉口反

疏注出路至馬也○釋曰按上巾車玉路以祀此云若有大祭祀則出路鄭云王當乘之惟出王路也按下文大喪大賓客亦如之注云亦出路當陳之不言王乘之者以此惟云大祭祀則出路據王所乘之亦當陳之為華國下注曰當陳之謂陳之以華國亦有當乘之法但大賓客王乘金路也其大喪則無乘吉時路故注為陳之而說也知贊僕與趣馬者夏官大馭戎僕齊僕之等及趣馬之官主駕說故知所贊駕說者贊僕與趣馬也

大喪大賓客亦如之

亦出路當陳之鄭司農說以書顧命曰成王崩康王既陳先王寶器又曰大路在賓階面贅路在阼階面先路在左塾之前次路在右塾之前漢朝上計律陳屬車於庭故曰大喪大賓客亦如之○贅章銳反又作綴張衞反塾音孰上時掌反屬音燭

疏注亦出至如之○釋曰先鄭引顧命云康王既陳先王寶器者按彼上文云陳寶及列玉五重大訓之等乃陳車乘故云既陳先王寶器云又曰大路在賓階面注云大路玉路云贅路在阼階面注云贅次在玉路後謂玉路之貳也云先路在左塾之前注云先路象路門側之堂謂之塾謂在路門內之西北面與玉路相對也云次路在右塾之前注云象路之貳與玉路之二相對在門內之東北面云漢朝上計律陳屬車於庭者漢朝集使上計律法謂上計會之法禮記射義注亦謂之計然大祭祀亦陳車乘但古典無陳列之事故不引之也

凡會同軍旅弔于四方以路從

王出於事無常王乘一路典路以其餘路從行亦以華國○從才用反注及下注同

疏注王出至華國○釋曰鄭云王出於事無常王乘一路典路以其餘路從行者按經會同軍旅及弔有三事則是衣裳之會及弔王乘金路兵車之會及軍旅王乘革路是王出於事無常也王雖乘一路典路以

其餘路皆從惟玉路祭祀之車尊不出其餘皆出以華國也

車僕掌戎路之萃廣車之萃闕車之萃苹車之萃輕車之萃萃猶副也此五者皆兵車所謂五戎也戎路王在軍所乘也廣車橫陳之車也闕車所用補闕之車也苹猶屏也所用對敵自蔽隱之車也輕車所用馳敵致師之車也春秋傳曰公喪戎路又曰其君之戎分爲二廣則諸侯戎路廣車也又曰帥斿闕四十乘孫子八陳有苹車之陳又曰馳車千乘五者之制及苹數未盡聞也書曰武王戎車三百兩故書苹作平杜子春云苹車當爲軿車其字當爲萃書亦或爲萃○萃七內反下及注同廣古曠反注同苹薄輕反又薄田反輕遣政反注同陳直刃反下同屏幷領反又薄經反喪息浪反十乘繩證反下千乘乘車同軿薄經反

疏注萃猶至爲萃○釋曰云此五者皆兵車者以其廣闕之等皆在軍所用故知皆兵車云所謂五戎也者凡言所謂者謂他成文之文惟有月令季秋云以習五戎鄭彼注以五戎爲弓矢殳矛戈戟不見更有五兵車爲五戎車解之則未知鄭所謂五戎者所謂何文或可鄭解彼五戎或爲此五兵解之以五戎之事無正文故鄭兩解之也云戎路王在軍所乘也者此言戎路則巾車所云革路卽戎路故知戎路是王在軍所乘也若然此車僕惟掌五戎之萃其五戎之正不言所掌者巾車雖掌正戎之一乘其下四戎之正亦巾車掌之矣其廣車闕車苹輕四者所解無正文皆鄭據字以意釋之也云春秋傳者是莊九年齊魯戰於乾時我師敗績公喪戎路傳乘而歸又曰下是宣十二年楚與晉戰於邲楚子爲乘廣三十乘分爲左右右廣雞鳴而駕日中而說左則受之日入而說楚子使潘黨率游闕四十乘從唐侯爲左拒欒武子曰楚其君之戎分爲二廣是也云則諸侯戎路廣車也者以時楚雖僭號其兵車仍號爲廣故知餘諸侯兵車爲之避天子不得以戎路也云又曰帥遊闕四十乘者卽是潘黨所帥者也云孫子八陳有苹車之陳者是孫子兵法有此言也云又曰馳車千乘者亦是兵書之言引之以證廣闕苹輕爲兵車之義也云五者之制及萃

數未盡聞也者言未盡聞則亦有聞者其游闕四十乘及馳車千乘幷戎車三百兩等略得少聞之其餘未聞故云未盡聞也書曰者是牧誓武王伐紂戰於牧野之事也

凡師共革車各以其萃五戎者共其一以爲王優尊者所乘也而萃各從其元焉

疏注五戎至元焉○釋曰知戎惟共其一者按巾車王所乘惟革路而已卽此上文戎路是也是王惟乘一路耳今此經不云革路總云共革車則革車之言所含者多五戎皆是則王雖乘一路四路皆從是優尊所乘也云而萃各從其元者元卽五戎車之下皆云之萃明萃皆從其元可知

會同亦如之巡守及兵車之會則王乘戎路乘車之會王雖乘金路猶共以從不失備也

疏注巡守至備也○釋曰鄭知巡守及兵車之會王乘戎路者以戎僕云掌馭戎車凡巡守及兵車之會亦如之云乘車之會王雖乘金路猶共以從不失備也者上經凡師總云共革車此文亦云共明無問巡守乘車之會皆從以不失備故也

大喪廞革車言興革車則遣車不徒戎路廣闕苹輕皆有焉

疏注言興至有焉○釋曰經不云戎路而云革車亦是五戎之總名故知不徒戎路廣闕苹輕皆有可知若然王喪遣車九乘除此五乘外加以金玉象木四者則九乘矣

大射共三乏鄭司農云乏讀爲匱乏之乏

疏注鄭司至之乏○釋曰乏一名容則射人云三獲三容是也以其爲革車用皮其乏亦用皮故因使爲之若然直云大射共乏至於賓射燕射之等則亦使共乏矣舉大射尊者而言先鄭讀乏爲匱乏之乏者以其矢於侯匱乏不去故讀從之

司常掌九旗之物名各有屬以待國事日月爲常交龍爲旂通帛爲旜雜帛爲物熊虎爲旗鳥隼爲旟龜蛇爲旐全羽爲旞析羽爲旌物名者所畫異物則異名也屬謂徽識也大傳謂之徽號今城門僕射所被及亭長著絳衣皆其舊象通帛謂大赤從周正色無飾雜帛者以帛素飾其側白殷之正色全羽析羽皆五采繫之於旞旌之上

所謂注旄於干首也凡九旗之帛皆用絳○旜之然反隼息允反旟音餘旐音兆旞音遂識式志反又音志又昌志反下同被普皮反又皮寄反著丁略反又直略反

疏注物名至用絳○釋曰鄭云所畫異物則異名也者按九旂之中有旂物旌旞之等不畫異物而鄭所總云畫異物者鄭據名者而總言之非謂九旂皆畫異物也云屬謂徽識也者謂在朝在軍所用小旌故以屬言之鄭引大傳者欲見此屬與大傳徽識爲一物則詩所云識文鳥章亦一物引今漢法欲見古有此物遺及漢時也云通帛謂大赤者巾車及明堂位皆明大赤也周云從周正色無飾者以周建子物萌色赤今旌旂通體盡用絳之赤帛是用周之正色無他物之飾也云雜帛者以帛素飾其側白殷之正色者殷以建丑爲正物牙色白今用帛素飾其側者明以先王正道佐職故兼用白雜之也云全羽析羽皆五采繫之於旞旌之上者按序官夏采注云夏采夏翟羽色禹貢徐州貢夏翟之羽有虞氏以爲綏後世或無故染鳥羽象而用之謂之夏采若然冬官鍾氏染鳥羽是周法染鳥羽爲五色故鄭云皆五采羽繫之於旞旌之上云所謂注旄於干首也者言所謂者謂爾雅之文也若然則此旞旌非直有羽亦有旄故鄭引爾雅注旄以證旞旌明其兩有是以干旄詩云孑孑干旄孑孑干旟鄭彼注云周禮孤卿建旜大夫建物首皆注旄焉明干首旄羽皆有之此雖據旞旌旄羽並有至於大常已下首皆有旄羽故衞之臣子雖旂物而有旄羽則大常已下皆有明矣故夏采云乘車建綏復於四郊注綏以旄牛尾爲之綴於橦上王祀四郊乘王路建大常今以之復去其旒異之於生是其旌首皆有旄之驗也云九旗之帛皆用絳者以周尚赤故爾雅云纁帛縿也按全羽析羽直有羽而無帛而鄭云九旗之帛者據衆有者而言或解以爲旞旌之下亦有旄旒而用絳帛也其旄之下旆似不用絳故爾雅云緇廣充幅長尋曰旐繼旐曰旆詩云白旆央央旆即左氏定四年傳云分康叔以少帛綪茷旃旌是旌旆色異也爾雅別云素錦綢杠素陞龍練旒九彼施於喪葬之旂也

及國之大閱贊司馬頒旗物王建大常諸侯建旂孤卿建旜大夫士建物師都建旗

州里建旟縣鄙建旐道車載旞斿車載旌。仲冬教大閱司馬主其禮自王以下治民者旗畫成物之象王畫日月象天明也諸侯畫交龍一象其升朝一象其下復也孤卿不畫言奉王之政教而已大夫士雜帛言以先王正道佐職也師都六鄉六遂大夫也謂之師都都民所聚也畫熊虎者鄉遂出軍賦象其守猛莫敢犯也州里縣鄙鄉遂之官互約言之鳥隼象其勇。捷也龜蛇象其扞難辟害也道車象路也王以朝夕燕出入斿車木路也王以田以鄙全羽析羽五色象其文德也大閱王乘戎路建大常焉玉路金路不出○閱音悅朝直遙反下朝各就同難乃旦反辟音避○疏及國至載旌○釋曰按大司馬仲春教振旅仲夏教茇舍仲秋教治兵仲冬教大閱大閱謂仲冬無事大簡閱軍禮司常主旗物故贊司馬頒物也此九旗發首雖總為大閱而言其道車載旞。游車載旌非為軍事也○注仲冬至不出○釋曰按大司馬云主四時軍法故云司馬主其禮也云自王以下治民者旗畫成物之象者謂自王以下至諸侯弁鄉遂之官是也云王畫日月象天明也者聖人與日月齊其明故旌旗畫日月象之按桓二年臧哀伯云三辰旂旗昭其明也三辰日月星則此大常之畫日月者也此直言日月不言星者此舉日月其實兼有星也云諸侯畫交龍一象升朝一象下復也者以衣服不言交龍直云衮龍則衣服直有升龍無降龍以其天子之衣無日月星直有龍龍有升龍降龍則諸侯不得與天子同故直有升龍也至於天子旌。旂有日月星辰故諸侯旂無日月星故龍有升降也象升朝天子象下復還國也云孤卿不畫者謂不畫異物帛而已云言奉王之政教而已者以其直有時王政教故云奉王之政教而已云大夫士雜帛者謂中央赤旁邊白白是先王殷之正色而在旁故云以先王正道佐職也云師都六鄉六遂大夫也謂之師都都民之所聚也者以師衆也都聚也。主鄉遂民衆所聚故謂之師都也六鄉大夫皆卿六遂大夫皆大夫也卿合建。旃大夫合建物今總建旗以其領衆在軍為將故同建熊虎之旗故鄭云畫熊虎者鄉遂出軍賦象其守猛莫敢犯也云州里縣鄙鄉遂之官者州是鄉之官里與縣鄙是遂之官故總言鄉遂之官云互約言之者遂之里是下士得與鄉之州中大夫同建旗則知鄉之閭亦得與遂之縣同建旐也遂之鄙得與縣同建旐鄉之黨亦得與州同建。旟可知是互也言約者同鄉之族上從黨同建旗比上從閭同建旐也遂之鄰上從鄙同建旐鄰上從里同建旟是約也俱族師已下弁。都。鄙已下皆是士官雖與在上大夫同建其刃數則短當三刃已下云鳥隼象其勇捷也者熊虎龜蛇皆二物相對則此鳥隼亦別物若然則鄭以勇解隼故王制云鳩化鷹然後罻羅設是隼勇也以捷解鳥鳥亦謂捷疾者也云龜蛇象其扞難避害也者龜有甲能扞難蛇無甲見人。退之是避害也云道車象路也者按巾車云象路建大赤以朝朝所以行道故謂象路爲道車是以士冠記及郊特牲皆云牟追夏后氏之道章甫殷道委貌周道是與在朝服乘者皆從道故知道車是象路但在朝則建大赤今以朝夕燕出入則建。旞也鄭知游車是木路者巾車云木車以田是游樂之所囿人掌囿游之獸禁是知游車是木路也但正田獵。所建大麾今以小小田獵及巡行縣鄙則建旌爲異耳云全羽析羽五色象其文德也者此羽是鍾氏所染鳥羽象翟羽而用故知皆五色以象文德也云大閱王乘戎路建大常焉玉路金路不出者鄭據此文大閱之時王乘戎路金玉之路不出其祀帝於郊及乘車之會金路玉路皆出也

皆畫其象焉官府各象其事州里各象其名家各象其號

事名號者徽識所以題別衆。臣樹之於位。朝各就焉覲禮曰公侯伯子男皆就其旂而立此其類也或謂之事或謂之名或謂之號異外內也三者旌旗之細也士喪禮曰爲銘各以其物亡則以緇長半。幅赬末長終幅廣三寸書名於末此蓋其制也徽識之書則云某某之事某某之名某某之號今大閱禮象而爲之兵凶事若有死事者亦當以相別也杜子春云畫當爲書玄謂書畫雲氣也異於在國軍事之飾○別彼列反下相別同亡音無

疏

皆畫至其號○釋曰上云旌旗之大此言旌旗之細者也云皆畫其象焉與下爲目此則官府已下三象是也○注事名至之飾○釋曰鄭云事名號者徽識者大傳云殊徽號昭公二十一年宋廚人濮曰揚徽者公徒也是名徽也詩六月云識文鳥章箋云識徽識是名識也今鄭合

而言之故云徽識也云所以題別衆臣者此經雖爲軍事而言而云題別衆臣者亦據在朝位而言也故鄭卽言樹之於位朝者各就焉而引覲禮爲證也按覲禮秋覲在廟諸侯前期皆受。舍於朝文王廟外上介樹君之旂於位明日公侯伯子男入各就其旂而立卽此經象故云此其類云或謂之事或謂之名或謂之號異外內也者官府在朝是內其州里在百里二百里家在三百四百里五百里並是外也云三者旌旗之細也者對上大常已下爲旌旗之大者也云士喪禮曰爲銘各以其物者謂爲銘旌各以生時物王則大常已下爲之云亡則以緇繒半幅者謂不命之士生時無旌旗者故云亡也以緇繒長半幅長一尺也云頳末長終幅廣三寸者以赤繒爲之長二尺廣三寸云書名於末者書死者名於廣三寸之上云此蓋其制也者此在朝表朝位其銘旌制亦如此按禮緯云天子之旌高九刃諸侯七刃大夫五刃士三刃按士喪禮竹杠長三尺則死者以尺易刃天子九尺諸侯七尺大夫五尺士三尺其旌身亦以尺易刃也若然在朝及在軍綴之於身亦如此故云蓋其制也云徽識之書則云某某之事者官府天官在軍當云大宰之下某甲之事地官之下當云大司徒之下某甲之事餘四官之下皆然云某某之名者此據州里而言假令六鄉之下則言某鄉之下某甲之名若六遂之下當云某遂之下某甲之名也云某某之號者此據都家之內假令三百里大夫家之下當云某家之下某甲之號此三者則偏其畿內矣云今大閱禮象而爲之者此在軍之旌綴於身大小象銘旌及在朝者爲之云兵凶事者隱公傳云兵凶器戰危事亦是凶事也杜子春破畫爲書後鄭不從還從畫雲氣者按鄉射記云凡畫者丹質則射侯之等皆有畫雲氣之法明此經所云畫者畫雲氣也云異於在國軍事之飾者覲禮凡祭祀及銘旌皆不云畫以其在國質故也惟在軍畫之故云軍事之飾文也凡祭祀

各建其旗王祭祀之車則玉路疏注王祭至玉路○釋曰鄭云王祭祀之車則玉路者偏據王而言云乘玉路則建大常經云各建其旗則諸侯已下所得路各有旗按上文諸侯建旗大行人云建常九旒雖言常皆是交龍爲旂散文通故名旂爲常孤卿則旜大夫則物故言各建其旗也會同

賓客亦如之置旌門賓客朝覲宗遇王乘金路巡守兵車之會王乘戎路皆建其大常掌舍職曰爲帷宮設旌門疏注賓客至旌門○釋曰鄭知賓客朝覲宗遇王乘金路者見齊僕云掌馭金路以賓又齊右亦云會同賓客前齊車齊車卽金路朝覲宗遇卽會同故總以金路解之也知巡守兵車之會王乘戎路者以其同是軍事故知亦皆乘戎路也知皆建其大常者此大閱禮王建大常卽知巡守兵車之會皆建大常也云掌舍職曰爲帷宮設旌門者彼注云謂王行。晝止則樹旌以爲門彼官樹之此官供旌大喪共銘旌銘旌王則大常也士喪禮曰爲銘各以其物建廞車之旌及葬亦如之葬云建之則行廞車解說之○說吐活反疏建廞至如之○釋曰此謂在廟陳時建之謂以廞旌建於遣車之上及葬亦如之此謂入壙亦建之○注葬云至說之○釋曰鄭云葬云建之則行廞車解說之者此釋經及葬亦如之在廟陳時云建葬時亦建則惟有在道去之使人各執遣車又當各執廞旌是行廞車解說之也凡軍事建旌旗及致民置旗弊之始置旗以致民民至仆之誅以後至者○弊婢世反劉又薄計反仆薄比反一音赴疏凡軍至弊之○釋曰云凡軍事建旌旗者當大司馬欲致衆之時司常建之此言爲及致而設○注始置至至者○釋曰云始置旗以致民者解經及致民置旗也又云民至仆之誅後至者釋經弊之甸亦如之疏甸亦如之○釋曰上云軍事謂出軍征戰今此云甸謂四時田獵言亦如之者亦如上建旌及致與弊之也凡射共獲旌獲旌獲者所持旌○旌音田獲如字李一音胡霸反疏凡射共獲旌○釋曰言凡射者則大射賓射及燕射皆共之○注獲旌至持旌○釋曰謂若大射服不氏唱獲所持之旌三侯皆有獲旌也歲時共更旌取舊予新疏歲時共更旌○釋曰謂受官旌旗用之者歲之四時來換易則司常取彼之舊與此之新也都宗人掌都宗祀之禮凡都祭祀致福于國都或有山川及因國無主九皇六十四。民之祀王子弟則立其祖王

之廟其祭祀王皆賜禽焉主其禮者警戒之糾其戒具其來致福則帥而以造祭僕

疏 注都或至祭僕○釋曰知都有山川者見祭法云山川丘陵能興雲雨諸侯有其地則祭無其地則不祭都祀畿內諸侯明亦祭境內山川也云及因國無主九皇六十四。民之祀者按王制云天子諸侯祭因國之在其地而無主後者注云謂所因之國先王先公有功德宜享世祀今絕無後爲之祭主者按史記伏羲已前九皇六十四民並是上古無名號之君絕世無後今宜主祭之也云王子弟則立其祖王之廟者左氏傳莊二十八年云邑有先君之主曰都明天子禮亦然故知都內王子弟有祖王之廟也云其祭祀王皆賜禽焉者見祭僕云王所不與則賜之禽都家亦如之玄謂王所不與同姓有先王之廟是賜禽法云其來致福則帥而造祭僕知者見祭僕云凡祭祀致福者展而受之是造祭僕之事

正都禮與其服 禁督其違失者服謂衣服及宮室車旗

疏 注禁督至車旗○釋曰鄭云禁督其違失者解經正都禮中所含者多故總以違失解之云服謂衣服及宮室車旗者經與其服鄭幷言宮室車旗者經雖直舉其服服中可以兼宮室車旗是以下文家宗人兼言宮室車旗之禁明衣服之外總須正之

若有寇戎之事則保羣神之壝 守山川丘陵墳衍之壇域○壝惟癸反劉欲鬼反

疏 注守山至壇域○釋曰此經所云據寇戎從外而入故先保在郊之神位而言是以鄭云守山川丘陵墳衍之壇域也按小宗伯云兆山川丘陵於四郊彼惟不言墳衍墳衍之位亦在四郊皆須保之言壝者謂於中爲壇四畔爲壝舉壝則壇見矣

國有大故則令禱祠既祭反命于國 令令都之有司也祭謂報塞也反命還白王○禱本亦作福丁老反一音丁報反塞西代反

疏 注令令至白王○釋曰鄭知所令令有司者此都宗人是王家之官王命使禱祠是都內之事明所令令都內之有司有事於神者也云祭謂報塞也者凡祈福曰禱至於得福則曰祭當與正祭同名祭則是經言祭據報塞而言也云反命還白王者本以禱祠爲奉王命今祭訖反以王命還白於王故言還白王也

家宗人掌家祭祀之禮凡祭祀致福大夫采地之所祀與都同若先王之子孫亦有祖廟【疏】注大夫至祖廟○釋曰鄭云大夫采地之所祀者則家止謂大夫不通公卿也故載師職云家邑任稍地小都任縣地大都任疆地是大夫采地稱家在三百里之內卿爲小都在四百里公爲大都在五百里則上都宗人所主是也言所祀與都同者據山川九皇六十四民在其地者云若先王之子孫亦有祖廟者亦如上都宗人但天子與諸侯禮異諸侯之卿大夫同姓邑有先君之主則曰都無曰邑天子之臣同姓大夫雖有先君之主亦曰邑也此不言凡家祭祀致福于國者舉都而言此家從可知國有大故則令禱祠反命祭亦如之以王命令禱祠歸白王於獲福又以王命令祭之還又反命【疏】國有至如之○釋曰云則令禱祠反命者王以命令禱祠元缺二字禱祠訖反命於王則與上文都宗人既祭反命于國爲一也此更言祭亦如之者與上異則此是禱祠訖王復更有命祭祭訖亦反命然彼此無異但文有詳略則彼亦有此王命更祭之法文不具也掌家禮與其衣服宮室車旗之禁令掌亦正也不言寇戎保羣神之壝則都家自保之都宗人所保者謂王所祀明矣【疏】注掌亦至明矣○釋曰云掌亦正者都宗人云正故知此掌與彼正同云不言寇戎保羣神之壝則都家自保之者此鄭都家自解者鄭欲釋經二處互見其文何者彼經言若有寇戎之事則保羣神之壝者據王所命祀者而言則此家宗人亦有王所命祀者家宗人亦保之可知此家宗人不言寇戎保羣神之壝者是王所不祀家宗人自保之則都宗人亦有王不祀者都宗人自保之可知故鄭二者雙言之云都宗人所保者謂王所祀明矣者以王所不祀宗人不保之明宗人保者王所祀也

凡以神仕。者掌三辰之灋以猶鬼神示之居辨其名物猶圖也居謂坐也天者羣神之精日月星辰其著位也以此圖天神人鬼地祇之坐者謂布祭衆寡與其居句孝經說郊祀之禮曰燔燎。埽地祭牲繭栗或象天酒旗坐星廚倉具黍稷布席極敬心也言郊之布席象五帝座禮祭宗廟序昭穆亦又有似虛危則祭天圜丘象北極祭地方澤象后妃及社稷之席皆有明法焉國語曰古者民之精爽不攜貳者而又
能齊肅中正其知能上下比義其聖能光遠宣朗其明能光照之其聽能聽徹之如是則神明降之在男曰覡在女曰巫是。之使制神之處位次主而爲之牲
器時服巫既知神如此又能居以天法是以聖人祭之今之巫祝既闇其義何明之見爲法之行正神不降或於淫厲苟貪貨食遂誣人神令此道滅痛矣〇
居紀慮反句紀具反繭工典反齊側皆反知音智覡胡歷反李音胡隔反令力呈反
疏凡以至名物〇釋曰序官注云神士者男巫之俊〇知是巫者此中掌
三辰之法以猶鬼神祇之居按外傳云在男曰覡在女曰巫使制神之處位次主之度與此文合故知此神仕是巫〇注猶圖至痛矣〇釋曰云天者羣神之
精日月星辰其著位也者鄭以經直見三辰不言天者天體無形人所不觀惟觀三辰故鄭云天者羣神之精日月星辰是其著位者也云以此圖天神人鬼
地祇之坐者謂布祭衆寡與其居句者鄭意鬼神祇之居止是布祭於神神有衆寡多少或居方爲之或曲爲之句也引孝經說郊祀者援神契文敢問章云
周公郊祀后稷以配天云云郊祀之禮燔燎掃地已下至敬心之言釋之也言郊之布席已下是鄭君語云郊之布席象五帝坐者按天文有五帝坐星東方蒼
帝靈威仰南方赤帝赤熛怒中央黃帝含樞紐西方白帝白招拒北方黑帝汁光紀各於其面是布神坐也云禮祭宗廟序昭穆者文二年大事於大廟毀廟
之主陳於大祖未毀廟之主皆升合食昭南面穆北面是人鬼之席坐也云亦又有似虛危者虛危有墳墓四司又爲宗廟布席象之故云又有似虛危也云
則祭天圜丘象北極者北極有三星則中央明者爲大一常居傍兩星爲臣子位焉云祭地方澤象后妃者天有后妃四星天子象天后象地后妃是其爲配合
也云及社稷者天有天社之星祭社之位象焉故云及社稷之席之席之言結五帝已下也孝經說云祭牲繭栗者據祭地或象天酒旗坐星酒旗星名云廚
倉具黍稷者廚倉亦星名言廚倉所以具黍稷以祭祀云布席極敬心也者總結語也國語曰以下、者欲見巫能制神之處位者心由精爽之意云精爽不攜

貳者言其專一也云上下比義者上謂天神下謂地。神能比方尊卑大小之義言聖能通知神意云神明降之者正謂神來降於其身言在男曰覡在女曰巫者男子陽有兩稱名巫名覡女子陰不變直名巫無覡稱言今之已下欲言今世邪巫誑惑世間之事故鄭痛之

以冬日至致天神人鬼以夏日至致地示物鬽以禬國之凶荒民之札喪

天人陽也地物陰也陽氣升而祭鬼神陰氣升而祭地祇物鬽所以順其爲人與物也致人鬼於祖廟致物鬽於墠壇蓋用祭天地之明日百物之神曰鬽春秋傳曰螭鬽魍魎杜子春云禬除也玄謂此禬讀。如癰之潰○鬽眉秘反禬胡對反又戶外反札側八反又音截墠音善螭勑知反

疏以冬至札喪○釋曰言以冬日至夏日至此則大司樂云冬日至於地上之圜丘奏之若樂六變天神皆降夏日至於澤中之方丘奏之地祇皆出是也但其時天之神地之祇皆降仍於祭天之明日更祭此等小神祇故於此別之也○注天人至之潰○釋曰鄭云天人陽也者此解冬日至祭天神人鬼之意以其陽故十一月一陽生之月當陽氣升而祭之也云地物陰也者此解夏日至祭地。示之意以其陰故五月一陰生之日當陰氣升而祭之也云所以順其爲人與物也者各順陰陽而在冬夏至也云致人鬼於祖廟致物鬽於墠壇此鄭惟釋人鬼物鬽不言致天神之處者文略亦當在墠壇也云蓋用祭天地之明日者當冬至夏至之日正祭天地之神示事繁不可兼祭此等雖無。文鄭以意量之故云蓋用祭天地之明日也云百物之神曰鬽春秋傳曰螭鬽魍魎者按左氏宣公三年楚子問鼎之大小輕重王孫滿對曰夏之方有德也遠方圖物貢金九牧鑄鼎象物故民入川澤山林不逢不若魑魅魍魎莫能逢之服氏注云螭山神獸。鬽魅怪物魍魎木石之怪文十八年注螭山神獸形或曰如虎而噉虎或曰魅人面獸身而四足好惑人山林異氣所生爲人害如賈服義與鄭異鄭君則以螭鬽爲一物故云百物之神曰鬽引春秋螭鬽以證之經無魍魎連引之以國語木石之怪夔魍魎賈服所注是也杜子春云禬除也後鄭云此禬讀如潰。癰之潰者就足子春之義以其癰潰則。濃血除故讀從之云此禬

讀從潰言此以對彼彼大祝云類造禬禜之禬禬爲會合之義不爲潰也

附釋音周禮注疏卷第二十七

周禮注疏卷二十七校勘記

阮元撰盧宣旬摘錄

附釋音周禮注疏卷第二十七

御史

凡數從政者　唐石經諸本同釋文凡數作數凡從司農讀也賈疏作凡數

故鄭後云者掌贊書數　閩本同監本作故從之云者贊誤賓毛本又改作故改之云者○按當作故從之云言掌贊書數云云文理乃順監本從字獨是依其說而後駁之也惟者字乃言之誤

巾車

以封同姓異姓之次敘　嘉靖本同此本疏中亦云次敘余本閩監毛本敘作序

錫樊纓十有再就　唐石經余本毛本同嘉靖本閩監本錫誤鍚注及疏同釋文鍚音陽

三重三匝也　余本匝作匝

今馬鞅　嘉靖本及漢制考同閩監毛本鞅誤軮

正幅爲縿　葉鈔釋文作爲幓

其畫服猶如上公　孫志祖云詩無衣正義引注畫服作車服是

經直云先浦鏜云朱誤先

或會事或勞師監本下或誤會浦鏜云命將誤會事

故建其正色以春田孫志祖云大司馬疏春下有夏字

鍚面朱總唐石經余本嘉靖本同閩監毛本誤作錫面朱總石經考文提要云宋本九經宋纂圖互注本宋附釋音本余仁仲本皆作鍚面朱總

彫者畫之余本彫作雕

鷖讀爲鳧鷖之鷖漢讀考上鷖作緊云今本誤

或曰幢容余本閩監本同嘉靖本毛本及漢制考幢皆作潼按葉鈔釋文作潼容云本亦作潼余本載音義同今通志堂本改作幢容俗字周禮注幢字皆從木作橦賈疏本作潼容

安車無蔽余本嘉靖本同閩監毛本車誤居

如以繒爲之監本以誤之浦鏜云如當知字誤

毛氏亦云童容閩監毛本改潼容非毛傳祇作童

則重翟當王路閩監本同誤也當從毛本作玉路

翟車貝面閩本經注貝誤具此本及余本注中亦誤今正

組總有握唐石經諸本同釋文有握干馬皆作幄漢讀考云說文木部有楃字云木帳也從木屋聲楃字蓋出巾車職各本從手非

輂車組輓唐石經諸本同釋文作連車云音輂本亦作輂按說文連負車也从辵从車古經當以連爲輂後人援注改之釋文本最古可據鄉師與

其輂輂注故書輂作連鄭司農云連讀爲輂

木車蒲蔽犬襆釋文及余本作襆唐石經嘉靖本閩本作襆監毛本作襆非下同說文巾部幦鬃布也从巾辟聲周禮曰駹車犬幦按禮注云以犬皮爲覆笭考覆笭字儀禮既夕禮記玉藻少儀皆作幦與說文同蓋故書作襆今書作幦鄭從故書許從今書也許引作駹車者涉下文誤

蒲蔽謂臝蘭車閩監毛本同余本嘉靖本岳本臝作蠃按釋文謂臝魯火反劉又音果余本載音義同此亦改作蠃誤甚漢制考載此注亦作蠃從果者俗字

服讀爲箙閩監毛本同余本岳本嘉靖本箙作菔下同按釋文攝菔音服當是此注爲菔音服之誤上攝服字見既夕禮諸本並同不作菔也惠校本疏中亦作菔此從竹俗字漢讀考云刀劍短兵之衣字正當作服既夕記犬服攝服字衹作服是也鄭君何緣易爲從艸之菔蓋此經作菔注易爲服由經注互改之倒置

先鄭云謂臝蘭車者閩本同監毛本臝作蠃下同

故使康王出鄉門外閩監毛本鄉誤卿

大夫說經帶于廟門外浦鏜云文誤大

杜子春轘讀爲華藻之藻 漢讀考云疑當作讀爲藻率之藻與典瑞司几筵繅注同下文直謂華藻也乃竟伸其義

元謂藻水草 漢讀考云說文藻水草也从艸从水巢聲或从桌作藻是則藻藻一字蓋漢人已分別藻爲華藻藻爲水艸故杜作藻鄭君作藻

見爲蒼文色也 浦鏜云艾誤文

駹車雚蔽 唐石經原刻雚後磨改萑釋文雚葉鈔本作萑

然𧜵髹飾 釋文髹飾香求反漢讀考作桼飾云古音次同桼列女傳漆室之女或作次室故書作軟蓋本無車旁轉寫誤加耳杜氏易次爲桼乃以髹桼訓其義鄭君釋髹曰赤多黑少此釋杜語如詩箋多釋毛語非經文作髹也淺人改經作髹誤本流傳自唐以前然矣

髹爲軟 余本岳本同嘉靖本閩監毛本軟誤軟下同釋文爲軟音次此本疏中亦誤從欠

龍讀爲駹 說文巾部引周禮曰駹車龍作駹與杜讀同

車邊側有漆飾也 余本岳本漆作桼下同當據正上文皆作桼

漆則成蕃 嘉靖本閩本同余本監毛本蕃作藩按賈疏作藩引下經藩蔽釋之余本是也

後鄭以破龍爲白黑之色故此注從子春爲駹 閩監毛本爲駹作龍誤浦鏜云以當巳字訛

漆車黑車也 岳本漆作桼漢讀考云漢人用桼字經文作漆者正同載師故書作漆林杜易桼林也

以其席卽上文雀　閩本同雀葢雈之譌監毛本作雚

孤乘夏篆　說文軓車約也從車川聲周禮曰孤乘夏軓按軓與篆聲相近葢賈許所讀本如是訓爲車約與兩鄭義合

故書夏篆爲夏緣　漢讀考云故書作綠字故司農云夏赤色綠綠色今各本作緣此正同內司服注之誤三緣字皆當作綠

夏赤也　毛本同案也當色譌

篆讀爲圭瑑之瑑　漢讀考云疑當作讀如

不革輓而漆之　余本同嘉靖本閩監毛本輓誤鞔○按鞔是也

有裧爲異耳　毛本作有裧是也閩監本作裧訛

所建旃是攝威　閩監毛本旃訛旂下同

柩路載柩車也　余本岳本嘉靖本同閩監毛本依經改匶路非疏中標起訖及引注準此○按此亦經作古字注作今字之一證

共其弊車　葉鈔釋文作敝車

歸其故弊車也　此本弊誤幣今據諸本訂正

聲且警衆　段玉裁云且當是旦之誤

故書鈴或作軨　閩監本同誤也余本嘉靖本毛本軨作軡當據以訂正釋文作爲軡音零劉音領

典路

惟出王路也閩監本同誤也當從毛本作玉路

則出路據王所乘之監本據誤以

與玉路之二相對毛本二作貳當據正

車僕

其字當爲萃諸本同按其蓋卒之訛集韻十八隊倅副也或作萃亦省作卒類篇衣部卒取內切副也當本釋文釋文當云卒七十反副也又作萃今本蓋出後人刪改此經五萃字當本作萃淺人援注改之○按漢讀考詳之

萃游闕四十乘閩本游作遊監毛本改斿非此本下引注亦作當闕

故知餘諸侯兵車避天子不得以戎路也閩本兵車下增並以二字監毛本兵車下增並以廣車爲之六字

凡師共革車監本共誤其

是優尊所乘也浦鏜云並下脫者按無者亦通此非引注

經不云戎路而云革車閩本同監毛本戎路下增革路二字非

司常

通帛爲旜 說文㫃部云旃旗曲柄也所以旃表士衆从㫃丹聲周禮曰通帛爲旃又旜旃或从亶

大傳謂之徽號 余本嘉靖本同閩監毛本謂誤爲盧文弨曰通考亦作謂

皆明大赤也 浦鏜云明當名誤

今旌旗通體 閩本同監毛本旂誤旗

故鄭引爾雅注旄以證旞旌 閩本同監毛本注改註非

彼施於喪葬之旂也 閩本同監毛本旂誤期

師都建旗 唐石經諸本同漢讀考云玩注意謂鄉遂大夫帥領民聚之都大司馬帥都載旜鄉家載物注帥都遂大夫鄉家鄉大夫也今本誤亦同說文㫃部引周禮率都建旗作率者故書作帥者今書也見樂師注聘禮注曰古文帥皆作率此賈疏本亦誤作師都釋曰師衆也都聚也主鄉遂民衆所聚故謂之師都

斿車載旌 說文作游車載旌

象其勇捷也 毛本捷誤健

游車載旌 閩本同監毛本游改斿

至於天子旌旂閩本同監毛本旂改旗

鄉合建旟閩監毛本作建旐

鄉之黨亦得與州同建旟可知浦鏜云旗誤旟

弁都鄙已下閩本同監毛本作鄙師

見人退之閩監毛本退作避

是以士冠記及郊特牲閩監毛本記作禮非

則建旞也毛本同閩監本旞誤旌

但正田獵所建大麾閩本剜改所作時監毛本承之

所以題別衆臣盧文弨曰詩六月正義引此作衆官官字是

朝各就焉賈疏引作朝者各就焉盧弨文曰詩正義亦有者字此脫

亡則以緇長半輻赬末閩監毛本作輻誤也余本嘉靖本輻作幅當訂正

皆受含於朝閩本同誤也監毛本含作舍當據正

謂王行書止閩監本同誤也毛本書作晝當據正

取舊予新 監本予改與毛本疏中亦改予皆非蓋注用予字疏用與字此本及閩本皆注作予疏作與也

都宗人

掌都宗祀之禮 閩監毛本同誤也唐石經余本岳本嘉靖本作祭祀當據以訂正

九皇六十四民之祀 監本剜改民作氏疏中同○按說詳卷首

家宗人

此鄭都家自解者 盧文弨曰自疑當作總

凡以神仕者 余本嘉靖本閩監毛本同唐石經仕作士然士字獨小蓋本作仕後磨改作士序官經注疏作士沈彤周官祿田考云當作仕賈疏於他職皆引作神仕釋文仍題家宗人不標此五字孫志祖云案旄人云凡四方之舞仕者屬焉則當作仕序官作士者誤也

燔燎掃地 嘉靖本掃作埽

是之使制神之處位次主 余本岳本嘉靖本閩本同監毛本改是以非

下謂地神 閩監毛本改地祇

讀如瀆癕之瀆 余本閩監毛本同嘉靖本癕作癰與疏合此本舊誤作讀如癕之蠙今補正疏云就足子春之義以其癕瀆則濃血除故讀從之漢讀考云讀如疑當作讀爲

此解夏至祭地亓之意閩本同監毛本作地祇

雖無文鄭以意量之閩本同監毛本文上增正

彪魅怪物魍魎閩本同監毛本删彪

此禬讀如潰癰之潰者閩本同監毛本癰改癰

以其癰潰則濃血除閩本同監毛本濃改膿俗字

周禮注疏卷二十七校勘記

附釋音周禮注疏卷第二十八

鄭氏注　賈公彥疏

夏官司馬第四　疏鄭云象夏所立之官馬者武也言爲武者也夏整齊萬物天子立司馬共掌邦政政可以平諸侯正天下故曰統六師平邦國

惟王建國辨方正位體國經野設官分職以爲民極乃立夏官司馬使帥其屬而掌邦政以佐王平邦國政正也政所以正不正者也孝經說曰政者正也正德名以行道　疏○注政正至行道○釋曰爲正者取平正之義大司馬主六軍所以正諸侯違王命不正者故鄭云所以正不正是以康子問政孔子云子帥以正孰敢不正孝經說者是孝經緯文云政者正也正德名以行道者亦是正者先自正己之德名以行道則天下自然正引之以證正不正之事

政官之屬大司馬卿一人小司馬中大夫二人軍司馬下大夫四人輿司馬上士八人行司馬中士十有六人旅下士三十有二人府六人史十有六人胥三十有二人徒三百有二十人輿衆也行謂軍行列晉作六軍而有三行取名於此○輿音餘行戶剛反注同行行列反　疏政官至十人○釋曰此序官從大司馬至府六人其數與諸官同自史以下則異諸官皆云史十二人胥十二人徒百二十人獨此官史十有六人胥三十二人徒三百二十人與諸官異者以大司馬大總六軍軍事尚嚴特須監察故胥徒獨多是以襄公三年六月晉悼公會諸侯盟于雞澤秋晉侯之弟揚于亂行於曲梁魏絳戮其僕晉侯怒對曰使臣斯司馬臣聞師衆以順

爲武是其尚嚴也○注輿衆至於此○釋曰輿衆者按左氏傳僖二十八年晉侯聽輿人之誦是輿爲衆之義也云行謂軍行列者詩云寘彼周行是行得爲行列云晉作六軍而有三行取名於此者左氏僖二十八年云晉侯作三行以禦狄注云晉置上中下三軍。令復增置三行避天子六軍之名以所加三軍者謂之三行彼名軍爲行取於此行司馬之名也

凡制軍萬有二千五百人爲軍王六軍大國三軍次國二軍小國一軍軍將皆命卿二千有五百人爲師師帥皆中大夫五百人爲旅旅帥皆下大夫百人爲卒卒長皆上士二十。五人爲兩兩司馬皆中士五人爲伍伍皆有長軍師旅卒兩伍皆衆名也伍一比兩一閭卒一旅旅一黨師一州軍一鄉家所出一人將帥長司馬者其師吏也言軍將皆命卿則凡軍帥不特置選於六官六鄉之吏自。鄉以下德任者使兼官焉鄭司農云王六軍大國三軍次國二軍小國一軍故春秋傳有大國次國小國又曰成國不過半天子之軍周爲六軍諸侯之大者三軍可也詩大雅常武曰赫赫明明王命卿士南仲大祖大師皇父整我六師以脩我戎既。儆既戒惠此南國大雅文王曰周王于邁六師及之此周爲六軍之見。於經也春秋傳曰王使虢公命曲沃伯以一軍爲晉侯此小國一軍之見。於傳也百人爲卒二十五人爲兩故春秋傳曰廣有一卒卒偏之兩○軍將子匠反凡軍將將帥之類放此帥所類反下將帥之字皆同卒子忽反後皆同卒長丁丈反卷內不出者放此比毗志反大祖音泰下大師及下文大僕同皇父音甫儆本亦作敬京領反見賢遍反下同廣光浪反

疏凡制至有長○釋曰云此大國次國小國者皆以命數同者軍數則同則上公爲大國侯伯爲次國子男爲小國也魯是侯爵而魯頌云公徒三萬注云萬二千五百人爲軍大國三軍合三萬七千五百人言三萬者舉成數也然當。公之時其實二軍故襄公十一年作三軍則前無三軍矣若僖公時有三軍則中間應有。合文注詩爲三軍者作詩之人舉魯盛時而言若然魯

公伯禽之時則三軍矣魯語季武子爲三軍叔孫。昭子曰不可又云今我小侯也明大侯之時有三軍矣鄭答林碩爲二。萬之大數者以實言之也此言軍將皆命卿及師帥皆中大夫旅帥皆下大夫卒長皆上士兩司馬皆中士伍皆有長者皆據在鄉爲鄉大夫州長黨正旅師閭胥比長時尊卑命數而言伍皆有長是比長下士不言皆下士者以衆多官卑故略而不言也〇注軍師至之兩〇釋曰鄭以經伍兩卒旅師軍皆據在鄉內民數而言者以其凡出軍皆據六鄉爲數是以小司徒云凡起徒役無過家一人是以鄭據在鄉之數而以家出一人結之也鄭云言凡軍將皆命卿則凡軍帥不特置選於六官六鄉之吏者鄭云選於六官者謂王朝六卿此六軍之將還選六卿中有武者爲軍將也又別言六鄉之吏者。整六。鄉大夫及州長黨正六師閭胥比長中有武者今出軍之爵還遣在鄉所管之長爲軍吏也鄭必知還遣本長爲軍吏者見管子云因內政寄軍令且經並據在鄉時尊卑而言故知因遣其鄉之官而領之也是以州長職注云掌其戒令賞罰。原本實缺七格　帥自黨已下注皆云因爲旅帥因爲卒長閭胥以下雖不言因爲義可知又云　自鄉已下德任者使兼官焉者按大司馬云師都載旜鄉遂載物鄭言鄉遂大夫或載旜或載物衆屬軍吏無所將則自鄉已下至伍長有武德堪任爲軍之吏者乃兼官兼官者在鄉爲鄉官在軍爲軍吏若無武德不堪任爲軍吏者則衆屬他軍吏身不得爲軍吏是無所將也是以詩云靺韐有奭以作六師鄭云諸侯世子除三年之喪未遇爵命服士服而來時有征伐之事天子以其吏任爲軍將是代爲軍將之事則王朝之官有武德者皆可代爲軍吏也先鄭云王六軍已下復引諸文者以當時有不信周禮者故引爲證言春秋有大國有次國有小國者此亦春秋正文成三年冬十一月晉侯使荀庚來聘衛侯使孫良夫來聘公問諸臧宣叔曰中行伯之於晉其位在三孫子之於衛也位爲上卿將誰先對曰次國之上卿當大國之中中當其下下當其上大夫小國之上卿當大國之下卿中當其上大夫下當其下大夫上下如是古之制也衛在晉不得爲次國晉爲盟主其將先之丙午盟晉丁未盟衛蓋指此爲大國次國小國也云又曰成國不過半天子之

軍周爲六軍諸侯之大者三軍可也者襄十四年晉侯舍新軍禮也成國不
過半天子之軍周爲六軍諸侯之大者三軍可也晉雖爲侯爵以世爲霸主得
置三軍故爲禮也云此周爲六軍之見于經也者此引春秋及大雅常武與文
王皆是正經故云之見于經也此經言軍而詩云師者此皆軍也故鄭答林碩
云軍者兵之大名軍禮重言軍爲其大悉故春秋之兵雖有累萬之衆皆聽師
詩云六師即六軍也然軍旅卒兩皆衆名獨舉師者故易師象云師貞丈人吉
无咎軍二千五百人爲師丈之言長也以法度爲人之長故吉无咎謂天子諸
侯而主軍軍將皆命卿天子六軍兵衆之名移矣正言師者出兵而多以軍爲
名次以師名少旅爲名言衆舉中言之也由此言之故以師爲大名不言軍爲
其大悉不言旅爲其中故以師表名見其得中以兼上下言軍以軍爲名謂征
伐次以師爲名謂君行師從少以旅爲名謂卿行旅從之時也云春秋傳曰王
使虢公命曲沃伯以一軍爲晉侯此小國一軍之見於傳者莊十六年傳文以
其新并晉國雖爲侯爵以小國軍法命之故一軍也云故春秋傳曰廣有一卒
卒偏之兩者宣十二年欒武子說楚之軍法云其君之戎分爲二廣服氏云左
右廣各十五乘廣有一卒服氏云百人爲卒言廣有卒爲承也卒偏之兩服氏
云五十人曰偏二十五人曰兩廣既有一卒爲承承有偏偏有兩故曰卒偏之
兩引之以證卒是百人
兩爲二十五人意也

一軍則二府六史胥十人徒百人 疏 一軍至百人○釋曰此非掌也有軍
則置之無則已府史不言府二人史六人而逆
言其數者欲見所置非常故倒言以見義也

司勳上士二人下士四人府二人史四人胥二人徒二十人 故書勳作勛鄭司農云勛讀爲勳勳
功也此官主功賞故曰掌六鄉賞地
之法以等其功○勛香云反劉音訓 疏 司勳至十人○釋曰此已下六十官以
大司馬主軍法所有軍事及武勇官爵
賞賚整齊之等皆屬焉序官前後亦不據尊卑直取事急者居前事緩者居後
是以司勳及馬質已下皆士官而居前射人諸子司士之等大夫官而居後也

但司馬主征伐軍無賞士不往凡軍以賞爲先故僖二十八年秋七月晉文公獻俘授馘飲至大賞武王入殷封功臣謀士師尚父爲首故司勳列位在前上士二人爲官下士四人爲之佐府二人主藏文書史四人作文書草胥二人爲十長徒二十人給徭役○注故書至其功○釋曰先鄭不從古書勛而從勳者勛是古字從今之勳也云掌六鄉賞地之法以等其功者司勳職文

馬質中士二人府一人史二人賈四人徒八人質平也主買馬平其大小之賈直○賈音嫁注及下同疏注質平至買直○釋曰司馬者主以供軍之用馬質主平馬賈買之故亦列職居前也然不使與校人相近而在此者平馬大小賈直故使與量人相近故也以其主司馬故屬夏官

量人下士二人府一人史四人徒八人量猶度也謂以丈尺度地○量音亮或音良下同度待洛反下同疏量注猶至度地○釋曰在此者以其掌營軍之壘舍量其市朝州塗軍社之所理○其中雖有餘事要以軍事爲重故亦列職於此也

小子下士二人史一人徒八人小子主祭祀之小事疏注小子至小事○釋曰在此者以其職有掌小祭祀羞羊肆釁軍器師田掌斬牲徇陳之事故屬此也

羊人下士二人史一。人賈二人徒八人疏羊人○釋曰羊人在此者以其職有掌羊牲。又祭祀割牲等之事羊屬南方火司馬火官故在此按說卦云兌爲羊注云其畜好剛鹵又易說云大山失金雞西嶽亡玉羊玉羊者西嶽之精而羊不在西方者羊有二義按五行傳云視之不明則有羊禍注云羊畜之遠視者屬視故列在夏官兑爲羊又屬西方也

司爟下士二人徒六人故書爟爲燋杜子春云燋當爲爟書亦或爲爟爟爲私火玄謂爟讀如予若觀火之觀今燕俗名湯熱爲。觀則爟火謂熱火與○司爟古喚反燋哉約反李又音灼觀古喚反下同與音餘　疏　注故書至火與○釋曰在此者按其職有行火之政令火屬南方故在此也子春不從古書燋還從爟爟爲私火者民間理爨之火爲私火亦如後鄭爲熱火也後鄭讀如予若觀火者盤庚告其羣臣不欲從而匿情者予若觀熱也我有刑罰如熱火可畏故引燕俗以湯熱爲觀亦取熱火之義後鄭云謂熱火與者對秋官司烜氏以夫燧取火於日中爲明者爲冷火破字爲疑故云與也孔安國以觀爲視我觀汝情如視火與鄭義異也若然司烜氏不在此者彼取金義故在秋官也

掌固上士二人下士八人府二人史四人胥四人徒四十人固國所依阻者也國曰固野曰險易曰王公設險以守其。國　疏　注固國至其國○釋曰鄭云固國所依阻者也者欲見固據在國而言云國曰固野曰險者對下文司險是在野之義也以其掌固職云掌脩城郭溝池樹渠之固並據國而言司險職云周知山林川澤之阻而達其道路皆據在野而言故知在野曰險又引易者易坎卦象云天險不可升地險山川丘陵王公設險以守其國引之證固是在國王公設之以守國若然易云王公設險險即此固以其言王公設之非是在野自然之險者也是對文則險固異散則險固通名也掌固司險在也者取整齊之義故也

司險中士二人下士四人史二人徒四十人

◦掌疆中士八人史四人胥十有六人徒百有六十人疆界也○疆居良反注及後同　疏　掌疆至十人○釋曰在此者按其職闕雖未知其事蓋掌守疆界亦是禁戒之事故在此也

候人上士六人下士十有二人史六人徒百有二十人候候迎賓客之來者疏注候候至來者○釋曰在此者按其職云各掌其方之道治與其禁令以設候人是候迎賓客之事故詩云彼候人兮荷戈與祋亦是武事故在此也

環人下士六人史二人徒十有二人。環猶卻也以勇力卻敵○環戶關反劉戶串反卻起略反下同疏注環猶至卻敵○釋曰在此者按其職云掌致師察軍慝皆是軍師之事也故在此也

挈壺氏下士六人史二人徒十有二人挈讀如絜髮之絜壺盛水器也世主絜壺水以爲漏○挈劉若結反一音結又戶結反盛音成疏注挈讀至爲漏○釋曰在此者按其職云掌挈壺以令軍井挈轡以令舍挈畚以令糧又云凡軍事懸壺以序聚㯺皆爲軍事。按在此也鄭讀挈如絜髮之絜者詩云總角之宴毛傳云總角結髮此鄭依毛傳絜即結之義也鄭云世主挈壺水以爲漏者以其稱氏此則官有世功則以官爲氏故以世主解之也

射人下大夫二人上士四人下士八人府二人史四人胥二人徒二十人疏射人○釋曰在此者以其主射事射即武事故在此也

服不氏下士一人徒四人服不服之獸者疏注服不至獸者釋曰在此者以其服不服之獸象王者伐叛柔服之義故在此也

射鳥氏下士一人徒四人○射食亦反疏射鳥氏○釋曰在此者按其職云掌射鳥亦是武事在此宜也

羅氏下士一人徒八人能以羅罔。捕鳥者郊特牲曰大羅氏天子之掌鳥獸者○搏鳥音搏一音付本又作捕音步疏注能以至
獸者○釋曰在此者按其識云掌羅。鳥亦是武事故在此也引郊特牲云大
羅氏天子之掌鳥獸者按彼云大羅氏天子之掌鳥獸者諸侯貢屬焉彼大羅
氏則此羅氏爲一彼稱大對諸侯此直曰羅氏此無所對故不稱大此職
唯羅鳥不主獸彼兼言獸者諸侯所貢鳥獸屬焉則兼掌所貢之獸也

掌畜下士二人史二人胥二人徒二十人畜謂斂而養之○畜許六反注同劉許又反疏注畜謂斂而養之○
釋曰在此者按其職云掌養鳥而阜。蕃教擾之是專養鳥其
職注謂鵝鶩之屬是斂而養之鳥是羽蟲屬南方故在此也

司士下大夫二人中士六人下士十有二人府二人史四人胥四人徒四十人
疏司士○釋曰在此者以其職云掌以德詔爵以功
詔祿與大司馬云進賢興功同故列職於此也

諸子下大夫二人中士四人府二人史二人胥二人徒二十人諸子主公卿大夫士之子者或
曰庶子※疏注諸子至庶子○釋曰在此者按其職云若有甲兵之事則授之車甲
故亦在此也鄭云諸子主公卿大夫士之子者按其職云掌國子之倅
倅副代父者是公卿大夫士之適子皆是倅故鄭歷言之云或曰庶子者按禮
記燕義稱此諸子爲庶子故言或曰以共燕禮有庶子執燭之事彼。稱諸子謂
之庶子故燕義兼說天子諸子之事諸庶爲
一皆掌公卿大夫士之適故通謂之庶子也

司右上士二人下士四人府四人史四人胥八人徒八十人右謂有勇力之士充王車右疏
注右謂至車右○釋曰在此者王車之右執干戈以衛王亦是武事故在此也
鄭知勇力者其職云國之勇力之士能用五兵者屬焉鄭云選右當於中是用

勇力充之者也

虎賁氏下大夫二人中士十有二人府二人史八人胥八十人虎士八百人不言徒曰虎士則虎士徒之選有勇力者○賁音奔下同【疏】注不言至力者○釋曰在此者亦衛守王在此宜也鄭云不言徒曰虎士則虎士徒之選勇力者以其在胥下倒皆是徒今不言徒而曰虎士明先是徒之選有勇力者乃爲之以當徒處

旅賁氏中士二人下士十有六人史二人徒八人【疏】旅賁氏○釋曰在此者按其職云掌執戈盾夾王車而趨左八人右八人車止則持輪言旅見其衆言賁見其勇亦是衛守王事故在此也

節服氏下士八人徒四人世爲王節所衣服○爲于僞反【疏】注世爲至衣服○釋曰在此者按其職云郊祀二人執戈送逆尸從車亦是武事故在此也鄭云世爲王節所衣服。以其著服與王爲節而稱氏故知官有世功則曰官。旅然凡稱氏者鄭雖不釋爲世功但注有詳略從可知也

方相氏狂夫四人方相猶言放想可畏怖之貌○放想方丈反本或作旊音同【疏】注方相至之貌○釋曰在此者按其職云蒙熊皮黃金四目玄衣朱裳執戈揚盾可畏怖亦是武事故在此也鄭云方相猶言放想者漢時有此語是可畏怖之貌故云方相也

大僕下大夫二人小臣上士四人祭。僕中士六人御僕下士十有二人府二人史四人胥二人徒二十人僕侍御於尊者之名大僕其長也【疏】注僕侍至長也釋曰在此者凡言僕御者是武衛之事又大僕職凡軍旅田役贊王鼓是凡僕御皆連類在此也大僕已下四官因仍同府史之等者大僕已下至御僕乃是別職同官故同府史也小臣其職云掌王之小

命詔相王之小法儀祭僕其職云掌受命於王以視祭祀御僕其職云掌羣吏之逆及庶氏之復大僕爲長故連類在此若然府史胥徒在御僕下者是四官別職同官故共府史胥徒也

隸僕下士二人府一人史二人胥四人徒四十人此吏而曰隸以其事褻○褻息列反

疏注此吏至事褻○釋曰在此者以僕皆在此故亦在此但所掌事褻故別官職不屬大僕鄭云此吏而曰隸以其事褻者此經言下士二人即是吏按秋官有罪隸已下是奴稱隸以其掌褻故與賤同稱隸也

弁師下士二人工四人史二人徒四人弁者古冠之大稱委貌緇布曰冠○弁皮彥反稱尺證反

疏弁師至四人○釋曰在此者以夏物長大而盛壯人年長大乃冠以象夏故不同司服在春官而在此也○注弁者至曰冠○釋曰按禮記郊特牲及士冠記皆云夏收殷哻周弁三代皆祭冠則弁亦冕也即是六冕皆得稱弁若然皮弁爵弁自然是弁故鄭云弁者古冠之大稱也云委貌緇布曰冠者此二者對皮弁爵弁六冕惟曰冠若散文亦得言弁故司服云凡田冠弁服凶事服弁服皆得言弁也

司甲下大夫二人中士八人府四人史八人胥八人徒八十人甲今之鎧也司甲兵戈盾官之長○鎧苦愛反盾常允反又音允

疏注甲今至之長○釋曰在此者其職雖闕但甲者軍師所用在此宜也言甲今之鎧者今古用物不同其名亦異古用皮謂之甲今用金謂之鎧從金爲字也云司甲兵戈盾官之長者以其此官下大夫又在上已下皆士官故云長也

司兵中士四人府二人史四人胥二人徒二十人

疏司兵○釋曰在此者按其職云掌五兵五盾及授兵

從司馬之法此亦爲軍事在此宜也

司戈盾下士二人府一人史二人徒四人戈今時句孑戟○句孑古侯反下音結〔疏〕○司戈至四人○釋曰在此者按其職云祭祀授旅賁殳故士戈盾授舞者兵皆武事故在此也○注戈今時句孑戟○釋曰按冬官冶氏爲戈戟戈則兩刃長六尺六寸戟則三刃長丈六尺形既不同鄭云戈句孑戟而爲一物解之者鄭舉漢法以況之漢時見戈有旁出者爲句孑亦名胡孑故號戈爲句孑戟也

司弓矢下大夫二人中士八人府四人史八人胥八人徒八十人司弓矢弓弩矢箙官之長○箙音服〔疏〕注司弓至之長○釋曰在此者按其職云掌六弓四弩八矢給武之所用在此宜也云司弓矢弓弩矢箙官之長者司弓矢下大夫已下繕人槀人皆士官故得與之爲長也鄭云司弓弩卽繕人也

繕人上士二人下士四人府一人史二人胥二人徒二十人繕之言勁也善也〔疏〕注繕之至善也○釋曰在此者按其職云掌王之用弓弩矢箙亦是武事故在此也云繕之言勁也善也者以其所掌弓弩有堅勁而善堪爲王用者乃入繕人以共王故鄭爲此解之也

槀人中士四人府二人史四人胥二人徒二十人鄭司農云槀讀爲芻槀之槀箭幹謂之槀此官主弓弩箭矢故謂之槀人○槀古老反幹如字沈古旱反〔疏〕注鄭司至槀人○釋曰在此者職云掌六弓八矢四弩是軍事所用故在此也先鄭云箭幹謂之槀按冬官矢人云以其笴厚爲之羽深後鄭云笴讀爲槀謂矢幹古文假借字則此槀人非直掌矢槀兼主弓弩矢箙等而云槀人者以槀爲主耳故云此官主弓弩

箭矢故謂之槀人

戎右中大夫二人上士二人。右者參乘此充戎路之右田獵亦爲之右焉○乘繩證反疏注右者至右焉○釋曰此戎右弁下僕馭在此者皆是防衞之官故皆在此云古者參乘者若在軍爲元帥則將居鼓下將在中御者在左若凡平兵車則射。者左御者居中若在國則尊者在左御者亦中央其右是勇力之士執干戈常在左右故云古者參乘也云此充戎路之右田獵亦爲之右者按巾車。玉路有五按下文僕亦有五惟此戎右已下有三不見玉路祀之右又不見木路田路之右故以田戎相類齊祀相因故以類相兼故戎右兼田右齊右兼祀右若然僕有五不兼者僕難於右是以六。藝之中有五御而不言右也按巾車玉路居前戎路在後此右在前又戎。右大夫齊右下大夫道右上士戎右官人尊者夏官主事尚威武故戎右居前使官尊也

齊右下大夫二人充玉路金路之右○齊側皆反下齊僕弁注同疏注充玉至之右○釋曰充。金路爲。玉故云齊按曲禮云立如齊注齊謂祭祀時則齊雖施於祭前當祭時亦名齊故得兼金玉二路而鄭不言亦以其齊同故也

道右上士二人充象路之右疏注充象路之右○釋曰在朝所以行道是以名車爲道車以中車五路差之上已有玉金革木之等此道右當充象路之右可知不兼而官卑者以其上四事繁故使兼此道右每日視朝行事繁故不兼以其事卑於齊戎之等故官職卑也

大馭中大夫二人馭之最尊○馭音御疏注馭之最尊○釋曰在此者亦是衞守之事在此宜也云馭之最尊者以其御。玉路以祀故云最尊以是特尊不與下同名僕而謂之大馭也若然戎右在前尚威武此戎僕在前者以其僕雖駕馭爲難仍非武事故退戎僕於後進大馭於前也仍尊戎

僕在齊僕之上而使中大夫爲之與戎右尊卑同也

戎僕中大夫二人馭言僕者此亦侍御於車【疏】注馭言至於車○釋曰上大僕已下言僕並是侍御之官稱僕今此馭車之人亦言僕者在車亦是侍御之類故云亦侍御於車也

齊僕下大夫二人古者王將朝覲會同必齊所以敬宗廟及神明○朝直遙反後朝覲皆同【疏】注古者至神明○釋曰齊而敬神明者按曲禮下注云春夏受贄於朝受享於廟秋冬一受之於廟是朝覲敬宗廟按覲禮及司儀會同之時設方明於壇上設六玉以禮方明之神是會同敬神明巾車云金路建大旂以賓則金路主爲賓路賓路則諸侯與王行朝覲會同之禮故鄭以朝覲會同以釋齊也

道僕上士十有二人王朝朝莫夕主御王以與諸臣行先王之道○朝朝上如字下直遙反莫音暮【疏】注王朝至之道○釋曰按上齊右見下至齊僕皆二人唯戎右與道僕人數多者則戎右有所斬殺故左氏傳晉縛秦因萊駒爲右使萊駒斬之故人多也道僕所以特多者以朝夕在朝來往駑脫難而且煩故人最多也鄭云王朝朝莫夕主御者此釋人多之意云王以與諸臣行先王之道者此釋稱道之言也

田僕上士十有二人【疏】田僕○釋曰人亦多者王有四時之田兼有園囿遊獵及取鮮獸之等亦是事繁而難故亦特多也

馭夫中士二十人下士四十人【疏】馭夫○釋曰按其職云掌馭貳車從車使車之等馭僕之類故亦在此馭夫總六十人按校人三乘爲皁皁一趣馬三皁爲繫繫一馭夫則馬三十六匹一馭夫計良二千一百六十四匹則六十馭夫又駑六麗一師六師一趣馬六趣馬一馭夫則一馭夫主四百三十二匹駑千二百九十六匹則馭夫三人弁前六十三人與此不合者蓋此序官脫三人也

校人中大夫二人上士四人下士十有六人府四人史八人胥八人徒八十人

校之爲言校也主馬者必仍校視之校人馬官之長○校戶教反字從木若從手旁作是比校之字耳今人多亂之注校之校人同 疏 校人至十人○釋曰在此者以馬共軍所用故其職云凡軍事物馬而頒之故在此官特尊而多者以王馬多故也○注校之至之長○釋曰云校之爲言校也者讀從曲禮與少儀效馬效羊取效見義以其養官畜者必效見之故鄭云主馬者必仍校視之仍者相仍有時數數程見之也云校人馬官之長者與下趣馬至圉人爲長有事皆取長官法度

趣馬下士皁一人徒四人

趣馬趣養馬者也鄭司農說以詩曰蹶維趣馬○趣七口反劉清須反注同皁才早反趣養清須反又七口反一音七句反蹶居衞反 疏 注趣馬至趣馬○釋曰在者按其職云掌正良馬而齊其飲食是以鄭云趣馬趣養馬者故在此也先鄭說以詩云蹶惟趣馬者彼詩是刺幽王之詩其詩臣名蹶惟作趣馬之官權寵之例引以證趣馬是官名也

巫馬下士二人醫四人府一人史二人賈二人徒二十人

巫馬知馬祖先牧馬社馬步之神者馬疾若有犯焉則知之是以使與醫同職 疏 巫馬至十人○釋曰巫知馬祟醫知馬病故連類在此也有賈者治馬死生須知馬價故有賈人也○注巫馬至同職○釋曰馬祖之等並在下文有人犯者與爲祟巫則知之爲之謝過必與醫同職者巫言無祟則是時氣及損傷付醫治之故二官同職也

牧師下士四人胥四人徒四十人

主牧放馬而養之○牧舊音目劉音茂沈音木 疏 注主牧放馬而養之○釋曰在此者按其職云掌牧地是放馬故與校人連類在此也

廋人下士閑二人史二人徒二十人廋之言數○廋所求反數色主反數之同疏注廋之言數○釋曰在此者按其職云掌十有二閑之政阜馬佚特之等故與馬官連類在此也

圉師乘一人徒二人圉人良馬匹一人駑馬麗一人養馬曰圉四馬爲乘良善也麗耦也○圉魚呂反乘繩證反注同麗如字疏圉師至二人○釋曰在此者以其掌養馬也○注養馬至耦也○釋曰在此者按其職云掌養馬芻牧之事以役圉師亦是爲馬故亦連類在此也

職方氏中大夫四人下大夫八人中士十有六人府四人史十有六人胥十有六人徒百有六十人職主也主四方之職貢者職方氏主四方官之長疏注職主至之長○釋曰在此者司馬主九畿職方制其貢事相成故在此官尊而人多以其主天下人民貢賦之事事繁故也云主四方官之長者與下諸言方者爲長也

土方氏上士五人下士十人府二人史五人胥五人徒五十人土方氏主四方邦國之土地疏注土方至土地○釋曰在此者按其職云以土地相宅而建邦國都鄙與職方連類在此也故主四方邦國之土地

懷方氏中士八人府四人史四人胥四人徒四十人懷來也主來四方之民及其物疏注懷來至其物○釋曰在此者按其職云掌來遠方之民致方貢致方貢致遠物故與職方連類在此也

合方氏中士八人府四人史四人胥四人徒四十人合方氏主合同四方之事疏注合方至之事○釋

曰在此者按其職云掌達天下之道路通其財利同其數器故注云主合同四方之事故亦連數在此也

訓方氏中士四人府四人史四人胥四人徒四十人訓道也主教道四方之民〇道音導下同疏注訓道至之民〇釋曰在此者按其職云掌道四方之政事與其上下之志誦四方之傳道故注云教導四方之民故連類在此也

形方氏中士四人史四人胥四人徒四十人形方氏主制四方邦國之形體疏注形方至形體〇釋曰在此者按其職云掌制邦國之地域而正其封疆故注云主制四方邦國之形體故連類在此

山師中士二人下士四人府二人史四人胥四人徒四十人疏山師〇釋曰在此者按其職云掌山林之名辨其物與其利害而頒之于邦國使致其珍異之物按王制云名山大澤不以封故天子立山師以遙掌之使貢故與職方亦連類在此也

川師中士二人下士四人府二人史四人胥四人徒四十人疏川師〇釋曰在此者按其職與山師同故亦連類在此

邍師中士四人下士八人府四人史八人胥八人徒八十人邍地之廣平者〇邍音原疏注邍地之廣平者〇釋曰在此者按其職云掌四方之地名辨其丘陵墳衍原隰之名故連類在此也注云邍地之廣平者爾雅文也

匡人中士四人史四人徒八人匡正也主正諸侯以法則疏匡人至八人〇釋曰在此者按其職云掌達法則匡邦國而觀其慝使無敢反側以聽王命注云王正諸侯以法則故連類在此也

撢人中士四人史四人徒八人撢人主撢序。主意以語天下○撢他南反與探同語魚據反疏注撢人至天下○釋曰在此者按其職云掌誦王志道國之政事以巡天下之邦國而語之故注云主撢序王意以語天下故連類在此也

都司馬每都上士二人中士四人下士八人府二人史八人胥八人徒八十人都王子弟所封及三公采地也司馬主其軍賦疏都司至十人○釋曰言每都上士二人已下者此王自以臣為司馬遙掌都內故其職云掌都之士庶子及其衆庶車馬兵甲之戒令聽於國司馬既是軍故在此也○注都王至軍賦○釋曰鄭據何知都惟有王子弟所封及三公采地不通卿大夫者按司裘云諸侯則共熊侯豹侯卿大夫則共麋侯卿不入諸侯之中故知義然云司馬主其軍賦者即司馬法云成出士十人徒二十人之等並是都司馬所主也

家司馬各使其臣以正於公司馬家卿大夫采地正猶聽也公司馬國司馬也卿大夫之采地王不特置司馬各自使其家臣為司馬主其地之軍賦往聽政於王之司馬王之司馬其以王命來有事則曰國司馬疏注家卿至司馬○釋曰云家卿大夫采地者按載師職曰家邑任稍地謂大夫采地小都任縣地謂卿之采地大都任疆地謂三公采地則卿入小都中今此經直言家而小都入家中不在上都中者司馬主軍事嚴凝為主須辨尊卑故依司裘卿與大夫不得稱諸侯者為家又不使王臣為之也若然都宗人家宗人及都士家士皆使王臣為之者都家宗人有祖王之廟九皇六十四民王所當祭故使王臣為之都家之士以獄訟刑罪王政之重非王臣不決故亦使王臣為之但非嚴凝故卿入都耳云王之司馬其以王命來有事則曰國司馬者其職云以聽於國司馬對此從下向上則曰公司馬

附釋音周禮注疏卷第二十八

周禮注疏卷二十八校勘記　　阮元撰盧宣旬摘錄

附釋音周禮注疏卷第二十八

夏官司馬第四　唐石經作第七非

令復增置三行　浦鏜云今誤令

二十五人爲兩　唐石經作廿有五人爲兩諸本皆脫有字

卒一旅　閩監毛本同誤也嘉靖本作卒一族當據正

自鄉以下　余本岳本嘉靖本同閩監毛本鄉作卿誤疏中同

既儆既戒　釋文儆本亦作敬按作敬者當是依毛詩所改非也

此周爲六軍之見于經也　釋文見於賢遍反下同今諸本於作于非下見於傳同注皆用於字

然當公之時其實二軍　浦鏜云公上當脫僖字

則中閒應有合文　閩本同合當爲舍之訛監毛本誤今注詩爲三軍者此言詩箋爲三軍耳毛本舛誤特甚

叔孫昭子曰　浦鏜云穆誤昭

鄭答林碩爲二萬之大數者　盧文弨云詩閟宮正義二萬作二軍是

整六卿大夫及州長黨正閩本同監毛本整作據按此卿當爲鄉下據在卿時同

掌其戒令賞罰補此下十行本實缺七格

以世爲霸主宋本世作其

雖有累萬之衆皆聽師浦鏜云聽當稱字誤

言衆舉中言之也盧文弨云言衆當作言師

言軍以軍爲名浦鏜云上軍爲多之誤

賞賫整齊之等閩本賫作齎毛本作賫監本訛賫○案齎賫正俗字

小子史一人諸本同唐石經缺監本誤二人石經考文提要云宋本九經宋纂圖互注本宋附釋音本皆作一人

又祭祀割牲等之事惠校本又作及此誤

今燕俗名湯熱爲觀按此觀當作爟

王公設險以守其國玉海職官部引此作守其固監本疏中此國字剜改

掌疆補各本皆提行分節此本誤連上節今訂正

環猶卻也漢讀考云此環讀爲往還之還秋官環人讀爲環繞之環

皆爲軍事按在此也浦鏜云按當故字誤

能以羅罔捕鳥者釋文作搏鳥云本又作捕○按漢人搏字讀若今之捕

掌羅烏烏浦鏜云烏鳥之誤

掌養鳥而阜藩教擾之毛本作阜蕃當據正

彼稱諸子謂之庶子惠校本稱作據

鄭云世爲王節所衣服補毛本服下有者字

故知官有世功則曰官旅諸本同按此旅亦族之訛

祭僕中士六人御僕下士十有二人唐石經諸本皆合大僕爲一節與注合宋本嘉靖本祭僕御僕皆提行分節非○按此亦春官大師樂師瞽矇眂瞭合爲一條之例以府史胥徒四職所同也此府史胥徒亦大僕祭僕御僕所同

及庶氏之復浦鏜云民誤氏

以其事褻余本監毛本同嘉靖本閩本褻作褻按葉鈔釋文作褻

按禮記郊特牲及士冠記惠校本作士冠禮又云宋本是記字○按今見儀禮士冠禮記中

槀人胥二人唐石經余本岳本嘉靖本同閩監毛本槀作稾非注及疏同釋文亦作槀從木閩本二字壞缺監毛本遂誤爲一

槀讀爲劄槀之槀箭幹謂之槀余本岳本嘉靖本同閩監毛本槀並作槀案劄槀之槀二槀字當從禾槀讀及箭幹謂之槀二槀字仍從木讀爲當作讀如此擬其音如劄槀耳箭幹字則作槀也經義雜記云說文木部槀枯也枯卽肅慎氏貢枯矢之枯儀禮以笴爲矢幹字而說文竹部無之然則箭幹字本作槀矣考工記及矢人準此○按前說非也枯槀之槀从木讀爲劄槀之槀則易其字矣禾槀者莖也箭幹亦莖也故箭幹之槀卽禾槀引伸之義也作枯槀字則無義矣槀枯也又木名也經義雜記合爲一義誤矣易爲槀字而後曰箭幹謂之槀注例如此倘作謂之槀則不當言讀爲矣凡枯槁字苦浩切凡禾稿字古老切經典釋文以及各韻書皆如此此經釋文曰槀古老反依鄭易字之音也

釋曰在此者職云閩本者下剜擠按其二字監毛本排入

兼主弓弩矢服等閩本剜改服爲箙監毛本承之

右者參乘閩監本同誤也余本嘉靖本毛本右作古當據以訂正此本及毛本疏中引注亦作古惠校本同

則射者左惠校本者下有在

按巾車玉路有五浦鏜云王誤玉

是以六䙡之中浦鏜云蓺誤䙡

又戎右大夫浦鏜云大夫上脫中

充金路爲玉閩本同誤也監毛本金作玉玉作主當據正

以其御玉路以祀毛本玉誤王

按上齊右見下至齊僕浦鏜云見當巳字誤

校之爲言校也余本作校之爲言挍也下校視亦作挍視案釋文云校人戶教反字從木若從手旁作是比挍之字耳今人多亂之注校之校人同然則言挍校視皆當作手旁比挍之字矣賈疏則讀爲效○按依釋文注作校校之爲言挍也文理甚明然比挍字出於後代說文所無

蹶維趣馬嘉靖本維作惟當訂正按毛詩作維三家詩作惟釋文出蹶惟二字賈疏引注作惟是也諸本作維非

在者補閩監毛本作在此者此本誤脫此字

巫言無崇毛本作無祟當據正

廋之言數監本下有也疏中標注同按釋文數也色主反是陸本有也字

圉師至二人閩監毛本作一人此誤

故燕類在此閩監毛本下有也

主擅序主意余本閩本同嘉靖本監毛本下主作王疏中準此按賈疏引其職掌誦王志云云以釋此注則當從嘉靖本作王余本作主誤

也

家司馬各使其臣以正於公司馬沈彤周官祿田考云以序官家司馬各使其臣以正於公司馬之文移在都司馬本職後

都司馬本職後家司馬亦如之之文移在序官都司馬後是家司馬亦如之郎謂每家上中下士府史胥徒如都司馬之數矣蓋此本與春官家宗人秋官家士二日同例而其簡與職互錯也

周禮注疏卷二十八校勘記

附釋音周禮注疏卷第二十九

鄭氏注　賈公彥疏

大司馬之職掌建邦國之九灋以佐王平邦國平成也正也疏大司至邦國○釋曰此九法已下皆言邦國則施於諸侯為主故云邦國也云以佐王平邦國者九法以糾察諸侯使之成正故以平言之也但此九法據殷同之時建之故大行人云殷同以施天下之政注云政謂邦國之九法則殷同之時司馬明布告之故云建也

制畿封國以正邦國封謂立封於疆為界○畿音祈疏制畿至邦國○釋曰謂制諸侯五百四百里之等各有封疆界分乃得正故云以正邦國

設儀辨位以等邦國儀謂諸侯及諸臣之儀辨別也別尊卑之位○別彼列反下皆同疏注儀謂至之位○釋曰鄭知儀中有諸侯及諸臣者以此經云等邦國按大行人云以九儀辨諸侯之命等諸臣之爵鄭云九儀謂命者五公侯伯子男也爵者四孤卿大夫士也知九儀中唯有諸侯諸臣無天子之臣按大宗伯云以九儀之命正邦國之位注云每命異儀則九儀之中謂一命以至九命之儀其中有六命八命弁九命作伯兼有王臣則與此異也

進賢興功以作邦國興猶舉也作起也起其勸善樂業之心使不惰廢○樂業如字又音洛一音五教反疏進賢至邦國○釋曰進賢諸臣舊在位有德行者弁草萊有德行未遇爵命者進之使稱才。任用興舉也臣有功者舉之亦使任用作起也以臣有賢有功舉之與官則起邦國之內勸善樂業之心使不惰廢善業也

建牧立監以維邦國牧州牧也監監。一國謂君也維猶連結也○監古銜反疏建牧至邦國○釋曰二百一十國以為州州有牧使維持諸侯又一國立一監以監察一國上下相維故云以維邦國也此則大宰云建其牧立其監亦一也也

制軍詰禁以糾邦國詰猶窮治也糾猶正也○詰去吉反疏制軍

至邦國○釋曰按上文大國三軍次國二軍小國一軍也詰禁者按士師有五禁天子禮此諸侯國亦當有五禁以相窮治相糾正故云以糾邦國也

施貢分職以任邦國職謂職稅也任猶事也事以其力之所堪【疏】施貢至邦國釋曰施貢多少據國地大小故地官大國貢半次國三之小國四之一皆由天子施之此大宰九貢幷小行人春令入貢皆是歲之常貢與大行人因朝而貢者異也分職者卽大宰所云九職是也彼據畿內此據諸侯諸侯邦國亦由天子分之使民有職業因使稅之所稅者市之以充貢若然言貢據向天子而言云稅據民所爲爲說事相因皆所以任邦國故云以任邦國也

簡稽鄉民以用邦國簡謂比數之稽猶計也○鄉許亮反【疏】簡稽至邦國○釋曰注云簡謂比數之稽猶計也謂比數計會鄉民而用之故云以用邦國也

均守平則以安邦國諸侯有土地者均之尊者守大卑者守小則法也【疏】均守至邦國○釋曰言均守謂五等諸侯有五等受地五百里已下是均守也平則者則法也謂五等等職貢之等皆有常法邦國獲安故云以安邦國

比小事大以和邦國比猶親使大國親小國小國事大國相合和也易比象曰先王以建萬國親諸侯○比毗志反注同【疏】注比猶至諸侯○釋曰按司儀有五等諸侯自相爲賓亦有五等諸侯之臣相爲國客按春秋有小國朝大國大國聘小國故鄭云使大國親小國小國事大國釋經比小也云小國事大國使相合和故云以和邦國也引易比象者其卦坤下坎上坤爲土坎爲水水得土而流土得水而柔是水土和合故象先王建萬國親諸侯謂法卦行事使諸侯相親引之者證比小事大之義

以九伐之灋正邦國諸侯有違王命則出兵以征伐之所以正之也諸侯之于國如樹木之有根本是以言伐云○伐如字劉扶發反【疏】注諸侯至伐云○釋曰鄭云諸侯有違王命則出兵以征伐之所以正之也者此經與下文爲目則下九者皆是違王命者也若然按下文九者唯有賊賢害民一者稱伐其餘八者皆不言伐此經總言伐者侵滅二者亦是伐之例其餘六者皆先以兵加其境服乃眚之墠之削之正之殘之杜

之故皆以伐言之云諸侯之於國如樹木之有根本是以言伐云者按月令孟夏云無伐大樹孔子云伐一木不以其時非孝子是樹木稱伐此九伐施於邦國在於時會之時是以大行人云時會以發四方之禁注云禁謂九伐之法是當時會者也

馮弱犯寡則眚之馮猶乘陵也言不字小而侵侮之眚猶人眚瘦也王霸記曰四面削其地○馮皮冰反眚所景反瘦所又反【疏】注馮猶至其地○釋曰云馮弱據以強陵弱云犯寡據以大侵小如此者眚瘦其地使不得強大也引王霸記者其記王及霸事者云四面削其地者對下文削之者示四面削之爲異也

賊賢害民則伐之春秋傳曰粗者曰侵精者曰伐又曰有鍾鼓曰伐則伐者兵入其竟鳴鍾鼓以往所以聲其罪○粗音麤本亦作麤竟音境【疏】注春秋至其罪○釋曰云賊賢者亂王所任同已者如此則賊虐諫輔故云賊賢也云害民者以君臣俱惡重賦多傜其民被害故曰害民如此者則聲鍾鼓伐之也引春秋傳者按莊十年二月公侵宋公羊傳曰觕者曰侵精者曰伐何休云觕麤也彼不言粗此言粗者鄭讀傳與何異觕即粗義亦同也又曰有鍾鼓曰伐者此莊二十九年夏鄭人侵許左氏傳曰凡師有鍾鼓曰伐無曰侵引此二者皆證侵輕伐重之義也

暴內陵外則壇之內謂其國外謂諸侯壇讀如同墠之墠王霸記曰置之空墠之地鄭司農云壇讀從憚之以威之憚書亦或爲墠玄謂置之空墠以出其君更立其次賢者○壇依注作墠音善憚之以徒旦反下同本或無之字【疏】暴內至壇之○釋曰暴內即上云賊賢害民是也陵外即上云馮弱犯寡是也上二文各有其一故伐之眚之不奪其位此則外內之惡兼有故壇之奪其位立其次賢○注內謂至賢者○釋曰鄭云讀如同墠之墠從金縢三壇同墠之墠取其除地曰墠謂置之空地○先鄭讀從憚之以威之憚此罪既重而直憚之於義不可故後鄭還從王霸記爲正鄭知立其次賢者以其古者不滅國故知更立次已下賢子弟

野荒民散則削之荒蕪也田不治民不附削其地明其不能有○蕪音無【疏】野荒民散則削之○釋曰古者量地以制邑度地以居民地邑民居必參相得無曠土無遊民

今言野荒民散由君政惡民並適彼樂國故民散而野荒是其君不能有故削之

負固不服則侵之

負猶恃也固險可依以固者也不服不事大也侵之者兵加其竟而已用兵淺者詩曰密人不恭敢距大邦

疏負固不服則侵之○釋曰謂倚恃險固不服事大國則以兵侵之使弱其勢也○注負猶至大邦○釋曰云固險可依以固者也者謂若僖四年楚屈完云楚國方城以為城漢水以為池雖君之衆無所用之是其負固不服也云不服不事大即上云比小事大大是其服者也云用兵淺者對伐是用兵深者以其罪輕直侵之而已也詩云者大雅皇矣篇引之者證不服也

賊殺其親則正之

正之者執而治其罪王霸記曰正殺之也春秋僖二十八年冬晉人執衛侯歸之于京師坐殺其弟叔武○坐才臥反

疏注正之至叔武○釋曰鄭云正之者執而治其罪者其正未必即是殺但賊殺其親其罪尤重故以正為殺解之是以王霸記以正為殺也引晉人執衛侯歸于京師京師據洛邑而言也云坐殺其弟叔武者按彼傳晉侯伐衛衛公出奔楚晉侯敗楚於城濮其弟以受盟既受盟國則無罪衛侯即入將入與弟叔武為期衛侯先期入叔武將沐聞君至喜捉髮走出前驅歂犬射而殺之衛侯知其無罪枕之股而哭之元咺舊在國是叔武黨見衛侯殺弟遂訴衛侯於晉晉以衛侯有罪諸侯不相治罪遂執衛侯歸于京師時使醫衍酖衛侯甯俞貨醫衍薄其酖不死是坐殺弟合正之事也

放弒其君則殘之

放逐也殘殺也王霸記曰殘滅其為惡○弒本又作殺同音試

疏注放逐至為惡○釋曰鄭以逐解放則若季氏逐昭公之類是也鄭雖不解弒弒其君則若慶父弒二君及崔杼弒君之類是也鄭云殘殺也者以殺解殘也經本不云殺不云滅云殘者蓋取殘賊殺之殺之苦毒故尚書梓材云戕敗人宥注戕殘也又云無胥戕無胥虐注云無相殘賊無相暴虐是戕為殘賊也異義鄭君以為左氏宣十八年秋七月云邾人戕鄫子于鄫傳曰凡自內虐其君曰弒自外曰戕即邾人戕鄫子是也自內弒其君曰弒者晉人弒其君州蒲是也雖他國君不加虐亦曰殺若加虐殺之乃謂之戕之取殘賊之意也若自上殺下及兩下自相殺之事皆曰殺

若然此經云殘者是加虐殺之雖非他國君至於賊臣亦云殘也

犯令陵政則杜之令猶命也王霸記曰犯令者違命也陵政者輕政法不循也杜之者杜塞使不得與鄰國交通【疏】注令猶至交通〇釋曰鄭訓令為命者欲就王霸記之命解之為王命之意也但犯命陵政是不受上命不通之事故還杜塞之使不與四鄰交通

外內亂鳥獸行則滅之王霸記曰悖人倫外內無以異于禽獸不可親百姓則誅滅去之也曲禮曰夫唯禽獸無禮故父子聚麀〇行下孟反悖必內反去起呂反夫音符麀於牛反牝鹿也【疏】注王霸至聚麀〇釋曰外亂謂若齊襄公淫於外魯桓夫人文姜之等是也內亂謂家內若衞宣公上烝父妾下納子妻之等是也引曲禮者麀之父子聚麀獸之亂不言鳥之亂義可知故略而不言也按春秋公羊左氏說凡征戰有六等謂侵戰伐圍入滅用兵麤觕不聲鐘鼓入境而已謂之侵侵而不服則戰之謂兩陳交刃戰而不服則伐之謂用兵精而聲鐘鼓伐而不服則圍之謂帀其四郭圍而不服則入之謂入其四郭取人民不有其地入而不服則滅之謂取其君此皆舉重而言假令先入後滅書入舉重已外盡然

正月之吉始和布政于邦國都鄙乃縣政象之灋于象魏使萬民觀政象挾日而斂之以正月朔日布王政於天下至正歲又縣政法之書挾日十日也〇縣音玄注同治直吏反挾子協反【疏】正月至斂之〇釋曰正月謂周正建子之月之吉謂朔日始和凡政有故言始和者若改造云耳布政于邦國都鄙者謂上九法九伐幷下凡令以下皆此時布之邦國據畿外都鄙據畿內不言鄉遂及公邑布政可知此則徧天下也云乃縣已下亦謂正歲乃縣之一與大宰同不復具釋也

乃以九畿之籍施邦國之政職方千里曰國畿其外方五百里曰侯畿又其外方五百里曰甸畿又其外方五百里曰男畿又其外方五百里曰采畿又其外方五百里曰衞畿又其外

方五百里曰蠻畿又其外方五百里曰夷畿又其外方五百里曰鎮畿又其外方五百里曰蕃畿

畿猶限也自王城以外五千里爲界有分限者九籍其禮差之書也政職所共王政之職謂賦稅也故書畿爲近鄭司農云近當言畿春秋傳曰天子一畿列國一同詩殷頌曰邦畿千里維民所止○分符問反共音恭凡供字皆作共後倣此

疏乃以至蕃畿○釋曰乃以九畿之籍者謂以面五千里爲九畿皆有典籍之書今大司馬以此籍書施其政職之事於邦國諸侯也云方千里曰國畿者此據王畿內千里而言非九畿之畿但九畿以此國畿爲本向外每五百里加爲一畿也云侯者候也爲天子伺候非常也云甸者爲天子治田以出賦貢云男者任也任王者之職事云采者采取美物以共天子云衞者爲天子衞守云蠻者縻也以近夷狄縻繫之以政教自此已上六服是中國之九州自此已外是夷狄之諸侯此蠻服出大司徒云要服亦一也言要者亦見要束以文教也云夷者以夷狄而得夷稱也云鎮者。蓋中國稍遠理須鎮守云蕃者以其最遠故得蕃屏之稱此三服總號蕃服故大行人云九州之外謂之蕃國世一見指此三服也此云者衞服之內各舉一邊而言其實通稱唯蠻服以外直據彼爲號不通中國之。言也○注畿猶至所止○釋曰云王城以外五千里爲界者兩面相距則方萬里此則易之一君二民之地若然堯舜之時固應萬里而五服面二千五百里兩面相距止有五千里無萬里者此據未治洪水時服各五百里至禹治洪水之後弼成五服服加五百則亦萬里若孔君義則不然若據鳥飛直路此周之九服亦止五千若隨山川屈曲則禹貢亦萬里彼此不異也云九籍其禮差之書也者諸侯賦貢多少有常則大國貢半次國三之一小國四之一是其禮差也云政職所共王政之職謂賦稅也者按大宰云以九職任萬民據畿內此九職亦施。與邦國則此政職也但施職事與之使萬民勤職而出賦稅諸侯得之以半與三之一四之一市取土毛以貢之則禹貢篚貢是也據民而出謂之賦稅據諸侯所送謂之貢也引春秋傳者按襄二十五年鄭子產對晉云昔天子之地一圻列國一同今

大國多數圻矣若無侵小何以至焉殷頌邦畿千里是殷頌玄鳥詩之言引此二者證王畿千里之義

凡令賦以地與民制之上地食者參之二其民可用者家三人中地食者半其民可用者二家五人下地食者參之一其民可用者家二人賦給軍用者也令邦國之賦亦以地之美惡民之衆寡爲制如六遂矣鄭司農云上地謂肥美田也食者參之二假令一家有三頃歲種二頃休其一頃下地食者參之一田薄惡者所休多○令力呈反

【疏】凡令至二人○釋曰此文承上邦國之下而云令賦是還據邦國諸侯而說也此經有三等之地按小司徒注云有夫有婦然後爲家自二人以至於十人爲九等七六五者爲其中則地有上中下各分爲三等九等則十口食上上九口食上中八口食上下七人食中上六人食中中五人食中下四人食下上三人食下中二人食下下又按遂人上地夫一廛田百畮萊五十畮中地家二百畮下地家三百畮與此上地食者參之二合故鄭云邦國如六遂矣若然則上地是上下之地應家八人一人爲家長可任者當云家七人今云家三人者經欲互舉以明義故以中地之上家七人見出上地之下八人者明亦有上地之中上地之上又言下地食者參之一其民可用者家二人地即據下地之。下人即據中地之下家五人者亦是互舉以明義故地舉其下人舉其中欲見亦有下內三等其地及人也先鄭云食者三之二假令一家有三頃歲種二頃休其一頃者舉上地只應云一頃五十畮而云三頃者直取參之。一舉整言之或并二家而說也

中春教振旅司馬以旗致民平列陳如戰之陳以旗者立旗期民於其下也兵者守國之備孔子曰以不教民戰是謂棄之兵者凶事不可空設因蒐狩而習之凡師出曰治兵入曰振旅皆習戰也四時各教民以其一焉春習振旅兵入收衆專於農平猶正也○申音伸下放此陳直覲反下之陳可陳陳前徇陳行陳巡陳皆同餘以意求之蒐所留反

【疏】注以旗至正也○釋曰鄭云以旗者立旗期民於其下也者謂大司馬素有田獵之期日今至

期日立熊虎之旗於期處以集衆故云期民於其下云兵者守國之備者鄭欲解田獵者所以習兵故云兵者守國之備引孔子語欲見須田獵以教戰云兵者凶事者隱公傳文云不可空設因蒐狩而習之者蒐狩是田獵之名欲行蒐狩先芟草萊教戰訖乃入防田獵故云因蒐狩而習之是以書傳。文戰鬭不可空習故於蒐狩以閑之閑之者習之是其習兵因蒐狩也云凡師出曰治兵入曰振旅皆習戰者按莊公八年正月師次於郎甲午祠兵公羊傳曰祠兵者何出曰祠兵注云禮兵不徒使故將出兵必祠於近郊陳兵習戰殺牲饗士卒又曰入曰振旅其禮一也皆習戰也左氏說治兵於廟禮也注云三年而治兵與秋同名兵革將出故曰治兵穀梁傳亦云出曰治兵習戰也入曰振旅習戰也鄭玄於異義駮不從公羊云祠兵故云祠兵者公羊字之誤因而作說之亦不從左氏說治兵爲授兵於廟云於周司馬職曰仲夏教茇舍仲秋教治兵其下皆云如戰之陳仲冬教大閱脩戰法虞人萊所田之野乃爲之如是治兵之屬皆習戰非授兵於廟又無祠五兵之禮是以爾雅釋天云出爲治兵尚威武也入爲振旅反尊卑也言反尊卑者出則壯者在前老弱在後入則壯者在後老弱在前是以鄭此云振旅兵入收衆專於農也云四時各教民以其一焉者春教振旅夏教茇舍秋教治兵至冬大閱是各教民以一也

辨鼓鐸鐲鐃之用王執路鼓諸侯執賁鼓。軍將執晉鼓師帥執提旅帥執鼙卒長執鐃兩司馬執鐸公司馬執鐲

鼓人職曰以路鼓鼓鬼享以。賁鼓鼓軍事以晉鼓鼓金奏以金鐃止鼓以金鐸通鼓以金鐲節鼓鄭司農云辨鼓鐸鐲鐃之用謂鉦鐸之屬鐲讀如濁其源之濁鐃讀如讙嘵之嘵提讀如攝提之提謂馬上鼓有曲木提持。鼓立馬髦上者故謂之提杜子春云公司馬謂五人爲伍伍之司馬也玄謂王不執賁鼓尚之於諸侯也伍長謂之公司馬者雖。卑同其號○辨如字劉方免反鐸直各反鐲直角反鐃女交反賁扶云反將軍如字本或作軍將提徒兮反鼙薄兮反鉦音征讙火官反嘵女交反攝提爾雅云大歲在寅曰攝提格

【疏】辨鼓至執鐲○釋曰此春夏秋三時各教其一

必春辨鼓鐸者鼓雷之類象仲春雷發聲於外言辨鼓鐸鐲鐃之用者此句與下文為總目也○注鼓人至其號○釋曰鄭引鼓人職者欲見鼓人有六鼓四金據本各依所用今此所用或有不依本者以其唯賁鼓鼓軍事是依本王執路鼓軍將執晉鼓等並不依本用而在軍兼用也先鄭云辨鼓鐸鐲鐃之用謂鉦鐸之屬者按司馬法云十人之長執鉦百人之師執鐸千人之師執鼙萬人之主執大鼓義與此同故引之為證也云鐲讀如濁其源之濁者此讀取音同之義濁其源者淮南子云濁其源其流不清故讀從之云鐃讀如讙嘵之嘵者從毛詩云以謹讙嘵云提讀如攝提之提者從爾雅云寅為攝提格取音同而已云提謂馬上鼓者此先鄭蓋據當時已有單騎舉以況周其實周時皆乘車無輕騎法也後鄭云王不執賁鼓尚之於諸侯也者按鼓人職賁鼓鼓軍事計王在軍自為元帥自合執賁鼓今不執賁鼓者見諸侯因朝而來與王為賓客故讓之使執賁鼓故云尚之於諸侯王既不用賁鼓而用路鼓者以其雷鼓靈鼓祭天地之鼓不敢用故用祭宗廟之路鼓也軍將用晉鼓者是鼓金奏與諸相應故也不用鼙鼓者鼓役事之鼓故不用鼓云伍長謂之公司馬者雖卑同其號者按諸官大夫乃與大官同號宰夫已下并上士中士下士皆不得與大官同號今於序官大司馬之下上士得號行司馬及在軍二十五人長中士號兩司馬五人長下士號公司馬皆與大官同號者以司馬主軍軍事主嚴雖卑得同號也

以教坐作進退疾徐疏數之節習戰法○疏數音朔下注疏數同

【疏】以教至之節○釋曰按下大閱禮備軍法虞人萊所田之野下又云中軍以鼙令鼓鼓人皆三鼓已下有此坐作進退疾徐疏數之節彼大閱具言於此略說有此坐作之法此於教戰之處為之故鄭云習戰法也

遂以蒐田有司表貉誓民鼓遂圍禁火弊獻禽以祭社春田為蒐有司大司徒也掌大田役治徒庶之政令表貉立表而貉祭也誓民誓以犯田法之罰也誓曰無干車無自後射立旌遂圍禁旌弊爭禽而不審者罰以假馬禁者虞行守禽之厲禁也既誓令鼓而圍之遂蒐田火弊火止也春田主用火因焚萊除陳草皆殺

而火止獻猶致也屬也田止虞人植旌衆皆獻其所獲禽焉詩云言私其豵獻肩于公春田主祭社者土方施生也鄭司農云貉讀為禡禡謂師祭也書亦或
為禡○貉莫駕反注同獘婢卅反劉薄計反射食亦反下王射同豵子工反肩詩作豜音同施式豉反禡莫駕反 疏 遂以至祭社○釋曰按下大閱禮遂
以狩田以下云以旌為左右和之門羣吏各帥其車徒以敘和出左右陳車徒有司平之既陳乃設驅逆之車有司表貉于陳前此亦當如彼但春非大備故
亦略言也言誓民者即下大閱禮羣吏聽誓於陳前鄭引月令司徒北面誓之是也云鼓者即下文中軍以鞞令鼓鼓人皆三鼓已下是也云遂圍禁者既誓
令鼓而圍之云火弊者謂田止也云獻禽以祭社者此因田獵而祭非月令仲春祭社也○注春田至為禡○釋曰云春田為蒐者蒐搜也春時鳥獸字乳搜
擇取不孕任者故以蒐為名云有司大司徒也者即大司徒職云大田役治其徒庶之政令故知有司是大司徒也云表貉立表而貉祭也者此即詩及爾雅
云類也禡也師祭是也云誓民誓以犯田法之罰也者當司徒北面誓之時小子斬牲以左右巡陳也云誓曰無干車無自後射者此據漢田律而言無干車
謂無干犯他車無自後射象戰陳不逐奔走又一解云前人已射中禽後人不得復射彼又云無面傷之等象降者不逆擊之云立旌遂圍禁者旌則下文大
閱禮云旗居卒間者是也云旌弊者弊仆也田止旌則仆云爭禽而不審者罰以假馬者謂獲禽所算之籌罰者謂效功時爭禽不審即罰去其籌云禁者虞
衡守禽之厲禁也者按山虞皆云使地之民守其厲禁謂遮厲之禁不得非時入也若然按地官川衡小田獵之所無厲禁之事言衡者川林或有與山澤連
者則亦有厲禁之事故連言之也。中夏教茇舍如振旅之陳羣吏撰車徒讀書契辨號名之用
帥以門名縣鄙各以其名家以號名鄉以州名野以邑名百官各象其事以辨
軍之夜事其他皆如振旅茇讀如萊沛之沛茇舍草止之也軍有草止之法撰讀曰算算車徒謂數擇之也讀書契以簿書校錄軍

實之凡要號名者徽識所以相別也鄉遂之屬謂之名家之屬謂之號百官之屬謂之事在國以表朝位在軍又象其制而爲之被之以備死事帥謂軍將及師帥旅帥至似長也以門名者所被徽識如其在門所樹者也凡此言以也象也皆謂其制同耳軍將皆命卿古者軍將蓋爲營治於國門魯有東門襄仲宋有桐門右師皆上卿爲軍將者也縣鄙謂縣正鄙長也家謂食采地者之臣也鄉以州名亦謂州長至比長也野謂公邑大夫百官以其職從王者此六者皆書其官與名氏焉門則襄仲右師明矣鄉則南鄉甄東鄉爲人是也其他象此云某某之名某某之號某某之事而已未盡聞也鄉遂大夫文錯不見以其素信于民不爲軍將或爲諸帥是以闕焉夜事戒夜守之事草止者愼於夜於是主別其部職○茇蒲末反撰息轉反又仕轉反注音算息緩反沛步未反一音具又普具反數色主反簿步古反後簿書皆放此識音志一音試下同朝位直遙反被皮僞反下同治直吏反比毗志反甄直僞反見賢遍反【疏】中夏至振旅○釋曰如振旅之陳者四時各教其一故春教振旅夏教茇舍但設經不可文文具設故云如振旅之陳皆轉相如也云羣吏撰車徒者羣吏謂軍將至伍長各有部分皆選擇其在車甲士三人步徒七十二人之等云讀書契者書契謂兵士簿書之要契此小宰之八成云師田以簡稽一也云辨號名者此帥以門名已下是也○注茇讀至部職○釋曰茇讀如萊沛之沛者按王制云居民山川沮澤注云沮謂萊沛時俗有水草謂之萊沛故讀從之也云茇舍草止之也者以草釋茇以止釋舍故卽云軍有草止之法云數擇之也者以解撰爲數擇取其善者云軍實之凡要者凡軍有三種或以俘囚爲軍實或以戈盾弓矢爲軍實或以禽牲爲軍實今此所云軍實者據兵器爲軍實凡要卽名籍之總名也云號名者徽識者卽上注三者旌旗之細者也云所以相別也者皆綴之於膊上以別死者也云鄉遂之屬謂之名者言之屬卽經云縣鄙是遂之屬從縣鄙至鄰里州是鄉之屬從州至比長故言之屬以總之云家之屬謂之號者謂都家之內從大夫至士云百官之屬謂之事者從王朝六卿已下至下士野以邑名鄭雖不言亦在鄉遂之例以其同是溝洫之人出軍出貢又

等故知亦入名中也其號也名也事也三者據經而言云在國以表朝位者即覲禮云上介各奉其君之旂置于宮者是也云凡此言以也象也皆謂其制同耳者以謂若經云帥以門名已下至野以邑名已上五者皆言以也惟百官云象是以也象也此六者以象雖異其制則同皆小旌旗也云軍將皆命卿者欲解帥以門名之意止由鄉居於國門使爲軍將故軍將得以門爲名云古者軍將蓋爲營治於國門者此解軍將得以門爲名者只由非常之急要在於門故使卿在門住而營治其門故也云魯有東門襄仲者按昭三十二年左傳云魯文公薨而東門遂殺適立庶魯君於是乎失國公子遂字襄仲號爲東門只由居東門宋有桐門右師者按春秋左氏傳昭二十五年春叔孫婼聘於宋桐門右師見之注云右師宋師樂大心也其室居桐門故曰桐門右師是宋有桐門右師也引之證將帥得以門名之事經直云縣鄙鄉知鄰長者以其在軍之時從遂大夫已下至鄰長皆在今略言縣鄙明皆有也云家謂食采地者在之臣也者食采地是公卿大夫其身在朝其臣在采地若公山弗擾之類今隨王在軍故以家號爲名也鄉以州名亦謂州長至比長者亦如六遂自。鄉大夫已下至比長皆在今略舉州爲首也云野謂公邑大夫者謂爲四等公邑若載師職公邑自甸以出至五百里其長二百里三百里如州長四百里五百里如縣正長下皆有屬官在軍者皆以邑爲名云百官以其職從王者謂三百六十官各以其職事從王在軍若大宰下六十官隨其長從王皆以事爲號也云此六者皆書其官與名氏焉者六者謂經五以一象假令爲官則云大司徒下某官姓名某也云門則襄仲右師明矣者經直云帥以門名恐直以門爲名不加官與名字諸官皆須名氏明門亦有官與氏名故云明矣云鄉則南鄉甄東鄉爲人是也者甄與爲人皆當時鄉名故舉以爲況云其他象此者此鄭略舉門名與鄉名其他仍有縣鄙與家野百官亦依此而稱焉云某某之名者即經云門縣鄙鄉野四者皆是某某之名謂若門名當云桐門右師之下某官某姓某甲之名三者皆放此云某某之號者即經云家以號名是也謂若魯之費邑即云費邑之下某官某姓某甲之號云某即某之事者即經云百官各象其事謂若地官之下則云大司徒之下某官某姓某甲之事云未盡聞也者鄉來所釋六者略聞帥以門名鄉以州名舉以爲況其餘未聞故云未盡聞也云鄉遂大夫文錯不見者此經六遂直云縣鄙不言遂六鄉言以州名雖見鄉亦不見鄉大夫之身其文交錯不見鄉遂大夫故云文錯不見也云以其素信於民者兵書孫子云素信者與衆相得是也舊素與民相信者必情義相得故鄉遂之官還使爲軍吏云不爲軍將或爲諸帥是以闕焉者。孟子云因內政寄軍令則鄉遂大夫已下至比長鄰長皆因爲軍吏以領本民在上或別使人爲軍將則鄉遂大夫別領人爲師帥旅帥以下經在軍吏帥以門名之內故闕鄉遂大夫也必知有別使人爲軍將法者見外傳穆叔云天子作師公帥之以征不德詩曰周公東征四國是追此並上公爲軍將詩云韎韐有奭以作六師此乃諸侯世子爲軍將田獵亦容如此於是時鄉遂大夫則爲諸。師也若然按下文云師都載旜鄉遂載物注云鄉遂大夫或載旜或載物衆屬軍吏無所將也者謂鄉遂大夫全無武用則諸帥亦不爲則是衆屬他軍吏己身全無所將故或載旜或載物不載旗義與此不違也云於是主別其部職者釋經以辨軍之夜事分別其當部當職不與外交雜也

遂以苗田如蒐之灋車弊獻禽以享礿夏田爲苗擇取不孕任者若治苗去不秀實者云車弊驅獸之車止也夏田主用車示所取物希皆殺而車止王制曰天子殺則下大綏諸侯殺則下小綏大夫殺則止佐車佐車止則百姓田獵礿宗廟之夏祭也冬夏田主。于祭宗廟者陰陽始起象神之在內○礿餘若反孕羊證反去起呂反綏而誰反下同

疏遂以至享礿○釋曰在教戰之處辨號名既訖遂入防行苗田之法云如蒐之法者如上蒐時有司表貉誓民令鼓遂圍禁之等云車弊及以享礿二者則與春異以其春時火弊祭社此時車弊享礿也○注夏田至在內○釋曰以其春夏爲陽主其生長故春田爲蒐搜取不孕任者夏田爲苗若治苗去不秀實者其義但春時主。孕乳故以不孕任解之也云車弊驅獸之車止也者夏田主用車示所取物希者春秋左氏傳云彼徒我車懼其侵軼我也是車行遲取獸少故知用車示取物希也引王制曰天子殺則下大綏已下

據殺說而言毛詩傳云天子發抗大綏諸侯發抗小綏者據始殺而言也云大夫殺則止佐車王制注佐車驅逆之車按田僕云掌佐車之設驅逆之車佐車似與驅逆之車別者但王制佐車與田僕驅逆之車爲一其田僕佐車自是田車之貳曰佐佐文雖同其義則異也若然驅逆之車言佐者能逐禽故以佐言之云礿宗廟之夏祭也者大宗伯文云冬夏田主於祭宗廟陰陽始報象神之在內者仲冬一陽生仲夏一陰生是陰陽在內故神象之而行祭也此祭因田獵獻禽爲祭若正祭自在孟月

中秋教治兵如振旅之陳疏中秋至之陳○釋曰言教治兵者凡兵出曰治兵入曰振旅春以入兵爲名尚農事秋以出兵爲名秋嚴尚威故也云如振旅之陳者如春振旅時坐作進退疾徐疏數之法也

辨旗物之用王載大常諸侯載旂軍吏載旗師都載旜鄉遂載物郊野載旐百官載旟各書其事與其號焉其他皆如振旅軍吏諸軍帥也師都遂大夫也鄉遂鄉大夫也或載旜或載物衆屬軍吏無所將也郊謂鄉遂之州長縣正以下也野謂公邑大夫載旐者以其將羡卒也百官卿大夫也載旟者以其屬衞王也凡旌旗有軍旅者畫異物無者帛而已書當爲畫事也號也皆畫以雲氣○書音畫出注氣本或作乞同疏辨旗至振旅○釋曰按下文注以出軍之旗則如秋則此經是在軍旌旗也云各書其事與其號焉者此二者卽是仲夏百官各象其事及號名之等此秋雖不具辨號名以略舉之見四時皆有此物也云其他皆如振旅者亦謂坐作進退疾徐之法如振旅之陳也○注軍吏至雲氣○釋曰云軍吏諸軍帥也者亦謂從軍將至下伍長皆是軍吏也云師都遂大夫也鄉遂鄉大夫也者按司常云孤卿建旜大夫士建物則鄉大夫是卿建旜是其常師都載旜不嫌無鄉大夫故鄭直舉遂大夫也云鄉遂鄉大夫者以其遂大夫是中大夫建物是其常今鄉遂建物不嫌無遂大夫故鄭直舉鄉大夫也云或載旜或載物衆屬軍吏無所將也者鄉遂大夫若爲軍將則在軍吏載旗軍中領衆來時亦載旗今載旜載物不載旗故知己之所管之衆屬他軍吏

己無所將以其己無武用非直不爲軍將亦不爲諸帥故全無所將以是載旜
載物而已若然既不爲軍吏遂大夫上得與卿同載旜鄉大夫則是卿以下得與
大夫同載物也以鄉遂大夫掌衆同故同載物也俱兩載者以其不爲軍將又
不任鄉職卿大夫尊卑之常當載旜載物而已故容其兩載也云郊不謂鄉遂之
州長縣正以下也者郊內有六鄉州長已下郊外有六遂縣正已下故知言郊
有此二等人也云野謂公邑大夫者按載師職云公邑之田任甸地郊外曰甸
甸則郊外曰野故以野言之但公邑自甸以出至彊五百里有四等公邑皆有
大夫治之故司馬法云二百里如州長四百里五百里如縣正是公邑大夫也
云載旐者以其將羨卒也者以其六鄉之內上劑致民一家一人爲正卒其餘
皆爲羨卒六遂之內下劑致民家一人爲正卒一人爲羨卒其餘爲餘夫正卒
既屬軍吏其餘羨卒使此州長已下等不爲軍吏者領之但公邑之內雖不見
有出軍之法若出軍亦當與鄉遂同以其得爲溝洫法故也若出軍亦正卒使
大夫等爲軍吏其羨卒亦使不爲軍吏者領之云百官卿大夫也載旗者以
其屬衛王也者以其天地四時之卿大夫其屬各六十有選當行衛守王者即
是有衆故載爲隼之旟云凡旌旗有軍衆者畫異物者即經天子諸侯軍吏郊
野百官是也云無者帛而已者鄉遂載旜物是也云書當爲畫事也號也皆畫
以雲氣者事即上百官言事號即上家言號不言名此亦有名文略
耳云畫以雲氣者鄭解經典言畫者皆以雲解之謂畫五色雲也

如蒐田之灋羅弊致禽以祀祊秋田爲獮獮殺也羅弊罔止也秋田主用罔中殺者多也皆殺而罔止祊當爲方聲之誤也秋田主祭四方報成萬物詩曰以社以方〇獮息淺反祊音方出注皆殺如字劉色界反遂以獮田

疏遂以至祀祊〇釋曰上文教載旗旜物訖遂入防行獮田之禮其法如蒐田之法云羅弊致禽以祀祊者秋田主用羅羅止田畢入國過郊之神位乃致禽以祀四方之神〇注秋田至以方〇釋曰云祊當爲方聲之誤也者以祊乃是廟門之外內惟因祭宗廟及明日繹祭乃爲祊祭今既因秋田而祭當是祭四方之神故云誤也云秋田主祭四方報成萬物者以秋物成四方

神之功故報祭之云詩曰以社以方者詩。大雅引之證方是四方之神也

中冬教大閱

春辨鼓鐸夏辨號名秋辨旗物至冬大閱簡軍實凡頒旗物以出軍之旗則如秋以尊卑之常則如冬司常。左司馬時也大閱備軍禮而旌旗不如出軍之時空辟實○閱音悅辟音避

疏中冬教大閱○釋曰以冬時農隙故大簡閱軍實之凡要也○注春辨至辟實釋曰云春辨鼓鐸已下欲見春夏秋各教其一至冬大閱之時總教之故云至冬大閱軍實云凡頒旗物以出軍之旗則如秋以尊卑之常則如冬司常佐司馬時也者以其王與諸侯所建秋冬同又秋云軍吏建旗師都載旜鄉遂載物郊野載旐百官載旗不言旞旌二者以其是出軍之法故不言道車游車所載大閱之時見尊卑之常故司常云孤卿建旜大夫士建物師都建旗州里建旟縣鄙建旐道車載旞游車載旌此爲異也鄭云大閱備軍禮而旌旗不如出軍之時空辟實者大閱雖備禮是教戰非實出軍法是其空也秋教治兵治兵是出軍法故寄出軍之旗於彼是冬之空辟實出軍法者也趙商問巾車職建大麾以田注田四時田獵商按大司馬職四時皆建大常何鄭答曰麾夏之正色田雖習戰春夏尚生其時宜入兵夏本不以兵得天下故建其正色以春夏田至秋冬出兵之時乃建大常趙商又問巾車職曰建大白以即戎注云謂兵。車司馬職仲秋辨。其物以治兵王。建大常注凡頒物以出軍之旗則如秋不知大白以即戎爲何時答曰白者殷之正色王即戎者或命將或勞師不自親將故建先王之正色異於親自將也

前期羣吏戒衆庶脩戰灋

羣吏鄉師以下

疏注羣吏鄉師以下○釋曰言前期者謂若大宰職云前期十日此亦在教戰前不必要十日前也知羣吏鄉師以下者見鄉師職云凡四時之田前期出田法于州里簡其鼓鐸旗物兵器脩其卒伍是其事也言鄉師以下則不及鄉鄉是鄉大夫則卿也則可及州長故州長職云若國作民而師田行役之事則帥而致之掌其戒令與其賞罰黨正云凡作民而師田行役則以其法治其政事族師亦云若作民而師田行役則合其卒伍簡其兵器以鼓鐸旗物帥而至是其以下之事也

虞人萊所田之野爲表百步則

一爲三表又五十步爲一表田之日司馬建旗于後表之中羣吏以旗物鼓鐸鐲鐃各帥其民而致質明弊旗誅後至者乃陳車徒如戰之陳皆坐鄭司農云虞人萊所田之野芟除其草萊令車得驅馳詩曰田卒汚萊玄謂萊芟除可陳之處後表之中五十步表之中央表所以識正行列也四表積。二百五十步左右之廣當容三軍步數未聞致致之司馬質正也弊仆也皆坐當聽誓○芟所銜反令力呈反下令走同卒子律反汚音烏行戶剛反下行列行陳皆同仆音赴【疏】虞人至皆坐○釋曰虞人者若田在澤澤虞若田在山山虞謂使其地之民於可陳之處芟除草萊故云萊所田之野云爲表百步則一爲三表者按下注引月令司徒北面以誓之此經云司馬建旗於後表之中車徒皆坐則此於可陳之中從南頭立表以北頭爲後表也○注鄭司至聽誓○釋曰先鄭云虞人萊所田之野芟除其草萊令車得驅馳者謂芟除其田獵之處故云令車得驅馳引詩者證田處草萊按王制云昆蟲未蟄不以火田則仲冬之時放火田獵何須芟除草萊是以車攻詩毛傳云大芟草以爲防然後焚而射焉是田處不得芟草萊故後鄭易之以爲芟除可陳之處云後表之中五十步表之中央者謂從南表至北表云表所以識正行列也者於可陳之中央立此四表表兩。相各有三軍之衆至表則間一而坐坐而更起是表正行列也云積。二百五十步者以三表之間有。二百步又加一表五十步故總爲。二百五十步也云左右之廣當容三軍者天子六軍左右之地各容三軍此鄭據天子六軍整數而言其實兼羨卒之等故小司徒職云凡起徒役無過家一人惟田與追胥竭作鄭云國人盡行是非止六鄉之民六軍而已云步數未聞者但先南北。二百五十步東西不言步數故云未聞也云皆坐當聽誓者下文即云聽誓於陳前故先當聽誓也羣吏聽誓于陳前斬牲以左右徇陳曰不用命者斬之羣吏諸軍帥也陳前南面鄉表也月令季秋天子教于田獵以習五戎司徒搢扑北面以誓之此大閱禮實正歲之中冬而說季秋之政於周爲中冬爲月令者失之矣斬牲者小子也凡誓之大略甘誓湯誓之屬是也○鄉許亮反搢劉如字又音箭一牲音初洽反扑普卜反甘如字劉胡甘反

疏 羣吏至斬之○釋曰云羣吏聽誓於陳前者士卒皆於後表北面坐羣吏諸軍帥皆在士卒前南面立以聽誓云斬牲以左右徇陳者從表左右向外以徇陳○注羣吏至是也○釋曰云羣吏諸軍帥者從軍將以至伍長謂象軍吏建旗者也引月令者證所誓者是司徒使司徒誓者此軍吏及士本是六鄉之民今雖屬司馬猶是己之民衆故使司徒誓之也云此大閱禮實正歲之中冬者周雖建子爲正及其行事皆用夏之正歲則此經中夏中春中秋中冬皆據夏法也云而說季秋之政於周爲中冬爲月令者失之矣呂不韋作月令者以爲此經中冬爲周之中冬當夏之季秋故說於季秋是失之矣按月令季秋云是月也天子乃教於田獵以習五戎班馬政云云注引中秋教治兵法王載大常已下爲證不云失至此乃以月令是中冬教大閱法而言爲月令者先鄭君兩解之以其彼云司徒誓衆與此誓衆之等同故爲大閱彼爲治兵法者以彼文授車以等級乃命主祠祭于四方又與中秋治兵者同故彼爲治兵法也云斬牲者小子職云凡師田斬牲以左右徇陳是也云凡誓之大略甘誓湯誓之屬是也者甘誓是啓與有扈戰湯誓是湯伐桀誓衆辭言之屬者仍有大誓費誓之等故云之屬

中軍以鼙令鼓鼓人皆三鼓司馬振鐸羣吏作旗車徒皆作鼓行鳴鐲車徒皆行及表乃止。三鼓摝鐸羣吏弊旗車徒皆坐中軍中軍之將也天子六軍三三而居一偏羣吏既聽誓各復其部曲中軍之將令鼓鼓以作其士衆之氣也鼓人者中軍之將師帥旅帥也司馬兩司馬也振鐸以作衆作起也既起鼓人擊鼓以行之伍長鳴鐲以節之伍長一曰公司馬及表自後表前至第二表也三鼓者鼓人也鄭司農云摝讀如弄玄謂如涿鹿之鹿掩上振之爲摝摝者止行息氣也司馬法曰鼓聲不過閶鼙聲不過闒鐸聲不過琅○摝音鹿李扶表反鐸待洛反涿丁角反沈音濁劉音獨閶吐剛反闒吐臘反琅劉湯荅反琅音郎疏中軍至皆坐○釋曰此經總說聽誓既已將欲向南第二表象戰陳初發面敵此卽仲春振旅疾徐坐作之事一也○注中軍至過環○釋曰中軍中軍之將也者此六軍三軍居一偏皆自有中軍也是以鄭云天子六軍三三而居一偏也言三三者非謂如算法云三三而九者直是兩箇三爲三而復三三而已也云羣吏既聽誓命各復其部曲者軍吏本各主其部分曲別謂若伍長主五人兩司馬主二十五人卒長主百人之等皆是部曲至於誓之時出向衆前聽誓訖各復其部伍本處故云復其部曲也云中軍之將令鼓鼓者經云中軍以鼙令鼓故知中是中軍之將也云鼓以作其士衆之氣者春秋左氏曹劌云一鼓作氣再而衰三而竭是鼓以作士衆之氣也云鼓人者中軍之將師帥旅帥也者按左氏成二年傳晉與齊戰于鞌卻克傷於矢曰余病矣張侯曰師之耳目在吾旗鼓進退從之於是右爰抱而鼓之時卻克擊鼓哀三年左傳鐵之戰趙簡子云伏弢嘔血鼓音不衰是皆將居鼓下知兼有師帥旅帥者按上文春辨鼓鐸云軍將執晉鼓師帥執提旅帥執鼙皆是鼓人故知是軍將師帥旅帥也其卒長執鐃已下皆金非鼓也云司馬兩司馬也者以其上文云兩司馬執鐸故知此經云司馬振鐸者是兩司馬也云以作衆者金雖非鼓振之者亦是以作衆也云作起也既起鼓人擊鼓以行之者釋經車徒皆作鼓行也云伍長鳴鐲以節之者上文云公司馬執鐲鼓人職云金鐲節鼓故云伍長鳴鐲以節之也云伍長一曰公司馬者上文云公司馬執鐲是伍長故云一曰公司馬也先鄭云摝讀如弄者直以摝弄聲相近以振鐸謂之弄也玄謂如涿鹿之鹿者謂從史記黄帝與蚩尤戰于涿鹿之鹿直取音同不從義也此是鹿鹿然作聲也云掩上振之者以手在上向下掩而執之云止行息氣也者按鼓人云金鐸通鼓金鐃止鼓則金鐸是通鼓而云止行息氣者見經云摝鐸卽云羣吏弊旗故知金鐸亦得止行息氣也司馬法鼓聲不過閶以下者證鼓鼙與鐸聲之有異也

又三鼓振鐸作旗車徒皆作鼓進鳴鐲車驟徒趨及表乃止坐作如初趨者赴敵尙疾之漸也春秋傳曰先人有奪人之心及表自第二前至第三○驟仕救反

劉才邅反先悉薦反【疏】注春秋至之心○釋曰昭二十一年冬十月華登以吳師救華氏宋廚人濮曰軍志有之先人有奪人之心注云戰氣未定故也後
人有待其衰注云待敵之衰乃攻是其事也乃鼓車馳徒走及表乃止及表自第三前至前表鼓戒三闋車三
發徒三刺鼓戒戒攻。敵鼓。壹闋車壹轉徒壹刺三而止象服敵○闋苦穴反【疏】注鼓戒至服敵○釋曰經并言三闋三發三刺鄭厤言鼓一闋
車一轉徒一刺三而止者鄭據實而言非是一時而三故也乃鼓退鳴鐃且卻。及表乃止坐作如初鐃所以止。鼓軍
退卒長鳴鐃以和衆鼓人為止之。也退自前表至後表鼓鐸則同習戰之禮出入一也異者廢鐲而鳴鐃○卻起略反和胡臥反為于偽反下為相疑同【疏】
乃鼓至如初○釋曰此言乃鼓退者謂至南表軍吏及士卒。回身向北更從南為始也云鳴鐃且卻者此鳴鐃且卻據初至南表退軍之時象在軍軍退亦鳴
鐃是以左氏哀公傳鐵之戰陳子云吾聞鼓不聞金亦是鳴鐃退軍注及其向北即更為習戰之事故云及表乃止坐作如初故鄭云習戰之禮出入一也○
注鐃所至鳴鐃○釋曰云鐃所以止鼓者鼓人職云金鐃止鼓是也知卒長鳴鐃者春辨鼓鐸云卒長執鐃是也云退自前表至後表者經略言表則及表乃
止坐作如初者總向北三表故鄭云自前表至後表也云鼓鐸則同者鼓人三鼓兩司馬執鐸與向南時同以其習戰之禮出入一也云異者廢鐲而鳴鐃者
前向南時云鼓行鳴鐲此北向不言鳴鐲而言鼓退鳴鐃以其雖習戰出入一猶衆退軍故鳴鐃也遂以狩田以旌為左右和之
門羣吏各帥其車徒以敘和出左右陳車徒有司平之旗居卒間以分地前後
有屯百步有司巡其前後險野人為主易野車為主。冬田為狩言守取之無所擇也軍門曰和今謂之壘
門立兩旌以為之敘和出用次第出和門也左右或出而左或出而右有司平之鄉師居門正其出入之行列也旗軍吏所。載分地調其部曲疏數前後有屯

百步車徒異羣相去之數也車徒畢出和門鄉師又巡其行陳鄭司農云險野人爲主人居前易野車爲主車居前○分扶問反又如字注同易以豉反注同壘力軌反【疏】遂以至爲主○釋曰此一節總論教戰訖入防田獵之事故云遂以狩田也云以旌爲左右和之門者六軍分三軍各處東西爲左右各爲一門云以致和出者以教戰處內故以田處出云旗居卒間者軍吏各領己之士卒執旗以表之故旗居卒間也○注冬田至居前○釋曰云冬田爲狩言守取之無所擇者對春夏言蒐言苗有所擇。又秋名獮中殺者多對此圍守之此又多於獮故得守名也云軍門曰和者左氏傳云師克在和不在衆田獵象戰伐故其門曰和門也云今謂之壘門者漢時軍壘爲門名曰壘門與古和門同故舉爲說云立兩旌以爲之者昭八年穀梁傳云秋蒐於紅正也又云刈蘭以爲防置旜以爲轅門以葛覆質以爲槷注云質椹也槷門中臬又云流旁握御轚者不得入注流旁握謂車兩轊頭各去門邊容握握四寸也又車攻詩傳云大艾草以爲防或舍其中褐纏旃以爲門裘纏質以爲。槸門容握驅而入。轚則不得入左者之左右者之右然後焚而射焉文云古者戰不出頃田不出防是其事也云有司平之鄉師居門正其出入之行列也者按鄉師職云巡其前後之屯而戮其犯命者斷其爭禽之訟故知此經云有司皆是鄉師也云車徒異羣者出軍之時一車甲士三人步卒七十二人車徒同羣今在軍行列之時則車徒異羣故車人有異也

既陳乃設驅逆之車有司表貉于陳前驅驅出禽獸使趨田者也逆逆要不得令走設此車驅者田僕也○趨田起具反又如字要於遙反【疏】既陳至陳前○釋曰前經論陳車徒訖故此云既陳云乃設驅逆之車設訖即爲表貉之祭於陳前也○注驅驅至僕也○釋曰云驅驅出禽獸使趨田者按王制云天子發諸侯發皆不云佐車者其實天子諸侯田時皆有驅逆之佐車直於大夫言之者據終而言也知設此車是田僕者見田僕職云設驅逆之車故知也中軍以鼙令鼓鼓人皆三鼓羣司馬振鐸車徒皆作遂鼓行徒銜枚而進大獸公之小禽

私之獲者取左耳羣司馬謂兩司馬也枚如箸銜之有繣結項中軍法止語爲相疑惑也進行也鄭司農云大獸公之輸之於公小禽私之以自畀也詩云言私其豵獻肩于公一歲爲豵二歲爲豝三歲爲特四歲爲肩五歲爲慎此明其獻大者於公自取其小者玄謂慎讀爲麌爾雅曰豕生三曰豵豕牝曰豝麋牝曰麌獲得也得禽獸者取左耳當以計功○箸直慮反繣戶卦反劉又胡麥反或音卦畀必二反與也豝音巴本亦作巴慎如字亦音辰麌音辰又音腎止尸反麌麋牝也豵本亦作豵子工反【疏】中軍至左耳釋曰此令鼓之事與上文教戰時大同惟徒銜枚爲異○注羣司至計功釋曰鄭知羣司馬謂兩司馬者上文春辨鼓鐸云兩司馬振鐸故知之也云枚如箸銜之有繣結項中者雖無正文以意言之繣即兩頭繫也既有兩繫明於項後中央結之先鄭引詩云言私其豵獻肩于公一歲爲豵已下鄭皆不從者豳詩毛傳云三歲曰豣此云四歲爲肩爾雅云豕生一曰特二曰師三曰豵又爾雅云麋牝曰麌無五歲爲慎又魏詩云三歲曰特先鄭皆無可依據故不從也若然豣還是鹿之絕有力者也及所弊鼓皆䮆車徒皆譟鄭司農云及所弊至所弊之處玄謂至所弊之處田所當於止也天子諸侯蒐狩有常至其常處吏士鼓譟象攻敵剋勝而喜也疾雷擊鼓曰䮆譟讙也書曰前師乃鼓譟亦謂喜也○䮆本亦作駭胡楷反李一𪔵音亥譟素報反𪔵音符又芳甫反【疏】及所至皆譟釋曰云及所弊者冬徒弊止之處謂百姓獵止○注鄭司至喜也○釋曰引書曰者書傳文彼說武王伐紂時事徒乃弊致禽饁獸于郊入獻禽以享烝徒乃弊徒止也冬田主用衆物多衆得取也致禽饁獸于郊聚所獲禽因以祭四方神於郊月令季秋天子既田命主祠祭禽四方是也入又以禽祭宗廟○饁于輒反劉于法反烝之升反後皆放此【疏】徒乃至享烝○釋曰云致禽饁獸于郊者亦謂因田過郊之神位而饋之○注徒乃至宗廟○釋曰月令季秋天子既田云云者證彼祭禽于四郊與此饁獸于郊爲一物其實彼一解以爲是仲秋祭禽以祠祊爲一也及師大合軍以行禁令以救無辜

伐有罪師所謂王巡守若會同司馬起師合軍以從所以威天下行其政也不言大者未有敵不尚武○從才用反下同【疏】注師所至尚武○釋曰云師所謂王巡守若會同者以對下文云若大師是出軍法故鄭云未有敵不尚武也若大師則掌其戒令涖大卜。帥執事涖釁主及軍器大師王出征伐也涖臨也臨大卜卜出兵吉凶也司馬法曰上卜下謀是謂參之主謂遷廟之主及社主在軍者也軍器鼓鐸之屬凡師既受甲迎主于廟及社主祝奉以從殺牲以血塗主及軍器皆神之【疏】若大至軍器○釋曰云帥執事涖釁主及軍器者按小子職云釁邦器及軍器彼官釁之而大司馬臨之○注大師至神之○釋曰鄭知臨大卜者按大卜云掌龜之八命一曰征故知也云司馬法曰上卜下謀是謂參之者卜在廟又龜有神故云上卜謀人在下故云下謀君居其中故云參也云主謂遷廟之主及社主在軍也者曾子問云軍行則以遷廟之主行左傳祝佗云軍行祓社釁鼓祝奉以從尚書云用命賞于祖不用命戮于社皆是在軍者也及致建大常比軍衆誅後至者比或作庀鄭司農云致謂聚衆也庀具也玄謂致鄉師致民於司。馬比校次之。也○比必履反注同或毗志反劉芳直反作庀匹是也劉芳美反具也沈方二反【疏】注比或至之也○釋曰先鄭云庀具也不具也者先鄭從古書庀後鄭不從以爲校次者凡物有數者皆須校次乃知具不故不從具也玄謂致鄉師致民於司馬者據鄉師職知之具司馬用王大常者以上文大師王親御六軍故司馬用王之大常致衆若王不親則司馬自用大旗致之及戰巡陳眂事而賞罰事謂戰功也○眂音視●【疏】及戰至賞罰○釋曰巡陳者司馬當戰對陳之時巡軍陳眂其戰功之事知有其功無功而行賞罰也若師有功則左執律右秉鉞以先愷樂獻于社功勝也律所以聽軍聲鉞所以爲將威也先猶道也兵樂曰愷獻于社獻功于社也司馬法曰得意則愷樂愷歌示喜也鄭司農云故城濮之戰春秋傳曰振旅愷以入于晉○鉞音越道音導濮音卜【疏】若師至于社○釋曰云若師有功則左執律右秉鉞以先者謂戰陳知有勝功訖乃執律者示此律聽軍聲尅勝耳右秉鉞示威也○注功勝至于晉○釋曰云律所以聽軍聲者大師職文
彼初出軍時大師執聽至此剋勝司馬執之先鄭引城濮之戰者僖二十八年晉文公敗楚於城濮兵入曰振旅整衆而還歌愷樂而入晉彼諸侯法與此天
子禮同故引爲證也趙商問夏官師有功則獻于社春官大司樂王師大獻則令奏愷樂注云大獻獻捷於祖不違異意鄭答曰司馬主軍事之功故獻於社
大司樂宗伯之屬宗伯主宗廟故獻于祖若然軍有功二處俱獻以其出軍之時告于祖宜于社故反必告也若師不功則厭而奉主
車鄭司農云厭謂厭冠喪服也軍敗則以喪禮故秦伯之敗於殽也春秋傳曰秦伯素服郊次鄉師而哭玄謂厭伏冠也奉猶送也送主歸於廟與社○厭
於涉反李一音於入反注同殽戶交反劉音豪鄉師許亮反疏注鄭司至與社○釋曰春秋秦伯事左傳僖三十三年秦師襲鄭之事按彼僖三十年秦
晉圍鄭鄭使燭之武說秦伯秦師退使杞子逢孫楊孫戍鄭至僖三十三年秦使孟明視白乙丙西乞術襲鄭將至鄭逢商人弦高將市于周詐之秦師還至
殽晉師與姜戎敗之獲三帥因之於晉晉舍三帥還秦伯素服郊次鄉師而哭之是其事也玄謂厭伏冠也者按下曲禮云厭冠不入公門彼差次當總小功
之冠以義言之五服之冠皆厭以其喪冠反吉冠於武上向內縫之喪冠於武下向上縫之以伏冠在武故得厭伏之名按檀弓注厭冠喪冠其服亦未聞若
然先鄭引秦伯素服者彼據在國向外哭此則從外向內同故云其服未聞後鄭不破者已有檀弓注此從破可知不王弔勞士庶子則
相師敗王親弔士庶子之死者勞其傷者則相王之禮庶子卿大夫之子從軍者或謂之庶士○勞力報反注同相息亮反注同疏注師敗至庶士○釋
曰按宮伯云掌宮中士庶子注云士適子庶子其支庶與此注云庶子爲卿大夫之子適庶俱兼則經中士爲卿大夫士之身與宮伯注不同者彼宮正掌卿
大夫士身宮伯別掌士庶子士庶子爲適子支子明矣此惟一文云弔勞士庶子不見別有弔勞卿大夫士身故分之鄭望經爲注故不同也若然此注不云

士之子者以其卿大夫之適子爲王與后與士同故親弔勞之士之子如衆人不得爲王及后如士故不弔勞之也

大役與慮事屬其植受其要以待攷而賞誅大役築城邑也鄭司農云國有大役大司馬與謀慮其事也植謂部曲將吏故宋城春秋傳曰華元爲植巡功屬謂聚會之也要者簿書也。考謂考。校其功玄謂慮事者封人也於直役司馬與之植築城。楨也屬賦丈尺與其用人數○與慮音預又如字注與謀同屬音燭注同植直吏反注同華戶化反楨音貞【疏】大役至賞誅○釋曰此謂築城邑之時封人慮事計功大司馬雖不掌徒役亦得與謀也屬其植者屬謂屬聚徒役計其人數賦其丈尺以課其功也植者版幹之屬計其人事各使備足也○注大役至人數○釋曰先鄭以爲與慮事大司馬與在謀慮其事中後鄭從之增成其義按宣十二年楚令尹蔿艾獵城。所使封人慮事以授司徒注云封人司徒之屬官是封人慮事司馬與在謀慮中也春秋宋華元者按宣二年左氏傳云宋城華元爲植巡功注云植將主也先鄭云植謂部曲將吏屬謂聚會之後鄭不從以爲植築城楨也屬賦丈尺與其用人數者按昭三十二年晉士彌牟營成周計丈數揣高卑度厚薄仞溝洫又云以令役於諸侯屬役賦丈尺宣十一年計慮用人功之數以此知屬謂賦丈尺與人數也

大會同則帥士庶子而掌其政令帥。師以從王【疏】注帥。師以從王○釋曰知帥師以從王者按諸子職云若會同賓客作羣子從注云從從王是其事也

若大射則合諸侯之六耦大射王將祭射于射宮以選賢也王射三侯以諸侯爲六耦【疏】若。大至六耦○釋曰王大射之時有諸侯來朝在京師者大司馬令之爲六耦○注大射至六耦○釋曰云大射王將祭射于射宮以選賢也者按禮記射義云古者天子之制諸侯歲獻貢士於天子天子試之於射宮而中多者得與於祭大射禮亦射於郊學宮中皆是爲祭選士故云選賢也云王射三侯者司裘云王大射則共虎侯熊侯豹侯是也此大射是將祭而射故用諸侯爲六耦若賓射射人亦大用六耦但不用諸侯當用卿大夫爲之燕射三耦自然用卿大夫已下爲之

祭祀饗食羞牲魚授其祭牲魚魚牲也祭謂尸賓所以祭也鄭司農云大司馬主進魚牲〇食音嗣後饗食皆放此疏大祭至其祭〇釋曰大祭祀謂天地宗廟此大祭據祭廟而言其中小之祭祀亦爲之矣饗食謂諸侯來朝上公三饗三食之等行之在廟故與大祭祀同皆羞進魚牲〇注牲魚至魚牲〇釋曰云祭謂尸賓所以祭也者大祭祀授尸祭饗食授賓祭祭者魚之大臠即少牢下篇云主人主婦尸侑各一魚加膴祭於其上膴謂魚之反覆者公食大夫亦云授賓祭故云祭謂尸賓所以祭若王祭則膳夫云授王祭是也先鄭云大司馬主進魚牲者必使司馬進之者司馬夏官夏陰氣所起魚水物亦陰類故使司馬進之也

大喪平士大夫鄭司農云平一其服也玄謂平者正其職與其位疏大喪平士大夫〇釋曰必使司馬平之者司馬之屬有司士主羣吏今王喪不得使司士故司馬平之〇注鄭司至其位〇釋曰先鄭云平一其服也者後鄭不從者小宗伯已懸衰冠故後鄭以爲平者正其職與其位也

喪祭奉詔馬牲王喪之以馬祭者蓋遣奠也奉猶送也送之至墓告而藏之〇遣奠棄戰反後遣奠遣車之類皆同疏注王喪至藏之〇釋曰鄭知喪祭是大遣奠者以其喪奠反虞卒哭喪祭之等無奉送詔告惟有大遣奠入壙之時有奉送之事故知喪祭是大遣奠耳

附釋音周禮注疏卷第二十九

周禮注疏卷二十九校勘記

阮元撰盧宣旬摘錄

附釋音周禮注疏卷第二十九

大司馬

使稱才仕用　閩監毛本仕作任此誤下同

監監一國　余本嘉靖本閩監毛本同釋文出監國二字則一爲衍文當刪正

職謂職稅也　宋本余本嘉靖本作賦稅與儀禮經傳通解合此誤

次國三之　按下脫一字

馮弱犯寡則眚之　閩監本眚誤眚禮說云眚公羊作省省與眚通○按字書韻書無眚字

有鍾鼓曰伐　嘉靖本同閩監毛本鍾改鐘下及疏同

彼不言粗　閩監毛本粗改麤非下同

壇讀如同墠之墠　漢讀考作讀爲

壇讀從憚之以威之憚書亦或爲墠　釋文云憚之以本或無之字漢讀考作書亦或爲憚云今本作墠誤○按憚之

以威見左傳昭公十三年

此則外內之惡兼有 閩監毛本作內外

雖君之衆 孫志祖云左傳無君之二字按詩殷武疏亦有君之二字疑今本左傳有脫文

衛公出奔楚 補毛本衛公作衛侯疑公上脫成字

經本不云殺不云滅 閩本同監毛本云改言

謂若齊襄公淫於外 惠校本作淫於妹此誤

五千里爲界 賈疏及諸本同段玉裁云當作五百里

故書畿爲近 諸本同案近蓋圻之誤肆師注云故書祈爲幾杜子春讀幾當爲祈小子注又云春官肆師職祈或作畿是故書作幾作畿也此當云故書圻爲畿鄭司農云畿當爲圻此猶杜從今書作祈不從故書作畿故下引春秋傳天子一圻詩殷頌邦圻千里證之經文畿當作圻淺人據故書改經復援經改注也詩亦古文作邦畿千里今文作邦圻千里○按前說甚誤故書作近古音相似也不當牽合他注爲肊決之語詩古文作畿今文作圻尤爲肊說

蓋中國稍遠 惠校本蓋作去此誤

不通中國之言也 惠校本言作名此誤

此九職亦施與邦國 浦鏜云與疑於字誤

地卽據下地之下閩本同誤也當從監毛本作下地之上

直取參之一舉整言之閩本同誤也當從監毛本作參之二

是以書傳文浦鏜云文當云字誤

諸侯執賁鼓唐石經諸本同通典七十六賁作鼖注中同案注引鼓人職以賁鼓鼓軍事鼓人字鼖釋文鼖扶云反此釋文賁鼓扶云反賁鼓二字蓋鼖之誤分也經注皆當作鼖○按一經之內用字之例不必畫一此條改經改釋文非是

提持鼓立馬髦上者通典引此注無鼓字

雖卑同其號通典卑下有亦此脫

中軍以舉令鼓浦鏜云鼙誤舉

無干車嘉靖本車誤軍

虞行守禽之厲禁也余本同誤也賈疏嘉靖本毛本行作衡當據正閩本剜改作虞行守禽之之厲禁也複一之字監毛本承其誤

獻肩于公監本肩作豜據毛詩妄改釋文云獻肩詩作豜知禮注無作豜者

春時鳥獸字乳宋本作孚乳此誤

謂無干犯他事閩本同誤也當從監毛本事作車

按山虞皆云　浦鏜云虞下當脫林衡二字

羣吏撰車徒　唐石經余本嘉靖本同閩監毛本羣改羣下及注疏並同

以簿書校錄軍實之凡要　嘉靖本簿作薄按釋文簿書步古反後簿書皆放此蓋亦本作薄

東鄉爲人是也　禮說云世本有宋大夫東鄉爲無人字似東鄉氏而爲名晉國高士全隱於南鄉因以爲氏則南鄉甄者亦氏南鄉名甄也漢讀考云惠據廣韻今左氏宋有向爲人鄉向古通疑鄉氏有東鄉南鄉之別段玉裁又云左傳文七年正義云世本宋桓公生公子鱗鱗生東鄉矔是則左傳鱗矔世本作東鄉矔左傳鱗朱向帶向爲人皆桓族也然則世本之東鄉爲人卽左傳向爲人無疑鄭注出世本廣韻引世本奪人字耳

凡軍有三種　浦鏜云軍下當脫實

自鄉大夫已下　閩本同監毛本鄉誤卿

孟子云因內政寄軍令　當從毛本作管子

鄉遂大夫則爲諸師也　浦鏜云師當帥字誤

冬夏田主于祭宗廟者　通典于作於

但春時主孚乳　閩毛本同監本孚誤字

鄉遂載物　唐石經原刻作遂後磨改爲家按賈疏是遂字漢讀考云此當從石經作鄉家假令是鄉遂則主不得云鄉大夫也

凡旌旗有軍旅者余本閩監毛本同誤也嘉靖本旅作衆通典引此注同當據以訂正臧禮堂云春秋正義隱五年桓五年宣十二年成十六年皆引作軍衆

以略舉之閩本同監毛本以作亦

不嫌無鄉大夫此鄉大夫之誤

二百里如州長浦鏜云二百里下脫三百里三字

遂以獮田如蒐田之灋諸本同唐石經無下田按中夏云遂以苗田如蒐之灋無下田則此爲衍文無疑

上文教載旗旜物訖浦鏜云戰頌二字誤載從儀禮通解續校

云詩曰以社以方者詩大雅浦鏜云小雅之訛

司常左司馬時也余本閩監本同嘉靖本毛本左作佐○按左者古之佐字漢人祇用左

注云謂兵車惠校本車作事此誤

仲秋辨其物以治兵王建大常惠校本其作旗建作載

四表積二百五十步浦鏜云三百誤二百疏中同

表兩相各有三軍之衆浦鏜云相當廂字誤

及表乃止毛本止誤正

鼓以作其士衆之氣也通典無也

云羣吏既聽誓命按注無命字

於是右爰抱而鼓之毛本爰作援當據正抱亦當作桴○按說文枹擊鼓杖也當从木而譌作扌耳作桴者乃假借字

哀三年左傳鐵之戰按三當作二

赴敵尚疾之漸也通典無也

自第二前至第三通典下有表

戒攻敵也通典下有也此脫

鼓壹闋通典壹作一下同按注中不當用古字諸本作壹非疏中皆作一

且卻唐石經余本嘉靖本閩本同監毛本卻誤郤

鐃所以止鼓通典下有也

鼓人爲止之也通典無也

回身向北惠校本回作迴

易野車爲主監本主誤王

旗軍吏所載通典下有也字

又秋名獮中殺者多閩監本同誤也當從毛本又作及

裘纏質以爲槸閩毛本槸誤槸監本誤埶

擊則不得入閩監本同誤也惠校本擊作轚當據正毛本誤繫○按說文轚者車轄相擊也

三歲曰豜閩監毛本豜作豣

象攻敵剋勝而喜也余本嘉靖本閩本同監毛本剋改尅

因以祭四方神於郊通典四方下有之

以行禁令以救無辜監本令誤令辜誤辜閩毛本亦訛辜

帥執事毛本帥誤師

軍器鼓□之屬余本嘉靖本毛本及通典皆作鼓鐸當據以補正閩監本作鼓鐘非也

皆神之通典作皆神明之

比或作庀葉鈔釋文庀作庇余本載音義同

元謂致鄉師致民於司馬比校次之也通典作致鄉師致民於司馬也比校次之

故秦伯之敗於殽也此本及閩監本殽訛殺今據嘉靖本毛本訂正疏中監毛本亦誤

考謂考校其功余本嘉靖本同閩監毛本上考作攷非○按上文曰校次之此曰考校其功校字皆从木漢人蓋無从手之校

植築城槙也閩監毛本同誤也余本嘉靖本槙作楨葉鈔釋文及余本載音義同當據正此本疏及音義皆不誤閩本疏中誤植○按此槙榦字

楚令尹蔿艾獵城所浦鏜云沂誤所

帥師以從王余本閩監毛本同誤也嘉靖本作帥帥當據正○按帥逗帥以從王四字一句

若大至六耦閩本同監毛本大下衍射

今王喪不得使司士宋本缺得

周禮注疏卷二十九校勘記

附釋音周禮注疏卷第三十

鄭氏注　　賈公彥疏

小司馬之職掌此下字脫滅札爛文闕漢興求之不得遂無識其數者 疏注此下至數者○釋曰鄭知脫滅札爛又闕者見天官小宰地官小司徒春官小宗伯之等職掌下其文多矣凡小祭祀之言皆是於下總結以此知此下脫滅札爛又闕也言脫滅者直據職掌下一經脫滅札爛又闕者以其下經簡札爲韋編折爛闕落知漢興求之不得者此闕與冬官所亡同日皆爲遭暴秦燔滅典籍○與購求遺書不得也云遂無識其數者以其無文遂無記識職掌以下之數耳

凡小祭祀會同饗射師田喪紀掌其事如大司馬之灋 疏凡小至之灋○釋曰云小之灋已下至喪紀皆蒙此小字對大司馬大祭祀之等大司馬之小會同謂諸侯使卿大夫來聘王使卿大夫與之會同言饗射師田皆是諸侯卿大夫來聘王還使卿大夫與饗燕及射師田之等也小喪紀者三夫人巳下云掌事如大司馬之法亦如大司馬羞魚牲授其祭之等也

軍司馬○闕

輿司馬闕

行司馬闕 疏軍司馬輿司馬行司馬○釋曰軍司馬當宰夫肆師之等皆下大夫四人輿司馬當上士八人行司馬當中士十六人餘官皆無異稱此獨有之者以軍事是重故特生别名此等皆與上同闕落之

司勳掌六鄉賞地之灋以等其功賞地賞田也在遠郊之內屬六鄉焉等猶差也以功大小爲差 疏注賞地至爲差○釋

曰知賞地是賞田在遠郊之內者以載師職云牛田賞田任遠郊之地故知也知屬六鄉者以其遠郊內置六鄉故也云以功大小爲差者以下文云輕重視
功則賞地大小不定故知以功大小爲差
王功曰勳輔成王業若周公【疏】。輔成王業若周公〇釋曰知據王業者以其言王繼王身而言明據
王之位業而說耳以周公攝政相幼君致大平還政成王是輔成王業之事故以周公託之但經之所云不得專爲周公伊尹之等故皆云若此擬之耳
國功曰功保全國家若伊尹【疏】注保全國家若伊尹〇釋曰鄭知保全國家者以其言國繼國而言故知是保全國家者也以伊尹比之者以湯時
天下大平湯崩孫太甲即位不明政事伊尹爲數篇書以諫之諫既不入乃放之桐宮三年思庸復歸於亳國家得全故以伊尹擬之耳
民功曰庸法施於民若后稷【疏】。法施於民若后稷〇釋曰知法施於民者以其言民繼民言之先王之業以農爲本以后稷比之者周之先祖棄爲堯之稷官農人
植嘉穀天下爲烈豈一手一足哉庸亦功也以法施於民有功故以后稷擬之
事功曰勞以勞定國若禹【疏】注以勞定國若禹〇釋曰知以勞定
國者以其言勞據勤勞施國而言堯遭洪水下民昬墊國家不定命禹治之手足胼胝三過門不入弼成五服國乃獲安故以禹擬之也
治功曰力制法成治若咎繇〇治直吏反注同咎音羔繇音遙【疏】注制法成治若咎繇〇釋曰以其言治言力故知制法成治出其謀力按虞書帝謂咎繇云蠻夷猾
夏寇賊姦宄汝作士五刑有服是咎繇制其刑法國家治理故以咎繇擬之
戰功曰多剋敵出奇若韓信陳平司馬法曰上多前虜【疏】注剋
敵至前虜〇釋曰知多是剋敵出奇者以其言多是於衆之中比校多少之事故知是剋敵出奇比彼爲多者也漢之二將是剋敵出奇之人故以擬之耳云
司馬法曰上多前虜者彼亦是戰以功多爲上居於陳前虜獲俘因故引以證多爲戰功者也此上六者皆對文爲義若散文則通是以春秋左氏云舍爵策
勳彼戰還而飲至不云舍爵策多是通也明堂位云周公爲有勳勞於天下是周公德大有勳兼勞者也
凡有功者銘書於王之大

常祭於大烝。司勳詔之銘之言名也生則書于王旌以識其人與其功也死則於烝先王祭之詔謂告其神以辭也。盤庚告其卿大夫曰兹予大享于先王爾祖其從。與享之是也今漢祭功臣於廟庭○識音志盤步干反與音預

疏凡有至詔之○釋曰。凡有功謂上六者故云凡以該之使司勳詔之者以其司勳知功之有無大小故也詔之謂詔司常書之又以辭使春官告神○注銘之至廟庭○釋曰言生則書於王旌以識其人與其功也者以王建大常故云王旌必於王旌識功與人者王旗車上建之就旗上書之欲取表顯示人故也引盤庚告其卿大夫者盤庚殷王欲遷往亳殷臣民有不肯者故告之云我不掩爾善所以者何兹予大享於先王之時爾祖其從先王與在享祭之中況爾見在不掩可知何不從我遷乎引漢法欲見古者·祭功臣在廟庭也必祭功臣在冬之。烝祭者。烝者衆也冬時物成者衆故祭功臣按彼書注以大享爲。烝嘗者此舉冬祭物成者衆而言其嘗時亦祭之也或可周時直於。烝時祭功臣殷時。烝嘗俱祭禮異故也

大功司勳藏其貳貳猶副也功書藏于天府又副于此者以其主賞

疏注貳猶至主賞○釋曰鄭知功書藏於天府者天府職文也

掌賞地之政令政令謂役賦

疏注政令謂役賦○釋曰鄭以政爲征征稅也賞地在六鄉之內亦從溝洫貢天子法其民亦從鄉之徭役之法

凡賞無常輕重眡功無常者功之大小不可豫

疏注無常至可豫○釋曰賞地在遠郊之內有疆界未給者空之待有功乃隨功大小給之故云不可豫也

凡頒賞地參之一食鄭司農云不以美田爲采邑玄謂賞地之稅參分計稅王食其一也二全入於臣

疏注鄭司至於臣○釋曰先鄭意以參之一食者謂以下地可食三之一似下地再易家得三頃歲種一頃食之故云不以美田爲采邑又以賞田與采邑爲一物後鄭不從者不以美田爲采邑亦無文以言之又按載師職家邑任稍地小都任縣地大都任疆地自三百里已外爲之其賞田任在遠郊之內何得爲一物故鄭不從也後鄭云賞地之稅參分計稅王食其一也二全入於臣者采地之稅四之一與小國入天子同今賞

田三之一一分入天子與次國三之一一入天子同惟。加田無國正加田既賞之又加賜以田所以厚恩也鄭司農云正謂稅也祿田亦有給
公家之賦貢若今時侯國有司農少府錢穀矣獨加賞之田無正耳○正音征注同本亦作征少詩照反疏惟加田無國正○釋曰言無國正無稅入天子
法其民出稅入主則旬之但加田未知所在或可與賞田同處以其仕田在近郊加田在遠郊可知也○注加田至正耳○釋曰知加田既賞之又加賜以田
者以其文承賞田之下鄭云加田故知賞田之外所加賜之田可知先鄭云祿田亦有給公家之賦貢舉漢法侯國有司農少府錢穀者漢法穀入司農錢入
少府故舉以為況祿田即采地之稅及賞田之等是也加田是加恩厚又不稅入天子凡大夫士賜地有四種大夫已上有采家邑任稍地之等是也又有賞
田及加田載師又有仕田及王制圭田圭田即仕田是有四種禮記王制云大夫士有田則祭無田則薦少。宰特牲是大夫有田者是知士亦有田之法也

馬質掌質馬馬量三物一曰戎馬二曰田馬三曰駑馬皆有物賈此三馬買以給官府之使

無種也鄭司農曰皆有物賈皆有物色及賈直○賈音嫁注及下同種章勇反下同疏馬質至物賈○釋曰云馬質者質平也主平馬力及毛色與賈直之
等○注此三至賈直○釋曰云此三馬買以給官府之使無種者馬有六種此三者無種買以給官府餘三者仍有種馬齊馬道馬其齊馬道馬亦無種不買
之者其種馬上善似母者其齊馬道馬雖非上善似母者亦容國家所蓄育不買之也綱惡馬鄭司農云綱讀為以亢其讎之亢書亦或為亢亢御
也禁也禁去惡馬不畜也玄謂綱以縻索維綱狎習之○亢苦浪反又音剛下同御魚呂反本亦作禦下同去起呂反小子注去之同縻亡皮反疏注鄭
司至習之○釋曰先鄭讀為以亢其讎之亢者按僖二十八年晉子犯曰背惠食言以亢其讎是也謂禁去惡馬不畜後鄭不從者此馬質所掌皆買之無種
何有惡馬禁去之類故不從也凡受馬於有司者書其齒毛與其賈馬死則旬之內更旬之外

入馬耳以其物更其外否。鄭司農云更謂償也玄謂旬之內死者償以齒毛與賈受之日淺養之惡也旬之外死入馬耳償以毛色不以齒賈任之過其任也其外否者旬之外踰二十日而死不任用非用者罪○內更音庚下及注同任用音壬又而鴆反

疏注鄭司至者罪○釋曰後鄭云旬內死者償以齒毛與賈受之日淺養之惡也者所受之馬謂給公家之使旬之內雖任之過其任若養之善未能致死以其日少故也若養之惡雖不重任亦能致死云旬之外死入馬耳償以毛色不以齒賈任之過其任也者以其筋力既竭雖善養之任載過多可以致死故云過其任也云其外否者旬之外踰二十日死不任用非用者罪者以其行使二十日以外馬力既竭雖齊其任養之善容得致死故不償鄭見有三等之法下復云以任齊其行以意量之以爲此解

馬及行則以任齊其行識其所載輕重及道里齊其勞逸乃復用之○復扶又反

疏注識其至用之○釋曰鄭知識其所載輕重及道里者以其經云馬及行明授行者所載輕重及道里須齊勞逸乃復用之不得幷其勞逸也

若有馬訟則聽之訟謂賣買之言相負

疏注訟謂至相負○釋曰知賣買之言者以馬質主買馬故知之也

禁原蠶者原再也天文辰爲馬蠶書蠶爲龍精月直大火則浴其種是蠶與馬同氣物莫能兩大禁再蠶者爲傷馬與○直音值爲傷于僞反

疏注原再至馬與○釋曰云天文辰爲馬者辰則大火房爲天駟故云辰爲馬云蠶書蠶爲龍精月值大火則浴其種者月值大火謂二月則浴其種則內宰云仲春詔后帥外內命婦始蠶於北郊是也若祭義云大昕之朝奉種浴於川然注云大昕季春朔日之朝是建辰之月又浴之者蓋蠶將生重浴之故彼下文卽云桑於公桑之事是也云是蠶與馬同氣者以其俱取大火是同氣也云物莫能兩大者此莊二十二年左傳文按彼陳敬仲奔齊齊侯使敬仲爲卿敬仲其少也周史有以周易見陳侯者陳侯使筮之遇觀之否曰是謂觀國之光利用賓于王此其代陳有國乎不在此其在異國乎下云若在異國必姜姓也姜大岳之後也山。岳則配天物莫能兩大陳衰此其昌乎引此者是無並大之義

也云禁再蠶者爲傷馬與者二者既同氣不可兩大而禁再蠶明恐傷馬無正文故云與以疑之也

量人掌建國之灋以分國爲九州營國城郭營后宮量市朝道巷門渠造都邑亦如之建立也立國有舊法式若匠人職云分國定天下之國分也后君也言君容王與諸侯○朝直遙反下及注同國分也扶問反

疏量人至如之○釋曰云掌建國之法者以其建國當先知遠近廣長之數故也云以分國爲九州者分國謂分諸侯之國爲九州假令土廣萬里中國七千七七四十九方千里者四十九其一爲畿內其餘四十八八州各得方千里者六是爲九州也至於中平通夷狄七千中國五千衰世通夷狄五千中國三千計皆可知故分國爲九州州各有疆界故詩云帝命式於九圍是州各有圍限也云營國城郭者郎匠人云營國方九里之類也云營后宮者謂若典命注公之宮方九百步天子千二百步之類也云量市朝道巷者謂若匠人云市朝一夫經涂九軌巷及門渠亦有尺數謂若門容二轍三个之等云造都邑亦如之者謂造三等采地亦有城郭宮室市朝之等故云如之但與之制度大小未必身往耳○注建立至諸侯○釋曰云立國有舊法式若匠人職云者按匠人有營國方九里夏后氏世室及左祖右社面朝後市。市一夫之等云分國定天下之國分也者以經云分國謂爲諸侯國諸侯國有五百里四百里已下言爲州謂九州有分界也云后君也知非王后之宮者以其不得先言后故以后爲君也云言君容王與諸侯者以其言分國是諸侯若云王郎不容諸侯故變王云后欲容王與諸侯兩容故也

營軍之壘舍量其市朝州涂。軍社之所里軍壁曰壘鄭司農云量其市朝州涂還市朝而爲道也玄謂州一州之衆二千五百人爲師每師一處市也朝也州也皆有道以相之軍社社主在軍者里居也○涂本又作塗還市如字劉戶串反

疏營軍至所里○釋曰此爲出軍之時所營量度之事○注軍壁至居也○釋曰云軍壁曰壘者軍行之所擬停之處皆爲壘壁恐有非常故云軍壁曰壘也先鄭云量其

市朝州塗還市朝而爲道也者先鄭意還市朝而爲道不釋州義故後鄭不從以一州則一師每一師各自一處各立市朝州即師也師皆有道以相。湊之若然未必環遶爲路也云軍社社主在軍者里居也者在軍不用命戮於社故將社之石主而行所居皆有步數故職在量人

邦國之地與天下之涂數皆書而藏之書地謂方圜山川之廣狹書涂謂支湊之遠近○湊七豆反【疏】注書地至遠近○釋曰鄭以地中有平廣兼山川之等故云書地謂方圜山川之廣狹也云書涂謂支湊之遠近者支謂支分湊謂臻湊道塗有支分及相臻湊遠近者也

凡祭祀饗賓制其從獻脯燔之數量鄭司農云從獻者肉殽從酒也玄謂燔從於獻酒之。肉。炙也數多少也量長短也○炙章夜反【疏】凡祭至數量○釋曰云凡者以其天地宗廟饗食事廣故云凡以該之饗賓謂若大行人上公三饗九獻之等饗賓獻有脯從若燕。行獻賓薦脯醢是也祭禮獻以燔從故總言之也○注鄭司至短也○釋曰先鄭云從獻者肉殽從酒也後鄭不從者以肉殽從酒禮所不言按特牲少牢云主人獻尸以肝從主婦獻尸以燔從故後鄭據此以爲從獻以燔詩云載燔載烈毛云。傳火曰燔貫之加於火曰烈燔雖不貫亦是炙肉故鄭云炙肉也云數多少也量長短也者按儀禮脯十脡各長尺二寸是多少長短膰之數量未聞

掌喪祭奠竁之俎實竁亦有俎實謂所包遣奠士喪禮下篇曰藏苞筲於旁○竁昌絹反筲所交反【疏】掌喪至俎實○釋曰諸於喪祭多據虞祭而言此喪祭文連奠竁是壙內故鄭以喪祭爲大遣奠解之是以大司馬喪祭亦爲遣奠也○注竁亦壙至於旁○釋曰按冢人云請度甫竁竁穿壙之名此言奠竁則奠入於壙是以云所包遣奠也引士喪禮下篇者即既夕禮是也云藏苞筲於旁者苞謂包牲取下體葦包。二者也藏筲者即既夕禮云筲三黍稷麥並藏之於棺旁引之者。正喪祭奠入壙之事也

凡宰祭與鬱人受斝歷而皆飲之言宰祭者冢宰佐王祭亦容攝祭鄭司農云斝讀如嫁娶之嫁斝器名明堂位曰爵夏后氏以琖殷以斝周以爵玄謂斝讀。如。嘏。尸之嘏宰冢

宰〇斝右雅反劉依司農音嫁戔側產反劉本作湔音同嘏古雅反疏凡宰至飲之〇釋曰云凡宰祭者冢宰攝祭非一故云凡也〇注言宰至冢宰〇釋曰鄭云冢宰佐王祭亦容攝祭者義得兩含按大宗伯云若王不與祭祀則攝位注云王有故代行其祭事重掌者此據宗伯亦有故則冢宰攝之先鄭云斝讀如嫁娶之嫁直取音同引明堂位者證斝是器名周獻用玉爵無用斝故後鄭云斝讀如嘏尸之嘏讀從少牢尸嘏主人郊特牲云嘏者長也大也謂使主人受長大之福疏已具於鬱人職但此有歷字者謂鬱人與量人歷皆飲之也

小子掌祭祀羞羊肆羊殽肉豆鄭司農云羞進也羊肆體薦全烝也羊殽體解節折也肉豆者切肉也玄謂肆讀爲鬄羊鬄者所謂豚解也〇肆依注音鬄他歷反又音餘四反折之舌反疏注鄭司至解也〇釋曰先鄭云羊肆體薦全烝也者既不爲豚解則先鄭讀爲肆陳之肆又爲賜音也先鄭爲體薦全烝後鄭不從者以此經祭用羊是用大牢爲宗廟之祭非祭天按外傳云禘郊之事則有全烝王公立飫則有房俎是以知宗廟之祭不得全烝也是故禮運云腥其俎孰其殽注云腥其俎豚解而腥之孰其殽體解而爛之又云退而合亨體其犬豕牛羊是祭宗廟不得有全烝也是以後鄭讀肆從鬄羊鬄者所謂豚解也所謂者所謂士虞禮記云主人不視豚解豚解之法則士喪禮特豚四鬄去蹄謂四段解之殊肩髀如解豚故名豚解若然大夫士祭自饋孰始故正祭即體解爲二十一體喪事略則有豚解其天子諸侯之祭有腥有爓有孰故初朝踐有豚解而腥之饋獻則有體解而爓之酳尸乃有孰與大夫士不同也

而掌珥于社稷祈于五祀故書祀作禩鄭司農云禩讀爲祀書亦或爲祀珥社稷以牲頭祭也玄謂珥讀爲衈祈或爲刉刉衈者釁禮之事也用毛牲曰刉羽牲曰衈衈刉社稷五祀謂始成其宮兆時也春官肆師職祈或作幾秋官士師職曰凡刉衈則奉犬牲此刉衈正字與〇珥依注音衈而志反後同一音仍祈音譏禩音祀刉音機字書云劃也一曰斷也或古愛反又公內反與音餘疏注故書至字與〇釋

曰先鄭云珥以牲頭祭漢時祈禱有牲頭祭後鄭不從者按禮記雜記釁廟之禮云門夾室用雞其衈皆於屋下衈既爲釁禮此刉與衈連文則刉亦是釁禮非祭祀之法何得爲牲頭祭乎是以後鄭爲釁法解之玄謂珥讀爲衈祈或爲刉者以釁法無取於玉珥及祈禱之義故依士師刉衈爲正也鄭知刉衈爲釁禮之事約雜記而知也云用毛牲曰刉羽牲曰衈者此相對而言雜記廟用羊門用雞皆云衈散文通也知刉衈是社稷五祀始成其宮兆時也者凡物須釁者皆謂始成時是以雜記云廟成則釁之是也云春官肆師職祈或作畿者鄭欲見字有參差非一之義云秋官士師職曰凡刉衈則奉犬牲此刉衈正字與者刉從刀衈從血於義合故以此爲正字也

凡沈辜侯禳飾其牲鄭司農云沈謂祭川爾雅曰祭川曰浮沈辜謂磔牲以祭也月令曰九門磔禳以畢春氣侯禳者候四時惡氣禳去之也○侯禳如羊反磔陟格反疏注鄭司至之也○釋曰先鄭云沈謂祭川是以引爾雅爲證按爾雅曰祭山曰庪縣祭川曰浮沈此浮沈之祭當祭天之煙祭社之血亦謂鼓神節先鄭引月令季春令者證辜是辜磔牲體之義鄭彼注九門者王之五門外有國門近郊門遠郊門關門爲九云侯禳者謂候四時惡氣禳除去之也

釁邦器及軍器邦器謂禮樂之器及祭器之屬雜記曰凡宗廟之器其名者成則釁之以豭豚○豭音家疏注邦器至豭豚○釋曰鄭以軍器別言卽云邦器者是禮樂之器也鄭云禮器者卽射器之等樂器卽鐘鼓之等祭器卽籩豆俎簋尊彝器皆是引雜記宗廟器成釁之以豭豚者證此等所釁亦用豭豚也

凡師田斬牲以左右徇陳示犯誓必殺之○徇辭俊反疏凡師至徇陳○釋曰此卽上文誓衆之時斬牲以左右徇陳是此職也

祭祀贊羞受徹焉疏祭祀至徹焉○釋曰贊羞謂若上文大司馬職云祭祀羞魚牲之等此官卽贊之云受徹焉者謂祭畢諸宰君婦廢徹之時則此官受之

羊人掌羊牲凡祭祀飾羔羔小羊也詩曰四之日其蚤獻羔祭韭疏羊人至飾羔○釋曰凡正祭皆用成牲今言祭祀飾羔則

非正祭用羔是以鄭引詩爲證云四之日者謂用建子爲正至建卯四月夏之二月之日公始用冰欲開冰之時先獻羔祭韭而啓冰室乃出冰也祭祀割羊牲登其首登升也升首報陽也升首于室疏注登升至于室○釋曰知升首于室者見郊特牲云用牲於庭升首於室注云制祭之後升牲首於北墉下云報陽者首爲陽對足爲陰祭祀之時三牲之首俱升此特言羊者以其羊人所升不升餘牲故言羊也凡祈珥共其羊牲共猶給也疏凡祈至羊牲○釋曰犬人共犬此云共羊或羊或犬俱得爲釁故兩職各共之也賓客共其灋羊法羊。飧。饔積膳之羊○食饗音嗣本又作飧饔疏注法羊至之羊○釋曰鄭知法羊是爲此等者以其言法即是依法度多少送於賓館及道路是以掌客致於賓館有上公飧五牢饔餼九牢及殷膳大牢致於道路有五積之等其饗食及燕速賓自餼陳者不言之也凡沈辜侯禳釁積共其羊牲積故書爲。眦鄭司農云眦讀爲漬謂釁國寶漬軍器也玄謂積積柴禋祀楢燎實柴○眦眦徐賜反與漬同楢羊久反燎良召反下同疏注積故至實柴○釋曰先鄭不從故書眦故讀從水漬後鄭不從漬軍器者以此羊人所共共小子職彼云釁邦器及軍器以此知不得爲漬軍器也後鄭云積積柴禋祀楢燎實柴歷言此三者以互而相通皆須積柴實牲幣煙氣上聞故也但祭天用犢其日月已下有用羊者故我將詩云惟牛惟羊惟天其祐之彼亦據日月以下及配食者也若牧人無牲則受布于司馬使其賈買牲而共之布泉○賈音古

司爟掌行火之政令四時變國火以救時疾行猶用也變猶易也鄭司農說以鄹子曰春取榆柳之火夏取棗杏之火季夏取桑柘之火秋取柞楢之火冬取槐檀之火○楢羊久反又音由疏司爟至時疾○釋曰云掌行火之政令者即四時變國火及季春出火等皆是也云四時變國火以救時疾者火雖是一四時以木爲變所以禳去時氣之疾也○注行猶至之火○釋曰先鄭引鄹子書論語注引周書不同者鄹子

書出於周書其義是一故各引其一言春取榆柳之等舊師皆以爲取五方之色同故用之今按棗杏雖赤榆柳不青槐檀不黑其義未聞

季春出火民咸從之季秋內火民亦如之火所以用陶冶民隨國而爲之鄭人鑄刑書火星未出而出火後有災鄭司農云以三月本時昏心星見于辰上使民出火九月本。黃昏心星伏在。戌上使民內火故春秋傳曰以出內火○見賢遍反

疏注火所至內火○釋曰鄭知出火內火據陶冶火者以其上經四時變國火據食火明此春秋據陶冶故引春秋傳爲證也云民隨國而爲之者釋民咸從之義云鄭人已下按左氏昭六年三月鄭人鑄刑書士文伯曰火見鄭其災乎火未出而作火六月丙戌鄭災是其後有災昭十七年梓慎曰火出於夏爲三月於商爲四月於周爲五月夏數得天正先鄭云三月本時昏心星見於辰上使民出火九月。本昏心星伏在。戌上使民內火者心星則大火辰星是也三月諸星復在本位心星本位在卯三月本之昏心星始時未必出見卯南九月本始之黃昏心星亦未必伏在。戌上皆據月半後而言云春秋傳曰以出內火者左氏傳襄公九年文

時則施火令焚萊之時

疏注焚萊之時○釋曰上言行火政此又言施火令則不掌火禁故鄭云焚萊之時其火禁者則宮正云春秋以木鐸脩火禁注云火星以春出以秋入因天時而以戒司烜亦云仲春以木鐸脩火禁于國中彼二官直掌火禁不掌火令

凡祭祀則祭爟報其爲明之功禮如祭爨

疏注報其至祭爨○釋曰鄭云禮如祭爨者祭爨祭老婦也則此祭爟謂祭先出火之人

凡國失火野焚萊則有刑罰焉野焚萊民擅放火

疏注野焚至放火○釋曰國失火謂在國中民失火有罰若今民失火有杖罰野焚萊有罰者大司馬仲春田獵云火弊鄭云春田主用火因除陳生新則二月後擅放火則有罰也

掌固掌脩城郭溝池樹渠之固頒其士庶子及其衆庶之守樹謂枳棘之屬有刺者也衆庶民遞

守固者也鄭司農說樹以國語曰城守之木於是乎用之〇枳居氏反刺七賜反遞劉待禮反又待計反【疏】掌固至之守〇釋曰云掌脩城郭溝池者謂環城及郭皆有溝池云樹渠者非直溝池有樹兼其餘渠上亦有樹也云之固者總城郭已下數事皆是牢固之事也云須其庶子者即宮伯所云士謂卿大夫士之適子庶子其支庶彼據宿衛王宮此掌固所須亦據宿衛王宮而言以其庶子不台城郭之處用之以掌固是固守之官故兼掌宿衛之事也〇注樹謂至用之〇釋曰云衆庶民遞守固者也者謂使守城郭之所及要。塞之處也先鄭引國語者按楚語云靈王爲章華之臺伍舉諫爲臺榭云瘠磽之地於是乎爲之城守之木於是乎用之是其事引之者證城有守法

設其飾器

兵甲之屬今城郭門之器亦然【疏】注兵甲至亦然〇釋曰鄭知經飾器是兵甲之屬者以其掌器是防禦之器故知是兵甲之屬也云今城郭門之器亦然者漢時城郭門守器所飾亦若今城郭門傍所執矛戟皆有幡飾之等是也

分其財用均其稍食

財用國以財所給守吏之用也稍食祿。稟【疏】注財用至祿稟〇釋曰云財用者謂所用之財物分與之明是以財所給守吏爲守事之用者也云稍食祿。稟者所守之處宮及民合受官食月祿。稟者所守之處守月給米。稟與之故謂之稍食也

任其萬民用其材器

任謂以其任使之也民之材器其所用塹築及爲藩落〇塹七豔反【疏】注任謂至藩落〇釋曰云民之材器其所用塹築及爲藩落者對上文財用謂官之財物此云民之材器明材是材木用爲楨。榦以掘塹築作所用及不築處即用材爲藩屏籬落以遮障也

凡守者受灋焉以通守政有移甲與其役財用唯是得通與國有司帥之以贊其不足者

凡守者士庶子及他要害之守吏通守政者兵甲役財難易多少轉移相給也其他非是不得妄離部署國有司掌固也其移之者又與掌固帥致之贊佐也〇凡守者劉收又反注凡守者下有守者同易以豉反離力智反【疏】注凡守至佐也〇釋曰云凡守者士庶子及他要害之守吏者此鄭還據上文士庶子及衆庶之守

而言云他要害者謂城郭所守是其常處除此有要害之處若。殽皋河漢要路之所皆爲他要害也云通守政者兵甲役財難易多少轉移相給者鄭據上文飾器而言變材器言役材材者欲見材器是民役之材非財用者云其他非是不得妄離部署者此則釋經唯是得通之言其餘非所通之外皆不得離其本處也

晝三巡之夜亦如之巡行也行守者爲衆庶之解惰○行下孟反下皆同爲于僞反解佳賣反

疏晝三至如之○釋曰此乃掌固設法與所守之處非是掌固自巡行之也

夜三鼜以號戒杜子春云讀鼜爲造次之造謂擊鼓行夜戒守也春秋傳所謂賓將趣者與趣與造音相近故曰終夕與燎玄謂鼜擊鼜警守鼓也三巡之間又三擊鼜○鼜音戚造七報反下同趣莊久反劉祖侯反杜七杜反者與音餘近附近之近與燎音預

疏夜三鼜以號戒○釋曰此乃掌固設法與所守之處言以號戒者使擊鼜有所以號呼使戒守耳○注杜子至擊鼜○釋曰引春秋者按昭二十年衛侯如死鳥齊侯使公孫青聘衛賓將掫注謂行夜不作趣者彼賈服讀字與子春意異云故曰終夕與燎者亦是彼傳文後鄭以鼜擊鼜警守鼓不從子春造音者以子春已上有注鼜讀爲憂戚之戚是戒守者使有憂戚故謂此鼓爲鼜也

若造都邑則治其固與其守灋都邑亦爲城郭

疏注都邑亦爲城郭○釋曰謂三等采地言亦爲城郭者但戒守爲城郭而言故亦如上王國然也

凡國都之竟有溝樹之固郊亦如之竟界也○竟音境注及下同

疏凡國至如之○釋曰此經爲上經而設仍兼見王國而言故國都雙言之言王國及三等都邑所在境界之上亦爲溝樹以爲阻固郊亦如之若據王國有近郊遠郊亦有溝。遠樹以爲固

民皆有職焉職謂守與任

疏民皆有職焉○釋曰此亦兼上王國及都合守之處其民皆職任使勞逸遞守也

若有山川則因之山川若殽皋河漢

疏○若有至因之釋曰謂上諸有所造溝樹爲固之處值有山川之處則因之不須別造○注山川至河漢○釋曰殽謂若殽有二陵皋謂若東城皋漢謂若楚謂齊云楚國漢水以爲池

河爲四瀆之險又齊西有濁河皆因之爲固可知

司險掌九州之圖以周知其山林川澤之阻而達其道路周猶徧也達道路者山林之阻則開鑿之川澤之阻則橋梁之○徧音遍疏司險至道路○釋曰序官注國曰固野曰險是掌固掌在國城郭則司險掌畿外阻固故云司險也○注周猶至梁之○釋曰云山林之阻則開鑿之者謂若禹鑿龍門之類川澤之阻則橋梁之者謂若十月。車梁成之類是也設國之五溝五涂而樹之林以爲阻固皆有守禁而達其道路五溝遂溝洫澮川也五涂徑畛涂道路也樹之林作藩落也○洫況域反澮古外反畛之忍反疏設國至道路○釋曰此五溝五涂而言樹之林以爲阻固皆有守禁則非遂人田間五溝五涂但溝涂所作隨所須大小而爲之皆準約田間五溝五涂其溝上亦皆有道路以相。之湊故以五溝五涂而言之也○注五溝至落也○釋曰遂溝至道路皆遂人文故遂人云夫間有遂遂上有徑十夫有溝溝上有畛百夫有洫洫上有涂千夫有澮澮上有道萬夫有川川上有路是也國有故則藩塞阻路而止行者以其屬守之唯有節者達之有故喪災及兵也閉絕要害之道備。姦寇也疏國有至達之○釋曰國有故之時恐有姦寇故藩塞阻路而止行者云以其屬守之者謂使司險之下胥徒四十人之屬守其要者其餘使其地之民爲守也云有節者達之者節謂道路用旌節也○注有故至。奸寇○釋曰鄭知有故是喪災及兵者喪謂王喪災謂水火兵謂寇戎之等有故使守慎惟此而已故以此三事解之

掌疆闕

候人各掌其方之道治與其禁令以設候人道治治道也國語曰候不在竟譏不居其方也禁令備姦寇也以設

候人者選士卒以爲之詩云彼候人兮何戈與祋○治直吏反注道治及下方治同何胡我反又音河祋都外反劉睹律反疏○候人至候人○釋曰言各掌其方之道治與其禁令以設候人者以其上士六人下士十有二人徒百有二十人以道路多故設官及徒亦多也引國語者按周語定王使單襄公聘于宋遂假道于陳以聘於楚時候不在境司空不視塗膳宰不致餼司里不授館單子歸以告王曰陳侯不有大咎國必亡言譏者正謂陳侯不有大咎國必亡者也詩云彼候人兮荷戈與祋者荷揭也祋謂殳也引此二者證候人在道之事鄭言候人者選士卒以爲之者即徒百二十人皆是甲士與步卒之內爲之

也若有方治則帥而致于朝及歸送之于竟方治其方來治國事者也春秋傳曰晉欒盈過周王使候人出諸轘轘是其送之○朝直遙反轘戶關反疏注方治至送之○釋曰方治其方來治國事者也謂國有事不能自決當決於王國或有國事須報在上皆是也引春秋者按襄二十一年晉欒盈出奔楚過周周西鄙掠之辭於行人曰天子陪臣盈得罪於王之守臣將逃罪罪重於郊甸無所伏竄敢布其死昔陪臣書能輸力於王室若不棄書之力亡臣猶有所逃若棄書之力將歸死於尉氏惟大君命焉王使司徒禁掠欒氏者歸所取焉使候出諸轘轅彼云候鄭君以義言之故言候人也

環人掌致師致師者致其必戰之志古者將戰先使勇力之士犯敵焉春秋傳曰楚許伯御樂伯攝叔爲右以致晉師許伯曰吾聞致師者御靡旌摩壘而還樂伯曰吾聞致師者左射以菆代御執轡御下。掚馬。掉鞅而還攝叔曰吾聞致師者右人壘折馘執俘而還皆行其所聞而復之○菆側留反劉子侯反掚音兩又音亮掉徒弔反又奴孝反鞅於兩反折之設反下同馘古獲反俘音孚疏注致師至復之○釋曰云古者將戰先使勇力之士犯敵焉者按文十二年秦伯伐晉秦人欲戰秦伯謂士會曰若何而戰對曰若使輕者肆焉其可注云肆突言使輕銳之兵往驅突晉軍隱九年北戎侵鄭公子突曰使勇而無剛者嘗寇而速去之注云勇則能往無剛不恥退云春秋傳者宣十二年左氏傳晉楚交戰楚許伯御樂伯己下謂凡平兵車之法射者在左御者在中戈盾在右蕆矢之箸者搠猶飾也掉猶正也言折馘執俘者死者取左耳曰馘生者曰俘執取之云皆行其所聞而復之者去時作言及。至晉師皆行其所聞之事而復反此亦勇而無剛之人引之者證致師之事也

察軍慝慝陰姦也視軍中有爲慝者則執之○慝他得反【疏】察軍慝○釋曰按莊二十五年左氏傳云惟正月朔慝未作彼以慝爲陰氣則此慝亦是陰姦也欲陰私爲姦取此軍之事往彼言之故察而執之

環四方之故卻其以事謀來侵伐者所謂折衝禦侮【疏】注卻其至禦侮○釋曰此則訓環爲卻卻其以事謀來侵伐此國者也云所謂折衝禦侮者謂彼國來衝能折服之彼國來輕侮能禦之故云折衝禦侮

巡邦國搏諜賊諜賊反間爲國賊○搏音博又房布反劉音付諜音牒間間廁之間【疏】注諜賊至國賊○釋曰云巡邦國者謂巡諸侯邦之內有諜賊搏捉取之言諜賊者謂間伺此國之善惡諜諜然傳道之言反間者謂間伺反於彼言之也此諜賊卽上軍慝之類彼據邦國故異言之

訟敵國敵國兵來則往之與訟曲直若齊國佐如師【疏】注敵國至如師○釋曰云若齊國佐者成公二年晉伐齊晉師至袁婁齊侯使國佐致賂晉人不可曰必以蕭同叔子爲質而使齊之封內盡東其畝對曰蕭同叔子非他寡君之母也若以匹敵則亦晉君之母也今吾子布大命於諸侯而曰必質其母以爲信其若王命何又曰先王疆理天下物土之宜而布其利下云今吾子疆理諸侯而曰盡東其畝而已惟吾子戎車是利無顧土宜其無乃非先王之命也乎晉於是退師是訟敵國之事故引爲證也

揚軍旅爲。之威武以觀敵詩云維。師尚父時。維鷹。揚【疏】注爲之至鷹揚○釋曰引詩者大雅文王詩言太公爲大師可尚可父武王伐紂之時太公奮其威武惟如鷹之揚擊是揚威武。之。事故引爲證也

降圍邑圍邑欲降者受而降之春秋傳曰齊人降鄣○降戶江反注同鄣音章劉諸讓反【疏】注圍邑至降。鄣○釋曰按公羊傳莊公三十年秋七月齊人降鄣鄣者何

紀人之遺邑也是紀入齊之時不俱至後乃降引之證降是圍邑之事也

挈壺氏掌挈壺以令軍井挈轡以令舍挈畚以令糧鄭司農云挈壺以令軍井謂爲軍穿井井成挈壺縣其上令軍中士衆皆望見知此下有井壺所以盛飲故以壺表井挈轡以令舍亦。縣轡于所當舍止之處使軍望見知當舍止于此轡所以駕舍故以轡表舍挈畚以令糧亦。縣畚于所當。稟假之處令軍望見知當稟假于此也畚所以盛糧之器。故以畚表稟軍中人多車騎雜會讙囂號令不能相聞故各以其物爲表省煩。趨。疾。于事便。也○畚音本爲于僞反下爲沃同縣音玄下皆同令力呈反盛音成下同稟彼錦反劉方鴆反讙呼端反囂五高反一音許驕反省所景反便婢面反疏挈壺至令糧○釋曰皆云挈者謂結之於竿首挈挈然故云挈也先鄭注具不復疏之也

凡軍事縣。壺以序聚㮳。鄭司農云縣壺以爲漏以序聚㮳以次更聚擊㮳備守也玄謂擊㮳兩木相敲行夜時也代亦更也禮未大斂代哭以守壺者爲沃漏也以火守壺者夜則。口視刻數也分以日夜者異晝夜漏也漏之箭晝夜共百刻冬夏之間有長短焉大史立成法有四十八箭○㮳音託更音庚下同敲苦交反又苦教反行下孟反共如字疏注鄭司至八箭○釋曰先鄭云縣壺以爲漏者謂。縣壺於上以水沃之水漏下入器中以沒刻爲准法云以序聚㮳以次更聚擊㮳備守也者先鄭意持更人擊㮳玄謂擊㮳兩木相敲行夜時也者謂行夜者擊之按脩閭氏掌比國中宿互㮳者先鄭云㮳謂行夜擊㮳野廬氏云若有賓客則令守塗地之人聚㮳之司農云聚擊㮳以宿衛之也彼二注後鄭皆從先鄭及至此注不從先鄭者以野廬氏無。夜。行者宿人自擊故後鄭從之此文與脩閭氏同有行夜者故此不從先鄭宿者自擊之是以宮正云夕擊㮳而比之注云行夜以比直宿者先鄭云㮳戒守者所擊也是亦爲行夜者所擊也云代亦更也禮未大斂代哭者未殯已前無問尊卑皆哭不絕聲大斂之後乃更

凡喪縣。壺以代哭者皆以水火守之分以日夜

代而哭亦使哭不絕聲大夫以官士親疏。大哭人君尊又以壺爲漏分更相代云分以日夜異晝夜漏也者若冬至則晝短夜長夏至則。晝夜短二分則晝夜等晝夜長短不同須分之故云異晝夜漏也云漏之箭晝夜共百刻冬夏之間有長短漏者馬氏云漏凡百刻春秋分晝夜各五十刻冬至晝則四十刻夜則六十刻夏至晝六十刻夜四十刻鄭注堯典云日中者日見之漏與不見者齊日長者日見之漏五十五刻於四時最長也夜中者日不見之漏與見者齊日短者日見之漏四十五刻於四時最短此與馬義異以其馬云春秋分晝夜五十刻據日見之漏若兼日未見日沒後五刻晝五十五刻夜四十五刻若夏至晝六十刻通日未見日沒後五刻則晝六十五刻夜三十五刻一年通閏有三百六十五日四分日之一四時之間九日有餘校一刻爲率云大史立成法有四十八箭者此據漢法而言則以器盛四十八箭箭各百刻以壺盛水。縣於箭上節而下之水水淹一刻則爲一刻四十八箭者蓋取倍二十四氣也及

冬則以火爨鼎水而沸之而沃之鄭司農云冬水凍漏不下故以火炊水沸以沃之謂沃漏也○爨七端反【疏】注鄭司至漏也○釋曰沃如沃尸盥之沃謂沸水稍熱澆沃壺。中使下也

射人掌國之三公孤卿大夫之位三公北面孤東面卿大夫西面其摯三公執璧孤執皮帛卿執羔大夫鴈。位將射始入見君之位不言士者此與諸侯之賓射士不與也燕禮曰公升即位于席西鄉小臣納卿大夫卿大夫皆入門右北面東上士。位於西方東面北上大射亦云則凡朝燕及射臣見於君之禮同○見君賢遍反下同不與音預鄉許亮反朝直遙反下文及注皆同【疏】射人至夫鴈○釋曰三公。射北面者君南面答陽臣之北面答君三公臣中最尊故屈之使北面答君之義孤東面者西方者賓位以孤無職尊而賓客之故在西也卿大夫西面者以其皆有職故在東在東近君居主位也○注位將至禮同○釋曰知位是將射始入見君之位者此射人

主諭射事大射諸侯禮亦然故知將射見君始入見君之位也云不言士此與諸侯之賓射士不與也者無臣祭無所擇不得自大射得與君大射故司農云大射不言士也按下文士豻侯二正則士得自行賓射不得與君賓射矣引燕禮者欲見天子諸侯朝燕射三者位同之義云凡朝燕及射臣見於君之禮同者以儀禮內諸侯有燕朝及射朝不見正朝周禮內天子有射朝與正朝不見燕朝諸侯射朝與燕朝位同則天子燕朝亦與射朝位同則諸侯正朝亦與射朝位同是天子諸侯三朝各自同故鄭引儀禮見天子諸侯互見爲義耳

諸侯在朝則皆北面詔相其灋謂諸侯來朝而未歸王與之射於朝者皆北面從三公位法其禮儀【疏】諸侯至其法○釋曰按司几筵云凡封國命諸侯大饗射王立扆前南鄉司服云享先公饗射則鷩冕鄭注云饗射饗食賓客與諸侯射也此云王與之射言在朝當皮弁又何得有扆所以然者彼二者據大射在學故有著冕在扆之事此賓射在路門之外朝故與彼異也○注謂諸至禮儀○釋曰云從三公位者諸侯南面之尊故屈之從三公位也云法其禮儀者謂在朝進退周旋拱揖之儀也

若有國事則掌其戒令詔相其事謂王有祭祀之事諸侯當助其薦獻者也戒令告以齊與期○齊側皆反【疏】注謂王至與期○釋曰知國事是王有祭祀之事者以其諸侯來朝未歸而有戒令詔相之事大宗伯祭事皆云詔相故知是祭祀之事云戒令告以齊與期者齊謂散齊期謂祭日也

掌其治達謂諸侯因與王射及助祭而有所治受而達之於王王有命又受而下之○治直吏反【疏】注謂諸至下之○釋曰如鄭注意則治達之中非直諸侯有治于王王之有治亦下達於諸侯也

以射灋治射儀王以六耦射三侯三獲三容樂以騶虞九節五正諸侯以四耦射二侯二獲二容樂以貍首七節三正孤卿大夫以三耦射一侯一獲一容樂以采蘋五節二正士以三耦射豻侯一獲一容樂以

采蘩五節二正射法王射之禮治射儀謂肆之也鄭司農云三侯熊虎豹也容者乏也待獲者所蔽也九節析羽九重設於長杠也正所射也詩云終日射侯不出正兮二侯熊豹也豻侯者獸名也獸有貙豻熊虎玄謂三侯者五正三正二正之侯也二侯者三正二正之侯也一侯者二正而已此皆與賓射於朝之禮也考工梓人職曰張五采之侯則遠國屬遠國謂諸侯來朝者也五采之侯卽五正之侯也正之言正也射者內志正則能中焉畫五正之侯中朱次白次蒼次黃玄居外三正損玄黃二正去白蒼而畫以朱綠其外之廣皆居侯中參分之一中二尺今儒家云四尺曰正二尺曰鵠鵠乃用皮其大如正此說失之矣大射禮豻作干讀如宜豻宜獄之豻豻胡犬也士與士射則以豻皮飾侯下大夫也大夫以上與賓射飾侯以雲氣用采各如其正九節七節五節者奏樂以爲射節之差言節者容侯道之數也樂記曰明乎其節之志不失其事則功成而德行立〇射三侯食亦反下及注射侯所射射牲射家皆同三獲如字劉胡伯反五正音征下及注同豻五旦反劉音鴈注同肆之劉餘二反一音四九重直龍反杠音江貙勑誅反下同言正音政下志正大射正同能中丁仲反下文注下射中中侯同去白起呂反下去扑同廣古曠反鵠注古毒反下大夫戶嫁反下天子同以上時掌反下上曰以上同行下孟反疏射法至行立釋曰此則賓射在朝之儀言射法王射之禮者此經兼有諸侯臣各在家與賓客射法各自有官掌之射人但作法與之耳首云射法者是射人所掌王射之禮言王射以別諸侯已下之射也云治射儀謂肆之也者言治則非是王射之語謂若大射宗伯云治其大禮皆是習禮法故鄭云肆之肆則習也先鄭云三侯虎熊豹後鄭不從云容者乏也者此言容儀禮大射鄉射之等云乏故云容者乏也言容者據唱獲者容身於其中據人而言云乏者矢至此乏極不過據矢而說也云九節析羽九重設於長杠也者若是析羽九重設於長杠卽是獲旌當與三獲三容相依何得輒在騶虞之下既在騶虞詩下明是歌之樂節故後鄭不從也云二侯熊豹也者後鄭亦不從也云豻侯者獸名也獸有貙豻熊虎者此皆獸類故舉言之也玄謂三侯者五正三正二正之侯也者

大射賓射侯數同皆約大射云大侯九十糝侯七十豻侯五十而言云二侯者三正二正之侯也者謂七十五十弓者也云一侯者二正而已者據大夫士同一侯二正五十弓而已云此皆與賓射於朝之禮也者按鄉射記云於境則虎中龍旜謂諸侯賓射之禮彼又云唯君有射國中其餘臣則否注云臣不習武事於君側則臣皆不得在國射若然在朝賓射唯有天子而云此皆與賓射於朝之禮者謂諸侯已下賓射在己朝不謂於天子朝行此賓射之禮也云考工梓人職曰張五采之侯則遠國屬已下至五正之侯也引之者破先鄭以此五正之侯爲虎熊豹但梓人有三等侯云張皮而棲鵠及司裘云虎侯熊侯豹侯皆大射之侯也梓人又云張五采之侯則遠國屬及此五正之等皆賓射之侯也梓人又云張獸侯則王以息燕及鄉射記云天子熊侯白質之等皆燕射之侯也三射各有其侯而先鄭以皮侯釋正侯一非也云正之言正也射者内志正則能中焉者此意取義於射義司裘注更有一釋正爲鳥名解之也云畫五正之侯中朱已下皆以相剋爲次向南爲首故先畫朱知三正去玄黄二正朱緑者皆依聘禮記繅藉而言三采者朱白蒼二采者朱緑也云其外之廣皆居侯中參分之一者此亦約梓人云參分其廣而鵠居一焉彼據大射之侯若賓射之侯亦當參分其廣正居一焉九十步者侯中丈八尺七十步者侯中丈四尺五十步者侯中一丈也云今儒家云四尺曰正二尺曰鵠鵠乃用皮其大如正此說失之矣者賓射射正大射射鵠儒家以正鵠爲一曰解故鄭破之云鵠乃用皮其大如正不得爲一故云此說失之矣云大射禮豻作干者見大射經作干侯彼注亦破從豻云讀如宜豻宜獄之豻者此讀與彼音同云云豻胡犬也者謂胡地之野犬云士與士射則以豻皮飾侯下大夫也大夫以上與賓射飾侯以雲氣知義如此者此賓射正用二采而言豻侯明於兩畔以豻皮飾之故得豻侯之名知大夫已上用雲氣者鄉射記云凡畫者丹質注云賓射之侯燕射之侯皆畫雲氣於側以爲飾必先以丹采其地是賓射大夫已上皆畫雲氣其大射之侯兩畔飾以皮故鄭直言賓射燕射云用采各如其正者其側之飾采之數各如正之多少也云九節七節五節者奏樂以爲射節之差者九節者五節

先以聽七節者三節先以聽五節者一節先以聽尊者先聽多卑者少爲差皆留四節以乘矢拾發云言節者容侯道之數者謂若九節者侯道九十弓七節者侯道七十弓五節者侯道五十弓也云樂記曰明乎其節之志不失其事則功成德行立者證侯道遠近亦爲節也此射義文云樂記者誤也若王

大射則以貍步張三侯鄭司農云貍步謂一舉足爲一步於今爲半步玄謂貍善搏者也行則止而擬度焉其發必獲是以量侯道法之也侯道者各以弓爲度九節者九十弓七節者七十弓五節者五十弓弓之下制長六尺大射禮曰大侯九十參七十干五十是也三侯者司裘所共虎侯熊侯豹侯也列國之君大射亦張三侯數與天子同大侯熊侯也參讀爲糝糝雜也雜者豹鵠而麋飾下天子大夫○搏音博劉音付擬又作儗同度待洛反參讀爲糝素感反干五與豻同五旦反

【疏】注鄭司至大夫○釋曰此射人主賓射兼主大射之事故爲大射張侯也先鄭云貍步謂一舉足爲一步於今爲半步者此言於射張侯義無取故後鄭不從是以後鄭爲貍善搏物解之云侯道者各以弓爲度九節者九十弓以下者按鄉射記鄉侯五十弓弓二寸以爲侯中彼據鄉射之侯一侯五十弓者而言若大射三侯云九十七十五十亦是據弓爲數弓之上制六尺中制六尺三寸下制六尺六尺與步相應故鄭連引大射三侯以義相會諸侯三侯三用物雖不與天子同侯道則同但天子侯道無文約同諸侯故更引司裘天子三侯以會之諸侯糝侯知豹鵠而麋飾者以司裘云諸侯熊侯豹侯卿大夫麋侯畿外不得純如天子近侯已用豻則大侯不得用虎侯明大侯用畿內諸侯熊侯爲之其中豹侯麋侯則諸侯兼此二侯乃稱糝豹尊於麋明以豹麋爲鵠以麋爲飾耳不純用豹麋者下天子大夫故也

王射則令去侯立于後以矢行告鄭司農云射人主令人去侯所而立于後也以矢行告行高下左右告于王也大射禮曰大射正立于公後以矢行告于公下曰留上曰揚左右曰方杜子春說以矢行告告白射事于王王則執矢也杜子春說不與禮經合疑非是也。卒。令取矢謂射卒射人令當取矢者使取矢也

卒令取矢

玄謂令去侯者命負侯者去侯也鄉射曰司馬命獲者執旌以負侯○卒子恤反注同 疏 王射至取矢○釋曰此文承賓射大射之下則王射射人皆令去侯立於後以矢行告卒令取矢○注鄭司至負侯○釋曰先鄭云射人主令人去侯所者不辨其去侯之人故後鄭增成其義其負侯之人是服不氏也又引鄉射直云司馬命負侯不言官者大夫士家無服不氏家臣為之故也天子射人無其事故引大射之等為證也

祭侯則為位

祭侯獻服不服不以祭侯為位為服不受獻之位也大射曰服不侯西北三步北面拜受爵 疏 注祭侯至受爵○釋曰按大射禮使服不氏負侯將祭侯之時先設位於侯西北北面服不氏於位受得獻訖乃於侯所北面祭侯故引大射受獻之位為證也

與大史數射中

射中數射者中侯之算也大射曰司射適階西釋弓去。扑襲進由中東立于中南北面視算○數所主反注同扑普卜反劉方遘反說文父豆反 疏 注射中至視算○釋曰數算大史數之射人但視之耳故引大射為證大射諸侯禮謂之司射天子謂之射人司射恆執張弓搢扑但令將視數薄故適階西釋去弓并去扑向於階西襲乃適中南北面視數算也

佐司馬治射正

射正射之法儀也 疏 注射正至儀也○釋曰射之威儀乃是禮之正故名射儀為射正也司馬所主射儀謂若命去侯命取矢乘矢之等皆當佐之言治者亦謂預習之類也

祭祀則贊射牲相孤卿大夫之灋儀

豕嘗之禮有射豕者國語曰禘郊之事天子必自射其牲今立秋有貙劉云○貙劉力朱反一音如字 疏 注豕嘗至劉云○釋曰鄭知豕嘗之禮有射豕者據。乎豕。嘗禮而知云國語曰禘郊之事天子必自射其牲者據祭天之時牲則犢也若然宗廟之祭秋冬則射之春夏否也祭天則四時常射天尊故也是以司弓矢共王射牲之弓矢此射人贊射牲也諸侯已下則不射楚語云。劉羊擊豕而已云今立秋有貙劉云者漢時苑中有貙劉卽爾雅貙似貍劉殺也云立秋貙殺物引之者證豕嘗在秋有射牲順時氣之法

會同朝覲作大夫介凡有爵者

作讀如作止爵之作諸侯來至王使公卿有事焉則

作大夫使之介也有爵者命士以上不使賤者〇介劉古拜反注及下同【疏】會同至爵者〇釋曰作使也有會同朝覲王使公卿有事於會同則射入使大夫爲上介使凡有爵者命士以上爲衆介也〇注作讀至賤者〇釋曰鄭讀作如作止爵之作者讀從特牲少牢三獻作止爵按彼主人主婦二獻尸訖賓長爲三獻尸爵止鄭注云欲神惠之均於室中使主人主婦致爵訖三獻則賓長也賓長作起前所所止之爵使尸飲之讀從者取動作使之義也大師令有爵者乘王之倅車倅車戎車之副〇倅七內反劉倉愛反【疏】注倅車戎車之副釋曰大師謂王出征伐王乘戎路副車十二乘皆從王行則使有爵者命士已上乘之知倅車戎車之副者戎僕云掌王倅車之政鄭云倅車之副也有大賓客則作卿大夫從作者選使從王見諸侯〇注才用反注同【疏】注作者至諸侯〇釋曰大賓客不言會同則是秋冬覲遇并春夏受享在廟之時從王見諸侯也戒大史及大夫介戒戒其當行者覲禮曰諸公奉篋服加命書于其上升自西階東面大史氏右【疏】注戒戒至氏右〇釋曰此謂王有命使三公命諸侯及衣服就館賜之時則射人戒大史及大夫與諸公爲介注引覲禮者證王使諸公就館賜侯氏之法云大史氏右者謂於西階東面之時大史在公之右命侯氏也是以公羊傳曰命者何加我服錫者何賜也大喪與僕人遷尸作卿大夫掌事比其廬不敬者苛罰之僕人大僕也僕人與射人俱掌王之朝位也王崩小斂大斂遷尸于室堂朝之象也檀弓曰扶君卜人師扶右射。人扶左君薨以是舉苛謂詰問之〇比毗志反苛音何又呼何反朝直遙反下皆同【疏】大喪至罰之〇釋曰作大夫掌事者謂王喪宜各有職掌比其廬者謂若宮正所云親者貴者居廬當比其本服親疏及貴賤〇注僕人至問之〇釋曰知僕人大僕也者見大僕掌內朝射人掌正朝掌事是同周禮又更無僕人職故知是大僕是以鄭云僕人與射人俱掌王之朝位也云王崩小斂大斂遷尸於室堂者始死於北牖下遷尸於南。牖下又云小斂於戶內是遷尸於室小斂訖遷尸於戶外又遷尸大斂大斂於阼階大斂訖又遷尸於西階以入棺是遷尸于堂也云朝之象也者君所在臣朝之故云朝之象也引檀弓者證射人與僕人君之疾甍皆是二人之事彼鄭云卜當爲僕卽僕人也

服不氏掌養猛獸而教擾之猛獸虎豹熊羆之屬擾馴也教習使之馴服王者之教無不服○擾而小反劉音饒羆彼皮反馴似遵反一音脣【疏】注猛獸至不服○釋曰猛獸云之屬者兼有豺狼貙貐之等故云之屬教馴之象天下皆服王者之教無服故也

凡祭祀共猛獸謂中膳羞者獸人冬獻狼春秋傳曰熊蹯不熟○蹯音煩掌也【疏】注謂中至不熟○釋曰上云養猛獸則猛獸皆養之此言祭祀所共據堪食者故鄭云謂中膳羞中膳羞唯有熊狼故引獻人與春秋爲證按內則亦云狼臅膏可食也春秋傳者宣公二年晉靈公之時宰夫胹熊蹯不熟殺之趙盾諫之

時賓客之事則抗皮鄭司農云謂賓客來朝聘布皮帛者服不氏主舉藏之以抗讀爲亢其讎之亢玄謂抗者若聘禮曰有司二人舉皮以東○抗注亢同苦浪反劉公郎反【疏】注鄭司至以東○釋曰朝聘布皮帛者按聘禮行享禮之時皮帛布於庭使服不氏舉皮以東抗卽舉也故引爲證也讀爲亢其讎之亢者讀從僖二十八年城濮之戰子犯云背惠食言以亢其讎引之者取亢舉之義也後鄭引聘禮者增成先鄭義二人者卽服不氏也

射則贊張侯以旌居乏而待獲贊佐也大射禮曰命量人巾車張三侯杜子春云待當爲持書亦或爲持乏讀爲匱乏之乏持獲者所蔽玄謂待獲待射者中舉旌以獲○中如字劉居令反中丁仲反【疏】注贊佐至以獲○釋曰引大射者證服不氏佐量人巾車張侯之事後鄭云待獲待射者中舉旌以獲者以獲則大射禮唱獲者居乏中中則舉旌以宮下旌以商者是也故不從子春待爲持也

射鳥氏掌射鳥鳥謂中膳羞者鳧鴈鴇鴞之屬○射食亦反下射鳥同鳧音扶鴇音保鴞于苗反【疏】注鳥謂至之屬○釋曰知中膳羞者

以上文猛獸有共祭祀此下文云祭祀敺烏鳶烏鳶不中膳羞則敺之此經直云射鳥明是中膳羞者也鄭知鳧鴈鴇鴞者內則云舒鳧翠鴈腎鴇鴞胖此等去翠腎胖是可膳羞者也云之屬者兼有雉鶉鷃之等也

祭祀以弓矢敺烏鳶凡賓客會同軍旅亦如之

烏鳶害鈔盜便汗人○敺起俱反鳶代專反鈔初教反又初交反便婢面反劉符絹反【疏】祭祀至如之○釋曰賓客會同敺烏鳶者以其會同皆有盟詛之禮殺牲之事軍旅亦有較牲巡陳之事故須敺烏鳶

射則取矢矢在侯高則以幷夾取之

鄭司農云王射則射鳥氏主取其矢矢在侯高者矢著侯高人手不能及則以幷夾取之幷夾鍼箭具夾讀爲甲故司弓矢職曰大射燕射共弓矢幷夾○夾音甲著直略反鍼箭其炎反李其嚴反沈云或作鉆【疏】注鄭司至幷夾○釋曰射皆三番第一番雖有六耦二耦誘射雖中不獲第二第三皆衆耦共射皆釋獲有取矢之法先鄭引司弓矢職直有大射燕射不言賓射亦同大射燕射也

羅氏掌羅烏鳥

烏謂卑居鵲之屬○卑音匹又如字【疏】注烏謂至之屬○釋曰鄭知烏卑居者見小弁詩云弁彼鸒斯歸飛提提注云鸒卑居卑居雅烏云鵲者即山鵲卑居之類云之屬者兼有餘烏也

蜡則作羅襦

作猶用也鄭司農云蜡謂十二月大祭萬物也郊特牲曰天子大蜡謂歲十二月合聚萬物而索饗之襦細密之羅襦讀爲繻有衣袽之繻玄謂蜡建亥之月此時火伏蟄者畢矣豺既祭獸可以羅網圍取禽也王制曰豺祭獸然後田又曰昆虫已蟄可以火田今俗放火張羅其遺教○襦女俱反或音須注繻同索色白反袽女居反字又作絮【疏】注作猶至遺教○釋曰先鄭所云其義得矣後鄭增成之言蜡者自取當蜡之月得用細密之罔羅取禽獸故後鄭云此時火伏十月之時火星已伏在戌將蟄者畢矣引王制者證十月蜡祭後得火田有張羅之事云今俗放火張羅其遺教者漢之俗間在上放火於下張羅丞之以取禽獸是周禮之遺教則知周時亦上放火下張羅也

中

春羅春鳥獻鳩以養國老行羽物春鳥蟄而始出者若今南郡黃雀之屬是時鷹化爲鳩鳩與春鳥變舊爲新宜以養老助生氣行謂。賦賜〇中音仲【疏】注春鳥至賦賜〇釋曰此文仲春行羽物按司裘職云仲秋獻良裘王乃行羽物彼注云仲秋鳩化爲鷹仲春鷹化爲鳩順其始殺與其將止而大。班羽物若然則一年二時行羽物但彼注云此羽物小鳥鶉雀之屬鷹所擊者此注云春鳥若今南郡黃雀之屬不同者各舉一邊互見其義

掌畜掌養鳥而阜蕃教擾之阜猶盛也蕃蕃息也鳥之可養使盛大蕃息者謂。鵞鶩之屬〇蕃音燔注同鵞五何反鶩音木【疏】注阜猶至之屬〇釋曰云鳥之可養使盛大蕃息者謂鵞鶩之屬者卽今之鴨民間所畜故云焉祭祀共卵。鳥其卵可薦之鳥〇卵劉本作夘音卵【疏】注其卵可薦之鳥〇釋曰還謂上經鵞鴨之屬其雛亦在焉歲時貢鳥物鳧鴈之屬以四時來【疏】注鳧鴈至時來〇釋曰不言鶩鶩雛者所畜非貢物故以野鳥爲貢者也共膳獻之鳥雉及鶉鴽之屬〇鶉音純鴽音如【疏】注雉及鶉鴽之屬〇釋曰此言堪膳而獻者惟有此等是以內則及公食大夫上大夫二十豆有雉兔鶉鴽云之屬者更有餘鳥也

附釋音周禮注疏卷第三十

周禮注疏卷三十校勘記

阮元撰盧宣旬摘錄

附釋音周禮注疏卷第三十

小司馬

此下字脫滅札爛文闕　余本毛本同嘉靖本文作又按此本疏云以此知此下脫滅札爛又闕也又云札爛又闕者以其下經簡札爲韋編折爛闕落則文爲又之誤無疑而字字亦當爲衍文今閩監毛本疏又皆誤文矣注中札字此本閩本作禮因誤爲礼遂改作禮也

與購求遺書不得也　補案與上當有漢字

軍司馬

闕　余本嘉靖本同此及下皆鄭注也閩監毛本獨此不標注字且移闕於○下誤也下同

司勳

輔成王業若周公　閩本輔上剜補注字監毛本從之下民功曰庸疏同

祭於大烝　唐石經諸本同此本疏中烝作蒸

盤庚告其卿大夫曰　閩監毛本同余本岳本嘉靖本盤作般釋文亦作般庚當據正

爾祖其從與享之　宋本與作預非

釋曰凡凡有功閩監毛本凡字不重此上當云之誤
在冬之蒸祭者閩監毛本蒸作烝下並同
惟加田無國正閩監毛本同唐石經余本嘉靖本惟作唯
少宰特牲是大夫浦鏜云宰誤宰
馬質
其外否唐石經諸本同案否當作不○按說文云否不也此不必改字
姜大岳之後也惠校本岳作嶽下同
量人
經塗九軌惠校本軌作軓
市一夫之等補案市下當有朝字
量其市朝州涂軍社之所里釋文州涂本又作塗按塗俗字
師皆有道以相湊之惠校本同閩監毛本湊作凑非
從於獻酒之肉炙也諸本同釋文出肉炙二字惠校本作炙肉按賈疏引鄭云亦作炙肉

若燕行獻賓薦脯醢是也浦鏜云行當禮字誤

傳火曰燔閩監毛本同誤也宋本傳作傅傅卽今附近之附

葦包二者也按二當爲一

正喪祭奠入壙之事也正當証之誤

元謂舋讀如嘏尸之嘏漢讀考作讀爲云今本作如誤案鬱人大祭祀與量人受舉舋之卒爵而飲之注舋受福之嘏聲之誤也王酳尸尸嘏王此其卒爵也此注嘏尸亦當作尸嘏○按此卽禮經之尸嘏主人也

小子

謂四段解之閩本同宋本段作股當據正監毛本誤股

故正祭卽體解爲二十一體宋本無故此衍

祈或爲刉余本岳本同閩監毛本刏作刉下及疏同余本此本載音義皆作刉今通志堂本亦省作刏

祈或作幾惠校本幾作畿非

凡刉衈則奏犬牲余本岳本嘉靖本同閩監毛本犬誤大疏同惠校本衈作珥

按爾雅曰祭山曰㾪縣閩本同監毛本㾪縣改庪縣惠校本曰作云○按庪㾪皆俗字而㾪从疒尤非

亦謂鼓神節浦鏜云歆誤鼓從儀禮通解續校

羊人

四之日其蚤惠校本蚤作早

法羊餼饔積膳之羊嘉靖本法作灋非釋文餼饔作食饗云音嗣本又作餼饔惠棟云疏作餼饔余本作食饗

積故書爲毗毛本毗誤從耳

司爟

九月本黃昏心星伏在戌上此本疏中引注無黃字案上文亦無黃此衍○按戌當作戌下疏同

九月本昬心星伏在戌上閩監毛本昬上有黃非

掌固

要塞之處也閩監毛本塞改害非

稍食祿稟余本嘉靖本毛本同閩監本稟作廩誤疏中同

用爲楨榦惠校本同閩監毛本榦作幹非

若縠臯河漢要路之所此本縠誤殺今據閩毛本訂正監本誤漢

遠樹以爲固遠蓋遠之訛

司險

謂若十月車梁成之類閩監毛本依今孟子車改輿非

其溝上亦皆有道路以相之湊閩本同余本無之監毛本改爲支〇按無者是也

備姦寇也嘉靖本姦作奸候人注同案賈疏標起訖作奸寇〇按奸者姦之俗作奸者非

候人

何戈與祋嘉靖本閩本同釋文亦作祋監毛本作役誤從衣

王使候人出諸轘轅監本轅誤轘

環人

御下抦馬掉鞅而還宋本余本嘉靖本同閩監毛本抦誤柄疏同監本又馬誤焉掉誤棹

及至晉師宋本無至

爲之威武以觀敵六經正誤作揚威武以觀敵

維師尙父時維鷹揚惠校本嘉靖本維作惟此從糸非按賈疏亦作惟此本疏中揚作楊

是揚威武之事　惠校本同閩監毛本脱之事

注圍邑至降鄣　監本鄣誤障

挈壺氏　唐石經余本通典七十六漢制考同嘉靖本閩監毛本壺作壼非

挈壺縣其上　通典縣作懸下同

亦縣畚于所當稾假之處　通典稾作廩非釋文稾假有音

省煩趨疾于事便也　通典作省煩事便無下四字文簡而義益明今本蓋衍釋文出省煩事便四字

以序聚欜　閩監毛本同唐石經余本嘉靖本欜作欜

夜則□視刻數也　此本則下有□閩監毛本補火字非余本岳本嘉靖本作夜則視刻數也本無闕文當據以訂正

野蘆氏云　當從毛本作野廬

以野廬氏無夜行者　按夜行字當誤倒

士親疏大哭　浦鏜云代誤大

夏至則晝夜短　補案晝下當有長字

澆沃壺中使下也　監本中字缺壞

射人

大夫鴈 唐石經鴈上有執諸本無

士位於西方 余本閩本同嘉靖本監毛本位作立

三公射北面者 閩本同誤也當從監毛本射作特

此射人主論射事 閩本同監毛本主改唯

三侯熊虎豹也 余本同嘉靖本閩監毛本作虎熊豹

今儒家云四尺曰正二尺曰鵠 諸本同案詩賓之初筵正義曰周禮鄭衆馬融注皆云十尺曰侯四尺曰鵠二尺曰正四寸曰質今儒家鄭指馬季長鄭仲師也正鵠字正互誤當據以訂正○按注於鄭衆注纖悉畢載皆系之鄭司農何此云儒家蓋必各成一說不容牽合儒家非仲師也

讀如宜豻宜獄之豻 賈疏亦作讀如云此讀與彼音同漢讀考作讀爲云今本作讀如誤

卒令取矢 余本嘉靖本毛本同閩監本卒令誤倒

釋弓去扑 余本嘉靖本閩本同監毛本扑作朴案釋文作去扑字從手○按扑卽說文之攴字从又卜聲扌卽又也以其可以扑人因名之曰扑凡經典扑字或改从木作朴者皆非也

據乎烝嘗禮而知 宋本嘗下有者監本乎改逸

劉羊擊豕而已 浦鏜云封誤劉

射人扶左 余本嘉靖本閩本同監毛本射人下衍師

遷尸於南牖下 閩本同監毛本牖作牗

服不氏

無服故也 補毛本服上有不字是也

熊蹯不熟 余本嘉靖本熟作孰此本疏中亦皆作孰此加火者俗字

故引獻人以春秋爲證 浦鏜云獸誤獻

抗讀爲亢其讐之亢 漢讀考作讀如案馬質注綱讀爲以亢其讐之亢亢御也禁也禁也禁去惡馬不畜也此注言服不氏主舉藏幣則與禁去義亦相近○按前說非也抗者舉也故讀如亢其讐而已不得云讀爲也與馬質注迥異

舉皮以東 嘉靖本東誤束

射鳥氏

鳧鴈鴇鴞之屬 閩監毛本同余本鴇作鴾嘉靖本作鵏此本作偽皆誤今訂正釋文作鳧鴈鴇鴞鴞音于苗反此本疏中引作鶚誤也引

內則鵠鴞胖亦誤鶚

以弓矢敺烏鳶 余本同唐石經敺作毆釋文作敺嘉靖本閩監毛本作歐此本及閩本烏誤鳥今訂正○按敺从攴說文之古文驅也與殳部之毆絕不同唐石經此經作毆乃大誤學者宜以此爲例求之

烏鳶善鈔盜便汙人 毛本善誤喜釋文汙作汚

第一番雖有六耦 閩本同監毛本雖改唯

羅氏

襦讀爲繻有衣袽之繻 葉鈔釋文作衣絮云字又作袽此本爲誤謂今據諸本訂正

可以羅網圍取禽也 閩監毛本同余本嘉靖本網作罔此本疏中亦作罔注皆用罔字此加糸旁非

於下張羅丞之 宋本閩本同監毛本丞改承

行謂賦賜 浦鏜云頒誤賦從集注校○按浦鏜非也古者分布於人曰賦如社而賦事是也

而大班羽物 閩監毛本班誤斑

掌畜

謂鵞鶩之屬 余本嘉靖本閩本同監毛本鵞改鵝非疏同釋文亦作鵞

祭祀共𠨊鳥唐石經余本嘉靖本同閩監毛本𠨊改卵釋文𠨊鳥劉本作𠨊音𠨊段玉裁云疑劉本作廾依說文也古說文𠨊字作廾

周禮注疏卷三十校勘記

鄭氏注　　賈公彥疏

夏官司馬下

司士掌羣臣之版以治其政令歲登下其損益之數辨其年歲與其貴賤周知邦國都家縣鄙之數卿大夫士庶子之數損益謂用功過黜陟者縣鄙鄉遂之屬故書版爲班鄭司農云班書或爲版版名籍○版版音板【疏】司士至之數○釋曰云掌羣臣之版者謂畿內朝廷及鄉遂都鄙羣臣名籍云以治其政令者即損益之數辨其年歲貴賤之等是也云歲登下其損益之數者三年黜陟者是也云辨其年歲者知羣臣在任及年齒多少也云與其貴賤者大夫已上貴士已下賤也云周知邦國都家者邦國謂周之千七百七十三國也都家謂天子畿內三等采地大都小都家邑是也先邦國後都家者尊諸侯故也亦如大宰云布治于邦國都鄙亦先邦國也縣鄙者謂去王國百里外六遂之中也不言六鄉者舉遠以包近云卿大夫士者即謂朝廷及邦國都家縣鄙之臣數總言之也云士庶子者亦如宮伯卿大夫之子謂適子庶子其支庶宿衞王宮者也云之數者邦國已下總結之也○注損益至名籍○釋曰云損益謂用功過黜陟者即三年大比以功過黜陟者也云縣鄙鄉遂之屬者縣鄙屬遂故云之屬其中兼鄉中之州黨故鄉遂並言也以詔王治告王所當進退○治直吏反下注治處同【疏】注告王所當進退○釋曰知詔王治是告王所當進退者司士掌羣臣之數只爲賞罰進退以最勵之故知告王治唯謂進退之也以德詔爵以功詔祿以能詔事以久奠食德謂賢者食稍食也賢者既爵乃祿之能者事成乃食之王制曰司馬辨論官材論進士之賢者以告於

王而定其論論定然後官之任官然後爵之位定然後祿之○奠音定乃食音嗣其論魯頓反下同又如字任音壬

疏以德至奠食○釋曰云以德詔爵以功詔祿者據賢者試功之後其德堪用乃詔王授之以正爵有功乃詔王授之以正祿也云以能詔事以久奠食者奠定也據能者先試之以事事成乃定以稍食其能堪用乃後亦詔授之以正爵祿○注德謂至祿之○釋曰云德謂賢者即大司徒云以鄉三物教萬民而賓興之三物謂六德六行六藝有六德六行即爲賢者有六藝即爲能者鄉大夫云三年則大比而興賢者能者鄭云賢者有德行者能者有道藝者云食稍食也者月給食不弃給故云稍食也云賢者既爵乃祿之者以經先云以德詔爵後云詔祿也云能者事成乃食之者以經先云詔事久乃定之以食也此二者互見其事自古。以事任之者皆試乃爵之則賢者有先試之以事乃後詔爵能者既試有功亦授之以爵所以賢者先言正爵能者先言試事者欲見尊敬賢者故先言正爵卑退能者先言試事故鄭云賢者既爵乃祿之能者事成乃食之也引王制者欲見能者須試乃授正爵之義云辨論官材者司馬使司士分辨其論官其材之法云論進士之賢者以告於王而定其論者云進士者謂學中之造士業成可進受官爵升之於司馬則曰進士司馬乃試論量考知賢者告王乃定其論云論定然後官之者謂試官也云任官然後爵之者謂正爵也云位定然後祿之者謂正祿也此即先試乃爵之事也

惟賜無常。賜多少由王不如祿食有常品

疏注賜多至常品○釋曰按司勳云凡賞無常輕重視功彼謂有勳勞據功大小與之賞此不據功但時王有恩而賜之故多少由王不由功大小也云不如祿食有常品者按王制下士視上農夫食九人中士倍下士上士倍中士大夫倍上士之等是祿有常品上云以久奠食稍食亦月月有常品也

正朝儀之位辨其貴賤之等王南鄉三公北面東上孤東面北上卿大夫西面北上王族故士虎士在路門之右南面東上大僕大右大僕從者在路門之左南面西上

此王日視朝事於路門外之位王族故士故爲士晚退留宿衞者未嘗仕雖同族不得在王宮大右司右也大僕從者小臣祭僕御僕隸僕〇正朝直遥反注同下皆同後內朝外朝朝聘朝覲視朝朝位之類倣此以意求之鄉許亮反下注同大音泰下倣此宿音夙劉息就反 疏 正朝至西上〇釋曰經所云上者皆據近王爲上不據陰陽左右也〇注此王至隸僕〇釋曰云此王日視朝事於路門外之位者對彼大僕職路寢庭有燕朝朝士職庫門外有外朝而言也但彼外朝斷獄弊訟弁三詢之朝有諸侯在焉諸侯既在西方右九棘之下孤避之在東方羣臣之位西面也其餘三公卿大夫等仍與此位同也云王族故士故爲士者此云故爲士對新升試士未得正爵者爲新士不得留宿衞也云晚退留宿衞者宿衞之人皆不得與凡平羣臣同時出故云晚退留宿衞必知此故士是宿衞者以其與虎士同位是宿衞者也云未常仕雖同族不得在王宮者以經稱王族故士明未仕者不得在王宮也知大右是司右者按司右掌羣右此云大右是右中之大明是司右也知大僕從是小臣祭僕之等者以其云大僕從者謂從大僕按大僕職下卽有小臣祭僕御僕隸僕等皆是小臣已下者也

司士擯

詔王出揖公卿大夫以下朝者〇擯必刃反 疏 注詔王至朝者〇釋曰知擯是詔王出揖公卿大夫以下朝者以其王迎諸侯爲擯是大宗伯及小行人肆師之等非司士之職此上文云公卿大夫士等朝事下文云王揖此中間云司士擯明爲詔王出揖之事也

孤卿特揖大夫以其等旅揖士旁三揖王還揖門左揖門右

特揖一揖之旅衆也大夫爵同者揖衆一揖之公及孤卿大夫始入門右皆北面東上王揖之乃就位羣士及故士大僕之屬發在其位羣士位東面王西南鄉而揖之三揖者士有上中下王揖之皆逡遁既復位鄭司農云卿大夫士皆君之所揖禮春秋傳所謂三揖在下〇逡遁七旬反下音巡 疏 注特揖至在下釋曰此皆先入應門右北面其士入應門卽就西方東面位不待王揖其大夫已上皆待王揖乃就位也云特揖一一揖之者對旅揖衆揖之也孤得揖乃就西方東面位卿得揖乃就東方西面位大夫得揖乃就卿後西

面位云大夫爵同者衆一揖之者序官有中大夫下大夫無問多少但爵同者衆揖之爵同中大夫同得一揖爵同下大夫同得一揖故云爵同者衆揖之也云
公及孤卿大夫始入門右皆北面東上者此王臣無正文約燕禮大射諸侯禮卿大夫皆始入門右北面東上得揖乃就位士發在其位故知王臣亦然是以
鄭云王揖之乃就位羣士及故士大僕之屬發在其位者若在外朝士從東方西面也云羣士位東面王西南鄉而揖之者但上經不見羣士位鄭知羣士位
東面者亦約燕禮大射諸侯之士西廂東面而知且約故士虎士宿衞者門西南面明士不宿衞者東面可知位既東面明知旁三揖者西南鄉揖之云三揖
者士有上中下者序官文既有三等故旁三揖耳按禮器有以少爲貴者諸侯視朝大夫特士旅之此云大夫旅與彼不同者彼諸侯臣少大夫與卿同特揖
士乃旅揖之此天子臣多故大夫亦旅揖亦是以少爲貴也云王揖之皆逡遁者約鄉常而知云既復位者謂得揖乃皆復位也若然上文別三公位及此經
不言三公直言孤卿者亦舉輕以明重孤卿尚特揖明三公亦特揖可知故不見三公也先鄭引春秋者哀二年左氏傳初衞侯遊於郊子南僕公曰余無子
將立女不對他日又謂之對曰郢不足以辱社稷君其改圖君夫人在堂三揖在下君命祇辱注云三揖卿大夫士引之者證所揖尊卑不同

大僕前前正王視朝之位

【疏】注前正至之位○釋曰鄭知前謂前正王視朝之位者以大僕職云王視朝則前正位而退入亦如之上文引大僕之位在門左南面今云前明從本位前就王正視朝之位可知也

王入內朝皆退王入入路門也王入路門內朝朝者皆退反其官府治處也王之外朝則朝士掌焉玉藻曰朝服以日視朝於內朝朝辨色始入君日出而視之退適路寢聽政使人視大夫大夫退然後適小寢謂諸侯也王日視朝皮弁服其禮則同

【疏】注王入至則同○釋曰王視朝訖王入路門於路寢聽事其羣臣等各退向治事之處云王之外朝則朝士掌焉者鄭欲見天子諸侯皆有三朝之意玉藻諸侯禮云朝於內朝者謂路門外朝爲內朝對皋門內應門外朝爲外朝通路寢廢朝爲三朝故朝士職注云周天子諸侯皆三朝外朝一內朝二也云王

日視朝皮弁服者司服職云對諸侯視朝朝服則玄冠緇布衣素裳緇帶素韠也云其禮則同者天子諸侯惟服別其視朝之禮則同也掌國中之士治凡其戒令國中城中疏注國中城中〇釋曰云國中之士治者謂朝廷之臣及六鄉之臣皆是所有治功善惡皆掌之以擬黜陟此城中士則卿大夫總皆號爲士若濟濟多士文王以寧之類但。比。同士士既總屬則此一職士者皆臣總號惟有作事適四方使爲介士者是單士不兼卿大夫故引石尚證又作六軍之士是甲士。自餘皆臣之總號耳掌擯士者膳其摯擯士告見初爲士者於王也鄭司農云膳其摯者王食其所執羔鴈之摯玄謂膳者入於王之膳人〇見賢遍反食如字劉音嗣疏注擯士至膳人〇釋曰此云士亦是卿大夫士總號爲士云擯士告見初爲士者於王也者謂初得命爲卿大夫士執摯見於王司士擯相之使得見王也先鄭云膳其摯者王食其所執羔鴈之摯後鄭增成其義也云膳者入於王之膳人故其職云凡祭祀致福受而膳之以摯見者亦如之是也凡祭祀掌士之戒令詔相其灋事及賜爵呼昭穆而進之賜爵神惠及下也此所賜王之子姓兄弟祭統曰凡賜爵昭爲一穆爲一昭與昭齒穆與穆齒凡羣有司皆以齒此之謂長幼有。序〇相息亮反昭上招反後同長丁丈反疏凡祭至進之〇釋曰云凡祭祀掌士之戒令者謂羣臣有事於祭祀皆掌其齊戒告令也云詔相其法事者謂告語并擯相其行禮之事云及賜爵者謂祭末旅酬無算爵之時皆有酒爵賜及之皆以昭穆爲序也〇注賜爵至序也〇釋曰鄭知賜爵神惠及下者祭統云祭有十倫之義凡賜爵昭爲一穆爲一是神惠及下也云此所賜王之子姓兄弟者以其呼昭穆而進之云昭一穆明非異姓是同姓可知姓生也子之所生則孫及兄弟皆有昭穆引祭統是諸侯法明天子亦然凡言昭穆在助祭之中者皆在東階之前南陳假令祖行爲昭子行爲穆孫行還爲昭曾孫行還爲穆就昭穆之中皆年長者在上年幼者在下故云齒也帥其屬而割牲羞俎豆割牲制體也羞進也疏此帥其至俎豆〇釋曰此割牲兼羞俎豆不言祭祀享食之事凡有與割牲及進俎豆者皆爲之○注割牲至進也○釋曰言割牲制體也者若據祭祀則禮運云腥其俎孰其殽體其犬豕牛羊之類鄭彼注云腥其俎謂豚解而腥之爲七體是也孰其殽謂體解而爓之爲二十一體是也體其犬豕牛羊鄭云謂分別骨肉之貴賤以爲衆俎也更破使多孰而薦之若據饗則左氏傳云王饗有體薦燕有折俎是也

凡會同作士從賓客亦如之

作士從謂可使從於王者○從才用反注弁諸子職同

[疏]注作士至王者○釋曰云作士從者謂選可使從於王者此士亦謂卿大夫皆是也

作士適四方使爲介

士使以王命使也介大夫之介也春秋傳曰天王使石尚來歸脤○使色吏反又如字注士使命使同介音戒脤上軫反

[疏]注士使至歸脤○釋曰云士使謂自以王命使也者此即行夫職云美惡而無禮者即有使士持使法即使士與行夫等共行是以引石尚之事爲證云介大夫之介也者謂聘禮大夫爲次介其餘皆士介天子使大夫下聘諸侯亦使士爲介若使卿大夫則人作之故射人云有大賓客作卿大夫從注云作者使從王見諸侯彼雖不云會同明會同亦與賓客同可知也春秋者左氏公羊皆有其事故公羊云石尚者何天子之士也注云天子上士以名氏通是也

大喪作士掌事

事謂奠斂之屬○斂力豔反○

[疏]注事謂奠斂之屬○釋曰始死則有奠及至小斂大斂朝夕朔月月半薦新遷廟之祖奠大遣奠等皆是未葬已前無尸不忍異於生皆稱奠葬後反日中而虞有尸即謂之爲祭此經直云事不云祭祀明據奠斂之屬也

作六軍之事執披

作謂使之也披柩車行所以披持棺者有紐以結之謂之戴鄭司農云披者扶持棺險者也天子旁十二諸侯旁八大夫六士四玄謂結披必當棺束於束繫紐天子諸侯載柩三束大夫士二束喪大記曰君纁披六大夫披四前纁後玄士二披用纁人君禮文欲其數多圍數兩旁言六耳其實旁三○披方寄反注同

[疏]注作謂至旁三○釋曰云六軍之士者即六鄉之民以其鄉出一軍六鄉故名六軍之士也但鄭以天子千人而云六軍者以天子千人出自六軍故號六軍之士非謂執披有七

萬五千人也云披柩車行所以披持棺者柩車則蜃車云披者車兩旁使人持之若四馬六轡然故名持棺者爲披也云有紐以結之謂之戴者喪大記云纁戴者是也先鄭云披者扶持棺險者也者先鄭意蜃車行恐逢道險者有傾覆故云扶持棺險也云天子旁十二諸侯旁八大夫六士四者無所依據後鄭不從玄謂結披必當棺束於束繫紐者謂蜃車兩旁皆有柳材其棺皆以物束之故云天子諸侯載柩三束大夫士二束彼喪大記不言天子此言者欲見天子無文約與諸侯同也謂之戴者彼大記注云戴之言値也所以連繫棺束與柳材使相値因而結前後披也披結於紐故引喪大記君纁披六已下其蜃車柳材與中央棺束數等人君三大夫士二大記云君纁披六大夫四披者皆是禮文故圍數兩旁言六言四也士禮小無文故據一旁而言二若然大夫亦圍數兩旁言四直云人君者據尊者而言也

凡士之有守者令哭無去守守官不可空也○守劉守又反下皆同 疏 注守官不可空也○釋曰此文承大喪之下令哭無去守則大夫士有使役守當雖同爲天子斬衰不可廢事空官故令哭不得去守也

國有故則致士而頒其守故非喪則兵災 疏 注故喪則兵災○釋曰知非喪者以上文已言大喪明此是兵災非喪也

凡邦國三歲則稽士任而進退其爵祿任其所掌治 疏 注任其所掌治○釋曰此言稽士任文承邦國卽是邦國之卿大夫士總曰士也據其所任治而進退其爵祿但諸侯之臣進退應是諸侯當國爲之今於天子司士而言者但司士作法與之使諸侯自黜陟耳非謂司士自黜陟也

諸子掌國子之倅掌其戒令與其教治辨其等正其位故書倅爲卒鄭司農云卒讀如物有副倅之倅國子謂諸侯卿大夫士之子也燕義曰古者周天子之官有庶子官與周官諸子職同文玄謂四民之業而士者亦世焉國子者是公卿大夫士之副貳戒令致於大子之事教治脩德學道也位朝位○倅七內反治直吏反注同大子音泰下注同 疏 諸子至其位釋曰云掌國子之倅者倅謂副代父則國子爲副

代父者也〇注故書至朝位〇釋曰先鄭云國子謂諸侯卿大夫士之子也者王制云王大子王子羣后之大子卿大夫元士之適子皆造焉則王大子王子亦曰國子不言者彼不據諸子職而言故含有王大子王子亦以四術成之故文王世子成王猶在學學君臣父子長幼之禮也此據諸子主國子致與天子使用故不得通王大子王子也引燕義云古者周天子之官有庶子官與周官諸子職同文者彼燕義本釋燕禮之事但燕禮有庶子執燭及獻庶子之文更不見餘義故記人欲釋燕禮庶子之義故取天子諸子職解庶子諸庶俱訓爲衆天子之諸子諸侯之庶子皆掌卿大夫士之適子適子衆多故云諸或言庶諸庶通名故天子諸子爲庶子也玄謂四民之業而士者亦世焉者此齊語桓公謂管仲曰成民之事若何管仲對曰民無使雜處公曰處士農工商若何管仲曰昔者聖王之處士士就閑燕處工就官府處商就市井處農就田野少而習焉其心安焉桓公曰士之子恆爲士農之子恆爲農工之子恆爲工商之子恆爲商是四民之業爲世也引之者見士之子亦入倅色也按王制大夫不世今亦有倅入世者以大夫有功德亦得世故詩云凡周之士不顯亦世也云國子者是公卿大夫士之副貳者增成先鄭義云戒令致於大子之事者郎下文是也云教治脩德學道也者云教故知脩德學道也經云辨其等謂才藝高下等級也國子所學道德卽師氏職三德三行幷保氏六藝者是也云位朝位者謂朝。大子時依父蔭高下爲列也

國有大事則帥國子而致於大子惟所用之若有兵甲之事則授之車甲合其卒伍置其有司以軍灋治之司馬弗正軍法百人爲卒五人爲伍弗不也國子屬大子司馬雖有軍事不賦之〇卒子忽反前後注及下皆同正音征下國正同

疏國有至弗正〇釋曰云大事下有兵甲之事則此大事謂祭祀也故左氏傳云國之大事在祀與戎此經二事當之也〇注軍法至賦之〇釋曰軍法從五人爲伍至萬二千五百人爲軍有六節今注直云百人與五人略舉之耳云不賦之解經正爲賦稅謂不賦田稅泉稅者也

凡國正弗及疏凡國

正弗及○釋曰上文云弗正謂兵賦此云國正謂鄉遂之中所有甸徒力征之等並不及也大祭祀正六牲之體正謂。禮載之疏

注正謂禮載之○釋曰按特牲少牢移鼎入陳卽有一人鼎中。匕出牲體一人在鼎西北面載之於俎既言正六牲之體明是此二事也凡樂事正

舞位授舞器位佾處疏注位佾處○釋曰云凡樂事者則諸作樂有舞之處皆使正舞人八八六十四人之位兼授舞者之器文舞則授羽

籥武舞授干鏚之等云位佾處者卽謂天子八佾諸公六佾諸侯四佾之等也大喪正羣子之服位會同賓客作羣子

從從。於王疏注從於王○釋曰云大喪正羣子之服位者位謂在殯宮外內哭位也正其服者公卿大夫之子爲王斬衰與父同故雜記大夫之子得

行大夫禮。故也云會同賓客作羣子從者作使也使國子從王也凡國之政事國子存遊倅使之脩德學道春

合諸學秋合諸射以攷其藝而進退之遊倅倅之未仕者學大學也射射宮也王制曰春秋教以禮樂冬夏教以詩書

王太子王子羣后之太子卿大夫元士之適子國之俊選皆造焉○適丁歷反疏凡國至退之○釋曰云凡國之政事者謂國內有繇役之事皆是也云國

子存遊倅使之脩德學道者謂國有事時此國子存遊暇無事之倅中使脩德學道二事也云春合諸學者謂於大學之中使之學也云秋合諸射者使在射

宮習射也云以考其藝者考。較才藝長短云而進退之者才藝長進與官爵才藝短者退之使更服膺受業也○注遊倅至造焉○釋曰倅是副代己是未在

仕復云游游是游暇亦是未仕之稱云學大學也者周禮若言異代之學則舉其學名卽成均瞽宗之類今此直言學明是周之大學也周禮云大學在國中

卽夏后氏東序在王宮之左也云射射宮也者射義云已射於澤然後射於射宮射宮卽國之小學在西郊則虞庠是也王制曰春秋教以禮樂冬夏教以詩

書者按彼鄭注云春夏陽也詩樂者聲聲亦陽也秋冬陰也書禮者事事亦陰也因時順氣於功易成也云王太子王子羣后之太子卿大夫元士之適子國

之後選皆造焉者若王之子得適庶俱在學若羣后畿內諸侯已下則庶子賤不得在學故皆云適子也引之者證貴賤皆在教科也

司右掌羣右之政令羣右戎右齊右道右〇齊側皆反疏注羣右至道右釋曰知司右主此三右者按下文云車有五等右惟三故下注云齊右兼玉路之右戎右兼田右等也

凡軍旅會同合其車之卒伍而比其乘屬其右合比屬謂次第相安習也車亦有卒伍〇比毗志反注同乘繩證反屬音燭注皆屬同疏注合比至卒伍釋曰右軍旅據征伐會同謂時見曰會殷見曰同三者皆合車之卒伍云合比屬謂次第相安習也者皆謂教習使安穩也云車亦有卒伍者按宣十二年傳云其君之戎分爲二廣廣有一卒卒偏之兩司馬法曰二十五乘爲偏又云以百二十五乘爲伍注伍重故百二十五乘是其車之卒伍也

凡國之勇力之士能用五兵者屬焉掌其政令勇力之士屬焉者選右當於中司馬法曰弓矢圍殳矛守戈戟助凡五兵長以衛短短以救長〇殳音殊疏注勇力至救長〇釋曰云勇力之士屬焉者選右當於中者但車右須得勇力之士若選右不於中何因屬司右故鄭爲此釋也引司馬法曰弓矢圍者圍城時也殳矛守者守城時也戈戟助者謂圍守皆用戈戟助之云凡五兵長以衛短短以救長者以弓矢爲長戈戟爲短守者亦以戈戟爲短以殳矛爲長故云長以衛短短以救長使力相得也此五兵據勇力之士所用下注車之五兵則無弓矢而有夷矛是也

虎賁氏掌先後王而趨以卒伍王出將虎賁士居前後雖羣行亦有局分〇賁音奔劉方問反先後悉薦反下戶豆反又皆如字將子匠反分扶問反疏虎賁至卒伍釋曰鄭云王出將虎賁士居前後雖羣行亦有局分者以經云卒伍則是五人爲伍百人爲卒又按序官云虎賁氏下大夫二人中士十有二人府二人史八人胥八十人虎士八百人是其雖羣行亦有局分置卒伍是也

軍旅會同亦如之舍則

守王閑舍王出所止宿處閑梐枑○梐薄禮反枑戶故反疏注舍王至梐枑○釋曰鄭云舍王出所止宿處者按掌舍云掌王之會同之舍則設梐枑再重杜子春以爲行馬後鄭云行馬再重者以周衞有外內列校人職養馬曰閑是其閑與梐枑皆禁衞之物故以閑爲梐枑釋之也

王在國則守王宮爲周衞疏注爲周衞○釋曰在外守王閑爲周衞明在國亦爲周衞也

國有大故則守王門大喪亦如之非常之難要在門○難乃旦反疏注非常至在門○釋曰大故謂兵災大喪謂王喪二者皆是非常之難須警備故云要在門也

及葬從遣車而哭遣車王之魂魄所馮依○從才用反下弁節服氏從車從尸車同馮皮冰反疏注遣車至馮依○釋曰遣車者將葬厥所苞奠遣送者之車其車內既皆有牲體故云王之魂魄所馮依遣車多少之數天子無文按雜記云遣車視牢具鄭注云多少各如所苞遣奠牲體之數按檀弓云國君七个遣車七乘大夫五个遣車五乘鄭云諸侯不以命數喪數略也士無遣車大夫五乘諸侯七乘天子宜九乘故鄭注雜記云天子大牢苞九个遣車九乘苞肉皆取大遣奠之牲體天子大牢外更用馬牲皆前脛拆取臂臑後脛拆取。胳。肩。斷各九个皆細分其體以充數也

適四方使則從士大夫虎士從使者○使所吏反注及下同疏注虎士從使者○釋曰天子有下聘諸侯法大行人所云歲徧問之等時則使虎賁從行也

若道路不通有徵事則奉書以使於四方不通逢兵寇若泥水奉書徵師役也春秋。隱七年冬戎伐凡伯于楚丘以歸疏注不通至以歸○釋曰云奉書徵師役也者若兵寇則徵師若泥水則徵役引春秋者按左氏傳云初戎往朝周周大夫皆發禮禮戎惟凡伯不禮焉後凡伯至魯戎則要而伐之故云戎伐凡伯於楚丘以歸是其事也

旅賁氏掌執戈盾夾王車而趨左八人右八人車止則持輪夾王車者其下士也下士十有六人

中士爲之帥焉○盾常準反又音允夾古洽反劉古協反後倣此疏注夾王至帥焉○釋曰知夾王車是下士六人者見序官云旅賁氏中士二人下士十有六人此經左右十六人故知是旅賁氏之下士也中士是官首明爲之帥也

凡祭祀會同賓客則服而趨服而趨夾王車趨也會同賓客王亦齊服服袞冕則此士之齊服服玄端疏注服而至玄端○釋曰知服而趨是夾王車者約上文夾王車而趨故知也云會同賓客王亦齊服服袞冕者見下文節服氏云掌祭祀朝覲袞冕鄭云從王服朝覲服袞冕則會同賓客亦服袞冕故覲禮天子袞冕負黼扆是也云則此士之齊服服玄端者若士助祭服爵弁此爲會同故齊服服玄端

喪紀則衰葛執戈盾。葛葛絰武士尚輕○衰七雷反疏注葛葛至尚輕○釋曰臣爲王貴賤皆斬衰斬衰麻絰至葬乃服葛今王始死卽服葛故云武士尚。輕

軍旅則介而趨介被甲○介音戒被皮第反疏注介被甲釋曰在軍爲甲士著甲餘者不服甲但此旅賁勇士衞王故被甲而趨也

節服氏掌祭祀朝覲袞冕六人維王之太常。服袞冕者從王服也維維之以縷王旌十二旒兩兩以縷綴連旁三人持之禮天子旌曳地鄭司農云維持之疏注服袞至持之○釋曰云服袞冕者從王服也者以其節服氏者世能節○王之衣服明節服所服與王同故云從王服也云維維之以縷者以其言維維是連綴之名故知用縷連綴之也云王旌十二旒者巾車云。玉路建太常十有二旒經云六人維之明一畔有三人三人維六旒故知兩兩以縷連旁三人持之云禮天子旌曳地者禮緯文引之者若不遺維持之則旒曳地故也

旌諸侯則四人其服亦如之郊祀裘冕二人執戈送逆尸從車裘冕者亦從尸服也裘大裘也凡尸服卒者之上服從車從尸車送逆之往來春秋傳曰晉祀夏郊董伯爲尸疏注諸侯至從車釋曰依禮。緯。含。文嘉云天子旌九。刃十二旒曳地諸侯七。刃九旒齊軫大夫五。刃五旒齊較士三。刃三旒齊

首彼或異代法故旒不依命數周之諸侯之旌皆交龍爲之上公九旒侯伯則七旒子男則五旒今總云四人則不得兩兩維之但一畔有二人分而維之見威儀耳云其服亦如之者節服氏之服亦與諸侯同諸侯惟二王後與魯得祭天服衮冕其餘諸侯惟得祭宗廟服玄冕節服氏皆與君同服故云其服亦如之○注裘冕至爲尸○釋曰尸服與王同大裘節服氏亦大裘故二人皆裘冕執戈送逆尸云從車者送逆皆從尸車後云凡尸服卒者之上服者按士虞記云尸服卒者之上服注云上服如特牲士玄端也不以爵弁服爲上者祭於君之服非所以自配鬼神彼據臣卒者上服以家祭上服不言用助祭服此據王自然用卒者家祭上服服大裘也引春秋傳者是外傳晉語文

方相氏掌蒙熊皮黃金四目玄衣朱裳執戈揚盾帥百隸而時難以索室毆疫。蒙冒也冒熊皮者以驚敺疫癘之鬼如今魌頭也時難四時作方相氏以難卻凶惡也月令季冬命國難索廋也○難乃多反注同敺起俱反魌音欺

疏注蒙冒至廋也○釋曰云時難四時者按月令惟有三時難是以月令季春云命國難以季春日歷大梁有大陵積尸之氣與民爲厲命有國者難仲秋云天子乃難時斗建酉亦有大陵積尸之氣此月難陽氣陽氣至此不止害將及人惟天子得難諸侯亦不得季冬云乃命有司大難言大則及民庶亦難惟有此三時難鄭云四時者雖三時亦得云四時總言之也若然此經所難據十二月大難而言是以鄭引季冬爲證也鄉黨鄉人難郊特牲云鄉人禓亦皆據十二月民庶得難而言也

大喪先匶葬使之道○先匶悉薦反下音柩道音導下同

疏注葬使之道○釋曰喪所多有凶邪故使之導也

及墓

入壙以戈擊四隅敺方良壙穿地中也方良罔兩也天子之椁柏黃腸爲裏而表以石焉國語曰木石之怪夔罔兩○壙苦晃反又音曠方良上音罔下音兩注同又並如字夔求龜反

疏注壙穿至罔兩○釋曰必破方良爲罔兩者入壙無取於方良之義故也云天子之椁柏黃腸爲裏

而表以石焉者欲見有罔兩之義故引漢法為證又檀弓云天子柏椁以端長六尺言椁柏則亦取柏之心黃腸為椁之裏故漢依而用之而表之以石古雖無言漢亦依古而來蓋周時亦表以石故有罔兩也云國語者按國語水之怪龍罔象土之怪夔罔兩則知方良當為罔兩也

大僕掌正王之服位出入王之大命服王舉動所當衣也位立處也出大命王之教也入大命羣臣所奏行【疏】注服王至奏行○釋曰云服王舉動所當衣也者謂王吉服有九隨事舉動而衣大僕親近王所之官故王之衣服及位處恐其不正故皆正之也云位立處也者王之起居無常或起居行事之時多以立為正故以立處言之也云出大命王之教也者一日萬機有其出者皆是王之教也云入大命羣臣奏行者謂羣臣奉行王命報奏者皆是也

掌諸侯之復逆鄭司農云復謂奏事也逆謂受下奏【疏】注鄭司至下奏○釋曰按宰夫職云諸臣之復萬民之逆先鄭云復請也逆迎受王命者玄謂復之言報也反也反報於王謂朝廷奏事自下而上曰逆逆謂上書先鄭彼注與此不同者先鄭兩解故彼後鄭不從至此注先鄭於義是故後鄭從之此說先鄭云復謂奏事即彼後鄭云復謂朝廷奏事一也此先鄭云逆謂受下奏即彼後鄭云自下而上曰逆謂上書亦一也

王眡朝則前正位而退入亦如之前正位而退道王王既立退居路門左待朝畢【疏】注前正至朝畢○釋曰云前正位而退道王王既立退居路門之左待朝畢者此即上司士所云大僕前亦一也大僕本位在路門之左今進前正位訖還退在本位故云退居路門左也云待朝畢者欲入亦如之王退入路寢聽事時亦前正王位卻位立也

建路鼓于大寢之門外而掌其政大寢路寢也其門外則內朝之中如今宮殿端門下矣政鼓節與早晏【疏】注大寢至早晏○釋曰此鼓所用或擊之以聲早晏或有窮遽者擊之以聲寃枉也故建之於正朝之所也云大寢路寢也者欲見在路寢門外正朝之處云其門外則內朝之中者按玉藻云視朝於內朝羣臣辨色始入彼諸侯禮天子亦然若據文王世子亦得

謂之外朝故文王世子云其朝於公內朝臣有貴者以齒其在外朝則以官彼
以路門外爲外朝者對路寢庭朝爲外朝其實彼外朝亦內朝耳以其天子諸
侯皆內朝二外朝一既以三槐九棘朝爲外朝一明此內二者皆內朝也

以待達窮者與遽令聞鼓聲則速逆御僕與御庶子

鄭司農云窮謂窮冤失職則來擊此鼓以達於王若今時上變事擊鼓矣遽傳也若今時驛馬軍書當急聞者亦擊此鼓令聞此鼓聲則速逆御僕與御庶子也大僕主令此二官使速逆窮遽者玄謂窮達者謂司寇之屬朝士掌以肺石達窮民聽其辭以告於王遽令郵驛上下程品御僕御庶子直事鼓所者大僕聞鼓聲則速逆此二官當受其事以聞○遽其御反冤於元反上變時掌反傳張戀反下文同急聞如字劉音問肺方廢反令力呈反郵音尤

疏以待至庶子○釋曰云以待者大僕在王所恆於路寢之中若有窮者及遽令二者來擊此鼓其御僕御庶子直在鼓所者則入告大僕大僕迎此二官以所告之事白王故云聞鼓聲則速逆御庶子也○注鄭司至以聞○釋曰先鄭以令字下讀爲句云大僕主令此二官使速逆窮遽二者後鄭不從者若使御僕御庶子逆窮與遽則二官自白士不告于大僕事何得在大僕職乎者以是故後鄭以爲大僕聽其辭自白王後鄭以達窮是朝士者以其朝士職有在肺石達窮民窮民先在肺石朝士達之乃得擊鼓故本之也知御僕御庶子直事鼓所者見御僕云以序守路鼓云御庶子者蓋以御僕有下士十二人分之爲御庶子總名曰御僕也

祭祀賓客喪紀正王之服位詔灋儀贊王牲事

詔告也牲事殺劃匕載之屬

疏注詔告至之屬○釋曰經三事皆有法度威儀故須大僕告之云牲事殺劃者言殺據祭祀之時王親自射牲故司弓矢云共王射牲之弓矢注云射牲示親殺殺牲非尊者所親惟射爲可殺時大僕及射人大宰等皆贊之國語云禘郊之事天子必親自射牲彼據祭天司弓矢云凡祭祀言凡語廣則祭社稷宗廟亦射牲也知有劃牲者郊特牲云君肉袒親劃敬也注云劃解牲體禮器云君親劃牲夫人薦酒注云親劃謂進牲孰體時祭統亦云君執鸞刀羞嚌彼據諸

侯明天子亦然云匕載者按易震卦彖云震驚百里不喪匕鬯注云雷發聲百里者諸侯之象人君於祭祀之禮匕牲爲鬯而已其餘不親彼諸侯親匕明天子亦然是以大僕得有贊牲之事少牢不親匕下人君故也特牲親匕者士卑不嫌也

王出入則自左馭而前驅前驅如今道引也道而居左自馭不參乘辟王也亦有車右焉○乘繩證反辟音避劉符亦反【疏】注前驅至右焉○釋曰云王出入者謂朝覲會同弁凡祭祀巡狩征伐皆是大僕則在車左不敢使人馭自馭而前驅也若使人馭馭在中央身無事居左大尊故自馭也知亦有車右者以車右恐車傾覆備非常雖無尊者亦宜有車右勇力者也

凡軍旅田役贊王鼓王通鼓佐擊其餘面【疏】凡軍至王鼓○釋曰軍旅謂征伐田役謂田獵王皆親鼓故大僕贊之○注王通至餘面○釋曰云王通鼓者謂王親將軍衆待王擊乃擊之謂若鼓人云金鐸通鼓之類也云佐擊其餘面者按大司馬云王執路鼓路鼓四面鼓將居鼓下則前面不得擊之惟有三面今之此大僕佐擊一面戎右亦云贊王鼓則亦擊一面通王自擊一面是三面也若然王與御者弁戎右已有三人今更有大僕則駟乘按文十一年侯叔夏御莊叔緜房甥爲右富父終甥駟乘彼注云駟乘四人共車與此同也

救日月亦如之日月食時春秋傳曰非日月之眚不鼓○眚色景反【疏】注日月至不鼓○釋曰云亦如之者大僕亦贊王鼓佐擊其餘面但日食陰侵陽當與鼓神祀同用雷鼓也若然月食當用靈鼓但春秋記日食不記月者以日食陰侵陽象臣侵君非常故記之月食陽侵陰象君侵臣故不記此云救日月食時亦擊鼓救可知云春秋者左氏莊二十五年日有食之鼓用牲於社彼傳鼓與牲並譏之以彼傳云惟正月之朔慝未作日月之食於是乎用幣于社伐鼓于朝若然惟四月正陽之月乃擊鼓彼四月不合擊鼓之月天災有幣無牲故亦譏之也彼傳又云秋大水鼓用牲于門亦非常傳曰非日月之眚不鼓若然此言爲秋大水擊鼓而故引之者欲見日月食時皆合擊鼓與此文同也

大喪始崩戒鼓傳達于四方窆亦如之戒鼓擊鼓以警衆也故書戒爲駭鄭

司農云空謂葬下棺也春秋傳所謂日中而塴禮記謂之封皆葬下棺也音相似空讀如慶封。汜祭之。汜○空彼驗反注之封音同劉皆逋鄧反塴補鄧反汜芳劍反

疏注戒鼓至之汜○釋曰言大喪謂王喪始崩云戒鼓謂擊鼓以警戒警戒衆人傳達于四方謂以鼓聲相傳聞達四方空葬之時亦如始崩也

引春秋者左氏昭公十二年傳云葬鄭簡公云毀之則朝而塴不毀則日中而塴禮記謂之封者喪大記與檀弓皆以下棺爲封字云音相似者字雖不同皆

作空音云讀如慶封汜祭之汜者慶封齊大夫有罪來奔魯魯以饗食之祭先遂覆豆以祭謂之汜祭但彼汜字只取廣汜之義鄭意讀空與汜爲音同義則異也

縣喪首服之灋于宮門首服之法謂免髽笄總廣狹長短之數縣其書于宮門示四方○免音問髽莊瓜反

疏注首服至四方○釋曰鄭知首服之法是免髽笄總廣狹長短之數者按小宗伯已云縣衰冠之式于路門之外注云制色宜齊同彼云冠專據男子云衰則

兼婦人此云首服明無衰與男子冠直是婦人首服故知惟有免髽笄總耳但始死將斬衰者男子笄纚深衣婦人麻髽幷笄總是以喪服斬衰章云女子竹

箭笄髽衰三年將齊衰以下者始死男子免婦人布髽也云廣狹長短者鄭注禮記云免蓋象冠廣一寸婦人笄齊衰榛木斬衰箭竹爲之也云縣其書於宮

門示四方者小宗伯云。懸于路門此宮門亦路門也

掌三公孤卿之弔勞王使往○勞力報反下同勞後弔勞皆同

疏注王使往○釋曰此等皆王合親往今使大僕者或王有故不得親往故使大僕也

王燕飲則相其灋相左右○相悉亮反注及下幷御僕職同

疏注相左右○釋曰此燕飲謂與諸侯燕若公三燕侯伯再燕子男一燕之等或與羣臣燕之等皆是其法有主人酌酒獻賓賓酢主人主人酬賓洗爵升降之法皆左右相助王故云相其法也

王射則贊弓矢贊謂授之受之

疏注贊謂授之受之○釋曰此謂大射也按大射禮云大射正執弓小臣。受矢於公既射大射正受弓天子之禮則大僕授受其法與彼同必知此禮大射禮者見小臣職云賓射掌事如大僕之法則知大射此大僕所掌者是也其小

臣所掌賓射亦當授受可知　王眡燕朝則正位掌擯相燕朝朝於路寢之庭王圖宗人之嘉事則燕朝疏注燕朝至燕朝○釋
曰以其路寢安燕之處則謂之燕朝以其與賓客饗食在廟燕在寢也但為賓客及臣下燕寢時亦有朝鄭必以王圖宗人嘉事為燕朝者以其因燕而朝賓臣
燕禮已有成文圖宗人嘉事者朝不見故鄭特見之云圖宗人嘉事者謂宗人冠婚嘉禮之等皆曰嘉事　王不眡朝則辭於三公及
孤卿辭謂以王不視朝之意告之春秋傳曰公有疾不視。朔疏注辭謂至視朔○釋曰引春秋者文十六年公四不視朔時齊有會公辭疾不往遂
不視朔故傳曰公有疾不視朔引之者證不視。朝亦是有故不視之意也
小臣掌王之小命詔相王之小灋儀小命時事所勑問也小法儀趨行拱揖之容疏○注小命至之容○釋曰大僕所
云大命及祭祀賓客詔相之者是大此小臣大僕之佐故掌其小者也云趨行拱揖之容者謂若趨以采。齊行以肆夏天子揖同姓之等皆有容儀而詔相之
掌三公及孤卿之復逆正王之燕服位謂燕居時也玉藻曰王卒食玄端而居疏掌三至服位○釋曰諸侯是賓
客其復逆大僕尊官掌之三公孤卿是臣在朝廷故小臣掌也○注謂燕至而居○釋曰云燕服位者謂在路寢中聽事訖適後小寢燕居之時故引玉藻卒
食玄端而居為證彼在路寢中食訖退適燕寢服玄端朱裳而居之　王之燕出入則前驅燕出入若今游於諸觀苑○觀古喚反疏
注燕出至觀苑○釋曰此私燕出入不要在燕寢中故鄭引漢法游於諸觀苑證之　大祭祀朝覲沃王盥疏○大祭至王盥○釋曰云大
祭祀朝覲沃王盥者大祭祀天地宗廟酌是王將獻尸先盥手洗爵乃酌獻故小臣為王沃。手盥手也　小祭祀賓客饗食賓射掌
事如大僕之灋賓射與諸侯來朝者射○盥音管疏小祭至之法○釋曰祭祀云小則賓客饗食皆蒙小字若然饗還為小賓客者也小

賓客謂諸侯遣臣聘問天子者也賓射對大射亦爲小也○注賓射至者射○釋曰此云賓射與射人所云諸侯在朝則皆北面者一也掌士大夫之弔勞。疏掌士至弔勞○釋曰大僕掌三公孤卿之弔勞注王使往此不言王使往亦王使往可知凡大事佐大僕

祭僕掌受命于王以眡祭祀而警戒祭祀有司糾百官之戒具謂王有故不親祭也祭祀有司有事於祭祀者糾謂校錄所當共之牲物疏注謂王至牲物○釋曰知此上下是有故使人祭者觀此文勢得知故云受命於王以眡祭祀既祭帥羣有司反命於王以王命勞之明是王合祭有故使人攝之者也既祭帥羣有司而反命以王命勞之誅其不敬者

大喪復于小廟小廟高祖以下也始祖曰。太廟春秋僖八年秋七月禘於。太廟疏大喪至小廟○釋曰大喪王喪也王生時所有事之處皆復此祭僕復小廟其夏采復太廟小寢大寢下隸僕復也○注小廟至太廟○釋曰其二祧不言復亦應此祭僕復但無寢耳引春秋者證魯以周公爲太廟其餘爲小廟

凡祭祀王之所不與則賜之禽都家亦如之鄭司農云王之所不與謂非郊廟尊祭祀則王不與也則賜之禽公卿自祭其先祖則賜之禽也玄謂王所不與同姓有先王之廟○與音預注同疏注鄭司至之廟○釋曰先鄭云王之所不與謂非郊廟尊祭祀則王不與也後鄭不從者按司服六冕所祭皆王合親爲何有非郊廟王不與者乎故不從之先鄭以則賜之禽謂卿大夫自祭其先亦賜之禽後鄭不從者卿大夫自祭其先是其常事何有王皆賜之禽也故以爲同姓有先王廟者若然經都家謂畿內三等采地則文云祭祀是畿外同姓諸侯魯衞之屬者也

凡祀祭致福者展而受之臣有祭祀必致祭肉於君所謂歸胙也展謂錄視其牲體數體數者大牢則以牛左肩臂臑折九个少牢則以羊左肩七个特牲則以豕左肩五个○胙存故反臑奴報反字林人于反又羊吳反折之舌反个古賀反下同疏注臣有至五个○釋曰云所謂歸胙

者按左氏傳麗姬欲譖申生謂申生曰齊姜欲食使太子祭祭訖歸胙于公姬置藥而饋公是有歸胙之事也云體數者大牢則以牛左肩臂臑折九个已下並禮記少儀文凡祭祀周人尙右故右胖皆祭故以左胖致人祭言大牢天子大夫已上少牢謂天子之士彼注云羊豕不言臂臑因牛序之可知言肩臂臑折九个者則一體折爲三段則牲少體不得全自外皆然以人多故也皆用前體者前體貴故先用也

御僕掌羣吏之逆及庶民之復與其弔勞。羣吏府吏以下 疏注羣吏府吏以下○釋曰大僕掌諸侯復逆小臣掌三公孤卿復逆此官所云羣吏對庶民是府吏以下言以下兼胥徒若然不見大夫士者小臣孤卿中兼之矣

大祭祀相盥而登 相盥者謂奉槃授巾與登謂爲王登牲體於俎特牲饋食禮主人降盥出舉入乃匕載○奉槃芳勇反爲于僞反 疏注相盥至匕載○釋曰上小臣云沃此又云盥明是奉槃授巾以其少牢特牲尸盥時有奉槃授巾之事故云也以無正文故云與以疑之也云登謂爲王登牲體於俎者以其文承祭祀之事故引特牲。匕載載卽登體於俎也

大喪持翣 翣棺飾也持之者夾蜃車○翣所甲反蜃辰軫反劉薄忍反 疏注翣棺至蜃車○釋曰依喪大記注引漢禮翣以木爲匡廣三尺高二尺四寸方兩角高衣以白布畫者畫雲氣謂之畫翣畫之以黼謂之黼翣之類是也天子用八諸侯用六大夫用四士用二在路夾蜃車兩旁入壙則樹之四旁故云棺飾也

掌王之燕令 燕居時之令 疏注燕居時之令○釋曰以御之侍近臣故使掌燕居時之令以施之於外也

以序守路鼓 序更○更音庚 疏注序更○釋曰此卽大僕所云速逆御僕與御庶子者也序更者卽上鄭云直事鼓所者也

隸僕掌五寢之埽除糞洒之事 五寢五廟之寢也周天子七廟惟祧無寢詩云寢廟繹繹相連貌也前曰廟後寢氾埽曰埽埽席前曰。拚洒灑也鄭司農云洒當爲灑玄謂論語曰子夏之門人當洒埽應對○埽素報反注氾埽洒埽同除如字劉直庶反糞方問反洒所賣反劉霜奇反

祧勑彫反拚方問反本又作坋同灑所買反劉霜寄反疏注五寢至應對○釋曰知周天子七廟惟祧之無寢者此云五寢下云小寢大寢不言祧之有寢明二祧無寢也引詩云寢廟繹繹者欲見前廟後寢故云相連之貌也按爾雅釋宮云有東西廂曰廟無曰寢寢廟大況是同有廂無廂為異耳必須寢者祭在廟薦在寢故立之按昭十八年鄭災簡兵大蒐子大叔之廟在道南其寢在道北者彼廟不在宮中地隘故廟寢別處也云汜埽曰埽埽席前曰拚者謂埽地遠近之異名及。處論語者所以證經埽灑之事也王寢既隸僕埽除其廟按守祧注皆宗伯埽除

祭祀修寢於廟祭寢或有事焉月令凡新物先薦寢廟疏注於廟至寢廟○釋曰祭祀則在廟可知復云脩寢者寢或有事不可不脩治之也引月令薦寢廟者欲見寢有事彼薦只在寢不在廟連廟言者欲見是廟之寢非生人之寢故也

王行洗乘石鄭司農云乘石王所登上車之石也詩云有扁斯石履之卑兮謂上車所登之石○乘如字劉常烝反上時掌反下同扁邊典反疏注鄭司至之石○釋曰引詩者是小雅刺幽王之詩言申后乘車履石與王同故云有扁斯石履之卑兮謂履之上車與王同故黜之也

掌蹕宮中。之事宮中有事則蹕鄭司農云蹕謂止行者清道若今時徵蹕○蹕音畢徵字又作警音景疏注宮中至徵蹕○釋曰宮中須徵備故有蹕宮中之事

大喪復于小寢大寢小寢高祖以下廟之寢也始祖曰大寢疏注小寢至大寢○釋曰以祭隸僕職卑位小故使之復於小寢也以其高祖已。上廟稱小始祖廟稱大故寢亦隨廟為稱也

附釋音周禮注疏卷第三十一

周禮注疏卷三十一校勘記　阮元撰盧宣旬摘錄

附釋音周禮注疏卷第三十一

夏官司馬下

司士

卿大夫士庶子之數　唐石經諸本同盛百二柚堂筆談云經文脫去一士字當依正義補按釋曰云卿大夫士者又云士庶子曰又云之數者是賈疏本作卿大夫士士庶子之數當據以補正○按宮伯掌王宮之士庶子注云王宮之士謂王宮中諸吏之嫡子也庶子其支庶也此處解同

自古以事任之者　惠校本以下有來

惟賜無常　閩監毛本同唐石經余本嘉靖本惟作唯

是宿衛者也　閩本同監毛本是上增明

云未常仕雖同族不得在王宮者　惠校本常作嘗此誤

但此同士士既總屬　浦鏜云比同當此司之誤

自餘皆臣之總號耳　惠校本閩本同監毛本自作其

此之謂長幼有序　此本及閩本標起訖云注賜爵至序也然則賈疏本序下有也字監毛本疏改作賜爵至有序據今本注無也字耳

天子諸侯載柩三束 余本嘉靖本毛本同閩監本載作戴

故云天子諸侯載柩三束 閩監毛本載改戴非

所以連繫棺束與柳材使相植 浦鏜云值誤植

故非喪則兵災 諸本同按釋曰知非喪者以上文已言大喪明此是兵災非喪也據疏語此注祇當云故謂兵災非喪之言乃賈氏闡發鄭義語不當竄入注中也若如此注則喪與兵災二者並舉賈疏不得捨喪專言兵災矣

諸子

卒讀如物有副倅之倅 漢讀考作讀爲云今本作讀如非

謂朝夫子時 惠校本作大子當據正此誤閩監毛本改天子非

惟所用之 閩監毛本同唐石經余本嘉靖本惟作唯

正謂禮載之 余本閩監本同誤也嘉靖本毛本禮作朼當據正蓋朼誤爲札遂改作禮疏中標注同大僕御僕注作匕載

鼎中匕出牲體 閩監毛本匕誤匕賈本注蓋朼作匕

從於王 浦鏜云大司馬職疏引作從從王案此疏亦云使國子從王也此作從於王誤○按從字逗從王爲句

得行大夫禮故也 浦鏜云故當衍

考較才藝長短 惠校本較作校

司右

右軍旅據征伐 浦鏜云右當凡字誤

弓矢圍 九經古義云圍當作圉字之誤也古圉禦通用管子墨子書皆然今司馬法作禦是也盧文弨云說苑貴德篇寇暴以仁圉圍亦當作圉

按賈疏本作圍云圍城時賈誤

虎賁氏

後脛拆取胳肩斷各九个 閩本同惠校本胳作骼監毛本肩斷改苞肉〇按骼肩斷是也

春秋隱七年冬 余本嘉靖本同閩監毛本隱下增公非

旅賁氏

武士尙輊 閩監本同誤也余本嘉靖本毛本輊作輕疏同當據正此本疏標起訖云注葛葛至尙輕亦不誤

節服氏

維王之太常 余本閩監本同唐石經岳本嘉靖本毛本太作大當據正

玉路建大常 監本玉誤王

依禮緯含文嘉云宋本監本誤複文字毛本移一文於緯下

天子旌九刃監毛本刃改仞下同

節服氏皆與君同服故云亦如之此本故云下剜擠其服二字閩監毛本遂排入今刪正

方相氏

以索室歐疫釋文作毆疫唐石經作毆嘉靖本閩監毛本作歐此從欠訛○按說文毆者驅之古文淺人於說文攴部求毆字不得往往爲異說

方相氏以難郤凶惡也閩監本同余本嘉靖本毛本作卻○按卻是也

云時儺四時者監本同誤也閩毛本儺作難下並同當據正

郊特牲云鄉人禓閩毛本同監本禓改儺非

大僕

一日萬機閩監毛本機改幾誤甚按尚書本作萬機

窮謂窮寃失職惠校本嘉靖本寃作冤

元謂窮達者余本閩監毛本同誤也岳本嘉靖本作達窮者當乙正

則入告大僕迎此二官閩本同監毛本增複大僕二字

則二官自白士按士爲王之誤浦鏜云士疑上誤非矣下文亦云自白王

有在肺石達窮民浦鏜云石誤在

食時亦擊鼓救可知惠校本時作明盧文弨云食上當脫一月字

日月之食閩監毛本作日有食之此誤

彼四月不合擊鼓之月浦鏜云六誤四或云彼下應有非

㚇亦如之唐石經諸本同誤也釋文及嘉靖本㚇作窆當據正字從乏聲非從之

故書戒爲駭漢讀考云大司馬鼓皆駴駴卽駭字鄭君曰疾雷擊鼓曰駭

春秋傳所謂日中而崩岳本及葉鈔釋文崩作傰此本疏引春秋傳亦作日中而傰閩監毛本改作崩○按說文有倗堋字無傰崩字二字从山者誤字也說文堋下亦引左傳朝而堋釋文作倗者古字假借自是鄭注古本如此

㚇讀如慶封氾祭之氾諸本同誤也監本氾作汎葉鈔釋文出氾祭二字當據正

縣于路門閩本同監毛本縣改懸

小臣受矢於公浦鏜云授誤受

不視朔監本朔誤朝

證不視朝亦是有故不視之意也　閩本同監毛本朝誤朔

小臣

謂若趨以采薺　監本薺誤齊

故小臣爲王沃手盥手也　浦鏜云沃水誤沃手

掌士大夫之弔勞　浦鏜云天官世婦疏引此注云致禮同名爲弔此脫

祭僕

始祖曰太廟　閩監毛本同岳本嘉靖本太作大下同

御僕

府吏以下　余本同誤也嘉靖本閩監毛本作府史當據正

乃匕載　余本嘉靖本閩毛本同此本及監本匕誤上或誤七今訂正疏同

故引特牲匕載　閩毛本同監本匕作牲當是朼之誤特牲經作朼也○按匕朼本一字或爲之分別者非也

隸僕

埽席前曰拚　葉鈔釋文拚本又作坋同○按坋爲坌之假借字說文坌埽除也俗作拚非拚訓撫手

及處論語者毛本處作㨿即據之俗寫此誤

掌蹕宮中之事唐石經諸本同漢制考作宮門

以其高祖已上惠校本上作下此誤

周禮注疏卷三十一校勘記

附釋音周禮注疏卷第三十二

鄭氏注　　賈公彥疏

弁師掌王之五冕皆玄冕朱裏延紐冕服有六而言五冕者大裘之冕蓋無旒不聯數也延冕之覆在上是以名焉紐小鼻在武上笄所貫也今時冠卷當簪者廣袤以冠縱其舊象與〇數所主反卷起全反簪莊林反袤音茂縱所買反劉霜綺反與音餘

【疏】弁師至延紐〇釋曰云皆玄冕者古者績麻三十升布染之上以玄下以朱衣之於冕之上下云延者卽是上玄者紐者綴於冕兩旁垂之武兩旁作孔以笄貫之使得其牢固也凡冕體周禮無文叔孫通作漢禮器制度取法於周今還取彼以釋之按彼文凡冕以版廣八寸長尺六寸以此上玄下朱覆之乃以五采繅繩貫五采玉垂於延前後謂之邃延故玉藻云天子玉藻前後邃延龍卷以祭是也〇注冕服至象與〇釋曰云冕服有六者按司服祭祀六服皆連冕言之今此惟云五冕者但此弁師所掌冕以旒爲主祭天用大裘取質其冕亦當無旒爲質故此不數之惟有五冕耳故云王之五冕也云延冕之覆覆在上按玉藻注延冕上覆言雖不同義則不異皆以玄表覆之在冕上也以爵弁前後平則得弁稱冕則前低一寸餘得冕名冕則俛也以低爲號也云紐小鼻在武上笄所貫也者今時冠卷當簪者廣袤以冠縱其舊象者古之紐武笄貫之處若今漢時冠卷當簪所貫者於上下之廣及隨縱之袤以冠縱者貫簪之處當冠縱之中央云舊象者是周冕垂紐於武貫笄之舊象言與者以無正文故云與以疑之

五采繅十有二就皆五采玉十有二玉笄朱紘繅雜文之名也合五采絲爲之繩垂於延之前後各十二所謂邃延也就成也繩之每一帀而貫五采玉十二斿則十二玉也每就間蓋一寸朱紘以朱組爲紘也紘一條屬兩端於武繅不言皆有不皆者此爲袞衣之冕十二斿則用玉二百八十八鷩衣之冕繅九斿用玉二百一十六毳衣之冕七

旒用玉百六十八希衣之冕五旒用玉百二十玄衣之冕三旒用玉七十二○繅音早司農云古藻字璪息遂反劉詩遂反旒音留下同屬音燭鷩必滅反希張里反劉豬履反【疏】五采至朱紘○釋曰言五采藻十有二者此據衮冕而言謂合五采絲爲藻繩十二道爲十二旒也就皆五采玉十有二者此各據一旒而言玉有五色以青赤黃白黑於一旒之上以此五色玉貫於藻繩之上每玉間相去一寸十二玉則十二寸就成也以一玉爲一成結之使不相并也玉笄朱紘者以玉笄貫之又以組爲紘仰屬結之也○注繅雜至十二○釋曰云繅雜文者若水草之藻有五采故云雜文之名也云所謂璪延也者謂玉藻文云繩之每一而貫五采玉十二旒則十二玉也者以其云就皆五采玉十有二明十二玉可知也云紘一條屬兩端於武者謂以一條繩先屬一頭於左旁笄上以一頭繞於頤下至句上於右相笄上繞之是以鄭注士冠禮云有笄者屈組以爲紘垂爲飾無笄者纓而結其條彼有笄據皮弁爵弁此五冕皆有笄與彼同此言屬於武者據笄貫武故以武言之其實在笄云繅不言皆有不皆者謂王之五冕繅則有十二有九有七有五有三其玉旒皆十二故繅不言皆有不皆者則九旒已下是也玉言皆則五冕旒皆十二玉也此經十二旒據衮冕而言是以鄭云此爲衮衣之冕十二旒以其十二旒旒各十二玉前后二十四旒故用二百八十八已下計可知

諸侯之繅斿九就瑉玉三采其餘如王之事繅斿皆就玉瑱玉笄侯當爲公字之誤也三采朱白蒼也其餘謂延組皆玄覆朱裏與王同也出此則異繅斿皆就皆三采也每繅九成則九旒也公之冕用玉百六十二玉瑱塞耳者故書瑉作璑鄭司農云繅當爲藻繅古字也藻今字也同物同音璑惡玉名○侯依注音公瑉本又作琘亡貧反瑱吐練反璑音無【疏】諸侯至玉笄○釋曰諸公云繅九就又云繅斿皆就作文與上言繅十有二就皆五采玉十有二繅玉別文則繅有差降玉無差降此諸公繅玉同文則惟有一冕而已故鄭計一冕爲九旒旒各九玉據冕九旒不別計鷩冕已下以其一冕而已冠五服故也已下侯伯子男亦皆一冕冠數服也王不言玉瑱於此言

之者王與諸侯互見爲義是以王言玄冕朱裏延紐及朱紘明諸侯亦有之諸公言玉瑱明王亦有之是其互有也〇注侯當至玉名〇釋曰鄭知侯當爲公者以下別見諸侯又此經云九就當上公以九爲節故知是公也知三采朱白蒼者聘禮記公侯伯繅藉三采朱白蒼故知三采亦朱白蒼也云出此則異者異謂天子朱紘諸侯當青組紘之等不得與王同也云繅斿皆就皆三采也每繅九成則九旒也者此釋有一冕九旒之意也云瑉惡玉名者按許氏說文瑉三采玉從玉無聲以其三采又非瑱璠故云惡玉名也說文又云珉石之美者從玉民聲如是經云瑉玉三采當以瑉爲正故先鄭從瑉爲惡玉名也

王之皮弁會五采玉璂象邸玉笄故書會作膾鄭司農云讀如馬會之會謂以五采束髮也士喪禮曰檜用組乃笄檜讀與膾同書之異耳說曰以組束髮乃著笄謂之檜沛國人謂反紒爲膾璂讀如綦車轂之綦玄謂會讀如大會之會會縫中也璂讀如薄借綦之綦綦結也皮弁之縫中每貫結五采玉十二以爲飾謂之綦詩云會弁如星又曰其弁伊綦是也邸下柢也以象骨爲之〇會劉古外反注同弁膾檜二字亦同或一音戶外反璂音其本亦作琪邸丁禮反著張略反紒本又作紒音計綦音其下同縫扶用反下同薄劉芳惡反柢丁禮反劉音帝【疏】注故書至爲之釋曰先鄭以會爲五采束髮讀經以爲皮弁會五采引士喪禮及沛國之事後鄭皆不從故以會謂縫中解之讀先鄭讀從馬會取會結之義又讀璂如車轂綦之綦直取音同未知何義也玄謂會如大會之會漢歷有大會小會取會聚之義故爲縫中又云璂讀如薄借綦之綦綦結也者漢時有薄借綦之語故讀從之亦取結義薄借之語未聞云皮弁之縫中每貫結五采玉十二以爲飾謂之綦者天子以十二爲節約同冕旒也引詩會弁如星者衞詩彼注云會謂弁之縫中飾之以玉皪皪而處狀似星也與經義合故爲證也又曰其弁伊綦是也者璂既爲玉又得爲結義得兩合耳云邸下柢也者謂於弁內頂上以象骨爲柢

王之弁經弁而加環經弁經王弔所服也其弁如爵弁而素所謂素冠也而加環經環經者大如緦之麻經纏而不糾司服職曰凡弔事弁經服【疏】

注弁經至經服○釋曰云弁經王弔所服也者司服文又雜記云凡弁經其衰侈袂故知弁經是王弔服云其弁如爵弁而素者按曾子問云麻弁經鄭云麻弁經者布弁而加環經也此不言麻者皆素爲之故云而素也云所謂素冠者詩云庶見素冠兮彼素冠謂祥冠與此雖義別同是素爲之云而加環經者謂先著素弁於下乃上加環經故云加也環經者大如緦之經者一緦麻經五服之輕者弔服乃五服之外故約同之但緦之經則兩股此環經以一股纏之不糾麤細同耳引司服者證弁經是弔服之經

諸侯及孤卿大夫之冕韋弁皮弁弁經各以其等爲之而掌其禁令

各以其等繅斿玉璂如其命數也冕則侯伯繅七就用玉九十八子男繅五就用玉五十繅玉皆三采孤繅四就用玉三十二三命之卿繅三就用玉十八再命之大夫藻再就用玉八藻玉皆朱綠韋弁皮弁則侯伯璂飾七子男璂飾五玉亦三采孤則璂飾四三命之卿璂飾三再命之大夫璂飾二玉亦二采弁經之弁其辟積如冕繅之就然庶人弔者素委貌一命之大夫冕而無斿士變冕爲爵弁其韋弁皮弁之會無結飾弁經之弁不辟積禁令者不得相僭踰也玉藻曰君未有命不敢即乘服不言冠弁冠弁兼於韋弁皮弁矣不言服弁服弁自天子以下無飾無等○辟積必亦反劉博歷反下同

疏諸侯至禁令○釋曰諸侯者上已言公則此諸侯謂侯伯子男云及孤卿大夫者此文既承諸侯之下故鄭以爲諸侯之孤卿大夫解之也既不別見天子之臣文中可以兼之上天子與公不言韋弁此言之亦是互見之義云各以其等爲之不言爵而言等則依命數矣○注各以至無等○釋曰云各以其等謂藻斿玉璂如其命數也者經云冕故云斿經云弁故云璂如其命數釋經等也侯伯子男之冕亦據一冕如上公矣侯伯子男繅玉皆三采者亦約聘禮記藻三采朱白蒼而言之四命已下皆據典命公之孤四命公侯伯之卿三命其大夫二命子男之卿再命大夫一命而言二采朱綠亦據聘禮記聘臣藻皆二采朱綠而言也云弁經之弁其辟積如冕繅之就然者以其弔服非吉故無飾故辟積有就也云庶人弔者素委貌者此經不云庶人鄭云此者以有大夫

已上因言庶人且欲從下向上因推出士變冕爲爵弁之意也云一命之大夫冕而無旒者此亦無文鄭知然者凡冕旒所以爲文飾一命若有則止一旒一玉而已非華美又見一命大夫衣無章士又避之變冕爲爵弁若一命大夫有旒士則不須變冕爲爵弁直服無旒之冕矣故知一命大夫無旒也若然爵弁制如冕但無旒爲異則無旒之冕亦與爵弁不殊得謂之冕者但無旒之冕亦前低一寸餘故亦得冕名也云韋弁皮弁之會無結飾弁經之弁不辟積者一命大夫及士冕弁既無旒故知無此等云禁令者不得相僭踰而引玉藻君未有命不敢即乘服者彼諸侯之卿大夫聘於天子天子賜之冕服歸國告君得君命乃服之未得君命則爲僭踰故引爲證也云不言冠弁冠弁兼於韋弁皮弁矣者玄冠。緇布衣。緇帶素。韠天子以爲田服即諸侯及臣之朝服亦皮弁之類不言之者兼於韋弁皮弁也云不言服弁服弁即喪經喪服也云不言之者自天子以下無飾無等者則喪服自天子達士共一章是也自此一經總包諸侯及臣不言天子之臣但天子三公八命卿六命大夫四命士三命以下冕弁之屬亦各以其等爲之可知

司甲。闕

司兵掌五兵五盾各辨其物與其等以待軍事五盾干櫓之屬其名未盡聞也等謂功沽上下鄭司農云五兵者戈殳戟酋矛夷矛○櫓音魯[疏]司兵至軍事○釋曰言各辨其物與其等者五兵五盾各有物色與其善惡長短大小之等云以待軍事者按此下有舞者兵及歐五兵直云以待軍事者五兵五盾以軍事爲主故也○注五盾至夷矛○釋曰鄭云五盾干櫓之屬其名未盡聞也者按祭統云朱干玉戚以舞大武秦詩云蒙伐有苑注云伐中干左氏傳建大車之輪以爲櫓而當一隊則有朱干中干及櫓聞其三者二者未聞故云其名未盡聞也云等謂功沽上下者功謂善者爲上等沽謂麤惡者爲下等也必知有此法者見稾人職云書其等以饗工乘其事試其弓弩以下上其食明兵盾亦當然先鄭云五兵者戈殳戟

酋矛夷矛者此謂車之五兵故下注云車之五兵司農所云者是也及授兵從司馬之灋以頒之及其受兵輸亦
如之及其用兵亦如之從司馬之法令師旅卒兩人數所用多少也兵輸謂師還有司還兵也用兵謂出給衛守○卒子忽反下同
【疏】注司馬至衛守○釋曰云授兵從司馬之法者司馬主六軍是一官之長先受於王命知多少乃始出軍故從司馬法以頒之鄭知用兵是出給衛守者以
其既言授兵下別言用兵明是衛守之處須兵者也祭祀授舞者兵授以朱干玉戚之屬【疏】注授以至之屬○釋曰鄭知此兵是朱干玉戚
者祭統云朱干玉戚以舞大武則大武用朱干玉戚矣又按下司戈盾云祭祀授旅賁殳故士戈盾司兵尊於司戈盾明所授兵據以大武朱干玉戚也其司
干所授者又是羽籥之等非干戚可知也大喪廞五兵故書廞為淫鄭司農云淫陳也淫讀為廞玄謂廞興也興作明器之役器五兵也士喪禮
下篇有甲胄干笮○廞虛金反興虛應反下同笮字又作筰側白反劉丑伯反【疏】注故書至干笮○釋曰先鄭一部之內廞皆從淫故云淫。淫為陳後鄭皆
不從。者以為廞興解之者見司服云大喪共其復衣服斂衣服掌其陳序圉人職云凡賓客喪紀牽馬而入陳廞馬亦如之以此言之廞陳既別則廞不得為
陳以興象為義也云興作明器之役器五兵也者按既夕禮明器之用器有弓矢役器之內甲胄干笮彼雖不具五兵此既言五兵明五者皆有也故鄭引士
喪禮下篇甲胄干笮為證言士喪禮下篇即既夕禮也言士喪禮下篇者以其士喪論葬事士喪與既夕二篇同有記皆在既夕篇下故二篇連言之也按彼
注笮謂矢服也軍事建車之五兵會同亦如之車之五兵鄭司農所云者是也步卒之五兵則無夷矛而有弓矢【疏】軍事
至如之○釋曰云建車之五兵者凡器在車皆有鐵器屈之在車較及輿以兵插而建之故有出先刃入後刃之事○注鄭司至弓矢○釋曰鄭司農所云者
是。也即上文注是也必知如先鄭義者見考工記廬人云戈殳戟酋矛夷矛乃云六建既備車不反覆注六建五兵與人也以是故從司農所云也云步卒之

五兵則無夷矛而有弓矢者鄭司右注引司馬法所云者是也有弓矢是能用五兵者若前驅所建則有四兵故詩云伯也執殳爲王前驅注引考工記車有六等之數除軫與人四兵爲證是也

司戈盾掌戈盾之物而頒之。分與授用疏注分與授用○釋曰分與授用者鄭下文祭祀會同之等皆是祭祀授旅。賁殳故士戈盾授舞者兵亦如之亦頒之也故士王族故士也與旅賁當事則衛王也殳如杖長尋有四尺疏注亦頒至四尺○釋曰云故士王族故士者據司士而言云與旅賁當事則衛王者按旅賁氏掌執戈盾而趨此執殳者以其與故士同衛王時以爲儀衛故不執戈盾知殳如杖者廬人所爲不見有刃故知如杖知尋有四尺者車有。五等云殳長尋有四尺崇於人四尺也軍旅會同授貳車戈盾建乘車之戈盾授旅賁及虎士戈盾乘車王所乘車也軍旅則革路會同則金路○乘繩證反後乘馬陪乘參乘皆準此注王所乘車依字讀疏軍旅至戈盾○釋曰軍旅會同皆貳車貳皆有車右故授之以戈盾云乘車之戈盾者王所乘車有車右故建戈盾授旅賁氏及虎士戈盾者衛王故也○注乘車至則金路○釋曰軍旅乘革路會同乘金路皆巾車文會同則彼以賓一也及舍設藩盾行則斂之舍止也藩盾盾可以藩衛者如今之扶蘇與○與音餘疏注舍止至蘇與○釋曰按掌舍王行止住不言設藩盾者當宿衛之事非止一重除彼梐枑車宮之外別有此藩盾之等也云如今扶蘇者舉漢法以況之也

司弓矢掌六弓四弩八矢之灋辨其名物而掌其守藏與其出入法曲直長短之數○守劉于又反亦如字下攻守同藏才浪反沈如字疏司弓至出入○釋曰此經與下爲目辨其名物者六弓八矢各有名號物色出入者頒之受之○注法曲

至之數○釋曰曲直者謂若王弓弧弓合九成規已下或合七合五合三是曲者合少直者合多長短者弓人云弓之上制六尺六寸中制六尺三寸下制六尺是其長短也

中春獻弓弩中秋獻矢箙弓弩成於和矢箙成於堅箙盛矢器也以獸皮爲之○中音仲下同箙音服詩云象弭魚服盛音成

疏注弓弩至爲之○釋曰矢箙獸皮爲之者按詩云象弭魚箙雖不言用獸蓋魚之似獸者爲之若然此獸則魚形也惟有國語云檿弧箕箙不用獸皮也

及其頒之王弓弧弓以授射甲革椹。質者夾弓庾。弓以授射豻侯鳥獸者唐弓大弓以授學射者使者勞者王弧夾庾唐大六者弓異體之名也往體寡來體多曰王弧往體多來體寡曰夾庾往體來體若一曰唐大甲革革甲也春秋傳曰蹲甲而射之質正也樹椹以爲射正射甲與椹試弓習武也豻侯五十步及射鳥獸皆近射也近射用弱弓則射大侯者用王弧射參侯者用唐大矦學射者弓用中後習强弱則易也使者勞者弓亦用中遠近可也勞者勤勞王事若晉文侯文公受王弓矢之賜者故書椹爲鞎鄭司農云椹字或作鞎非是也圉師職曰射則充椹質又此司弓矢職曰澤共射椹質之弓矢言射椹質自有弓謂王弧弓也以此觀之言鞎質者非○射甲食亦反下以意求之椹張林反夾古洽反劉古協反庾師儒相傳讀庾本或作庾豻音岸又音鴈使者所吏反注同蹲音存劉才官反參素感反易以豉反鞎戶根反一音魂或胡本反李音艮一音居言反又音很

疏及其至勞者○釋曰此經六弓強弱相對而言王弧直往體寡夾庾曲往體多故四者自對先自唐大往來若一故退之在後也○注王弧者非○釋曰云六者弓異體之名也者即所引弓人之職往體來體之等是也此據體而言若以色而言即春秋尚書所云彤弓。施弓之等是也云甲革革甲也者欲見甲以革爲之其實一物也引春秋傳者事在成十六年楚之養由基善射之事云質正也樹椹以爲射正者謂若賓射之正然也云射甲與椹試弓習武也者見圉人云澤則共椹質是在澤宮中試弓習武也云豻侯五十步及射鳥獸皆近射也近射用弱

弓則射大侯者用王弧射參侯者用唐大矦者此據諸侯言之若據天子則用王弧射虎侯用唐大射熊侯用夾庾射豹侯也云學射者弓用中後習強弱則易也者用中謂唐大往來體如一是中也云使者勞者弓亦用中遠近可也者使有遠有近皆可也云勞者勤勞王事若晉文侯者謂文侯之命賜之彤弓旅弓是也云文公者謂僖二十八年晉文公敗楚於城濮襄王賜之以彤弓旅弓是也

其矢箙皆從其弓從弓數也每弓者一箙百矢○

疏注從弓至百矢○釋曰云從弓數也者以經云矢箙皆從其弓故知從弓數也云每弓者一箙百矢者按文侯之命及僖二十八年晉文公受弓矢皆云彤弓一彤矢百雖是所賜之弓矢射之弓矢約同之按詩頌云束矢其搜毛注云五十矢爲束鄭從之至此爲百矢者無正文鄭兩從不定也

凡弩夾庾利攻守唐大利車戰野戰攻城壘者與其自守者相近弱弩發疾也車戰野戰進退非強則不及弩無王弧王弧恆服弦往體少者使矢不疾○攻如字劉音貢強其丈反又其良反

疏注攻城至不疾○釋曰云攻城壘者城謂城郭壘謂軍壁若宣公十二年云御靡旌。壁壘而還之類也云與其自守者即城壘也云弩無王弧王弧恆服弦者按上弓有六等有王弧至此弩以有夾庾等四種故云弩無王弧王弧也恆服弦者若弓用則服弦不用則弛惟弩則用與不用一張之後竟不弛故云恆服弦也若然恆服弦用弱者以其強弓久不弛則就弦弱則隨體不就弦也又王弧往體少使之恆服弦則使矢不疾故不用也

凡矢枉矢絜矢利火射用諸守城車戰殺矢鍭矢用諸近射田獵矰矢茀矢用諸弋射恆矢痺。矢用諸散射此八矢者弓弩各有四焉枉矢殺矢矰矢恆矢弓所用也絜矢。鍭矢茀矢庳矢弩所用也枉矢者取名變星飛行有光今之飛矛是也或謂之兵矢絜矢象焉二者皆可結火以射敵守城車戰前於。重。後微輕行疾也殺矢言中則死鍭矢象焉鍭之言候也二者皆可以司候射敵之近者及禽獸前尤重中深而不可遠也結繳於矢謂之矰矰高也茀矢象焉茀之言刜也二者皆可以弋飛鳥刜

羅之也前於重又微輕行不低也詩云弋鳧與鴈恆矢安居之矢也。庳矢象焉二者皆可以散射也謂禮射及習射也前後訂其行干也凡矢之制枉矢之屬五分二在前三在後殺矢之屬參分一在前二在後矰矢之屬七分三在前四在後恆矢之屬軒輖中所謂志也鄭司農云。庳矢讀爲人罷短之罷玄謂。庳讀如。痺病之痺。痺之言倫比○枉紆往反絜劉苦結反又音結一音戶結反弩矢也鍭音候劉音侯弩矢矰音增茀劉扶弗反李一音孚忽反一音教或音弗弩矢痺方二反弩矢散素旦反注同中丁仲反下中深射中同繳章藥反制孚物反訂李音亭呂沈同劉當定反輖音周一音定周反庳方二反比毗志反【疏】注此八矢者至言倫比○釋曰鄭知此八矢弓弩各有四者以上文六弓四弩俱陳於下總列八矢則知八矢爲弓弩所設故鄭分之四矢屬弓四矢屬弩也八矢兩兩相附必知在上者屬弓在下者屬弩者此上文六弓在上四弩在下故還以在上配弓在下配弩也云枉矢者取名變星飛行有光今之飛矛是也者按輈人云弧旌枉矢以象弧也按孝經緯援神契云枉矢射慝考異郵曰枉矢精狀如流星蛇行有尾見天文志曰枉矢狀大流星是其狀變之星行時有光故鄭云枉矢者取名變星飛行有光漢時名此矢爲飛矛故舉以爲說也云或謂之兵矢者矢人職文云絜矢象焉者謂輕重象枉矢也云二者皆可結火以射敵守城車戰者故鄭矢人職注以枉絜二矢俱爲兵矢云前於重後微輕行疾也者以殺矢三分一在前二在後是最重者也此枉絜二矢則五分二在前三在後云前於重又微輕對已下矰矢恆矢等爲最輕也云殺矢言中則死者解稱殺矢之名以其最重中則死故也云鍭矢象焉者亦尤重者也云二者皆可以司候射敵之近者及禽獸者釋經用諸近射田獵之文云前尤重中深而不可遠也者以其三分一在前二在後故云尤重中深故殺名不可遠故用之近射也云結繳於矢謂之矰矰高也者繳則繩也謂結繩於矢以弋射鳥獸者言矰高者欲取向上射飛鳥之義也云茀矢象焉者亦結繳爲射也云茀之言刜也二者皆可以弋飛鳥刜羅之也者解結繳以羅取而刜殺之義云前於重又微輕者此又對枉矢絜矢五分者是重此於五分之重又微輕於彼以此矢七分故也引詩者證弋是取禽鳥之義也云恆矢安居之矢也者按弓人有其人安其弓安其矢安之文則此恆矢軒輖訂是安居之矢也云庫矢象焉二者皆可以散射也者謂禮射及習射者巳上六矢皆用之攻守及弋射惟此矢云散射明散射是禮射也其禮射者卽大射賓射燕射之等皆是其習亦於此三射中爲之故幷言之也云前後訂其行平也者以繒矢七分三在前四在後則知此八分四在前四在後卽行平也云凡矢之制枉矢之屬至四在後皆矢人職文云恆矢之屬軒輖中所謂志也者旣夕記云志一乘軒輖中是也先鄭云庫矢讀爲人罷短之罷此依俗讀於義無取玄謂庫讀爲痺病之痺痺之言倫比倫比則與安居之義同也此八矢六弓四弩不相配者以四矢配四弩於義爲可以四矢配六弓其數參差不可相當故不得相配但依六弓四弩與矢隨義相當而用之

天子之弓合九而成規諸侯合七而成規大夫合五而成規士合三而成規句者謂之弊弓體往來之衰也往體寡來體多則合多往體多來體寡則合少而圜弊猶惡也句者惡則直者善矣○弊婢世反徐扶滅反衰初危反圜音圓

疏天子至弊弓○釋曰按上注而言王弧射六侯夾庾射豻侯言之則天子之弓王弧也以其往體寡故合九成規諸侯之弓則唐大以其往來體若一故合七成規大夫之弓則夾庾以其往體多故合五成規也士之弓則六弓之外句曲合三成規云句者謂之弊弓者但句之至極無過合三合三之外雖別言句者還指合三者而言耳按天子諸侯三侯士與大夫同射近侯與大夫別侯之法今以士合三與大夫弓別者以士與大夫尊卑次暫以合三者託之于士其實士無合三之弓也○注體往善矣○釋曰云。體往來之衰也者此皆據角弓及張不被弦而合之從合九合七合五合三降殺以兩故言衰也云往體寡來體多則合多者據王弧而言云往體多來體寡則合少而圜者據夾庾而說不言唐大者在此二者中間可知

凡祭祀共射牲之弓矢射牲示親殺也殺牲非尊者所親惟射爲可國語曰禘郊之事天子必自射其牲

疏凡祭至弓矢○釋曰言凡

語廣則天地宗廟皆有射牲之事○注射牲至其牲○釋曰言殺牲非尊者所親惟射爲可者按禮記君親制祭詩云執其鸞刀以啓其毛則射外兼爲而言惟射者彼亦示行之非正制之耳引國語者欲見有射牲之事彼據祭天而言

澤共射椹質之弓矢鄭司農云澤澤宮也所以習射選士之處也射義曰天子將祭必先習射於澤澤者所以擇士也已射於澤而后射於射宮射中者得與於祭○與音預疏注鄭司至於祭○釋曰此所共弓矢據王弧故上云王弓弧弓以射甲革椹質引射義欲見射椹質是試弓習武在澤宮也

大射燕射共弓矢如數幷夾如數如當射者之數也每人一弓乘矢幷夾矢箙也○夾音甲注同乘繩證反四矢曰乘矢箙劉奴輒反又女十反疏注如數至箙也○釋曰知每人四矢者見大射鄉射禮皆人各乘矢也云幷夾矢箙也者矢箙之言出於漢時

大喪共明弓矢弓矢明器之用器也士喪禮下篇曰用器弓矢疏大喪共明弓矢○釋曰云明器之用器也者明器中有用器役器役器中有甲冑干笮用器中有弓矢故鄭還引用器爲證也

凡師役會同頒弓弩各以其物從授兵至之儀物弓弩矢箙之屬○從才用反疏凡師至之儀○釋曰言師役據王巡狩征伐而言○與會同異頒弓弩則不殊也

田弋充籠箙矢共矰矢籠竹箙也矰矢不在箙者爲其相繞。相將用乃共之○籠也東反爲于僞反疏注籠竹至共之○釋曰田謂四時田時弋謂弋鳧與鴈云充籠箙矢者籠箙皆盛矢物及矢皆共之云共矰矢者謂矢之有繳者云矰矢不在箙者以其共矰矢在箙下別言之故言不在箙也

凡亡矢者弗用則更更償也用而棄之則不償○更音庚注同

繕人掌王之用弓弩矢箙矰弋抉拾鄭司農云抉者所以縱弦也拾者所以引弦也詩云抉拾既次詩家說或謂抉謂引弦彄也拾謂韝扞也玄謂抉挾矢時所以持弦飾也著右手巨指士喪禮曰抉用正王棘若。擇棘則天子用象骨與韝扞著左臂裹以韋爲之○抉古穴反注

同彊苦侯反韝古侯反劉云彊字之異者扜胡旦反挾子協反一音戶韘反著丁略反或直略反下同擇劉音澤又音亦一音徒洛反與音餘【疏】繕人至抉拾○釋曰此繕人所掌王之用弓弩者謂司弓矢選擇大善者入繕人以共王用也○注鄭司至爲之○釋曰先鄭所解抉拾二家爲說前非後是故後鄭增成其義引士喪禮者欲見凶時有文吉時無文約出吉禮也無正文故云天子用象骨與韝用韋雖不言與亦同疑可知

掌詔王射告王當射之節

【疏】注告王當射之節○釋曰王射先行燕禮以大夫爲賓賓與王爲耦所告之事亦如大射禮大射正告公之儀

贊王弓矢之事授之受之

【疏】注授之受之○釋曰按大射禮大射正授弓小臣授矢天子禮繕人授之受之按大僕職己授之受之此又爲者大僕尊大僕贊時此官助贊也

凡乘車充其籠箙載其弓弩充籠箙以盛矢

【疏】凡乘至弓弩○釋曰繕人惟主王所乘之車而言凡乘車則除革路之外玉金象木之車皆有右備制非常皆充其籠箙及所載弓矢○注充籠箙者以矢○釋曰以籠是盛矢器今云充籠之明所充實者是矢可知也

既射則斂之斂藏之也詩云彤弓弨兮受言藏之○弨昌遙反

【疏】注斂藏至藏之○釋曰所斂者惟據王所乘車上有弓矢者既射還斂取藏之引詩證既射弛而藏之義也

無會計亡敗多少不計○會古外反下大會同後會計之類放此

【疏】無會計○釋曰以其王所費損故不會計之

槀人掌受財于職金以齎其工齎其工者給市財用之直○齎音咨後皆同也

【疏】槀人至其工○釋曰掌受財于職金者謂有罪人出贖之物金罰貨罰故須財者往受之○注齎其至之直○釋曰弓弩矢箙皆是冬官百工造之故云齎其工者給市財用之直也

弓六物爲三等弩四物亦如之三等者上中下人各有所宜弓人職曰弓長六尺六寸謂之上制上士服之弓長六尺三寸謂之中制中士服之弓長六尺謂之下制下士服之弩及矢箙長短之制未聞

【疏】弓六至如之○釋曰弓人惟云弓之長短不言弩之長短蓋當與弓同但無文故注亦云

未聞○注三等至未聞○釋曰云三等者上中下人各有所宜者皆據凡人長短為上中下士非謂命數者也此經惟言弓弩不言矢箙以下經有矢箙因此
弩并云未聞按矢人造矢云五分其長而羽其一注云羽者六寸其羽六寸則矢長三尺而此云矢未聞者彼矢長三尺約而言之亦無正文且弓之長短既
不同明矢亦當有差等其矢之差等未聞及箙亦未聞也但弓六物為三等不言皆者下別言弩故六弓不言皆下矢八物皆三等言皆者矢八物中兼有弩
矢故須言皆也矢八物皆三等箙亦如之春獻素秋獻成矢箙春作秋成疏矢八至獻成○釋曰按司弓矢注弓
弩各有四矢應作四等而言三等蓋據長短為三等法矢人注矢長三尺者假設言之弩既無長短之文矢亦未聞長短也若然箙隨矢長則弓之矢箙與弓
矢齊弩之矢箙亦與弩矢齊但矢既未聞故箙亦未聞也○注矢箙春作秋成○釋曰按士喪禮明器有獻素獻成注云形法定為素飾治畢為成此矢箙亦
然書其等以饗工鄭司農云書工功拙高下之等以制其饗食也玄謂饗酒肴勞之也上工作上等其饗厚下工作下等其饗薄○勞洛報
反疏注鄭司至饗薄○釋曰按下文自有下上其食此文饗據以酒肴饗之先鄭以饗為食非故後鄭不從後鄭不言中饗者舉有上下明有中可知也
乘其事試其弓弩以下上其食而誅賞鄭司農云乘計也計其事之成功也故書試為考玄謂考之而善則上其食尤
善又賞之否者反此○試音考出注下上時掌反注同疏注鄭司至反此○釋曰云故書試為考後鄭亦從考為義也乃入功于司弓
矢及繕人功成凡齎財與其出入皆在槀人以待會而攷之亡者闕之皆在槀人者所齎工
之財及弓弩矢箙出入其簿書槀人藏之闕猶除也弓弩矢箙棄亡者除之計今見在者○見賢遍反疏乃入至闕之○釋曰數事皆在槀人者以槀人
是弓矢官之主故皆有簿書藏之也

戎右掌戎車之兵革使使謂王使以兵有所誅斬也春秋傳曰戰於殽晉梁弘御戎萊駒爲右戰之明日襄公縛秦囚使萊駒以戈斬
之○使色吏反注使謂同疏注使謂至斬之○釋曰戎右者與君同車在車之右執戈盾備制非常弁充兵中使役故云掌戎車之兵革使謂執兵著甲之
使也引春秋者文二年左傳文秦晉戰於殽時囚呼萊駒失戈引之者證戎右以兵革使事詔贊王鼓既告王當鼓之節又助擊之疏注既
告至擊之○釋曰大僕已贊王鼓此亦同是助擊其餘面也傳王命于陳中爲王大言之也○傳直宣反下注傳敦同陳直慎反劉直吝反
爲于僞反下爲衆同會同充革車會同王雖乘金路猶以革路從行也充之者謂居左也曲禮曰乘君之乘車不敢曠左疏注會同至曠左
○釋曰知會同王乘金路者巾車云金路以賓是也此言充革車故知猶以革路從云充之者謂居左也者尊者左載王既不乘故戎右居左贊王處是以引
曲禮爲證彼注云君在惡空其位是也盟則以玉敦辟盟遂役之鄭司農云敦器名也辟法也玄謂將歃血者先執其器爲衆陳
其載辭使心皆開辟也役之者傳敦血授當歃者○敦音對劉又都愛反沈都迴反注同歃所洽反徐所輒反疏注鄭司至歃者釋曰先鄭以辟爲法此無
取於法義故後鄭爲開辟盟者之心云將歃血者先執其器者凡盟先割牛耳盛於珠盤以玉敦盛血戎右執此敦血爲陳其盟約之辭使心開辟乃歃之
贊牛耳桃茢鄭司農云贊牛耳春秋傳所謂執牛耳者故書茢爲滅杜子春云滅當爲厲玄謂尸盟者割牛耳取血助爲之及血在敦中以桃茢
拂之又助之也耳者盛以珠盤尸盟者執之桃鬼所畏也茢苕帚所以埽不祥○茢音列沈音例盛音成苕音條帚之受反疏注鄭司至不祥○釋曰引
春秋者按哀十七年公會齊侯盟于蒙孟武伯問於高柴曰諸侯盟誰執牛耳季羔曰鄫衍之役吳公子姑曹注云在七年發陽之役衛石魋注云發陽鄭也
在十二年武伯曰然則彘也以其魯於齊爲小國故也云玄謂尸盟者割牛耳者尸盟卽是小國也云桃鬼所畏也茢苕帚所以埽不祥者殺牲取血旁有不

祥故執此二者於血側也

齊右掌祭祀會同賓客前齊車王乘則持馬行則陪乘 齊車金路王自整齊之車也前之者已駕王未乘之時陪乘參乘謂車右也齊右與齊僕同車而有祭祀之事則兼玉路之右然則戎右兼田右與○齊側皆反下齊車齊僕皆同乘劉繩證反沈音繩與音餘 疏注齊車至右與○釋曰云前之者已駕王未乘之時者曲禮曰僕執策立於馬前備驚奔謂未乘時此亦未乘之時在馬前備驚奔也云陪乘參乘者王與僕及車右爲參乘也云齊右與齊僕同車而有祭祀之事則兼玉路之右者齊僕同乘金路惟可據齊時今此經云祭祀不言齊明是兼祭祀乘玉路時爲右可知也以其。玉路有五其右惟有齊右。道右三者不見祀右及田右祭祀時亦名齊田與戰伐俱用兵可以相通故知齊右兼玉路右戎右兼田右也無正文故云與以疑之也

凡有牲事則前馬 王見牲則拱而式居馬前卻行備驚奔也曲禮曰國君下宗廟式齊牛○拱居勇反卻音却 疏注王見至齊牛○釋曰云王見牲則拱而式者凡男子立乘前視五巂若有敬事則式式視馬尾當須端拱故云拱而式也居馬前卻行備驚奔也者以其王既拱而式是以齊右居馬前卻行備驚奔故也引曲禮曰國君下宗廟式齊牛者按彼經云國君式宗廟下齊牛此所引不同者但宗廟尊宜下將彼經爲誤故鄭改之依正而言也

道右掌前道車王出入則持馬陪乘如齊車之儀 道車象路也正行道。德之車 疏注道車至之車○釋曰齊右云王乘則持馬此云王出入則持馬文不同者爲右之義不異不同者互換爲義故也云道車象路也王行道德之車者若言象據飾爲名言。道爲稱是以大司馬亦云道車

自車上諭命于從車 自田○從才用反下及注同馭夫職放此 疏自車至從車○釋曰按馭夫掌馭貳車從

車彼注貳車象路之副從車戎路田路之副此所論從車即彼貳車與彼從車別同名耳詔王之車儀顧式之屬疏○注顧式之屬○釋曰禮云式視馬尾顧不過轂皆是車上威儀故須詔之齊右不云者文不具王式則下前馬王下則以蓋從以蓋從表尊疏注以蓋從表尊○釋曰蓋有二種一者禦雨二者表尊此則表尊之蓋也

大馭掌馭王。路以祀及犯。軷王自左馭馭下祝登受轡犯軷遂驅之行山曰軷犯之者封土為山象以菩芻棘柏為神主既祭之以車轢之而去喻無險難也春秋傳曰跋涉山川自由也王由左馭禁制馬使不行也故書軷作罰杜子春云罰。當為軷軷讀。為別異之別謂祖道轢軷磔犬也詩云載謀載惟取蕭祭脂取羝以軷詩家說曰將出祖道犯軷之祭也聘禮曰乃舍軷飲酒于其側禮家說亦謂道祭○軷蒲末反注跋涉同祝之又反菩音員一音倍芻葱俞反轢音歷難乃旦反別彼列反下同磔陟格反羝丁兮反舍音釋疏○大馭至驅之○釋曰此據祭天之時故有犯軷之事云及犯軷者出國門封土為山象祭軷王在左自馭馭下祝登受取王手之轡犯軷遂驅之而出○注行山至道祭○釋曰言行山曰軷者謂水行曰涉山行曰軷云封土為山象者鄭注月令祀行之禮為軷。壇厚。三寸廣五尺此道祭亦宜然云菩芻棘柏為神主者謂於三者之中但用其一以為神主則可也云既祭之以車轢之而去。喻無險難也者祭天在近郊雖無險難審慎故也引春秋傳曰者按襄二十八年子大叔云跋涉山川蒙犯霜露以逞君心是其山行曰軷之事也子春讀軷為別異之別者蓋取軷說行去之意引聘禮大夫道祭者無牲牢酒脯而已又於旁飲酒餞別故云飲酒於其側也

及祭酌僕僕左執轡右祭兩軹祭軓。乃飲故書軹為。軒。軓為。範杜子春云文當如此左不當重重非是書亦或如子春言又云軒當作軹軹謂兩轊也其或言軷亦非是又云。軓當為。軋軋謂車。前。軾也或讀軒為簪笄之笄○軹音止軓音犯注軓同軒劉音雞重直龍反

轊音衛軌當媿美反又音犯也【疏】及祭至乃飲○釋曰此云及祭酌僕者卽上文將犯軷之時當祭左右轂末及軾前乃犯軷而去酌僕者使人酌酒與僕
僕卽大馭也大馭則左執轡右手祭兩軹幷祭軌之軾前三處訖乃飲飲者若祭末飲福酒乃始轢軷而去○注故書至之笄○釋曰云謂兩轊者轊卽轂末
云軌當爲軓軓謂車軾前也者按少儀祭左右軌范乃飲注云周禮大馭祭兩軹祭軌乃飲軌與軹於車同謂轊頭也範與范聲同謂軾前也若然此云軹少
儀作軌軌與車轍之軌同名此云軌少儀云范同是軾前也

凡馭路行以肆夏趨以采薺

凡馭路謂五路也肆夏采薺樂章也行謂大寢至路門趨謂路門至應門○薺才私反【疏】凡馭至采薺○釋曰樂師亦有此法彼下有車亦如之卽上云行趨者據步迎賓客法此既馭路亦
云行趨者此雖馭路行趨遲疾惟步迎賓客爲法故雖車亦行趨也○注凡馭至應門○釋曰此大馭惟馭玉路而云謂五路者大馭雖馭玉路以經云凡所
含廣則餘四路亦准玉路爲法故云五路也若然迎賓客惟乘金路餘四路雖不用迎賓客至於乘車皆自內而出自外而入經路寢及門故鄭據大寢爲正
也云肆夏采薺樂章也者肆夏在鍾師與九夏同是樂章可知其采茨雖逸詩既與肆夏同歌明亦樂章也知行謂大寢至路門趨謂路門至應門者爾雅云
堂上謂之行門外謂之趨行雖在堂亦人之行由堂始故發堂至門皆謂之爲行故云行謂大寢至路門趨謂路門至應門也鄭注樂師云及入應門路門亦
如之此注不言亦同於彼也若然應門外亦應有樂節但無文故鄭亦不言也

凡馭路儀以鸞和爲節

舒疾之法也鸞在衡和在軾皆以金爲鈴○鈴音零【疏】注舒疾至爲鈴○釋曰鄭知鸞在衡和在軾者鄭見韓詩傳云升車則馬動馬動則鸞鳴鸞鳴則和應乘車先馬動次鸞鳴乃和應
明鸞近馬首和更近後故知鸞在衡和在軾也且按秦詩云輶車鸞鑣毛云鸞在衡鄭云鸞在鑣不從毛義者鄭以田車鸞在鑣乘車鸞在衡此云鸞在衡據
乘車而言故也云皆以金爲鈴者鼓人掌四金鈴則四金之類故知用金爲之乃可得有聲也

戎僕掌馭戎車戎車革路也師出王乘以自將○將子匠反疏注戎車至自將○釋曰此云戎車巾車云革路建太白以卽戎車革路也

掌王倅車之政正其服倅副也服謂衆乘戎車者之衣服○倅七內反劉倉愛反疏注倅副至衣服○釋曰鄭注坊記云僕右恆朝服據非在軍時若在軍則服韋弁服衆乘戎車者之衣服謂此服也言衆乘戎車者之服則副車十二乘及廣闕。革輕之倅皆是也

犯軷如玉路之儀凡巡守及兵車之會亦如之如在軍疏注如在軍○釋曰云如在軍者謂如其犯軷巡狩及兵車會亦乘革路若乘車之會卽乘金路也

掌凡戎車之儀凡戎車衆之兵車也書序曰武王戎車三百兩疏注以待賓客○釋曰云凡語廣故知衆兵車卽三百兩也按武王伐紂時王自巡六師則有六軍千乘及諸戎狄三。分二諸侯其車多矣只有三百兩者據。陳與紂戰者而言

齊僕掌馭金路以賓以待賓客○賓如字劉万刃反疏注凡戎至百兩釋曰此經與下爲目所待賓客卽下文是也

朝覲宗遇饗食皆乘金路其灋儀各以其等爲車送逆之節節謂王乘車迎賓客及送相去遠近之數上公九十步侯伯七十步子男五十步司儀職曰車。逆拜辱又曰及出車送○乘車如字疏注節謂至車送○釋曰受享於廟則迎之大行人云上公九十步介九人擯者五人廟中將幣三享鄭注云朝先享不言朝朝正禮不嫌有等是春夏受贄於朝無迎法受享則有之秋冬一受之於廟亦無迎法故郊特牲云覲禮天子不下堂而見諸侯是受贄受享皆無迎法今言朝覲宗遇饗食皆乘金路者謂因此朝覲宗遇而與諸侯行饗食在廟卽有乘金路迎賓客之法也云上公九十步已下大行人文彼據受享於廟非饗食禮也引之者欲見饗食迎賓與受享同司儀所云亦據受饗食之禮也

道僕掌馭象路以朝夕燕出入其灋儀如齊車朝夕朝朝莫夕○朝夕直遙反注朝夕同朝朝上如字下直遙

反莫夕音暮疏注朝夕朝朝莫夕○釋曰朝朝莫夕在正朝來往而言燕者以其在宮中行事皆稱燕掌貳車之政令貳亦副○疏
注貳亦副○釋曰上文戎僕倅車云副故此貳亦副也
田僕掌馭田路以田以鄙田路木路也田田獵也鄙循行縣鄙○行下孟反疏注田路至縣鄙○釋曰云田路木路也者按巾
車云木路建大麾以田故知田路即木路也云田田獵也者據四時田也云鄙循行縣鄙者謂在百里外六遂之中王巡六遂縣鄙則六鄉州黨巡之可知舉
遠以明近也掌佐車之政佐亦副疏注佐亦副○釋曰天子尊故戎車田車之二有別名諸侯卑戎車田車之二同曰佐無倅名是以檀
弓云戰於乘丘公隊佐車授綏少儀注亦云朝祀之副曰貳戎獵之副曰佐也設驅逆之車驅驅禽使前趨獲逆銜還之使不出圍○驅如字又
起遇反後同銜本又作御同五嫁反疏注驅驅至出圍○釋曰按王制云大夫殺則止佐車佐車止則百姓田獵彼佐車則此驅逆之車也令獲者
植旌以告獲也植樹也○植直吏反又時力反樹如字又一音豎疏注以告至樹也釋曰按山虞植旗屬禽此官又云植旌比禽者彼此共其事故
並見之及獻比禽田弊獲者各獻其禽比種物相從次數之○比毗志反次也注同種章勇反下同數所主反疏注田弊至數之釋曰大司
馬春火弊夏車弊秋羅弊冬徒弊弊止也田止百姓所得禽大獸公之小禽私之公之者獻於旌下每禽擇取三十其餘為主皮之射而取之故云比種物相
從次數之也凡田王提馬而走諸侯晉大夫馳提猶舉也晉猶抑也使人叩而舉之抑之皆止奔也馳放不扣○叩音口
下同疏凡田至夫馳○釋曰凡田亦謂四時田天子發抗大綏諸侯發抗小綏大夫下君不得云綏云大夫發止佐車其時有提馬晉馬之事云提遲於馳
皆使尊者體促之義也

馭夫掌馭貳車從車使車貳車象路之副也從車戎路田路之副也使車驅逆之車疏注貳車至之車○釋曰知貳車是象路之副者以道僕云掌貳車之政令故知之也知從車是戎路田路之副者見戎僕與田僕俱不言貳田與戎俱是職煩故知兼此二者也不掌戎路金路之副者貳者事暇蓋車僕不共掌也知使車是驅逆者以使役勞劇之事故知是驅逆之車也分公馬而駕治之乘調六種之馬疏注乘調六種之馬○釋曰趨馬自主駕脫故知此駕治者是調習之也

附釋音周禮注疏卷第三十二

周禮注疏卷三十二校勘記　阮元撰盧宣旬摘錄

附釋音周禮注疏卷第三十二

弁師

延冕之覆在上　段玉裁云皇侃本作冕延之覆在上

廣袤以冠縰　監本縰訛縱禮說作廣袤似冠縰云俗本誤似爲以賈疏不明○按作以自不誤謂以冠縰之廣袤爲之廣袤也

垂於延前后　惠校本后作後下同漢制考引此亦作後

垂於延之前后　閩監毛本同余本嘉靖本后作後當據正

云紘一條屬兩端於武者　監本紘誤繅

諸侯之繅斿九就　諸本同唐石經原刻作諸侯之繅九就後刮磨重刻繅下增斿按賈疏引經云諸公之繅九就無斿字與石經原刻合此猶上言王繅十有二就繅下不當有斿也

其餘謂延組　閩監本同誤也余本嘉靖本毛本組作紐當據正

每繅九成則九旒也　漢讀考云案此當云每繅九成則九斿斿九玉也今本似脫誤

故書瑉作璑　此本璑省作玩閩本誤爲玩漢讀考云說文璑采玉也從周禮故書

諸公云繅九就九就閩監本同毛本公改侯非此依注作公當作云諸公之繅

繪用組岳本繪作撸從手下同

沛國人謂反紾爲𩪘葉鈔釋文作反紾云本又作紾

堪讀如薄借綦之綦賈疏亦作讀如漢讀考作讀爲

邸下柢也監本柢誤抵

大如總之麻經按當之作總麻之經故疏無麻字

冕而無旒閩監毛本同余本岳本嘉靖本旒作斿當據正

則依命數矣惠校本矣作耳

元冠繅布衣繅帶素韠浦鏜云緇並誤繅韠誤韠

司甲

闕此本閩監本並脱此注余本嘉靖本毛本皆有此字今據補

司兵

故云淫淫爲陳按此當衍一淫

後鄭皆不從者以爲厥與解之者 浦鏜云上者爲皆之譌屬下

釋曰鄭司農所云者是也 浦鏜云下當脫者

司戈盾

分與授用 余本閩監毛本同宋本嘉靖本授作受

祭祀授旅賁殳 監本旅誤旅毛本誤㫋下及注並同

車有五等 當從監毛本作六等閩本亦誤五

司弓矢

檿弧箕箙 毛本同閩監本檿誤壓○按箕从竹非也當作萁

以授射甲革椹質者 監本椹誤棋說文弓部引周禮六弓作王弓弧弓以射甲革甚質甚葢古椹字

夾弓庾弓 唐石經諸本同釋文庾弓師儒相傳讀庾當本作庾弓師儒相傳讀庾故下云本亦作庾

椹字或作鞎 閩監本同余本嘉靖本毛本云或爲艱宋本云或作艱誤○按以古文假借論之未見艱誤也鞎字不見於說文及古書恐是艱之誤字但其誤久矣

形弓施弓之等是也 毛本作㫋弓此施即㫋之譌監本改旅按古㫋字多作旅作施

御靡旌壁壘而還之類也閩本同監毛本壁作麾皆誤當作摩壘

恆矢痺矢閩監毛本同唐石經余本嘉靖本痺作庳當據正注同此本疏中不誤石經考文提要云宋本九經宋纂圖互注本宋附釋音本皆作庳矢

絜矢鍭矢此本及余本鍭誤鏃今據諸本訂正下同

前於重後微輕程瑤田通藝錄作前於後重微輕謂其前於後殺鍭二矢之尤重者微輕也轉寫訛互作重後

庳矢象焉此庳字毛本誤痺閩監本不誤疏中閩本不誤

庳矢讀爲人罷短之罷元謂庳讀如痺病之痺余本嘉靖本同監毛本庳皆誤痺閩本庳矢之庳不誤疏中仍誤漢讀考讀如作讀爲痺病之痺作痹病之痹下痺字同○按說文有痹無痺

云體往來之衺也者閩本同監本體誤禮毛本遂刪去

授兵至之儀閩監毛本同誤也唐石經余本岳本嘉靖本作授兵甲之儀當據以訂正石經考文提要云宋本九經宋纂圖互注本宋附釋音本皆作甲

爲其相繞相將用乃共之閩本同誤也余本嘉靖本監毛本作爲其相繞亂當據正

繕人

抉用正王棘若檡棘二字余本岳本嘉靖本同閩監毛本檡作擇按釋文出若檡

充籠箙以盛矢余本閩監毛本同誤也宋本嘉靖本作充籠箙者以矢此本疏中標注同與賈疏本正合因疏語有以籠是盛矢器之言遂誤改此注釋文無盛字音也

注充籠箙者以矢閩監毛本改充籠箙以盛矢誤甚

引詩證旣射弛而藏之義也閩監毛本弛作弛

稾人

但無文故注亦云未聞閩本同監毛本增作但無正文

戎右

襄公縛秦囚使萊駒以戎斬之閩監毛本同誤也余本嘉靖本戎作戈當據正監本縛誤縛○按據左傳是戈字

并充兵中使役毛本作兵革

彼注云君在浦鏜云存誤在

盟則以玉敦辟盟唐石經諸本同余本盟則誤倒

以桃茢沸之閩本同與玉府疏所引合余本嘉靖本監毛本沸作拂○按沸恐是誤字作拂爲是

所以掃不祥　嘉靖本掃作埽疏中引注諸本同

發陽鄖也　浦鏜云地誤也

齊右

以其玉路有五其右惟有齊右道右三者　浦鏜云王誤玉道右下脫戎右二字

道右

王行道德之車也　按疏云言象據飾爲名言道據行道爲稱然則此德字誤衍也

言道爲稱　監毛本言道下有據行道三字此本閩本脫

大馭

掌馭王路以祀　閩監本同誤也唐石經余本嘉靖本毛本作玉路當訂正石經考文提要云宋本九經宋纂圖互注本宋附釋音本皆作玉路

及犯軷　漢讀考云說文軷出將有事於道必先告其神立壇四通樹茅以依神爲軷既祭軷轢於牲而行爲範軷從車犮聲範範軷也從車笵省聲讀與犯同按許君所見周禮作範蓋故書也範爲正字則犯爲假借字與今義迥異

罰當爲軷　毛本當誤賞

軷讀爲別異之別　漢讀考作讀如云此字既定作軷不當又易爲別故下文稱詩禮作軷證之○按讀如別者擬軷之音耳非易其字

也

爲轂壇厚三寸 浦鏜云壞誤壇二誤三

踰無險難也 浦鏜云喻誤踰

祭軓乃飲 余本嘉靖本同唐石經缺閩監毛本軓誤軌釋文作祭軓云音犯注軓同石經考文提要云五經文字曰軓車前式也見周禮宋本九經宋附釋音本皆作軌○按車前式乃車軾前之誤

故書軹爲軒 戴震云轂末出輪外似笄出髮外也軒軹軓軌四字經傳中往往訛溷先儒以其所知改所不知於是經書字書不復有軒字矣漢讀考云軸耑之鍵曰轄亦曰軒謂制轂之鐵豎貫軸頭有似又首之笄也子春易爲軹則與輢內之軨同名矣

軌爲範 嘉靖本毛本同誤也余本閩監本軌作軓漢讀考云當作軓爲軋

軌當爲軋 嘉靖本監毛本同誤也余本岳本作軓當爲軋閩本作軓當爲範漢讀考云當作軋當爲軓

軋謂車前軾也 余本監本並同閩本軋改範皆誤也賈疏嘉靖本毛本作軋謂車軾前當據正今本作前軾誤倒漢讀考云軋當作軹軋非車軾前也詳考工記

凡馭至采薺 監本薺誤齊下同

即上云行趍者 閩監毛本趍作趨下同

此大馭惟馭玉路 監本玉誤王

亦准玉路爲法 閩本同監毛本准作惟惠校本作推非也

注舒疾至鈴也 閩本同監毛本改舒疾至爲鈴今本注中無也

則皆以金爲鈴者 閩本同監毛本則改云

戎僕

革路建大白以即戎車革路也 補毛本重戎字此誤脫

及廣闕革輕之倅皆是也 閩本革作苹當據正

三分二諸侯 按分下當脫有字

據陳與紂戰者而言 閩本同監毛本陳上增在

齊僕

車逆拜辱 嘉靖本逆誤送

道僕

注二亦副 閩監毛本二作貳下同

田僕

故戎車田車之二有別名閩監毛本二作貳馭夫疏同此處下文閩監本亦作二

使人叩而舉之余本閩本同嘉靖本監毛本叩作扣此本下亦作扣案釋文作扣余本載音義同○按說文扣牽馬也故此注云使人扣而舉之不得作叩叩字說文所無敂之俗體也

馭夫

不掌戎路金路之副者閩本同誤也監毛本戎作玉當據正

周禮注疏卷三十二校勘記

鄭氏注　賈公彥疏

校。人掌王馬之政政謂差擇養乘之數也月令曰班馬政○疏注政謂至馬政釋曰此經與下爲目下亦有邦國及家而云王馬者以尊爲主鄭云政謂差擇養乘之數也者經。辨六馬是差擇也下云凡頒良而養乘是養乘也引月令者謂季秋之令彼注云馬政謂齊其色度其力使同乘引此職凡軍士物馬而班之皆是馬政故引爲證也辨六馬之屬種馬一物戎馬一物齊馬一物道馬一物田馬一物駑馬一物種謂上善似母者以次差之玉路駕種馬戎路駕戎馬金路駕齊馬象路駕道馬田路駕田馬駑馬給宮中之役○疏注種謂至之役○釋曰六者皆有毛物不同故皆以物言之也此六者先善後惡次第而言也種馬上善似母者以其言種故知似母但種類亦有似父而言似母者以母爲主也知種馬駕玉路已下差次如此者以其言戎道田以事爲名則知戎馬駕戎路道馬駕道車田馬駕田路以此。五。者種馬最在上駕玉路可知駑馬最在下五路之外給役可知

凡頒良馬而養乘之乘馬一師四圉三乘爲皁皁一趣。馬三皁爲繫。繫一馭夫六繫爲廄。廄一僕夫六廄成校校有左右駑馬三良馬之數麗馬一圉八麗一師八師一趣馬八趣馬一馭夫良善也善馬五路之馬鄭司農云四疋爲乘養馬爲圉故春秋傳曰馬有圉牛有牧玄謂二耦爲乘師趣馬馭夫僕夫帥之名也趣馬下士馭夫中士則僕夫上士也自乘至廄其數。三百一十六匹易乾爲馬此應乾之策也至校變爲言成者明六馬各一廄而王馬小備也校有左右則良馬一種者四百三十二匹五種合二千一百六十匹駑馬三之則爲千二

百九十六四五頁一駑凡三千四百五十六四然後王馬大備詩云騋牝三千此謂王馬之大數與麗耦也駑馬自圉至馭夫凡馬千二十四匹與三頁馬之數不相應八皆宜爲六字之誤也師十二匹趣馬七十二匹則馭夫四百三十二匹矣然後而三之既三之之無僕夫者不駕於五路卑之也○乘繩證反注及下注乘四同圉魚呂反皁才早反趣倉走反劉沈清須反下同繫音計本亦作毄廄九又反應應對之應筴初革反騋音來牝頻忍反劉又扶忍反數與音餘下禮與皆同○**疏**凡頒至馭夫○釋曰言頒頁馬對下別言駑馬養馬有多少不同故別言頁馬也言養乘之者已下皆四四爲耦是因養馬乘習之○注頁善至之也○釋曰云善馬五路之馬者據上文而言之也春秋傳曰者昭七年楚芊尹無字執人於王宮言馬有圉牛有牧引之證養馬爲圉也玄謂師趣馬馭夫僕夫帥之名也者皆以寡領衆故知主帥之名也云趣馬下士馭夫中士則僕夫上士也序官有趣馬下士皁一人徒四人馭夫中士二十人無僕夫士數之文以此文官尊者管卑者馭夫既中士明僕夫上士可知云自乘至廄其數三百一十六四易乾爲馬此應乾之筴也者按易天一生水北方地二生火南方天三生木東方地四生金西方天五生土中央是謂陽無四陰無耦又地六成水北方天七成火南方地八成木東方天九成金西方地十成土中央是謂陽有四陰有耦龜取生數一二三四五蓍取成數六七八九十若然東方南方生長之方故七爲少陽八爲少陰西方北方成熟之方故九爲老陽六爲老陰不取十者中央配四方故也是以易之六爻卦畫七八爻稱九六七八九六既配四方故九六皆以四乘之乾之六爻以四乘九四九三十六六爻故二百一十六是爲乾之筴也云校有左右則頁馬一種者四百三十二匹者經云六廄成校校據一廄而言之王馬小備下云校有左右則十二廄爲十二閑若據一廄一廄爲二百一十六匹據兩廄倍之故四百三十二匹四種別四百三十二四五種計之自然總合二千一百六十匹又。蓋駑馬三頁馬之數三。个四百三十二則得千二百九十六匹五頁一駑總計自然凡三千四百五十六匹對前小備故云然後王馬大備也詩云騋牝三千此衛文公滅而復興徙而能盛計諸侯止合六閑馬其三千是王馬之數雖非禮制國人美之故鄭云王馬之大數言大數者不言四百五十六故也言與者約同王馬之數故言與以疑之也云駑馬自圉至馭夫凡馬千二十四匹與三良之數不相應者依經八計之得此千二十四匹其三良馬有千二百九十六匹故言不相當若作六計得千二百九十六匹與三良馬數合故破從六也按此經乘馬一師四圉三乘爲皁皁一趣馬三皁爲繫繫一馭夫按序官云趣馬下士皁一人徒四十人卽此以云皁一趣馬合自師至馭夫中士二十人下士四十人幷之六十一正充此良馬之馭夫又不見駑之馭夫者或脫也〇

天子十有二閑馬六種邦國六閑馬四種家四閑馬二種降殺之差每廄爲一閑諸侯有齊馬道馬田馬大夫有田馬各一閑其駑馬則皆分爲三焉〇殺所界反

疏注降殺至三焉〇釋曰天子十二閑六種義已在上云諸侯有齊馬道馬田馬大夫有田馬各一閑其駑馬皆分爲三焉者以駑馬三良之數上下同故爲此解趙商問校人職天子有十二閑六種爲三千四百五十六匹邦國六閑馬四種爲二千五百九十二匹家四閑馬二種千七百二十八匹按天子之卿采地食小都大夫食縣不審所由當能共此馬數故禮記家富不過百乘謂其多也司馬法論之甸方八里有戎馬四匹長轂一乘今大夫采地四甸一甸稅又給王其餘三甸纔有馬十二匹今又就校人之職相校人之職相校甚異何答曰邦國六閑四種其數適當千二百九十六匹家有四閑二種又當八百六十四匹今子以何術計之乎此馬皆君之所制爲非謂民賦畿內百里之國者居四都五十里之國居四縣二十五里之國居四甸而引天子卿食小都大夫食縣欲何以難又司馬法甸有戎馬四匹長轂一乘此爲民出軍賦無與於天子國馬之數事條未理而多紛紜趙商云邦國二千五百九十二匹者謂三良一良四百三十二匹三良千二百九十六匹駑三其一種亦千二百九十六匹故合爲二千五百九十二匹家四閑馬二種爲千七百二十八匹謂良馬二種四百三十二匹駑馬一種三良馬一種亦千二百九十六匹幷之千七百二十八匹正合於數鄭不從者天子十二閑分爲左右一種

馬分爲兩廄故一種馬有四百三十二匹諸侯及大夫直一廂不分爲左右則良馬惟有三廄三良居三廄其數六百四十八匹駑馬亦三其一種其數亦六百四十八匹幷之千二百九十六匹家有二種一良一駑良居一廄二百一十六匹駑馬三之爲六百四十八匹幷之爲八百六十四匹故鄭氏云子以何術計之

凡馬特居四之一欲其乘之性相似也物同氣則心一鄭司農云四之一者三牝一牡疏注欲其至一牡○釋曰云欲其乘之性相似也者是使三牝各產其一通牡爲四共駕一車取同氣一心之義

春祭馬祖執駒馬祖天駟也孝經說曰房爲龍馬鄭司農云執駒無令近母猶攻駒也二歲曰駒三歲曰駣玄謂執猶拘也春通淫之時駒弱血氣未定爲其乘匹傷之○令力呈反下令皆同近附近之近駣徐音肇劉音道李湯堯反沈徒刀反爲于僞反下爲蹄齧同疏注馬祖至傷之○釋曰馬與人異無先祖可尋而言祭祖者則天駟也故取孝經說房爲龍馬是馬之祖春時通淫求馬蕃息故祭馬祖先鄭云二歲曰駒三歲曰駣爾雅文云玄謂春通淫之時駒弱血氣未定爲其乘匹傷之者論語孔子云血氣未定戒之在色馬亦如此故引之而言也按月令仲夏縶騰駒注云爲其牝氣有餘相蹄齧彼牝氣有餘相蹄齧縶之不爲駒弱者縶有二種此謂二歲者彼據馬。之大者故不同也

夏祭先牧頒馬攻特先牧始養馬者其人未聞夏通淫之後攻其特爲其蹄齧不可乘用鄭司農云攻特謂騬之○蹄大計反又音啼後同騬音繒又音繩疏注先牧至騬之○釋曰知先牧是養馬者以其言先牧是放牧者之先知。是始養馬。者祭之者夏草茂求肥充云攻特者夏通淫後攻其特爲其相蹄齧不可乘用故也

秋祭馬社臧僕馬社始乘馬者世本作曰相。上作乘馬鄭司農云臧僕謂簡練馭者令皆善也玄謂僕馭五路之僕○臧子郎反相息亮反疏注馬社至之僕○釋曰秋祭馬社者秋時馬肥盛可乘用故祭始乘馬者秋而臧僕者亦秋時萬物成教之使善

冬祭馬步獻馬講馭夫馬步神爲災害馬者獻馬見成馬於王也馭夫馭貳車從車使車者講猶簡習○見賢遍反下同從才用反疏

注馬步至簡習○釋曰馬神稱步謂若玄。賓之步人鬼之步之類步與酺字異音義同云獻馬見成馬於王也者以秋時萬物成亦獻成馬於王也云馭夫馭貳車從車使車者馭夫文也云講猶簡習者亦謂秋時物成講之使成也

凡大祭祀朝覲會同毛馬而頒之毛馬齊其色也頒授當乘之○毛如字劉莫報反疏注毛馬至乘之○釋曰此三者皆須馬從王故知毛馬而頒之爲齊其色者○按毛詩傳云宗廟齊豪尚純也戎事齊力尚強也田獵齊足尚疾也爾雅亦云雖據宗廟至於田獵軍旅既尚疾尚力亦尚色也故下云凡軍事物馬而頒之是尚力也詩云四騵彭彭武王所乘又云四。鐵孔阜秦襄公以田是齊色不專據宗廟

飾幣馬執扑而從之鄭司農云校人主飾之也幣馬以馬遺人當幣處者也聘禮曰馬則北面奠幣于其前士喪禮下篇曰薦馬纓三就入門北面交轡圉人夾牽之馭者執策立于馬後○扑普卜反劉方溝反遺惟季反疏注鄭司至馬後○釋曰先鄭云以馬當幣處者見經云飾幣馬馬可飾幣非可飾之物又見下文凡國之使者共其幣馬注云使者所用私覿則知此直以馬遺人無幣且王家遺人無廷實故覲禮勞侯氏用璧無廷實也引聘禮者按聘禮。此謂賓。入境展幣時布幕訖皮則陳於幕上馬則於幕南北面奠幣於其前引之者證彼則有幣有馬引士喪禮下篇者據將葬朝廟時陳設之事馬爲擬乘車所駕故薦之纓三就者謂馬。駃三。成。舒之入門北面者陳之於廟庭也言交轡者士兩馬二人牽之引之者證馬。有飾之事也

凡賓客受其幣馬。賓客之幣馬來朝聘而享王者疏注賓客至王者○釋曰言賓客來朝享王者大行人云廟中將幣三享者是也使客來聘享王者玉人職瑑圭璋璧琮以覜聘者也

大喪飾遣車之馬及葬埋之。言埋之則是馬塗車之芻靈○埋亡皆反本又作貍疏注言埋至芻靈釋曰言遣車則雜記注天子九乘苞大遣奠牲體乘别大牢苞九个入壙藏之於椁內覜外者云塗車之芻靈者按檀弓孔子云塗車芻靈自古有之謂爲俑者不仁俑謂偶人所作孔子善古而非周則古者以泥塗爲車芻靈謂以芻草爲人馬神靈至周塗車仍

存但刻木爲人馬替古者芻靈今鄭云塗車之芻靈則是仍用芻靈與檀弓違者至周寶用俑者但鄭舉古之芻靈況周耳非謂周家仍用芻靈也田獵

則帥驅逆之車帥猶將也疏田獵至之車○釋曰驅逆之車田僕設之但校人主車馬帥領田僕而已凡將事于四海山

川則飾黃駒四海猶四方也王巡守過大山川則有殺駒以祈沈禮與玉人職有宗祝以黃金勺前馬之禮○沈直金反劉直蔭反疏凡將至黃駒○釋曰謂王行所過山川設祭禮之然後去則殺黃駒以祭之山川。地神。土色黃故用黃駒也○注。四。海。至。之。禮○釋曰云四海猶四方也者王巡狩惟至方岳不至四海夷狄故以四海爲四方云有殺駒以祈沈禮與者爾雅云祭山曰庪縣祭川曰浮沈今鄭云以祈沈者總解過山川二事言與者爾雅據正祭此則行過之約與彼同故云與以疑之也引玉人職者按彼有大璋中璋邊璋過大山川用大璋過中山川用中璋過小山川用邊璋下云黃金勺青金外朱中此三璋之勺也云黃金勺者即彼三璋之勺也云前馬之禮者以黃金勺酌酒禮山川在馬牲前之禮引之者證過山川設禮用馬牲之事也凡

國之使者共其幣馬使者所用私覿○使所吏反注同疏注使者所用私覿○釋曰言國之謂王使之下聘問諸侯王行禮後乃更以此幣馬私與主君相見謂之私覿諸侯之臣與君同行不得私覿若。特聘則有之則聘禮私覿是也若然上文飾幣馬是以馬遺人法非聘故無私覿前賓客來朝聘不言私覿者諸侯之臣於天子不敢行私覿故也○凡軍事物馬而頒之物馬齊其力○疏注物馬齊其力○釋曰上朝會言毛馬鄭云齊其色此。軍事言物馬鄭云齊其力物。即是色而云齊力當與上文互以見義欲見皆有力有色也○等馭夫之祿馭夫於趣馬僕夫爲中舉中見上下疏等馭夫之祿○釋曰掌養馬者有趣馬馭夫僕夫三者皆須等其祿獨云馭夫故鄭云舉中見上下宮中之稍食師圉府史以下也鄭司農云稍食。日。廩○疏注師圉府史。以。下○釋曰上云馭夫之等言士已上訖故知此是師圉府史以下中仍有胥徒之等也○

趣馬掌贊正良馬而齊其飲食簡其六節贊佐也佐正者謂校人臧僕講馭夫之時簡差也節猶量也差擇王馬以爲六等○疏注贊佐至六等○釋曰鄭云佐正者校人臧僕講馭夫之時者以其校人是養馬官之長校人既有此諸事而云佐正明佐此二者可知云差擇王馬六等即上種戎齊道田駑是也○掌駕說之頒用馬之第次○說始銳反疏注用馬之第次○釋曰凡用馬當均勞逸故駑說須依次第即頒是第次之序故知是用馬之第次也○辨四時之居治以聽馭夫居謂牧庌所處治謂執駒攻特之屬○治直吏反注同庌音雅後同疏注居謂至之屬○釋曰云辨四時之居治者謂二月已前八月已後在廄二月已後八月已前在牧故云四時也云牧庌者放牧之處皆有庌廄以陰馬也以趣馬下士屬馭夫中士故云聽馭夫知治是執駒攻特者以是校人之事趣馬當佐之明是此二事也

巫馬掌養疾馬而乘治之相醫而藥攻馬疾受財于校人乘謂驅步以發其疾知所疾處乃治之相助也○相息亮反注同○疏巫馬至校人○釋曰巫知馬祟醫知馬疾疾則以藥治之祟則辨而祈之二者相須故巫助醫也云受財者謂共祈具及藥直

馬死則使其賈粥之入其布于校人布泉也鄭司農云賈謂其屬官小吏賈。一人粥賣也○賈音嫁注同又音古粥音育

牧師掌牧地皆有厲禁而頒之頒馬授圉者所牧處疏注頒馬至牧處○釋曰圉人掌養馬者故圉人職云掌養馬芻牧之事言厲禁者謂可牧馬之處亦使其地之民遮護禁止不得使人。輒牧牛馬也孟春焚牧焚牧地以除陳生新草。也疏注焚牧至草也○釋曰孟春謂夏之孟春建寅之月草物將出之時。牧。燒。焚地除陳草生新草也中春通淫中春陰陽交萬物生之時可以合馬之牝牡也月令季春乃合累牛騰馬遊牝于牧秦時書也秦地寒涼萬物後動○中音仲注同累力追反劉音類疏注中春至後動○釋曰按月令季春乃合累牛騰馬遊牝於牧

彼注云此月可以合牛馬繫在廄者其牝欲游則就牧而合之若然彼不繫在廄亦二月通淫則與此經合矣今此注以爲月令秦時書秦地寒涼萬物後動與彼注不同者鄭君兩解故彼此不同也

掌其政令凡田事贊焚萊焚萊者山澤之虞【疏】凡田事贊焚萊○釋曰焚萊自是山澤之虞當二月焚萊除陳生新之時則此官贊山澤之虞也

廋人掌十有二閑之政教以阜馬佚特教駣攻駒及祭馬祖祭閑之先牧及執駒散馬耳圉馬九者皆有政教焉阜盛壯也詩云四牡孔阜杜子春云佚當爲逸鄭司農云馬三歲曰駣二歲曰駒散讀爲中散大夫之散謂聒馬耳毋令善驚也玄謂逸者用之不使甚勞安其血氣也教駣始乘習之也攻駒制其蹄齧者閑之先牧先牧制閑者散馬耳以竹括押其耳頭動搖則括中物後遂串習不復驚○佚音逸散素但反注同聒古活反毋音無令力呈反下使令同押音甲中物丁仲反復扶又反【疏】注九者至復驚○釋曰云掌十有二閑之政者此文與下九者爲目故鄭云九者皆有政教焉引詩者證阜爲盛義也子春以佚爲逸後鄭從之增成其義先鄭散讀爲中散大夫之散取音同也謂聒馬無令善驚後鄭亦增成其義後鄭云閑之先牧先牧制閑者以其通閑言之也若然上云夏祭先牧者直是先養馬者非制閑之人

正校人員選校人謂師圉也正員選者選擇可備員者平之【疏】注校人至平之○釋曰知校人是師圉者凡言正者以尊正卑自趣馬已上並上官非廋人所正故知所正者師圉

馬八尺以上爲龍七尺以上爲騋六尺以上爲馬大小異名爾雅曰騋牝驪牡玄駒褭驂鄭司農云以月令曰駕蒼龍○上時掌反下同牡茂後反驪力知反牡驪絕句牝頻忍反絕句褭奴了反劉音繞郭璞音同劉義異鄭【疏】注大小至蒼龍○釋曰引爾雅所釋作詩騋牝三千但詩直言牝不言牡爾雅之意以詩人美衛文公直牝有三千其實兼有牡故云騋中所有牝則驪色牡則玄色兼

有駒駥駗引之者證駥是馬色先鄭引月令者謂春之三月天子聽朔及祀帝皆駕蒼龍順時色引之以證龍是馬也

圉師掌教圉人養馬春除蓐釁廄始牧夏庌馬冬獻馬射則充椹質茨牆則翦闔蓐馬茲也馬既出而除之新釁焉神之也春秋傳曰凡馬日中而出日中而入故。字庌爲訝鄭司農云當爲庌玄謂庌廡也廡所以庇馬者也充猶居也茨蓋也闔苫也椹質翦闔圉人所習也杜子春讀椹爲齊人言鈇椹之椹椹質所射者。習射處○蓐音辱茨在私反闔戶臘反訝五嫁反廡亡甫反庇必二反又音祕苫傷占反鈇方符反射食亦反【疏】注蓐馬至射處○釋曰圉師即校人云良馬乘一師四圉者也云夏庌馬者即趣馬辨四時之居是也云冬獻馬者即校人冬獻馬尊卑連事相成者也春秋傳者左氏莊二十九年新延廄書不時延廄當於馬時故云凡馬日中而出日中而入謂春分秋分時今之孟春新延廄故云不時也云圉人所習也者莁取椹斬莁則苫蓋之類也皆圉人所習之事子春云椹質所射者習射處者按司弓矢云澤則共椹質之弓矢此云射則充椹質皆謂。釋宮中試弓習武時所充也

圉人掌養馬芻牧之事以役圉師役者圉師使令。焉【疏】注役者至令焉○釋曰乘馬一師四圉四圉人受圉師之所使令焉

凡賓客喪紀牽馬而入陳賓客之馬王所以賜之者詩云雖無予之路車乘馬喪紀之馬啓後所薦馬【疏】注賓客至薦馬○釋曰雖同牽馬入陳賓客與喪紀所陳有異何者若據賓客則在館天子使人就館而陳之若喪紀則謂將葬朝廟時既夕禮薦馬纓三就者是也天子朝廟亦當在祖廟中陳設明器之時亦遣人薦馬及纓入廟陳之此馬謂擬駕乘車吉器最先者也○

廄馬亦如之廄馬遣車之馬人捧之亦牽而入陳○捧衆家並扶恭反【疏】注廄馬至入陳○釋曰此遣。車則天子九乘戰所苞遣奠以入擴皆人捧之云亦牽而入陳者亦於祖廟陳此明器也但遣車

及馬各使人別捧故上注云行則解脫之是也

職。方氏掌天下之圖以掌天下之地辨其邦國都鄙四夷八蠻七閩九貉五戎六狄之人民與其財用九穀六畜之數要周知其利害

天下之圖如今司空輿地圖也鄭司農云東方曰夷南方曰蠻西方曰戎北方曰貉狄玄謂閩蠻之別也國語曰閩。芊蠻矣四八七九五六周之所服國數也財用泉穀貨賄也利金錫竹箭之屬害神姦鑄鼎所象百物也爾雅曰九夷八蠻六戎五狄謂之四海○閩亡巾反又音文又亡千反漢書音義服虔音近蠻應劭音近文鄭氏音旻貉孟白反畜許六反下同芊蠻亡氏反劉音如羊鳴近米○李云今周禮本或無此字國語則有○

疏職方至利害○釋曰此文與下為目云辨其邦國據畿外諸侯都鄙據畿內采地先邦國尊諸侯也云四夷者據四方之夷總目諸方以九貉當東夷之處○注天下至四海○釋曰大司徒云掌建邦之土地之圖注云地之圖若今司空郡國輿地圖此注不言郡國者彼直掌九州不言夷狄九州之內有邦國故以郡國言之此職方兼主夷狄夷狄中漢時不置郡國惟置校尉掌之故此注亦不言郡國也先鄭云東方曰夷者以經云四夷即為東夷也然夷之數皆言九於此獨言四不得即以為始此不先言九夷者以其已有四夷之名為目不可重言九夷故先從南數之也又云北方曰貉狄者先鄭既以四夷為東方夷即以貉狄總屬北方也玄謂閩蠻之別也國語曰閩芊蠻矣者按鄭語史伯曰蠻芊蠻矣注云謂上言叔熊避難於濮蠻隨其俗如蠻人也故曰蠻彼不作閩者彼蓋後人轉寫者誤鄭玄以閩為正叔熊居濮如蠻後子從分為七種故謂之七閩也按經閩雖與蠻七八別數本其是一俱屬南方也云四八七九五六周之所服國數也者鄭志趙商問職方氏掌四夷八蠻七閩九貉五戎六狄之數注云周之所服國數禮記明堂位曰周公六年制禮作樂朝諸侯於明堂育朝位服事之國數夷九蠻八戎六狄五禮。之事異未達其數鄭答職方氏四夷四

方夷狄也九貉卽九夷在東方八蠻在南方閩其別也戎狄之數或六或五兩文異爾雅惟有其數耳皆無別國之名校文甚明故不定若然爾雅之數與明當同皆數耳無別國之名校其錯可知今五六者正是數耳其事鄭不甚明之未知何者是故不定一禮兩禮俱從者是以不著其錯誤按詩序云蓼蕭澤及四海注云九夷八狄七戎六蠻謂之四海復與爾雅及禮皆不同者蓼蕭或後人轉寫者誤當以爾雅與禮爲正也云財用泉穀貨賄也者財用爲泉穀貨財疏已備九賦者也云利金錫竹箭之屬者按下經其利有金錫竹箭之屬是也云害神姦鑄鼎所象百物也者宣三年楚子問鼎之輕重王孫滿對云夏之方有德遠方圖物貢金九牧鑄鼎象物百物而爲之備使民知神姦是也引爾雅者見數與此不同之意也○

乃辨九州之國使同貫利貫事也○疏乃辨至貫利○釋曰職方主九州之事故須分別九州之國貫事也使同其事利不失其所也

東南曰揚州其山鎮曰會稽其澤藪曰具區其川三江其浸五湖其利金錫竹箭其民二男五女其畜宜鳥獸其穀宜稻鎮名山安地德者也會稽在山陰大澤曰藪具區五湖在吳南浸可以爲陂灌溉者錫鑞也箭篠也鳥獸孔雀鸞鵁鶄犀象之屬故書箭爲晉杜子春曰晉當爲箭書亦或爲箭○會古外反藪素口反區起俱反浸子鴆反本又作寖陂彼宜反溉古愛反鑞音臘篠素了反鵁音交鶄音精○疏東南至宜稻○釋曰自此已下陳九州之事總爲三道陳之先從南方起蓋取尊其陽方周改禹貢以徐梁二州合之於雍青分冀州地以爲幽幷東南曰揚州次正南曰荊州周之西南不置州統屬雍州卽次河南曰豫州爲一道也次正東曰青州次河東曰兗州次正西曰雍州爲二道又次東北曰幽州次河內曰冀州次正北曰幷州爲三道若禹貢治水則爲二道又先從下起與此異也然既以徐梁二州合之於雍青其二道則以冀兗青徐爲一道揚荊豫梁雍爲二道云其山鎮曰會稽者九州皆有鎮所以安地德一州之內其山川澤藪至多選取最大者而言故鄭云曰其大者也○注鎮名至爲

節○釋曰云會稽在山陰自此以下所說山川之等一則目驗而知二則依地
理志而說又所曉處所皆舉郡縣而言云會稽在山陰山陰郡名按夏本紀太
史公或言禹會諸侯於江南計功而崩因葬焉命曰會稽會稽者會計也皇覽
曰禹冢在山陰會稽山本苗山縣南七里越傳曰禹到越望苗山會諸侯爵有
德封有功者更名苗山曰會稽山因疾死葬棺冢壙深七尺高三尺土階三寸
三周方畝呂氏春秋云禹葬會稽不煩徒墨子曰禹葬會稽衣衾三領桐棺三
寸地理志云山上有禹井。禹傳云。一有羣鳥游田焉是說會稽之事也云大澤
曰藪者按澤虞職大澤大藪注水鍾曰澤水希曰藪則澤藪別矣今此云大澤
曰藪爲一物解之者但澤藪相因亦爲一物故云大澤曰藪也云具區五湖在
吳南者吳。南。郡。名依地里志南江自吳南震澤在西通而言之亦得在吳南具
區即震澤一也云浸可以爲陂灌溉者謂灌溉稻田者也云箭。篠也箭一名。篠
故禹貢云。篠。蕩是一物二名也云鳥獸孔雀鸞鵁鶄者解鳥也云犀象者解獸
也驗時見有此鳥獸故據言焉按禹貢云九江今在廬江尋陽南皆東合爲大
江揚州所以得有三江者江至尋陽南合爲一東行至揚州入彭蠡復分爲三
道而入海故得有三江也

正南曰荊州其山鎮曰衡山其澤藪曰雲瞢。其川江漢其浸潁。湛衡山在湘南雲瞢在華容潁出陽城宜屬豫州

其利丹銀齒革其民一男二女其畜宜鳥獸其穀宜稻在此非也湛未聞齒象齒也革犀兕革也杜子春云湛讀當爲人名湛之湛
或爲淮○瞢亡貢反劉亡鳳反李一音亡雄反湛直減反劉又音沈李唐感反

疏正南至宜稻○釋曰其川江漢者揚州云三江不言漢此荊州直言江不言
三兼云漢者此州江未分爲三故直云江此州有漢水過焉故江漢並言也
上文揚州云其利金錫竹箭不云丹銀齒革按禹貢荊揚二州俱云貢金三品
則二州通有金錫也其民一男二女多於揚州其畜穀與揚州同○注衡山至
爲淮○釋曰云雲瞢在華容者按禹貢荊州雲土夢作乂得爲澤者按彼注云
其中有平土丘水去可爲作。畎畝之治則此據有水之處亦得爲澤也云潁出

陽城宜屬豫州在此非也者鄭據地理志故知合在豫州又昭元年王使劉定公勞趙孟于潁亦在豫州故破之云湛未聞者據地理志無文未知何處也云齒象齒也者對則齒牙別通而言之牙亦得爲齒故詩頌云元龜象齒是牙齒通也云革犀兕革也者以其利則可貢所貢之革惟用爲甲故函人有犀兕春秋云犀兕尚多子春云湛讀當爲人名湛之湛俗讀也湛或爲淮不從也

河南曰豫州其山鎮曰華山其澤藪曰圃田其川。熒。雒。其浸波溠其利林漆絲枲其民二男三女其畜宜六擾其穀宜五種

華山在華陰圃田在中牟。熒兖水也出。東。垣入于河泆爲。熒。熒在。熒陽波讀爲播禹貢曰。熒播既。都春秋傳曰楚子除道梁溠營軍臨隨則溠宜屬荊州在此非也林竹木也六擾馬牛羊豕犬雞五種黍稷菽麥稻○華如字劉胡化反圃布古反熒戸扃反溠音詐左傳音同李莊加反字林同劉昨雖反云與音大不同故今從高貴公臯思似反擾而小反徐劉音饒中牟上如字下莫侯反李中音仲牟又無不反泆音逸播音波下同都張魚反本或作豬

疏注華山至麥稻○釋曰云。熒兖水也者按禹貢濟出王屋始出兖東流爲濟南渡河泆爲熒春秋戰於熒澤是也云出東垣者地理志文也云波讀爲播者按禹貢有播水無波故引禹貢爲證也春秋者左氏莊四年傳文云林竹木也者地官山林別官故鄭注云竹木生平地曰林今許州見平地多林木故云林竹木也云六擾馬牛羊豕犬雞者此與爾雅六畜及周禮六牲一也必知五種是黍稷菽麥稻者此州東與青州相接青州有稻麥西與雍州接雍州有黍稷故知有此四種但此九州不言麻與菽及苽鄭必知取菽者蓋以當時目驗而知故添爲五種也

正東曰青州其山鎮曰沂山其澤藪曰望。諸其川淮泗其浸沂沭其利蒲魚其民二男二女其畜宜雞狗其穀宜稻麥

沂山沂水所出也在蓋望諸明都也在睢陽沭出東莞二男二女數等似誤也蓋當與兖州同二男三女鄭司農云淮或爲睢沭或爲洙○沂魚祈

反泗音四沭音述李一音餘戍反明都禹貢作孟豬今依書讀睢音綏莞音管劉音灌洙音殊

疏 注沂山至爲洙○釋曰鄭知沂山沂水所出者沂水出沂山水乃取名於山故知沂水出焉云在蓋者蓋亦縣名按禹貢云海岱及淮惟徐州又云淮沂其乂注云淮沂二水名地里志沂水出今大山蓋縣不在青州者周公以禹貢徐州地爲青故也云望諸明都也者按禹貢云道。柯澤被明都彼禹貢無望諸故從明都按春秋宋藪澤有孟諸明都即宋之孟諸者也經有淮泗不言者以上來有江及此淮并下文河鄭皆不言所在者以四瀆之名人皆知之故略而不言也按禹貢淮出桐柏泗水在魯國出濟陰乘氏東又至零陵入淮行千。二百一十里沭出東莞屬瑯琊南至下邳入泗云二男二女數等似誤也者若本有此數等當言一男一女明不作二男二女青州西北與兗州相接宜與兗州同二男三女也

河東曰兗州其山鎮曰岱山其澤藪曰大野其川河泲其浸盧。維其利蒲魚其民二男三女其畜宜六擾其穀宜四種岱山在博大野在距野盧維當爲雷雍字之誤也禹貢曰雷夏既澤雍沮會同雷夏在城陽四種黍稷稻麥○野如字劉音與泲子禮反盧維上音雷下於恭反鉅音巨沮七餘反

疏 注岱山至稻麥○釋曰博與鉅野皆郡縣之名破盧維爲雷雍地理志禹貢無盧維又字類雷雍故破從之引禹貢爲證也知四種黍稷稻麥者以其東與青州相接青州有稻麥西與冀州相接冀州有黍稷故知也

正西曰雍州其山鎮曰嶽山其澤藪曰弦蒲其川涇汭其浸渭洛其利玉石其民三男二女其畜宜牛馬其穀宜黍稷嶽吳嶽也及弦蒲在汧涇出涇陽汭在豳地詩大雅公劉曰汭。坑之即洛出懷德鄭司農云弦或爲汧蒲或爲浦○雍於用反下注州名同汭如銳反李又而類反汧徐口千反劉苦見反李一音空定反豳彼貧反坑弓六反詩作鞫

疏 注嶽吳至爲浦○釋曰雍州云其利玉石藍田見有玉山出玉石以爲利者也其穀宜黍稷見雍州宜麥不言者但黍稷

麥並宜以黍稷爲主云嶽吳嶽也及弦蒲在汧者按地理志吳山在汧西右弦蒲之藪汧水出焉西北入渭渭出鳥鼠山也云汭在豳地詩大雅公劉曰汭坑之卽若然汭爲水名按彼毛傳云芮水厓也箋云芮之言內也水之內曰隩水之外曰鞫就澗水之內外而居與此義違者按詩上云夾其皇澗遡其過澗故以芮鞫爲外內今爲水名者蓋周公制禮之時以汭爲水名汭卽皇澗一名曰汭耳猶禹貢大岳至周爲霍山也云洛出懷德者此洛卽詩云瞻彼洛矣一也與禹貢導洛自熊耳者別也以其彼洛出上洛經王城至虎牢入河

東北曰幽州其山鎮曰醫無閭其澤藪曰貕養其川河泲其浸菑時其利魚鹽其民一男三女其畜宜四擾其穀宜三種醫無閭在遼東貕養在長廣菑出萊蕪時出般陽四擾馬牛羊豕三種黍稷稻。杜子春讀貕爲奚○貕音兮般步干反【疏】注醫無至爲奚○釋曰云醫無閭在遼東者目驗知之漢光武十三年以遼東屬青州二十四年還屬幽州云貕養在長廣者長廣縣名地理志長廣屬徐州瑯琊有萊山周時幽州南侵徐州之地也知三種黍稷稻者西與冀州相接冀州皆黍稷幽州見宜稻故知三種黍稷稻也

河內曰冀州其山鎮曰霍山其澤藪曰楊紆其川漳其浸汾潞其利松柏其民五男三女其畜宜牛羊其穀宜黍稷霍山在彘陽紆所在未聞。章出長子汾出汾陽潞出歸德○紆於于反汾扶文反潞音路長丁丈反長子縣名屬上黨【疏】注霍山至歸德○釋曰其利松柏霍山見有松柏出焉云霍山在彘者彘則厲王流于彘後爲縣名漢改爲永安縣按禹貢既脩大原至于岳陽覃懷底績至于衡漳注云岳陽大原之南漳水橫流入河地理志大原今爲郡名大岳在河東縣彘東名霍大山覃懷爲縣名屬河內漳水出上黨沾大黽谷東北至安平阜城入河行千六百八十里始是長子卽上黨也汾陽歸德皆郡名

正北曰并州其山鎮曰恆山其澤藪曰昭餘祁。其川虖池

嘔夷其浸淶易其利布帛其民二男三女其畜宜五擾其穀宜五種恆山在上曲陽昭餘祈在鄡虖池出鹵城嘔夷祁夷與出平舒淶出廣昌易出故安五擾馬牛羊犬豕五種黍稷菽麥稻也凡九州及山鎮澤藪言曰者以其非一曰其大者耳此州界揚荊豫兗雍冀與禹貢略同青州則徐州地也幽并則青冀之北也無徐梁○虖喚胡反李呼哥反又香刑反池徒多反李如字嘔烏侯反一音驅鄡徐於攄反縣名屬太原劉爲古反鹵音魯

疏注恆山至徐梁○釋曰上曲陽鄡鹵城平舒廣昌故安皆按地理志知之云五擾馬牛羊犬豕者六擾中雞爲緩故去之云五種黍稷菽麥稻也者若饋用六穀則兼有苽若民之要用則去苽故知是此五者周公設經六擾之內三擾已上則言擾二擾則指獸名若三四不滿六者從下次去之六穀之內三種已上即言種二者則指穀名云凡九州及山鎮澤藪言曰者以其非一曰其大者耳者但一州之內山川多少各有其一而言曰故云曰其大者云此州界揚荊豫兗雍冀與禹貢略同者不失本處雖得舊處猶有相侵入不得正故云略同若周之兗州與禹貢侵青徐之地周之青州於禹貢侵豫州之地周之雍豫於禹貢兼梁州之地周之冀州於禹貢小於禹貢時冀州以其北有幽州并州故知也周之九州無徐梁禹貢有徐梁無幽并爾雅云兩河閒曰冀州河南曰豫州濟東曰徐州河西曰雍州漢南曰荊州江南曰揚州燕曰幽州濟河閒曰兗州齊曰營州詩譜曰雍梁荊豫徐揚之民咸被其化數不同者禹貢所云堯舜法爾雅所云似夏法詩譜所云似殷法亦與禹貢三代不同是以州名有異自古已來皆有九州惟舜時暫置十二州至夏還爲九州故春秋云夏之方有德也貢金九牧是也但自神農已上有大九州桂州迎州神州之等至黃帝以來德不及遠惟於神州之內分爲九州故括地象云崑崙東南萬五千里名曰神州是也九州之內所有山川或有解出其處者至江河淮泗漢洛等不釋所出者此等皆禹貢有成文如彼導洛自熊耳導渭自鳥鼠導河自積石導江自岷山導淮自桐柏導漢自嶓冢爲此故不言也至於禹貢雖言義理不明者此亦辯之若禹貢涇屬渭汭彼直言涇

水入渭不言導之所從如此之類皆須釋其所出也乃辨九服之邦國方千里曰王畿其外方五百里曰侯服又其外方五百里曰甸服又其外方五百里曰采服又其外方五百里曰衞服又其外方五百里曰蠻服又其外方五百里曰夷服又其外方五百里曰鎮服又其外方五百里曰藩服服服事天子也詩云侯服于周疏注乃辨至藩服〇釋曰此言九服仍除王畿爲數故從其外已下爲九也此九服之名言侯者侯之言候爲王斥候言甸者甸之言田爲王治田出稅言男者男之言任也爲王任其職理采者事也爲王事民以供上言衞者爲王衞禦言蠻者近夷狄蠻之言縻以政教縻來之自此已下皆夷狄諸言夷者以其在夷狄中故以夷言之言鎮者以其入夷狄深故須鎮守之言藩者以其最在外爲藩離故以藩爲稱蠻服大司馬謂之要服言要亦是要束爲義自侯服已下各舉一邊爲號皆互而通也其夷狄三服亦自互而相通是以大行人總謂之藩國世一見也〇注服服至于周〇釋曰此總解服之意引詩云侯服于周者見諸侯皆服事于周之義故稱服也凡邦國千里封公以方五百里則四公方四百里則六侯方三百里則七伯方二百里則二十五子方百里則百男以周知天下以此率徧知四海九州邦國多少之數也方千里者爲方百里者百以方三百里之積以九約之得十一有奇云七伯者字之誤也周九州之界方七千里七七四十九方千里者四十一九其一爲畿內餘四十八八八州各有方千里者六周公變殷湯之制雖小國地皆方百里是每事言則者設法也設法者以待有功而大其封一州之中以其千里封公則可四又以其千里封侯則可六又以其千里封伯則可十一又以其千里封子則可二十五又以其千里封男則可百公侯伯子男亦不是過也

州二百一十國以男備其數焉其餘以爲附庸四海之封黜陟之功亦如之雖有大國爵稱子而已鄭司農云此制亦見大司徒職曰諸公之地方五百里諸侯之地方四百里諸伯之地方三百里諸子之地方二百里諸男之地方百里〇率音律又音類偏音遍奇紀宜反見賢遍反

疏凡邦至天下〇釋曰言凡邦國者畿外要服已內有八州州别置二百一十國總有千六百八十國故云凡也云千里封公以方五百里則四公者八州州别有千里之方六取一千里以封公又取一千里以封侯又取一千里以封伯又取一千里以封子又取一千里以封男一州總取千里之方充一五等諸侯其不滿二百一十國者更取餘一千里方作男國者備之使滿餘剩地作附庸間田八州皆然總結之以周知天下〇注以此至百里〇釋曰云以此率者八州皆爲此法故云以此率也云偏知四海九州邦國多少之數也者釋經周知天下也云方千里者爲方一百里者百以方三百里之積以九約之得十一有奇者云方千里開方之百里一截縱横皆爲十截十十而百則得爲方百里者百云以方三百里之積以九約之者方三百里三三而九用爲方百里者九十九爲十一伯餘有方百里者一不盡故云十一有奇也今經云方三百里則七伯故言云七伯者字之誤也以十一似七字故云字之誤也云周九州之界方七千里者以先王之作土有三焉若太平之時土廣萬里中國七千中平之世土廣七千中國五千衰末之世土廣五千中國三千王制云公侯方百里伯七十里子男五十里此是夏制五等爵三等受地殷湯承之合伯子男爲一惟有公侯伯三等爵三等受地與夏同武王伐紂增以子男爵地與夏同以爲九州之界尚狹故也至武王崩成王幼不能踐阼周公攝政六年致大平制禮成武王之意斥大九州九州方七千里五等之爵五等受地則此經所云者是也故云周九州之界方七千里云七七四十九方千里者四十九其一爲畿内其餘四十八八州各有方千里者六周公變殷湯之制雖小國地皆方百里者若然殷三等爵三等受地地有百里七十里五十里至周公無問有功無功皆益滿百里以有不滿百里不成國故也既皆滿百里其餘待有功乃益之地公有功益滿五百里侯有功益滿四百里伯

有功益滿三百里子有功益滿二百里男有功只得百里更有功乃更進之與子爵云是每事言則者設法也設法者以待有功而大其封者必知不卽封而言設法以待有功者以其稱公者惟有二王後及東西大伯今八州皆言方千里封公則四公八州豈有三十二公乎明知五者皆是設法以待有功乃大其封也若無功縱本是公爵惟守百里地謂若虞公號。公舊是殷之公至周仍守百里國以無功故也故注王制云是以周世有爵尊而國小爵卑而國大云一州之中以其千里封公則可四又以其千里封侯則可六又以其千里封伯則可十一又以其千里封子則可二十五又以其千里封男則可百鄭云此者欲計一州須滿二百一十國之意云公侯伯子男亦不是過也者五百里已下若過五百里則是特賜法若魯衞之等是也云州二百一十國者此據王制文彼下又云天下縣內九十三國凡九州千七百七十三國是通畿內外爲數並是殷。周國數也既以州有千里之方六已用五个千里方爲前五等國數以前公國已得四侯六伯十一子二十五男百總得一百四十六於二百一十國仍少六十四鄭云以男備其數必知以男備。其數者若不以男備數則餘千里者一充數不足何得更餘爲附庸若然則更取餘方一千里開方之得百里之方一百於前侯國六用千里方仍有二百里方一開方之得四个男國於前伯國十一用千里方一又得一个男國得此五國添前一百四十六爲一百五十一國仍少五十九更取餘千里方一開方之得百里之方百取五十九爲五十九國前添百五十一得二百一十國餘仍殘百里之方四十一鄭云其餘以爲附庸者以附庸不滿百里故也王制兼閑田而言此直云爲附庸文略不具其實人作附庸卽受之無附庸則爲閑田使大夫治之以利民稅若周之畿內四等公邑者也云四海之封黜陟之功亦如之者鄭以上經九服總言此經惟言要服已內九州不言四海夷狄諸侯故鄭兼見四海夷鎮藩言黜陟之功亦如之者亦皆有百里二百里地有功者進地得與侯伯三百四百同但不進爵耳無功有過則退之云雖有大國爵稱子而已者曲禮云其在東夷北狄西戎南蠻雖大曰子鄭注云雖有侯伯之地爵亦無過子是以同名曰子是也

凡邦國

小大相維 大國比小國小國事大國各有屬相維聯也○比比毗志反下文比小國幷注同 疏 注大國至聯也○釋曰春秋之世小國朝大國大國聘小國又有敵國自相聘是以司儀公侯伯子男相爲賓又相爲國客故易比象云先王以建萬國親諸侯又王制云五國以爲屬屬有長十國以爲連連有帥三十國以爲卒卒有正二百一十國以爲州州有伯彼雖是殷之諸侯亦是各有屬相維聯之事也故鄭據而言也

王設其牧 選諸侯之賢者爲牧使牧理之 疏 注選諸至理之○釋曰此。卽大宰云建其牧是也按大宗伯注幷曲禮注皆兼伯而言○此直言諸侯者以侯爲主無賢侯乃兼伯可也

制其職各以其所能 牧監參伍之屬用能所任秩次 疏 注牧監至秩次○釋曰此。卽大宰云設官分職彼下文又云施典於邦國而建其牧立其監設其參。傅其伍陳其殷置其輔也云用能所任秩次者稱其所任則以次祿秩之

制其貢各以其所有 國之地物所有 疏 注國之地物所有○釋曰諸侯國無貢於王法民間得稅大國半次國三之一小國四之一皆市取當國所有以貢於王卽大宰九貢小行人云春入貢及禹貢厥篚厥貢之類是也鄭云國之地物所有也

故王將巡守則戒于四方曰各脩平乃守攷乃職事無敢不敬戒國有大刑 乃猶女也守謂國竟之內職事所當共具○女音汝竟音境共音恭又九用反 疏 注乃猶至共具○釋曰職方氏既主四方諸侯故至十二年王將巡守之時先以文書戒勑于四方曰各脩汝當國所守境內待王之務無得失所又當考校汝所擬供王職事若不敬戒國有大刑大刑謂殺之也

及王之所行先道帥其屬而巡戒令 先道先由王所從道。君前行其前日所戒之令 疏 注先道至之令○釋曰此謂王將發行之時卽在王前巡行前日所施戒令豫備之等如前所施以。不

王殷國亦如之 殷猶衆也十二歲王若不巡守則六服盡朝謂之殷國其戒四方諸侯與巡守同○朝直遙反 疏 注殷猶至守同○釋曰王有故不巡守於方岳之下則春東方盡來夏南方盡來秋

西方盡來冬北方盡來王待之亦各於其時在國外爲壇行朝覲盟載之法若
然則王自在國外爲之而云亦如之者亦如上文戒令四方諸侯者王殷國所
在無常或在畿內國城外卽爲之或向
畿外諸侯之國行之故有戒令之事也

土方氏掌土圭之灋以致日景致日景者夏至景尺有五寸冬至景丈三尺其間則日有長短疏注致日至長短○釋曰按
玉人職土圭尺有五寸以致日先鄭注大司徒以爲於潁川陽城夏日至晝漏
半立八尺之表表北得尺五寸景適與土圭等則爲地中以建王國也冬至晝漏
丈三尺者亦於潁川陽城晝漏半立八尺表表北得丈三尺景亦爲地中云其
間則日有長短者謂冬至日極短夏至日極長其極長極短之間冬至後日漸
長夏至後日漸短假令冬至日南至之後日漸北之時日行一大分六。寸分四大
分者一寸爲十分小分者十分寸之一分又爲十分但日景一寸則於地千里
大分一爲百里小分一則爲十里則冬至後日向南行六百四十里但冬至丈
三尺景除本尺五寸外加丈一尺五寸從冬至至春分晝夜等之時則減五尺
七寸半景從春分到夏至又減五尺七寸半景則減晝丈一尺五寸惟有尺五
寸在以爲夏至之景南戴日下萬五千里謂之地中故云其間則日有長短也

以土地相宅而建邦國都鄙土地猶度地知東西南北之深而相其可居者宅居也○相息亮反注同度待洛反深尺鴆反疏
以土至都鄙○釋曰上經據建王國一度地法此經據封畿外及畿內都鄙○注
土地至居也○○釋曰景一寸差千里一分則百里但封邦國都鄙無過五百里
已下則取分無取於寸一分則百里爲男國亦爲大都已上差之二分則二百
里子國已外可知若小都五分十里則爲小分五分若大夫二十五里則爲小分
二分半言東西南北之深者景侵入爲深地之遠近里數**以辨土宜土化之灋**
侵入亦爲深也言相宅者旣欲度景先相所居乃後度之

而授任地者土宜謂九穀。值穉所宜也土化地之輕重糞種所宜用也任地者載師之屬○值張力反穉直吏反種章勇反疏以辨至地者○

釋曰既爲土方氏非直度地相宅亦當相地所宜故須辨土宜并土化之灋而授任地者此謂以書作法授之○注土宜至之屬○釋曰九穀之文出於九職言土宜明是土地所宜故以此。推之云土化地之輕重糞種所宜用也者謂若草人職掌糞種之法也有九種輕重不同其所用糞種若用麋用牛之等是也云任地者載師之屬者載師掌任地事下文廛里已下皆是任地之事也

王巡守則樹王舍爲之藩羅【疏】注爲之藩羅○釋曰謂若掌舍設梐枑之時則此官亦爲王於外周帀樹藩羅

懷方氏掌來遠方之民致方貢致遠物而送逆之達之以節遠方之民四夷之民也諭德延譽以來之遠物九州之外無貢法而至者達民以旌節達貢物以璽節【疏】懷方至以節○釋曰既職名懷方懷來也故來遠方之民及致方貢之等○注遠方至璽節○釋曰知諭德延譽以來之者經直言來遠方不言別有餘事故惟曉諭以王之德美又延引以王之美譽以招來之云遠物九州之外無貢法而至者此經上云致方貢謂六服諸侯又云致遠物宜是藩國是以大行人上云侯服。世一見其貢祀物之等下文云藩國世一見各以貴寶爲贄文與此相當故知義然也知達民以旌節達貢物以璽節者達民則行道路貢物即是貨賄故掌節云道路用旌節貨賄以璽節是也

治其委積館舍飲食續食其往來○續食音嗣【疏】注續食至往來○釋曰按遺人云十里有廬廬有飲食三十里有宿宿有委五十里有市市有積司儀云遂行如入之積是續食其往來也

合方氏掌達天下之道路津梁相。奏不得陷絕○奏采豆反本或作湊【疏】合方至道路○釋曰官名合方氏當使天下和合故通達天下道路

通其財利茂遷其有無【疏】注茂遷其有無○釋曰按尚書益稷云懋遷有無化居禹治水後懋勉天下徙有之無易其居積若

林木徙川澤魚鹽徙山林是通其財利同其數器權衡不得有輕重疏注權衡至輕重〇釋曰施教設治之方先須均其度量權衡是以天子巡守及王者新升皆爲此事故堯曰及舜典明堂位皆陳數器之等鄭知此數器是權衡者下別見度量故知義然壹其度量尺丈釜鍾不得有大小疏壹其度量〇釋曰此云壹即上同也鄭云不得有大小者按律曆志以子穀秬黍中者九十黍黃鍾之長千二百黍其實一籥合籥爲合十合爲升十升爲斗十斗爲斛百黍爲銖二十四銖爲兩十六兩爲斤三十斤爲鈞四鈞爲石一黍爲一分十分爲寸十寸爲尺十尺爲丈十丈爲引是五度五量皆有大小也除其怨惡怨惡邦國相侵虐疏注怨惡至侵虐〇釋曰合方氏欲使人和合故除其邦國相怨惡即相侵伐及相虐殺之等也同其好善所好所善謂風俗所高尚〇好呼報反注及下同高如字劉古到反疏注所好至高尚〇釋曰按孝經樂以移風易俗。既。風。俗。既。風。俗別言則風俗異矣風謂政教所施故曰上以風化下又云風以動之是也俗謂民所承襲故曰君子行禮不求變俗是也風所高解好俗所尚解善也

訓方氏掌道四方之政事與其上下之志道猶言也爲王說之四方諸侯也上下君臣也〇爲于僞反下同疏訓方至之志〇釋曰訓方氏訓四方美惡而向王言之以其政事及君臣上下皆有善惡誦四方之傳道傳道世世所傳說往古之事也爲王誦之若今論聖德堯舜之道矣故書傳爲傳杜子春云傳當作傳書亦或爲傳〇傳直專反注同疏誦四方之傳道釋曰上所云政事及上下之志知則向王道未必誦之此文古昔之善道恆誦之在口王問則爲王誦之以其善道可傳故須誦之正歲則布而訓四方布告以教天下使知世所善惡疏注布告至善惡〇釋曰正歲謂夏之建寅正月則布告前所道所誦之事教天下使知世所善惡也而觀新物四時於新物出則觀之以知民志所好惡志淫行辟則當以政教化正之〇惡烏路反行下孟反辟匹亦反疏注四時至正之〇釋曰此訓方觀新物知民善惡之情謂若王

制云命市納賈以知民之所好惡志淫好僻則當以政教化正之與此爲類故鄭引以釋經也

形方氏掌制邦國之地域而正其封疆無有華。離之地杜子春云離當爲雜書亦或爲雜玄謂華讀爲㼌哨之㼌正之使不㼌邪離絕○華依注音㼌苦蛙反哨劉羊售反沈且笑反邪似嗟反【疏】形方至之地○釋曰形方氏主知四方土地形勢故使掌作邦國之地域大小形勢又當正其封疆勿使相侵○注杜子至離絕○釋曰王者地有㼌邪離絕遞相侵入不正故今正之㼌者兩頭寬中狹邪者謂一頭寬一頭狹云㼌哨之㼌者投壺禮主人云枉矢。哨壺哨是不正之義故讀從之

使小國事大國大國比小國比猶親也易比象曰先王以建萬國親諸侯【疏】使小至小國○釋曰此亦如上職方氏云大小相維義同注言親諸侯使諸侯相親遞相朝聘是也

山師掌山林之名辨其物與其利害而頒之于邦國使致其珍異之物山林之名與物若岱畎絲枲嶧陽孤桐矣利其中人用者害毒物及螫噬之蟲獸○畎古犬反劉孤茗反又孤善反嶧音亦螫音釋劉呼洛反噬音逝【疏】山師至之物○釋曰此山師及下川師原師等皆是遙掌畿外邦國之內山川原隰之等使出稅珍異以供王家也○注山林至蟲獸○釋曰按禹貢青州云岱畎絲枲畎谷也岱山之谷有之徐州云嶧陽孤桐孤特也嶧山之陽特生之桐中爲琴瑟云害毒物及螫噬之蟲者謂蚖蛇蝮蝎之屬也岱畎嶧陽是其名絲枲孤桐是其物也

川師掌川澤之名辨其物與其利害而頒之于邦國使致其珍異之物。川澤之民與物若泗濱浮磬淮夷蠙珠暨魚澤之萑蒲○蠙薄田反劉扶忍反沈音嬪暨沈其器反又其氣反萑音丸【疏】注川澤至萑蒲○釋曰徐州云泗濱浮磬淮夷

蠙珠暨魚注云泗水涯水中見石可以爲磬蠙珠珠名淮夷二水出蠙珠。爲與美魚

邍師掌四方之地名辨其丘陵墳衍邍隰之名地名謂東原大陸之屬○墳扶云反疏邍師至之名○釋曰爾雅釋地高平曰原此雖以原爲主除山林川澤四者餘丘陵墳衍原隰六者皆主之故云辨其丘陵已下也按鄭注大司徒云土之高者曰丘大阜曰陵水涯曰墳下平曰衍高平曰原。平濕曰隰皆有名○注地名至之屬○釋曰尚書禹貢有東原底平大陸既作是地名也物之可以封邑者物之謂相其土地可以居民立邑○相息亮反疏注物之至立邑○釋曰按小司徒云四井爲邑據田中千室之邑據城二者皆須其物色善惡然後封民

匡人掌達灋則匡邦國而觀其慝使無敢反側以聽王命法則八法八則也邦國之官府都鄙亦用焉慝姦僞之惡也反側猶背違法度也書曰無反無側王道正直○慝他得反猶背音佩疏匡人至王命○釋曰匡正也所以正人故掌通達法則於天下邦國而觀其慝使無慝惡使無敢反側也○注法則至正直○釋曰云法則八法八則者按大宰云八法治宮府八則治都鄙○謂王朝官府及畿內都鄙今云以法則匡正邦國而觀其慝卽據諸侯下都鄙外內雖殊八法八則治宮府都鄙卽同故治官府都鄙亦用焉云背違法度者則是違法則也書者洪範皇極之章

撢人掌誦王志道國之政事以巡天下之邦國而語之道猶言也以王之志與政事諭說諸侯使不迷惑○語魚據反說如字劉尸銳反疏撢人至語之○釋曰誦王志者在心爲志欲得使天下順從若撢取王之此志又道國之政事用此二事以巡國而語之使不迷惑而向王使萬民和說而正王面面猶鄉也使民之心曉而正鄉王○說音悅鄉許亮反下同疏使萬至王面○

釋曰以上二事向諸侯說之使諸侯化民而萬民正向于王

都司馬掌都之士庶子及其衆庶車馬兵甲之戒令庶子卿大夫士之子車馬兵甲備軍發卒疏都司至戒令〇釋曰此王都司馬故序官注都王子弟所封及三公采地也司馬主其軍賦故此云掌都之士庶子者宮伯注云士適子庶子其支庶此都之士庶子亦然云及其衆庶車馬兵甲之戒令者若王家有軍事徵兵于采地都鄙則都司馬以書致於士庶子有此衆庶車馬兵甲之戒令士庶子受而依行之

以國灋掌其政學政謂賦稅也學脩德學道〇政音征本亦作政音下同疏注政謂至學道〇釋曰云政謂賦稅者正謂軍之賦稅無田稅泉稅之等知學是脩德學道此亦依國子而言故知亦是修德學道也

以聽國司馬聽者受行其所徵爲也國司馬大司馬之屬皆是疏注聽者至皆是〇釋曰都司馬所掌者受大司馬之法而戒令令使都之士庶子所有徵爲皆取國之大司馬之法云大司馬之屬皆是者經國司馬不云大則小司馬軍司馬輿司馬皆得稟其戒令

家司馬亦如之大夫家臣爲司馬者春秋傳曰叔孫氏之司馬鬷戾〇鬷子公反戾力計反疏注大夫至鬷戾〇釋曰按序官云家司馬各使其臣以正於公司馬鄭云家卿大夫采地正猶聽也公司馬國司馬也卿大夫之采地王不特置司馬各自使其家臣爲司馬主其地之軍賦注聽政於王之司馬其以王命來有事則曰國司馬若然是卿之小都大夫采地皆家自置司馬之明文引春秋者左氏昭二十五年叔孫氏之司馬鬷戾言其衆曰若之何莫對又曰我家臣也不敢知國彼是諸侯卿家自置司馬此王之卿大夫之家亦自置引諸侯家法者自置是同故得引以況義也

附釋音周禮注疏卷第三十三

周禮注疏卷三十三校勘記　阮元撰盧宣旬摘錄

附釋音周禮注疏卷第三十三

校人唐石經釋文諸本同毛本改從手○按从手者大誤

經辨六馬宋本辨作辯

以此五者種馬最在上閩本同監毛本五者改而言非疏除駑馬計之故五者

皁一趣馬唐石經諸本同葉鈔釋文作趨馬余本載音義同

三皁爲繫唐石經諸本同釋文作爲毄云音計本又作繫○按古文假借字司門職亦云牛牲毄爲周易毄辭古不作繫

六繫爲廄閩監毛本同釋文亦作廄此本舊訛廏今訂正唐石經嘉靖本作廏余本誤廐注疏及下圉師同

其數三百一十六匹閩監本同誤也余本嘉靖本毛本作二百當據正監毛本疏中不誤

又蓋駑馬三良馬之數三个四百三十二閩監毛本个改箇浦鏜云蓋當益字誤

不審所由當能共此馬數盧文弨云詩定之方中正義作何由能供此馬此作所誤

今又就校人之職相校人之職相校甚異補毛本無相校人之職五字此本誤衍

此爲民出軍賦盧文弨云詩正義爲作謂此誤

謂良馬二種四百三十二匹監毛本二種作一此及閩本皆誤監本三字缺中畫

彼據馬之大者閩本之誤馬監毛本有之又複馬字

知是始養馬者閩本脫是監毛本又脫者

相上作乘馬余本嘉靖本毛本作相土葉鈔釋文同宋本監本作相土此作上蓋土之訛閩本此字實缺〇按土土孰是今不能定

謂若元賓之步閩本同監毛本賓作賔未詳

四鐵孔阜浦鏜云鐵誤從金非也毛詩本用假借字孔氏正義從金旁

此謂賓入境展幣時監本此誤比毛本入誤人此本及閩本缺一頁今據監毛本互校

謂馬駃三成舒之毛本駃誤駛浦鏜云成舒當色成之誤〇按駃者鞅之誤三成舒之不誤以三成訓三就也

證馬有飾之事也毛本有誤兩

來朝聘而享王者余本嘉靖本監本同毛本朝誤明宋本作特〇按朝是也

及葬埋之唐石經諸本同釋文貍之本亦作埋按經當作貍注當作埋此類皆援注所改

山川地神土色黃毛本地誤也土誤上

故用黃駒也〇注四海至之禮監本脫下六字今據毛本補

若待聘則有之浦鏜云待當特字誤

此軍事言物馬毛本軍誤通

稍食曰廩閩監毛本同誤也余本岳本嘉靖本廩作稟當據正漢讀考作稍食祿稟云曰字譌

注師圉府史以下閩本同監毛本脫以下

巫馬

賈一人閩本同誤也余本嘉靖本監毛本作二人當據正○按序官賈二人

牧師

不得使人輒牧牛馬也毛本同閩監本輒誤輙

生新草也閩監毛本同余本岳本嘉靖本無也此衍

牧燒焚地閩監毛本作燒焚牧地此誤倒

廋人

謂聒馬耳漢讀考云聒當爲栝栝押皆當從木自陸德明時已誤爲聒聒之適以驚之云毋令非理也疏云後鄭增成其義蓋賈本不誤案此因注云括馬耳遂改括從耳旁也今釋文聒馬與括押異文當亦後人誤改○按玉裁非也聒之所以習之令其不驚凡豢禽獸自有此法

制其蹄齧者閩監本同余本嘉靖本毛本制作騋當據正校人注鄭司農云攻特謂騋之〇按古制不盡用騸馬故惟善蹄齧者騋之耳不盡用騸馬者凡馬特居四之一也

騋牡驪牡元駒褭驂余本閩監本作騋牡驪牝元與釋文牡驪茂后反牝元頻忍反正合是也此本作牡元嘉靖本毛本作牝驪皆誤余本載音義亦誤作牝驪嘉靖本閩本褭作褭葉鈔釋文同

鄭司農云以月令宋本嘉靖本云作說此誤

其實兼有牝閩監毛本作牡此誤

故云騋中所有牝則驪色牡則元色毛本同閩監本牝牡字互改按上文引詩騋牝三千蓋賈疏本鄭注作騋牝驪牡元與釋文本不同惠士奇云賈公彥讀爾雅不與郭景純同然亦有理

圉師

射則充椹質唐石經余本嘉靖本同閩監毛本充作充疏同

故字庌爲訝漢讀考云字當作書說文庌廡也从广牙聲引周禮夏官庌馬許君從司農易字也

椹質所射者習射處漢讀考云習射處之上脫茨牆二字

皆謂釋宮中浦鏜云澤誤釋

圉人

圉師使令焉監本焉字空缺

此遺車則天子九乘閩本同監毛本此遺車下衍之馬遺車四字

職方氏困學紀聞云漢樊毅修西嶽廟記作識方氏

閩芊蠻矣余本芊作芊嘉靖本閩監毛本作芊此本作芋皆誤今訂正釋文作芊引李軌云今周禮本或無此字國語則有

禮文事異浦鏜云文誤之

爾雅雖有其數耳監本同誤也閩毛本雖作惟當據正

文甚明故不定按下云鄭不甚明之則此文爲不之訛

未知何者是故不定閩本同監毛本改未知何者不定故是非

後人轉寫者誤閩監毛本轉誤傳

東南曰揚州唐石經余本嘉靖本毛本同閩監本揚作楊按廣韻二十一震太平御覽七十二皆引作楊州蓋州名字本從木自開成石經定從手旁後俱作揚閩監本作木旁者又由手旁轉改非古本如是矣

具區五湖此本閩本具誤其今據諸本訂正

箭篠也閩監本同誤也余本嘉靖本毛本篠作篠當據正釋文亦作篠○按依說文作筱从竹攸聲作篠已是俗字

故書箭爲晉漢讀考云大射儀綴諸箭注古文箭爲晉與此同

杜子春曰浦鏜云曰字當依葛本作云

禹傳云一有羣鳥游田焉浦鏜云相誤禹下誤一

吳南郡名依地里志南江自吳南盧文弨云自當從漢志作在案上南當衍○按此十三字當作吳者會稽郡屬縣名依地里志南江在吳南下接震澤在西今本譌特甚

云箭篠也箭一名篠故禹貢云篠簜閩毛本篠字同監本誤篠閩監毛本簜誤蕩

其澤藪曰雲瞢說文艸部藪字下言九州之藪作雲夢

其浸潁湛唐石經余本嘉靖本毛本同閩監本潁誤頴疏同

可爲作畎畝之治閩監毛本畎改甽

其川熒雒余本岳本閩本同是也嘉靖本監毛本熒作滎釋文雒作洛皆非唐石經作其水滎洛則非特熒字雒字誤即川字亦誤矣後改水爲川疏中熒字此本閩本同注中則諸本皆從水○按熒不得作滎雒不得作洛近錢大昕段玉裁之說詳矣注內泆爲滎滎在滎陽滎播既都皆熒字之誤尚書熒作滎乃衛包所改也

出東垣漢讀考云地里志郡國志皆無東字史記魏世家城王垣徐廣云垣縣有王屋山然則東字賸也說文沇水出河東垣東讀垣縣之東也今本誤作東垣

滎播既都釋文羣經音辨滎字皆從水釋文都本或作豬○按余仁仲本所載音義作熒今本釋文誤也羣經音辨未能憭此

其澤藪曰望諸說文作孟諸

道柯澤監毛本同誤也閩本柯作荷當據正

行千二百一十里盧文弨云志作一百

其浸廬維閩監毛本同誤也唐石經宋本余本嘉靖本廬作盧當據正注及疏同釋文亦作盧維石經考文提要云宋本九經宋纂圖互注本宋附釋音本皆作盧按困學紀聞引職方氏作盧維閻若璩失於按勘謂周禮作盧此從漢地里志誤甚

其澤藪曰弦蒲漢讀考云說文宋本李燾本汲古閣未改本皆作弦圃

汭垙之卽字余本嘉靖本閩本同監毛本垙誤泒疏中不誤按釋文出汭垙二

杜子春讀貕爲奚漢讀考云說文作奚養從杜易字也

河內曰冀州唐石經余本嘉靖本同廣韻引周禮亦作冀閩監毛本改冀失其舊

其澤藪曰楊紆唐石經諸本同宋本爾雅疏引作其澤藪曰陽紆按此本及余本閩本注中皆作陽紆

章出長子閩監毛本同誤也余本嘉靖本章作漳當訂正

其澤藪曰昭餘祁唐石經諸本同監本祁誤祁注同漢讀考云徐鍇本說文作昭余祁淮南作燕之昭余無祁字

斥大九州閩監毛本斥改遷蓋斥誤為迁遂改遷

謂若虞公號以舊是殷之公閩本公改若監毛本作謂若虞號公刪以字按當作謂若虞公號公以亦公之誤檢困學紀聞引此正作謂若虞公號公舊是殷之公宜據正

並是殷周國數也宋本同誤也當從閩監毛本周作州

必知以男備其數者宋本無其此衍

此卽大宰云宋本卽作則下制其職節疏同

傳其伍閩監毛本同浦鏜云傳誤傳

攷乃職事唐石經諸本同岳本攷誤攻

君前行閩監毛本同誤也余本嘉靖本君作居當訂正

如前所施以不閩監本同毛本不誤下浦鏜云監本下誤不非以猶與也不讀為否

土方氏

日行大分六寸分四　浦鏜云小誤寸

謂九穀值稺所宜也　閩監本同誤也余本作稙穉釋文嘉靖本作稙稺當據正

故以此推之　閩本同監毛本作解之

懷方氏

侯服世一見　浦鏜云歲誤世

合方氏

津梁相奏　閩本同余本嘉靖本奏作湊監毛本誤湊按釋文相奏采豆反或作湊此本與釋文正合古字之僅存者

若林木徙川澤　閩本同誤也當從監毛本作材木

既風俗既風俗別言　監本剜刊既風俗三字毛本排勻閩本兩既風俗皆實缺

形方氏

無有華離之地　唐石經諸本同釋文華依注音㼌苦蛙反禮說云䔢離之地半今作乖俗誤爲華說文䔢背呂也象脅肋形玉篇於䔢部加華訓爲䔢斜也苦蝸切䔢斜者猶㼌邪云爾漢讀考云華音同荂廣韻集韻作㚘非○按今俗語分析謂之花即此經䔢字也

枉矢哨壺　毛本同閩監本脫哨

川師

川澤之民與物監本同誤也余本嘉靖本閩毛本民作名當據正

出蠙珠爲與美魚閩本同衍監毛本删爲

遼師

平濕曰隰浦鏜云下誤平

都司馬

叔孫氏之司馬鬷戾余本鬷作鬷是也葉鈔釋文同

周禮注疏卷三十三校勘記

鄭氏注　賈公彥疏

秋官司寇第五。【疏】鄭目錄云象秋所立之官寇害也秋者遒也如秋義殺害收聚斂藏於萬物也天子立司寇使掌邦刑刑者所以驅恥惡納人於善道也

惟王建國辨方正位體國經野設官分職以爲民極【疏】惟王至民極○釋曰義已具在天官

乃立秋官司寇使帥其屬而掌邦禁以佐王刑邦國禁所以防。姦者也刑正人之法孝經說曰刑者侀也過出罪施○侀音刑【疏】注禁所至罪施○釋曰云禁所以防姦者也者案士師五禁以左右刑罰王者恐民以姦入罪故先設禁示之防其姦惡若有不忌爲姦然後以刑罪之云刑正人之法者刑期於無刑以殺止殺故云刑正人之法也云孝經說曰者孝經援神契五刑章曰刑者侀也過出罪施者下侀爲著也行刑者所以著人身體過誤者出之實罪者施刑是以尚書云眚災肆赦怙終賊刑引之者證司寇行刑當審慎也○

刑官之屬大司寇卿一人小司寇中大夫二人士師下大夫四人鄉士上士八人中士十有六人旅下士三十有二人士察也主察獄訟之事者鄭司農說以論語曰柳下惠爲士士師鄉士主六鄉之獄○鄉音香注同【疏】刑官至二人○釋曰自此已下論設官分職之事云刑官之屬者此一句總爲刑官六十官爲目故云之屬云大司寇卿一人六命小司寇中大夫二人四命士師者秋官之考雖下大夫四人亦四命鄉士其職云掌國中國中兼百里內六鄉以八人分主大鄉故謂之鄉士上士八人三命中士十有六人二命旅下士三十有二人一命

下士言旅旅衆也小官理衆事也○注士察至之獄○釋曰訓士爲察者義取察理獄訟是以刑官多稱士先鄭引論語士師欲見士官理獄訟之事案上代以來獄官之名有異是以月令乃命大理瞻傷察瘡鄭注云有虞氏曰士夏曰大理周曰大司寇天子諸侯同故魯有司寇晉魏絳亦云歸死於司寇至於衰世國異政家殊俗官名隨意所造故僖二十八年晉有士榮爲大士文十年楚子西云臣歸死於司敗論語云陳司敗昭十四年士景伯如楚叔魚攝理是後官號不同者也

府六人史十有二人胥十有二人徒百有二十人 疏 府六至十人○釋曰在此者府治藏吏史作文書胥爲什長徒給繇役義已在天官疏自大司寇已下至胥徒皆是同官別職故各有職而同府史也○

遂士中士十有二人府六人史十有二人胥十有二人徒百有二十人 遂士主六遂之獄者 疏 注遂士至獄者○釋曰在此者其職云掌四郊四郊有六遂之獄故也鄉士主六鄉之獄遂士主六遂之獄所以鄉士使上士官尊而人少遂士使中士官卑而人多者六遂去王遠故官卑以六遂在遠郊外兼主公邑地廣人衆故官多

縣士中士三十有二人府八人史十有六人胥十有六人徒百有六十人 距王城三百里至四百里曰縣○縣士主縣之獄者○ 疏 注距王至獄者○釋曰在此者案其職云掌野謂掌三等公邑之獄故鄭於縣士職注云二百里以外至三百里曰野三百里以外至四百里曰縣四百里以外至五百里曰都郊外曰野大總言之故其職云掌野其六遂之中公邑之獄遂士兼掌之矣既三處獄並掌而此注云距王城三百里至四百里曰縣似不主三百里中五百里中獄者縣在四百里中故舉中以言其實外內皆掌之耳

方士中士十有六人府八人史十有六人胥十有六人徒百有六十人 方士主四方都

家之獄者疏注方士至獄者〇釋曰在此者案其職云掌都家鄭彼注云都王子弟及公卿之采地家大夫之采。主此三等采地之獄采地在王城四方故云方士也是以鄭此注云方士主四方都家之獄者也

訝士中士八人府四人史八人胥八人徒八十人訝迎也士官之迎四方賓客〇訝五嫁反疏注訝迎至賓客〇釋曰在此者案其職云掌四方之獄訟非直迎賓客以獄訟爲主故亦士言之也

朝士中士六人府三人史六人胥六人徒六十人朝士主外朝之法〇朝直遙反卷內同疏注朝士至之法〇釋曰在此者案其職云掌建邦外朝之法左九棘右九棘之事以朝。士爲詢衆庶讞疑獄故屬秋官但序官之法秋官雖爲刑獄所施至於防禁之屬皆在秋官又於賓客是主人所敬故鄉飲酒坐賓於西北象天地嚴凝之氣始於西南盛於西北是以賓客之事亦屬焉云朝士主外朝之法者天子諸侯皆三朝內朝二路門外與路寢庭是也外朝一此朝在臯門內庫門外是也

司民中士六人府三人史六人胥三人徒三十人司民主民數〇疏注司民主民數〇釋曰在此者案其職云掌登萬民之數凡斷獄弊訟必須知民年幾老幼是以司民雖非刑獄連類在此也

司刑中士二人府一人史二人胥二人徒二十人疏司刑〇釋曰在此者案其職云掌五刑之法以麗萬民之罪故其職在此

司刺下士二人府一人史二人徒四人刺殺也三訊罪定則殺之〇刺七賜反訊音信疏注刺殺至殺之〇釋曰在

此者案其職云掌三刺三宥三赦之法亦是刑獄之類故在此

司約下士二人府一人史二人徒四人約言語之約束○約劉於妙反一音如字注同束劉詩樹反一音如字○疏司約至四人○釋曰在此者案其職云掌邦國及萬民之約劑亦是禁戒之事故在此

司盟下士二人府一人史二人徒四人盟以約辭告神殺牲歃血明著其信也曲禮曰涖牲曰盟○約於妙反歃所洽反疏注盟以至曰盟○釋曰在此者案其職云掌盟載之法亦是禁戒之事故在此

職金上士二人下士四人府二人史四人胥八人徒八十人職主也疏職金○釋曰在此者案其職云掌凡金玉之戒令又云掌受金罰貨罰亦是刑獄之事故在此

司厲下士二人史一人徒十有二人犯政爲惡曰厲厲士主盜賊之兵器及其奴者疏注犯政至奴者○釋曰在此者案其職云掌盜賊之任器又云其奴男子入于罪隸亦是刑獄之事故在此也云犯政爲惡曰厲者厲是惡鬼殺厲之事故以造惡爲厲也云厲士主盜賊之兵器者其職文也

犬人下士二人府一人史二人賈四人徒十六人○賈音嫁又音古○疏犬人○釋曰在此者案其職云凡祭祀共犬牲犬是金畜故五行傳云二曰言言之不從則有犬禍故連類在此犬有兩義案說卦艮爲狗艮卦在丑艮爲止以能吠守止人則屬艮以能言則屬兌兌爲言故也

司圜中士六人下士十有二人府三人史六人胥十有六人徒百有六十人鄭司農云圜謂圜土也圜土謂獄城也今獄。城圜司圜職中言凡圜。土之刑人也以此知圜謂圜土也又大司寇職曰以圜土聚教罷民故司圜職曰掌收教罷民〇圜于權反罷音皮下同[疏]司圜至十人〇釋曰在此者案其職云掌圜。土之刑人亦刑獄之事故在此〇注鄭司至罷民〇釋曰先鄭所引皆當其義故後鄭從之但獄城圜者東方主規規主仁恩凡斷獄以仁恩求出之故圜也

掌囚下士十有二人府六人史十有二人徒百有二十人囚拘也主拘繫當刑殺之者〇[疏]注囚拘至之者〇釋曰在此者案其職云掌守盜賊凡囚者刑獄之事故在此也

掌戮下士二人史一人徒十有二人戮猶辱也既斬殺又辱之[疏]注戮猶至辱之〇釋曰在此者案其職云掌斬殺賊諜而搏之刑罪之事故在此

司隸中士二人下士十有二人府五人史十人胥二十人徒二百人隸給勞辱之役者漢始置司隸亦使將徒治道溝渠之徒後稍尊之使主官府及近郡[疏]注。隸給至近郡〇釋。曰以隸是罪人爲奴僕故知給勞辱之役也又引漢始置司隸云云者以漢時司隸官與周同故舉以爲況也

罪隸百有二十人盜賊之家爲奴者[疏]罪隸至十人〇釋曰此中國之隸言罪隸古者身有大罪身既從戮男女緣坐男子入於罪隸女子入於舂槀故注云盜賊之家爲奴者鑾隸已下皆百二十人者鄭云凡隸衆矣此其選以爲役員者謂隸中選取善者以爲役之員數爲限其餘衆者以

爲隸民故司隸職云帥其民而搏盜賊役國中之辱事之等是百二十人外謂之民者也

蠻隸百有二十人征南夷所獲

閩隸百有二十人閩南蠻之別○閩亡巾反又音文

夷隸百有二十人征東夷所獲

貉隸百有二十人征東北夷所獲凡隸衆矣此其選以爲役員其餘謂之隸○貉音陌

布憲中士二人下士四人府二人史四人胥四人徒四十人憲表也主表刑禁者疏注憲表至禁者○釋曰在此者案其職云掌憲邦之刑禁故在此也知憲不爲法而爲表憲者又案其職云正月之吉執旌節以宣布于四方而憲邦之刑禁明憲爲表縣示人使知者也

禁殺戮下士二人史一人徒十有二人禁殺戮者禁民不得相殺戮○疏注禁殺至二人○釋曰在此者案其職云掌司斬殺戮者以告而誅之是禁民相殺戮之事故在此也

禁暴氏下士六人史三人胥六人徒六十人疏禁暴○釋曰此亦謂禁民不得相陵暴在此者案其職云掌禁庶民之亂暴力正者亦是防禁之事故在此也

野廬氏下士六人胥十有二人徒百有二十人廬賓客行道所舍疏注廬賓至所舍○釋曰在此者案其

職云掌達國道路又云掌凡道禁亦是禁戒之事故在此也知廬是賓客行道所舍者見遺人云十里有廬三十里有宿故知之也

蜡氏下士四人徒四十人蜡骨肉腐臭蠅蟲所蜡也月令曰掩骼埋胔此官之職也蜡讀如狙司之狙○蜡清預反注同蠅以繩反骼更白反貍亡皆反本又作埋胔本又作髊似賜反【疏】注蜡骨至之狙○釋曰在此者案其職云掌除胔又云凡國之大祭祀禁刑者凶服者亦是禁戒之事故在此引月令掩骼埋胔者案彼注骨枯曰骼肉腐曰胔掩亦埋但骼胔不同故別言也言骼胔者凡人物皆是云蜡讀如狙司之狙者俗有狙司之吉故讀從音也若然月令所云是春時令不在春官者彼月令爲春時陽不欲陰之事故在春此取禁戒之事故在秋也

雍氏下士二人徒八人雍謂隄防止水者也○雍於勇反劉如字注同隄丁兮反【疏】注雍謂至者也○釋曰在此者案其職云掌溝瀆澮池之禁亦是禁戒之事故在此也

萍氏下士二人徒八人鄭司農云萍讀爲蛢或爲萍號起雨之萍玄謂今天問萍號作萍爾雅曰萍蓱其大者蘋讀如小子言平之平萍氏主水禁萍之草無根而浮取名於其不沈溺○萍音平○又蒲丁反蛢蒲丁反爾雅云蛢黃蛢萍號蒲丁反萍蓱上音平【疏】萍氏○釋曰按其職云掌國之水禁亦是禁戒之事故在此也注鄭司至沈溺○釋曰先鄭讀萍爲蛢取音同云或爲萍號起雨之萍者亦天問之文萍亦浮萍之草也玄謂今天問者離騷有天問篇天不可問故以天問爲名此就足先鄭音義同引爾雅萍蓱其大者蘋者此以義相撓也云讀如小子言平之平者俗讀取音同皆取萍水草無根而浮不沂禁人使不沈溺如萍也○

司寤氏下士二人徒八人寤覺也主夜覺者○覺音教下同○【疏】注寤覺至覺者○釋曰在此者案其職云禦晨行者禁宵行者

夜遊者是禁戒之事故在此也言寤覺也主夜覺者凡人之寐臥恆在寢得禁之者人有夜寐忽覺而漫出門者故謂之爲夜覺也

司烜氏下士六人徒十有六人烜火也讀如衞侯燬之燬故書燬爲垣鄭司農云當爲烜○烜音毁注燬同烜劉音袁疏注烜火至爲烜○釋曰在此者案其職云掌取明火及以木鐸修火禁亦是禁戒之事故在此也云讀如衞侯燬之燬者春秋左氏衞侯燬滅邢詩云王室如燬燬亦火之別名也

條狼氏下士六人胥六人徒六十人杜子春云條當爲滌器之滌玄謂滌除也狼狼扈道上○條音滌徒歷反注同疏條狼至十人○釋曰在此者案其職云掌執鞭以趨辟凡誓僕及誓馭之等是禁戒之事故在此也○注杜子至道上釋曰云滌器之滌者讀從特牲少牢滌祭器等之滌也云狼狼扈道上者謂不蠲之物在道猶今言狼藉也

脩閭氏下士二人史一人徒十有二人閭謂里門疏注閭謂里門○釋曰在此者案其職云掌比國中宿互㰚者亦是禁戒之事故在此也云閭謂里門者爾雅云巷門謂之閭故知是二十五家之里門也

冥氏下士二人徒八人鄭司農云冥讀爲冥氏春秋之冥玄謂冥方之冥以繩縻取禽獸之名○冥如字又莫歷反縻亡皮反○疏冥氏至八人○釋曰在此者案其職云掌設弧張爲阱擭以攻猛獸是冥然使之不覺亦是禁守之事故在此○注鄭司至之名○釋曰云冥氏春秋者冥氏作春秋書名若晏子呂氏春秋之類取其音讀也後鄭云冥方之冥亦取音同云以繩縻取禽獸之名者解冥是冥然使不覺之意也

庶氏下士一人徒四人庶讀如藥煑之煑驅除毒蠱之言書不作蠱者字從聲○庶音煑又章預反蠱音古疏注庶讀至從聲○釋

曰在此者案其職云掌除毒。蠱是除惡之事故在此也云庶讀如藥煑之煑者俗讀意取以藥煑去病去毒。蠱亦如是云書不作。蠱者字從聲者除。蠱者庶是去之意故爲庶不爲。蠱也是其取聲

穴氏下士一人徒四人穴搏鷙獸所藏者○搏音博劉音付鷙直立反【疏】注穴搏至藏者○釋曰在此者案其職云掌攻鷙獸是除猛惡之事故在此也云穴搏鷙獸所藏者凡獸鷙皆藏在穴中故以穴爲官名使取鷙獸也

翨氏下士二人徒八人翨鳥翮也鄭司農云翨讀爲。翅翼之。翅○翨音翅失豉反又吉豉反【疏】注翨鳥至之翅○釋曰在此者案其職云掌攻猛鳥亦是除惡之義故在此云翨鳥翮也。者。羽本曰翮凡鳥有羽翨者皆有翮故云翨鳥翮也凡翨翅皆作翅不作翨故。彼從之也

柞氏下士八人徒二十人柞除木之名除木者必先。校剝之鄭司農云柞讀爲音聲唶唶之。唶屋笮之。笮○柞側百反注唶屋笮皆同校古飽反【疏】柞氏至十人○釋曰在此者案其職云掌攻草木亦是除惡之義故在此○注柞除至之笮○釋曰知柞是除木之名者見詩云載芟載柞芟是除草明柞是除木云除木者必先刊剝之者見其職云夏日至令刊陽木而火之冬日至令剝陰木而水之是先刊剝之先鄭讀柞爲音聲唶唶之唶者讀從春秋行扈唶唶之唶又爲屋笮之笮者俗讀皆從音同也

薙氏下士二人徒二十人書薙或作夷鄭司農。云掌殺草故春秋傳曰如農夫之務去草芟夷。蘊崇之又。今俗閒謂麥下爲夷下言芟夷其麥以其下種禾豆也玄謂薙讀如鬀小兒頭之鬀書或作夷此皆。翦草也字從類耳月令曰燒薙行水。謂燒所芟草乃水之○薙字或作雉同宅計反徐庭計反去起呂反芟所銜反蘊紆粉反徐憂羣反鬀宅計反【疏】薙氏至十人○釋曰在此者案其職云掌殺草亦是除惡之義故在此也○注書薙至水

之〇釋曰先鄭從古書薙爲夷故引古今而爲證也春秋者左氏傳隱六年夏五月鄭伯侵陳往歲鄭伯請成於陳陳侯不許五父諫曰親仁善鄰國之寶也又云周任有言曰爲國家者見惡如農夫之務去草芟夷蘊崇之注云芟刈夷殺蘊積崇聚玄謂薙讀如鬀小兒頭之鬀者俗讀也云字從類耳者人鬀之鬀從鬀薙草還草下爲之故云類也月令者仲夏令引之者欲見薙草須燒之又須水之意也

硩蔟氏下士一人徒二人鄭司農云硩讀爲擿蔟讀爲爵蔟之蔟謂巢也玄謂硩古字從石折聲〇硩音摘宅歷反徐丈列反沈勑徹反李又思亦反蔟倉獨反〇**疏**折蔟至二人釋曰在此者案其職云掌覆夭鳥之巢是除惡之類故在此〇注鄭司至折聲〇釋曰先鄭讀硩爲擿後鄭不從者先鄭意以爲杖擿破之故從擿後鄭意以石物等投擲爲義故不從先鄭又云蔟爲爵蔟之蔟者爵蔟是雀窠後鄭從之玄謂硩古字從石折聲者以石投擲毁之故古字從石以折爲聲是上聲下形字也

翦氏下士一人徒二人翦斷滅之言也主除蠹蠹者詩云實始翦商〇蠹都路反**疏**注翦斷至翦商〇釋曰在此者案其職云掌除蠹物故鄭云翦斷滅言之也主除蠹蠹者故在此引詩者證翦是翦除

赤犮氏下士一人徒二人赤犮猶言捇拔也主除蟲豸自埋者〇赤如字一音采昔反犮徐音跋畔末反劉房末反捇采昔反徐呼陌反拔畔末反劉房末反或蒲八反豸直氏反**疏**注赤犮至埋者〇釋曰在此者案其職云掌除牆屋注除蟲豸藏逃其中者爾雅釋蟲云有足曰蟲無足曰豸亦是除惡之義故在此言赤犮猶言捇拔者拔除去之也

蟈氏下士一人徒二人鄭司農云蟈讀爲蜮蜮蝦蟇也月令曰螻蟈鳴故曰掌去鼃黽鼃黽蝦蟇屬書或爲掌去蝦蟇玄謂蟈今御所

食蛙也字從蟲國聲也蜮乃短狐與○蟈氏音古獲反注同劉又音國蜮劉音或一音古獲反蝦蟆音遐蟇音麻螻音樓鼃戶蝸反又斛佳反黽莫幸反蛙戶蝸反劉斛佳反沈和佳反蜮音或與音餘下官與同 疏 蟈氏至二人○釋曰在此者案其職云掌去鼃黽亦是除惡之義故在此也○注鄭司至狐與○釋曰先鄭以蟈爲蜮又以蜮爲蝦蟇後鄭不從鼃黽蝦蟆屬是其類也云書或爲掌去蝦蟇者於義可也玄謂蟈今御所食蛙也者蛙蟈爲一物云字從虫國聲也者國與蟈爲聲所謂左形右聲者也云蜮乃短狐與者案莊公十八年秋有蜮服云短狐南方盛暑所生其狀如鼈古無今有含沙射。人。入皮肉中其瘡如疥徧身中濩濩。蜮。蜮。故。曰災禮曰惑君則有案五行志劉向以爲蜮生南越由齊姜淫惑莊公故生於魯

壺涿氏下士一人徒二人 壺謂瓦鼓涿擊之也故書涿爲獨鄭司農云獨讀爲濁其源之濁音與涿相近書亦或爲。濁○涿陟角反又音濁近附近之近 疏 壺涿至二人○釋曰在此者案其職云掌除水蟲亦是除惡之類故在此也○注壺謂至爲濁○釋曰壺乃盛酒之器非可涿之物故知是瓦鼓必知是瓦者雖無正文攷工記有陶人瓬人造瓦器毆水蟲非六鼓故知瓦鼓也先鄭雖讀涿爲濁聲轉字誤故爲濁猶從涿爲義故後鄭引之在下濁其源大玄經文也

庭氏下士一人徒二人 庭氏主射妖鳥令國中絜清如庭者也○射食亦反清才性反又如字 疏 注庭氏至者也○釋曰在此者案其職云掌射國中妖鳥亦是除惡之類故在此也

銜枚氏下士二人徒八人 銜枚止言語囂讙也枚。狀如箸橫銜之爲。之繣。結於項○囂五高反一音許驕反下同讙音歡箸直慮反繣戶卦反又胡麥反 疏 注銜枚至於項○釋曰在此者案其職云大祭祀令禁無囂亦是禁戒之事故在此也云狀如箸橫銜之爲之繣結於項者繣謂以

組爲之繫著兩頭於項後結之

伊耆氏下士一人徒二人伊耆古王者號始爲蜡以息老物此主王者之齒杖後王識伊耆氏之舊德而以名官與今姓有伊耆氏○耆巨之反蜡仕詐反 疏 伊耆至二人○釋曰在此者案其職云掌共杖杖老者所依秋是長老之方故在此○注伊耆至耆氏○釋曰案明堂位云土鼓蕢桴葦籥伊耆氏之樂也鄭注亦云伊耆氏古天子有天下之號云始爲蜡以息老物者郊特牲文引之者取息老物證伊耆供杖於老者之事故也云此主王者之齒杖後王識伊耆氏之舊德而以名官與者言後王職伊耆氏之舊德則周家以前爲後王至周又因之故不指周而云後王也

大行人中大夫二人小行人下大夫四人司儀上士八人中士十有六人行夫下士三十有二人府四人史八人胥八人徒八十人行夫主國使之禮○使所吏反 疏 大行至行夫○釋曰此四官在此者皆主賓客嚴凝之事故也亦謂別職同官故四官各有職司而共府史胥徒也○注行夫至之禮○釋曰大行人小行人司儀皆掌賓客之禮不見注解至行夫獨注之以官獨多於餘官以主國使之禮至於美惡無禮皆使之故官多於餘官也

環人中士四人史四人胥四人徒四十人環猶圜也主圜賓客任器爲之守衛○環戶關反劉戶串反○ 疏 注環猶至守衛○釋曰在此者案其職云賓客舍則授館令聚欜亦是禁守之事故在此也云主圜賓客之任器爲之守衛者其職文也

象胥每翟上士一人中士二人下士八人徒二十人通夷狄之言者曰象胥其有才知者也此類之本名東方曰寄南方曰象西方曰狄鞮北方曰譯合總名曰象者周之德先致南方也○知音智鞮丁兮反譯音亦 疏 注通夷至方也○釋曰在此者案其職云

掌四夷之國使以傳賓主之語故亦連類在此也云此類之本名東方已下皆王制文云寄者賓主不相解語故寄中國於東夷又寄東夷語於中國使相領解云象者傳南方於中國還象中國以傳之與南方人語則還象南方語而傳之云狄鞮者鄭彼注云鞮之言知也雖不訓狄狄即敵也謂言語相敵使之知也云北方曰譯者譯即易謂換易言語使相解也云總名曰象者四方別稱經唯有一象故云總名曰象云周之德先致南方也者即詩序所云文王之德被於江漢是也又書序云巢伯來朝注巢伯殷之諸侯聞武王克商慕義而來朝此皆致南方故象得總名也

掌客上士二人下士四人府一人史二人胥二人徒三十人疏掌客○釋曰在此者案其職云掌賓客牢禮之陳亦是賓客嚴凝象秋故在此

掌訝中士八人府二人史四人胥四人徒四十人訝迎也賓客來主迎之鄭司農云。訝讀爲跛者。訝跛者之訝○跛波可反疏注訝迎至之訝○釋曰在此者案其職云掌迎賓客故連類在此先鄭云跛者訝跛者之訝此公羊傳文時晉使郤克聘齊郤克跛齊使跛者往御御亦訝故讀從之也

掌交中士八人府二人史四人徒三十有二人主交通結諸侯之好○好呼報反疏注主交至之好○釋曰在此者案其職云掌九禁之難有禁戒之事故在此也

掌察四方中士八人史四人徒十有六人

掌貨賄下士十有六人史四人徒三十有二人疏掌察四方掌貨賄○釋曰在此者蓋督察邦國之事及掌

邦國所致貨賄但二官闕不可強言也

朝大夫每國上士二人下士四人府一人史二人庶子八人徒二十人此王之士也使主都家之國治而命之朝大夫云○治直吏反疏朝大至十人○釋曰在此者案其職云掌都家之國治因有邦國賓客在秋都家之治亦在此○注此王至夫云○釋曰此云每國上士二人是王朝之士以其主采地之國治事重則名之曰朝大夫云畿內三等采地地雖有百里五十里二十五里總謂之國若王制云九十三國也云庶子者蓋亦主采地之諸子今在府史之下蓋官長所自辟除也

都則中士一人下士二人府一人史二人庶子四人徒八十人都則主都家之八則者也當言每都如朝大夫及都司馬云○疏注都則至馬云○釋曰此官已闕鄭知主八則者太宰云八則治都鄙此經云都則故知則八則也

都士中士二人下士四人府二人史四人胥四人徒四十人家士亦如之都家之士主治都家吏民之獄訟以告方士者也亦當言每都疏注都家至每都○釋曰在此者此官雖闕義理可言以其稱士則知主獄故鄭云都家之士主治都家吏民之獄訟以告方士者也必知王家不置都士而云都家之士者以其都司馬使王。自為之家司馬家自置司馬以司馬主軍事重故王置都司馬此刑事輕於軍故都家王皆不置都士但已有方士主其獄故使都家之士以獄告也

大司寇之職掌建邦之三典以佐王刑邦國詰四方典法也詰謹也書曰王。耗荒度作詳刑以詰四方○詰起吉反耗莫報反度待洛反疏大司至四方○釋曰大司寇云佐王刑邦國詰四方不言刑王國詰畿內者王官不嫌不刑詰在內故舉外以見內也大

宰云以六典治邦國今此更言建三典者彼六典自是六官之典此三典是刑之三典與彼別故司寇別施之○注三典法至四方○釋曰典法也案此大宰注云典法則所用異異其名也故云典法也引書者呂刑篇文呂侯訓夏贖刑王耄荒度作詳刑以詰四方謂周穆王老耄亂荒忽猶能用賢量度詳審之刑以詰謹四方引之者證詰為謹義也

一曰刑新國用輕典新國者新辟地立君之國用輕法者為其民未習於教○為于偽反

【疏】注新國至於教○釋曰云新國者新辟地立君之國者謂若世衰夷狄內侵國君誅滅聖人後作日辟國百里既攘夷狄國空無主民不獨治須立君化之則是新辟地立君之國者也趙商問族師職曰四閭為族八閭為聯使之相保相受刑罰慶賞相及在康誥曰父不慈子不孝兄不友弟不恭不相及也族師之職鄰比相坐康誥之云門內尚寬不知書禮是錯未達指趣答曰族師之職周公新制禮使民相拱勑之法康誥之時周法未定天下又新誅三監務在尚寬以安天下先後量時各有云為乃謂是錯也若然言周公之時未定天下即是新國更云新誅三監假令周法先定新誅之國亦是新國故此云新辟地立君也

二曰刑平國用中典平國承平守成之國也用中典者常行之法

【疏】注平國至之法○釋曰云平國承平守成之國也者謂先君受封後君承前平安守持成立之國民已被化則用常行之法以治之

三曰刑亂國用重典亂國篡弒叛逆之國用重典者以其化惡伐滅之○篡初患反殺音試本亦作弒

【疏】注亂國至滅之○釋曰云亂國篡弒叛逆之國者謂若州吁篡國崔杼弒君臧紇叛魯此皆逆亂之國如此之國民起惡心故於常法之外[illegible]惡者則當伐滅之也

以五刑糾萬民刑亦法也糾猶察異之○

【疏】注刑亦至異之○釋曰此五刑與尋常正五刑墨劓之等別刑亦法也此五法者或一刑之中而含五或此五刑全不入五刑者云糾猶察異之者謂萬民犯五刑察取與之罪使別異善惡則尚書畢命云旌別淑慝表厥宅里是也

一曰野刑上功糾力功農功力勤力

【疏】注功農至勤力○釋曰以其言野則國外若卿大夫云野自六尺之類既

言在野爲功故知功是農功力勤力也○

二曰軍刑上命糾守

命將。命也守不失部伍○守劉音狩注同將子匠反【疏】注命將至部伍○釋曰以其在軍梱外之事將軍裁之故知命是將命也軍行必有部分卒伍故云不失部伍也○

三曰鄉刑上德糾孝

德六德也善父母爲孝○【疏】注德六至爲孝○釋曰謂在鄉中之刑大司徒云以鄉三物教萬民一日六德知仁聖義忠和既言在鄉故知德是六德教民者非教國子三德咎。由九德者也善父母爲孝爾雅釋訓文○

四曰官刑上能糾職

能能其事也職職事脩理【疏】注能能至脩理○釋曰知能是能其事職職事脩理者以其言官官中見能見職明知義然○

五曰國刑上愿糾暴

愿慤慎也暴當爲恭字之誤也○愿音願劉又音原依注暴作恭慤苦角反○【疏】注愿慤至誤也○釋曰知爲恭不作暴者以其上四刑皆糾察其善不糾其惡以類言之故知是恭恭又似暴字故云字之誤也○

以圜土聚教罷民

圜土獄城也聚罷民其中困苦以教之爲善也民不愍作勞有似於罷○罷音皮注下皆同愍音敏劉亡覲反尚書作愍音敏又作昬皆訓強【疏】注圜土至於罷○釋曰此已下說罷民云教之者正謂夜入圜土晝則役之司空困苦則歸善鄭云困苦以教之爲善云民不愍作勞有似於罷者罷謂困極罷弊此圜土被囚而役是不愍強作勞之民有似罷弊之。人也

凡害人者寘之圜土而施職事焉

以明刑恥之

害人謂爲邪惡已有過失麗於法者以其不故犯法寘之圜土繫教之庶其困悔而能改也寘置也施職事以所能役使之明刑書其罪惡於大方版著其背○寘之豉反又音示邪似嗟反下同著丁略反一音直略反○【疏】注害人至其背釋曰云害人謂爲邪惡已有過失麗於法者案司救職云凡民之有衺惡者三讓而罰三罰而士加明刑恥諸嘉石役諸司空卽此下文者是也此謂語言無忌悔慢長老過淺直坐之嘉石不入圜土者也彼下文又云其有過失者三讓而罰三罰而歸於圜土此謂抽拔兵劍誤以傷人罪重不坐嘉石徑入圜土晝日亦役之司空夜入圜土者也此罷民本無故

心直是過誤。此入五刑者爲輕比坐嘉石者爲重故云已麗於法麗於法。是入圜土者也

其能改過反于中國不齒三年

反于中國謂舍之還於故鄉里也司圜職曰上罪三年而舍中罪二年而舍下罪一年而舍不齒者不得以年次列於平民○疏其能至三年○釋曰云能改正謂在圜土不出自思己過是能改也○注反于至平民○釋曰言反于中國者虞書有五宅三居彼不在中國此則反還於故鄉里也引司圜職已下見舍之遠近此所舍鄉則玉藻所謂垂緌五寸惰游之士也是也

其不能改而出圜土者殺

出謂逃亡疏其不至者殺○釋曰云不能改正謂不能伏思己過而出圜土也○

以兩造禁民訟入束矢於朝然後聽之

訟謂以財貨相告者造至也使訟者兩至既兩至使人束矢乃治之也不至不入束矢則是自服不直者也必入矢者取其直也詩曰其直如矢古者一弓百矢束矢其百。个與○不造七報反注同个古賀反與音餘○疏以兩至聽之○釋曰此幷下二經論禁民獄訟不使虛誣之事言禁者謂先令入束矢不實則沒入官若不入則是自服不直是禁民省事之法也○注訟謂至个與○釋曰云訟謂以貨財相告者以對下文獄是相告以罪名也此相對之法若散文則通是以衛侯與元咺訟是罪名亦曰訟云古者一弓百矢者尚書文侯之命平王賜晉文侯及僖二十八年襄王賜晉文公皆云一彤弓一彤矢百故知一弓百矢云束矢其百个與者彼是所賜此乃入官紃同之故云與以疑之泮水詩云束矢其搜毛云五十矢曰束彼鄭從之者彼或據在軍矢數與受賜者異故從毛傳也○

以兩劑禁民獄入鈞金三日乃致于朝然後聽之

獄謂相告以罪名者劑今券書也使獄者各齎券書既兩券書使入鈞金又三日乃治之重刑也不券書不入金則是亦自服不直者也必入金者取其堅也三十斤曰鈞○兩劑子隨反○疏以兩至聽之○釋曰此一經聽爭罪之事與上聽訟有異此則各遣持劑之書契又入金不入矢三日乃致于朝者皆謂以獄事重於訟事故鄭云重刑也○注獄謂至曰鈞○釋曰云獄謂相告以罪名者對前

相告以財貨爲訟也云劑今券書也者小宰云聽賣買以質劑質人云大市以質小市以劑鄭小宰注云簿書之最目獄訟之要辭皆曰契則劑謂券書者謂獄訟之要辭若王叔氏不能舉其契是也三十斤曰鈞律曆志文○以嘉石平罷民嘉石文石也對之外朝門左平成也成之使善○文石如字劉音問對音樹○疏注嘉石至使善○釋曰此嘉石肺石在朝士職朝士屬大司寇故見之耳云嘉石文石也者以其言嘉嘉善也有文乃稱嘉故知文石也欲使罷民思其文理以改悔自脩樹之外朝門左朝士文也○凡萬民之有罪過而未麗於灋而害於州里者桎梏而坐諸嘉石役諸司空重罪旬有三日坐朞役其次九日坐九月役其次七日坐七月役其次五日坐五月役其下罪三日坐三月役使州里任之則宥而舍之有罪過謂邪惡之人所罪過者也麗附也未附於法未著於法也木在足曰桎在手曰梏役諸司空坐日訖使給百工之役也役月訖使其州里之人任之乃赦之宥寬也○桎音質梏戶毒反著直略反下附猶著皆同○疏凡萬至舍之○釋曰云未麗於法秪謂入圜土爲法此坐嘉石之罷民未入圜土差輕故也云害於州里者謂語言無忌侮慢長老云桎梏而坐諸嘉石者謂坐時坐日滿役諸司空則無桎梏也此已下輕重有五節皆就語言侮慢之中斟酌爲輕重分五等也云使州里任之者仍恐習前爲非而不改故使州長里宰保任乃舍之以稍輕入鄉卽得與鄉人齒亦無垂緌五寸之事也鄭云木在足曰桎在手曰梏知者無正文見掌囚云上罪梏拲而桎拲謂兩手共一木梏與拲連言故知梏在手桎在足也廣雅云手閑之梏械足閑之桎械亦是手曰梏足曰桎易志冷剛問大畜六四童牛之梏元吉注巽爲木互體震震爲牛之足足在艮體之中艮爲手持木以就足是施梏又蒙初六注云木在足曰桎在手曰梏今大畜六四施梏於足不審桎梏手足定有別否答曰牛無手故以足言之以肺石遠窮民肺石赤石也窮民天民之窮而

無告者○肺芳廢反疏注肺石至告者○釋曰云肺石赤石也者陰陽療疾法肺屬南方火火色赤肺亦赤故知名肺石是赤石也必使之坐赤石者使之
赤心不妄告也云窮民天民之窮而無告者王制文彼上文云少而無父者謂之孤老而無子者謂之獨老而無妻者謂之鰥老而無夫者謂之寡此四者天
民之窮而無告者也皆有常餼

凡遠近惸獨老幼之欲有復於上而其長弗達者立於肺石三日士聽其辭以告於上而罪其長無兄弟曰惸無子孫曰獨復猶報也上謂王與六卿也報之者若上書詣公府言事矣長謂諸侯若鄉遂大夫○惸其營反長丁丈反下及注同上時掌反

疏凡遠至其長○釋曰言遠近者無有遠近畿外畿內之民皆有惸獨老幼之等云欲有復於上而其長弗達者謂長官不肯通達審知其貧困者故須復報於上如此之類是上窮民即來立於石也○注無兄至大夫○釋曰鄭知惸是無兄弟者王制已有孤獨鰥寡不見惸則惸是無兄弟可知也是以尚書洪範亦云無虐惸獨而畏高明孔云惸單無兄弟也無子曰獨云無子孫曰獨者案王制唯云老而無子曰獨今兼云孫者無子有孫不爲獨故兼云無孫也鄭不釋經老幼者老則無夫無妻幼則無父可知故不釋也知上是王與六卿者六卿並知國政皆得受冤怨故兼六卿言之云長謂諸侯若鄉遂大夫者訴冤之人天下皆是故長亦兼天下故以畿外諸侯及畿內鄉遂大夫皆得爲長也若然不言三等采地之主及三公邑大夫者在長中可知故舉外內以包之也

正月之吉始和布刑于邦國都鄙乃縣刑象之灋于象魏使萬民觀刑象挾日而斂之正月朔日布五刑於天下正歲又縣其書重之○縣音玄注及下同挾子叶反

疏正月至斂之○釋曰正月之吉者謂建子之月正月一日也言始和者太宰注凡治有故言始和者若改造云爾其實不改也云布刑于邦國都鄙者正月和即以此月布于天下云乃縣刑象之法于象魏者謂建寅正歲邦國及都鄙并王家雉門皆一時縣之斂之者天子斂藏於明堂諸侯斂藏於祖廟

日月受而行之謂之聽朔○注正月至重之○釋曰鄭云天下卽邦國都鄙也云正歲又縣其書重之知正歲乃縣者亦約小司寇知之也

凡邦之大盟約涖其盟書而登之于天府○涖臨也天府祖廟之藏約於妙反藏才浪反疏凡邦至天府○釋曰云凡邦之大盟約者謂王與諸侯因大會同而與盟所有約誓之辭云涖其盟書而登於天府者既臨其盟書因卽登此盟書于天府○注涖臨至之歲○釋曰云天府祖廟之藏者天府職文

大史內史司會及六官皆受其貳而藏之六官六卿之官也貳副也○會古外反下司會同疏大史至藏之○釋曰大史內史司會掌事皆與六卿同故皆有副貳盟辭而藏之擬相勘當也

凡諸侯之獄訟以邦典定之邦典六典也以六典待邦國之治○治直吏反下同疏注邦典至之治○釋曰云邦典六典也者案大宰職以典待邦國之治故邦國有獄訟之事來詣王府還以邦典定之

凡卿大夫之獄訟以邦灋斷之邦法八法也以八法待官府之治○斷丁亂反下注皆同疏注邦法至之治○釋曰案大宰云以八法治官府是以卿大夫有獄訟還以邦之八法斷之若然○大宰有八則治都鄙此不言都鄙有獄訟以八則斷之者都鄙有獄訟都家之士告于方士治之故此不言也

凡庶民之獄訟以邦成弊之邦成八成也以官成待萬民之治故書弊為憋鄭司農云憋當為弊邦成謂若今時決事比也弊之斷其獄訟也故春秋傳曰弊獄邢侯○弊必世反斷也後訓斷者皆同弊劉芳滅反又音卑設反比必利反○疏注邦成至邢侯○釋曰大宰云以官成待萬民之治是以庶民有獄訟故以邦成憋之憋亦斷也異其文耳云邦成八成也者則小宰云一曰聽政役以比居二曰聽師田以簡稽已下是也先鄭云邦成謂若今時決事比也者此八者皆是舊法成事品式若今律其有斷事皆依舊事斷之其無條取比類以決之故云決事比也春秋傳者春秋左氏傳晉邢侯與雍子爭鄗田邢侯不勝乃憋獄邢侯引之者證弊為憋義同也

大祭祀奉犬牲奉猶進也疏

大祭至犬牲○釋曰犬屬西方金犬既當方之畜故司寇奉進犬牲也

若禋祀五帝則戒之日涖誓百官戒于百族戒之日卜之日也百族謂府史以下也郊特牲曰卜之日王立于澤親聽誓命受教諫之義也獻命庫門之內戒百官也太廟之內戒百姓也疏若禋至百族○釋曰禋之言煙煙祀五帝謂迎氣於四郊及總享五帝於明堂也云戒之日者謂前十日卜之日卜吉即戒之使散齊云涖誓百官者謂餘官誓百官之時大司寇則臨之云戒於百族者大司寇親自戒之其百官所戒者當太宰為之是以太宰云祀五帝前期十日帥執事而卜日遂戒故知太宰戒百官也若然太宰云祀五帝則掌百官之誓戒太宰雖云掌百官誓戒則親為之誓則掌之而不親誓何者此司寇卑於太宰此云涖誓百官豈司寇得臨太宰乎故知太宰掌之餘小官誓之司寇臨之也○注戒之至姓也○釋曰鄭知百族府史以下者以其王之百姓亦同太宰戒之故知百族府史胥徒也引郊特牲者欲見百族非王之親是府史以下也云獻命庫門之內戒百官也者王自澤宮而還入臯門至庫門之內大宰獻命命即戒百官又於庫門而東入廟門廟門之內戒百姓彼注云百姓王之親也以親故入廟乃戒之

及納亨前王祭之日亦如之納亨致牲○亨普庚反劉普孟反注同下納亨放此疏及納至如之○釋曰鄭云納亨致牲者謂將祭之辰祭之日謂旦明也此二者大司寇為王引道故云亦如之

奉其明水火明水火所取於日月者○疏注明水至月者○釋曰司烜氏以陽燧取火於日中以陰鑑取水於月中明者絜也王人明絜水火乃成可得是明水火所取於日月者也奉此水火者水以配鬱鬯與五齊火以給爨亨也

凡朝覲會同前王大喪亦如之大喪所前或嗣王○疏凡朝至如之○釋曰朝覲不言大則四時朝也會同謂時見曰會殷見曰同此者皆司寇在王前為導也其大喪亦如之亦導王也○注大喪至嗣王○釋曰知嗣王者以經云大喪是王喪復云前王明是嗣王也言或者大喪或是先后及王世子皆是大喪若先后及世子大喪則王為正王也既言前王明以先后世子

爲。政故云或嗣王也凡大喪之禮有三大宰云大喪贊贈玉含玉大司馬云大喪平士大夫贈王謂王喪大宗伯云朝覲會同則爲上相大喪亦如之注云王后世子及此大喪亦如之二者容有先后及后世子又宰夫云大喪小喪掌小官之戒令注云大喪王后世子也小喪夫人以下然則大喪與小喪相連則不容有王喪

大軍旅涖戮于社

社謂社主在軍者也鄭司農說以書曰用命賞于祖不用命戮于社【疏】注社謂至于社○釋曰鄭知社謂社主在軍者也者以其大軍旅非在國故先鄭引書爲證彼書謂甘誓啓與有扈戰于甘之野誓士衆辭社是陰殺亦陰賞是陽祖是遷主亦陽故各於其所必於祖社主前者尊祖嚴社之義也○

凡邦之大事使其屬蹕。

屬士師以下也故書蹕作避杜子春云避當爲辟謂辟除姦人也玄謂蹕止行也○趩本亦作蹕音畢○【疏】注屬士至行也○釋曰云凡邦之大事者言凡語廣則國有大事王動行皆使其屬蹕鄭知其屬是士師以下者見士師職云諸侯爲賓則帥其屬而蹕于王。宮注云諸侯來朝若饗食時士師云帥其屬則士師以下上士中士下士皆蹕知者以此注云士師以下故也

附釋音周禮注疏卷第三十四

周禮注疏卷三十四校勘記

阮元撰盧宣旬摘錄

附釋音周禮注疏卷第三十四

秋官司寇第五　唐石經作第九是誤以卷數改篇第也

禁所以防姦者也　宋刻大字本嘉靖本閩監毛本同錢鈔宋本姦作奸非

家大夫之采主此三等采地之獄　閩本同監毛本主作地按地主二字當並有

以朝主爲詢衆庶　監本同誤也當從閩毛本作朝士

殺牲歃血　諸本同大字本歃作歃釋文亦出歃血二字

犬人徒十六人　閩監毛本同唐石經大字本岳本錢鈔本嘉靖本皆作徒十有六人當據以補正

今獄城圜　大字本岳本錢鈔本嘉靖本毛本同閩監本城下衍曰當刪正

言凡圜土之刑人也　監本土誤上疏中誤士閩本同

司隸　監毛本此節有司隸至百人○釋曰在此者案其職云掌五隸之法五隸皆是罪人故在此疏文一段此本及閩本皆脫今據補錄

禁殺戮下士二人　毛本下士誤倒

禁暴○釋曰　監毛本作禁暴至十人此本及閩本脫下三字

蠅蟲所蜡也漢讀考云說文虫部蜡蠅胆也周禮蜡氏掌除骴肉部胆蠅乳肉中也通俗文同此注所蜡也當作所胆也謂蠅所聚乳也胆

俗作蛆

掩骼埋骴釋文作貍骴云本又作埋䰰

蜡讀如狙司之狙岳本狙誤徂

雍謂隄防止水者也閩監本防改坊非

萍讀爲蛢諸本同按此當作蛢讀爲蓱因故書作蛂蟥之蛢故司農讀從苹蓱之蓱下云或爲萍號起雨之萍則蓱萍字通也此經當作蛢氏後人援注改經又易注蓱爲萍則與下萍號爲一字矣因此官義取蓱草之不沈溺古經假借作蛢故司農改讀爲蓱爲萍若經本作萍而易爲蛢斷無此理也

元謂今天問萍號作蓱爾雅曰萍蓱諸本同段玉裁云當作今天問蓱號作蓱王逸注本正作蓱云一作萍按後鄭增成司農義而意主蓱字故引今天問蓱號爾雅苹蓱以證之萍蓱當作苹蓱釋文云萍本亦作苹是也萍蓱乃一字不得爲二名

萍氏主水禁萍之草此二萍字皆當作蓱司農爲蓱爲萍兩讀鄭君則取蓱字音作讀如平

萍氏〇釋曰按其職云閩本同監毛本釋曰下有在此者三字按萍氏下當亦脫至八人三字

亦天問之文按亦當誤衍

主夜覺者賈疏本同漢讀考作主覺夜者云賈公彥本誤作夜覺○按此覺讀如覺後知覺後覺之覺

司烜氏唐石經諸本同釋文司烜音毁注燬同漢讀考作司燬氏謂注烜火也鄭司農云當爲烜二烜字皆當作燬

故書燬爲垣諸本同釋文爲垣劉音袁按垣當烜字之誤經注烜字皆從故書轉改也蓋陸所據本已誤

條狼氏下士六人胥六人徒六十人沈彤云六並當作八其職曰王出入則八人夾道公則六人此下士屬王當八人下士之夾道者八則隨而滌狼之胥亦當八胥爲什長胥八則徒當八十也○按沈彤以此等證其祿田相符之數不當篤信也

冥讀爲冥氏春秋之冥諸本同漢書藝文志音義引作讀如此擬其音非改其義釋文所云冥如字是也至後鄭讀爲冥方之冥劉音莫歷反與冪同始易其字義矣此作讀爲誤也疏云後鄭亦取音同以繩麋取禽獸冥然使不覺此說非

驅除毒蠱之言葉鈔釋文作毒蟲本職同

翨讀爲翅翼之翅大字本岳本嘉靖本同閩監毛本翅誤翄疏同釋文云翨氏音翅

云翨鳥翮也者羽本曰翮惠校本同此本及閩本者字羽字合爲翥今寫正監毛本於翥上更增者字誤甚

故彼從之也惠校本彼作破此誤

必先校剝之宋本岳本嘉靖本同大字本錢鈔本閩監毛本作刊剝按釋文本作校剝賈疏本作刊剝○按疏誤

柞讀爲音聲唶唶之唶漢讀考作讀如云今本作讀爲誤除木曰柞又見毛詩不當易爲唶笮二字

薙氏唐石經諸本同釋文薙氏李或作雉同漢讀考經注薙皆作雉謂淺人加艸於雉爲薙猶稻人加艸於夷爲荑也此雉或作夷爲同音同字

鄭司農云掌殺草漢讀考云下有夷氏二字云今本脫云

芟夷蘊崇之嘉靖本惠校本蘊作薀釋文出薀崇二字此作薀非

又今俗閒謂麥下爲夷下惠校本無今按賈疏云先鄭引古今爲證當本有今字

此皆剪草也閩監毛本同誤也大字本錢鈔本嘉靖本剪作翦當據正

謂燒所芟草大字本錢鈔本閩監毛本同岳本嘉靖本作非謂燒所芟草多一非字係誤衍詳漢讀攷

親人善鄰閩本同監毛本人作仁

從石折聲漢讀攷云折當作析析聲適聲同在古音十六部折聲在十五部硩爲擿之古字則知必析聲也釋文硩他歷反李又思亦反此從析又云徐丈列反沈勑徹反此從折說文曰硩上摘山巖空青珊瑚隋之從石折聲周禮有硩蔟氏許以摘訓硩取其同音篆文必作硩析聲今本作硩折聲亦謬

赤犮氏閩監本同毛本犮作叐嘉靖本作友皆訛唐石經大字本錢鈔本作犮當據正注中同說文魃旱鬼也从鬼犮聲周禮有赤魃氏除牆屋之物也詩曰旱魃爲虐按鄭注此云赤犮猶捇拔也主除蟲豸與許云除牆屋之物義同引周禮作赤魃者當是古文假借字許所據壁中故書作魃其義則爲除牆屋物而非旱鬼也詩旱魃爲虐其義爲旱鬼故復引詩證之

掌除牆屋 惠校本同閩監毛本牆改墻

蟈讀爲蜮蜮蝦蟇也 諸本同按此當作蜮讀爲蟈蟈蝦蟆也故下引月令螻蟈鳴證之古文經當本作蜮氏司農讀爲蟈蓋蜮古文蟈今文故夏小正周官作蜮月令呂覽作蟈釋文蟈氏古獲反劉音或劉昌宗本經當作蜮氏○按此當依漢讀攷

含沙射人入皮肉中 閩本同監毛本人入字誤倒

偏身中濩濩蜮蜮故曰災 浦鏜云或或誤蜮蜮爲誤曰從左傳疏校

書亦或爲濁 監本濁誤獨漢讀考作書亦或爲涿云今本作濁誤

銜枚氏 大字本閩監毛本同唐石經錢鈔本嘉靖本銜作衘注同

枚狀如箸橫銜之爲之繣結於項 大字本繣上無之此銜詩東山釋文引此注云枚如著橫銜之於口爲繣絜於項中繣上亦無之枚下幷無狀今本皆衍結作絜古字也當據以訂正漢讀考云顏氏漢書注引作繣絜於項云繣者結礙也絜繞也爲結紐而繞項也勝於賈本賈說

小行人下大夫四人 唐石經大字本岳本嘉靖本同皆跳行另節下司儀行夫同此本及閩監毛本自大行人至行夫幷爲一節非下家士亦如之同

合總名曰象者 閩監本同誤也大字本岳本錢鈔本嘉靖本毛本合作今當據正

掌客徒三十人閩本同誤也大字本以下皆作二十人唐石經作廿人

訝讀爲跛者訝跛者之訝賈疏釋此注云時晉使郤克聘齊郤克跛齊使跛者往御御亦訝也故讀從之按賈氏所據公羊傳訝作御

以其都司馬使王自爲之閩本同監毛本自改臣

大司寇

王耗荒大字本同按耗當作秏羣經音辨禾部引書王秏荒鄭康成讀蓋賈氏所據北宋本釋文作秏荒也今釋文作旄荒錢鈔本岳本同嘉靖本閩監毛本改耄荒非

謂周穆王老閩本同監毛本老上增年

爲其民未習於教釋文出爲民二字則陸本無其

使民相拱勑之法浦鏜云共誤拱

命將命也葉鈔釋文作將令

咎由九德者也閩本同誤也惠校本作咎繇當據正監毛本作各由誤甚

有似罷弊之人也閩本同監毛本人作民

以其不故犯法 諸本同閩本不改無誤也疏云此罷民本無故心直是過誤浦校作無故犯法以不字爲誤大誤○按故犯法猶今言謀殺故殺也

此入五刑者爲輕 閩本同誤也當從監毛本此作比

是入圜土者也 閩本同監毛本是改乃

其百个與 閩監本个改箇非疏同釋文出百个二字

質人云大市以質 閩本同監毛本上質誤貨人誤又市誤事

故見之耳 閩監毛本耳改爾

易志泠剛閒 閩本同監毛本泠誤從水

故以邦成弊之 惠校本故作還此誤

又於庫門而東入廟門 閩本同監毛本庫門下衍內

謂將祭之辰 浦鏜云晨誤辰

明者絜也王人明絜 閩本同監毛本絜改潔下同浦鏜云主誤王

明以先后世子爲政 閩本同監毛本政作正

使其屬蹕唐石經諸本同釋文作趩云本亦作蹕○按說文走部曰趩止行也从走爲正字从足爲或體

而蹕于王宫監本同誤也閩毛本作王宫當據正

周禮注疏卷三十四校勘記

附釋音周禮注疏卷第三十五

鄭氏注　賈公彥疏

小司寇之職掌外朝之政以致萬民而詢焉一曰詢國危二曰詢國遷三曰詢立君外朝朝在雉門之外者也國危謂有兵寇之難國遷謂徙都改邑也立君謂無冢適選於庶也鄭司農云致萬民聚萬民也詢謀也詩曰詢于芻蕘書曰謀及庶人○難乃旦反適丁歷反蕘而招反【疏】小司至立君○釋曰外朝之職朝士專掌但小司寇既爲副貳長官亦與朝士同掌之耳故云掌外朝之政以致萬民者案下文羣吏並在內而此經獨云致萬民者但羣吏在朝是常萬民不合在朝惟在大事及疑獄乃致之故特言之也○注外朝至庶人○釋曰外朝在雉門之外則亦在庫門之外也云國危謂有兵寇之難者謂鄰國來侵伐與國爲難者也云國遷謂徙都改邑也者謂王國有遷徙若殷盤庚遷殷之類若遷鄉大夫都邑不在詢限云立君謂無冢適選於庶也者冢適雙言案內則而言謂適后所生最長者爲冢若無冢適后所生次冢以下爲適則適者非一若無適則於衆妾所生擇立之衆妾所生非一是以須與衆人共詢可否此三者皆採衆心衆同乃可依用也先鄭引詩及書者證致萬民之意也

其位王南鄉三公及州長百姓北面羣臣西面羣吏東面羣臣卿大夫士也羣吏府史也其孤不見者孤從羣臣。鄉大夫在公後○鄉許亮反長丁丈反見賢遍反○【疏】注羣臣至公後○釋曰案射人及司士孤位皆西方東面北上今此獨在東方西面從羣臣之位者孤無職尊之如賓恆在西但此三詢之朝卽朝士所掌之位案朝士外朝云左九棘孤卿大夫位焉羣士在其後右九棘公侯伯子男位焉羣吏在其後面三槐三公位焉州長衆庶在其後以此故知孤從羣臣之位三公北面者案郊特牲君之南鄉答陽之義也臣之北面答君也三公臣中之尊北面屈之答君之意知。鄉大夫在公後者以州長衆鄉之屬在公後又二鄉公一人明鄉大夫亦在公後可知也每鄉大夫皆別命卿爲之六卿別也小司寇擯。以敘進而問焉以衆輔志而弊謀擯謂揖之使前也敘更也輔志者尊王賢明也〇擯兵刃反注同更音庚疏小司至弊謀〇釋曰云以敘進者案小宰六敘皆先尊後卑則此言以敘進謂先公卿以次而下〇注擯謂至明也〇釋曰此既在朝立定而問之明擯者無別相見之禮故知以次一一揖之使前問之云輔志者尊王賢明也者專欲難成拾己稽衆聖人無心以百姓心爲心今能以衆輔成己志是尊王賢明者也以

五刑聽萬民之獄訟附于刑用情訊之至于旬乃弊之讀書則用灋附猶著也故書附作付訊言也用情理言之。冀有可以出之者十日乃斷之王制曰刑者侀也侀者成也一成而不可變故君子盡心焉鄭司農云讀書則用法如今時讀。鞫已乃論之〇訊音信盡津忍反〇鞫九六反疏以五至用法〇釋曰云附于刑用情訊之者以因所犯罪附於五刑恐有枉濫故用情實問之使得真實云至于旬乃弊之者緩刑之意欲其欽慎也云讀書則用法者謂行刑之時當讀刑書罪狀則用法刑之〇注附猶至論之〇釋曰引王制云刑者侀也者上刑爲法下侀爲著謂行法著人身體又訓爲成者意取一成不可變死者不可復生斷者不可更續是其不可變也故君子盡心焉不可濫此釋用情訊之也漢時讀鞫已乃論之者鞫謂劾因之要辭行刑之時讀已乃論其罪也

凡命夫命婦不躬坐獄訟爲治獄吏褻尊者也躬身也不身坐者必使其屬若子弟也喪服傳曰命夫者其男子之爲大夫者命婦者其婦人之爲大夫。之妻者春秋傳曰衛侯與元咺訟甯武子爲輔鍼莊子爲坐士榮爲大理〇爲治于僞反咺況阮反鍼其廉反嚴劉音莊左傳作莊案漢書明帝名莊改爲嚴疏注爲治至大理〇釋曰古者取因要辭皆對坐治獄之吏皆有嚴威恐獄吏褻尊故不使命夫命婦親坐若取辭之時不得不坐當使其屬或子弟代坐也引喪服傳者喪服經有大夫命婦子夏傳解之云大夫者其男子之爲

大夫者也今此云命夫者其男子之爲大夫者誤當以彼爲正云春秋傳者左氏傳二十八年衛侯坐殺弟叔武元咺訴於晉晉使人斷之引之者證命夫命婦不身坐獄訟之事若然元咺甯子鍼莊子皆大夫得坐訟者大夫身不得與士坐訟若兩大夫或代君皆得坐無嫌以是衛侯不得坐使莊子與元咺對坐也若然觀此文命夫命婦惟據大夫不通士案內宰云佐后使治外內命婦先鄭云外命婦卿大夫之妻後鄭云士妻亦爲命婦又閽人云凡外內命夫命婦注內命夫卿大夫士之在宮中者如是士及士妻亦得爲命夫命婦者彼皆據王臣而言王之士有三命二命一命皆得王命此文兼諸侯臣子男士則不命以是此文命夫命婦惟據大夫爲文不通士也

凡王之同族有罪不卽市

鄭司農云刑諸甸師氏禮記曰刑于隱者不與國人慮兄弟

疏 注鄭司至兄弟○釋曰此因上論斷獄之事故說王之同族有罪不卽市者不與國人慮兄弟也故先鄭云當刑諸甸師氏故甸師云王之同姓有辜則死刑焉是也必於甸師者甸師掌耕耨王籍其場上多屋就隱處刑之引禮記者文王世子文彼據諸侯法云刑于隱者謂就呈中云不與國人慮兄弟者若在市朝刑殺國人見之亦謀慮兄弟是與國人慮兄弟若不於市朝是不與也天子之禮亦然故引爲證也

以五聲聽獄訟求民情

疏 以五至民情○釋曰案下五事惟辭聽一是聲而以五聲目之者四事雖不是聲亦以聲爲本故也案呂刑云惟貌有稽在獄定之後則此五聽亦在要辭定訖恐其濫失更以五聽觀之以求民情也

一曰辭聽

觀其出言不直則煩

疏 注觀其至則煩○釋曰直則言要理深虛則辭煩○釋曰直則言要理深虛則辭煩義寡故云不直則煩

二曰色聽

觀其顏色不直則赧然○赧女板反

疏 注觀其至赧然○釋曰理直則顏色有厲理。曲則顏色愧赧小。爾雅云不直失節謂之慚愧面慙曰赧心慙曰恧體慙曰悛

三曰氣聽

觀其氣息不直則喘○喘昌兗反

疏 注觀其至則喘○釋曰虛本心知氣從內發理既不直吐氣則喘

四曰耳聽

觀其聽聆不直則惑○聆音零

疏 注觀其至則惑○釋曰尚書云作德心逸日休作僞心勞日拙觀其事直聽物

明審其理不直聽物致疑 五曰目聽 觀其眸子視不直則眊然〇眸莫侯反劉無不反眊莫報反本又作旄同 疏 注觀其至眊然〇釋曰目爲心

視視由心起理若直實視盼分明理若虛陳視乃眊亂 以八辟麗邦灋附刑罰 辟法也杜子春讀麗爲羅玄謂麗附也易曰日月麗

乎天故書附作付附猶著也 疏 以八至刑罰〇釋曰案曲禮云刑不上大夫鄭注云其犯法則在八議輕重不在刑書若然此八辟爲不在刑書若有罪

當議議得其罪乃附邦法而附于刑罰也〇注辟法至著也〇釋曰以辟爲法謂八者議之法子春讀麗爲羅後鄭不從謂麗附也破子春爲羅若作羅則入羅

網當在刑書何須更議之也後鄭以不在刑書故須議議訖乃附邦法易曰日月麗于天但天自然無形而得附著者天者自然之氣日月本在虛空而附自

然之氣故得爲附著也 一曰議親之辟 鄭司農云若今時宗室有罪先請是也 疏 注鄭司至是也〇釋曰親謂五屬之內及外親有服

者皆是議親不假貴故親賢能及功勤若貴亦不假餘賢能之等各據一限邊則得入議假令既有親兼有餘事亦不離議限 二曰議故之辟

故謂舊知也鄭司農云故舊不遺則民不偷〇偷他侯反徐吐豆反 疏 注故謂至不偷〇釋曰此故舊爲言是以大宗伯注故舊朋友謂共在學者若

伐木詩亦是故友之類先鄭引論語故舊不遺則民不偷言民不偷上行下效亦據人君而說故引爲證議故也 三曰議賢之辟 鄭司農云

若今時廉吏有罪先請是也玄謂賢有德行者〇行下孟反 疏 注鄭司至行者〇釋曰先鄭舉漢廉吏爲賢後鄭足成故言賢有德行者謂若鄉大夫興

賢者能者賢卽有六德六行者也 四曰議能之辟 能謂有道藝者春秋傳曰夫謀而鮮過惠訓不倦者叔向有焉社稷之固也猶將十世宥

之以勸能者今壹不免其身以棄社稷不亦惑乎〇夫音扶鮮息淺反向許亮反 疏 注能謂至惑乎〇釋曰云能謂有道藝者此卽鄉大夫興能者能有

道藝若保氏云掌養國子以道而教之六藝是國子與賢者有德行兼道藝若能者惟有道藝未必兼有德也引春秋傳者左氏襄二十一年叔向被因祁奚

作此辭以告晉侯使赦小罪存大能引之者證以能議也五曰議功之辟謂有大勳力立功者【疏】注謂有至功者○釋曰此即司勳所掌王功國功之等皆入此功也是以彼皆言功爲首也六曰議貴之辟鄭司農云若今時吏墨綬有罪先請是也【疏】注鄭司至是也○釋曰先鄭推引漢法墨綬爲貴若據周大夫以上皆貴也墨綬者漢法丞相中二千石金印紫綬御史大夫二千石銀印黃綬縣令六百石銅印墨綬是也七曰議勤之辟謂憔悴以事國○憔昨遙反悴秦醉反【疏】注謂憔悴以事國○釋曰案詩云或憔悴以事國自此已上七者雖以王爲主諸侯一國之尊賞罰自制亦應有此議法是以議能鄭引叔向之事是其一隅也惟八曰議賓惟據王者而言不及諸侯也八曰議賓之辟謂所不臣者三恪二代之後與○與音餘【疏】注謂所至後與○釋曰春秋襄二十五年傳云虞閼父爲周陶正而封諸陳以備三恪之言郊特牲云尊賢不過二代之語故鄭云三恪二代之後案樂記云武王克殷及商未及下車而封黃帝之後於薊封帝堯之後於祝封帝舜之後於陳下車而封夏后氏之後於杞殷之後於宋此皆自行當代禮樂常所不臣爲賓禮之故爲賓也言與者經直云賓不斥所據約後同之故云與以疑之也以三刺斷庶民獄訟之中中謂罪正所定○刺七賜反斷丁亂反後皆同【疏】注中謂罪正所定○釋曰此經與下文爲目但三刺之言當是罪定斷訖乃向外朝始行三刺庶民已上皆應有刺直言庶民者庶民賤恐不刺賤者尚刺已上刺可知云中謂罪正所定者斷獄終始有三刺刺則罪正所定即當行刑故云罪正所定也一曰訊羣臣二曰訊羣吏三曰訊萬民刺殺也三訊罪定則殺之訊言也【疏】注刺殺至言也○釋曰云羣臣者士已上云羣吏者府史胥徒庶人在官者云萬民者民間有德行不仕者云刺殺三刺罪定即殺之但所刺不必是殺餘四刑亦當三刺直言殺者舉漢重者而言其實皆三刺是以下文云聽民之所刺宥而施上服下服之刑是兼輕重皆刺也聽民之所刺宥以施上服下服之

刑宥寬也民言殺殺之言寬寬之上服劓墨也下服宮刖也○劓魚器反刖音月又五刮反【疏】注宥寬至刖也○釋曰墨劓施於面故爲上服宮刖施於下體故爲下服凡行刺必先以物規之如衣服乃施刑故言服也

及大比登民數自生齒以上登于天府大比三年大數民之衆寡也人生齒而體備男八月而生齒女七月而生齒○比毗志反注同上時掌反下注同數所主反【疏】注大比三年至七月生齒○釋曰小司寇至三年大按比之時使司民之官登上民數自生齒已上皆登之小司寇乃登於天府云男八月女七月而生齒者按家語本命男子八月生齒八歲而齔齒女子七月而生齒七歲而齔齒男子陽得陰而生得陰而落女子陰得陽而生得陽而落故男偶女奇也

內史司會冢宰貳之以制國用人數定而九賦可知國用乃可制耳【疏】注人數至制耳釋曰內史掌八柄之等司會主計會冢宰所主兼設故皆取副貳民數簿書得民數乃制國用以其國用出於民故也云人數定九賦可知國用乃可制者鄭偏據九賦而言至九貢九功亦可知也

小祭祀奉犬牲奉猶進也【疏】小祭祀至犬牲○釋曰大祭祀自大司寇奉犬牲若小祭祀王玄冕所祭則小司寇奉進犬牲也

凡禋祀五帝實鑊水納亨亦如之納亨致牲也其。時鑊水當以洗解牲體肉○鑊戶郭反【疏】凡禋至如之○釋曰云禋祀五帝者祭五天曰燔柴即禋祀也故云禋祀五帝五帝所祀謂四時迎氣總享明堂實鑊水以擬洗肉所用也納亨亦如之納亨致牲謂將祭亨祭之晨實以水亨牲也鄭知實鑊水爲洗解牲肉者以下云納亨亦如之是實鑊水亨煑肉故知此是洗肉也封人云共其水槀亦謂洗牲肉也

大賓客前王而辟鄭司農云小司寇爲王道辟除姦人也若今時執金吾下至令尉奉引矣○辟婢亦反劉符益反一音匹亦反洗音避注同後而辟皆放此道音導【疏】注鄭司至引矣○釋曰下士師云諸侯爲賓帥其屬蹕於王宮饗燕時此小司寇爲王辟亦謂於宮中饗燕在寢及廟時也云若今時執金吾下至令尉奉引者漢時執金吾及令尉爲帝奉引猶如小司寇

為王導故引以為況后世子之喪亦如之疏后世至如之○釋曰謂后世子之喪當朝廟之時王出入亦為王而辟也小師涖

戮小師王不自出之師疏注小師至之師○釋曰謂王不自出使卿大夫出軍閫外之事將軍裁之軍將有所斬戮於社主前則小司寇涖戮也凡

國之大事使其屬蹕屬士師以下疏注屬士師以下○釋曰此國之大事即士師云諸侯為賓是也士師云帥其屬則士師已下皆蹕故此據而言之

孟冬祀司民獻民數於王王拜受之以圖國用而進退之司民星名謂軒轅角也小司寇於祀司民而獻民數於王重民也進退猶損益也國用民眾則益民寡則損疏孟冬至退之○釋曰前文大比登民數於天府據三年大比而言此則據年年民數皆有增減於孟冬春官祭司民之時小司寇以民數多少獻於王也○注司民至則損○釋曰案星經軒轅角有大民○小民之星是軒轅角也云國用民眾則益民寡則損者國家所用財物由民上而來是以國用多少要由民眾寡故民眾則益豐用之民寡則損儉用之歲終則令

羣士計獄弊訟登中于天府上其所斷獄訟之數疏注上其至之數○釋曰羣士謂鄉士遂士已下皆是必登斷獄之書於祖廟天府者重其斷刑使神監之正歲帥其屬而觀刑象令以木鐸曰不用灋者國有常刑令羣

士羣士遂士以下疏注羣士遂士以下○釋曰此所戒應六官各應其所掌知羣士是遂士以下者以其鄉士已入帥其屬中遂士縣士方士訝士等雖是六十官之屬以其主六遂以外漸遠恐不在屬中故經特云令羣士明羣士是遂士以下可知乃宣布于四方憲刑禁宣徧也憲表也謂縣之也刑禁士師之五禁○徧音遍疏注宣徧至五禁○釋曰此所宣布則布憲所云者是也此官主之彼乃布之事相成也乃命其

屬入會乃致事得其屬之計乃令致之於王○會古外反後要會之字皆放此疏注得其至於王○釋曰命其屬謂命已下屬官使入會計

文狀來乃致事於王故云乃乃緩辭

士師之職掌國之五禁之灋以左右刑罰。一曰宮禁二曰官禁三曰國禁四曰野禁五曰軍禁皆以木鐸徇之于朝書而縣于門閭左右助也助刑罰者助其禁民爲非也宮王宮也官府也國城中也古之禁盡亡矣今宮門有。簿籍官府有無故擅入城門有離載下帷野有田律軍有囂讙夜行之禁其觕可言者〇〇灋音法左右音佐下音又注左右助也同徇似俊反縣音玄觕劉音粗沈才古反

疏士師至門閭〇釋曰凡設五刑者刑期于無刑以刑止刑以殺止殺殺一人使萬人懲是欲不使犯罪令於刑外豫施禁禁民使不犯刑是左右助刑罰無使罪麗于民也云書而縣于門閭者爾雅云巷門謂之閭則縣于處處巷門使知之〇注左右至言者〇釋曰云宮王宮也者謂皐門也云官官府也者謂廬。宮人聽事之門云國城中者若王城十二門云古之禁盡亡矣者謂在儀禮三千條內而在亡中故舉漢法以況之云離載下帷者謂在車離耦。耦載而下帷恐是姦非故禁之云觕可言者古之禁書。具。不惟如此故云觕可言也

以五戒先後刑罰毋使罪麗于民一曰誓用之于軍旅二曰誥用之于會同三曰禁用諸田役四曰糾用諸國中五曰憲用諸都鄙先後猶左右也誓誥於書則甘誓湯誓大誥康誥之屬禁則軍禮曰無干車無自後射。比其類也糾憲未有闈焉〇誥戶報反射食亦反

疏以五至都鄙〇釋曰戒與禁謂典法則亦是所用異異其名耳同是告語使不犯刑罰〇注先後至闈焉〇釋曰先後猶左右也者皆是相助之義異其名而已云甘誓者啓與有扈戰於甘之野作甘誓云湯誓者湯將伐桀以誓衆云大誥者武王崩周公。作。以成王令以大義告天下以誅三監以作誥云康誥者周公以成王命封康叔於殷墟誥康叔以治政之事故作誥云之屬者。乃有泰誓費誓召誥

路詣之等故言之屬也凡詣誓皆因大會乃為之故用之於軍旅用之於會同也云禁則軍禮曰無干車無自後射比其類也者易比之九五曰王用三驅失前禽注云王因天下顯習兵于蒐狩焉驅禽而射之三則已發軍禮失前禽者謂禽在前來者不逆而射旁去又不射惟其走者順而射之不中亦已是皆所失用兵之法亦如之降者不殺奔者不禁背敵不殺以仁恩養威之道若然此不自後射亦謂不中之後不重射前敵不破則有追法春秋公追戎於濟西是也

掌鄉合州黨族閭比之聯。與其民人之什伍使之相安相受以比追胥之事以施刑罰慶賞鄉合鄉所合也追追寇也胥讀。如宿偦之。偦偦謂司搏盜賊也〇比毗志反下同比追如字劉張類反胥如字劉思敘反注偦同搏音博劉音付【疏】掌鄉至慶賞〇釋曰士師掌鄉中合聚之法者以為有施刑罰也云州黨族閭比之聯即是鄉合之事云與其人民之什伍者此即因內政寄軍令之類五家為比比即一伍也二伍為什據追胥之時云使之相安相受者宅舍有故使當比當閭相受寄託使得安穩也云以比追胥者以比什伍使追胥二事也云以施刑罰慶賞者使鄰伍相及也〇注鄉合至賊也〇釋曰云追追寇者即公追戎於濟西是也胥讀如宿偦之偦者時有夜宿逐賊謂之偦即司搏盜賊是也

掌官中之政令大司寇之官府中也【疏】掌官中之政令〇釋曰士師所施政令惟在當官故鄭云大司寇之官府中也

察獄訟之辭以詔司寇斷獄弊訟致邦令詔司寇若今。白聽正法解也致邦令者以法報之【疏】察獄至邦令〇釋曰獄訟辭訴各有司存謂若鄉士遂士縣士方士各主當司之獄訟其有不決來問都頭士師者則士師。審。察以告大司寇斷獄弊訟也云致邦令者此即所察獄訟斷訖致與本官謂之致邦令也

掌士之八成鄭司農云八成者行事有八篇若今時決事比〇比必利反【疏】掌士之八成〇釋曰士之八成言士者此八者皆是獄官斷事成品式士即士師已下是也〇注鄭司至事比〇釋曰先鄭云成者行事有八篇若今時決事比者即若小宰

八成凡言成者皆舊有成事品式後人依而行之決事依前比類決之

一曰邦汋鄭司農云汋讀如酌酒尊中之酌國汋者斟汋盜取國家密事若今時刺探尚書事○汋上灼反注同斟之林反酌音灼刺七亦反又七賜反【疏】注鄭司至書事○釋曰云汋讀如酌酒尊中之酌者俗讀之若今刺探尚書事者漢時尚書掌機密有刺探尚書密事斟酌私知故舉爲況也

二曰邦賊爲逆亂者【疏】注爲逆亂者○釋曰既云邦賊罪無過此故知爲逆亂若崔杼州吁之等

三曰邦諜爲異國反間○諜音牒間間廁之間【疏】注爲異國反間○釋曰異國欲來侵伐先遣人往間候取其委曲反來說之其言諜諜然故謂之邦諜用兵之策勿善於此故孫子兵法云興師十萬日費千金內外騷動以爭一日之勝而受爵祿金寶於人者非民之將故三軍之事莫密於反間殷之興也伊摯在夏周之興也呂牙在殷唯賢聖將能用間以成此兵之要者也

四者犯邦令干冒王教令者○冒音墨【疏】注干冒王教令者○釋曰鄭云干冒王教令者謂犯邦令不肯依行

五曰撟邦令稱詐以有爲者○撟音矯【疏】注稱詐以有爲者○釋曰撟即詐也故鄭云稱詐以有爲者謂詐上命營搆僞物之類也

六曰爲邦盜竊取國之寶藏者○藏才浪反【疏】注竊取至藏者○釋曰謂若定八年陽貨盜竊寶玉大弓以出奔之類是也

七曰爲邦朋朋黨相阿使政不平者故書朋作傰鄭司農云朋讀如朋友之朋○傰劉音崩徐音朋又補鄧反【疏】注朋黨至之朋○釋曰朋謂朋黨阿曲相阿違國家正法擅生曲法使政不平以罔國法故曰邦朋也

八曰爲邦誣誣罔君臣使事失實【疏】注誣罔至失實○釋曰謂若君臣相得政教平美其有佞臣誣以惡事致使善政失實者也

若邦凶荒則以荒辯之法治之鄭司農云辯讀爲風別之別救荒之政十有二而士師別受其數條是爲荒別之法玄謂辯當爲貶聲之誤也遭飢荒不明判國事有所貶損作權時法也朝士職曰若邦凶荒札喪寇戎之故則令邦國都家縣鄙慮刑貶○辯依注音貶風別之別皆彼列反下傳別及注同數所主反【疏】若邦至治

之○釋曰凶荒謂年穀不熟民皆困苦則以荒貶之法治之不得用尋常之法○注鄭司至刑貶○釋曰先鄭之言義無所據故後鄭不從後鄭破辨爲貶從朝士職之文也朝士職慮刑貶者彼注謂謀慮緩刑減損國用爲民困苦故也

令移民通財糾守緩刑

移民就賤救困也通財補不足也糾守衞盜賊也緩刑舒民心也○紓音舒本亦作舒

疏注移民至心也○釋曰移民就賤謂可移者將身往也通財補不足謂不可移者卽於豐處將財穀以補不足

凡以財獄訟者正之以傅別約劑

傅別中別手書也約劑各所持券也故書別爲辨鄭司農云傅或爲付辨讀爲風別之別若今時市買爲券書以別之各得其一訟則案券以正之○傅音附注同約於妙反又如字

疏注傅別至正之○釋曰此注云傅別中別手書也小宰注爲大手書於一札中字別之語異義同此先鄭云若今時市買爲券書以別之各得其一義與後鄭同故引之在下小宰注先鄭云傅著約束於大書別別爲兩兩家各得其一後鄭不從先鄭至此更爲一解故從之

若祭勝國之社稷則爲之尸

以刑官爲尸略之也周謂亡殷之社爲亳社○亳步各反

疏注以刑至亳社○釋曰案鳧鷖詩宗廟社稷七祀皆稱公尸不使刑官今祭勝國之社稷用士師爲尸故鄭云用刑官爲尸略之也云周謂亡殷之社爲亳社者經云勝國注爲亡殷又云亳社者據周勝殷謂之勝據殷亡卽云亡國卽郊特牲云廢國之社必屋之是也據地而言卽言亳社春秋亳社災是也

王燕出入則前驅而辟

道王且辟行人○道音導下三公道盜賊道同

疏注道王且辟行人○釋曰導王解前驅且辟行人解而辟王燕出入謂宮苑皆是

祀五帝則沃尸及王盥洎鑊水

洎謂增其沃汁○洎其器反或音冀

疏注洎謂增其沃汁○釋曰案特牲少牢尸尊不就洗入門北面則以盤匜盥手王盥謂將獻尸時先就洗盥洎鑊水增其沃汁鑊在門外之東亨牲之爨言須鑊水就爨增之亨實鑊水此官增之示敬而已此直言祀五帝沃尸及王盥其餘冬至夏至及祭先王先公所沃盥者案小祝職云大祭祀沃尸盥小臣

職云大祭祀朝覲沃王盥如是則冬至夏至及先王先公小祝沃尸盥小臣沃王盥鬱人云凡祼事沃盥惟在宗廟爲祼時 凡刉。珥則奉犬牲 珥讀爲衈刉衈釁禮之事用牲毛者曰刉羽者曰衈○刉音機劉音奇珥而志反注衈同 疏 衈注珥讀至曰衈○釋曰鄭爲者珥是玉名故破從衈取用血之意知刉衈是釁禮者雜記云成廟則釁之門夾室皆用雞其衈皆於屋下彼雖不言刉刉衈相將故知是釁禮知用牲毛者曰刉羽者曰衈者雜記雞言衈即毛曰刉可知

諸侯爲賓則帥其屬而蹕于王宮 謂諸侯來朝若燕饗時 疏 諸侯至王宮○釋曰士師言帥其屬當官下云屬上士已下皆是也○注謂諸至饗時○釋曰經云蹕于王宮饗在廟燕在寢言于王宮故知燕饗時也

大喪亦如之 疏 大喪亦如之○釋曰大喪在宮中謂朝廟亦在宮中爲蹕也

大師帥其屬而禁逆軍旅者與犯師禁者而戮之 逆軍旅反將命也犯師禁于行陳也○將子匠反行戶剛反陳直刃反 疏 大師至戮之○釋曰帥其屬亦謂上士已下在軍而戮亦謂戮於社主前○注逆軍至陳也○釋曰逆軍旅反將命者王在軍自將違王命亦是反將命王不在梱外之事將軍裁之亦是反將命犯師禁于行陳者干犯軍之行陳案昭元年晉荀吳敗狄于太原將戰魏。絳曰請皆卒自我始荀吳之嬖人不肯即卒斬以徇襄三年雞澤之盟晉侯之弟楊于亂行於曲梁魏絳戮其僕魏絳曰軍事有死無犯爲敬此二者是反將命于行陳之事也

歲終則令正要會 定計簿○簿步古反 疏 注定計簿○釋曰定計簿者年終將考之故也

正歲帥其屬而憲禁令于國及郊野 去國百里爲郊郊外謂之野 疏 注去國至之野○釋曰正歲憲禁令者取除舊布新之義言于國及郊野者則自國至百里外皆。憲禁之也云去國百里曰郊司馬法文郊外謂之野爾雅文

鄉士掌國中 鄭司農云謂國中至百里郊也玄謂其地則距王城百里內也言掌國中此主國中獄也六鄉之獄在國中 疏 鄉士掌國中○

釋曰鄉士主六鄉之獄言掌國中者獄居近六鄉之獄皆在國中○鄭司至國中○釋曰先鄭云謂國中至百里郊後鄭不從者六鄉地雖在百里郊內要言國中者指獄而言非通百里爲國中故不從也是以謂其地則距王城百里內言掌國中此主國中獄也云六鄉之獄在國中對六遂之獄在四郊者也

各掌其鄉之民數而糾戒之鄉士八人言各者四人而分主三鄉疏注鄉士至三鄉○釋曰鄭以四人分主三鄉者若以八人共主三鄉不得言各既言各則有部分故以四人分主三鄉解之也

聽其獄訟察其辭察審也○疏注察審也○釋曰鄉士主治獄訟之事故云聽其獄訟察其辭言審者恐人枉濫也

辯其獄訟異其死刑之罪而要之旬而職聽于朝辯異謂殊其文書也要之爲其罪法之要辭如今劾矣十日乃以職事治之於外朝容其自反覆○劾戶代反覆芳服反方士職注同疏辯其至于朝○釋曰云辨其獄訟者辯別也獄謂爭罪訟謂爭財事既不同文書亦異云異其死刑之罪者死與四刑輕重不同文書亦異云而要之者文書既得乃後取其要辭雖得要實之辭罪定仍至十日乃後以斷刑之職聽斷于外朝○注辯異至反覆○釋曰云要之爲其罪法之要辭如今劾矣者劾實也正謂棄虛從實收取要辭爲定容其自反覆恐因虛承其罪十日不飜卽是其實然後向外朝對衆更詢乃與之罪

司寇聽之斷其獄弊其訟于朝羣士司刑皆在各麗其灋以議獄訟麗附也各附致其法以成議也疏司寇至獄訟○釋曰此鄉士朝衆聽之事獄言斷訟言弊弊亦斷異言耳云羣士司刑皆在者所謂呂刑云師聽五辭一也恐專有濫故衆獄官共聽之云各麗其法者罪狀不同附法有異當如其罪狀各依其罪不得濫出濫入如此以議獄訟也○注麗附至議也○釋曰所議本欲得其實情故須各致其法以成其議致法行刑當與議狀相依也

獄訟成士師受中協日刑殺肆之三日受中謂受獄訟之成也鄭司農云士師受中若今二千石受其獄也中者刑罰之中也故論語曰刑罰不

中則民無所措手足協日刑殺協合也和也和合支幹善日若今時望後利日也肆之三日故春秋傳曰三日棄疾請尸論語曰肆諸市朝玄謂士師既受獄訟之成鄉士則擇可刑殺之日至其時而往涖之尸之三日乃反也○汁日音協本亦作協下同不中丁仲反措七故反

疏 獄訟至三日○釋曰此經爲上議得其實欲行刑之時故云獄訟成成謂罪已成定云士師受中者士師當受取上成定中平文書爲案云協日刑殺者謂鄉士當和合善日行刑及殺之事云肆之三日者據死者而言其四刑之類行訖即放不須肆之○注受中至反也○釋曰云若今二千石受其獄也者漢時受二千石祿稟郡守之等受在下巳成之獄官支幹善日者十二辰子丑之等是支甲乙丙丁之等是幹若言甲子乙丑丙寅丁卯之類皆以支配幹而言云若今時望後利日也者月大則十六日爲望月小則十五日爲望利日即合刑殺之日是也云肆之三日者肆陳也殺訖陳尸也云春秋傳者襄二十二年楚令尹子南寵觀起楚人患之子南之子棄疾爲王御士王泣告棄疾言子南罪遂殺子南于朝注云子南公子追舒三日棄疾請尸云論語者憲問篇云公伯寮愬子路於季孫子服景伯謂孔子曰吾力猶能肆諸市朝注云大夫於朝士於市公伯寮是士止應云肆諸市連言朝耳引之者皆證肆之三日之事也玄謂士師既受獄訟之成鄉士則擇可刑殺之日至其時而往涖之尸之三日乃反也者乃反謂收取其尸鄭言此者經云士師受中協日刑殺文無分別恐是士師受中還是士師刑殺故須辨之知非士師刑殺者以其一士一師是司寇之考總攝諸士所刑殺者鄉士遂士縣士方士各自往涖之若一遣士師自行於理不可是以鄭爲此解也○

若欲免之則王會其期免猶赦也期謂鄉士職聽于朝司寇聽之日王欲赦之則用此時親往議之

疏 若欲至其期○釋曰所司折斷已得其實情狀案既成乃始就朝詳斷王雖欲免必無免法但王者恩深愛物庶欲免之恐有濫行理須親會者也

大祭祀大喪紀大軍旅大賓客則各掌其鄉之禁令帥其屬夾道而蹕屬中士以下○夾古洽反劉古協反

疏 注屬中士以下

〇釋曰此四者六鄉皆有其事大祭祀若祭天四時迎氣郊於四郊大喪紀當葬所經道大軍旅王出行所經過大賓客四方諸侯來朝各由方而入並過六鄉路以是故各掌其鄉之禁令當各帥其屬夾道而蹕知屬是中士以下者鄉士身是上士故云中士以下〇三公若有邦事則爲之前驅而辟其喪亦如之鄭司農云鄉士爲三公道也若今時三公出城郡督郵。盜。賊道也〇爲于僞反遂士縣士訝士職同疏三公至如之釋曰三公有邦事須親自入鄉則鄉士爲公作前驅引道而辟止行人云其喪亦如之者謂公卿大夫之喪死於此者及葬爲之前驅而辟〇注鄭司至道也〇釋曰云郡督郵盜賊道也者鄭謂郵行往來盜賊謂舊爲盜賊郵不良之人故。郡。內督察郵行。者是盜賊之人使之道以況古鄉士爲道相類也

凡國有大事則戮其犯命者疏凡國至命者〇釋曰國有大事言戮犯命者止謂征伐田獵之大事故有犯命刑戮之事也〇

遂士掌四郊鄭司農云謂百里外至三百里也玄謂其地則距王城百里以外至二百里言掌四郊者此主四郊獄也六遂之獄在四郊疏注鄭司至四郊〇釋曰先鄭云百里外至三百里也者見縣士云掌野去王城四百里曰縣故曰小都任縣地方士云掌都家謂去王城五百里既以鄉士所掌爲去王城百里內惟有二百里三百里二處在當是此遂士掌之故爲此解後鄭不從玄謂其地則距王城百里以外至二百里者後鄭意六遂之地則在二百里中但獄則不在二百里中當在百里四郊上置之亦若六鄉地在王城外獄則在城中然故更云言掌四郊此主四郊之獄六遂之獄在四郊也各掌其遂之民數而糾其戒令遂士十二人言各者二人而分主一遂疏注遂士至一遂〇釋曰遂士十二人序官文亦如鄉士若總掌不分不得云各既言各掌十二人有六遂是二人分主一遂可知聽其獄訟察其辭辨其獄訟異其死刑之罪而要之二旬而職聽于朝司寇聽之斷其獄弊其訟于朝羣士司刑皆在

各麗其灋以議獄訟獄訟成士師受中協日就郊而刑殺各於其遂肆之三日就郊而刑殺者遂士也遂士擇刑殺日至其時往涖之如鄉士爲之矣言各於其遂者四郊六遂遂處不同【疏】聽其至三日〇釋曰此一經亦如鄉士獄成就朝聽斷事有異者二旬與鄉士別以其去王城漸遠恐多枉濫故至二旬容其反覆也云就郊而刑殺者鄉士之獄在國中不須言就此在郊差遠故云就郊也言各於其遂者六鄉之獄幷在國中不得言各六遂之獄分在四郊之上故須言各也〇注就郊至不同〇釋曰鄭云就郊而刑殺者遂士也者經云士師受中卽云協日就郊刑殺觀其文勢亦恐士師刑殺故云遂士也云遂處不同者六遂分置四郊之外有六處獄還六處置之故云不同也若欲免之則王令三公會其期令猶命也王欲放之則用遂士職聽之時命三公往議之【疏】注令猶至議之〇釋曰若會其期皆在外朝但民有遠近故六鄉獄王自會其期六遂獄差遠使三公會其期也云令猶命者上文鄉士云命此變命云令令命義不殊故云令猶命也若邦有大事聚衆庶則各掌其遂之禁令帥其屬而蹕大事王所親也【疏】注大事王所親也〇釋曰案上鄉士在四郊內有大祭祀大喪紀等四事事多故須歷陳此在四郊之外無大祭祀大喪紀惟有大軍旅大賓客出入所經二者有聚衆庶之事故總云大事聚衆庶耳此雖不言夾道亦當夾道蹕也六卿若有邦事則爲之前驅而辟其喪亦如之凡郊有大事則戮其犯命者【疏】六卿至命者〇釋曰若六鄉近則使三公有邦事此六遂差遠邦事使六卿往云其喪亦如之者亦謂公卿大夫之喪死於其中者亦爲之前驅而辟也云郊有大事者亦謂六遂之民從軍征伐田獵戮其犯命也

縣士掌野鄭司農云掌三百里至四百里大夫所食晉韓須爲公族大夫食縣玄謂地距王城二百里以外至三百里曰野三百里以外至四百里

曰縣四百里以外至五百里曰都都縣野之地其邑非王子弟公卿大夫之采地則皆公邑也謂之縣縣士掌其獄焉言掌野者郊外曰野大總言之也獄居近野之縣獄在二百里上縣之縣獄在三百里上都之縣獄在四百里上

【疏】注鄭司至里上○釋曰先鄭意遂士既主二百里三百里又案載師職小都任縣地在四百里中故云掌三百里至四百里云大夫所食云晉韓須為公族大夫食縣者即載師職云小都任縣地一也案昭五年楚薳啓疆曰晉韓襄為公族大夫韓須受命而使矣注云襄韓無忌子也為公族大夫須起之門子雖幼已任出使如是韓須不為大夫言受命而使明時為公族大夫但年幼或此注當為韓襄知食縣者下有十家九縣注云韓氏七邑是也玄謂地距王城二百里以外至三百里曰野三百里以外至四百里曰縣四百里以外至五百里曰都鄭言此者欲明此三處之中有三等公邑故更云都都縣野之地其邑非王子弟公卿大夫之采地則皆公邑也者王子弟依三等臣分為三處公在五百里疆地卿在四百里縣地大夫在三百里稍地給此三等采地之外皆是公邑故云則皆公邑案載師注使大夫治此公邑之民二百里三百里其大夫如州長四百里五百里其大夫如縣正云謂之縣縣士掌其獄焉者主三等之獄總謂之縣士也云掌野者郊外曰野大總言之者爾雅云郊外曰野者非謂郊外二百里之中縱四百及五百里皆得謂之野是以遂人亦云掌野野亦謂百里郊外外至五百里皆稱野故鄭彼注及此注皆云郊外曰野大總而言也鄭言此者欲見縣士云掌野掌三百里外至五百里三處之獄皆是野耳云獄居近者從鄉士掌國中已外遂士掌四郊皆據近而言明此縣士三等獄以次據近而置云野之縣獄在二百里上縣之縣獄在三百里上都之縣獄在四百里上者以三處獄皆名縣者自三百里外有稍縣都縣居中故皆以縣獄為名若言野縣都據本為稱若然云掌野則三處總名野及歷言之則惟三百里得名野者以其以外四百里五百里有縣都之名還指本號。二百里中地雖有稍名縣士既言掌野不得不存一野以為獄名故也案載師云公邑在甸地則二百里中亦有公邑縣士惟掌三百里已外其二百里獄遂士兼掌之矣

各掌

其縣之民數糾其戒令而聽其獄訟察其辭辨其獄訟異其死刑之罪而要之三旬而職聽于朝司寇聽之斷其獄弊其訟于朝羣士司刑皆在各麗其灋以議獄訟獄訟成士師受中協日刑殺各就其縣肆之三日刑殺各就其縣者亦謂縣士也。疏注刑殺至士也○釋曰上鄉士遂士皆解分人各主之義至此縣士鄭雖不言案序官縣士三十有二人縣獄既有三處蓋三百里地狹人少當十人四百里五百里地廣民多當各十一人以是故得云各掌其縣之民數也三旬者亦是去王漸遠故加至三旬容其自反覆云亦謂縣士者亦以經文勢相連恐士師刑殺故須解之若欲免之則王命六卿會其期期亦謂縣士職聽之時疏注期亦至之時○釋曰以其差遠故不使三公而使六卿會其期也若邦有大役聚衆庶則各掌其縣之禁令若大夫有邦事則爲之前驅而辟其喪亦如之凡野有大事則戮其犯命者野距王城二百里以外及縣都疏若邦至命者○釋曰直言大役不言大事又不言帥其屬而蹕者則非王行征伐之事謂起大役使民衆故直各掌其縣之禁令而已其喪亦謂公卿大夫之喪有死於此者云凡野有大事則戮其犯命者謂有軍事於此而犯命者也○注野距至縣都○釋曰上掌野雖已解野今此文云凡野恐有別義故鄭詳言之云野距王城二百里以外及縣都者若如此言則不通二百里以內故云距王城二百里以外從野三百里縣則四百里都則五百里還是縣士獄之所主三處也

方士掌都家鄭司農云掌四百里至五百里公所食魯季氏食於都玄謂都王子弟及公卿之采地家大夫之采地大都在畺地小都在縣地家邑在稍地不言掌其民數民不純屬王○畺居良反疏注鄭司至屬王○釋曰先鄭意縣士既掌四百里中故此方士掌五百里之中云公所食者謂載師

所云大都任疆地者也引魯季氏食於都者謂諸侯大都與三公同後鄭不從謂都王子弟及公卿之采地家大夫之采地者欲見此經都是載師大都任疆地小都任縣地家是家邑任稍地王子弟親者與公同百里稍疏者與卿同五十里更疏者與大夫同二十五里引載師職大都在疆地以下爲證者是不從先鄭之驗若先鄭以采地唯在四百里五百里之中載師何得有三等之差乎是以後鄭縣士自掌三等公邑之獄。方士。自掌三等。采。地。之。獄且縣士掌三等公邑之獄親自掌之若方士掌三等采地之獄遙掌之采地自有都家之士掌獄有事上於方士耳云不言掌其民數不純屬王者采地之民雖在王畿之內屬采地之主類畿外之民屬諸侯故云不純屬王

聽其獄訟之辭辨其死刑之罪而要之三月而上獄訟于國三月乃上要者又變朝言國以其自有君異之○上時掌反注下並同 疏 注三月至異之○釋曰此則上文都家之士自治其獄獄成上王府亦於外朝詳聽之事云三月及言國自有君異之者謂異於鄉士遂士縣士之等

司寇聽其成于朝羣士司刑皆在各麗其灋以議獄訟成平也鄭司農說以春秋傳曰晉邢侯與雍子爭都田久而無成○都許六反劉勑六反或音勵○ 疏 司寇至獄訟○釋曰上三處直言司寇聽之此獨云聽其成者成謂采地之士所平斷文書亦是異之類也○注成平至無成○釋曰云春秋傳者左氏昭公十四年之事言晉邢侯是楚人時在晉故與雍子爭都田也引之者證成是獄成之事

獄訟成士師受中書其刑殺之成與其聽獄訟者都家之吏自協日刑殺但書其成與治獄之吏姓名備反覆有失實者○ 疏 注都家至實者釋曰謂書其刑殺之成及聽獄人名於上亦是自有君異於鄉士之等也

凡都家之大事聚衆庶則各掌其方之禁令方士十六人言各掌其方者四人而主一方也其方以王之事動衆則爲班禁令焉 疏 凡都至禁令○釋曰都家云大事聚衆庶者則下文修其縣法是也○注方士至令焉○釋曰方士十六

人序官文若不分主則不得云各掌故知分之以時脩其縣灋若歲終則省之而誅賞焉縣法縣師之職也其職掌邦國都鄙稍甸郊野之地域而辨其夫家人民田萊之數及其六畜車輦之稽方士以四時脩此法歲終又省之則與掌民數亦相近○近附近之近○【疏】注縣法至相近○釋曰縣師其職普掌天下故云邦國據畿內大都五百里小都四百里稍據三百里甸據二百里郊野據百里偏天下矣夫家猶言男女人民據家之奴婢云與掌民數亦相近者上鄉士之等皆言民數惟方士不言今此縣師云夫家之數即與民數亦相近言相近者依縣師而知故云相近也○

凡都家之士所上治則主之都家之士都士家士也所上治者謂獄訟之小事不附罪者也主之告於司寇聽平之○治直吏反注同下有治並同○【疏】注都家至平之○釋曰以序有都士家士此云凡都家之士明是彼都士家士也云所上治者謂獄訟之小事不附罪者以其上文已有士師受中爲附罪之大事明此是小事

訝士掌四方之獄訟鄭司農云四方諸侯之獄訟○【疏】注鄭司至獄訟○釋曰案尚書呂刑云四方司政典獄據諸侯爲言此訝士亦云掌四方獄訟又下文諭罪刑于邦國皆言諸侯之事故先鄭云諸侯之獄訟也○

諭罪刑于邦國告曉以麗罪及制刑之本意○【疏】注告曉至本意○釋曰諭爲曉故云告曉以麗罪者謂斷獄附罪輕重也云及制刑之本意者聖人所作刑法正爲息民爲惡故云刑期無所刑以殺止殺是制刑之本意以此二者告曉於諸侯

凡四方之有治於士者造焉謂讞疑辨事先來詣乃通之於士也士主謂士師也如今郡國亦時遣主者吏詣廷尉議者○造七報反讞魚竭反【疏】注謂讞至議者○釋曰謂四方諸侯有疑獄不決遣使上王府士師者故云四方之有治於士者知士是士師者以其士師受中故知疑獄亦士師受之也云造焉者謂先造詣訝士乃通之士師也讞白也謂諮白疑辨之事漢時獄官號廷尉也

四方有

亂獄則往而成之亂獄謂若君臣宣淫上下相虐者也往而成之猶呂步舒使治淮南獄疏注亂獄至南獄○釋曰云君臣宣淫上下相虐者謂若左氏傳宣九年陳靈公與孔寧儀行父共淫徵舒之母夏姬衷其祖服以戲于朝又公曰徵舒似汝對曰亦似君泄冶諫被殺後徵舒射殺靈公二子奔楚楚爲討陳殺徵舒是君臣宣淫上下相虐之事云往而成之猶呂步舒使治淮南獄者案前漢書儒林傳呂步舒事江都相董仲舒明春秋公羊仕爲丞相長史于時淮南王劉安與其大子遷謀反漢武帝詔使宗正劉德與呂步舒窮驗其事故注者引之

邦有賓客則與行人送逆之入於國則爲之前驅而辟野亦如之居館則帥其屬而爲之蹕誅戮暴客者客出入則道之有治則贊之送逆謂始來及去也出入謂朝覲於王時也春秋傳曰晉侯受策以出出入三覲入國入野自以時事○道音導疏注送逆至時事○釋曰云送逆謂始來及去也者以其訝士主以迎送諸侯故從來至去皆送迎之禮也知出入是朝覲於王者以其言出入與晉侯稱出入同故引晉侯事案僖二十八年襄王策命晉侯爲侯伯晉侯受策以出出入三覲注云出入猶去來也從來至去凡三見王上公廟中將幣三享王禮再祼而酢饗禮九獻食禮九舉三勞三問出入三覲爲行此禮是出入爲朝覲云入國入野自以時事者以其外國至此入國須有親故相見之法入野須有採取之宜並是私事故云時事也

凡邦之大事聚衆庶則讀其誓禁疏凡邦至誓禁○釋曰大事者自是在國征伐之等聚衆庶非諸侯之事也則訝士讀其誓命之辭及五禁之法也

朝士掌建邦外朝之灋左九棘孤卿大夫位焉羣士在其後右九棘公侯伯子男位焉羣吏在其後面三槐三公位焉州長衆庶在其後左嘉石平罷民焉右

肺石達窮民焉樹棘以爲位者取其赤心而外刺象以赤心三刺也槐之言懷也懷來人於此欲與之謀羣吏謂府史也州長鄉遂之官鄭司農云王有五門外曰皋門二曰雉門三曰庫門四曰應門五曰路門路門一曰畢門外朝在路門外內朝在路門內左九棘右九棘故易曰係用徽纆寘于叢棘玄謂明堂位說魯公宮曰庫門天子皋門雉門天子應門言魯用天子之禮所名曰庫門者如天子皋門所名曰雉門者如天子應門此名制二兼四則魯無皋門應門矣檀弓曰魯莊公之喪既葬而絰不入庫門言其除喪而反由外來是庫門在雉門外必矣如是王五門雉門爲中門雉門設兩觀與今之宮門同閽人幾出入者窮民蓋不得入也郊特牲繹於庫門內言遠當於廟門廟在庫門之內見於此矣小宗伯職曰建國之神位右社稷左宗廟然則外朝在庫門之外皋門之內與今司徒府有天子以下大會殿亦古之外朝哉周天子諸侯皆有三朝外朝一內朝二內朝之在路門內者或謂之燕朝○長丁丈反注同罷音皮司圜職同刺七賜反下同纆亡北反示于之鼓反又如字本或作寘叢才公反觀古亂反閽音昏繹音亦徐音夕見賢遍反與音餘下國服與同

疏注樹棘至燕朝釋曰云取其赤心而外棘者據。王詢三刺而言云槐之言懷也者懷來人於此欲與之謀此亦據三詢而言也云州長鄉遂之官者州長是鄉之官兼言遂者鄉之官既在此明六遂之官亦在此故言遂以。苞之先鄭云王有五門外曰皋門二曰雉門三曰庫門四曰應門五曰路門路門一曰畢門者畢門之言出自顧命故顧命云二人爵弁執惠立於畢門之內是也云外朝在路門外內朝在路門內者此後鄭皆不從云左九棘右九棘故易曰係用徽纆寘于叢棘者證九棘之朝斷罪人之朝也云玄謂明堂位說魯公宮曰庫門天子皋門雉門天子應門言魯用天子之禮所名曰庫門者如天子皋門所名曰雉門者如天子應門此名制二兼四後鄭言此者欲破先鄭以天子雉門在庫門外爲之若然魯作庫門名曰皋門其制則與天子皋門同是制一兼二庫門向外兼得皋門矣魯作雉門名曰應門其制與天子應門同是亦制一兼二則雉門向內兼得應門矣是魯制二兼四之事魯之庫門既向外兼皋門魯之雉門又向內兼應門則天子庫門在雉門外何得庫門倒在雉門內此爲。一明又引檀弓曰魯莊公之喪既葬而絰不入庫門言其除喪而反由外來是庫門在雉門外必矣者時魯有慶父作亂閔公遭莊公之喪既葬之後不得既虞變服既葬而反則除喪也服吉而入以服慶父之心故也若庫門在內雉門在外應云而絰不入雉門何得云不入庫門故鄭云是庫門在雉門外必矣上以制二兼四推出庫門在雉門外將爲未大明更以經不入庫門乃大明故言必矣云如是王五門雉門爲中門已下更欲破先鄭外朝在路門外事雉門既爲中門雉門設兩觀公羊傳文與今之宮門同舉漢以況周矣云閽人幾出入者窮民蓋不得入也者若外朝在路門外中門內外朝有右肺石達窮民中門既有閽人幾則何得度中門入于路門乎明外朝在中門外矣又引郊特牲及小宗伯者欲見庫門內雉門外中門不得置外朝之事何者郊特牲譏繹于庫門內言遠者謂譏其太遠云當於廟者宜在廟門西故云當於廟也云廟在庫門之內見於此矣者欲見中門外有廟又引小宗伯者見社廟在中門外既然中門之外有社稷宗廟在於左右不得置外朝可知云然則外朝在庫門之外皋門之內與者無正文推量爲義故云與以疑之也舉漢法者況義耳云天子諸侯皆有三朝外朝一內朝二者天子外朝一者卽朝士所掌者是也內朝二者司士所掌正朝大僕所掌路寢朝是二也諸侯內朝二者玉藻云朝于內朝羣臣辨色始入君日出而視朝退適路寢使人視大夫大夫退然後適小寢彼朝亦路門外內二者爲內朝二閔二年季友將生卜人云門于兩社爲公室輔兩社周社亳社是兩社在大門內中門外爲外朝是諸侯外朝一內朝二三文疏已在射人云在路門內或謂之燕朝者大僕云掌燕朝之服位是也

帥其屬而以鞭呼趨且辟

趨朝辟行人又執鞭以威之○趨本又作趣同七須反劉音清欲反

疏帥其至且辟○釋曰其屬者案序官朝士中士六人府三人史六人胥六人徒六十人云帥其屬。者是徒六十人爲之

禁慢朝錯立族談者

慢朝謂臨朝不肅敬也錯立族談違其位僔語也○僔徐子損反劉才官反李一音纂

疏注慢朝至語也○釋曰朝

士所禁則無閒貴賤皆禁之云錯立族談者族聚也云違其位解錯立傳亦聚也聚語解族談也○

凡得獲貨賄人民六畜者委于朝告于士旬而舉之大者公之小者庶民私之

俘而取之曰獲委於朝十日待來識之者人民謂刑人奴隸逃亡者司隸職曰帥其民而搏盜賊鄭司農云若今時得遺物及放失六畜持詣鄉亭縣廷大者公之大物沒入公家也小者私之小物自畀也玄謂人民之小者未齔七歲以下○俘音孚搏音博又音付失音逸又如字畀必二反齔初謹反又敕謹反劉測吝反沈創允反毀齒也

疏注俘而至以下○釋曰經云告于士者得物之人告朝士乃委之於朝云俘而取之曰獲者則得者非所俘也所俘即人民六畜其餘貨財之等稱得云人民謂刑人奴隸逃亡者謂所犯大罪身死男女幼者沒入縣官為奴隸而逃亡者也即司隸職所云者也云玄謂人民之小者未齔七歲以下者案家語本命男子七歲而齔齒女子八歲而齔齒此言七歲據男子若女子則八歲皆別人所生諸處八歲是男七歲是女

凡士之治有期日國中一旬郊二旬野三旬都三月邦國朞期內之治聽期外不聽

鄭司農云謂在期內者聽期外者不聽若今時徒論決滿三月不得乞鞫○治直吏反下之治以治及司民職王治弁注同期居其反鞫九六反劉已目反

疏凡士至不聽○釋曰云凡士之治有期日者即上文鄉士聽訟于朝者鄉士一旬遂士二旬期日即上鄉士遂士之等獄訟成來於外朝職聽遠近節之皆有期日云國中者謂獄在國中據鄉士云郊二旬者謂獄在郊據遂士云野三旬者謂野之縣獄三處皆是野云都三月者謂方士掌都家云邦國朞者謂訝士雖不云期日差之邦國當訝士所掌云期內之治聽期外不聽者所以省煩息訟也

凡有責者有判書以治則聽

判半分而合者故書判為辨鄭司農云謂若今時辭訟有券書者為治之辨讀為別謂別券也玄謂古者出責之息亦如其國服與○為別治于偽反下為治為民同別彼列反下同

疏注判半至服與釋曰云判半分而合者即質劑

傳別分支合同兩家各得其一者也云玄謂古者出責之息亦如國服與者案泉府云凡民之貸者以國服爲之息彼謂貸官物之法今此是私民謂出責之法無正文約與之同故云與以疑之若然國服者如地之出稅依載師近郊十一之等若近郊民取責一歲十千出一千遠郊二十而三者二十千歲出三千已外可知之國服依國民服事出稅法故名國服也

凡民同貨財者令以國灋行之犯令者刑罰之

鄭司農云同貨財者謂合錢共賈者也以國法行之司市爲節以遣之玄謂同貨財者富人畜積者多時收斂之乏時以國服之法出之雖有騰躍其。贏不得過此以利出者與取者過此則罰之若今時加貴取息坐臧○共如字賈音古畜勑六反積子賜反又如字出尺遂反劉勑類反又如字坐才臥反疏凡民至罰之○釋曰云同貨財者謂財主出債與生利還生則同有貨財。今以國法國法卽國服爲之。息。利故云國法行之犯令者違國法也○注鄭司至坐臧○釋曰先鄭所解無所依據後鄭不從故云雖有騰躍其贏者謂販易得利多少者爲騰躍其贏謂其贏利騰踴。一躍而出故晉灼曰言市物賤預買畜之物貴而出賣之故使物騰躍是其事以利出者與取者依常契獲利取者又騰躍所贏二者俱有利物違國服則爲犯令得刑

凡屬責者以其地傳而聽其辭

鄭司農云謂訟地畔界者田地町畔相比屬故謂之屬責以地傳而聽其辭以其比畔爲證也玄謂屬責轉責使人歸之而本主死亡歸受之數相抵冒者也以其地之人相比近能爲證者來乃受其辭爲治之○屬如字或音燭注同傳音付注同町徒頂反又他頂反比毗志反下及下文大比同抵丁禮反○疏注鄭司至治之○釋曰先鄭見經有地卽以爲訟地畔界解之後鄭不從以其經稱責地畔界不得名責其云地傳者先鄭皆以音附爲傳近讀之云玄謂屬責轉責使人歸之者謂有人取他責乃別轉與人使子本依契而還財主財主死亡者轉責者或死或亡也受責之人見轉責者死亡則詐言所受時少是歸受之數相抵冒也云則以其地之人相比近能爲證者來乃受其辭爲治之者謂以其地相比近委其事實故引以爲證也言能爲證者則有

不能為證之法地雖相近有不知者則不能為證乃不受其辭而不治之也○凡盜賊軍鄉邑及家人殺之無罪鄭司農云謂盜賊羣輩若軍共攻盜鄉邑及家人者殺之無罪若今時無故入人室宅廬舍上人車船牽引人欲犯法者其時格殺之無罪○上時掌反下文以上并注同

【疏】注鄭司至無罪○釋曰盜賊並言者盜謂盜取人物賊謂殺人曰賊鄉據鄉黨之中邑據郭邑之內家人者先鄭舉漢賊律云牽引人欲犯法則言家人者欲為姦淫之事故攻之

凡報仇讎者書於士殺之無罪謂同國不相辟者將報之必先言之於士○辟音避

【疏】注謂同至於士○釋曰凡仇人皆王法所當討得有報仇者謂會赦後使己離鄉其人反來還於鄉里欲報之時先書於士士即朝士然後殺之無罪

若邦凶荒札喪寇戎之故則令邦國都家縣鄙慮刑貶故書慮為憲貶為窆杜子春云窆當為禁憲謂幡書以明之玄謂慮謀也貶猶減也謂當圖謀緩刑且減國用為民困也所貶視時為多少之法○窆彼驗反

【疏】若邦至刑貶○釋曰凶荒謂年穀不孰札喪謂疫病及死喪寇戎謂鄰國交侵邦國據畿外都家謂畿內三等采地縣鄙謂六遂之內不言六鄉舉六遂則六鄉亦在其中云慮刑貶者謂國有此事則朝士當謀慮緩刑自貶損之不得仍依常法也○注故書至之法○釋曰子春以為憲與禁後鄭謂所貶視時為多少之法此經所有之事重民益困則所貶多所有之事輕民困不至甚則所貶少故云視時為多少之法也○

司民掌登萬民之數自生齒以上皆書於版辨其國中與其都鄙及其郊野異其男女歲登下其死生登上也男八月女七月而生齒版今戶籍也下猶去也每歲更著生去死○去起呂反下同著丁略反○

【疏】注登上至去死○釋曰云辨其國中與其都鄙者國中據六鄉在城中者都鄙據三等采地及其郊野者郊謂六鄉之民在四郊者野謂六遂及四等公邑是

徧識內矣云男八月女七月而生齒者家語本命篇疏已具於上○及三年大比以萬民之數詔司寇司寇及孟冬祀司民之日獻其數于王王拜受之登于天府內史司會冢宰貳之以贊王治鄭司農云文昌宮三能屬軒轅角相與爲體近文昌爲司。命次司祿次司民玄謂司民軒轅角也天府主祖廟之藏者贊佐也三官以貳佐王治者當以民多少黜陟。主民之吏○能吐才反近附近之近○疏及三至王治○釋曰云及孟冬祀司民之日者謂司寇於春官孟冬祭祀司民星之日以與司寇爲節此日司寇獻其民數于王云王拜受之登于天府者重此民數民爲邦本故也云內史司會冢宰貳之者以其內史掌八柄司會掌天下大計冢宰貳王治事皆掌大事故皆寫一通副貳民數藏之所以贊助王之治也○注鄭司至之吏○釋曰先鄭云文昌宮三能屬軒轅角相與爲體近文昌爲司命次司中次司祿次司民武陵太守星傳文昌第一曰。上將第二曰次將第三曰貴相第四曰司命第五曰司中第六曰司祿不見有司民三台六星兩兩相居起文昌東南別在大微亦無司民之事故後鄭不從云司民軒轅角也者案軒轅星有十七星如龍形有兩角角有大民小民故依之也云黜陟主民之吏者卽六鄉六遂大夫公邑大夫采地之主皆是也

附釋音周禮注疏卷第三十五

周禮注疏卷三十五校勘記　阮元撰盧宣旬摘錄

附釋音周禮注疏卷第三十五

小司寇

鄉大夫在公後諸本皆誤作鄉大夫惟此本不誤按賈疏鄉大夫有申釋之辭

知鄉大夫在公後者惠校本閩本同監毛本鄉誤卿

小司寇擯以敘進而問焉唐石經諸本同葉鈔釋文作賔以必刃反注同

異有可以出之者錢鈔本嘉靖本閩本同大字本監毛本異作冀

如今時讀鞫已岳本鞫作鞫俗字

其婦人之爲大夫之妻者大字本錢鈔本嘉靖本閩本同監毛本作大夫妻脫之

理曲則顏色愧赧小爾雅云宋本曲作虛無爾

觀其眸子視閩監毛本同大字本岳本嘉靖本眸作牟葉鈔釋文及錢鈔本載音義同當據正○按說文無眸字漢人祇用牟

杜子春讀麗爲羅岳本羅改罹非○按羅罹古今字說文無罹

日月麗乎天宋本嘉靖本乎作于此本疏中引易同

故書附作付附猶著也大字本錢鈔本岳本嘉靖本閩本同監毛本脫下附

則民不偷閩監毛本同大字本岳本嘉靖本偷作愉葉鈔釋文及岳本載音義同此作偷俗字○按說文無偷

上行下效毛本同閩監本效作効

故引爲證議故也宋本同閩監毛本爲改以

祁奚作此辭以告晉侯宋本告作諫

謂有大勳力立功者大字本錢鈔本嘉靖本毛本同閩監本力改勞非

銀印黃綬漢制考作青綬

云虞閼父爲周陶正惠校本同閩監毛本云作有此誤下郊特牲有同

而施上服下服之刑閩本同監毛本而作以依經所改

其時鑊水當以洗解牲體肉盧文弨曰通考引此時作實按疏云鄭知實鑊水爲洗解牲肉者據疏本作實字

士師

以左右刑罰唐石經諸本同毛本罰改罸注及下並同

今宮門有簿籍閩本同誤也大字本錢鈔本嘉靖本監毛本皆作符籍漢制考所引同當據正

謂廬宮人聽事之門　閩本同監毛本宮作官

謂在車離耦耦載而下帷　漢制考耦字不重○按不重者非也在車離耦謂獨坐一車者耦載而下帷謂同坐一車而下帷皆形迹可疑

古之禁書其下惟如此　閩監毛本其下作具不元本閩監毛本是也

比其類也　大字本錢鈔本嘉靖本毛本同岳本比作此監本同閩本先作比後改此疏中同按賈疏本作比引易比九五釋之釋文比字無音蓋陸本作此也漢制考作比○按疏引比九五爻辭以爲無干車無自後射之證於比其類無涉也禁之凡必多引此軍禮一條而曰此其類也猶上云之屬耳比字必是譌字疏亦未嘗作比也

周公作以成王令　惠校本同閩本剜改作以爲輔相監毛本從之則令字屬下以大義告天下爲句

乃有泰誓費誓召誥洛誥之等　閩本同監毛本乃改仍

掌鄉合州黨族閭比之聯　唐石經族誤族監本聮改聯

胥讀如宿偦之偦　毛本下偦誤胥漢讀考作讀爲云今本作如誤○按說文無偦此漢字之不見於說文者凡說文所無不得盡謂之俗字

若今白聽正法解也　大字本錢鈔本嘉靖本閩毛本同監本及漢制考白作日誤

則士師審察惠校本作察審

汋讀如酌酒尊中之酌九經古義云詩正義曰汋酌古今字周頌酌左傳作汋公羊僖八年傳云蓋酌之也穀梁作汋

斟汋盜取國家密事諸本同閩監本汋改酌非釋文亦作斟汋

故舉爲況也宋本舉下有受

故書朋作傰禮說云漢書王尊傳有南山盜傰宗蘇林曰傰音朋晉灼音倍說文作倗讀若陪管子幼官篇散羣傰署〇按倗者正字傰者俗寫多山

朋讀如朋友之朋大字本錢鈔本閩監毛本同誤也宋本嘉靖本作讀爲當據正

則以荒辨之法治之唐石經大字本嘉靖本作荒辯之法閩監毛本作荒辯之灋此作法承石經之誤辯作辨爲異疏同釋文亦作荒辯

而士師別受其教條閩監毛本同大字本宋本岳本嘉靖本教作數按釋文作數條音所主反則作教者誤也

衞盜賊也岳本閩本同誤也大字本錢鈔本嘉靖本監毛本衞作備當據以訂正

故書別爲辨閩本同誤也諸本辨皆作辯當據正

辨讀爲風別之別閩監毛本同誤也大字本錢鈔本嘉靖本及漢制考辨皆作辯當據以訂正

訟則案券以正之此本訟誤故今據諸本訂正毛本券案誤倒

據殷亡郎云亡國此本國字剜擠閩監毛本排匀

廢國之社必屋之閩監毛本廢改喪

王燕出入謂宮苑皆是閩本同監毛本王改言

凡刉珥唐石經諸本同岳本刉作刏注同

將戰魏絳曰惠校本絳作舒此誤○按檢左傳乃魏舒語

皆憲禁之也惠校本憲作縣

鄉士

辯其獄訟嘉靖本閩監毛本及漢制考同唐石經大字本錢鈔本辯作辨注中同當據以訂正此本疏中引經亦作辨嘉靖本注中作辨郎辨字之訛按注云辨異謂殊其文書是當作辨別字也

恊日刑殺錢鈔本及漢制考同唐石經大字本嘉靖本閩監毛本恊作協注及疏同按釋文作汁日云音協本亦作協下同○按汁協古今字

漢時受二千石祿稾閩監毛本稾改廩

若今時三公出城郡督郵盜賊道也漢讀考云廣韻引釋名曰督郵主諸縣罰負郵殷糾攝之此盜賊似衍字郡督郵爲三公導若鄉士爲三公導也按賈疏本有盜賊二字并曲爲之說

故郡內督察郵行者漢制考郡內作內郡此本者誤於今據閩監毛本及漢制考訂正

遂士

而糾其戒令唐石經諸本同岳本而字誤在令下毛本令誤命

縣士

二百里中地雖有稍名閩監毛本作三百里此誤

亦謂縣士也監本注脫也疏標起訖刑殺至士也改作刑殺至縣士誤甚

方士

方士自掌三等采地之獄閩毛本同監本誤作親自掌之若方士掌三等

故云邦國據畿內閩本同監毛本有據畿外都鄙五字此脫

郊野據百里閩本同監毛本野作外非

訝士

故云刑期無所刑按所當衍

朝士

據王詢三刺而言閩本同監毛本王作三○按三是也三詢見小司寇

故言遂以苞之閩監毛本苞改包

此爲一明此本一字缺壞浦鏜云一疑大訛

云帥其屬者閩本同監毛本者作當

委于朝嘉靖本于誤於

持詣鄉亭縣廷大字本持作特誤漢制考亦引作持

皆別人所生監毛本同惠校本別作刑此誤閩本生誤主此本缺一頁今據閩本補校

邦國朞諸本同唐石經缺釋文出國期音居其反○按期者正字朞者俗字

有券書者按券字从刀各本譌从力則是倦字也

亦如其國服與岳本閩本有其字大字本錢鈔本嘉靖本監毛本並無按賈疏引注亦無其字有者衍文

此是私民謂出責之法盧文弨云謂疑衍

雖有騰躍其贏此本注缺疏中引贏作羸

今以國法浦鏜云令誤今

爲之息利　閩本同監毛本改利息

一躍而出　宋本一作乘此誤

司民

近文昌爲司命次司祿　補毛本司命下有次司中三字與疏合

黜陟主民之吏　大字本岳本嘉靖本閩本同監毛本主誤王疏中不誤

文昌第一曰上將　毛本上誤王○按大宗伯疏亦作上可證

周禮注疏卷三十五校勘記

附釋音周禮注疏卷第三十六

鄭氏注　　賈公彥疏

司刑掌五刑之灋以麗萬民之罪墨罪五百劓罪五百宮罪五百刖罪五百殺罪五百墨黥也先刻其面以墨窒之劓截其鼻也今東西夷或以墨劓爲俗古刑人亡逃者之世類與宮者丈夫則割其勢女子閉於宮中若今宦男女也刖斷足也周改臏作刖殺死刑也書傳曰決關梁踰城郭而略盜者其刑臏男女不以義交者其刑宮。謂易君命革輿服制度姦軌盜攘傷人者其刑劓非事而事之出入不以道義而誦不詳之辭者其刑墨降畔寇賊劫略奪攘撟虔者其刑死此二千五百罪之目略也其刑書則亡夏刑大辟二百臏辟三百宮辟五百劓墨各千周刖變焉所謂刑罰世輕世重者也鄭司農云漢孝文帝十三年除肉刑〇劓魚器反李魚介反又疑既反刖音月又五刮反李音五骨反黥其京反窒本又作涅同乃結反徐丁吉反又丁結反與音餘斷丁管反臏頻忍反徐方忍反劉符人反攘如羊反降戶江反撟居兆反

【疏】注墨黥至肉刑〇釋曰案尚書呂刑有劓刖椓黥是苗民之虐刑至夏改爲黥則黥與墨別而云墨黥者舉本名也云今東西夷或以墨劓爲俗古刑人亡逃者之世類與者墨劓之人亡逃向夷詐云中國之人皆墨劓爲俗夷人亦爲之相襲不改故云墨劓爲俗也言與者無正文鄭以意而言也故言與以疑之云若今宦男女也者卽宮人婦女及奄人獲守內閣者也云刖斷足也周改臏作刖者臏本亦苗民虐刑咎繇改臏作腓至周改腓作刖書傳云臏者舉本名也云男女不以義交者其刑宮者以義交謂依六禮而婚者云。謂易君命者觸君命令不行及改易之云革輿服制度者依典命上公九命國家宮室車旗衣服禮儀皆以九爲節侯伯已下及卿大夫士皆依命爲多少之節是不革今乃革之革改也謂上僭也制度卽宮室禮儀制度也云姦軌者案舜典云寇賊姦軌鄭注云強

聚爲寇殺人爲賊由內爲姦起外爲軌案成十七年長魚矯曰臣聞亂在外爲姦在內爲軌御姦以德御軌以刑鄭與傳不同鄭欲見在外亦得爲軌在內亦得爲姦故反覆見之或後人轉寫誤當以傳爲正云降畔寇賊劫略奪攘撟虔者其刑死者案呂刑云寇賊姦軌奪攘撟虔注云有因而盜曰攘撟虔謂撓擾春秋傳虔劉我邊垂謂劫奪人物以相撓擾也云此二千五百罪之目略也者刑書已亡以此書傳之文略言三五故云罪之目略也云夏刑以下據呂刑而言案呂刑腓辟五百宮辟三百今此云臏辟三百宮辟五百此乃轉寫者誤當以呂刑爲正云周則變焉者夏刑三千墨劓俱千至周減輕刑入重刑俱五百是夏刑輕周刑重云刑罰世輕世重者呂刑文故云所謂先鄭云漢孝文帝十三年除肉刑者案文帝本紀十三年大倉令淳于公有罪當刑徙繫長安無男有五女小曰提縈遂泣上書上赦肉刑所赦者惟赦墨劓與刖三者其宮刑至唐乃赦也案文十八年史克云周公制禮曰則以觀德作誓命曰毀則爲賊竊賄爲盜在九刑不忘言九刑者鄭注堯典云正刑五加之流宥鞭扑贖刑此之謂九刑者賈服以正刑一加之以八議昭六年云周有亂政而作九刑而云周公作者鄭志云三辟之興皆在叔世受命之王所制法度時不行耳世末政衰隨時自造刑書不合大中故叔向譏之作刑書必重其事故以聖人之號以神其書耳若然九刑之名是叔世所作假言周公其實非周公也

若司寇斷獄弊訟則以五刑之灋詔刑罰而以辨罪之輕重 詔刑罰者處其所應不如今律家所署法矣 疏 注詔刑至法矣釋曰司刑主刑書若於外朝司寇斷獄之時司刑則以五刑之法詔刑罰刑罰並言者刑疑則入罰故也

司刺掌三刺三宥三赦之灋以贊司寇聽獄訟 刺殺也訊而有罪則殺之宥寬也赦舍也○刺七賜反下及注同 疏 注刺殺至舍也釋曰此經與下爲目云贊司寇聽獄訟者專欲難成恐不獲實衆人共證乃可得真故謂贊之也云訊而有罪則殺之者刑有五

一者是殺餘皆訊之獨言殺者立官名刺據重而言故也

壹刺曰訊羣臣，再刺曰訊羣吏，三刺曰訊萬民。訊言

【疏】壹刺至萬民○釋曰此三刺之事所施謂斷獄弊訟之時先羣臣次羣吏後萬民先尊後卑之義

壹宥曰不識，再宥曰過失，三宥曰遺忘。鄭司農云不識謂愚民無所識則宥之過失若今律過失殺人不坐死玄謂識審也不審若今仇讎當報甲見乙誠以爲甲而殺之者過失若舉刃欲斫伐而軼中人者遺忘若間帷薄忘有在焉而以兵矢投射之○忘音妄注同坐才臥反下同軼待結反中丁仲反間間廁之間射亦食反

【疏】注鄭司至射之○釋先鄭以爲不識謂愚民無所識則宥之若如此解則當入三赦惷愚之中何得入此三宥之內故後鄭不從也云過失若今律過失殺人不坐死者於義是故後鄭增成之云玄謂識審也者不識即不審云甲乙者與喻之義耳假令兄甲是仇人見弟乙誠以爲是兄甲錯殺之是不審也

壹赦曰幼弱，再赦曰老旄。三赦曰惷愚。惷愚生而癡騃童昏者鄭司農云幼弱老旄若今律令年未滿八歲八十以上非手殺人他皆不坐○耄本又作旄同亡報反惷勑江反又貞巷反劉癡用反騃五駭反李又五亥反又吐在反上時掌反○

【疏】注惷愚至不坐○釋曰三赦與前三宥所以異者上三宥不識過失遺忘非是故心過誤所作雖非故爲比三赦爲重據今仍使出贖此三赦之等比上爲輕全放無贖先鄭云幼弱老旄若今時律令年未滿八歲八十以上非手殺人他皆不坐者案曲禮云八十九十曰耄七年曰悼悼與耄雖有罪不加刑焉與此先鄭義合彼亦謂非手殺人他皆不坐也云未滿八歲則未齓是七年者若八歲已齓則不免也

以此三灋者求民情，斷民中，而施上服下服之罪，然後刑殺。上服殺與墨劓下服宮刖也司約職曰其不信者服墨刑凡行刑必先規識所刑之處乃後行之

【疏】以此至刑殺釋曰云以此三法者求民情斷民中者謂上三刺三宥三赦若不以此法恐有濫入者由用三法故斷民得中云施上服下服之罪然後刑殺者先規畫可刑之

處乃行刑行殺也○注上服至行之○釋曰古者雖有要斬領斬以領爲正故殺入上服也必先規識所刑之處乃後行之規識在體若衣服在身故名規識爲服也

司約掌邦國及萬民之約劑治神之約爲上治民之約次之治地之約次之治功之約次之治器之約次之治摯之約次之此六約者諸侯以下至於民皆有焉劑謂券書也治者理其相抵冒上下之差也神約謂命祀郊社羣望及所祖宗也夔子不祀祝融楚人伐之民約謂征稅遷移仇讎既和若懷宗九姓在晉殷民六族七族在魯衛皆是也地約謂經界所至田萊之比也功約謂王功國功之屬賞爵所及也器約謂禮樂吉凶車服所得用也摯約謂玉帛禽鳥相與往來也○約於妙反後及注皆同夔來龜反比毗志反又必二反

【疏】注此六至來也○釋曰知此六約諸侯以下至於民者經云掌邦國及萬民之約劑故知也以諸侯爲主中亦有王事但王至尊設約不及之耳神約謂命祀郊社羣望及所祖宗也者凡命祀皆天子命之也郊者謂若祭統成王命魯外祭則郊社常。平諸侯直命祀社故王制云天子祭天地諸侯祭社稷是常也羣望諸侯祭三望故傳云三代命祀祭不越望也祖宗諸侯五廟下及士各有差庶士庶人祭於寢也云夔子不祀祝融楚人伐之者爲其違約不祀故伐之事在僖二十六年云民約謂征稅者雖諸侯輸於王萬民征稅是常此稅要由民出故云民約云遷移者雖君亦有遷移法若鄭遷於虢之屬是也云仇讎既和者謂若調人云凡和難父之讎辟之海外之屬是也諸侯亦有和難之法故曰君之讎視父是也云若懷宗九姓在晉殷民六族七族在魯衛皆是也者此止以遷移法不似有仇讎也定四年祝佗云分魯公以大路又云殷民六族注云殷民條父之餘民三十族六姓也條氏徐氏蕭氏索氏長勺氏尾勺氏又分康叔以大路注云復如分周公欲使康叔以化之又云殷民七族陶氏施氏繁氏錡氏樊氏饑氏終葵氏又云分唐叔以大路又云懷姓九宗職官五正注云五正五官之長是其遷移法也以此觀之亦是和之使遷移耳云功約謂王功國功之屬者民功謂若司寇云野刑上功糾力及司馬云進賢興功是也云器約謂禮樂吉凶車服所得用也者謂自天子以下達庶人皆有之禮器籩豆俎簋之屬樂器鐘鼓竽笙之屬吉服祭服吉車巾車所云天子至庶人役車皆是凶之車服雜記云端衰喪車無等是也云摯約謂玉帛禽鳥相與往來也者案大宗伯以玉作六瑞公執桓圭已下是玉又以禽作六摯孤摯皮帛卿羔大夫鴈士雉工商雞庶人鶩皆執以相見是往來也

凡大約劑書於宗彝小約劑書於丹圖

大約劑邦國約也書於宗廟之六彝欲神監焉小約劑萬民約也丹圖未聞或有彫器簠簋之屬有圖象者與春秋傳曰斐豹隸也著於丹書今俗語有鐵券丹書豈此舊典之遺言○與音餘斐音非徐方眉反劉方持反沈芳尾反【疏】注大約至遺言○釋曰知大約劑是邦國者上言掌邦國及萬民之約劑有此二者故大小據而言之六彝之名若司尊彝云雞鳥斝黃虎蜼之等以畫於宗廟彝尊故知○使神監焉使人畏敬不敢違之也云或有彫器簠簋之屬有畫圖象者與者此鄭見時有人為此說者故云或有案梓人造器有刻畫祭器博庶物也是圖象事亦有似故云與以疑之云春秋傳曰斐豹隸也者襄公二十三年文○

若有訟者則珥而辟藏其不信者服墨刑

鄭司農云謂有爭訟罪罰刑書謬誤不正者為之開藏取本刑書以正之當開時先祭之玄謂訟訟約若宋仲幾薛宰者也辟藏開府視約書不信不如約也珥讀曰衈謂殺雞取血釁其戶○幾藏才浪反注下皆同為于偽反【疏】若有至墨刑○釋曰訟謂爭約劑不決者云則珥而辟藏者謂以血塗戶乃開辟其戶以出本約劑之書勘之○注鄭司至其戶○釋曰司約所掌唯約劑之書先鄭以為爭訟罪罰刑書及以珥為祭後鄭皆不從而謂訟約若宋仲幾薛宰者案定元年正月晉魏舒合諸侯之大夫于狄泉將城成周宋仲幾不受功曰滕薛郳吾役也薛宰曰宋為無道絕我小國於周以我適楚故我常從宋晉文公為踐土之盟曰凡我同盟各復舊職若從踐土若從宋亦惟命

宋仲幾曰踐土固然又士彌牟曰子姑受功歸吾視諸故府仲幾曰縱子忘之山川鬼神其忘諸乎此是訟約法故引之爲證云殺雞者以雞記云割雞當門其衈皆於屋下言衈故知用雞也

若大亂則六官辟藏其不信者殺大亂謂僭約若吳楚之君晉文公請隧以葬者六官辟藏明罪大也六官初受盟約之貳○隧音遂

【疏】注大亂至之貳○釋曰云大亂謂僭約者以其司約者主約故知僭約也既言大亂明是若吳楚之君僭稱王也又如晉文公請隧以葬亦是也案僖二十五年晉文公納定襄王乃請隧以葬隧者請掘地通路上有負土諸侯已下上無負土謂之羨塗天子有負土謂之隧文公請之欲行天子之禮故對曰未有代德而有二王不許之也明罪大止謂僭者也云六官初受盟約之貳者以大司寇云凡邦之盟約太史司會及六官皆受其貳而藏之者是也

司盟掌盟載之灋載盟辭也盟者書其辭於策殺牲取血坎其牲加書於上而埋之謂之載書春秋傳曰宋寺人惠牆伊戾坎用牲加書爲世子痤與楚客盟○痤才戈反

【疏】司盟至之法○釋曰盟時坎用牲加書於牲上以牲載書於上謂之盟載也○注載盟至客盟○釋曰云載者正謂以牲載此盟書於上故謂之載也云盟者書其辭於策者辭即盟辭若云爾無我詐我無爾虞有違此盟無克祚國盟辭多矣以此爲本云宋寺人之事案襄二十六年傳曰宋寺人惠牆伊戾爲太子痤內師無寵注云惠牆氏伊戾名秋楚客聘於晉過宋太子知之請野享之公使往伊戾請從之至則坎用牲加書徵之而聘告公曰大子將爲亂既與楚客盟矣鄭引此者證坎用牲加書載之事也

凡邦國有疑會同則掌其盟約之載及其禮儀。北面詔明神既盟則貳之有疑不協也明明神神之明察者謂日月山川也覲禮加方明于壇上所以依之也詔之者讀其載書以告之也貳之者寫副當以授六官

【疏】凡邦至貳之○釋曰時見曰會殷見曰同若有疑則盟之○注有疑至六官○釋曰云有疑不協也者不協

之文出於春秋云明神神之明察者謂日月山川也覲禮加方明于壇上所以依之也者案覲禮云方明者木也方四尺設六色又云設六玉上圭下璧南方璋西方琥北方璜東方圭注云六色象其神六玉以禮之上宜蒼璧下宜黃琮而不以者則上下之神非天地之至貴者也設玉者刻其木而著之又云天子拜日於東門之外反祀方明注引司盟職曰北面詔明神言北面詔明神則明神有象也象者其方明乎又曰禮日於南門外禮月與四瀆於北門外禮山川丘陵於西門外又云祭天燔柴祭山丘陵升祭川沈祭地瘞注云升沈必就祭者也就祭則是王巡守及諸侯之盟祭也引郊特牲曰郊之祭也迎長日之至也大報天而主日也宗伯職曰以實柴祀日月星辰則燔柴祭天謂祭日也柴爲祭日則祭地瘞者祭月也日月而云天地靈之也王制曰王巡守至於岱宗柴是王巡守之盟其神主日也春秋傳曰晉文公爲踐土之盟而傳云山川之神是諸侯之盟其神主山川也月者大陰之精上爲天使臣道莫貴焉是王官之伯會諸侯而盟其神主月與以此約之故知明神是日月山川也如是王會同四時各祀其神及祀方明則諸神皆及之故有六色六玉之位焉其盟亦然云詔之者讀其載書以告之也者謂盟時以其載辭告焉云貳之者寫副當授六官者大司寇職凡邦之大盟約涖其盟書而登之于天府大史內史司會及六官皆受其貳而藏之者是也

盟萬民之犯命者詛其不信者亦如之

盟詛者欲相與共惡之也犯命犯君教令也不信違約者也春秋傳曰臧紇犯門斬關以出乃盟臧氏又曰鄭伯使卒出猳行出犬雞以詛射潁考叔者〇詛測慮反共如字惡烏路反紇恨發反劉胡沒反沈胡謁反卒子忽反猳音加行戶剛反射食亦反

疏 盟萬至如之〇釋曰凡言盟者盟將來詛者詛往過云亦如之者亦如上文〇注盟詛至叔者〇釋曰云盟詛者欲相與共惡之也者對神爲驗是共惡之也云犯命犯君教令也者以萬民無餘事故知犯命謂犯君教令也云春秋傳曰者案襄二十三年季武子無適子公彌長而愛悼子欲立之訪於臧紇紇爲立悼子。紇廢公鉏後孟莊子疾豐點謂公鉏苟立羯請讎臧氏及孟孫卒季孫至入哭而出曰秩焉在公鉏曰羯在此矣孟氏閉門告於季孫曰臧氏將爲亂不使我葬季孫不信臧孫聞之戒除於東門甲從己而視之孟氏又告季孫季孫怒命攻臧氏臧紇斬
鹿門之關以出奔邾季孫盟是其事也又曰鄭伯使卒出豭行出犬雞以詛射潁考叔者此隱公十一年將伐許子都與潁考叔爭車及許潁考叔先登子都
自下射之顚師還乃詛射潁考叔者引之者證詛是往過之事若然臧紇既出乃盟臧氏者以臧氏出後盟後人以臧氏爲盟首亦是盟將來也凡民
之有約劑者其貳在司盟貳之者。撿其自相違約【疏】凡民至司盟釋曰此謂司約副寫一通來入司盟。撿後相違約勘之有
獄訟者則使之盟詛不信則不敢聽此盟詛所以省獄訟○省所景反【疏】有獄至盟詛○釋曰此盟詛謂將來訟者先使之盟詛盟
詛不信自然不敢獄訟所以省事也凡盟詛各以其地域之衆庶共其牲而致焉既盟則爲司盟
共祈酒脯使。其邑閭出牲。而來盟。已又使出酒脯司盟爲之祈明神使不信者必凶○爲于僞反注同【疏】凡盟至酒脯○釋曰盟處無常但盟
則。遺其地之民出牲以盟并出酒脯以祈明神也
職金掌凡金玉錫石丹青之戒令青空青也【疏】職金至戒令○釋曰此數種同出於山故職金總主其戒令若然地官丱
人已主又職金主之者彼官主其取此官主其藏故二官共主之也受其入征者辨其物之媺惡與其數量楬而
璽之入其金錫于爲兵器之府入其玉石丹青于守藏之府爲兵器者攻金之工六也守藏者玉
府內府也鄭司農云受其入征者謂主受采金玉錫石丹青者之租稅也楬而璽之者楬書其數量以著其物也璽者印也既楬書揃其數量又以印封之今
時之書有所表識謂之楬櫫○楬音竭璽音徙守劉音狩著直略反沈張慮反揃音牋識申志反又如字又音志○【疏】受其至之府○釋曰此一經總陳受

藏金玉之事。所送者謂若荆揚貢金三品雍州貢球琳琅玕之等皆職金受而藏之乃後分配諸府也入兵器之府言爲者攻金之工須造作故云爲守藏之府不造器物故云守也案山海經云有以金庭之山多黃金穆異之山多白玉杻楊之山其陽多赤金其陰多白金吉山其陽多玉青。丘之山其陽多玉其陰多青雘基之山多沙石白金此類甚多略言之矣〇注爲兵至楬櫫〇釋曰云爲兵器者攻金之工六也者考工記文彼云築冶鳧栗段桃築氏爲削冶氏爲戈戟鳧氏爲鍾栗氏爲量段氏爲鎛桃氏爲劒也云守藏者玉府內府也者案玉府云掌王之金玉玩好兵器凡良貨賄內府云掌受九貢九賦九功之貨賄良兵良器故知守藏府是此二者也先鄭云主受采金玉錫石丹青者之租稅也者案山虞澤虞等出稅者皆以當邦賦穀稅之處不虛取也云既楬書揃其數量者楬即今之板書揃即今錄記文書謂版記錄量數多少升善惡爲後易分別故也

以入其要

要凡數也入之於大府 疏入其要〇釋曰職金既知量數錄要簿入大府

掌受士之金罰貨罰入于司兵

給治兵及工直也貨泉貝也罰罰贖也書曰金作贖刑〇贖常戍反下同一音蜀〇疏掌受至司兵〇釋曰云掌受士之金罰者謂斷獄訟者有疑即使出贖既言金罰又曰貨罰者出罰之家時或無金即出貨以當金直故兩言之〇注給治至贖刑〇釋曰云貨泉貝也者漢書食貨志云王莽時有貨布大泉及貨貝故知貨中泉貝兩有也云書曰者舜典文呂刑云墨罰疑赦其罰百鍰考工冶氏云戈戟重三鋝夏侯歐陽說云墨罰疑赦其罰百率古以六兩爲率古尚書說百鍰鍰者率也一率十一銖二十五分銖之十三也百鍰爲三斤鄭玄以爲古之率多作鍰鄭注冶氏云許叔重說文解字云鋝鍰也今東萊稱或以大半兩爲鈞十鈞爲鍰鍰重六兩大半兩若然鍰鋝一也言大半兩是三分兩之二鄭意以此爲正故不從諸家以六兩爲鍰且古者言金有兩義若相對而言則有金銀銅鐵爲異若散而言之總謂之金是以考工記云六分其金而錫居一之等皆是銅是以禹貢揚州云貢金三品孔以爲金銀銅鄭以爲銅三色是對散有異但古出金贖罪皆據銅爲金若用黃金百鍰乃

至大辟千鍰無。濟之理

旅于上帝則共其金版饗諸侯亦如之 鉼金謂之版此版所施未聞○版音板鉼必領反

【疏】注鉼金至未聞○釋曰旅上帝謂祭五天帝於四郊及明堂饗諸侯謂若大行人上公三饗侯伯再饗子男一饗之等此旅上帝及饗二者皆設金版鄭云所施未聞也

凡國有大故而用金石則掌其令 主其取之令也用金石者作槍雷椎椁之屬○槍七羊反雷劉音誄沈云當爲礧郎對反椎直追反椁宅耕反本又作榑劉云皆如字劉亦誤

【疏】凡國至其令○釋曰用金石而云大故止謂寇戎爲禦捍之器有用金石者也○注主其至之屬○釋曰職金主受金則所出之處故主其取金之令云金石者作槍雷椎椁之屬者皆謂守城禦捍之具

司厲掌盜賊之任器貨賄辨其物皆有數量賈而楬之入于司兵 鄭司農云任器貨賄謂盜賊所用傷人兵器及所盜財物也入于司兵若今時傷殺人所用兵器盜賊。贓加責沒入縣官○賈音嫁

【疏】注鄭司至縣官○釋曰云入於司兵者其任器多是金刃所盜財貨雖非金刃以其賊物亦入司兵給治兵刃之用故並入司兵也先鄭云若今時傷殺人所用兵器盜賊贓加責沒入縣官者其加責者即今時倍贓者也

其奴男子入于罪。隸女子入于舂槀。 鄭司農云謂坐爲盜賊而爲奴者輸於罪隸舂人槀人之官也由是觀之今之爲奴婢古之罪人也故書曰予則奴戮。汝論語曰箕子爲之奴罪隸之奴也故春秋傳曰斐豹隸也著於丹書請焚丹書我殺督戎恥爲奴欲焚其籍也玄謂奴從坐而沒入縣。官者男女同名○槀古老反坐才臥反下同女音汝○

【疏】其奴至舂槀○釋曰云男子入於罪隸者則司隸職中國之隸謂之罪隸百二十人者是也云女子入于舂槀者地官舂人槀人是也○注鄭司至同名○釋曰先鄭引尚書予則奴戮女及論語箕子爲之奴皆與此經奴爲一若後鄭義尚書奴奴爲子若詩樂爾妻奴奴即子也後鄭不破者亦得爲一義云春秋傳者左氏傳襄公二十三年云初斐豹隸也著於丹書欒氏之力臣曰

督戎國人懼之斐豹謂宣子苟焚丹書我殺督戎引之者證隸爲奴云玄謂奴男女從坐沒入縣官者謂身遭大罪合死男女沒入縣官漢時名官爲縣官非謂州縣也凡有爵者與七十者與未齔者皆不爲奴有爵謂命士以上也齔毀齒也男八歲女七歲而毀齒○上時掌反毀況僞反下同[疏]注有爵至毀齒○釋曰云有爵謂命士以上也者見典命公侯伯之士皆一命天子之士皆三命以下可知云男八歲女七歲而毀齒者家語本命篇之文也曲禮云悼與耄雖有罪不加刑焉是未齔不加刑又不爲奴若七十者雖不爲奴猶加其刑至八十始不加刑以其八十九十始名耄故也

犬人掌犬牲凡祭祀共犬牲用牷物伏瘞亦如之鄭司農云牷純也物色也伏謂伏犬以王車轢之瘞謂埋祭也爾雅曰祭地曰瘞埋○牷音全本亦作全瘞於例反徐烏計反轢音歷[疏]注鄭司至瘞埋○釋曰先鄭云牷純也者案尚書微子云犧牷牲用注云犧純毛牷體完具彼牷與犧相對是犧爲純毛牷爲體完具此無犧故以牷兼純也云伏謂伏犬以王車轢之者此謂王將祭而出國軷道之祭時即大馭所云者是也但軷祭之時犬羊俱得故生民詩云取羝以軷是以聘禮注云其用牲犬羊可也是其兩用也云瘞謂埋祭也者謂祭地之時故引爾雅爲證若然經云用牷物既純毛則牧人云陽祀用騂牲陰祀用黝牲之類也凡幾珥沈辜用駹可也故書駹作龍鄭司農云幾讀爲庪爾雅曰祭山曰庪縣祭川曰浮沈大宗伯職曰以埋沈祭山川林澤以罷辜祭四方百物龍讀爲駹謂不純色也玄謂幾讀爲刉珥當爲衈刉衈者釁禮之事○駹亡江反爲庪九委反劉居綺反縣音玄罷劉孚逼反[疏]凡幾至可也○釋曰幾珥言凡則宗廟社稷壇廟新成者皆釁之故云凡也云沈辜者謂沈牲於水辜謂疈磔牲體以祭云用駹者駹謂雜色牲此則牧人云毀事用駹是也云可也者用純爲正用駹亦可也○注故書至之事○釋曰先鄭讀幾爲庪雖引爾

雅後鄭不從引大宗伯證沈辜於義是也云玄謂幾讀爲刉從土師爲正珥讀爲衈從雜記爲正云釁禮之事者據雜記而知也凡相犬牽犬者屬焉掌其政治相謂視擇知其善惡○相息亮反注同治直吏反○疏凡相至政治○釋曰犬有三種一者田犬二者吠犬三者食犬若田犬吠犬觀其善惡若食犬觀其肥瘦故皆須相之牽犬者謂呈見之故少儀云犬則執紲是也

司圜掌收教罷民凡害人者弗使冠飾而加明刑焉任之以事而收教之能改者上罪三年而舍中罪二年而舍下罪一年而舍其不能改而出圜土者殺雖出三年不齒弗使冠飾者著墨幪若古之象刑與舍釋之也鄭司農云罷民謂惡人不從化爲百姓所患苦而未入五刑者也故曰凡害人者不使冠飾任之以事若今時罰作矣○著丁略反幪莫公反劉莫貢反與音餘疏司圜至不齒○釋曰此罷民入圜土者不坐嘉石朝士坐嘉石者不入圜土云收教者謂入圜土見收使困苦改悔是收教也云害人者謂抽拔兵劍誤以傷人者也云明刑者以版牘書其罪狀與姓名著於背表示於人是明刑也○注弗使至作矣○釋曰著墨幪若古之象刑與者案孝經緯云三皇無文五帝畫象三王肉刑畫象者上罪墨幪赭衣雜屨中罪赭衣雜屨下罪雜屨而已畫象者則尚書象刑直墨象略言之其實亦有赭衣雜屨無文故云與以疑之也凡圜土之刑人也不虧體其罰人也不虧財言其刑人但加以明刑罰人但任之以事耳鄭司農云以此知其爲民所苦而未入刑者也故大司寇職曰凡萬民之有罪過而未麗於法而害於州里者桎梏而坐諸嘉石役諸司空又曰以嘉石平罷民國語曰罷士無伍罷女無家言爲惡無所容入也玄謂圜土所收教者過失害人已麗於法者疏凡圜至虧財○釋曰云刑人不虧體對五刑虧體者也其罰人不虧財對五刑疑出金爲罰虧財者也○注言至法者○釋曰先鄭以坐嘉石共入圜土

二者爲一其義不通故後鄭不從按司寇職及司救職皆上論嘉石之罷民下別云圜土之罰民分明兩事不同故後鄭謂圜土所收教者過失害人已麗於法者與嘉石之罷民是邪惡過淺別也

掌囚掌守盜賊凡囚者上罪梏拲而桎中罪桎梏下罪梏王之同族拲有爵者桎以待弊罪凡囚者謂非盜賊自以他罪拘者也鄭司農云拲者兩手共一木也桎梏者兩手各一木也玄謂在手曰梏在足曰桎中罪不拲手足各一木耳下罪又去桎王同族及命士以上雖有上罪或拲或桎而已弊猶斷也○梏古毒反張揖云參著曰梏偏著曰桎說文云梏手械也所以告天桎足械也所以質地拲劉云三家姜奉反一家居辱反漢書音義韋昭音拱云兩手共一木曰拲兩手各一木曰梏李奇音恐桎之實反上時掌反○疏掌囚至弊罪釋曰此謂五刑罪人古者五刑不入圜土故使身居三木掌囚守之此一經所云五刑之人三木之囚輕重著之極重者三木俱著次者二下者一王之同族及有爵縱重罪亦著一而已以其尊之故也云待弊罪者禁而待斷之也○注凡囚至斷也○釋曰云凡囚者謂非盜賊自以他罪拘者也者以其既言盜賊乃別云凡囚明凡囚中無盜賊盜賊重故爲罪人之首而言之也先鄭云拲者兩手共一木也者於義是以其拲字共下著手又與梏共文故知兩手共一木以桎與梏同在手則不可故後鄭不從而謂在手曰梏在足曰桎此無正文。宜以先言梏後言桎故知義然若然中罪先言桎後言梏者便文不據先後也

及刑殺告刑于王奉而適朝士加明梏以適市而刑殺之告刑于王告王以今日當行刑及所刑姓名也其死罪則曰某之罪在大辟其刑罪則曰某之罪在小辟奉而適朝者重刑爲王欲有所赦且當以付士士鄉士也鄉士加明梏者謂書其姓名及其罪於梏而著之也囚時雖有無梏者至於刑殺皆設之以適市就衆也庶姓無爵者皆刑殺於市○爲于僞反著丁略反徐張慮反○疏及刑至殺之○釋曰此經謂欲行刑之日云告刑於王奉而適朝者王意欲有所免故也云以適市者據庶姓又無爵者也若有爵

及王同姓即於甸師也○注告刑至於市○釋曰經云及刑殺告刑于王者謂死罪刑罪有二種鄭知有姓名者以其言某之罪明當有姓名也云其死罪已下文王世子之文云且當以付士士鄉士也者凡囚鄉士遂士縣士方士各自有獄推問之時各於本獄之所獄成上於王時則使掌囚掌之及欲刑殺掌囚還付士若然上皆云士師受中協日刑殺刑殺各於本獄之所今此經云以適市者此文止謂六鄉之獄在國中推問在獄行刑殺則在市若遂士以下自在本獄之處刑殺之故此云士鄉士也若遂士已下於此時掌囚亦當付士也云囚時雖有無梏者案上經云王之同族及有爵囚時並無梏也云以適市就衆也者王制云刑人於市與衆棄之彼雖據異代法此六鄉之人亦就衆在市也云庶姓無爵者皆刑殺於市據下而知之也此亦據六鄉之人也

凡有爵者與王之同族奉而適甸師氏以待刑殺適甸師氏亦由朝乃往也待刑殺者掌戮將自市來也文王世子曰雖親不以犯有司正術也所以體異姓也刑于隱者不與國人慮兄弟也疏注適甸至弟也○釋曰云甸師氏亦由朝乃往也者上文庶姓等適市文承適朝之下彼此二者隔絕恐不由朝故鄭言之必知此二者亦由朝乃往者文王世子君之親有罪雖然必赦之事故知之云待刑殺者掌戮將自市來也者凡行刑殺協支幹善日有罪者同而行故待掌戮也引文王世子者欲見雖親有罪亦當刑殺之事彼注體爲連結若直刑異姓不刑同姓異姓怨生則有逃散之事同姓亦有刑則異姓歸心故云體異姓也

掌戮掌斬殺賊諜而搏之斬以鈇鉞若今要斬也殺以刀刃若今棄市也諜謂姦寇反間者賊與諜罪大者斬之小者殺之搏當爲膊諸城上之膊字之誤也膊謂去衣磔之○諜音牒搏注作膊同普博反磔也鈇音斧要一遙反間間廁之間去起呂反疏掌戮至搏之○釋曰自此經以至刑盜于市以下皆據死罪而言此經惟據賊諜二者而言○二者雖同大罪仍擇大重者斬之稍輕者殺之搏之則同也○注斬以至磔之○釋曰知斬以鈇

鉞者鈇鉞是斬之物按魯語云温之役晉人執衞成公藏文仲言於僖公曰夫
衞吾始無罪矣。大刑有五大刑用甲兵注云諸侯逆命征討之其次用斧鉞注
云謂犯斬罪者中刑用刀鋸注云用刀以劓之鋸以笮之如是刀中容棄市其
次用鑽笮注云鑽額涅墨笮劓勢謂宮刑也薄刑用鞭朴以威民故大者陳之
原野小者致之市朝是用鈇鉞之事成二年齊侯圍龍頃公之嬖人盧蒲
就魁門焉龍人殺而膊之城上齊侯親鼓之遂滅龍是膊諸城上之人事也
凡殺其親者焚之殺王之親者辜之
親緦服以內也焚燒也易曰焚如
死如棄如辜之言枯也謂磔之
疏
注親緦至
磔之○釋
曰親謂五服五服多故云凡殺其親據人之親與王之親皆謂五服已內知者
案僖二十五年衞侯燬滅。邢公羊傳曰何以名絕曷為絕之滅同姓也滅同姓
尚絕之況殺緦麻之親得不重乎以此而言故知親謂緦已上也易曰焚如死
如棄如者按離卦九四突如其來如焚如死如棄如注云震為長子爻失正又
互體兌兌為附決注子居明法之家而無正何以自斷其君父不志也突如震
之失正不知其所如又為巽巽為進退不知所從不孝之罪五刑莫大焉得用
議貴之辟刑之若如所犯之罪焚如殺其親之刑死如殺人
之刑也棄如流宥之刑引之者證焚如是殺其親之刑也
凡殺人者踣諸市肆之三日刑盜于市
踣僵尸也肆猶申也陳也凡言刑盜
罪惡莫大焉○踣皮比反僵居良反
疏
注踣僵至大焉○
釋曰除上三者之
外皆陳尸於市
肆之凡三日也
凡罪之麗於灋者亦如之唯王之同族與有爵者殺之于甸師氏
罪二千五百條上附下附一刑五而
已於刑同科者其刑殺之一也
疏
凡罪至師氏○釋曰正刑有五科條二
千五百麗附也上附下附是罪附于法
法卽五刑是也云亦如之者合入死者亦踣之合入四刑者雖不踣亦刑之在
市故總言亦如之云唯王之同族與有爵者殺之于甸師氏者謂不踣踣者陳
尸使人見之既刑於隱處故不踣之○注罪二至一也○釋曰云罪二千五百
條者司刑文云上附下附刑五而已者禮記云喪多而服五罪多而刑五上附

下附是也云於刑同科者其刑殺之一也者事雖異各有五百同科及其同刑同殺一也

凡軍旅田役斬殺刑戮亦如之戮謂膊焚辜肆【疏】注戮謂膊焚辜肆○釋曰此云軍旅田役斬殺刑戮皆使掌戮為之按士師大師帥其屬而禁逆軍旅犯禁者而戮之鄉士云凡國有大事則戮其犯命者遂士亦云凡郊有大事刑戮其犯命彼並不使掌戮者此等皆權時之事軍旅之間或有臨時即決不假掌戮者也是以戎右職云掌戎車之兵革使注云使謂王使以兵有所誅斬也引戰于殽襄公縛秦囚使萊駒以戈斬之是也

墨者使守門黥者無妨於禁御○御音禦【疏】墨者使守門○釋曰此人即閽人掌守王中門之禁令者是也

劓者使守關截鼻亦無妨以貌醜遠之○遠于萬反【疏】劓者使守關○釋曰此則王畿五百里上面有三關十二關門劓者守之

宮者使守內以其人道絕也今世或然【疏】宮者使守內○釋曰此所守則寺人之類守正內五人之等是也

刖者使守囿斷足驅衛禽獸無急行○囿音又斷丁管反【疏】刖者使守囿○釋曰此則囿遊亦如之者墨者守門刖者於囿中驅禽獸者也

髡者使守積鄭司農云髡當為完謂但居作三年不虧體者也玄謂此出五刑之中而髡者必王之同族不宮者宮之為翦其類髡頭而已守積積在隱者宜也○髡苦門反積子賜反注同【疏】髡者使守積○釋曰先鄭以髡為完但居作三年不虧體以此為圜土罷民解之不從者掌戮所掌皆虧體獨以此為不虧體於義不可故後鄭引文王世子解之也玄謂此出五刑之中而髡者必王之同族不宮者此鄭亦無正文若合宮者宮之今按文王世子據諸侯法云公族無宮刑不翦其類王家同族犯淫罪者亦當與諸侯同不宮之亦是不翦其類之色按王同族犯餘罪刑於甸師氏刑於隱處今同族既不宮亦當於隱處罪之此守積亦是隱處故知髡者使守積是王同族不言者必矣是以鄭云守積積在隱者宜也

司隸掌五隸之灋辨其物而掌其政令五隸謂罪隸四翟之隸也物衣服兵器之屬【疏】注五隸至之屬○釋曰此

與下爲目云物衣服兵器之屬者卽下文云使之皆服其邦之服執其國之兵是也帥其民而搏盜賊役國中之辱事爲百官積任器凡因執人之事民五隸之民也鄭司農云百官所當任持之器物此官主爲積聚之也玄謂任猶用也○搏音博爲百于僞反注及下注同【疏】注民五至用也○釋曰云五隸之民也者上序官五隸皆百二十員員外皆是民故云五隸之民也云任猶用也者用器除兵之外所有家具之器皆是用器也

邦有祭祀賓客喪紀之事則役其煩辱之事煩猶劇也士喪禮下篇曰隸人湼廁○湼乃結反【疏】注煩猶至湼廁○釋曰引士喪禮下篇者既夕禮文云湼廁者死者不復用故窒湼示不用引之者證煩辱之事不言祭祀賓客事者以無文意義可知也

掌帥四翟之隸使之皆服其邦之服執其邦之兵守王宮與野舍之厲禁野舍王者所止舍也厲遮。例也○遮章奢反例本又作列同音烈【疏】掌帥至厲禁○釋曰云服其邦之服執其邦之兵者若東方南方衣布帛執刀劍西方北方衣氈裘執弓矢云守王宮與野舍者卽師氏職云帥四夷之隸守王宮野舍亦如之者是也

罪隸掌役百官府與凡有守者掌使令之小事役給其小役○使如字劉色吏反令力呈反沈力政反【疏】注役給其小役○釋曰云小役者止謂給其小小勞役之事謂若大役非隸所共故以小役解之

凡封國若家牛助爲牽傍鄭司農云凡封國若家謂建諸侯立大夫家也牛助爲牽傍此官主爲送致之也玄謂牛助國以牛助轉徙也罪隸牽傍之在前曰牽在旁曰傍○傍步浪反注同轉如字劉張戀反【疏】注鄭司至曰傍○釋曰先鄭不解牽傍故後鄭增成之玄謂牛助國以牛助轉徙也者國家以官牛助諸侯及大夫家運物往至任所云在前曰牽者謂車轅內一牛前亦一牛今還遣二隸前者牽前牛傍者御當車之牛故據人而言牽傍也

其守王宮與其厲禁者

如蠻隸之事疏其守至之事○釋曰蠻隸之事事在下文故云如蠻隸之事

蠻隸掌役校人養馬其在王宮者執其國之兵以守王宮在野外則守厲禁疏蠻隸至厲禁○釋曰云掌役校人者爲校人所役使以養馬按校人良馬乘一師四圉不見隸者蓋是雜役之中執其國之兵蠻隸閩隸俱是刀劍也

閩隸掌役畜養鳥而阜蕃教擾之掌子則取隸焉杜子春云子當爲祀玄謂掌子者王立世子置臣使掌其家事而以閩隸役之○蕃扶元反下注同疏閩隸至隸焉○釋曰云掌役畜養鳥者謂若畜鳥氏掌畜。禽鳥阜盛也蕃息也使之盛大滋息又教擾使從人意○注杜子至役之○釋曰子春以子爲祀後鄭不從者司隸職祭祀賓客喪紀三者並言此何得唯言其一明存子解之於義爲允玄謂王立世子置臣使掌其家事者言掌家事者若國事不使隸今取隸故以家事而言也

夷隸掌役牧人養牛馬與鳥言鄭司農云夷狄之人或曉鳥獸之言故春秋傳曰介葛。盧聞牛鳴曰是生三犧皆用矣是以貉隸職掌與獸言疏夷隸至鳥言○釋曰云掌役牧人者爲牧人之所役使牧牛牲○注鄭司至獸言○釋曰經唯云與鳥言不言獸先鄭意解鳥言者亦解獸言故兼言之也案僖二十九年介葛盧聞牛鳴曰是生三犧皆用之矣注云言八律之音聽禽獸之鳴則知其嗜欲死可知伯益明是術故堯舜使掌朕虞至周失其道官又在四夷若周。末失道官本不在四夷無解鳥獸之語者何周公盛明制禮使夷隸貉隸與鳥獸之言然者賈服意誤不與禮合故爲此說

其守王宮者與其守厲禁者如蠻隸之事

貉隸掌役服不氏而養獸而教擾之掌與獸言不言阜蕃者猛獸不可服又不生乳於圈檻也○生如字劉色

敬反。乳，而樹反。圈，求阮反。檻，尸覽反。[疏]貉隸至獸言○釋曰：夷貉相近，是以亦解獸言。若然，夷隸既鳥獸之言具解，而此貉隸解獸言，亦解鳥言，互見之耳。

其守王宮者與其守厲禁者，如蠻隸之事。

秋官司寇下

布憲掌憲邦之刑禁。正月之吉，執旌節以宣布于四方，而憲邦之刑禁，以詰四方邦國及其都鄙，達于四海。憲表也謂縣之也刑禁者國之五禁所以左右刑罰者司寇正月布刑于天下正歲又縣其書于象魏布憲於司寇布刑則以旌節出宣令之於司寇縣書則亦縣之于門閭及都鄙邦國刑者王政所重故屢丁寧焉詰謹也使四方謹行之爾雅曰九夷八蠻六戎五狄謂之四海○詰起吉反縣音玄下同[疏]布憲至四海○釋曰云掌憲邦之刑禁者此文與正月以下爲目禁者則士師之五禁所以左右刑罰故連刑言之也云正月之吉者此與大司寇正月之吉事同大司寇布刑之時此布憲亦布之於四方也於司寇正歲縣之時此布憲亦憲邦之刑禁以詰四方邦國以達于四海也布憲爲司寇屬官於刑禁爲重故每事共丁寧之也○注憲表至四海○釋曰云國之五禁所以左右刑罰者士師職文知布憲所縣在門閭者以其司寇所縣在雉門不可共處此經云執旌節以爲行道之使明在巷門之閭可知云門閭據在城內經雖不云城內門閭舉外以見內有門閭可知經先邦國後都鄙注先都鄙後邦國者以都鄙據畿內三等采地經後言之者尊邦國輕都鄙注先都鄙者既見門閭卽先近後遠乃及四海故注先都鄙見從近及遠之義也引爾雅者見刑禁遠至夷狄名此夷狄爲四海者海之言晦晦。漫禮儀也

凡邦之大事合衆庶，則以刑禁號令。[疏]凡邦至號令○釋曰云邦之大事合衆庶者謂征伐巡守田獵皆是大事合衆庶也以其是布禁之官故於聚衆每皆以刑禁號令也

禁殺戮掌司斬殺戮者凡傷人見血而不以告者攘獄者遏訟者以告而誅之司猶察也察此四者告於司寇罪之也斬殺戮謂吏民相斬相殺相戮者傷人見血見血乃爲傷人耳鄭司農云攘獄者距當獄者也遏訟者遏止欲訟者也玄謂攘猶郤也郤獄者言不受也【疏】注司猶至受也○釋曰云司猶察也者此禁殺戮之官恆在民閒私覗惡事而告於上執而與之罪也故以司爲察也知斬殺戮是吏民相斬相殺相戮者以傷民云不以告則相殺戮之等盡是不以告明是吏民自相殺戮也云傷人見血見血乃爲傷人耳者恐經傷人與見血事別傷人見血連言者是見血乃爲傷人若不見血不爲傷人也若然蹠跌折支之等不見血豈得不爲傷人乎然今言見血乃爲傷人者止爲蹉跌及刃物麗歷應見血之等不爲餘事而言先鄭云攘獄者距當獄者也後鄭不從者此經皆謂未在官司而先鄭云距獄據在官而言故不從也云遏訟者遏止欲訟者也者有人見欺犯欲向官所訟之而遏止不使去也玄謂攘猶郤也郤獄者言不受也者謂人有罪過官有文書追攝不肯受者

禁暴氏掌禁庶民之亂暴力正者撟誣犯禁者作言語而不信者以告而誅之民之好爲侵陵稱詐謾誕此三者亦刑所禁也力正以力強得正也○撟居表反好爲呼報反下文則爲下注皆爲同謾誕武諫反一音亡半反又免仙反徐望山反本或作慢誕音但【疏】注民之至正也○釋曰云民之好爲者此言爲下三事而發皆是好爲侵陵釋經亂暴力正者也稱詐釋經撟誣犯禁者也謾誕釋經作言語而不信者也謾誕謂浮謾虛誕也

凡國聚衆庶則戮其犯禁者以徇凡奚隸聚而出入者則司牧之戮其犯禁者奚隸女奴男奴也其聚出入有所使【疏】凡國至禁者○釋曰云聚衆庶者謂征伐之等云凡奚隸聚而出入者謂國有煩辱之處使奚隸則有此出入而司牧之○注奚隸至所使○釋曰按司厲其奴男子入于罪隸女子入于舂槀是男子同坐爲奴天官酒人○

槩人之等皆名女奴爲奚五隸又是男奴故云奚隸女奴男奴

野廬氏掌達國道路至于四畿達謂巡行通之使不陷絕也去王城五百里曰畿○行下孟反【疏】注達謂至曰畿○釋曰云巡行者國之道路使其地之人治之野廬氏直巡行不通之處使人治之使無陷絕也

比國郊及野之道路宿息井樹比猶校也宿息廬之屬賓客所宿及晝止者也井共飲食樹爲蕃蔽【疏】注比猶至蕃蔽○釋曰此經所云王爲賓客在道須得供丞守衛之事國郊謂近郊遠郊野謂百里外至畿宿謂十里有廬三十里有宿五十里有市直言宿者舉中言之故云廬之屬以。苞之息賓客晝止之處井樹者賓客所須者也

若有賓客則令守涂地之人聚欜。之有相翔者。誅之守涂地之人道所出廬宿旁民也相翔猶昌翔觀伺者也鄭司農云聚欜之聚擊欜以宿衛之也有姦人相翔於賓客之側則誅之欜不得令寇盜賓客○欜音託令力呈反下欲令同【疏】注守涂至賓客○釋曰守。塗地之人道所出廬宿旁民也者道路之旁皆有民當處有賓客止宿卽使聚欜之不使失脫也云相翔猶昌翔觀伺者也者謂昌狂翱翔觀伺賓客先鄭云聚欜之聚擊欜以宿衛之也者謂其地之人自聚擊欜無行夜故使宿衛自擊宮正之等使行夜者擊欜校比直宿者彼夜行者與此異也

凡道路之舟車擊。互者敍而行之舟車擊互謂於迫隘處也車有轘轅坻閣舟有砥柱之屬其過之者使以次敍之○擊音計沈古的反隘烏賣反環戶關反本亦作轘同坻徐之爾反劉都禮反砥音旨【疏】注舟車至敍之○釋曰云擊互者謂水陸之道舟車往來狹隘之所更互相擊故云擊互者云車有轘轅坻閣者案襄二十一年晉欒盈有罪適楚過於周周西鄙掠之告於周使候出諸轘轅是轘轅也坻閣道路之名也云舟有砥柱之屬者按禹貢導河積石至于龍門南至于華陰東至於。厎柱孔安國云厎柱山名河水分流包山而過山見水中若柱然在西虢之界是厎柱爲水之。澀道者也

凡有節

者及有爵者至則爲之辟辟辟行人亦使守涂地者疏凡有至之辟釋曰云凡有節者謂若諸侯之使則有山國用虎節之等若
民自往來則有道路用旌節之等及有爵已上皆爲之辟止行人使無侵犯者也禁野之橫行徑踰者皆爲防。姧也橫行妄由田中徑
踰射邪。趍疾越隄渠也○射食亦反邪似差反隄丁兮反疏注皆爲至渠也○釋曰言橫行者不要東西爲橫南北爲縱但是不依道塗妄由田中皆是橫
也徑謂不遵道而射邪。趍疾踰越也謂越隄渠者也凡國之大事比脩除道路者比。校治道者名若今次。金。敘。大功○疏注比
校至大功○釋曰大事謂若征伐巡守田獵郊祀天地王親行所經並須修除道路及脩廬校比民夫使有功。效故云比校治道者名也云若今次金敘大功
者謂漢時主役之官官名次金敘主以丈尺賦功今俗本多誤爲次敘大功也掌凡道禁禁謂若今絕蒙。布巾持兵杖之屬○杖直亮反疏注禁
謂至之屬○釋曰古時禁書亡故舉漢法而言也邦之大。師則令埽道路且以幾禁行作不時者不物
者不時謂不夙則莫者也不物謂衣服操持非。此常人也幾禁之者備。姦人內賊及反間○莫音暮操七曹反間間廁之間疏注不時至反間○釋曰不
言大事而云大師惟謂征伐者也云幾禁之者備姦人內賊及反間者內賊謂賊在內起反間謂外賊密來覘探間候國家反彼論說按孫子兵法云三軍之
事莫密於反間是也
蜡氏掌除骴曲禮。四足死者曰。漬故書骴作脊鄭司農云脊讀爲。漬謂死人骨也月令曰掩骼埋。胔。骨之尚有肉者也及禽獸之骨皆是○蜡清
預反骴似賜反注殰胔皆同殰又作漬脊子亦反李慈益反骼古百反疏注曲禮至皆是○釋曰曲禮者彼謂四足之獸相漸漬而有疫死此骴謂肉腐
義理有殊引之者直取音同仍取四足死者即有肉腐之骴也先鄭云死人骨也者以人骨爲主其中兼四足之骨也月令者彼據孟春春是生氣骨是死氣

爲死氣逆生氣故埋之此官在秋者是陰故屬秋引之者除骴是同故也彼注云骨枯曰骼肉腐曰骴骴言埋亦掩之骼言掩亦埋之義無異互言耳故云腐骨之尙有肉者也則肉腐曰骴亦一也云及禽獸之骨皆是者卽四足曰漬在其中按詩云行有死人尙或殣之又下云若有死於道路者則令埋之今得有死人骨者近道人見者令埋之其有死于溝壑者蜡氏除之

凡國之大祭祀令州里除不蠲禁刑者任人及凶服者以及郊野大師大賓客亦如之蠲讀如吉圭惟饎之圭圭絜也刑者黥劓之屬任人司圜所收教罷民也凶服服衰絰也此所禁除者皆爲不欲見人所穢惡也○蠲古玄反舊音圭絜也饎昌志反罷音皮衰七雷反爲于僞反下爲其滔爲其就禽同穢紆廢反今本多作穢惡烏路反【疏】注蠲讀至惡也○釋曰大祭祀謂郊祭天地大賓客謂諸侯來朝若據天地其神位在郊至郊而已若賓客則至畿故兼言野郊外曰野大總言也云蠲讀如吉圭惟饎之圭者毛詩云絜蠲爲饎無此言鄭從三家詩故不同云刑者黥劓之屬者之屬中含有宮刖也云任人司圜所收教罷民也者經任人文承刑者之下則罷民亦刑之類是以司圜云任之以事是也凶服五服皆是故曰凶服服衰絰也祭者皆齊齊者潔靜不欲見穢惡也若有死於道路者則令埋而置楬焉書其日月焉縣其衣服任器于有地之官以待其人有地之官主此地之吏也其人其家人也鄭司農云楬欲令其識取之今時楬櫫是也有地之官有郡界之吏今時鄉亭是也○楬音竭縣音玄【疏】注有地至是也○釋曰此經主謂行人在路死者云有地之官主此地之吏也者謂比閭族黨之等皆有長吏若比長閭胥黨宰之輩皆是若今時鄉亭治事之處縣衣服任器等仍使守掌使不失也

掌凡國之骴禁禁謂孟春掩骼埋胔之屬【疏】注禁謂至之屬○釋曰孟春者月令文也

雍氏掌溝瀆澮池之禁凡害於國稼者春令爲阱擭溝瀆之利於民者秋令塞

阱杜擭溝瀆澮田間通水者也池謂陂障之水道也害於國稼謂水潦及禽獸也阱穿地爲。塹所以禦禽獸其或超踰則陷焉世謂之陷阱擭柞鄂也堅地阱淺則設柞鄂於其中秋而杜塞阱擭收刈之時爲其陷害人也書棐。誓曰敜乃擭敜乃阱時秋也伯禽以出師征。徐戎○澮古外反阱在性反塹也擭胡化反陂彼宜反障之尚反塹七豔反本又作塹柞劉才伯反或在洛反鄂劉五洛反戚五各反棐音祕敜音杜敜乃協反又乃結反徐劉本作郤音綌

疏雍氏至杜擭釋曰掌溝瀆澮池之禁凡害於國稼者溝瀆澮池或田間通水或在田外所須本爲利民而造其中有放溢奔流爲害者則禁之凡害於國稼者謂水潦之等春令爲阱擭溝瀆之利於民者阱擭以取禽獸溝瀆所以通水是皆利於民故春使爲之也○注溝瀆至徐戎○釋曰云溝瀆澮田間通水者也者按遂人匠人惟有遂溝洫澮川不見有瀆此云瀆亦田間通水者但注瀆曰川或可以川爲瀆舉其類也云池謂陂障之水道也者詩云彼澤之陂毛云澤障曰陂今云陂障之水道謂障澤爲陂之時於澤通水入陂之道曰池云阱穿地爲塹者此則深爲不須別設柞鄂擭則堅地不可得深故須柞鄂柞鄂者或以爲豎柞於中向上鄂鄂然所以載禽獸使足不至地不得躍而出謂之柞鄂也書棐誓者彼云魯侯伯禽宅曲阜徐戎並興伯禽往征有此塞阱杜擭之事故引以爲證也云時秋也者彼不見時節但此說在秋明彼亦秋故得有敜擭敜阱之事也

禁山之爲苑澤之沈者爲其就禽獸魚鱉。自然之居而害之鄭司農云不得擅爲苑囿於山也澤之沈者謂毒魚。及水蟲之屬○苑於阮反劉於願反

疏注爲其至之屬○釋曰先鄭云不得擅爲苑囿於山義雖與後鄭異得爲一義故引之在下。文云沈者謂毒魚及水蟲之屬者謂別以藥沈於水中以殺魚及水蟲不謂鴆故不作鴆作沈也

萍氏掌國之水禁水禁謂水中害人之處。及入水捕魚。鱉不時○捕音步

疏注水禁至不時○釋曰水中害人之處或有深泉洪波沙虫水弩云捕魚鱉不時者案月令春秋及冬取魚夏不合取魚夏取則不時故云不時皆禁之也

幾酒苛察沽。買過多及非時者○苛音何又呼何反

沽音姑又音故買如字一本作賣疏幾酒〇釋曰萍氏幾酒者酒亦水之類故也不得非時時謂若酒誥惟祀茲酒及鄉飲酒及昏娶爲酒食以召鄉黨
僚友是其時也謹酒使民節用酒也書酒誥曰有政有事無彝酒疏謹酒〇釋曰此戒謹愼於酒故引酒誥有政之大目有事之小目彝常也不得
常飲明如上文合飲時乃飲也禁川游者備波洋卒至沈溺也〇洋音翔又音羊卒寸忽反疏禁川游者〇釋曰游謂浮游不乘橋船恐溺故
禁之也

司寤氏掌夜時夜時謂夜晚早若今甲乙至戊疏注夜時至至戊〇釋曰此文與下爲目故注云謂夜晚早甲乙則早時戊亥則晚時也
以星分夜以詔夜士夜禁夜士主行夜徼候者如今都候之屬〇行下孟反下行夜同徼古弔反疏注夜士至之屬〇釋曰云
以星分夜者若今時觀參辰知夜早晚是以書傳云春昏張中可以種稷夏大火中可以種黍菽秋虛中可以種麥冬昴中可以收斂蓋藏彼雖非分夜以詔
夜士亦是以星知早晚之類也言行夜徼候者若宮伯掌授八次八舍注云於徼候便也則行夜來往周旋謂徼候者也禦晨行者禁宵行
者夜遊者備其遭寇害及謀非公事禦亦禁也謂過止之無刑法也晨先明也宵定昏也書曰宵中星虛春秋傳曰夜中星隕如雨〇先悉薦反隕
于敏反疏注溝其至如雨〇釋曰晨亦得名旦月令云旦尾中亦得名曰明按三光考靈耀云日入三刻爲昏不盡三刻爲明昏亦得名星故奔喪云日
行百里不以夜行惟父母之喪見星而行見星而舍明見星時卽爲夜也如是宵亦得名曰昏昏參中是也亦名曰夜爾雅云宵夜也然則夜是明之首不通
於前宵是昏之末不通於後也惟夜中之時正一名耳此云禁晨行者禁宵行者謂在道路中禮志云男女夜行以燭謂在宮中也晨行宵行者惟罪人與奔
父母之喪若天子祭天之時則通夜而行故禮記云氾埽反道鄉爲田燭禁夜遊者禁其無故遊者引春秋者莊公七年夏四月辛卯夜中星隕如雨是也

司烜氏掌以夫遂取明火於日以鑒。取明水於月以共祭祀之明齍明燭共明

水夫遂陽遂也鑒鏡屬取水者世謂之方諸取日之火月之水欲得陰陽之。潔氣也明燭以照饌陳明水以為玄酒鄭司農云夫發聲明。齍謂以明水。脩滌粢盛黍稷○夫方符反或云司農音符齍音資注作粢音同疏注夫遂至黍稷○釋曰云夫遂陽遂也者以其日者太陽之精取火於日故名陽遂取火於木為木遂者也鑒鏡屬者詩云我心匪鑒不可以茹彼鑒是鏡可以照物此鑒形制與彼鑒同所以取水也云取水者世謂之方諸者漢世謂之方諸言取水謂之方諸則取火者不名方諸別名陽遂也明者潔也日月水火為明水明火是取日月陰陽之潔氣也云明燭以照饌陳者謂祭日之旦饌陳於堂東未明須燭照之云明水以為玄酒者鬱鬯五齊以明水配三酒以玄酒配玄酒井水也玄酒與明水別而云明水以為玄酒者對則異散文通謂之玄酒是以禮運云玄酒在堂亦謂明水為玄酒也先鄭云明水滫滌粢盛黍稷者滫謂滫瀡滌謂蕩滌俱謂釋米者也

凡邦之大事共墳燭庭燎故書墳為蕡鄭司農云蕡燭麻燭也玄謂墳大也樹於門外曰大燭於門內曰庭燎皆所以照衆為明○墳扶云反燎力召反蕡扶云反李一音婦輩反疏凡邦至庭燎○釋曰大事者謂若大喪紀大賓客則皆設大燭在門外庭燎在大寢之庭○注故書至為明○釋曰先鄭從故書蕡為麻燭者以其古者未有麻燭故不從是以禮記少儀云。十人執燭抱燋鄭云未爇曰燋是知未有麻燭也後鄭云樹於門外曰大燭者非人所執也燕禮云甸人執大燭於庭不言樹者彼諸侯燕禮不樹於地甸人執彼注云庭大燭為位廣也此言大燭亦為位廣又樹之於地也云於門內曰庭燎者於門內在庭中故謂之庭燎庭燎與大燭亦一也其所以照衆為明是以詩庭燎云夜如何其夜未央庭燎之光君子至止鑾聲將將謂宣王時諸侯來朝之事按郊特牲云庭燎之百由齊桓公始也鄭云庭燎之差公蓋五十侯伯子男皆三十大戴禮文其百者天子禮庭燎所作依慕容所為以葦為中心以布纏之飴密灌之若今蠟燭百者或以百。般

一處設之或百處設之若人所執者用荊燋爲之執燭抱燋曲禮云燭不見跋是也

中春以木鐸修火禁于國中爲季春將出火也火禁謂用火之處及備風燥○中音仲爲于僞反下爲葬皆爲同燥素早反又素報反疏注爲季至風燥○釋曰云爲季春將出火也者三月昬時火辰星在卯南見是火星出此二月未出故云爲季春將出火也

軍旅修火禁邦若屋誅則爲明竁焉鄭司農云屋誅謂夷三族無親屬收葬者故爲葬之也三夫爲屋一家田爲一夫以此知三家也玄謂尾讀。如其刑剭之剭剭誅謂所殺不於市而以適甸師氏者也明竁若今。揭頭明書其罪法也司烜掌明竁則罪人夜葬與○竁昌銳反剭徐音屋劉音握與音餘疏軍旅至竁焉○釋曰屋誅謂甸師氏屋舍中誅則王之同族及有爵者也是以易鼎卦云鼎折足覆公餗其刑屋鄭義以爲餗美饌。鬻三足三公象若三公傾覆王之美道屋中刑之與此同云爲明竁焉者明用刑以板書其姓名及罪狀著於身竁壙中也○注鄭司至葬與○釋曰先鄭以屋爲夫三爲屋者謂夷三族解之後鄭不從者夷三族乃是戰國韓信等用商鞅連相坐之法造三夷之誅既亂世之法何得以解太平制禮之事乎鄭知罪人亦有明刑書於木者見昭二年鄭公孫黑作亂子產數其罪云不速死大刑將至七月壬寅縊尸諸周氏之衢加木焉注云書其罪於木以加尸上而辠之非禮故書殺以惡黑知明刑者書可知知夜葬者以其司烜主明火掌夜事既令掌之則罪人夜葬可知故曾子問云見星而行者惟罪人是夜葬之事也

附釋音周禮注疏卷第三十六

周禮注疏卷三十六校勘記　阮元撰盧宣旬摘錄

附釋音周禮注疏卷第三十六

司刑

若今宮男女也　諸本官作宦此誤疏中同

謂易君命　補毛本謂作觸當據正

云降畔寇賊劫掠奪攘撟虔者　惠校本掠作略此誤

小曰提縈　閩本同監毛本提改緹

惟赦墨劓與刖三者　漢制考惟作唯

其宮刑至唐乃赦也　閩本同誤也漢制考及監毛本唐作隋當據正書呂刑正義云隋開皇之初始除男子宮刑婦人猶閉於宮

案文十八年史克云　閩本同監毛本下衍先君二字又監本文誤土

司刺

恐〇不獲實　毛本恐下無圈此誤

若舉刃欲斫伐大字本岳本嘉靖本閩本同監毛本斫誤砍○按今俗有此字讀如坎卦之坎而韻書無之

若閒帷薄忘有在焉漢制考作忘有在焉者諸本俱脫者當補

與喻之義耳漢制考疊之字

再赦曰老旄唐石經諸本同葉鈔釋文作老秏云本又作旄同今通志堂本改老耄非鄭注大司寇引書王秏荒

司約

治摯之約次之唐石經諸本同嘉靖本摯作摰

夔子不祀祝融釋文宋本錢鈔本嘉靖本皆作夔子此訛

常平諸侯直命祀社宋本閩本同監毛本平誤年

或有彫器簠簋之屬漢制考彫作雕

豈此舊典之遺言漢制考下有與諸本皆脫當補

故知使神監焉惠校本使作欲此誤

謂殺雞取血釁其戶宋本嘉靖本同閩監毛本雞作鷄疏及司盟注同惠校本疏中亦作雞

云則珥而辟藏者閩監毛本珥改衈

割雞當門惠校本雞下有門此脫

凡邦之盟約大史司會及六官惠校本之下有大大史下有內史二字此脫

司盟

而騁告公曰閩本同監毛本騁誤聘

及其禮儀唐石經諸本同釋文作禮義云音儀今本竟改作儀非〇按漢字多用義爲儀見先鄭注

有疑不協也大字本嘉靖本毛本同錢鈔本閩監本協作恊

以詛射頴考叔者大字本岳本嘉靖本同閩監毛本頴作潁非

紇廢公鉏惠校本無紇

撿其自相違約按撿字當从木作檢檢猶防也制也

撿後相違約勘之閩監本撿作檢

使其邑閭出牲而來盟已大字本作使邑閭出牲來盟已已爲己之誤今本其而二字蓋衍宋本閩本已作既誤也〇按而來盟句絕已字連下讀猶已而也

則遺其地之民閩毛本遺作遣此及監本皆誤

職金

所送者謂若荆楊貢金三品闓本所送剏改入征監毛本從之

青乏之山惠校本作青丘

無齊之理闓本同監毛本齊改濟非

作槍雷椎椁之屬大字本槍作搶非嘉靖本椁作㮨釋文作椎椁云宅耕反本又作㮨漢讀考椁作㮨云說文作打撞也從木丁聲通俗文撞出曰朾釋元應曰敓𢿲椁朾四形同丈衡切今釋文作椁訛

司厲

盜賊臧闓監毛本同嘉靖本臧作贓監本疏中亦作贓較之贓字稍正按朝士注云若今時加責取息坐贓贓即俗臧字也

男子入于罪隸女子入于舂槀唐石經諸本同毛本槀誤稾疏中引經同漢書刑法志作女子入舂槁槀槁一字也說文女部云奴奴婢皆古之辠人也周禮曰其奴男子入于辠隸女子入于舂藁从女从又按罪當從許引作古辠字

予則奴戮汝嘉靖本汝作女釋文戮女音汝

從坐而沒入縣官者此本監本官誤宮今據諸本訂正

犬人

凡幾珥沈辜 宋本辜誤辠監本誤辜疏及下掌戮同

幾讀爲庪 大字本岳本閩本同嘉靖本庪作庋宋本作庪監毛本訛瘢下同釋文作爲枝

祭山曰庪縣 宋本作祭山曰庪無縣字釋文枝縣音元〇按毛本作祭山川瘞縣誤甚

珥當爲衈 賈疏作讀爲

先鄭讀幾爲庪 宋本庪作庪

司圜

弗使冠飾者著墨幪 閩監毛本同誤也釋文大字本岳本嘉靖本作黑幪當據以訂正蓋賈疏引孝經緯作墨幪〇按依說文當作幪加廾者非也

上罪墨象赭衣 浦鏜云墨象疑墨幪誤下同

畫象刑者則尙書象刑 按上刑字當衍

掌囚

上罪梏拲而桎 說文手部云拲兩手同械也从手从共共亦聲周禮上辠梏拲而桎或从木作桊按罪字當從說文作辠

宜以先言梏 浦鏜云宜當宜之誤

掌戮

大刑有五浦鏜云夫誤大

衛侯燬滅邢監本邢誤刑○按依說文當作邢

髡者使守積唐石經葉鈔釋文大字本作髡者髡字下從兀諸本作髡譌漢書刑法志作完者使守積師古注用司農義按髡完聲相近鄭司農改字本班志

髡當爲完錢鈔本閩本同大字本嘉靖本監毛本云當作完

司隸

厲遮例也釋文例也本又作列同音烈按釋文例列字當互倒鄭注當本作遮列○按不然遮例即遮迾也說文曰迾遮也

罪隸

其守王宮與其厲禁者如蠻隸之事唐石經諸本同浦鏜引王明齋曰十四字宜屬閩隸以文義詳之不應未言蠻隸而曰如蠻隸之事按司隸職云掌帥四翟之隸使之皆服其邦之服執其邦之兵守王宮與野舍之厲禁則守王宮與其厲禁者明屬四翟之隸之職與罪隸無涉今三翟隸有文獨閩隸缺明是彼之脫簡誤衍於此蓋賈疏本已如是鄭注時則未誤也○按鄭注時本不如是

閩隸

謂若畜鳥氏掌畜禽鳥閩本同監毛本禽改猛非按畜鳥氏謂掌畜也

夷隸

介葛盧聞牛鳴岳本盧作廬非

若周末失道浦鏜云末誤末

貉隸

互見之耳閩監毛本耳改也

秋官司寇下

布憲

此與大司寇補此本寇下空闕一字

晦漫禮儀也閩監毛本漫作慢

禁殺戮

元謂攘猶郤也嘉靖本同閩監毛本郤誤郤大字本作却俗字下同

然今言見血閩監毛本然改若

禁暴氏

亦刑所禁也 大字本無也

野廬氏

比猶校也 大字本岳本嘉靖本同錢鈔本校作校是也當據以訂正閩監毛本校改較按漢人作比校字从木

故云廬之屬以苞之 閩監毛本苞改包

聚欜之 唐石經鈌葉鈔釋文嘉靖本欜作欜

有相翔者誅之 嘉靖本閩監毛本同唐石經大字本岳本者下有則當據以補正石經考文提要引周禮訂義有則字

釋曰守塗地之人 閩本同監毛本塗改涂

凡道路之舟車轚互者 說文車部云轚車轄相擊也从車从毄毄亦聲周禮曰舟輿擊互者按周禮舟車許引作舟輿爲異擊當從周禮作轚許正引此經以證轚字也鄭注當本作舟車轚互猶許君云車轄相擊也故賈疏釋注云車互相擊○按鄭引經文不當改字

車有轘轒坻閡 釋文作環轒云本亦作轘同按轘當依陸本作環因注云車有環轒故改從車旁也段玉裁云坻字徐之爾反則字作坻

東至於氐柱 閩監毛本氐誤底下同

是氐柱爲水之溢道者也 閩監毛本溢作隘

皆爲防姧也大字本宋本同閩監毛本姧改奸嘉靖本作姦按廣韻姦俗作姧

射邪趍疾閩監本同大字本錢鈔本嘉靖本毛本趍作趨當據正趍俗趨字毛本疏中亦作趍

比校治道者名大字本岳本嘉靖本閩監本同錢鈔本毛本校作校漢制考作較

若今次金敘大功諸本同賈疏本大作丈云官名次金敘主以丈尺賦功今俗本多誤爲次敘大功○按疏云漢時有官名次金敘敘字恐衍蓋賈本作次金丈功俗本云次敘大功今本轉寫互誤各衍一字耳賈云有官名次金亦未可信此注宜定爲若今次敘丈功金與敘形之誤大與丈亦形之誤

使有功效閩監毛本效改効

若今絕蒙布巾閩監毛本同大字本宋本岳本嘉靖本布作大漢制考所引同當據正

邦之大師唐石經作邦之有大師今諸本脫有字○按有字不必補

非此常人也大字本閩監本同誤也錢鈔本嘉靖本毛本此作比當據以訂正

備姦人內賊及反閒閩監毛本同大字本嘉靖本姦作姧姧者俗姦字

蜡氏

曲禮四足死者曰漬大字本曲禮下有曰此脫釋文漬作殰云又作漬

脊讀爲漬大字本岳本嘉靖本同閩監毛本漬作殰

月令曰掩骼埋髊浦鏜云髊下脫一髊字漢讀考云月令上當有元謂二字司農從故書作脊而易爲漬鄭君從今書作骴而釋其義髊同骴說文曰骴或從肉是也按此引月令當本作掩骼埋骴禮記音義云髊亦作骴此疏引彼注云肉腐曰骴可證此作髊是淺人據今本月令所改當訂正下同

蠲讀如吉圭惟饎之圭圭絜也大字本如作若監毛本絜改潔非疏同漢讀考作讀爲

人所薉惡也釋文薉今本多作穢按鄭用薉字考工記注云粤地塗泥多草薉又函人注無薉也皆可證○按說文有薉無穢一正一俗也漢人用薉

今時揭櫫是也閩監本同誤也揭字當從諸本作木旁唐石經作楬下準此監本櫫誤櫫

有郡界之吏閩監毛本同誤也大字本宋本嘉靖本郡作部漢制考所引同當據以訂正

若比長閭胥黨宰之輩惠校本作里宰此誤

雍氏

阱穿地爲漸嘉靖本同大字本漸作塹閩監毛本作塹按釋文爲塹本又作塹漸蓋塹之訛

書柴誓曰大字本岳本嘉靖本閩本同監毛本柴誤柴疏同按釋文柴誓音祕○按自唐以前皆作柴誓至衛包乃妄改爲費誓

伯禽以出師征徐戎釋文徐戎劉本作郐音徐按今文尚書蓋作郐戎鄭注本之○按郐字見說文

為其就禽獸魚鼈自然之居嘉靖本同閩監毛本鼈改鱉

謂毒魚及水蟲之屬岳本脫及

文云沈者謂毒魚及水蟲之屬者惠校本文作又此誤

萍氏

及入水捕魚鱉不時嘉靖本鱉作鼈宋本作鼈此本閩本疏中同監本及誤反

苛察沽買過多大字本買作賣按釋文沽買一本作賣賣蓋賣之譌○按今俗語亦呼買物件為置古語之遺者也

無彝酒閩監毛本同大字本嘉靖本彝作夷當據正此本疏中亦云夷常也○按韓非引書亦作夷

有政之大目有事之小目閩監毛本目皆作臣毛本有事誤在事

司寤氏

若今甲乙至戊嘉靖本戊作戌後又於戌中補一點九經三傳沿革例云各本作甲乙至戌獨蜀本作戊漢制考作戊云疏以戊為戌誤

甲乙至戊謂夜有五更又引衛宏漢舊儀云五夜甲夜乙夜丙夜丁夜戊夜

然則夜是明之首惠校本夜作晨此誤

司烜氏

以鑒取明水於月 說文金部云鑑大盆也一曰鑑諸可以取明水於月从金監聲按依許書監當作鑑天官淩人春始治鑒今作鑑○按說文篆體今本不必皆古本也不當云許必作鑑

欲得陰陽之潔氣也 大字本岳本嘉靖本潔作絜此非

明齍謂以明水脩滌粢盛黍稷 閩監毛本同大字本岳本嘉靖本脩作滫按賈疏本作滫云滫謂滫瀡滌謂蕩滌釋文無音蓋陸本作脩取修絜義亦通明齍當作明粢釋文於經云明齍音資注作粢同○按脩滫皆非也乃溲字之誤耳說文作浚沃汏也

十人執燭抱燋 浦鏜云主誤十

或以百般一處設之 閩本同監毛本般改根

火辰星在卯南見 閩監本同當從毛本作大辰

元謂屋讀如其刑剭之剭 監本謂誤爲漢讀考作讀爲禮說云班固述哀紀曰底剭鼎臣服虔曰周禮有屋誅

若今揭頭 監毛本同嘉靖本閩本及漢制考揭皆作楬

鼐三足 浦鏜云鼎誤鼐

周禮注疏卷三十六校勘記

鄭氏注　賈公彥疏

條狼氏掌執鞭以趨辟王出入則八人夾道公則六人侯伯則四人子男則二人趨辟趨而辟行人若今卒辟車之爲也孔子曰富而可求雖執鞭之士吾亦爲之言士之賤也○趨辟七須反下婢亦反又音避劉薄易反徐扶亦反注趨辟辟行人同卒子忽反下衍卒同辟車必亦反又婢亦反疏條狼至二人○釋曰按序言條狼氏下士六人胥六人徒六十人今云天子八人少二人矣蓋取胥徒中兼充也

凡誓執鞭以趨於前且命之誓僕右曰殺誓馭曰車轘誓大夫曰敢不關鞭五百誓師曰三百誓邦之大史曰殺誓小史曰墨前謂所誓衆之行前也有司讀誓辭則大言其刑以警所誓也誓者謂出軍及將祭祀時也出軍之誓誓左右及馭則書之甘誓備矣郊特牲說祭祀之誓曰卜之日王立于澤親聽誓命受教諫之義也車轘謂車裂也師。樂也大史小史主禮事者鄭司農云誓大夫曰敢不關謂不關於君也玄謂大夫自受命以出則其餘事莫不復請○轘戶串反一音環大音泰注同行戶剛反警京領反復請劉上音服下音情疏凡誓至曰墨○釋曰誓自有大官若月令田獵司徒北面以誓之誓時此條狼氏則爲之大言使衆聞知故云且命之誓僕右者僕大僕與王同車故大僕職云軍旅贊王鼓注云佐擊其餘面通右與馭及王四乘也右謂勇力之士在車右備非常誓馭謂與王馭車者也○注前謂至復請○釋曰云謂出軍及將祭祀時也者若且命以上軍旅祭祀同有此事僕右四乘。校軍旅時師與大史小史皆據祭祀時大夫敢不關亦據祭祀須關君是以鄭引甘誓證軍旅引郊特牲證祭祀也云甘誓備矣者按甘誓云左不攻于左汝不恭命右不攻于右汝不恭命馭非其馬之正汝不恭命用命賞于祖弗用命戮于社予則孥戮汝是其備也郊特牲者王將祭之時故云卜之日王立于澤澤謂在澤宮也澤宮者擇士可與祭者之宮親自聽有司誓命此是受教諫之義也云車轘謂車裂也者春秋左氏傳云轘觀起於四境是也師知是樂師者以其下有大史小史皆掌禮禮樂相將故知師是樂師大師瞽人之長也鄭司農云誓大夫曰敢不關謂不關於君也此先鄭義未足故後鄭增成之玄謂大夫自受命以出則其餘事莫不復請言此者欲見受命出征梱外之事將軍裁之不須復請除此以外其無不復請皆須請於君乃得行事是以襄公十九年秋七月辛卯齊侯環卒晉士匄帥師侵齊至穀聞齊侯卒乃還公羊傳曰還者何善辭也何善爾大其不伐喪也此受命乎君而伐齊則何大乎其不伐喪大夫以君命出進退在大夫也是其不復請君之事也若穀梁大夫雖在外猶當復請于君不敢專故曰還者事未畢之辭也受命而誅生死無所加其怒不伐喪善之也善之則何為未畢也君不尸小事臣不專大名善則稱君過則稱己則民作讓矣士匄外專君命故非之也然則為士匄者宜奈何宜墠帷而歸命乎介是其雖在外不得專命之事也

脩閭氏掌比國中宿互欜者與其國粥而比其追胥者而賞罰之國中城中也粥養也國所游養謂羨卒也追逐寇也胥讀為偦故書互為巨鄭司農云宿謂宿衞也巨當為互謂行馬所以障互禁止人也欜謂行夜擊欜○比毗志反下同宿如字劉息就反粥音育追如字劉張類反偦音胥又息呂反【疏】脩閭至罰之○釋曰云掌比國中宿互欜者互謂行馬所以為遮障宿者所守衞欜者謂宿復擊欜持更也云與其國粥者謂國家粥養未入正卒且為羨卒者云而比其追胥者使此羨卒追而逐寇胥為伺捕盜賊二事也

禁徑踰者與以兵革趨行者與馳騁於國中者皆為其惑衆【疏】禁徑至中者○釋曰以其職作脩閭當脩理門閭故禁此三者也

邦有故則令守其閭互唯執節者不幾令者令其閭內之閭胥里宰之屬【疏】注令者至之屬○釋曰邦有故謂有寇戎

大喪札喪皆是恐有姦非則命各遣守閭。閭巷門有執節公使者不幾。訶也但言閭惟據鄉內注兼云里宰者官名脩閭以六鄉爲主其實兼主六遂故言里宰以包之也

冥氏掌設弧張弧張罿罦之屬所以扃絹禽獸○冥音覓罿昌容反劉上凶反罦音浮扃古熒反絹古犬反○一音古縣反罝氏注同【疏】注弧張至禽獸○釋曰弧弓也謂張弓以取猛獸云罿罦之屬者詩云雉罹于罿雉罹于罦並是取禽獸之物言之屬仍有兎罝之等皆是扃絹禽獸者也爲阱擭以攻猛獸以靈鼓敺之靈鼓六面鼓敺之使驚趨阱擭○敺丘于反後同【疏】注靈鼓至阱擭○釋曰知靈鼓六面者以鼓人云靈鼓鼓社祭晉鼓鼖鼓等非祭社之鼓並兩面路鼓祭宗廟故知加兩面爲四面地神尊於宗廟加兩面爲六面。天尊於地神加兩面爲八面以此差之知靈鼓六面鼓也若得其獸則獻其皮革齒須備鄭司農云須直謂頤下須備謂搔也○搔音爪【疏】若得至須備○釋曰猛獸有不得之法故云若以不定之言也若得猛獸之時猛獸之肉不堪人噉故當獻其皮革須備也皮謂若虎豹熊羆革謂無文章者去毛而獻之齒郎牙也須備如先鄭所說虎豹有須備獻之以擬器物之用也

庶氏掌除毒蠱。以攻說禬之嘉草。攻之毒蠱蟲物。而病害人。者賊律曰敢蠱人及教令者棄市攻說祈名祈其神求去之也嘉草藥物其狀未聞攻之謂燻之鄭司農云禬除也玄謂此禬讀如潰。癰之潰○庶章預反毒蠱音古禬劉音潰戶內反艸音草本亦作草令力呈反去起呂反燻許云反【疏】庶氏至攻之○釋曰除毒蠱目言之攻說禬之據去其神也嘉草攻之據去其身者也○注毒蠱至之潰釋曰云攻說祈名者大祝六祈有類造禬禜攻說故知也先鄭云禬除也後鄭增成其義潰。癰之潰俗讀也凡敺蠱則令之比之使爲之又校次之【疏】凡敺

至比之○釋曰云毆之止謂用嘉草爇之時并使人毆之既役人衆故須校比之

穴氏掌攻蟄獸各以其物火之蟄獸熊羆之屬冬藏者也將攻之必先燒其所食之物於其外以誘出之乃可得之疏注蟄獸至得之○釋曰知熊羆之屬者鄭目驗而知猛獸之蟄惟有熊羆之屬也言以其物火之明是燒其所食之物誘之使出穴外乃可得也以時獻其珍異皮革疏以時至皮革○釋曰謂熊羆之皮革及熊蹯之等

翨氏掌攻猛鳥各以其物爲媒而擠之猛鳥鷹隼之屬置其所食之物於絹中鳥來下則擠其脚○擠居綺反注同隼息允反疏注猛鳥至其脚○釋曰云各以其物爲媒者若今取鷹隼者以鳩鴿置於羅網之下以誘之云鷹隼之屬者王制云鷹隼摯然後尉羅設易云公用射隼於高墉之上隼卽謂之鶻者也以時獻其羽翮○翮戶革反

柞氏掌攻草木及林麓林人所養者山足曰麓○柞側百反麓音鹿疏注林人至曰麓○釋曰此柞氏與薙氏治地皆擬後年乃種田但下有薙氏除草此柞氏攻木兼云草者以攻木之處有草兼攻之故云草也云林人所養者若林衡所掌者未必人所養此乃人所攻治以擬種殖故知此林麓人所養治者也漆林之征亦此類也山足曰麓爾雅文林麓謂麓上有林者也此掌攻與下文爲目也夏日至令刊陽木而火之冬日至令剝陰木而水之刊剝互言耳皆謂斫去次地之皮生山南爲陽木生山北爲陰木火之水之則使其肄不生○刊苦干反去起呂反肄以四反疏夏日至水之○釋曰夏日至謂五月夏至之日爲之也令刊陽木而火之謂先刊削以去其皮乃燒之冬日至謂十一月冬至之日爲之剝陰木而水之亦謂剝去其皮乃水此文與下文相兼乃足也必以夏刊陽木冬剝陰木者夏至之日則陰生冬至陽生陽與木得陰而鼓陰木

得陽而發故須其時而刊剝之也山虞取其堅刃冬斬陽夏斬陰此欲死之故夏陽木冬陰木○注刊剝至不生○釋曰云刊剝互言耳者謂削之亦剝之剝謂剝去其皮亦削之故云互也云生山南爲陽木生山北爲陰木者爾雅云山南曰陽山北曰陰云火之水之則使其肄不生者斬而復生曰肄若以水火斬而不復重生故云使其肄不生也

若欲其化也則春秋變其水火化猶生也謂時以種穀也變其水火者乃所火則水之所水則火之則其土和美疏注化猶至和美○釋曰此覆釋上文此刊木。正欲種田生穀故云若欲使前刊木。分穀之時則當以春秋變其水火也變之者前文云夏日至刊陽木火之者至秋以水漬之前冬日至剝陰木以水之者至後春以火燒之如此則地和美也

凡攻木者掌其政令除木有時疏注除木有時○釋曰凡國家有欲攻木者皆來取柞氏政令所以取政令者除木有時如上冬夏者也

薙氏掌殺草春始生而萌之夏日至而夷之。秋繩而芟之冬日至而耜之故書萌作甍杜子春云甍當爲萌萌謂耕反其萌。牙書亦或爲萌玄謂萌之者以茲其斫其生者夷之以鉤。鎌迫地芟之也若今取茭矣含實曰繩芟其繩則實不成孰耜之以耜。測凍。土剗之○繩音孕以證反注同芟所銜反甍音萌茲其音基茲其鉏也鎌音兼茭音交剗初產反劉則展反疏注故書至剗之○釋曰此薙氏所掌治地從春至冬亦一年之事後年乃可種也子春云萌謂耕反其萌牙後鄭不從者此經云殺草則是萌謂草始生出地之時非是十一月草木萌動其色赤十二月牙其色白何得耕反其萌牙乎以是不從子春之說也玄謂萌之者以茲其斫其生者漢時茲其卽今之鋤也云夷之以鉤鎌迫地芟之也若今取茭矣者見今取茭草亦於夏迫地取之故舉爲況也云含實曰繩者秋時草物含實也云耜之以耜測凍土剗之者耜廣五寸謂耒頭金冬時地凍故以耜附測凍土剗之如此春種則地和美

若欲其化也則以水火變之謂以火燒其所芟萌之草已而水之則其土亦和美矣月令季

夏燒薙行水利以殺草如以熱湯是其一時著之　掌凡殺草之政令

硩蔟氏掌覆夭鳥之巢覆猶毀也夭鳥惡鳴之鳥若鴞鵩○覆芳服反注同夭音妖後夭鳥同鴞于嬌反鵩音服【疏】注覆猶至鴞鵩○釋曰禮記云無覆巢者謂非夭鳥者也此官覆毀夭鳥之巢窠也云鴞鵩者鴞之與鵩二鳥俱是夜爲惡鳴者也　以方書十日之號十有二辰之號十有二月之號十有二歲之號二十有八星之號縣其巢上則去之方版也日謂從甲至癸辰謂從子至亥月謂從娵至荼歲謂從攝提格至赤奮若星謂從角至軫夭鳥見此五者而去其詳未聞○縣音玄娵徐劉並子須反荼劉沈音餘李音舒又音徒按爾雅正月爲娵即離騷所云攝提貞于孟陬皆側留反又子侯反爾雅又云十二月爲涂音徒今注作娵荼二字是假借耳當依爾雅讀從攝提格至赤奮若爾雅曰太歲在寅曰攝提格在丑曰赤奮若【疏】注方版至未聞○釋曰云日謂從甲至癸者據十幹而言辰謂從子至亥者據十二支而說月謂從娵至荼歲謂從攝提格至赤奮若者彼爾雅釋天文太歲在寅曰攝提格在卯曰單閼在辰曰執徐在己曰大荒落在午曰敦牂在未曰協洽在申曰涒灘在酉曰作噩在戌曰閹茂在亥曰大淵獻在子曰困敦在丑曰赤奮若是也又云正月爲娵二月爲知三月爲病四月爲余五月爲皋六月爲且七月爲相八月爲壯九月爲玄十月爲賜十一月爲辜十二月爲涂是也星謂從角至軫右旋數之

翦氏掌除蠹物以攻禜攻之以莽草熏之蠹物穿食人器物者蟲魚亦是也攻禜祈名莽草藥物殺蟲者以熏之則死故書蠹爲槖杜子春云槖當爲蠹○蠹丁故反攻如字劉音貢禜音詠莽亡蕩反又莽草藥名槖劉古毛反本或作槖他各反【疏】翦氏至熏之○釋曰物攻禜攻之據祈去其神故以六祈而言之以莽章熏之據去其身也○注蠹以至爲蠹○釋曰云蟲魚亦是者除蠹物穿食餘器物至於蠹魚惟見書內有

白魚及白蠹食書故云亦是也凡庶蠱之事庶除毒蠱者蠱蠹之類或熏以莽草則去○庶章預反疏注庶除至則去○釋曰翦氏。至除蠹物其蠹毒自是庶氏今此云凡庶蠱者同類相兼左右而掌之故鄭云庶除毒蠱者蠱蠹之類或熏以莽草則去此鄭解翦氏兼掌蠱之意以其翦氏有用莽草熏蠹是以蠱毒亦使翦氏除之也

赤犮氏掌除牆屋以蜃炭攻之以灰洒毒之洒灑也除牆屋者除蟲豸藏。逃其中者蜃大蛤也擣其炭以坋之則走淳之以灑之則死故書蜃爲晨鄭司農云晨當爲蜃書亦或爲蜃○蜃市軫反洒色買反劉霜寄反豸直氏反坋薄悶反淳之純反疏赤犮至毒之釋曰赤犮氏掌除蟲豸自藏埋者今不指其蟲豸之名直云除牆屋者以其蟲豸自埋藏人所不見故不指蟲而以牆屋所藏之處而已爾雅有足曰蟲無足曰豸豸藏逃之類有此二者淳卽沃也謂灑沃以汁則死也蜃炭地官掌蜃以共蜃炭蜃炭者謂蜃灰是也

凡隙屋除其貍蟲貍蟲䗪肌蛷之屬○貍莫皆反劉莫拜反䗪草夜反肌居其反求本或作蛷音求劉音俱疏凡隙至貍蟲○釋曰禮記云如駟之過隙謂孔穴也埋藏之蟲在屋孔穴之中故以隙屋言之○注貍蟲至之屬○釋以隙肌蛷皆是自貍之蟲也

蟈氏掌去鼃黽焚牡蘜以灰洒之則死牡蘜蘜不華者齊魯之間謂鼃爲蟈黽耿黽也蟈與耿黽尤怒鳴爲聒人耳去之○去起呂反注去之同鼃戶媧反黽莫幸反牡莫口反蘜弓六反爲聒于僞反下古活反銜枚氏放此疏蟈氏至則死○釋曰掌去鼃黽此文與下爲目也○注牡蘜至去之○釋曰云牡蘜蘜不華者此則月令季秋云蘜有黃華是牝蘜也云齊魯之間謂鼃爲蟈者官號蟈氏及經無云蟈故鄭以齊魯之言爲證鼃爲蟈故名蟈氏也

以其煙被之則凡水蟲無聲杜子春云假令風從東方來則於水東面爲烟令烟西行被。之水上○被

皮義反注同令力呈反注同【疏】以其至無聲○釋曰上文云焚牡蘜洒之則死此經云以其烟明還用牡蘜之烟被之水上也

壺涿氏掌除水蟲以炮土之鼓敺之以焚石投之水蟲狐蜮之屬故書炮作泡杜子春讀。炮爲苞有苦葉之苞玄謂燔之炮。之炮炮土之鼓瓦鼓也焚石投之使驚去○炮步交反注泡苞同蜮音或燔音煩【疏】注水蟲至驚去○釋曰云水蟲狐蜮之屬者蜮即短狐一物南方水中有之含沙射人則死者也言之屬者水蟲衆矣故云之屬以包之也子春讀從詩苞有苦葉之苞者取其聲同耳不取義也玄謂燔之炮之炮者亦讀從詩此取炮燒之義故云炮土之鼓瓦鼓也云焚石投之使驚去者石之燔燒得水作聲故驚去也

若欲殺其神則以牡橭午貫象齒而沈之則其神死淵爲陵神謂水神龍罔象故書橭爲梓午爲五杜子春云梓當爲橭橭讀爲枯枯榆木名書或爲樗又云五貫當爲午貫○橭劉音沽杜讀爲枯劉亦音枯枽如杜義則音枯山榆也梓音子本或作橭樗丑居反【疏】若欲至爲陵○釋曰云以牡橭午貫象齒而沈之者按儀禮大射云若丹若墨度尺而午彼物射者所履記安足之處十字爲之今此亦然神謂水神龍罔象也橭讀爲枯枯榆木名以橭爲幹穿孔以象牙從。橭貫之爲十字沈之水中則其神死淵爲陵所謂深谷爲陵是也

庭氏掌射國中之夭鳥若不見其鳥獸則以救日之弓與救月之矢。射之不見鳥獸謂夜來鳴呼爲怪者獸狐狼之屬鄭司農云救日之弓救月之矢謂日月食所作弓矢玄謂日月之食陰陽相勝之變也於日食則射大陰月食則射大陽與○射食亦反下注同呼喚故反下文謼呼同大音泰下文同與音餘【疏】庭氏至射之○釋曰云掌射國中之夭鳥者城郭之所人聚之處不宜有夭鳥故去之○注不見至陽與○釋曰云獸狼狐之屬不言鳥者上文注鴞。鵩已解也玄謂日月之食陰陽相勝之變也者日之食晦朔之間月之食惟在於望日食是

陰勝陽月食是陽勝陰未至爲災故云陰陽相勝之變也所以救日月用弓矢射之者鄭以意推量日食則射大陰者以陰侵陽臣侵君之象故射大陰是其常不足可疑月食是陽侵陰君侵臣之象陽侵陰非逆既用弓不得不射若射當射大陽以是爲疑故云月食則射大陽與以疑之

若神也則以大陰之弓與枉矢射之神謂非鳥獸之聲若或叫于宋大廟譆譆出出者太陰之弓救月之弓枉矢救日之矢與不言救月之弓與救日之矢者互言之救日。用枉矢則救月以恆矢可知也○譆許其反詘劉音出本亦作出

疏若神至射之○釋曰若神也者謂不見其身直聞其聲非鳥獸之神耳則以大陰救月之弓與救日枉矢射之○注神謂至知也○釋曰鄭知神謂非鳥獸之聲者見宋大廟有聲非鳥獸之聲者。見。宋。太。廟。有。聲。非。鳥。獸。之。聲既有聲又非鳥獸之聲故知是神聲若神降于莘之類是也云若或叫於宋太廟譆譆出出者左傳文云太陰救月之弓枉矢救日之矢與者太陰之弓爲救月之弓不言與則不疑不疑者以其與經云救日之弓相對彼言救日之弓明此太陰之弓是救月之弓可知若然上言救月之矢則此枉矢是救日可知而言與以疑之者但救日與太陰相對故不疑上言救月此不言太陽之矢直言枉矢矢以名而已故須疑之云不言救月之弓與救日之矢者互言之者若此文云救月之弓與救日之矢爲文自足何暇須互既不須互則上下二文全不見弓矢之名矣是以互見其文欲見有弓矢之名故也互者上文云救日明太陰是救月此文救月是太陰則上文救日是太陽也又枉矢見矢名不言救明有救名救月之矢見救不是矢名明亦有名亦是互也云救日用枉矢則救月以恆矢可知也者見司弓矢枉矢最在前明救月矢當在枉矢之下故知救月用恆矢可知不用庳矢以其庳矢弩所用故也

銜枚氏掌司嚻察嚻。讙者爲其聒亂在朝者之言語○嚻五羔反下同讙呼丸反朝直遙反下同

疏注察嚻至言語○釋曰以銜枚不得語是止讙嚻之官故掌司察嚻讙之事

國之大祭祀令禁無嚻令令主祭祀者

疏注令令主祭祀者○釋曰國之大祭祀謂天地

宗廟令主祭祀之官使禁止無得讙囂讙囂則不敬鬼神故也軍旅田役令銜枚爲其言語以相誤疏注爲其至相誤○釋曰軍旅田役二者銜枚氏出令使六軍之士皆銜枚止言語也禁嘂。呼歎。嗚於國中者行歌哭於國中之道者爲其惑衆相感動嗚吟也○嘂音叫吟魚今反疏注爲其至吟也○釋曰此經四事皆是在道爲之爲其惑衆釋嘂呼歎也相感動解歎嗚與哭也云嗚吟也者以嗚與歎相連則嗚是歎之類故知嗚吟也

伊耆氏掌國之大祭祀共其杖咸。咸讀爲。函老臣雖杖於朝事鬼神尚敬去之有司以此函藏之既事乃授之○函音咸去起呂反疏注咸讀至授之○釋曰下二文云授杖此經惟言共杖函止謂祭祀時臣雖老合杖但爲祭祀尚敬暫去之去杖之時共杖函盛之祭祀訖還與老臣拄之老臣雖杖於朝事鬼神尚敬去之謂七十有德君不許致仕者也王制云七十杖於國八十杖於朝謂得致仕者與此異也軍旅授有爵者杖別吏卒且以扶尊者將軍杖鉞○別彼烈反卒子忽反杖直亮反又音丈鉞音越疏注別吏至杖鉞○釋曰此謂在軍之時有爵謂士以上若然自伍長下士兩司馬中士卒帥上士旅帥下大夫師帥中大夫等並得杖云別吏卒者吏則命士以上卒謂一乘車步卒七十二人等若然甲士三人亦是民之無爵亦與步卒同無杖也知將軍杖鉞者今文泰誓師尚父左杖黃鉞右把白旄是將軍杖鉞之事也共王之齒杖王之所以賜老者之杖鄭司農云謂年七十當以王命受杖者今時亦命之爲。王杖玄謂王制曰五十杖於家六十杖於鄉七十杖於國八十杖於朝疏注王之至於朝○釋曰既共王之齒杖明皆據王賜老者之杖而言若不得王賜者自拄之也先鄭惟據七十故後鄭增成之引王制爲證也

大行人掌大賓之禮及大客之儀以親諸侯大賓要服以內諸侯大客謂其孤卿○要於遙反下文及注同疏

大行至諸侯○釋曰此經與下經爲目大賓言禮亦有儀大客言儀亦有禮言禮據其始爲本言儀據威儀爲先云以親諸侯者易云先王以建萬國親諸侯則朝聘往來是也○注大賓至孤卿○釋曰言要服以內諸侯者對要服已外爲小賓下文云九州之外謂之蕃國世壹見是也云大客謂其孤卿者對還是大賓下孤卿對小行人所云小客則受幣聽其辭者爲小客言孤卿者據大國得立孤一人孤來聘侯伯已下無孤使卿來聘不言大夫士者殷聘使卿時聘使大夫士雖不得特聘爲介來亦入客中故下云諸侯之卿其禮各下其君二等大夫士亦如之是皆得爲客但據大聘略據尊者而言也○此大賓大客尊卑異故言及以殊之此賓客相對則別散文則通是以大司徒云大賓客則令野脩道委積賓亦名客小司徒云小賓客令野脩道委積則客亦名賓是賓客通也

春朝諸侯而圖天下之事秋覲以比邦國之功夏宗以陳天下之謨冬遇以協諸侯之慮時會以發四方之禁殷同以施天下之政

此六事者以王見諸侯爲文圖比陳協皆考績之言王者春見諸侯則圖其事之可否秋見諸侯則比其功之高下夏見諸侯則陳其謀之是非冬見諸侯則合其慮之異同六服以其朝歲四時分來更迭如此而徧時會卽時見也無常期諸侯有不順服者王將有征討之事則既朝王命爲壇於國外合諸侯而發禁命事焉禁謂九伐之法殷同卽殷見也王十二歲一巡守若不巡守則殷同殷同者六服盡朝朝王亦命爲壇於國外合諸侯而命其政政謂邦國之九法殷同四方四時分來歲終則徧矣九伐九法皆在司馬職司馬法曰春以禮朝諸侯圖同事夏以禮宗諸侯陳同謀秋以禮覲諸侯比同功冬以禮遇諸侯圖同慮時以禮會諸侯施同政殷以禮宗諸侯發同禁○朝直遙反後皆同比毗志反注同春見徐賢遍反威如字夏秋冬放此更音庚迭直結反徧音遍下文注皆同時見賢遍反下殷見同伐如字劉扶發反

疏 春朝至之政○釋曰此六者諸侯朝覲天子春秋冬夏時會殷同各自相對爲文春秋冬夏雖相對爲文及其受之處所則春夏爲陽秋冬爲陰以

類同處是以鄭注曲禮云春夏受摯於朝受享於廟生氣文也故兩處受之秋冬一受之於廟殺氣質也故一處受之至於時會殷同自在國外爲壇受之耳○注此六至同禁○釋曰云此六事者以王見諸侯爲文者此六事者有考績之事故王下見諸侯爲文大宗伯無事相見故以諸侯見王爲文故言春見曰朝夏見曰宗之等也云圖比陳協皆考績之言者事功譔慮禁政是考校功績之語故知是考績之言也云春見諸侯則圖其事之可否者以其事由春始故圖事也云秋見諸侯則比其功之高下者秋時物成故校比其功之高下以行賞罰也云夏見諸侯陳其謀之是非者夏物盛大形體皆異可分別故陳天下諸侯謀之是非云冬見諸侯則合其慮之異同者冬物伏藏故合其慮之異同也此四者皆因四時而爲名也云六服以其朝歲四時分來更迭如此而偏者云六服以其朝歲考以下文依服數來朝則有不朝之歲故云以其朝歲也四時分來更迭而徧者假令侯服年年朝春東方來夏南方來秋西方來冬北方來甸服二歲一見亦春東夏南秋西冬北男服。云歲一見當朝之歲亦然采服衞服要服皆然四方四分更互遞代來而偏云時會即時見也者大宗伯云時見故云即時見也云無常期諸侯有不順服者王將有征討之事則既朝王命爲壇於國外合諸侯而發禁命事焉者無常期者假令一方諸侯或一國或五國謀叛不順王命餘諸侯並來幷兵衆而至一則自明服二則助王討之云既朝者諸侯有不當朝歲者則就國外壇朝而已是以司儀與覲禮有壇朝之法若諸侯來者次當朝之歲者則於國內依常朝之法既朝乃向外就壇行盟載之禮也故云既朝既朝當朝歲之諸侯也云王命爲壇於國外合諸侯而發禁命事焉者司儀所云者是也云禁謂九伐之法者大司馬所云九伐是也云殷同即殷見也者大宗伯云殷見曰同故云即殷見也云王十二歲一巡守若不巡守則殷同殷同者六服盡朝者鄭必知王不巡守即行殷同者下文云十有二歲王巡守殷國殷國與巡守連文明同是十二歲若王巡守何須殷同明不巡守乃殷同也云既朝王亦命爲壇於國外合諸侯而命其政者此時六服盡朝於壇而云既朝者是當朝歲者在國朝既朝乃更於壇朝如時會然若然十二年唯衞服非朝之歲則既朝者侯甸男采要皆是也云殷同四方四時分來歲終則徧矣者春東方六服盡來夏南方六服盡來秋西方六服盡來冬北方六服盡來是歲終則徧矣云九伐九法皆在司馬職者按大司馬云掌建邦之九法以佐王平邦國制畿封國以正邦國之等是也九伐者彼又云以九伐之法正邦國馮弱犯寡則眚之之等是也司馬法曰以下彼四時春云事夏云謀秋云功冬云慮與此同惟時會言施同政殷同言發同禁二者與此不同者欲見二者更互而有故不同也

時聘以結諸侯之好殷覜以除邦國之慝此二事者亦以王見諸侯之臣使來者爲文也時聘者亦無常期天子有事諸侯使大夫來聘。親以禮見之禮而遣之所以結其恩好也天子無事則已殷覜謂一服朝之歲也慝猶惡也一服朝之歲五服諸侯皆使卿以聘禮來覜天子天子以禮見之命以政禁之事所以除其惡行○好呼報反注同覜通弔反慝吐得反使來色吏反行下孟反

疏注此二至惡行○釋曰云此二事者言亦亦上諸侯也是亦以王見諸侯之臣使來者爲文此亦對宗伯彼無考績之事直相見故云時聘曰問殷覜曰視以見王爲文此有好慝之事故以王下見爲文云時聘者亦無常期者亦諸侯云時會也云天子有事諸侯使大夫來聘覜以禮見之禮而遣之所以結恩好也者此謂時會之年當方有諸侯不順服當方諸侯來餘方無諸侯不順之事身不來卽大夫來聘天子亦有兵至助王討逆云天子無事則已者此聘。事爲有事若王無事則不來也殷覜謂一服朝之歲也者按宗伯注云一服朝在元年七年十一年以其朝者少聘者多故亦得稱殷殷衆也知亦命以政禁之事者以其言除邦國之慝大司馬九法九伐平正邦國所以除惡既言除慝明亦命以政禁者也

間問以諭諸侯之志歸脤以交諸侯之福賀慶以贊諸侯之喜致禬以補諸侯之烖此四者王使臣於諸侯之禮也間問者間歲一問諸侯謂存省之屬諭諸侯之志者諭言語諭書名其類也交。或往。或。來者也贊助也致禬凶禮之弔禮禬禮也補諸侯烖者若春秋澶淵之會謀歸宋財○間問廁之

間注同脤上忍反禬音會澮市然反

疏 間問至之裁○釋曰此經天子於諸侯之法卽下文云王之所以撫邦國已下是也此云之者以上二經已言諸侯見王之法故先略言王施恩於諸侯之禮○注此四至宋財○釋曰云此四者王使臣於諸侯之禮也者對上是諸侯及臣見王之禮故云此以對彼間問者間歲一問諸侯謂存省之屬者按下文云歲徧存三歲徧覜五歲徧省七歲屬象胥九歲屬瞽史十有一歲達瑞節並是間歲之事故鄭云之屬以包之云諭諸侯之志者諭言語諭書名其類也者彼仍有協辭命之等故云其類也云交或往或來者也者欲見臣有祭祀之事亦得歸脤於王故玉藻云臣致膳於君有葦桃茢亦歸胙於王也按宗伯云脤膰本施同姓尊二代之後亦得之故僖二十四年宋成公如楚還入鄭鄭伯將享之問禮於皇武子對曰宋先代之後也於周為客天子有事膰焉有喪拜焉僖九年王使宰孔賜齊侯胙曰天子有事于文武使孔賜伯舅胙注云周禮脤膰之禮親兄弟之國不以賜異姓尊齊侯客之若先代之後是其事也此言脤不言膰文不具云致禬凶禮之弔禮禬禮也者按宗伯云以禬禮哀。國敗此災亦云禬者同是會合財貨故災亦稱禬也云澶淵之會謀歸宋財者此事見襄公三十一年左氏傳彼以宋遭災諸侯大夫謀歸宋財補不足故取為證補災之事也按宗伯賀慶之禮親異姓之國此云諸侯者欲見庶姓諸侯有恩亦施及之故也按宗伯嘉禮有六此惟施二者但此二者可施與諸侯其餘飲食冠婚饗燕直制法行之非歸與之禮故不言也若然彼宗伯凶禮有。三此唯言弔禮餘四者不言者行人唯主弔法餘禮蓋自有人主之故此不言也隱元年宰咺來歸惠公仲子之賵服氏云咺天子宰夫是宰夫主賻賵之事是其別主之類也

以九儀辨諸侯之命等諸臣之爵以同邦國之禮而待其賓客九儀謂命者五公侯伯子男也爵者四孤卿大夫士也

疏 以九至賓客○釋曰此經與下為目下文有五等諸侯次有孤執皮帛次諸侯之卿下其君二等次有大夫士亦如之是列五等四命等爵故鄭云命者五公侯伯子男也爵者四孤卿大夫士也

上公之禮執桓圭九

寸繅藉九寸冕服九章建常九斿樊纓九就貳車九乘介九人禮九牢其朝位賓主之間九十步立當車軹擯者五人廟中將幣三享王禮再祼而酢饗禮九獻食禮九舉出入五積三問三勞諸侯之禮執信圭七寸繅藉七寸冕服七章建常七斿樊纓七就貳車七乘介七人禮七牢朝位賓主之間七十步立當前疾。擯者四人廟中將幣三享王禮壹祼而酢饗禮七獻食禮七舉出入四積再問再勞諸伯執躬圭其他皆如諸侯之禮諸子執穀璧五寸繅藉五寸冕服五章建常五斿樊纓五就貳車五乘介五人禮五牢朝位賓主之間五十步立當車衡擯者三人廟中將幣三享王禮壹祼不酢饗禮五獻食禮五舉出入三積壹問壹勞諸男執蒲璧其他皆如諸子之禮繅藉以五采韋衣。板若奠玉則以藉之冕服著冕所服之衣也九章者自山龍以下七章者自華蟲以下五章者自宗彝以下也常旌。旂也旂其屬幓垂者也樊纓馬飾也以罽飾之每一處五采備爲一就就成也貳副也介輔已行禮者也禮大禮饔餼也三牲備爲一牢朝位謂大門外賓下車及王車出迎所立處也王始立大門內交擯三辭乃乘車而迎之齊僕爲之節上公立當軹侯伯立當疾子男立當衡王立當軫與廟受命祖之廟也饗設盛禮以飲賓也問問不恙也勞謂苦倦之也皆有禮以幣致之故書祼作果鄭司農云車軹軹也三享三獻也祼讀爲灌再灌再飲公也而酢報飲王也舉舉樂也出入五積謂饋之芻米也前疾謂駟馬車轅前胡下垂。柱地者玄謂三享皆束帛加璧庭實惟國所有朝。士儀曰奉國地所出。重物而獻之明臣職也朝先享不言朝者朝正禮不嫌有等也王禮王以鬱鬯禮賓也鬱人職曰凡祭祀賓客之祼事
和鬱鬯以實彝而陳之禮者使宗伯攝酌圭瓚而祼王既拜送爵又攝酌璋瓚而祼后又拜送爵是謂再祼再祼賓乃酢王也禮侯伯一祼而酢者祼賓賓酢
王而已后不祼也禮子男一祼不酢者祼賓而已不酢。王也不酢之禮聘禮禮賓是與九舉舉牲體九飯也出入謂從來訖去也每積有牢禮米禾芻薪凡數
不同者皆降殺○繅音藻藉在夜反下及注同斿音留下同樊步干反下同乘繩證反下同介音界下及注同軹之氏反或居氏反擯必刃反後皆同祼古亂
反酢才洛反食禮音嗣下及注皆同積子賜反後皆同勞老報反下及注弁小行人司儀職放此信音申後信圭同同衣板於既反著丁略反屬章玉反慘音衫
罽居例反齊側皆反與音餘下是與步與皆同飲於鴆反下同恙羊尚反餽本又作饋來位反徐紀畏反杜張矩反飯扶晚反殺色界反疏上公至之禮○
釋曰此一經總列五等諸侯來朝天子天子以禮迎待之法云上公之禮至三問三勞徧論上公之禮但上公之禮一句總與下為目執桓圭九寸繅藉九寸
此主行朝禮於朝所執其服則皮弁若行三享則執璧瑞自冕服九章已下至將幣三享見行三享已前之事自王禮已下至三勞見王禮注公之禮云執桓
圭九寸者以桓楹為飾繅藉九寸者所以藉玉冕服九章者衮龍已下衣五章裳四章建常九斿者但對文日月為常交龍為旂而云常者常總稱故號旂為
常也樊纓九就者樊馬腹帶纓馬鞅以五采罽飾之而九成貳車九乘者按覲禮記云偏駕不入王門鄭云在傍與已同曰偏同姓金路異姓象路四衛革路
蕃國本路此等不入王門舍於館乘墨車龍旂以朝彼據覲禮覲禮天子不下堂而見諸侯故諸侯不得申偏駕今此春夏受贄在朝無迎法亦應偏駕。不來
今行朝後行三享在廟天子親迎並申上服明乘金路之等若不申上車何得有樊纓九就之等以此知皆乘所得之車也但貳車所飾無文未知諸侯貳車
得與上車同否但數依命九乘七乘五乘介九人者陳於大門外賓北面時介皆西北陳之也禮九牢者此謂饔餼大禮朝享後乃陳於館以數有九故進之

與介同在上其朝位賓主之間九十步者上公去門九十步王未迎之時在大門內與賓相去之數也立當車軹者軹謂轂末車轅北向在西邊亦去大門九十步公於車東東西相望當轂末擯者五人者大宗伯爲上擯小行人爲承擯嗇夫爲末擯其餘二人是士廟中將幣三享者此謂行朝禮在朝訖乃行三享在廟乃有此迎賓之法也王禮者此與下爲目則自此已下皆王禮耳再祼而酢者大宗伯代王祼賓君不酌臣故也次宗伯又代后祼賓祼訖賓以玉爵酢王是再祼而酢也饗禮九獻者謂後日王速賓賓來就廟中行饗饗者亨大牢以飲賓設几而不倚爵盈而不飲饗以訓恭儉九獻者王酌獻賓賓酢主人主人酬賓酬後更八獻是爲九獻食禮九舉者亦亨大牢以食賓無酒行食禮之時九舉牲體而食畢出入五積者謂在路供賓來去皆五積視飧牽但牽牲布之於道三問問者按司儀諸公相爲賓云主國五積三問皆三辭拜受皆旅擯注云間闊則三問行道則勞其禮皆使卿大夫致之若然天子於諸侯之禮亦當使卿大夫問之亦有禮以致之所行三處亦當與三勞同處也三勞者按小行人逆勞於畿按覲禮云至于郊王使人皮弁用璧勞注云郊謂近郊其遠郊勞無文但近郊與畿大小行人勞則遠郊勞亦使大行人也按書傳略說云天子太子年十八授孟侯孟侯者四方諸侯來迎於郊或可遠郊勞使世子爲之是以孝經注亦云世子郊迎郊迎卽郊勞也彼雖據夏法周亦然諸侯之禮者餘文云諸侯者兼五等而此諸侯惟據單侯也其禮皆降上公二等又自擯者已下亦皆降殺○注繅藉至降殺○釋曰云繅藉以五采韋衣板者按聘禮記云公侯伯三采朱白倉子男二采朱綠典瑞天子乃五采此諸侯禮而言五采者此注合三采二采而言五非謂得有五采也云若奠玉則以藉之者按覲禮侯氏入門右奠圭再拜稽首此時奠玉則以藉之若然未奠之時於廟門外上介授時已有繅藉矣云冕服著冕所服之衣也者凡服皆以冠冕表衣故言衣先言冕鄭恐冕服是服此冕故云著冕所服之衣也云九章者自山龍以下七章者自華蟲以下五章者自宗彝以下已具於司服云常旌旗也者鄭欲見常與旌旗皆總稱非日月爲常者云斿其屬幓垂者也者爾雅云纁帛縿練旒九正幅

為縿謂旌旗之幅也其下屬旒故云屬縿垂者也云樊纓馬飾也以罽飾之每
一處五采備為一就就成也者此云五采備即巾車注五采罽一也此等諸侯
皆用五采罽與繅藉異。似繅藉之上絢組亦同五采也云三牲備為一牢者聘
禮致饔餼云牛一羊一豕一為一牢故知也云朝位謂大門外賓下車及王車
出迎所立處也者約聘禮在大門外去門有立位陳介之所云王始立大門內
者亦約聘禮聘禮雖後亦不出迎要陳擯介時主君在大門內云交擯三辭乃
乘車而迎之者王與諸侯行禮與諸侯待諸侯同按司儀云諸公相為賓及將
幣交擯三辭車迎拜辱玄謂既三辭主君則乘車出大門而迎賓是也必知天
子待諸侯敵禮者按下文大國之孤繼小國之君不交擯其他皆眡小國之君
則諸侯於天子交擯交擯是敵禮也是以齊僕云朝覲宗遇饗食皆乘金路其
法儀各以其等為車送逆之節亦是敵禮故鄭此即取之為證也言王立當軫
與者差約小向後為尊故疑之云與也云廟受命祖之廟也者此約覲禮在文
王廟故覲禮云前朝皆受舍于朝注云受舍受次於文王廟門之外聘禮受朝
聘於先君之祧故知王受覲在受命祖廟在文王廟不在武王廟可知是於受
命祖廟也云享設盛禮以飲賓也者云盛禮者以其饗有食有酒兼燕與食故
云盛禮也問問不恙也者恙憂也問賓得無憂也云皆有禮以幣致之者按聘
禮勞以幣覲禮使人以璧璧則兼幣是有幣致之也先鄭云舉舉樂也者按襄
二十六年左氏傳云將刑為之不舉不舉則徹樂後鄭易之以為舉牲體者但
此經食禮九舉與饗禮九獻相連故以食禮九舉為舉牲體其實舉中可以兼
樂以其彼傳亦因舉食而言也先鄭云前疾謂駟馬車轅前胡下垂柱地者謂
若輈下人輈深四尺七寸軾前曲中是也玄謂三享皆束帛加璧庭實惟國所
有者聘禮與覲禮行享皆有庭實鄭又引朝士儀為證貢國所有也云朝先享
不言朝者朝正禮不嫌有等也者按覲禮行朝訖乃行享此經冕服九章以下
唯言享不見朝禮故鄭言之云朝正禮不嫌有等者朝屬路門外正君臣尊卑
之禮不嫌有九十七十五十步之差等相迎之法故云不嫌有等也既無等故
不言之也宗伯擯。正與后皆同拜送爵者恭敬之事不可使人代也云不酢

之禮聘禮禮賓是與者聘禮禮賓用醴子男雖一祼不酢與聘禮禮賓同子男用鬱鬯不用醴則别約同之故云與以疑之也云九舉舉牲體九飯也者見特牲饋食禮尸食舉尸三飯佐食舉肝尸又三飯舉骼及獸魚公食不云舉文不具也王日一舉亦謂舉牲體故知生人食有舉法故爲九舉舉牲體不爲舉樂也云出入從來訖去也者謂從來時有積訖去亦有積不謂從來訖去共五積若然來去皆五積也知積皆有芻薪米禾者掌客積視飧牽飧有米禾芻薪明在道致積有可知云凡數不同者皆降殺者五等諸侯爲三等者以依命數爲差故也

凡大國之孤執皮帛以繼小國之君出入三積不問壹勞朝位當車前不交擯廟中無相以酒禮之其他皆眡小國之君

此以君命來聘者也孤尊既聘享更自以其贄見執。束帛而已。豹表之爲飾繼小國之君言次之也朝聘之禮每一國畢乃前不交擯者不使介傳辭交于王之擯親自對擯者也廟中無相介皆入門西上而立不前相禮者聘之介是與以酒禮之酒謂齊酒也和之不用鬱鬯耳其他謂貳車及介牢禮賓主之間擯者將幣祼酢饗食之數○相息亮反注同李息丈反摯本又作贄音至見賢遍反下文壹見而見之○朝見皆同傳直專反齊才計反

疏凡大至之君○釋曰按典命上公之國立孤一人侯伯已下則無故云大國之孤也趙商問大行人職曰凡大國之孤執皮帛所尊衆多下云其他眡小國之。君以五爲節今此亦五下云諸侯之卿各下其君二等以下注云公使卿亦七侯伯亦五子男三不審大國孤五而卿七何答曰卿奉君命七介孤尊更自特見故五介此有聘禮可參之未之思邪反怪此更張擯介又繼小國之君非私覿也然則諸侯之大夫以時接見天子服總衰於天子或可有私覿結其恩好但無文耳趙商又問大行人職曰孤出入三積此即與小國同宜應視小國之君何須特云三積與例似錯答曰三積者卿亦然非獨孤也故不在視小國之中與例似錯何所據也然則一勞者亦是卿亦然故須見之若然牢禮卿亦五視小國君五牢同其餘則異按聘禮腥牢無鮮腊醓醢百罋米百筥禾四十車薪芻

倍禾按掌客饔餼五牢米八十筥醯醢八十甕米二十車禾三十車薪芻倍禾有此別故在視小國之君中然則孤聘天子既以聘使受禮又自得禮如是孤法再重受禮矣也○注此以至之數○釋曰云此以君命來聘者也者畿外之臣不因聘何以輒來○故知因君命來聘者也知孤尊既聘享更自以其贄見執束帛而已者若行正聘則執瑑圭璋八寸以行聘何得執皮帛也但侯伯已下臣來直行公使執圭璋無此更見法以大國孤四命尊故天子別見之也按宗伯云孤執皮帛故云自以其贄見執。皮帛而已云豹皮表之爲飾者宗伯注云天子之孤飾摯以虎皮公之孤飾摯以豹皮也云繼小國之君言次之也者謂行禮次在小國君之後云不使介傳辭交於王之擯者則諸侯行交擯者使介傳於王擯傳而下又傳而上是也云親自對擯者也者則聘禮賓來在末介下東面上擯亦至末擯下親相與言者是也云廟中無相介皆入門西上而立不前相禮者聘之介是與者按聘禮賓行聘之時擯者納賓賓入門左介皆入門左北面西上注云隨賓入也介無事止於此是介入廟門西上不相者也云是與者彼諸侯法約同天子禮故云與以疑之也云以酒禮之酒謂齊酒也者按聘禮禮賓用醴齊明此亦用醴齊對文三酒五齊一別通而言之齊亦明酒故云齊酒也云其他謂貳車至之數者此其他中之數准上子男禮中卿孤之所用者也若然子男用鬯裸孤用醴今得入其他中者裸據小國君而言以其孤用醴禮之不酢子男裸亦不酢裸亦不酢同故舉小國君裸而言不謂孤用裸也

凡諸侯之卿其禮各下其君二等以下及其大夫士皆如之此亦以君命來聘者也所下其君者介與朝禮賓主之間也其餘則自以其爵聘義曰上公七介侯伯五介子男三介是謂使卿之聘之數也朝位則上公七十步侯伯五十步子男三十步與○下戶嫁反注同

疏注此亦至步與○釋曰云各下其君二等則五等諸侯據上文三等命而言上公以九侯伯以七子男以五卿自各下其君二等若公之卿以七侯伯卿以五子男卿以三也云及其大夫士皆如之者大夫又各自下卿二等士無聘之介數而言如之者士雖無介與步數至於牢禮之等又

降殺大夫大行人首云以九儀注云九儀謂命者五爵者四爵者四中有士故於此連言士其於此經介與步數則無士也引聘義者唯卿各下其君二等仍不見大夫下卿二等按聘禮云小聘使大夫其禮如爲介三介彼侯伯之大夫三介則亦三十步若上公大夫五介五十步子男大夫一介一十步可知鄭不言者舉卿則大夫見矣故不言之也

邦畿方千里其外方五百里謂之侯服歲壹見其貢祀物又其外方五百里謂之甸服二歲壹見其貢嬪物又其外方五百里謂之男服三歲壹見其貢器物又其外方五百里謂之采服四歲壹見其貢服物又其外方五百里謂之衞服五歲壹見其貢材物又其外方五百里謂之要服六歲壹見其貢貨物要服蠻服也此六服去王城三千五百里相距方七千里公侯伯子男封焉其朝貢之歲四方各四分趨四時而來或朝春或宗夏或覲秋或遇冬祀貢者犧牲之屬故書嬪作頻鄭司農云嬪物婦人所爲物也爾雅曰嬪婦也玄謂嬪物絲枲也器物尊彝之屬服物玄纁絺纊也材物八材也貨物龜貝也○嬪婢人反絺勑之反劉豬履反纊音曠徐劉古曠反

疏邦畿至貨物○釋曰此一經見九州諸侯依服數來朝天子因朝即有貢物此因朝而貢與大宰九貢及下小行人春入貢者別彼二者是一歲之常貢也○注要服至具也○釋曰云要服蠻服也者職方云蠻服要蠻義一也鄭計七千里者欲見土廣萬里中國七千里爲九州有此貢法下云九州之外謂之蕃國以其所貴寶爲摯無此貢法也云公侯伯子男封焉者對彼蕃國惟有子男無五等也按馬氏之義六服當面各四分之假令侯服四分之東方朝春南方宗夏西方覲秋北方遇冬南方侯服亦然西方北方皆然甸服已外皆然是以韓侯是北方諸侯而言入覲以其在北方當方分之在西畔故云覲鄭答志云朝覲四時通稱故覲禮亦云朝若然鄭不與馬同觀此注似用馬氏之義者鄭既不與馬

同今所解云四方各四分者謂四方諸侯六服服各四分趨四時而來或朝春據王城東方或宗夏據王城南方或覲秋據王城西方或遇冬據王城北方大宰四曰幣貢此中無幣貢者因朝而貢三享中已有幣故不別貢幣也大宰歲歲常貢此依服數來朝因朝而貢數既有異時又不同故彼此物數不類也玄謂器物尊彝之屬者按大宰云器貢先鄭以爲宗廟之器後鄭易之以爲器貢銀鐵石磬丹漆不從先鄭此云器物後鄭以爲尊彝之屬與彼先鄭同者彼是歲之常貢不合有成器故破之此乃因朝而貢得貢成器故爲尊彝解之知因朝得貢成器者見昭十五年六月大子壽卒秋八月穆后崩十二月晉荀躒如周葬穆后籍談爲介以文伯宴尊以魯壺王責之分器籍談歸以告叔向叔向曰王其不終乎王一歲而有三年之喪二焉於是乎以喪賓宴又求彝器以此知因朝得貢成器云材物八材也者據大宰云飭化八材也云貨物龜貝也者貨是自然之物故知龜貝謂若禹貢揚州納錫大龜厥篚織貝此注所貢絲枲若青州鹽絺岱畎絲枲荊州厥篚玄纁之類

九州之外謂之蕃國世壹見各以其所貴寶爲摯

九州之外夷服鎮服蕃服也曲禮曰其在東夷北狄西戎南蠻雖大曰子春秋傳曰杞伯也以夷禮故曰子然則九州之外其君皆子男也無朝貢之歲。父死子立及嗣王即位乃一來耳各以其所貴寶爲。贄則蕃國之君無執玉瑞者是以謂其君爲小賓臣爲小客所貴寶見傳者若犬戎獻白狼白鹿是也其餘則周書王會備焉○見傳上賢遍反下直戀反一○音上如字下直專反

疏 注九州至備焉○釋曰云九州之外夷服鎮服蕃服也者此經總而言之皆曰蕃分爲三服據職方而言也云曲禮曰在東夷北狄西戎南蠻雖大曰子井引春秋者欲見蕃國之內唯有子男無五等也按僖二十七年杞桓公來朝用夷禮故曰子用夷禮猶曰子況本在彼者也按書序武王既勝殷巢伯來朝注云巢伯南方之國世一見者夷狄得稱伯者彼殷之諸侯與周異也云父死子立及嗣王即位乃一來耳者此經世中含二父死子立須得受王命故須來新王即位亦須來故明堂位周公朝諸侯于明堂四夷皆在四門之外周公攝位與新王同況成王

新即位也云各以其所貴寶爲摯則蕃國之君無執玉瑞者既以貴寶爲摯何得有别摯乎是以禹會諸侯執玉帛者萬國唯謂中國耳九州爲大賓大客夷狄爲小賓小客按周語穆王初伐犬戎祭公謀父諫不聽遂往征之得四白鹿以歸引之者見是夷狄貴寶此穆王征之而得非自來者亦以此爲贄也云周書王會備焉者王會是書之篇名謂王會諸侯因有獻物多矣故云備也

王之所以撫邦國諸侯者歲徧存三歲徧覜。五歲徧省七歲。屬象胥諭言語。協辭命九歲屬瞽史諭書名聽聲音十有一歲達瑞節同度量成牢禮同數器脩灋則十有二歲王巡守殷國撫猶安也存規省者王使臣於諸侯之禮所謂間問也歲者巡守之明歲以爲始也屬猶聚也自五歲之後遂間歲徧省也七歲省而召其象胥九歲省而召其瞽史皆聚於天子之宮教習之也故書協辭命作叶。詞。命鄭司農云象胥譯官也叶當爲汁詞當爲辭書或爲。叶辭命玄謂胥讀爲諝王制曰五方之民言語不通嗜。慾不同達其志通其慾東方曰寄南方曰象西方曰狄鞮北方曰譯此官正爲象者周始有越重譯而來獻是因通言語之官爲象胥云諝謂象之有才。知者也辭命六辭之命也瞽樂師也史太史小史也書名書。之字也古曰名聘禮曰百名以上至十一歲又徧省焉度丈尺也量豆區釜也數器銓衡也法八法也則八則也達同成脩皆謂齎其法式行至則齎等之也成平也平其僭踰者也王巡守諸侯會者各以其時之方書曰遂覲東后是也其殷國則四方四時分來如平時○屬徐劉皆章東反下及注同叶音協詞音辭譯音亦汁之十反叶也又音協諝思敘反者市志反慾音欲本多作欲鞮丁兮反重直龍反知音智以上時掌反齎子兮反

疏王之至殷國○釋曰此經並是王撫諸侯之事對上經皆是諸侯上撫王室之事○注撫猶至平時○釋曰云存規省者王使臣於諸侯之禮者亦對上諸侯朝王之禮也云所諸間問也者即上文云間問以諭諸侯之志者也知歲謂從巡守之明歲爲始者以其巡守已就撫諸侯訖明以後年爲始

也云屬猶聚也者州長職云正月之吉各屬其州之民而讀法故知屬爲聚也云自五歲之後遂閒歲徧省也者但經一歲與三歲五歲云存覜省至七歲九歲十一歲不云省不言者已五歲已言省義可知故直見其事意也是以鄭皆連省而言也云皆聚於天子之宮教習之也者既言屬明聚於天子之宮若不聚于天子之宮焉得諭言語諭書名聽音聲之等乎明是皆聚于天子宮教習之也玄謂胥讀爲諝諝者欲取謂爲有才智之意也引王制曰五方之民者謂四方與中國言語不通嗜慾不同達其志通其慾故云東方曰寄已下疏已具於序官云辭命六辭之命也者以辭命連言明是大祝六辭之教命也云瞽樂師也史太史小史也者樂師與大史小史並是知天道者故國語云吾非瞽史焉知天道鄭上注瞽即大師是也云書名書之字也古曰名引聘禮記者證古曰名今世曰字云度丈尺也者按律曆志以子穀秬黍中者一黍爲一分九十黍黄鍾之長十分爲寸十寸爲尺十尺爲丈十丈爲引千二百黍爲籥一合籥爲合十合爲升十升爲斗十斗爲斛又云百黍爲銖二十四銖爲兩十六兩爲斤三十斤爲鈞四鈞爲石此直云丈尺略言之也云量豆區釜也者據左氏傳晏子云齊舊四量豆區釜鍾四升爲豆各自其四以登于釜釜十則鍾爲六斛四斗云數器銓衡也者即銖兩之等是也云法八法也則八則也者據大宰云八法治官府八則治都鄙諸侯國有都鄙官府以此法則治之故須脩之云達同成脩皆謂齎其法式者經瑞節度量牢禮數器下至法則等八者皆天子法式之等當豫脩治使輕重大小方圓皆正然後將以齊諸侯器物故云行至則齊等之云平其僭踰者也者若牢禮云侯伯子男卿大夫士依上文及掌客多少皆有常不得僭上故云平其僭踰也云王巡守諸侯會者各以其時之方者謂歲二月東方五月南方之等據春而言故言書曰遂覲東后是也並據虞書及王制而言亦有同度量等事故虞書云脩五禮五玉弁協時月正日之等云殷國則四方四時分來如平時者謂分四方各遂春夏秋冬如平時若六服盡來即與平時別也

凡諸侯之王事辨其位正其等協其禮賓而見之

王事以王之事來也詩云莫敢不來王孟

子曰諸侯有王○賓劉云應言擯小行人職同【疏】凡諸至見之○釋曰王事謂諸侯朝王之事辨其位謂九十七十五十步之位正其等謂尊卑之等謂冕服旗旗貳車之類皆有等級協其禮謂牢禮饗燕積膳之禮以此禮。賓敬而見之也○注王事至有王○釋曰引詩孟子皆謂王是朝王之事也若有

大喪則。相諸侯之禮詔相左右教告之也○相息亮反注同【疏】注詔相至之也○釋曰大喪言若見有非常之禍諸侯。謂天子斬其有哭位周旋擗踊進退皆有禮法左右助也須有助而告教之也若有四方之大事則受其幣聽其辭四方之大事謂國有兵寇諸侯來告急者禮動不虛皆有贄幣以崇敬也受之以其事入告王也聘禮曰若有言則以束帛如享禮【疏】注四方至享禮○釋曰云四方之大事謂國有兵寇者除兵寇之外諸侯當國自爲大事者非天子之急不即告王故知惟兵寇耳引聘禮者彼雖是諸侯自相告告天子亦然故引爲證也彼注云春秋臧孫辰告糴于齊公子遂如楚乞師晉侯使韓穿來言汶陽之田皆是也

凡諸侯之邦交歲相問也殷相聘也世相朝也小聘曰問殷中也久無事又於殷朝者及而相聘也父死子立曰世凡君即位大國朝焉小國聘焉此皆所以習禮考義正刑一德以尊天子也必擇有道之國而就脩之鄭司農說殷聘以春秋傳曰孟僖子如齊殷聘。是也【疏】注小聘至是也○釋曰言諸侯邦交謂同方獄者一往一來爲交謂已是小國朝大國已是大國聘小國若敵國則兩君自相往來故司儀有諸公諸侯皆言相爲賓是也但春秋之世有越方岳相聘者是以秦使術來聘吳使札來聘時國數少故然非正法也云小聘曰問者聘禮文故彼云小聘曰問不享是也大聘使卿小聘使大夫也云殷中也久無事又於殷朝者及而相聘也者聘義王制皆云三年一大聘此不言三年而云殷者欲見中間久無事及殷朝者來及亦相聘故云殷不云三年也若然聘義與王制皆云比年一小聘此云歲相問不云比年者取歲歲之義也世相朝者謂父死子立曰世是繼世之義也云凡君即位大國朝焉小國聘焉者左氏傳文按文元年公孫敖如齊傳

曰凡君卽位卿出並聘謂已卿往聘他他卿來聘已是總語也云大國朝焉已是小國已往朝大國小國聘焉者已是大國使聘小國云此皆所以習禮考義正刑一德以尊天子也者禮記文云必擇有道之國而就脩之者謂差擇有道之國亦先從近始故云親仁善鄰國之寶也是也先鄭說殷聘以春秋傳者按左氏昭公九年傳曰孟僖子如齊殷聘禮也按服彼注云殷中也自襄二十年叔老聘於齊至今積二十一年聘齊故中復盛聘與此中年數不相當引之者年雖差遠用禮則同故引爲證也

小行人掌邦國賓客之禮籍以待四方之使者禮籍名位尊卑之書使者諸侯之臣使來者也○使色吏反注同後使者使適使之四方竹使使使臣皆同【疏】注禮籍至者也○釋曰大行人待諸侯身小行人待諸侯之使者其邦之禮籍則諸侯及臣皆在焉云禮籍名位尊卑之書者○名位尊卑以解禮也之書以解籍也云使者諸侯之臣使來者也者卽時聘殷覜是也

令諸侯春入貢秋獻功王親受之各以其國之籍禮之貢六服所貢也功考績之功也秋獻之若今計文書斷於九月其舊法【疏】注貢六至舊法○釋曰此云貢卽大宰九貢是歲之常貢也必使春入者其所貢之物並諸侯之國出稅於民民稅既得乃大國貢半次國三之一小國四之一皆市取美物必經冬至春乃可入王以是令春入之也秋獻功者物皆秋成諸侯亦法秋故秋獻之云各以其國之籍禮之者卽上所掌禮籍尊卑多少不同故云各以其籍也云六服所貢對九州外之三服無此貢也

凡諸侯入王則逆勞于畿鄭司農云入王朝於王也故春秋傳曰宋公不王又曰諸侯有王王有巡守【疏】注鄭司至巡守○釋曰隱九年宋公不王不宗覲于王鄭伯爲王左卿士以王命討之伐宋也莊二十三年夏公如齊觀社非禮曹劌諫曰不可諸侯有王注云有王朝於王是也王有巡守非是君不舉矣是也

及郊勞眡館將幣爲承而擯。眡館致館也承猶丞也王使勞賓於郊致館於賓至將幣使宗伯爲上擯皆爲之丞而擯之 疏及至而擯○釋曰此經三事皆爲丞而擯之○注眡至擯之○釋曰云眡館致館也者聘禮及下司儀皆云致館故同之也云眡者使卿大夫往眡覿其可否云致者致使有之云王使勞賓於郊者謂王使大行人勞於郊也至將幣者謂至廟將幣三享云使宗伯爲上擯者惟謂將幣時大宗伯爲上擯於郊勞及眡館二者不使大宗伯爲上擯者以其使者或大行人官卑何得使大宗伯爲擯也當別遣餘官爲上擯小行人爲承擯而言宗伯爲上擯者取宗伯成文爲將幣而言也

凡四方之使者大客則擯小客則受其幣而聽其辭 擯者擯而見之王使得親言也受其幣者受之以入告其所爲來之事○爲去聲 疏凡四至其辭○釋曰云凡四方之使者此文與下爲目則於大小客而言也大客則擯者大客則大行人云大客之儀一也彼鄭云大賓要服以內諸侯大客謂其孤卿則此大客爲要服以內諸侯之使臣也小客謂蕃國諸侯之使臣也○注擯者至之事○釋曰云擯者擯而見之王使得親言也者則時聘殷覜之時行旅擯入見王王與使之親言也云受其幣者受之以入告其所爲來之事者蕃國諸侯雖子男皆是中國之人鄭義此皆在朝之卿大夫有過放之於四夷爲諸侯卿爲子大夫爲男是以世一見來時王親見之蕃國之使臣本是夷人不能行禮故直聽其辭而已

使適四方協九儀賓客之禮朝覲宗遇會同君之禮也存覜省聘問臣之禮也 適之也協合也 疏使適至禮也○釋曰自此已下至之禮皆是小行人使適四方之事此言使適四方與下爲目使適四方向諸侯之國所至之國則合九等之儀九儀則上大行人九儀命者五爵者四是也云賓客之禮者賓據命者五客據爵者四此稱賓客之例非通稱也云朝覲宗遇會同君之禮也者此即諸侯之賓故云君之禮也云存覜省聘問臣之禮也者存覜省三者天子使臣撫邦國之禮聘問二者是。諸使臣行聘時聘殷覜問天子之禮其禮已備於上小行人略言之也

達天下之六節山國用虎節土國

用人節澤國用龍節皆以金爲之道路用旌節門關用符節都鄙用管節皆以竹爲之

此謂邦國之節也達之者使之四方亦皆齎法式以齊等之也諸侯使臣行覜聘則以金節授之以爲行道之信也虎人龍者自其國象也道路謂鄉遂大夫也都鄙者公之子弟及卿大夫之采地之吏也凡邦國之民遠出至他邦他邦之民若來入由國門者門人爲之節由關者關人爲之節其以徵令及家徙鄉遂大夫及采地吏爲之節皆使人執節將之以達之亦有期以反節管節如今之竹使符也其有商者通之以符節如門關門關者與市聯事節可同也亦所以異於畿內也凡節有天子法式存於國

疏 達天至爲之○釋曰此經亦是適四方之事言達天下之六節者據諸侯國而言掌節所云據畿內也虎節人節龍節三者據諸侯使臣出聘所執旌節符節管節三者據在國所用○注此謂至於國○釋曰云此謂邦國之節也者對掌節所掌者兼主王國之節也云達之者使之四方亦皆齎法式以齊等之也者亦如上大行人達瑞節之等使齎法式往就齊之云諸侯使臣行覜聘則以金節授之者知是使臣行所執者見掌節云凡邦國之使節山國用虎節故知此亦使臣所執也諸侯身行不須節以其尊著故不須也按掌節云守邦國者用玉節注云謂諸侯於其國中王節之制如玉爲之以命數爲大小此不達玉節者文略耳亦達可知云道路謂鄉遂大夫也者按掌節注變鄉遂言道路者容公邑大夫及小都大都之吏今此旌節中何知不亦容都鄙之吏而以都鄙吏在管節中者彼都鄙用角節文在上當直是都鄙之主此都鄙用管節最在下明都鄙吏在其中若然邦國之中都鄙主及吏同用管節矣知公之子孫亦有采地者見禮運云諸侯有國以處其子孫故知亦如王之子弟以親疏食采也云凡邦國之民遠出至他邦他邦之民若來入由國門者門人爲之節由關者關人爲之節者司關云掌國貨之節以聯門市故知所由之處皆得授之節也云其以徵令及家徙鄉遂大夫及采地吏爲之節者以其皆主民故授民節也云皆使人執節將之以達之者比長云邦之民徙於郊則從而授之明皆將送使達前所也云

管節如今之竹使符也者漢文本紀文帝。六年九月初與郡國守相爲銅虎符竹使符應劭曰竹使符皆以竹箭五枚長五寸鐫刻篆書第一至第五是也云其有商者通之以符節如門關門關者與市聯事節可同也者掌節云貨賄用璽節門關用符節各別司關既言掌國貨之節以聯門市門市節既相聯此中無貨賄用璽節明同用符節可知故爲此解也云亦所以異於畿內也者畿內貨賄用璽節門關用符節畿外同用符節是異也云凡節有天子法式存於國者雖無正文以意量王者皆須度量於天下其節瑞之等皆是法式故知國國皆有瑞節法式也

成六瑞王用瑱。圭公用桓圭侯用信圭伯用躬圭子用穀。璧男用蒲璧成平也瑞信也皆朝見所執以爲信○瑱劉吐電反按王執鎮圭瑱宜作鎮音

疏成六至蒲璧○釋曰此亦通四方若然諸侯國無鎮圭因言之六瑞玉人所造典瑞之令小行人直平知得失而已不言達六瑞者諸侯受命已得之不令別作法式以齊故不言達也

合六幣圭以馬璋以皮璧以帛琮以錦琥以繡璜以黼此六物者以和諸侯之好故合同也六幣所以享也五等諸侯享天子用璧享后用琮其大各如其瑞皆有庭實以馬若皮皮虎豹皮也用圭璋者二王之後也二王後尊故享用圭璋而特之禮器曰圭璋特義亦通於此其於諸侯亦用璧琮耳子男於諸侯則享用琥璜之下其瑞也凡二王後諸侯相享之玉大小各降其瑞一等及使卿大夫覜聘亦如之○琮才宗反琥音虎璜音黃好呼報反

疏合六至好故○釋曰此亦小行人至諸侯之國也此六者之中有圭以馬璋以皮二者本非幣云六幣者二者雖非幣帛以用之當幣處故總號爲幣也此六言合以兩兩相配配合之義故言合也○注合同至如之○釋曰云合同者配合卽是和同故也云六幣所以享也者對上文六者是朝之時所用也云五等之諸侯享天子用璧享后用琮其大各如其瑞玉人云璧琮九寸諸侯以享天子注云享獻也聘禮享君以璧享夫人以琮引此者欲明君用琮故覲禮享天子云束帛加璧是其施于天子也不言享后文不具言

九寸據上公而言明侯伯子男皆如瑞。知子男享天子亦用璧琮者覲禮總稱侯氏用璧明五等同也云皆有庭實以馬若皮者按覲禮三享皆束帛加璧庭實惟國所有奉束帛匹馬。卓上九馬隨之中庭西上是其以馬也聘禮奉束帛加璧享庭實皮則攝之是其用皮也聘禮記曰皮馬相間可是也知皮虎豹皮者者郊特牲云虎豹之皮示服猛也是享時所用故知也用圭璋者二王之後也二王後尊故享用圭璋而特之者按玉人璧琮九寸諸侯以享天子言九寸則上公之禮上公用璧琮則圭璋是二王後明矣言而特之者惟有皮馬無束帛可加故云特如是皮馬不上堂陳於庭則皮馬之外別有庭實可知其於諸侯亦用璧琮知者見玉人職云瑑琮八寸諸侯以享夫人明享君用璧琮八寸是下享天子一寸如是明二王後相享不可同於天子用圭璋則用璧琮可知言是兩公自相朝二王後稱公是於諸侯還同二王後可知引禮器者彼圭璋者據朝時所行無束帛可知是圭璋特之義也云亦通於此者彼朝聘之圭璋特亦通此享用圭璋故云亦通於此也云子男於諸侯享用琥璜下其瑞也者覲禮子男已入侯氏用璧琮中則此琥璜不知何用二王後自相享退入璧琮則子男自相享退用琥璜可知且子男朝時用璧自相享降一等故用琥璜云凡二王後諸侯相享之玉大小各降其瑞一等者玉人云瑑琮八寸諸侯以享夫人禮重無用八寸之法明是上公九寸降一等至八寸上公既降一寸則侯伯子男各降一等可知二王後相朝敵無用相尊之法明亦降一寸見子男者雖退入琥璜亦一降一寸可知若然知五等諸侯自相朝圭璋亦如其命數其享璧琮等則降一寸知者玉人云璧琮八寸諸侯以享夫人據上公會不云圭璋朝所執者明圭璋自朝天子所執故聘禮云所以朝天子圭與繅皆九寸上公之玉也問諸侯朱綠繅八寸注云於天子曰朝於諸侯曰問記之於聘文互相備以此上公爲然侯伯子男可知也云及使卿大夫覜聘亦如之直言覜聘亦如之不分別享與聘則聘享皆降。一等同故玉人云緣圭璋八寸璧琮八寸以覜聘此據上公之臣圭璋璧琮皆降一等其餘侯伯子男降一寸明矣其子男之臣享諸侯不得過君用琥璜可知

若國札喪則令賻

補之若國凶荒則令賙委之若國師役則令槁禬之若國有福事則令慶賀之若國有禍烖則令哀弔之凡此五物者治其事故故書賻作傳。槁爲稾鄭司農云賻補之謂賻喪家補助其不足也若今時一室二尸則官與之棺也稾當爲。槁謂。犒師也玄謂師役者國有兵寇以匱病者也使鄰國合會財貨以與之春秋定五年夏歸粟於蔡是也宗伯職曰以禬禮哀圍敗禍烖水火○槁苦報反禬音會稾古老反疏若國至事故○釋曰此一經據上下文皆據諸侯國此文雖皆單言一國亦據諸侯而言按宗伯云以喪禮哀死亡此云國札喪則令賻補之不同者彼據弔葬致哀此據設財物補其不足相包乃具也又此國凶荒則令賙委之宗伯云以荒禮哀凶札不同者言哀凶札者自貶損故曲禮云歲凶年穀不登君膳不祭肺之類是也此云賙委者令他人以財賙委之亦相包乃成也宗伯嘉禮歸脤膰此不見者諸侯無自相歸脤膰法故也但凶禮有五惟不見恤禮以義差之當於師役中兼之嘉禮有六此惟言賀慶一者其飲食冠昏賓射饗燕之法皆當國自行非是相交通之物故此不言之其吉禮。軍禮賓禮並不言者天子頒之非所以通行之事故不言也但此中札喪在喪禮中宗伯荒札荒禮中者欲見札而復荒則與荒札同科若札而不荒自從喪禮也注春秋定五年夏歸粟於蔡者按定四年秋楚人圍蔡故五年歸其粟及其萬民之利害爲一書其禮俗政事教治刑禁之逆順爲一書其悖逆暴亂作慝猶犯令者爲一書其札喪凶荒厄貧爲一書其康樂和親安平爲一書凡此。物者每國辨異之以反命于王以周知天下之故慝惡也猶圖也○治直吏反樂音洛疏及其至之故○釋曰此總陳小行人使適四方所採風俗善惡之事各各條錄一別爲一書以報上也此五者上二條條別善惡俱有故利害逆順並言其悖逆一條專陳姦寇之事其札喪一條專陳凶禍之

事其康樂一條專陳安泰之事
是方以類聚物以羣分者也

附釋音周禮注疏卷第三十七

周禮注疏卷三十七校勘記

阮元撰盧宣旬摘録

附釋音周禮注疏卷第三十七

條狼氏

若今卒辟車之爲也 大字本今下有時

師樂也 毛本作師樂師也此本誤

僕右四乘校軍旅時 浦鏜云據誤校

脩閭氏

則命各遣守閭闔巷門 惠校本作閭里此誤

不幾詞也 閩監本同誤也當從毛本作幾訶

冥氏

天尊於地神 按天下當脱神

庶氏

掌除毒蠱 諸本同唐石經缺葉鈔釋文作毒蠱音古按下穴氏掌攻蟄獸翨氏掌攻猛鳥則此經作庶氏掌攻毒蠱也故注云毒蠱蠱物而能病害

人者下引漢律作蠱以說其義因幷改經注蠱字皆作蠱矣○按此蠱字乃蠱之誤不當緣誤立說

嘉草攻之諸本同唐石經缺釋文作嘉艸云音草本亦作草據此知經中草木皆本作艸也

毒蠱蟲物而病害人者錢鈔本嘉靖本毛本同閩監本蠱作毒誤大字本作蠱物而能病害人者也今本蓋脫二字

讀如潰癰之潰閩監毛本作潰癰之潰嘉靖本癰作癕此作癰訛此頁係補刻故多舛誤不足據

凡毆蠱閩監毛本同唐石經毆作毆惠校本作毆嘉靖本作毆訛○按毆者古文驅見說文馬部毆毆皆非其義也於攴部求毆不得乃以殳部之毆字當之自唐石經已誤矣

翨氏

以鳩鴿置於羅網之下閩監毛本下作中

柞氏

合刊陽木而火之唐石經諸本同嘉靖本而誤以

正欲種田生穀惠校本正作止

薙氏

分穀之時閩本同監毛本分作生

夏日至而夷之漢讀考作雉之注同云司農從夷鄭君從雉月令燒雉行水注引夏日至而雉之為證其明驗也禮記正義引皇氏曰夷音雉
是皇侃時字雖誤而音不誤勝於陸德明矣

故書萌作薨閩監本同誤也大字本錢鈔本嘉靖本毛本薨作甍釋文甍音萌當據以訂正下同

謂耕反其萌牙大字本嘉靖本閩監毛本同錢鈔本牙作芽閩監毛本疏中同此本疏並作牙惠校本同

以鉤鎌迫地芟之也嘉靖本鎌作鐮此從兼誤釋文鉤鐮音廉

以耜測凍土剗之大字本岳本嘉靖本同錢鈔本閩監毛本測誤側疏中同當據正監本土誤上○按以畟畟良耜傳箋證之作測為
是疏作側非也

硩蔟氏

正月為泰惠校本作陬此誤

十二月為除閩監毛本除作涂

翦氏

掌除蠹物釋文唐石經宋本嘉靖本蠹皆作蠹此上從士訛

蟲魚亦是也大字本嘉靖本同此本疏中引注亦作虫魚宋本閩監毛本作蠹魚誤

故書蠹爲橐 釋文爲橐劉古毛反本或作橐他各反○按作橐者是音形俱相近也

翦氏至除蠹物 浦鏜云主誤至

赤犮氏 此本犮誤文

除蟲豸藏迯其中者 閩監毛本同迯俗字大字本錢鈔本嘉靖本迯作逃當據正

蟈氏

被之水上 大字本之作水按疑作被水上大字本今本各衍一字

壺涿氏

讀炮爲苞有苦葉之苞 漢讀考云此炮當作泡

元謂燔之炮之炮 按炮之下當更有之字毛氏居正岳氏珂所據本並然

以象牙從椁貫之 此本下四字實闕今據閩監毛本補椁當橫字之誤

庭氏

與救月之矢射之 閩監毛本同誤也唐石經大字本錢鈔本岳本嘉靖本矢下有射當據以補正石經考文提要云宋本九經宋纂圖互注本宋附釋音本余仁仲本皆作夜射之

上文注鶡鸎已解也閩本同監毛本鸎改鸚

救日用枉矢大字本用作以當據正

見宋大廟有聲非鳥獸之聲此本下復衍者見宋大廟有聲非鳥獸之聲十二字閩監毛本不衍

銜枚氏

察嚻讓者大字本錢鈔本嘉靖本毛本作嚻讙釋文讙者呼九反此本讙誤讓閩監本改攘則其誤不可考矣

禁嘂呼歎嗚於國中者唐石經錢鈔本毛本同大字本岳本嘂作嘂從丩與說文合是也嘉靖本歎作嘆閩監本嗚誤鳴注及疏同

伊耆氏

咸讀爲函九經古義云古咸函通毛詩巧言曰僭始既涵韓詩作既減司馬相如封禪文上咸五徐廣曰咸一作函漢書天文志閉可槭蘇林曰槭音函

今時亦命之爲王杖監本王誤主盧文弨曰續漢禮儀志作玉杖按玉字恐訛漢制考亦作王杖名之曰王者榮所賜也〇按玉字是也禮儀志養老條中三老冠進賢扶玉杖即此也作王杖不辭杖飾以鳩鳩以玉爲之故曰玉杖說文曰鷟杖耑角也是凡杖以角飾之王之齒杖以玉飾之

大行人

此大賓大客尊卑異惠校本閩本同監毛本此改若

男服云歲一見浦鏜云三誤云

親以禮見之大字本親上有王按上注云此六事者以王見諸侯爲文又此二事者亦以王見諸侯之臣使來者爲文故此云王親以禮見之此王字當有賈疏引注亦無之

此聘事爲有事若王無事則不來也惠校本作來爲有事此誤又此本作若無事王字係剜擠閩監毛本排勻則衍文不可考矣

交或往或來者也賈疏本及諸本同嘉靖本作或來或往誤倒文先言往者見往來循環之不已故不先言來後言往

亦得歸昨於王閩監毛本昨作胙下同

以禬禮哀國敗之浦鏜云圍誤國孫志祖云馬融本作國敗賈疏據馬本引

彼宗伯凶禮有三浦鏜云五誤三

立當前疾唐石經諸本同說文軓車軾前也从車凡聲周禮曰立當前軓漢讀考云前軓者前乎軓也亦以在軓衡之中爲節蓋故書作侯杜衛賈容有不得其說易爲軓者而許從之禮說云侯伯立當前侯俗本誤爲前疾論語鄉黨邢昺疏引周禮作前侯云侯伯立當前侯胡下詩蓼蕭孔疏引大行人亦作前侯蓋說文疾作疾古文侯作矦相似易亂故訛○按此二疏侯字近日刻本乃改爲疾自謂依周禮也凡古書之不容輕改如此

以五采韋衣板 釋文作衣版惠校本宋本疏亦作版

常旌斿也 閩監毛本同誤也大字本岳本嘉靖本斿作旗賈疏引注同當據正

車軹軹也 漢讀考云當云車軹轊也乃合大馭注軹謂兩轊也少儀注軌與軹於事同謂轊頭也皆以此軹別於考工記參分較圍去一以爲軹圍之軹大行人之軹故書當亦作軒

謂駟馬車轅前胡下垂拄地者 錢鈔本閩監本同大字本嘉靖本毛本拄作柱釋文出柱地二字當據以訂正疏同〇按柱正拄俗

朝士儀曰奉國地所出重物而獻之明臣職也 宋本無重孫志祖云此二語見大戴禮朝事篇士疑當作事盧文弨曰士亦與事通

不酢主也 閩監毛本同誤也大字本岳本嘉靖本主作王當據正

亦應偏駕不來 惠校本不作而此誤

似繅藉之上 閩監毛本似作以此誤

朝屬路門外 惠校本屬作在

正與后皆同拜送爵者 浦鏜云王誤正

云九舉舉牲體九飯也者 惠校本牲作幹

執束帛而已 賈疏本作皮帛

豹表之爲飾 補毛本豹下有皮字疏亦作豹皮此誤

其他眡小國之君 惠校本此下有小國之君四字

故云自以其贄見執皮帛而已 閩監毛本依注改束帛非賈疏本鄭注是作皮帛故上云若行正聘則執瑑圭璋八寸以行聘何得執皮帛也此又引宗伯孤執皮帛以證之

趨四時而來 錢鈔本趨作趍

父死子立 大字本上有以賈疏本以下皆無按有者是

各以其所貴寶爲贄 閩監毛本同大字本錢鈔本嘉靖本贄作摯與經同按賈疏引注字亦從手

三歲徧覜 唐石經諸本同閩監本覜誤頫

七歲屬象胥 釋文唐石經錢鈔本屬作屬○按唐人作此字少一筆見五經文字

恊辭命 閩監本同唐石經大字本嘉靖本毛本恊作協注同按從十者義長

故書協辭命作叶詞命 諸本同漢讀考叶改汁按釋文亦作叶又春官大史注云故書協作叶與此注相應盧文弨曰大戴禮作

叶辭令

叶當爲汁諸本同按汁當協之誤大史注杜子春云叶協也司農改叶爲協猶杜氏訓叶爲協也釋文叶音協正本此

書或爲叶辭命諸本同按叶當作汁大史注云書亦或爲汁是也

嗜慾不同嘉靖本作耆欲下通其慾仍下加心釋文作耆慾云音慾本多作欲

是因通言語之官爲象胥云大字本因下有名按疑當作是因通名言語之官爲象云通字胥字皆衍文

諝謂象之有才知者也大字本無知按釋文知字無音蓋此注本無知字因疏云欲取諝爲有才智之意後人因於注中增知也

○按大字本非是說文曰諝知也天官注曰胥讀爲諝謂其有才知爲什長

書名書之字也諸本同或據誤本賈疏改之爲文非

皆謂齎其法式者毛本同閩監本齎作齊

各遂春夏秋冬如平時浦鏜云遂疑逐字誤

賓而見之釋文賓而劉云應言擯小行人職同

孟子曰諸侯有王六經正誤云孟子無此小行人注引春秋傳諸侯有王王有巡守是也傳寫誤作孟子按此見左氏傳莊二十三年

以此禮賓敬而見之也惠校本禮下有等

則相諸侯之禮 閩監本同誤也唐石經大字本錢鈔本嘉靖本毛本則下有詔此脫當補正石經考文提要云按鄭注詔相左右教告之也宋本九經宋纂圖互注本宋附釋音本余仁仲本皆作則詔相諸侯之禮

諸侯謂天子斬其有哭位 閩監毛本謂作爲此本子斬其三字剜擠文當有誤

孟僖子如齊殷聘是也 閩監毛本同大字本嘉靖本作禮也與左氏昭九年傳文同當據以訂正

至今積二十一年聘齊 浦鏜云一衍字

六行人

云禮籍名位尊卑之書者 惠校本下有缺文七字

眡館致館也 按眡當作視

聘問二者是諸使臣行聘 毛本作諸侯使臣此誤

如玉爲之 浦鏜云王誤玉

文帝六年九月 浦鏜云二誤六

王用瑱圭 釋文瑱劉吐電反案王執鎮圭瑱宜作鎮音按天府凡國之玉鎮注故書鎮作瑱鄭司農云瑱讀爲鎮此作瑱者從故書也

子用穀璧 大字本穀作榖俗字唐石經嘉靖本作穀璧下同

明侯伯子男皆如瑞　浦鏜云瑞下脫可知二字從儀禮經傳通解校○按此不必增通解以意增耳

匹馬卓上　毛本卓誤阜

則侯伯子男各降一等可知　惠校本則作明此誤

則聘享皆降一等同　惠校本等作寸○按作寸是也

則令槁禬之　釋文唐石經皆作槁禬諸本同

故書賻作傅槁爲稾　閩監本同大字本錢鈔本嘉靖本傳作傅稿作槁此作傳作槁誤宋本毛本稾作稾下同釋文槁禬苦報反作稾古老反宋本錢鈔本載音義稾皆作稾與地官序官石經正合蓋故書作稾字從禾鄭司農讀爲槁字從木此注槁字皆當作槁方經注相應有唐石經先後可據○按釋文槁禬苦報反作稾古老反本自明白之甚禾稾字切古老與枯槁字切苦浩槁勞字切苦報迥不同也學者不知音紐分別乃如治絲而棼矣此經故書作禾稾字鄭本作槁禬从本槁卽稾也

稾當爲槁謂稿師也　岳本閩監本稿作犒大字本錢鈔本毛本槁稿皆從牛作犒與地官序官注同嘉靖本作藳當爲犒謂犒師也兩犒字牛旁皆剜改蓋本作槁也○按槁本上聲槁勞則讀去聲猶勞本平聲勞來則讀去聲也淺人乃別製犒字鄭注無此從牛之犒

其吉禮牢禮賓禮並不言者　浦鏜云軍誤牢

凡此物者每國辨異之　閩監本同誤也唐石經大字本錢鈔本嘉靖本毛本物上有五此脫當據以補正盧文弨曰大戴禮記作凡此

五物者嘉靖本辨誤辦○按辨辦本無二字但有從刀之字

周禮注疏卷三十七校勘記

附釋音周禮注疏卷第三十八

鄭氏注　　賈公彥疏

司儀掌九儀之賓客擯相之禮以詔儀容辭令揖讓之節出接賓曰擯入贊禮曰相以詔者以禮告王○相息亮反此職內經注除相爲賓相朝相授相親相隨相待相爲國客相聘相禮皆同

【疏】司儀至之節○釋曰此經總與下諸侯文爲目言九儀是大行人九儀命者五爵者四是儀容辭令揖讓之節並見下文也○注出接至告王○釋曰云出接賓曰擯者卽下文交擯而在門外是也云入贊禮曰相者下文及廟推上相入是也云詔者以禮告王者卽下云詔王儀是也

將合諸侯則令爲壇三成宮旁一門合諸侯謂有事而會也爲壇于國外以命事宮謂壝土以爲牆處所謂爲壇壝宮也天子春帥諸侯拜日於東郊則爲壇於國東夏禮日於南郊則爲壇於國南秋禮山川丘陵於西郊則爲壇於國西冬禮月四瀆於北郊則爲壇於國北既拜禮而還加方明於壇上而祀焉所以教尊尊也覲禮曰諸侯覲於天子爲宮方三百步四門壇十有二尋深四尺是也王巡守殷國而同則其爲宮亦如此與鄭司農云三成三重也爾雅曰丘一成爲敦丘再成爲陶丘三成爲昆侖丘謂三重○壝惟癸反劉欲鬼反與音餘下尺與同重直龍反下三重重耳同敦音頓沈又都門反陶徒刀反侖力門反

【疏】將合至一門○釋曰云將合諸侯者合會也謂時見曰會云則令爲壇三成者謂封人爲壇三成○注合諸至三重○釋曰云有事而會也者春秋左氏傳文但春秋時有事會不協而盟是霸者法引之者時雖不同爲有事而行會禮則同故引以爲證云爲壇于國外以命事者宮方三百步明在國外也言命事則上大行人云時會以發四方之禁禁卽九伐是其事也云宮謂壝土以爲牆處所謂爲壇壝宮也者所謂掌舍但掘地爲塹壝土爲堳埒當牆處故云牆處也云天子春帥諸侯自此已下至國北皆覲禮文

其爲壇之語鄭加之耳云既拜禮而還加方明於壇上而祀焉所以教尊尊也者言教尊尊者天子親自拜日禮月之等是尊尊之法教諸侯已下尊敬在上者也引覲禮者是見爲壇大小尺寸之法據時會諸侯爲壇之法云王巡守殷國者謂巡守就方岳爲壇殷國就王國左右爲壇皆如時會云如此與者約同之故云與以疑之先鄭引爾雅者見三成者三重重高一尺

詔王儀南鄉見諸侯土揖庶姓時揖異姓天揖同姓

謂王既祀方明諸侯上介皆奉其君之旂置于宮乃詔王升壇諸侯皆就其旂而立諸公中階之前北面東上諸侯東階之東西面北上諸伯西階之西東面北上諸子門東北面東上諸男門西北面東上王揖之者定其位也庶姓無親者也土揖推手小下之也異姓婚姻也時揖平推手也衞將軍文子曰獨居思仁公°善言義其聞詩也一曰三復白圭之玷是南宮縚之行也夫子信其仁以爲異姓謂妻之也天揖推手小擧之○復音服或芳服反玷丁簟反沈都念反縚吐刀反行下孟反

【疏】詔王至同姓○釋曰詔告也謂諸侯各就位立王在壇亦立司儀乃告王降壇南向見諸侯乃揖之王揖庶姓已下先疏後親爲次按隱十一年滕侯薛侯來朝爭長云周之宗盟異姓爲後是先同姓今此先庶姓後同姓者此經直據揖之儀容從下至高不據盟之先後也○注謂王至擧之○釋曰云謂王既祀方明諸侯上介皆奉其君之旂置于宮乃詔王升壇諸侯皆就其旂而立者按覲禮云諸侯覲于天子爲宮方三百步四門壇十有二尋深四尺加方明于其上°明者木也方四尺設六色東方青南方赤西方白北方黑上玄下黃設六玉上圭下璧南方璋西方琥北方璜東方圭上介各奉其君之旂置于宮尚左公侯伯子男皆就其旂而立四傳擯天子乘龍載大旂象日月升龍降龍出拜日於東門之外反祀方明注引朝事儀曰天子冕而執鎮圭尺有二寸繅藉尺有二寸搢大圭乘大路建大常十有二旒樊纓十有二就貳車十有二乘帥諸侯而朝日於東郊所以教尊尊也退而朝諸侯由此二者言之已祀方明乃以會同之禮見諸侯也若然覲禮上介奉君之旂置于宮尚左及公侯伯子男就其旂而立幷四傳擯者並陳設其位其立當在

祀方明後是以彼下文乃始云拜日之禮反祀方明之事故彼置旂于宮之下注云置于宮者建之豫爲其君見王之位也是其未即立也此鄭注依次第而言故云謂王既祀方明諸侯上介皆奉其君之旂置于宮乃詔王升壇諸侯皆就其旂而立也云諸公中階之前至諸男門西北面東上皆明堂位周公朝諸侯之禮覲禮注亦引之證五等諸侯立位處所也皆以近王爲上云王揖之者定其位也者此約燕禮云卿大夫皆入門右北面立公降階揖之卿得揖東廂西面大夫得揖中庭少進北面其位乃定此王揖亦得揖乃定有少別者彼諸侯揖臣臣皆北面得揖就位此五等立已在位王揖之逡巡而已位乃定是其別也凡揖皆推手至於擅即引手爲異也衞將軍文子者此大戴禮文引之證有異姓之事也按大戴禮云衞將軍文子問子貢曰蓋受教者七十有餘人聞之孰爲賢子貢對之歷陳諸子行遂陳南宮縚之行此乃子貢之辭而云衞將軍文子曰者此實子貢辭篇名衞將軍文子故引篇名耳

及其擯之各以其禮公於上等侯伯於中等子男於下等

謂執玉而。前。見。於王也擯之各以其禮者謂擯公者五人侯伯四人子男三人也上等中等下等者謂所奠玉處也壇三成深四尺則一等一尺也壇十有二尋方九十六尺則堂上二丈四尺每等丈二尺與諸侯各於其等奠玉降拜升成拜明臣禮也既乃升堂授王玉○見賢遍反

疏 及其至下等○釋曰此即上四傳擯之時也四傳擯彼注云公也侯也伯也各一位子男俠門而俱東上亦一位是子男共爲位故共一擯也○注謂執至王玉○釋曰下云將幣據三享故知此文擯之據執玉見王也云擯之各以其禮者謂擯公者五人侯伯四人子男三人也者大行人云公擯者五人已下此云擯之各以其禮是據擯爲數不據餘禮也云上等中等下等者謂所奠玉處也者上云爲壇三成此言三等明一據三等壇奠玉處而言也云壇三成者據上文云深四尺者覲禮文云則一等一尺已下鄭君以意解之無正文一等爲一尺發地一尺上有三成爲三尺總四尺也鄭注覲禮云從上向下爲深故云深四尺云壇十有二尋者覲禮文云方九十六尺者尋八尺計之所得九十六尺云則堂上二

丈四尺每等丈二尺與者並鄭以意解之故云與以疑之上二丈四尺爲堂王立之處弇祀方明之所云諸侯各於其等奠玉降拜升成拜明臣禮也者公奠玉於上等降拜於中等侯伯奠玉於中等降拜於下等子男奠玉於下等降拜於地及升成拜皆於奠玉之處必知有降拜升成拜者亦約燕禮臣得君酬酒皆降拜君使小臣辭之乃升成拜明此王禮亦然言成拜者鄉於下拜之時王使人辭下拜之不成故於升乃更成前拜故云成拜是敬上之禮故云明臣禮也云既乃升堂授王玉者禮法禮敵並授禮不敵者訝受此行臣禮則諸侯皆北面授之於堂上也王既受玉約聘禮亦當側授宰王此壇上無坫不得取明堂位崇坫亢圭爲義也

其將幣亦如之其禮亦如之將幣享也禮謂以鬱鬯祼之也皆於其等之上

【疏】其將至如之○釋曰云將幣者即將幣三享一也但彼大行人據在廟此據在壇云亦如之者璧以帛琮以錦如前公於上等之類云其禮亦如之者即大行人上公再祼而酢亦如公於上等之類也

王燕則諸侯毛。謂以須髮坐也朝事尊尊上爵燕則親親上齒鄭司農云謂老者在上也老者二毛故曰毛○侯毛毛謂須髮也劉本作耄音毛

【疏】注謂以須髮坐也至老者二毛故曰毛○釋曰此燕則公三燕侯伯再燕子男一燕云朝事尊尊上爵者依爵尊卑爲先後云燕則親親上齒者此乃不問爵之尊卑取以年齒爲先後也

凡諸公相爲賓謂相朝也

【疏】注謂相朝也○釋曰云相朝則是兩公自相朝故下經云諸侯諸伯諸子諸男相爲賓客以禮相待並是兩諸侯相朝之事也

主國五積三問皆三辭拜受皆旅擯再勞三辭三揖登拜受拜送賓所停止則積間關則問行道則勞其禮皆使卿大夫致之從來至去數如此也三辭辭其以禮來於外也積問不言登受之於庭也鄭司農云旅讀爲旅於。太山之旅謂九人傳辭相授於上下竟問賓從末上行介還受上傳之玄謂旅讀爲鴻臚之臚臚陳之也賓之介九人使者七人皆陳擯位不傳辭也賓之上介出請使者則前對位皆當其末擯焉三揖謂庭中時也拜送送使者○旅如字又音臚力於反傳直專

反下除春秋傳皆同末上時掌反下上傳上車同

疏注賓所至使者○釋曰云賓所停止則積者謂遺人云十里有廬廬有飲食三十里有宿宿有委五十里有市市有積是也云間關則問者上注問問不恙也云行道則勞者謂勞苦之云皆使卿大夫致之者。按聘禮遺卿行勞禮臣來尙遺卿勞明君夾遺卿勞可知此再勞一勞在境一勞在遠郊皆使卿其近郊勞當主君親爲之也其積問當使大夫故下句云致一飧如致積之禮注云俱使大夫禮同也知致飧使大夫者見聘禮宰夫朝服設飧宰夫即大夫問亦小禮明亦使大夫也云從來至去數如此也者五積三問再勞來去皆有此數故云數如此也先鄭云旅讀爲旅於大山之旅謂九人傳辭相授於上下竟問賓從末上行介還受上傳之者此先鄭以爲旅旅擯與交擯同之後鄭不從者此臣禮云旅擯下文云主君郊勞交擯三辭明其別旅直陳擯介不傳辭交則一往一來傳辭也云玄謂旅讀爲鴻臚之臚臚陳之也者按爾雅釋詁云尸旅陳也釋言云豫臚敘也注云皆陳敘也後鄭不從旅大山之旅從臚者欲取敘義也云賓之介九人者自從公介九人之禮云使者七人者自從降二等之禮云皆陳擯位不傳辭也賓之上介出請使者則前對位皆當其末擯焉者此皆約聘禮主君大門內迎聘賓之位也云三揖謂庭中時也者如聘禮入門揖當曲揖當碑揖是也○

主君郊勞交擯三辭車逆拜辱三揖三辭拜受車送三還再拜主君郊勞備三勞而親之也鄭司農云勞交擯三辭謂賓主之擯者俱三辭也車逆主人以車迎賓於館也拜辱賓拜謝辱也玄謂交擯者各陳九介使傳辭也車。迎拜辱者賓以主君親來乘車出舍門而迎之若欲遠就之然見之則下拜迎謝其自屈辱來也至去又出車若欲遠送然主君三還辭之乃再拜送之也車。送。迎之節各以其等則諸公九十步立當車軹。也三辭重者先辭辭辭其以禮來於外後辭辭升堂

疏主君至再拜○釋曰此當近郊勞交。賓三辭者主君至郊郊有館舍賓在內主君至館大門外主君北面而陳此九介去門九十步東面賓在大門內於門外之東亦陳九介西面不陳五擯者非主君從賓禮故也三辭者賓一辭主君以禮來於外車迎

拜辱者傳辭既訖賓乘車出大門迎主君至主君處下車拜主君屈辱自至郊也三揖者入門乃當曲當碑爲三揖三辭者辭讓升堂拜受賓再拜乃受幣主君亦當拜送不言省文也車送者賓乘車出門就主君若欲遠送之三還者主君賓送已三還辭之再拜者賓見主君辭遂再拜送主君也○注主君至升堂○釋曰云備三勞而親之也者大行人有三問三勞之文也主君身自勞是親之也先鄭云車逆主人以車迎賓於館也拜辱賓拜謝辱也後鄭不從者此直是備三勞既來至國何有輒迎賓於館乎玄謂各陳九介者以其在道俱不爲主故無五擯之事故各陳九介也云立當車軹也者賓主俱立當軹大行人文云後辭辭升堂者按鄉飲酒禮主人取爵降洗賓降主人坐奠爵于階前辭注云事同曰讓事異曰辭禮升堂是事同不云讓而云辭者此賓主敵者主人之意欲有受於庭之心故從事異曰辭是以下諸公之臣等升堂皆云讓依事同曰讓非敵故聘義云三讓而後傳命三讓而後入廟門並事異不云辭者欲取致尊讓之意變文耳又彼記文非正經故不爲例也

致館亦如之

館舍也使大夫授之君又以禮親致焉

疏注館舍至致焉○釋曰鄭知使大夫授舍者見聘禮云大夫帥至館卿致之以此知先遣大夫授館也此大夫亦應是卿云亦如之者上主君郊勞此親致館明亦如之也云凡致館者皆有幣以致之致之使若己有然也

致飧。如致積之禮

俱使大夫禮同也飧食也小禮曰飧大禮曰饔餼○致飧素尊反下同

疏注俱使至饔餼○釋曰上公飧五牢賓始至之禮欲致館後即言之云如致積之禮者積在道已致故云如之以其俱小禮不使卿故云俱使大夫禮同也云飧食也者以其有芻薪米禾食之類故云食也云小禮曰飧者聘禮使宰夫設飧禮物又少故曰小云大禮曰饔餼者以其有腥有牽芻薪米禾又多故曰大是以聘禮記云聘日致饔注云急歸大禮又以下文致饔餼亦在將幣後即致之也

及將幣交擯三辭車逆拜辱賓車進答拜。三揖三讓每門止一相及廟唯上相入賓三揖三讓登再拜授幣賓拜送幣每

事如初賓亦如之及出車送三請三進再拜賓三還三辭告辟

鄭司農云交擯擯者交也賓車進答拜賓上車進主人乃答其拜也及出車送三請主人三請留賓也三進進隨賓也賓三還三辭告辟賓三還辭謝言已辟去也玄謂既三辭主君則乘車出大門而迎賓見之而下拜其辱賓車乃前下答拜也三揖者相去九十步揖之使前也至而三讓讓入門也相謂主君擯者及賓之介也謂之相者於外傳辭耳入門當以禮詔侑也介紹而傳命者君子於其所尊不敢質敬之至也每門止一相彌相親也君入門介拂闑大夫中棖與闑之間士介拂棖此爲介鴈行相隨也止之者絶行在後耳賓三揖三讓讓升也登再拜授幣授當爲受主人拜至且受玉也每事如初謂享及有言也賓當爲儐謂以鬱鬯禮賓也上於下曰禮敵者曰儐禮器曰諸侯相朝灌用鬱鬯無籩豆之薦謂此朝禮畢儐賓也三請三進請賓就車也主君每一請車一進欲遠送之也三還三辭主君一請。者賓亦一還一辭○授幣音受賓拜音擯下賓使者同辟音辟劉薄歷反注同下客辟三辟趨辟放此已辟音避侑音又闑魚列反棖直庚反行戶剛反

【疏】及將至告辟○釋曰及至也至將幣謂賓初至館後日行朝禮之時故云至將幣幣即圭璋也云交擯三辭車逆拜辱賓車進答拜者此並在主君大門外賓去門九十步而陳九介主君在大門外之東陳五擯上擯入受命出請事傳辭與承擯承擯傳與末擯末擯傳與末介末介傳與承介承介傳與上介上介傳與賓賓又傳與上介上介傳與承介承介傳與末介末介傳與末擯末擯傳與承擯承擯傳與上擯上擯入告君如是者三謂之交擯三辭諸交擯者例皆如此也車逆拜辱者傳辭既訖主君乘車出大門至賓所下車拜賓屈辱來此也賓車進答拜者賓初升車進就主君主君下賓亦下車答主君拜也三揖者主君遙揖賓使前北面三讓入大門也云每門止一相者既入門一迴面東至祖廟之時祖廟西仍有二廟以其諸侯五廟始祖廟在中兩廂各有一廟各別院爲之則有二門門傍皆有南北隔牆隔牆一皆通門故得有每門若不然從大門內即至祖廟之門何得有每門而云門止一相乎故爲此解也云上相入者

相入卽上擯上介須詔禮故須入云三揖者亦謂入門揖當曲揖當碑揖也云三讓登者至階主君讓賓賓讓主君如是者三主君先升云再拜授幣者授當爲受賓主俱升主人在阼階上北面拜乃就兩楹間南面賓亦就主君賓授玉主君受之故云再拜受幣也云賓拜送幣者賓既受乃退向西階上北面拜送幣乃降也○注鄭司至一辭○釋曰先鄭云賓車進答拜賓上車進主人乃答其拜也後鄭不從者車送拜辱已是主人今云車進答當是客何得主人再度拜故不從也云及出車送三請主人三請留賓也後鄭亦不從者行朝享禮賓訖送賓出禮既有限何因更有留賓之事故不從也云介紹而傳命者此聘義文按彼介紹而傳命謂聘者旅擯法引證此交擯者但紹繼也謂介相繼而陳則交擯旅擯皆得爲紹故此交擯亦得紹介而傳命也按彼注質謂正自相當賓主不敢正自相當故須擯介通情也云君入門介拂闑大夫中棖與闑之閒士介拂棖者玉藻文君入門不言所拂者朝君入由闑西亦拂闑不言之者君特行不與介連類故不言也介拂闑者上介隨君從與大夫士介自爲鴈行於後也云止之者絕行在後耳者知不全入而爲絕行在後者以聘禮介皆入廟門門西北面西上故知此君介亦入門門西北面西上可知故云絕行在後後亦入廟也云登再拜授幣授當爲爲受者欲見登再拜受玉者主君止得爲受不得爲授之義故也云拜至且受玉也者拜中含此二事故也云每事如初謂享及有言也者按聘禮享夫人下云若有言束帛如享禮是也云上於下曰禮敵者曰擯者大行人云王禮再祼而酢之屬是上於下曰禮此諸侯云擯是敵者曰擯也云禮器曰諸侯相朝灌用鬱鬯無籩豆之薦引之者證擯亦用鬱鬯也云主君一請賓亦一還一辭者則主君三請三進其賓三還三辭一一相將但別言之耳

致饗餼還圭饗食致贈郊送皆如將幣之儀此六禮者惟饗食速賓耳其餘主君親往親往者賓爲主人主人爲賓君如有故不親饗食則使大夫以酬幣侑幣致之鄭司農云還圭歸其玉也故公子重耳受飧反璧玄謂聘以圭璋禮也享以璧琮財也已聘而還圭璋輕財而重禮贈送以財既贈又送至于郊○還音環又音旋食音

嗣。凡饗食皆同【疏】注此六至于郊○釋曰：知饗食速賓者，按公食大夫禮君親食之，君不親食則以侑幣致之。聘禮云公於賓。一食再饗，上介。一食。一饗。若不親食，致之以侑幣，致饗以酬幣，以此知二者皆速賓也。云其餘主君親往，親往者賓爲主人，主人爲賓者，見聘禮云君使卿歸饔餼，又云賓迎于小門外，又云大夫東面致命，君使卿還玉于館，賓迎于外門外，不拜，帥大夫以入，鄭君以此二者知賓爲主人，主人爲賓致。聘郊送亦然可知也。聘禮乃君於臣，此兩君敵，明主君親爲之矣。先鄭云公子重耳事，見僖公二十三年公子重耳反國，及曹，曹共公聞其駢脅，欲觀其裸浴，薄而觀之。僖負羈之妻曰：吾觀晉公子之從者，皆足以相國，若以相，夫子必反其國，反其國必得志於諸侯，得志於諸侯而誅無禮者，曹其首也，子盍蚤自貳焉。乃饋盤飧，寘璧焉，公子受飧反璧，是其事引之者，證還圭之事，但彼反璧者，義取不貪寶意，非還圭，故後鄭不從也。玄謂聘以圭璋禮也者，聘義云以圭璋聘，重禮也，謂行聘禮也。云享以璧琮財也者，貢財貨時用璧琮以致之，故云財也。云已聘而還圭璋，輕財而重禮者，還圭璋是重禮，璧琮不還是輕財也。云贈送以財者，聘禮賓遂行，舍于郊，公使卿贈，如覿幣。注云言如覿幣，見反報，是贈幷送至于郊。

爲賓之拜禮，拜饔餼，拜饗食。鄭司農云：賓之拜禮者，因言賓所當拜者之禮也。所當拜者，拜饔餼，拜饗食。玄謂賓將去，就朝拜謝此三禮，三禮，禮之重者也。賓既拜主君，乃至館贈之，去又送之于郊。【疏】注鄭司至于郊○釋曰：先鄭所說是，後鄭增成其義。按聘禮饔餼、燕羞、俶獻之明日，賓皆拜於朝，將去，又三拜乘禽于朝，彼臣故盡拜謝。此賓之拜禮，在致贈郊送之下，則不及燕羞、俶獻、乘禽，以其君略小惠，將去惟拜其大禮也。按聘禮賓三拜乘禽於朝，遂行，舍于郊，公使卿贈。若然，此致贈郊送在拜禮後，今設文在前者，欲取如將幣之儀，故進文在前，其贈送合在後也。云賓既拜主君，乃至館贈之，去又送之于郊者，鄭以贈送之文在前，拜禮在後，恐疑顚。到，故此解之，是其次也。

賓繼主君，皆如主國之禮。鄭司農云：賓繼主君，復主人之禮費也，故曰皆如主國之禮。玄謂繼主君者。儐主君也。儐之者，主君郊勞、致館、饔餼、還圭、贈、郊送之。

時也如其禮者謂玉帛皮馬也有饌陳之積者不如也若饗食主君及燕亦速焉○費芳味反【疏】注鄭司至速焉○釋曰先鄭云繼主君復主人之禮費也後鄭不從者主人禮費既多非賓所能復玄謂繼主君者儐主君也者按聘禮君遺卿勞及致館等皆儐儐者報也上注云敵者曰儐故此報主君為儐云儐之者主君郊勞致館饔餼還圭贈郊送之時也如其禮者謂玉帛乘馬也者按聘禮云賓至于近郊君使卿朝服用束帛勞又云賓用束帛儐勞者君使卿韋弁歸饔餼又云大夫奉束帛又云賓降受老幣出迎大夫大夫注云出迎欲儐之庭賓設馬乘賓降堂受者束錦賓奉幣西面大夫東面賓致幣是皆有儐法彼兩臣有儐此兩公有儐可知也若然彼聘禮致館無儐者彼君使卿致館不以幣故亦無儐明此兩君致時有幣合亦儐之也彼聘禮賓不見有饗食速主君者臣於君雖他國亦不敢速君故禮記云大夫饗君非禮是也此兩君卽得其燕食等皆得速主君也主君有故不能親以侑幣酬幣致之亦無儐鄭彼注云以己本宜往還玉于館及還享雖無束帛文亦當儐之矣

諸侯諸伯諸子諸男之相為賓也各以其禮相待也如諸公之儀賓主相待之儀與諸公同也饔餼饗食之禮則有降殺○殺色界反下豐殺則殺及後殺禮皆同【疏】注賓主至降殺○釋曰五等諸侯以命數分為三等其圭璋饔餼飧積步數儐介皆降殺備於大行人掌客其進退揖讓之儀一與公同故云如諸公之儀

諸公之臣相為國客謂相聘也【疏】諸公至國客○釋曰謂上諸公之臣相聘往來為國客相待相送之儀此法皆備於下文也則三積皆三辭拜受受者受之於庭也侯伯之臣不致積【疏】則三至拜受○釋曰此謂在道之禮於路館致之亦有束帛致之云三辭拜受者辭不受三辭後受之故云三辭拜受也知受之於庭者上諸公卿云登登謂登堂此不云登故知受於庭也知侯伯之臣不致積者按聘禮以五介又張旝是侯伯之卿聘使者經不云積明侯伯之臣不致積可知但不以束帛行禮致之豈於道全無積乎明有也及大夫郊勞旅擯三辭拜辱三讓

登聽命下拜登受賓使者如初之儀及退拜送登聽命賓登堂也賓當爲擯勞用束帛擯用束錦侯伯之臣受勞於庭【疏】及大至拜送○釋曰按諸禮此亦近郊勞也旅擯不傳辭賓使各陳七介而已云三辭○拜辱者賓從館內出於大門拜使者辱命來於外云三讓者讓升堂云登聽命者賓登堂聽使者傳主君之命也云下拜登受者賓聽命訖下堂拜命訖堂登受幣也云賓使者如初之儀者謂使傳命訖禮畢出門賓以束帛賓使者如初行勞時之儀前賓受幣今使者受幣受幣雖異威儀則同敬以主君使者也知勞用束帛儐用束錦者約聘禮郊勞知之知侯伯之臣受勞於庭者亦按聘禮賓是侯伯之臣云受於舍門內是不登堂也

致館如初之儀如郊勞也不儐耳侯伯之臣致館于庭不言致飧者君於聘大夫不致飧也聘禮曰飧不致賓不拜【疏】注如郊至不拜○釋曰按聘禮賓至使大夫帥至館卿致館此公之臣亦當然上云郊勞此云如初如初郊勞也鄭知不儐者聘禮致館無束帛賓亦無儐知此亦然也云侯伯之臣致館于庭者亦按聘禮知之云君於聘大夫不致飧也引聘禮飧不致賓不拜者按聘禮致館之下即云宰夫設飧即此致館下不云致飧故云君於聘大夫不致飧如是五等之臣皆無致飧也

及將幣旅擯三辭拜逆客辟三揖每門止一相及廟唯君相入三讓客登拜客三辟授幣下出每事如初之儀客辟逡巡不答拜也惟君相入客臣也相不入矣拜主君拜客至也客三辟三退負序也每事享及有言○逡七旬反【疏】及將至之儀○釋曰及至也謂賓在館至將幣將幣亦謂圭璋也云旅儐三辭者亦謂於主君大門外主君陳五儐客陳七介不傳辭故云旅擯也云三辭者前郊勞三辭辭其以禮來於外此三辭辭其主君以大客禮當已云拜逆客辟者謂三辭訖主君遣上擯納賓賓入大門主君在大門內南面拜拜賓奉君命屈辱來見已客辟不受拜者使者奉君命來不敢當拜故逡巡辟君拜也云三揖者亦揖之使前云每門止一相者謂彌相親也云及廟惟君相入者與前諸公少異彼是兩

君故云惟上相入則兩君擯介各有上相亦不入故據君而言也云三讓客登者按聘義云三讓而後入廟門三揖而後至階此不言者文不具客登者主君與客俱登據客而言故云客登也云拜客三辭者主君與客俱登訖主君於阼階上北面拜拜賓喜至此堂并拜受幣云客三辭者三退負序不敢當君拜云授幣者授玉與主君也○注客辭至有言釋曰云客辭逡巡不答拜也者釋上拜逆客辭也云客三辭三退負序也者按聘禮云賓三退逡負序注云三退三逡巡也不言辭者以執圭將進授之此亦執圭將授言辭者儀禮是委曲行事故云執圭將進不得云辭此周禮事未見據大總而言故云辭無嫌三退負序聘禮文云每事享及有言者亦約聘禮知之

及禮私面私獻皆再拜稽首君答拜禮以醴禮客私面私覿也既覿則或有私獻者鄭司農云說私面以春秋傳曰楚公子棄疾見鄭伯以其乘馬私面

【疏】注禮以至私面○釋曰此三者皆於聘日行之故并言之○云君答拜者雖是異國之臣當空首拜也知禮以醴禮客者按聘禮禮客用醴齊異於君鬱鬯也云私面私覿也者按聘禮賓奉束錦請覿又云問卿訖賓面如覿幣注云面亦見也其謂之面威儀質也彼不見有私獻又於君謂之覿於卿謂之面覿面別此云私面私覿爲一者以彼文兩見則私覿據君私面據卿此文不見有私覿直言私面豈不見君直見臣也明此私面主於君故以私面爲私覿也彼無私獻非常故彼記云既覿賓若私獻奉獻將命故此注云既覿則或有私獻者也云春秋者按左氏昭六年楚公子棄疾如晉過鄭見鄭伯如見王以其乘馬八匹私面見子皮如上卿以馬六匹見子産以馬四匹見子大叔以馬二匹稱面者以其面亦覿也且過鄭非正聘故以面言之

出及中門之外問君客再拜對君拜客辟而對君問大夫客對君勞客客再拜稽首君答拜客趨辟中門之外即大門之內也問君曰君不恙乎對曰使臣之來寡君命臣于庭問大夫曰二三子不恙乎對曰寡君命使臣于庭二三子皆在勞客曰道路悠遠客甚勞勞介則曰二三子甚勞問君客再拜對者爲敬慎也○客甚

勞如字下甚勞勞辱同【疏】注中門至慎也○釋曰賓來主爲以君命行聘享是以先行聘享訖乃始行私相慰問之事是以聘禮注云鄉以公禮將事無由問也云中門之外即大門之內也者聘禮云及大門內公問君故指彼云即大門內也按聘禮云及大門內公問君賓對公再拜注云賓至始入門之位北面將揖而出衆介亦在其右少退西上於此可以問君居處何如序殷勤也時承擯紹擯亦於門東北面東上上擯往來傳君命南面云問君曰已下未知鄭君所出何文或云是孔子聘問之辭亦未得其實也爾雅云恙憂也

致饔餼如勞之禮饗食還圭如將幣之儀饗食亦謂君不親而使大夫以幣致之【疏】致饔至之儀釋曰云致饔餼如勞之禮者同使卿威儀進止皆如上郊勞之禮還以本圭故云如也○注饗食至致之○釋曰知饗食是君不親者以其與還圭共文同是致之故知君不親使大夫致之也致饗及還玉賓主皆是大夫其將幣主君與使臣行禮如將幣者蓋不盡如之所如者如旅擯主人皮弁賓皮弁襲將幣同自餘則別是以聘禮君使卿皮弁還玉于館賓皮弁襲迎于外門外不拜帥大夫以入大夫升自西階鉤楹賓自碑內聽命升自西階自左南面受圭退負右房而立是與將幣別之事也

君館客客辟介受命遂送客從。拜辱于朝君館客者客將去就省之盡殷勤也遂送君拜以送客○客從本亦作從同才用反【疏】君館至。于朝釋曰按聘禮云公館賓賓辟注云言辟者君在廟門敬也又云上介聽命注云聽命於廟門中西面如相拜然也然則此中行事亦爾鄭知君拜送者見聘禮云聘享夫人之聘享問大夫送賓公皆再拜是其有拜此云客從拜辱于朝者聘禮曰公退賓從請命于朝公辭賓退是也

明日客拜禮賜遂行如入之積禮賜謂乘禽君之加惠也如入之積則三積從來至去○乘繩證反下乘皮同【疏】注禮賜至至去○釋曰按聘禮云館賓下云賓三拜乘禽於朝以此知禮賜是乘禽也云遂行如入之積鄭云如入之積則三積從來至去者入與出各三積故得以後如前以此而言諸侯言出入五積四積三積之類入出各五各四各三者也

凡諸伯子男之臣以其國之爵相爲客而相禮其儀亦如之爵卿也大夫也士也疏注爵卿至士也○釋曰諸侯之臣言爵相爲客而相禮者不離三等卿大夫士鄭注掌客云爵卿也則飧二牢饔餼五牢大夫也則飧大牢饔餼三牢士也則飧少牢饔餼大牢也此降小禮豐大禮也以命數則參差難等略於臣用爵而已以此三等相禮也云其儀亦如之者亦以三等相差七十步七介五十步五介三十步三介小聘使大夫又降殺也

凡四方之賓客禮儀辭命餼牢賜獻以二等從其爵而上下之上下猶豐殺也○上時掌反疏凡四至下之○釋曰上經云爵卿以卿大夫士三等解之此經云二等即與大行人云諸侯之卿各下其君二等大夫士亦如之大夫下卿士下大夫降殺以兩解之同也云從其爵者以三等降殺從三等而爲之云上下猶豐殺也者爵尊者禮豐爵卑者禮殺以二等爲豐殺也

凡賓客送逆同禮謂郊勞郊送之屬疏注謂郊至之屬○釋曰經云送逆故知郊勞郊送也郊勞是逆郊送是送尊卑不同此二者一也

凡諸侯之交各稱其邦而爲之幣以其幣爲之禮幣享幣也於大國則豐於小國則殺主國禮之如其豐殺謂賄用束紡禮用玉帛乘皮及贈之屬○稱尺證反紡芳往反疏凡諸至之禮○釋曰此一經惟論享幣多少及主國報禮輕重之事言交者兩國一往一來謂之交言各稱其邦而爲之幣者據朝聘所齎享幣大國多小國少云以其幣爲之禮者據主國賄客還依來者多少而報之○注幣享至之屬○釋曰鄭知幣是享幣者以其經云稱其邦復云幣明幣是享幣不得據圭璋璧琮也知是賄用束紡禮用玉帛乘皮及贈之屬者據聘禮還玉幣之下云賓裼迎大夫賄用束紡注云所以遺聘君可以爲衣服又云禮玉束帛乘皮注云禮聘君也所以報享也又云遂行舍于郊公使卿贈如覿幣記云賄在聘爲賄是其豐殺參少者也

凡行人之儀不朝不夕不正其主面亦不背客謂擯相傳辭時也不正東鄉不正西鄉常視賓

主之前却得兩鄉之而已〇朝如字又直遙反背音佩鄉許亮下同疏注謂擯至而已釋曰此經論司儀爲擯相之法朝謂日出時爲正鄉東夕謂日入時爲正鄉西云不正其主面則亦不背客故鄭云常視賓主之前却得兩鄉之而已言此者正謂司儀隨機旋轉不常厥處者也

行夫掌邦國傳遽之小事媺惡而無禮者凡其使也必以旌節雖道有難而不時必達傳遽若今時乘傳騎驛而使者也美福慶也惡喪荒也此事之小者無禮行夫主使之道有難謂遭疾病他故不以時至也必達王命不可廢也其大者有禮大小行人使之有故則介傳命不嫌不達〇傳張戀反注同遽其庶反使色吏反注及下同難乃旦反注同傳直宣反象胥職同疏行夫至必達〇釋曰行夫者以身自行於外言媺惡無禮者無擯介而單行謂之無禮也云必以旌節者道路用旌節故也云雖道有難而不時者無難者郎依程至秪由有難故不時云必達者雖不時必達於所往之處也〇注傳遽至不達〇釋曰云美福慶也者謂諸侯國有生男及嫁娶等云惡喪荒也者謂民有死喪及年穀不孰若諸侯薨之等大事即使卿大夫若春秋王使榮叔宰咺之等有禮不使行夫也云他故者謂賊寇及水旱之等云必達王命不可廢也者以其行夫下士三十二人以人數多縱有難必達也云其大者有禮大小行人使之者按大行人雖不云身使之事其間問及王之所以撫諸侯之等或身自行小行人云使適四方是身行之事也

居於其國則掌行人之勞辱事焉使則介之使謂大小行人也故書曰夷使鄭司農云夷使使於四夷則行夫主爲之介玄謂夷發聲〇焉劉音夷疏注使謂至發聲〇釋曰先鄭以夷使於四夷後鄭不從以爲夷發聲者以經云居則掌行人之勞辱事是行人所使郎云介明還與行人爲介文勢不容與行人別行直四夷使自使象胥何得使行夫也故不從之也

環人掌送逆邦國之通賓客以路節達諸四方通賓客以常事往來者也路節旌節也四方圻上疏環人

至四方○釋曰此環人與夏官環字雖同義則異彼環人主致師此環人主環遠賓客使不失脫是其異也○注通賓至圻上○釋曰云環人通賓客以常事往來者也者謂朝覲會同者也云路節旌節也者以其道路用旌節故知路節旌節也云四方圻上者至畿即入諸侯國諸侯國自有通之者也

舍則授館令聚欜有任器則令環之令令野。廬氏也鄭司農云四方人有任器者則環人主令殉環守之○殉徐音循或辭後反疏舍則至環之○釋曰館則道上廬宿市所館舍任器謂賓客任用之器○注令令至守之○釋曰令令野廬氏也者其職云若有賓客則令守涂地之人聚欜之故知令野廬也

凡門關無幾送逆及疆鄭司農云門關不得苛留環人也玄謂環人送逆之則賓客出入不見幾○疆居良反苛音何又呼何反疏注鄭司至見幾○釋曰先鄭云門關不得苛留環人也者以環人乃是執節之人。事不畏門關苛留故後鄭以爲環人送逆之則門關不得苛留賓客

象胥掌蠻夷閩貉戎狄之國使掌傳王之言而諭說焉以和親之謂蕃國之臣來覜聘者○閩亡巾反又音文貉亡百反使所吏反疏注謂蕃至聘者○釋曰蕃國之君世壹見其臣得有覜聘者彼雖無聘使法有國事來小行人受其幣聽其辭以中國覜聘況之耳其實無覜聘也

若以時入賓則協其禮與其辭言傳之以時入賓謂其君以世。一見來朝爲賓者○見賢遍反疏若以至傳之○釋曰云協其禮者夷狄之君。以不能行中國禮及其行朝。聘亦當以禮和合之使得其所也云與其辭言傳之者但夷狄之君。亦是中國卿大夫有罪使任於彼計應言辭可知。今言協其辭言傳之者謂。若外之衆須譯語者也

凡其出入送逆之禮節幣帛辭令而賓相之從來至去皆爲擯而。口侑其禮儀○賓音儐下同相息亮反下同疏凡其至相之○釋曰夷狄無玉帛來向中國而

云幣帛者謂王有賜與之者也凡國之大喪詔相國客之禮儀而正其位客謂諸侯使臣來弔者疏注客謂至弔者〇釋曰大喪言凡則非王喪若王喪諸侯皆來何得有使臣來諸侯絕無來者則大喪王后世子也或大喪王喪不言諸侯者餘官掌之此象胥直掌臣也又象胥本主夷狄之使亦兼掌中國之使故下有大事諸侯之等也凡軍旅會同受國客幣而賓禮之謂諸侯以王有軍旅之事使臣奉幣來問疏注謂諸至來問〇釋曰言諸侯以王有軍旅之事使臣奉幣帛來問者正謂禮動不虛以爲相見之禮以幣致其君命非謂別有幣也凡作事王之大事諸侯次事卿次事大夫次事上士下事庶子作使也鄭司農云王之大事諸侯使諸侯執大事也次事卿使卿執其次事也次事使大夫次事使上士下事使庶子疏凡作至庶子〇釋曰直言上士不言中士下士者總以王之三等之士皆曰上士與王制所云元士同也云庶子者謂若宮伯所云士庶子之等直云庶子兼適子在其中也

掌客掌四方賓客之牢禮餼獻飲食之等數與其政治政治邦新殺禮之屬〇治直吏反注同疏注政治至之屬〇釋曰此經與下文爲總目其事並在下文云政治邦新殺禮之屬者下文云新國則殺禮殺禮類多故云之屬以通之王合諸侯而饗禮則具十有二牢庶具百物備諸侯長十有再獻饗諸侯而用王禮之數者以公侯伯子男盡在是兼饗之莫敵用也諸侯長九命作伯者也獻公侯以下如其命數〇長丁丈反注同敵丁歷反疏注饗諸至命數〇釋曰云王禮之數者則十二牢是故哀七年吳來徵百牢魯使子服景伯對曰周之王也制禮上物不過十二以爲天之大數也上公以九爲節則十二者是王禮之數也云以公侯伯子男盡在是兼饗之者以經云合則時會殷同是盡在於是兼饗故用十二牢也云莫敵用也者若單饗一國卽有賓主之敵則單用大牢今兼饗諸侯無一一相敵

故云莫敵用也若曲禮云大饗不問卜鄭云莫適卜也彼亦非一帝總饗五帝莫適卜也云諸侯長九命作伯者也者大宗伯云九命作伯注云上公有功德者加命爲二伯云獻公侯以下如其命數者大行人云上公饗禮九獻侯伯七獻子男五獻是也

王巡守殷國。則國君膳以牲犢令百官百牲皆具從者三公眡上公之禮卿眡侯伯之禮大夫眡子男之禮士眡諸侯之卿禮庶子壹眡其大夫之禮國君者王所過之國君也犢繭栗之犢也以膳天子貴誠也牲孕天子不食也祭帝不用也凡賓客則皆角尺令者掌客令主國也百牲皆具言無有不具備○從者才用反下注從賓同繭古典反

疏○王巡至之禮○釋曰王巡守則殷同殷。同則殷。國也王巡守至於四岳之下當方諸侯或所在經過或至方岳之下若殷國或在王城出畿外在諸侯之國所在之處皆設禮待王故巡守殷國並言也云則國君膳以牲犢者膳亦謂殷膳時也云令百官百牲皆具者此文與下爲目百官卿三公已下是也云三公者明上公已下及侯伯子男禮備於大行人及掌客諸侯之卿及諸侯大夫禮亦備於聘禮及公食大夫也○注國君至具備○釋曰云國君者王所過之國君也者鄭偏舉一邊而言所在亦須共待云犢繭栗之犢也者王制云天地之牛角繭栗郊特牲云天子適諸侯諸侯膳用犢謂殷膳時特與祭天之牲同用犢則天子繭栗可知也云以膳天子貴誠也牲孕不食也祭帝不用也者皆郊特牲文言此者見天子牲與天同貴誠慤故用繭栗也云凡賓客則皆角尺者亦王制文云令者掌客令主國也者以其掌客掌諸侯已下牢禮故知掌客令也

凡諸侯之禮上公五積皆眡飧牽三問皆脩羣介行人宰史皆有牢飧五牢食四十簠十豆四十鉶四十有二壺四十鼎簋十有二牲三。十。有六皆陳饔餼九牢其死牢如飧之陳牽四牢米百有二。十。筥醯醢百

有二十罋車皆陳車米眡生牢牢十車車秉。有五籔。車禾眡死牢牢十車車三
秅芻薪倍禾皆陳乘禽日九十雙。殷膳大牢以及歸三饗三食三燕若弗酌則
以幣致之凡介行人宰史皆有飧饔餼以其爵等爲之牢禮之陳數唯上介有
禽獻夫人致禮八壺八豆八籩膳大牢致饗大牢食大牢卿皆見以羔膳大牢
侯伯四積皆眡飧牽再問皆脩飧四牢食三十有二簋八豆三十有二鉶二十
有八壺三十有二鼎簋十有二腥二十有七皆陳饔餼七牢其死牢如飧之陳
牽三牢米百筥醯醢百罋皆陳米三十車禾四十車芻薪倍禾皆陳乘禽日七
十雙殷膳大牢三。饗再食再燕凡介行人宰史皆有飧饔餼以其爵等爲之禮
唯上介有禽獻夫人致禮八壺八豆八籩膳大牢致饔。大牢卿皆見以羔膳特
牛子男三積皆眡飧牽壹問以脩飧三牢食二十有四簋六豆二十有四鉶十
有八壺二十有四鼎簋十有二牲十有八皆陳饔餼五牢其死牢如飧之陳牽
二牢米八十筥醯醢八十罋。皆陳米二十車禾三十車芻薪倍禾皆陳乘禽日
五十雙壹饗壹食壹燕凡介行人宰史皆有飧饔餼以其爵等爲之禮唯上介

有禽獻夫人致禮六壺六豆六籩膳眡致饔親見卿皆膳特牛積皆視飧牽謂所共如飧而牽牲以往不殺也不殺則無鉶鼎簠簋之實其米實于筐豆實實于甕其設筐陳于楹內甕陳于楹外牢陳于門西車米禾芻薪陳于門外壺之有無未聞三問皆脩脩脯也上公三問皆脩下句云羣介行人宰史皆有牢君用脩而臣一有牢非禮也蓋著脫字失處且誤耳飧客始至致小禮也公侯伯子男飧皆餁一牢其餘牢則腥食者其庶羞美可食者也其設蓋陳于楹外東西不過四列簠稻粱器也公十簠堂上六西夾東夾各二也侯伯八簠堂上四西夾東夾各二子男六簠堂上二西夾東夾各二豆菹醢器也公四十豆堂上十六西夾東夾各十二侯伯三十二豆堂上十二西夾東夾各十子男二十四豆堂上十二西夾東夾各六禮器曰天子之豆二十有六諸公十有六諸侯十有二上大夫八下大夫六以聘禮差之則堂上之數與此同鉶羹器也公鉶四十二侯伯二十八子男十八非衰差也二十八書或為二十四亦非也其於衰公又當三十於言又為無施禮之大數鉶少於豆推其衰公鉶四十二宜為二十八蓋近之矣則公鉶堂上十八西夾東夾各十侯伯堂上十二西夾東夾各八子男堂上十西夾東夾各四壺酒器也其設於堂夾如豆之數鼎牲器也簠黍稷器也鼎十有二者飪一牢正鼎九與陪鼎三皆設于西階前簠十二者堂上八西夾東夾各二合言鼎簠者牲與黍稷俱食之主也牲當為腥聲之誤也腥謂腥鼎也於侯伯云腥二十有七其故腥字也諸侯禮盛腥鼎有鮮魚鮮腊每牢皆九為列設于阼階前公腥鼎三十六腥四牢也侯伯腥鼎二十七腥三牢也子男腥鼎十八腥二牢也皆陳陳列也飧門內之實備于是矣亦有車米禾芻薪公飧五牢米二十車禾三十車侯伯四牢米禾皆二十車子男三牢米十車禾二十車芻薪皆倍其禾饔餼既相見致大禮也大者既兼飧積有生有腥有孰餘又多也死牢如飧之陳亦飪一牢在西餘腥在東也牽生牢也陳于門西如積也米橫陳于中庭十為列每筥半斛公侯伯子男黍粱稻皆二行公稷六行侯伯稷四行子男二行醯醢夾碑從陳亦十為列醯在碑東醢在碑西皆陳於門內者於

公門內之陳也言車者衍字耳車米載米之車也聘禮曰十斗曰斛十六斗曰
籔十籔曰秉每車秉有五籔則二十四斛也禾。稾實幷刈者也聘禮曰四秉曰
筥十筥曰稯十稯曰秅每車三秅則三十稯也稯猶束也米禾之秉筥字同數
異禾之秉手把耳筥讀。爲棟梠之梠謂一𪗋也皆陳橫陳門外者也米在門東
禾在門西芻薪雖取數于禾薪從米芻從禾也乘禽乘行羣處之禽謂雉鴈之
屬於禮以雙爲數殷中也中又致膳示念賓也若弗酌謂君有故不親饗食燕
也不饗則以酬幣致之不食則以侑幣致之凡介行人宰史衆臣從賓者也行
人主禮宰主具史主書皆有飧饔餼尊其君以。及臣也以其爵等爲之牢禮之
數。陳爵卿也則飧二牢饔餼五牢大夫也則飧大牢饔餼三牢士也則飧少牢
饔餼大牢也此降小禮豐大禮也以命數則參差難等略於臣用爵而已夫人
致禮助君養賓也籩豆陳于戶東壺陳于東序凡夫人之禮皆使下大夫致之
於子男云膳視致饗言夫人致膳於小國君以致饗之禮則是不復饗也饗有
壺酒卿皆見者見于賓也既見之又膳之亦所以助君養賓也。卿見又膳此聘
禮卿大夫勞賓餼賓之類與於子男云親見卿皆膳特牛見讀如卿皆見之見
言卿於小國之君有不故造館見者故造館見者乃致膳鄭司農說牽云牲可
牽行者也故春秋傳曰餼牽竭矣秅讀爲秅。秭麻。答之秅○鉶音刑牲三十牲
音星下牲十有八受牲禮同筥姜呂反蘀烏弄反數素口反劉色縷反秅丁故
反或宅加反乘繩證反下及注同食音嗣下食大牢再食壹食注不食同見賢
遍反注下除相見見讀皆同餼而甚反夾古洽反劉古協反下同衰初危反下
同差初佳反又初宜反陪鼎音裴行戶剛反下文六行四行二行皆同從子容
反稾古老反幷必政反又必盈反曰總本又作緵子工反李又音總把必馬反
梠音呂穧才計反參初林反差初宜反復扶又反勞老報反造七報反秭徐音
姊劉祖禮反【疏】注積皆至之秅○釋曰云凡諸侯之禮者此一句與下爲總目也此一經並是諸侯自相朝主國待賓之禮若然天子掌客不見天子待
諸侯之禮而見諸侯自相待者天子掌客自掌天子禮則諸侯相待之禮無由
得見今以天子之官輒見諸侯自相待以外包內天子待諸侯亦同諸侯自相

待可知是以見諸侯相待之法也云上公五積皆眂飧牽者公國自相朝是上
公待上公之禮有五積皆眂飧一積眂一飧飧五牢五積則二十五牢言牽者
數雖眂飧飧則殺積全不殺並生致之故云牽侯伯四積皆眂飧牽飧四牢一
積眂一飧則一積四牢總十六牢亦牽不殺子男三積積亦眂飧飧三牢一積
三牢三積九牢亦牽之不殺也必牽之不殺者以其在道分置豫往故不殺之
容至自殺也既云眂飧飧則有芻薪米禾之等故鄭解積皆依飧解之也云不
殺則無鉶鼎者鉶鼎即陪鼎是也但殺乃有鉶鼎不殺則無鉶鼎可知侯伯子
男皆然鄭云簠簋之實已下皆約公食大夫親食則有簠簋之實已下皆飪在
俎若不親食使大夫各以其爵朝服以侑幣致之則生往今積既不殺與公食
生致同故鄭皆約公食大夫解之也云其設筐陳之于楹內者彼云簠實實于筐
陳于楹內兩楹間二以並南陳云饔陳於楹外者彼云豆實實于甕陳于楹外
二以並北陳云牢陳於門西者彼云牛羊豕陳于門內西方東上是鄭皆依公
食大夫之文也云車米禾芻薪陳于門外者此約聘禮致饔餼之文彼云米三
十車設于門東為三列東陳禾三十車設于門西西陳薪芻倍禾注云薪從米
芻從禾是其事也侯伯子男積之簠豆米禾薪芻等陳列亦與此同也云壺之
有無未聞者以其酒不可生致故云未聞云三問皆脩羣介行人宰史皆有牢
者鄭云三問皆脩脩脯也對文脩是鍛脩加薑桂捶之者脯乾肉薄者散文脩
脯一也云上公三問皆脩下句云羣介行人宰史皆有牢君用脩而臣有牢非
禮也者言非禮者君尊用脩臣卑用牢故云非禮云蓋著脫字失處按下文凡
介行人宰史皆在饗食燕下此特在上有人見下文脫此語錯差著於此更有
人於下著訖此剩不去故云蓋著脫字失處也云且誤耳者下文皆云凡介此
云羣介故云且誤耳云飧客始至致小禮也者按聘賓大夫帥至館卿致館即
云宰夫朝服設飧是其客始至之禮言小禮者對饔餼為大禮也云公侯伯子
男飧皆飪一牢其餘牢則腥者鄭言此者下惟言腥不言飪此有鉶及鼎皆為
飪一牢而言以是經雖不言飪須言飪之矣云其餘牢則腥腥之數備於下也
云食者其庶羞美可食者也其設蓋陳于楹外東西不過四列者前所陳皆約

公食大夫致食之禮今按公食若不親食庶羞陳于碑內者設飧之時堂上皆有正饌無容庶羞之處楹外既空不須向碑內及堂下故疑在楹外陳之十以爲列故四列也公食陳于碑內者由饔陳于楹外故在下也必知爲四列見公食云庶羞東西不過四列故知也云簠稻粱器也者見公食大夫簠盛稻粱云公十簠堂上六西夾東夾各二也侯伯八簠堂上四西夾東夾各二子男六簠堂上二西夾東夾各二鄭知此者見聘禮致饔餼堂上二簠東西各二簠今此公十侯伯八子男六禮之道列堂上之數與東西夾之數堂上不多則等鄭遂以意裁之五等東西夾各二以外置於堂上故云公六侯伯四子男二也聘禮設飧鄭約致饔餼今亦約致饔餼也但聘禮設飧云西夾六無東夾之饌者蓋降於君禮故也云豆菹醢器也者見公食大夫及特牲少牢。豆皆以豆盛菹醢故知也云公四十豆堂上十六至各六鄭以堂上豆數取聘禮致饔餼於上大夫八豆下大夫六豆並是堂上豆數又取禮器天子之豆二十有六諸公十有六諸侯十有二謂侯伯子男同則亦是堂上豆數可知以此文公言四十明十六在堂上餘二十四豆分之於東西夾此侯伯言三十二亦以十二爲堂上豆數餘二十分於東西夾各十此子男云二十四以十二爲堂上豆數其餘十二分爲東西夾各六其堂上豆數既約聘禮。爲禮器東西多少鄭以意差之可知故云以聘禮差之則堂上豆數與此同也云鉶羹器也者鉶器名鉶器所以盛腳臐膮三等之羹故爲鉶羹云公鉶四十二侯伯二十八子男十八非衰差也者衰差之法上下節級似若九若七若五校一節是衰差今公四十二侯伯二十八子男十八公於侯伯子男大縣絕故云非衰差也云二十八書或爲二十四亦非也者侯伯若二十四爲比公四十二。侯十八又以二十四比子男十八校六亦非其類故云亦非也云其。餘衰公又當三十於言又爲無施者爲三十二鉶二十八子男豆二十四鉶十八是鉶少豆多公食大夫豆六鉶四是其鉶少於豆也云推其衰公鉶四十二宜爲三十八蓋近之矣者子男十八侯伯二十八公三十八以十爲降殺是其衰也言蓋者無正文故疑而。生蓋也云

中華書局聚

公鉶堂上十八西夾東夾各十侯伯堂上十二西夾東夾各八子男堂上十西
夾東夾各四知如此差者亦約聘禮致饔餼兼以意準量而言云壺酒器也者
司尊彝有兩壺尊春秋傳云尊以魯壺皆以壺爲酒尊也此所設亦約聘禮但
彼堂上八壺東西夾各六壺此壺與豆數同四十故云其設於堂夾如豆之數
也云鼎牲器者謂亯牲體之器云簋黍稷器也者鼎十有二者餁一牢正鼎九
與陪鼎三皆設于西階前者其陪鼎三設于內廉云簋十二者堂上八西夾東
夾各二知設如此者約聘禮而知之也牢鼎九者謂牛羊豕魚腊膚與腸胃鮮
魚鮮腊陪鼎三者腳臐膮也云合言鼎簋者牲與黍稷俱食之主也者黍稷與
衆饌爲主牲與羞物爲主是俱得爲食之主也此五等諸侯同簋十二按聘禮
致饔餼堂上八簋東西夾各六簋總二十簋彼臣多此君少者禮有損之而益
故也云牲當爲腥聲之誤也腥謂腥鼎也於侯伯云腥二十有七其故腥字也
者子男亦云牲十八是亦當爲腥聲之誤也云諸侯禮感腥鼎有鮮魚鮮腊每
牢皆大一爲列設於阼階前者此皆約聘禮設殽而言案彼餁一牢在西鼎九羞
鼎三腥一牢在東鼎七致饔餼云腥二牢鼎二七無鮮魚鮮腊設於阼階前西
面陳如餁鼎二列此云三十六故知有鮮魚鮮腊也云殽門內之實備於是矣
者鄭言此者欲見門內既備乃有車米之等也是以云亦有車米禾芻薪也云
公殽五牢米二十車禾三十車已下皆約饔餼死牢而言以其饔餼云死牢如
殽之陳上公五牢死侯伯四牢死子男三牢死皆如殽之陳明此米禾數如此
云芻薪皆倍其禾者亦約饔餼禮也若然按聘禮米禾皆二十車者彼大夫禮
豐小禮大夫殽二牢故米禾皆眡之米禾各二十車也云饔餼既相見致大禮
也者知既相見所致者按聘禮記云聘日致饔鄭云急歸大禮是既相見致大
禮也云大者既兼殽積有生有腥有孰餘又多也者假令上公饔餼九牢五牢
死四牢牽上公五積皆眡殽牽則是一積五牢言兼殽死五牢與殽同言兼積
者則兼不盡止兼四耳言兼積者以其牽與積同故云兼之也侯伯子男皆兼
積不盡言餘又多者謂米禾芻薪醯醢芻米之屬云死牢如殽之陳者亦餁一
牢在西餘腥在東也者約聘禮知之也云牽生牢也陳于門西如積者亦橫陳

于門西而東上云米橫陳于中庭十爲列每筥半斛知然者前殯之陳及積之
陳皆約聘禮致饔餼法今於此文積在前已說故以此饔餼向前知之故云如
積也云如積則亦如聘禮饔餼也今此自米已下還約聘禮致饔餼法云公侯
伯子男黍粱稻皆二行公稷六行侯伯稷四行子男稷二行者彼云米百筥筥
半斛設于中庭十以爲列比上黍粱稻皆二行稷四行此以增稷餘不增故知
公稷六行子男米八筥黍粱稻各二行更得二行即足故知稷二行云醯醢夾碑
從陳亦十爲列醯在碑東醢在碑西者彼注云夾碑在庭之中央也醯在東醢
穀陽也醯肉陰也言夾碑故知從陳然侯伯醯醢百甕米百筥上介筥及甕如
上賓上介四人米百筥此數多于子男與侯伯等者上公醯醢百二十甕與王
舉百二十甕同故鄭志云此公乃二王後如是王之上公與侯伯俱用百甕子
男八十甕其筥米皆同甕數此是尊卑之差至於聘禮乃是臣法自爲一禮不
相與亦是損之而益云於公門內之陳也言車行字耳者言車載米之車不合
在醯醢下言之又按侯伯子男醯醢下皆無車字故知衍字也云車米載米之
車也聘禮曰十斗曰斛十六斗曰籔十籔曰秉每車秉有五籔則二十四斛也
禾稾實并刈者也者聘禮記文云筥讀爲棟梠之梠謂一穧也者四有棟梠之
言故讀從之亦曰一穧穧即詩云此有不斂穧穧即鋪也云皆橫陳門外者也
米在門東禾在門西者皆約聘禮致饔餼法云芻薪雖取數於禾已下鄭以義
言也云乘禽乘行羣處之禽謂雉鴈之屬者此禽謂兩足而羽者不兼四足而
毛故云雉鴈以其兼有鵝鶩之等故云之屬是以大宗伯以禽作六摯有雉鴈
雞鶩之等也云於禮以雙爲數者即此九十五十及士中日則二雙皆以雙爲
數是也云殷中也中又致膳示念賓也者此爲牢禮之外見賓中間未至恐賓
慮主人有倦更致此爵所以示念賓之意無倦也云若弗酌謂君有故不親饗
食燕也不饗則以酬幣致之不食則以侑幣致之者此皆約聘禮文不言致燕
者饗食在廟在寢禮惟言致饗食者以合在廟嚴凝之事不親即須致之燕禮
褻不親酌蓋不致也云凡介行人鄭云行人主禮宰主具史主書者按王制云
大史典禮執簡記大史職亦云執其禮事與此史主書行人主禮違者大史在

國則專主書故曲禮云史載筆士載言此云史止謂大史之屬官以其有爵等
故知也云行人主禮者主賓客之禮大行人之類是掌賓禮也按聘禮云史讀
書宰執書告備具于君又掌饌具故公食大夫云宰夫具饌于房是掌具也云
爵卿也則飧二牢饔餼五牢已下皆約聘禮賓之卿上介之大夫士介四人歸
饔餼降殺而言也云此降小禮豐大禮也者小禮謂飧飧則去君遠矣弁乘禽
之等皆是小禮也大禮謂饔餼卿五牢子男卿與君等是豐大禮也云以命數
則參差難等略於臣用爵而已者依命公侯伯卿三命大夫再命士一命子男
卿再命大夫一命士不命弁有大國孤一人四命是從孤已下通一命不命有
五等若以此命數五等爲之則參差難可等級略於臣用爵而已爵則有三等
易爲等級也言略於臣用爵則。若不依爵而用命即諸侯爵五等命惟三等大
行人掌客皆依命是也云夫人致禮助君養賓也籩豆陳于戶東壺陳于東序
至下大夫致之知義然者見聘禮致饔餼下大夫韋弁歸禮堂上籩豆設於戶
東東上亦以並東陳注設於戶東辟饌位壺設于東序北上南陳醙黍清皆兩
壺約此故知之也若然不使卿者按內宰云致后之賓客之禮注謂之諸侯朝
覲及女賓之賓客亦內宰是下大夫王后尚使下大夫況諸侯夫人乎故知使
下大夫也云於子男云膳視致饗言夫人致膳於小國君以致饗之禮則是不使
復饗也饗有壺酒者公侯伯夫人致禮則云八壺八豆八籩與膳大牢致饗大
牢三者各別。彼子。男夫人則云視膳致饗鄭云饗有壺酒則致膳無酒矣故云
饗有酒若然子男夫人於諸侯惟有二禮矣聘禮夫人於聘大夫直有籩豆壺
又不致饗是其差也云卿皆見者見于賓也既見之又膳之亦所以助君養賓
也者言亦者亦大夫也云卿既見又膳此聘禮大夫勞賓餼賓之類與者按聘
禮聘與賓卿館卿大夫勞賓賓不見大夫奠鴈再拜上介受注云不言卿卿。爲
大夫同執鴈下見於國君周禮凡諸侯之卿見朝君皆執羔勞上介亦如之又
云餼賓大牢米八筐上介亦如之此朝君有膳無勞餼聘客有勞餼無膳明此
事相當故云勞賓餼賓之類與約同之故云與以疑之云於子男云親見卿皆
膳特牛見讀如卿皆見之見者上公侯伯直云卿皆見以羔於子男即云親見

卿作文有異此言親見卿似朝君親自。夾見卿有此嫌故讀從上文卿皆見以兼之明此見亦是見朝君三卿之內有見者不見者若故造館見則致膳若不故造館見則不致膳是以鄭云言卿於小國之君有不故造館見者故造館見者乃致膳也先鄭說牽云牲可牽行者也故春秋傳曰餼牽竭矣者按僖三十二年左氏傳云杞子自鄭告于秦曰鄭人使我掌其北門之管若潛師以來國可得也秦師將至鄭鄭人知之使皇武子辭焉曰吾子淹久於弊邑惟是脯資餼牽竭矣注餼死牢牽生牢引之證牽亦生牢未殺者也云秅讀爲秅秭麻答之秅者時有秅秭麻答之言故讀從之秅是束之總名如詩云萬億及秭秭亦數之總號答是鋪名刈麻者數把共爲一鋪言此者見秅爲束之總號之意也

凡諸侯之卿大夫士爲國客則如其介之禮以待之言其特來。爲問待之禮如其爲介時也然則聘。禮所以禮賓是亦禮介

【疏】注言其至禮介○釋曰前文云凡介行人宰史是從君之法今言此者見不從君而特來聘問者亦有三等之爵爵卿也爵大夫也爵士也若大聘曰聘卿爲賓大夫爲上介士爲衆介小聘曰問大夫爲賓介皆士也故歷言卿大夫也云待之禮如其爲介之時者則前注爵卿已下是也云然則聘禮凡所以禮賓是亦禮介者此卽聘禮致饔餼之時賓與上介衆介皆別行於館者是也

凡禮賓客國新殺禮凶荒殺禮札喪殺禮禍烖殺禮在野在外殺禮皆爲國省用愛費也國新新建國也凶荒無年也禍烖新有兵寇水火也○爲于僞反下同費芳味反

【疏】注皆爲至火也○釋曰云國新新建國也者謂若刑新國用輕典鄭云新辟地立君之國故云新建國也云凶荒無年也者此則曲禮云歲凶年穀不登者也云禍災者兵寇來侵爲禍水火來害爲災也云在野在外殺禮者以其野外忽遽禮物不可卒備故亦殺之

凡賓客死致禮以喪用死則主人爲之具而殯矣喪用者饋奠之物

【疏】注死則至之物○釋曰若諸侯之君出行則以三年之戒以椑從死時除棺之外主人皆借之若臣從者死棺物皆共之云死則主人爲之具而殯矣者

此乃在館權殯還日以柩行知者時賓死以柩造朝是也云喪用者饋奠之物者小斂特豚一鼎大斂。時特豚三鼎之類是也賓客有喪。惟芻

稍之受不受饔食饔食加也喪謂父母死也客則又有君焉芻給牛馬稍人稟也其正禮飱。饔餼主人致之則受〇稍所教反舊踈詔反疏注不

受至則受〇釋曰上文賓客身死此文據爲賓客聘至彼國後有喪來告者云惟芻稍之受者君行師從。卿行旅從須得資給故受芻稍也云不受饗食饗食

加也者二者並速賓於廟飲食之事故自爲而不受之聘禮亦云聘君若薨于後入境則遂受禮注云受饗餼也不受饗食云喪謂父母死也者據正賓而言

若諸侯。正應母死而有父者或始封之君舊爲卿大夫容有父或父有廢疾不立己受位於祖亦云有父也云客則又有君焉者謂介已下非直有父母又有

君喪以其俱三年故聘禮若有私喪則哭于館衰而居云芻給牛馬者從行之牛馬云稍人稟也者師從旅從。須給稍即月稟是也飱饔餼主人致之則受者

以正禮故受之若饗食加主人致之亦不受也遭主國之喪。不受饗食。受牲禮牲亦當爲腥聲之誤也有喪不忍煎。亨正禮飱

饔餼。常。熟者腥致之也〇煎子然反劉子賤反亨普庚反劉普孟反疏注牲亦至之也〇釋曰牲亦當爲腥者亦上文公與子男。腥三十有六當爲腥是也

主人有喪不忍煎亨腥致之也按聘禮聘遭喪入境則遂也注云遭喪主國君薨也主人畢歸禮注云賓所飲食不可廢也禮謂饔餼饗食賓惟饔餼之受注

云受正不受加饗食雖主人歸賓賓不受其加若饗主人致之亦應受以其正受腥禮

掌訝掌邦國之等籍以待賓客等九儀之差數疏注等九儀之差數〇釋曰九儀之差數即大行人命者五爵者四以九以

七以五爲差數是也若將有國賓客至。則戒官脩委積。與士逆賓于疆。爲前驅而入官謂牛人

羊人舍人委人之屬士訝士也既戒乃出迎賓疏注官謂至迎賓釋曰云國賓客至者謂五等諸侯及其臣來朝聘至謂入畿內至廬宿市當共待之以委

積有牛羊豕米禾芻薪之等故知戒官者謂牛人已下也舍人掌給米稟委人掌芻薪之委布於道遺人道上十里有廬廬有飲食三十里有宿宿有委五十里有市市有積之等是也 及宿則令聚欜令令野廬氏○廬力於反 疏注令令野廬氏○釋曰知令野廬氏其職云有賓客令其地之民聚欜之故知也 及委則致積以王命致于賓 疏注以王命致于賓○釋曰凡致禮于賓無非王命故知以王命 至于國賓入館次于舍門外待事于客次如今官府門外更衣處待事于客通其所求索○索色白反 疏注次如至求索○釋曰賓客至王使卿致館掌訝既爲賓客前驅入館掌訝次止于舍門外待事于客于次如今官府門外更衣處舉漢法以況之卽今門外亦然 及將幣爲前驅道之以如朝○道音導下文注道之道賓道王同 疏注道之以如朝○釋曰將幣謂至行朝聘之日道之以如朝謂至大門外之朝也 至于朝詔其位入復及退亦如之鄭司農云詔其位告客以其位。次也入復客入則掌訝出復其故位也客退復入迎爲之前驅至于館也玄謂入復者入告王以客至也退亦如之如其爲前驅○退復扶又反爲之于僞反亦如字 疏注鄭司至前驅○釋曰解諸侯外朝之法有二稱解之或解取閔公傳季友將生間于兩社爲公室輔注云兩社周社亳社此二社在大門內內門外既云兩社爲公室輔則外朝所在也或解以爲聘禮聘賓在外卒以柩造朝柩不可入公門造朝朝在大門外可知是其兩解不同驗此文云于朝者卽是大門外陳擯介之處言朝卽外朝在大門外於義可矣云詔其位者謂告賓門外立位云入復者復白也白王賓已至位云及退亦如之者賓客行朝聘訖出還館謂之退亦如前與之道至館先鄭以入復爲掌訝詔客自復己之故位後鄭不從以入復爲入白王於義爲允也 凡賓客之治令訝訝治之賓客之治謂欲正其貢賦理國事也以告訝訝爲如朝而理之○治直吏反注下同爲于僞反下注爲同 疏注賓客至理之○釋曰但諸侯之理其事衆多鄭以貢賦爲主兼。再理國事以該之 凡從者出則使人道之從者凡介以下也人其屬胥徒也使道賓客之從者營護之○從才用反注同疏注從者至護之○釋曰從者凡介以下也者上掌客凡介行人宰史從賓客來者皆是從者也知人是其屬胥徒也者訝士卽下士下士使人明使在下胥徒之等故知胥徒也云營護之者使不得侵陵從者也

及歸送亦如之如之者送至於竟如其前驅聚㯹待事之屬○竟音境疏及歸送亦如之○釋曰來時訝為之道今歸之又為之道及聚㯹待事皆如前故云亦如之

凡賓客諸侯有卿訝卿有大夫訝大夫有士訝士皆有訝此謂朝覲聘問之日王所使迎賓客于館之訝疏注此謂至之訝○釋曰此訝是諸侯朝覲卿大夫士聘問之日訝之入至朝聘之時按聘禮記云卿訝卿大夫訝大夫士訝士皆有訝賓卽館訝將公命注云使已送待之命又見之以其摯注云訝將舍於館之外宜相親也聘問之日亦使之訝者但天子有掌訝之官卽館之訝餘事皆掌主之惟朝覲聘問之日使卿大夫訝諸侯兼官故大夫士為訝賓卽館時卽為之訝與此掌訝不同也

凡訝者賓客至而往詔相其事而掌其治令○相息亮反

掌交掌以節與幣巡邦國之諸侯及其萬民之所聚者道王之德意志慮使咸知王之好惡辟行之節以為行信幣以見諸侯也咸皆也辟讀如辟忌之辟使皆知王之所好者而行之知王所惡者辟而不為○好呼報反注下皆同惡烏路反注同辟音辟注同疏掌交至行之○釋曰按序官掌交中士八人今言掌以節與幣巡邦國之諸侯及萬民之所聚者道王之德意志慮使咸知之者天下九州千六百餘國使皆周偏必無偏理今言之者蓋是國有不和洽者偏使知之也

使和諸侯之好有欲相與脩好者則為和合之疏注有欲至合之○釋曰下有結其交好為朝聘則此好謂使為婚姻之好也是以鄭云有欲脩好者則為和合之

達萬民

之說（說所喜也達者達之。若其國君○說音悅注同）于王【疏】注說所至國君○釋曰掌交既巡民間見民有喜說之事王與國君未知掌交通達于王及國君也

掌邦國之通事而結其交好（通事謂朝覲聘問也）【疏】注通事至問也○釋曰言邦國通事是兩國交通之事惟有君臣朝覲聘問之事結使交好故以朝覲聘問解則易云先王建萬國親諸侯也

以諭九稅之利九禮之親九牧之維九禁之難九戎之威（諭告曉也九稅所稅民九職也九禮九儀之禮九牧九州之牧九禁九法之禁九戎九伐之戎○難乃旦反）【疏】注諭告至之戎○釋曰云九稅所稅民九職也者太宰云以九職任萬民既任之使之營種因即稅之三農生九穀稅九穀園圃。蓏草木稅草木九稅唯臣妾聚斂蔬材者無稅故言九稅耳今掌交還以此九稅之法告曉使之任之稅之故云九稅所稅民九職也云九禮九儀之禮者以其大行人小行人掌訝皆掌九儀之禮以其專據諸侯國不得以大宗伯九儀解此也言之親則朝聘是也云九牧之維者大司馬九法建牧立監以維邦國故云維九禁之難言大司馬設九法使邦國有所畏難云九戎之威者大司馬設九伐有所威刑故言難言威也

掌察（闕）

掌貨賄（闕）

朝大夫掌都家之國治（都家王子弟公卿及大夫之采地也主其國治者平理其來文書於朝者○治直吏反注下同）【疏】朝大至國治○釋曰都家同言國者雖有百里五十里二十五里不同皆謂之國此則王制云畿內九十三國者也云國治者都家有文書來者平理之也○注都家至朝者○釋曰王子弟亦以親疏分置於三處食采地公卿大夫者公百里任疆地卿五十里任縣地大夫五十里任稍地

日朝以聽國事故

以告其君長○國事故天子之事當施於都家者也告其君長使知而行之也君謂其國君長其卿大夫也○長丁丈反注同疏注國事至夫也○釋曰云日朝者朝大夫日日在朝以聽受國事故天子之事以告采地之君長也云君謂其國君長其卿大夫也者總而言之皆曰國君別而言之惟三公及王子弟得稱國君卿大夫總稱長是以司裘國君共熊侯豹侯卿大夫共麋侯是其別稱也國有政令則令其朝大夫使以告其都家之吏疏注使以至之吏○釋曰上文據天子國事遣朝大夫告君長此經據天子政令告朝大夫之事凡都家之治於國者必因其朝大夫然後聽之唯大事弗因謂以小事文書來者朝大夫先平理之乃以告有司也大事者非朝大夫所能平理疏凡都至弗因○釋曰此經據都家有事上諸王府之事凡都家之治有不及者則誅其朝大夫不及謂有稽殿之○殿都練反疏注不及至殿之○釋曰都家治有不及稽殿誅朝大夫者以其朝大夫專主都家責其不能催促故也在軍旅則誅其有司有司都司馬家司馬疏注有司至司馬○釋曰言此者見軍旅不干朝大夫之事都司馬王家之司馬王臣爲之者家司馬卿大夫使家臣自置其司馬者也諸言闕者皆是因秦燔滅其籍漢興購求不得也

都則。闕

都士。闕

家士。闕

附釋音周禮注疏卷第三十八

周禮注疏卷三十八校勘記

阮元撰盧宣旬摘錄

附釋音周禮注疏卷第三十八

司儀

所謂爲壇壝宮也　大字本無爲此衍

冬禮月四瀆於北郊　大字本月下有與諸本皆脫監本冬誤東

三成爲昆侖丘　諸本同釋文亦作昆侖大字本作崑崙

公善言義　閩監本同誤也大字本錢鈔本嘉靖本毛本善作言當據以訂正

明者木也　孫志祖云明上脫方

謂執玉而前見於王也　大字本前見誤倒釋文出見王二字則於當爲衍文

王燕則諸侯毛　唐石經諸本同釋文曰諸侯毛劉本作耄音毛按劉昌宗本知古文經借耄爲毛

旅讀爲旅於太山之旅　大字本岳本嘉靖本皆作大山閩監毛本改泰山非疏中並同

按聘禮遣卿行勞禮　惠校本同閩監毛本按誤彼

車迎拜辱者　閩監毛本同誤也大字本宋本嘉靖本迎作逆當據正此引經句當如經作逆

車送迎之節大字本作迎送誤倒

立當車軹也大字本無也

交賓三辭者閩監毛本賓作擯

主人坐奠爵于階前閩監毛本階作堦

致飧如致積之禮錢鈔本嘉靖本閩監本同釋文唐石經大字本毛本飧作飱下同○按作飧與說文合作飱則易與唐人所作餐字混

賓車進荅拜唐石經大字本嘉靖本同閩監毛本荅改答非注及下同此本疏中亦作荅

賓當爲儐大字本儐作擯下並同按疏中引注云敵者曰擯釋文云依注賓音擯皆從手作擯漢讀考云以賓爲儐古文假借也聘禮少牢饋食儐字亦多作賓依說文儐擯同字皆訓導也而鄭君說禮擯爲導儐爲禮賓其分別與許不同

三還三辭主君一請者賓亦一還一辭浦鏜云者字當在三還三辭下按釋文云主君一請賓亦一還一辭者引注請下無者當如浦說

既入門迴面東浦鏜云而誤面

車送拜辱已是主人浦鏜云逆誤送

惟饗食速賓耳大字本惟作唯

公於賓一食再饗閩監毛本一作壹下同

致聘郊送亦然可知也惠校本聘作贈此誤

恐疑顛到到古倒字浦鏜云倒誤到非

儐主君也大字本儐作擯下同

謂玉帛皮馬也賈疏引注作謂玉帛乘馬也諸本作皮誤

君遺卿勞浦鏜云遣誤遺

賓當爲擯諸本擯作儐此與下同

擯用束錦大字本閩監毛本同岳本嘉靖本擯作儐

釋曰按諸禮閩監毛本作儀禮

惟君相入大字本嘉靖本惟作唯

享及有言大字本岳本下有也

鄭司農云說私面錢鈔本嘉靖本閩監毛本同誤也大字本岳本作鄭司農說無云字當據以刪正六經正誤所據本已衍

楚公子棄疾見鄭伯以其乘馬私面錢鈔本閩監毛本同大字本宋本嘉靖本棄作弃乘作叏當據正作乘馬者當

依今本左傳改

雖是異國之臣　閩監毛本是作見

寡君命臣于庭　大字本作命使臣諸本皆脫使字當補○按此無使字亦可

客從拜辱于朝　唐石經諸本同釋文作客刅云本又作從同刅爲从之訛

君館至于朝　閩本同監毛本于改於非下引經句準此

行夫

元謂夷發聲　漢讀考云故書作夷今書作焉司農從故書鄭君從今書也夷發聲當是焉發聲之誤焉猶於也於行人之使則爲之介焉爲發聲見禮記三年問淮南時則訓公羊傳宣六年楚辭招魂今俗本多誤

環人

令令野廬氏也　錢鈔本廬誤盧

事不畏門關苛留　浦鏜云事疑自字誤

象胥

謂其君以世一見來朝　釋文作壹見非

以不能行中國禮及其行朝聘 惠校本以作雖聘作覲此誤

不是中國 此本不字實缺今據惠校本補閩監毛本作亦非

而言協其辭言傳之者 此本而字實缺今據惠校本補閩監毛本作今言

謂若外之衆須譯語者也 閩本同監毛本若作君

而□侑其禮儀 大字本宋本嘉靖本作詔侑閩監毛本作相侑非

謂王有賜與之者也 此本者字實缺今據惠校本補閩監毛本作禮非

掌客

無一一相敵 惠校本同閩監毛本一一誤幷爲二

王巡守殷國 唐石經諸本同沈彤云國當作同字之誤也

殷同則殷國也 按當作殷國則殷同也賈疏本是殷國

牲三十有六 唐石經三十作卅下米百有二十筥二十作廿下並同〇按開成石經之例書三十皆作卅書二十皆作廿而仍讀爲三十二十不比古文卅讀穌合切廾讀人執切

車乘有五籔 閩監本同誤也唐石經大字本錢鈔本嘉靖本毛本乘皆作秉當據正葉鈔釋文作五數

乘禽日九十雙唐石經大字本嘉靖本同閩監毛本雙作雙非

三饗再食再燕唐石經諸本同浦鏜云內宰職金疏及覲禮注竝作再饗三字誤

致饗大牢唐石經諸本同閩監本饗誤饗石經考文提要云宋本九經宋纂圖互注本附釋音余仁仲本皆作致饗

醯醢八十甕閩監本甕誤饔

其米實于筐大字本作其筐實于筐非也

簠稻粱器也浦鏜云粱誤梁按閩監毛本疏中引注作粱

宜爲二十八閩監本同誤也大字本錢鈔本嘉靖本毛本二作三當據正

與陪鼎三大字本錢鈔本嘉靖本毛本同閩監本陪作倍疏中仍作陪按釋文作倍鼎

皆陳於門內者諸本同大字本於作于

禾稾實并刈者也大字本嘉靖本同誤也錢鈔本閩監毛本稾作稾當據正釋文亦作稾葉鈔本從木非

十筥曰稯釋文作曰總云本又作緵○按字从禾㚇聲不同悤字有四點

筥讀爲棟梠之梠漢讀考作讀如云今本作讀爲誤

尊其君以及臣也閩監毛本同大字本嘉靖本及下有其當據補

以其爵等爲之牢禮之數陳　浦鏜云陳數字誤倒

卿見又膳　賈疏引注云卿既見又膳諸本俱脱既字

秅讀爲秅秭麻荅之秅　大字本岳本嘉靖本同閩監毛本作秅秭麻答非○按説文答小尗也尗者豆也字从艸借以爲問荅字从竹大誤

侯伯四積皆眡飧牽　惠校本皆上有亦飧當从夕

對文脩是鍛脩　惠校本閩本同監毛本鍛誤段○按儀禮作段脩段椎也説文無腶字後人加肉旁

案聘賓大夫帥至館卿致館　惠校本同閩監毛本聘賓倒卿字毛本同閩監本誤鄉

是公食大夫及特牲少牢豆　浦鏜云豆當禮字誤

既約聘禮爲禮器　浦鏜云與誤爲

爲比公四十二侯十八　浦鏜云校誤侯

云其餘衰公又當三十　惠校本餘作於此誤

故疑而生蓋也　浦鏜云生當云之誤

云鼎牲器者謂亨牲體之器　惠校本器下有也此脱監毛本亨改烹閩本誤享

與腸胃鮮魚鮮腊監本胃誤肎

案聘禮米禾皆二十車者浦鏜云三誤二

四有楝相之言四蓋世之訛閩監毛本作卽蓋時之誤

穧卽鋪也漢讀考鋪作穧云今本誤

更致此爵浦鏜云爵當膳字訛

饗食在廟在寢惠校本廟下有燕此脫

則若不依爵而用命惠校本若作君此誤

彼子男夫人惠校本彼作於此誤監本男誤另

卿爲大夫同執鴈浦鏜云與誤爲

似朝君親自夾見卿浦鏜云來誤夾

言其特來爲問閩監本同誤也大字本錢鈔本嘉靖本毛本作聘問當據以訂正

然則聘禮所以禮賓閩監本同誤也大字本錢鈔本嘉靖本毛本聘禮下有凡字當據以補正

大斂時特豚三鼎宋本無時此衍

惟芻稍之受 錢鈔本閩監毛本同唐石經大字本嘉靖本惟作唯當據正

其正禮殯饗餼 閩監本同誤也大字本錢鈔本嘉靖本毛本作饔餼當據以訂正此本及閩監本疏中亦作饔餼

鄉行旅從 閩本同監毛本卿誤鄉下卿大夫監本誤鄉

正應母死而有父者 按正當止之誤

師從旅從須給稍 惠校本須上有者

遭主國之喪 此本主誤三閩監本誤王今據唐石經諸本訂正

有喪不忍煎烹 閩監本同大字本錢鈔本岳本嘉靖本毛本烹作亨當訂正釋文亦作亨

正禮殯饔餼常熟者 閩監本同毛本作常孰皆誤也大字本岳本嘉靖本作當孰者當據以訂正

亦上文公與子男腥三十有六 盧文弨云腥當作牲

掌訝

則戒官修委積 按大字本修作脩

告客以其位次也 閩監毛本同大字本宋本嘉靖本次作處當據正儀禮經傳通解亦作處

兼再理國事以該之 惠校本再作有此誤

王所使迎賓客于館之訝大字本嘉靖本閩本同錢鈔本監毛本于作於

卿訝卿大夫訝大夫士訝士浦鏜云卿下誤衍訝卿二字

使已送待之命閩監毛本送誤還按送當作迎

掌交

蓋是國有不和洽者閩監本同毛本和洽作知治

達者達之于王大字本嘉靖本閩本同錢鈔本監毛本于作於疏同

園圃蔬草木浦鏜云毓誤蔬

朝大夫

見軍旅不于朝大夫之事監毛本同誤也閩本于作干當據正

都則自都則起至家士闕止唐石經大字本錢鈔本嘉靖本毛本同閩監本缺

鄭氏注　賈公彥疏

冬官考工記第六〇陸曰鄭云此篇司空之官也司空篇亡漢興購千金不得此前世識其事者記錄以備大數爾　疏冬官考工記〇

釋曰鄭目錄云象冬所立官也是官名司空者冬閉藏萬物天子立司空使掌邦事亦所以富立家使民無空者也司空之篇亡漢興購求千金不得此前世識其事者記錄以備大數古周禮六篇畢矣古周禮六篇者天子所專秉以治天下諸侯不得用焉六官之記可見者堯育重黎之後羲和及其仲叔四子掌天地四時夏書亦云乃召六卿商周雖稍增改其職名六官之數則同矣。釋曰鄭義既然今按漢書藝文志云經禮三百威儀三千及周之衰諸侯將踰法度惡其害己皆滅去其籍孔子時而多不具故鄭注鄉飲酒云後世衰微幽厲尤甚禮樂之書稍稍廢棄孔子曰吾自衞反魯然後樂正雅頌各得其所謂當時在者而復重雜亂者也惡能存其亡者乎以此觀之冬官一篇其亡已久有人尊集舊典錄此三十工以爲考工記雖不知其人又不知作在何日要知在於秦前是以得遭秦滅焚典籍韋氏裘氏等闕也故鄭云前世識其事者記錄以備大數耳此記人所爲雖不同周禮體例亦爲序致首末相承總有七段明義從國有六職至謂之婦工言百工事重在六職之內也從越無鎛至夫人而能爲弓車言四國皆能其事不須置國工也從知者創物至此皆聖人所作言聖人創物之意也從天有時至此天時也言材雖美工又有巧不得天時則不良也從攻木之工至陶旊言工之多少之數及工別所宜也從有虞氏至周人上輿論四代所尚不同之事也從一器而工聚者。者車爲多言專據周家所尚之事也

國有六職百工與居一焉　百工司空事官之屬於天地四時之職亦處其一也司空掌營城郭建都邑立社稷宗廟造宮室車服器

械監百工者唐虞已上曰共工○與音預監古銜反上時掌反凡言以上放此共音恭【疏】國有至一焉○釋曰此經與下文爲總目云國有六職者謂國
家之事有六種職掌就六職之中百工與居其一分六職卽下云或坐而論道至治絲麻以成之是也○注百工至共工○釋曰云百工司空事官之屬者鄭
據本而言按小宰職云六曰冬官其屬六十掌邦事此百工卽其屬六十言百者舉大數耳但爲其篇亡故六十之官不見記人以此三十工代之也言百
據全則三十工亦一也云於天地四時之職亦處其一也者記人本意以國有六職據此下文或坐而論道已下百工與居其一鄭以此爲本又以天地四時
六職天官冢宰地官司徒之等官主百工亦居其一分云司空掌營城郭已下並此下文見有其事按匠人云營國方九里國中九緯城隅之等是營城郭都
城之制及井方一里之等是營都邑左祖右社是營社稷宗廟夏后氏世室殷人重屋之等是營室宮也車人云羊車柏車是營車也繪畫之事是營服也梓
人陶人之等是營禮樂之器也治氏矢人弓人之等是營械械卽兵器也故鄭依而言之也云監百工者唐虞以上曰共工者按太史公楚世家云共工作亂
帝使重黎誅之又按舜典云帝曰疇若予工僉曰垂帝曰俞咨垂汝共工是唐虞已上曰共工者也若然唐虞以上皆曰共工堯時暫爲司空是以尚書舜
典二十八載後咨四岳欲置百揆僉曰伯禹作司空注云初堯冬官爲共工舜舉禹治水堯知有强法必有成功改命司空以官異之禹登百揆後更名共工
是其事也

或坐而論道或作而行之或審曲面埶以飭五材以辨民器或通四方之珍異以資之或飭力以長地財或治絲麻以成之

言人德能事業之不同者也論道謂謀慮治國之政令也作起也辨猶具也資取也操也鄭司農云審曲面埶審察五材曲直方面形埶之宜以治之及陰陽之面背是也春秋傳曰天生五材民並用之謂金木水火土也故書資作齊杜子春云齊當爲資讀如冬資絺綌之資玄謂此五材金木皮玉土○埶音勢飭音勑下同辨皮莧反具也注及下同長丁丈反下同操七

曹反【疏】或坐至成之○釋曰此六者即上文之六職也此皆舉其事下文皆言其人以覆之○注言人至玉土○釋曰言人德者坐而論道是也言人能者
作而行之是也言人之事審曲面埶是也言人之業通四方珍異飭力以長地材治絲麻以成之三者是也云論道謂謀慮治國之政令此即尚書成王周官
云立大師大傅大保茲惟三公論道經邦爕理陰陽是謀慮治國之政令使陰陽順敘也先鄭云審曲面埶審察五材曲直方面形勢之宜以治之者謂若弓
人夾弓庾弓往體多來體寡利射侯與弋鄭云射遠者用埶若王弓弧弓往體寡來體多之類皆是審察五材曲直方面形勢之宜也云及陰陽之面背是也
者謂若下云斬轂之道必矩其陰陽是記其陰陽之面背也云春秋傳曰虞氏襄二十七年宋西門之盟欲弭諸侯之兵云天生五材民並用之廢一不可先
鄭以五材金木水火土後鄭不從子春以資讀如冬資絺之資按越語云句踐會稽之上乃號令三軍有助寡人謀而退吳者吾與共知越國之政大夫種進
對曰臣聞之賈人夏則資皮冬則資絺旱則資舟水則資車以待之夫雖無四方之憂然謀臣與爪牙之士不可不養今王既棲會稽之上然後乃求謀臣無
乃後乎是其事也玄謂此五材金木皮玉土者言此以對彼之五材金木水火土若然玄知有皮玉無水火者以百工定造器物之人水火單用不得爲器物
故不取之知有皮玉者此三十工內函人爲甲韗人爲皐陶造鼓鮑人主治皮又有玉人之等故知有皮玉無水火者也

坐而論道謂之王公

天子諸侯【疏】注天子諸侯○釋曰以公爲諸侯者公君也諸侯是南面之君故知是諸侯也若然尚書三公云論道經邦爕理陰陽鄭不言者三公有成文不言可知故夏傳注云坐而論道謂之王公通職民無正官名是其義也

作而行之謂之士大夫

親受其職居其官也【疏】注親受至官也○釋曰此即設官分職治職教職之等是也

審曲面埶以飭五材以辨民器謂之百工

五材各有工言百衆言之也【疏】審曲至百工○釋曰審察之名用材之法皆須察審其曲直形勢然後飭五材○注五材至之也○釋曰按六官其屬止有六十五材各

有工不過六十而已是言百者衆言之也以通四方之珍異以資之謂之商旅商旅販賣之客也易曰至日商旅不行○
販甫萬反疏注商旅至不行○釋曰按大宰九職注行曰商處曰賈商旅販賣之客也行商與處賈爲客此文無賈直云商旅商是販賣之人故云販賣之客也
云易曰者復卦象辭文也是一日之中商旅不行餘日即行是行曰商也飭力以長地財謂之農夫三農受夫田也疏注三農受
夫田也○釋曰飭勤也地財穀物皆是勤力以長地財謂之農夫按大宰云三農生九穀遂人云夫一廛田百畝是三農受夫田也治絲麻以成
之謂之婦功布帛婦官之事疏注布帛婦官之事○釋曰此記人所錄衆工本擬亡篇六十而作唯篇百工一事而已舉餘五者欲重此百工
與五者爲類之意若然百工並是官餘五者或非官知然者王公及士大夫百工並官其商旅農夫婦功三者非官據九職而言三者皆是出稅之色故大宰
云三農生九穀商賈阜通貨賄嬪婦化治絲枲出稅以當九功也鄭云婦官據典婦功爲婦官此治絲麻者婦官所統攝故言婦官也粵無鎛燕
無函秦無廬胡無弓車此四國者不置是工也鎛田器詩云徛乃錢鎛又曰其鎛斯捆鄭司農云函讀如國君含垢之含函鎧也孟子
曰矢人豈不仁於函人哉矢人唯恐不傷人函人唯恐傷人廬讀爲纑謂矛戟柄竹欑柲或曰摩鑭之器胡今匈奴○粵音越鎛音博注及後同燕音烟函戶
南反後同廬魯吳反下大反下皆同本或作蘆徛直里反錢子淺反捆音趙一音大了反垢工口反鎧苦大反纑音盧下同欑才官反李音纂柲音秘劉音筆鑭力庶
反疏粵無至弓車○釋曰此經與下經爲目此粵越國乃是古之語辭之曰即今之越字也言無鎛無函無廬無弓車謂無此鎛官函官之等也○注此
四至匈奴○釋曰鄭知此四國不置是官者取下經覆解是不置之事知鎛田器者越地多泥用此鎛者多故下云夫人而能爲鎛故知鎛田器是以引詩云田
徛乃錢鎛彼注云錢銚鎛鎒又曰詩云其鎛斯捆彼注捆刺也引之者證鎛爲田器非鍾鎛者也先鄭云函讀如國君含垢之含者按左氏宣公十四年秋九

月楚子圍宋十五年宋人使樂嬰齊告急于晉晉侯欲救之伯宗曰不可又曰川澤納汙山藪藏疾瑾瑜匿瑕國君含垢天之道也彼勸晉侯忍不救宋之事引之證含是含容之義也引孟子者證含是甲之意云廬讀爲纑者纑縷之纑取細長之義也云謂矛戟柄竹欑柲者按下廬人云爲廬器戈長六尺有六寸惟言殳戟矛柄之等故知爲戟柄也云竹欑柲者漢世以竹爲之欑欑謂柄之入鍪處柲卽柄也云或曰者或有人解廬爲磨鑢之器者但柄須磨鑢使滑故爲此釋引之在下者得爲一義故也

粵之無鎛也非無鎛也夫人而能爲鎛也燕之無函也非無函也夫人而能爲函也秦之無廬也非無廬也夫人而能爲廬也胡之無弓車也非無弓車也夫人而能爲弓車也言其丈夫人人皆能作是器不須國工粵地塗泥多草薉而山出金錫鑄冶之業田器尤多燕近強胡習作甲冑秦多細木善作矜柲匈奴無屋宅田獵畜牧逐水草而居皆知爲弓車○夫人徐方無反沈音扶薉音穢劉云穢字之異者近附近之近矜其巾反李其京反畜牧許又反下音木又音密

疏 注言其至弓車○釋曰皆覆釋上文言人人皆能不須置國工之意注言其丈夫人人皆能作是器不須國工者凡置官之法所以教示在下上行之下效之今一國皆能不須教示不須置其官關石和鈞王府則有官民足用也如鄭此讀則夫人與君之夫人同號讀之也云越地塗泥多草薉而山出金錫者目驗如是也金工皆和錫故兼錫而言也云秦多細木者亦目驗可知云矜柲者矜卽前注欑一也○

知者創物謂始闓端造器物若世本作者是也○知音智創初亮反依字作刱闓音開

疏 注謂始至是也○釋曰此知者卽下文聖人一也運用謂之知通物謂之聖凡知聖有若六德之知仁聖義之知聖則據賢人已下此言知聖則濬哲文明之等也引世本作者無句作磬儀狄造酒之等皆非聖知相理佐知所爲則皆由聖知而起是以聖人之時有此世本所作也

巧者述之守之世謂之工父子世以相教

疏 注父子世以相

教○釋曰此世謂若管子書云工之子商之子四民之業皆云世者習也百工之事皆聖人之作也事無非聖人所爲也疏注事無至爲也○釋曰據世本作篇多非聖人親爲要君統臣功故皆聖人統攝之也爍金以爲刃凝土以爲器作車以行陸作舟以行水此皆聖人之所作也凝堅也故書舟作周鄭司農云周當作舟○爍徐劉音余灼反義當作鑠始灼反疏注凝堅至作舟○釋曰上經云百工皆聖人所作此經言聖人所作之器見其驗也天有時地有氣材有美工有巧合此四者然後可以爲良時寒温也氣剛柔也良善也○合如字劉音閤疏注時寒至善也○釋曰此經已下說作器之法須合天時地氣之義將欲說已下不善之事故先於此說四者和合乃善之意也云時寒温也者謂若弓人春液角夏治筋秋合三材冬定體之屬是依寒温而作材美工巧然而不良則不時不得地氣也不時不得天時橘踰淮而北爲枳鸜鵒不踰濟貉踰汶則死此地氣然也鸜鵒鳥也春秋昭二十五年有鸜鵒來巢傳曰書所無也鄭司農云不踰濟無妨於中國有之貉或爲猨謂善緣木之猨也汶水在魯北○枳古氏反鸜徐劉音權公羊傳同本又作鸛左傳同其俱反鵒音欲濟子禮反四瀆水貉戶各反獸名依字作貈汶音問水名猨音袁疏注鸜鵒至魯北○釋曰左氏傳作鸜鵒公羊傳作鸛鵒此經注皆作鸛字與左氏同春秋昭二十五年有鸜鵒來巢傳曰書所無也先鄭云不踰濟無妨於中國有之者按異義公羊以爲鸛鵒夷狄之鳥穴居今來至魯之中國巢居此權臣欲自下居上之象穀梁亦以爲夷狄之鳥來中國義與公羊同左氏以爲鸜鵒來巢書所無也彼注云周禮曰鸜鵒不踰濟今踰宜穴而又巢故曰書所無也許君謹按從二傳後鄭駁之云按春秋言來者甚多非皆從夷狄來也從魯疆外而至則言來鸜鵒本濟西穴處今乃踰濟而東又巢爲昭公將去魯國今先鄭云不踰濟無妨於中國有之與後鄭義同也云貉或爲猨

謂善緣木之猨也者先鄭依或讀爲貉。別更爲一解云汶水在魯北汶陽田或屬齊或屬魯是齊南魯北故云魯北鄭之刀，宋之斤，魯之削，吳粵之劍，遷乎其地而弗能爲良，地氣然也。去此地而作之，則不能使良也。○削，如字，本思約、思詔二反。

【疏】注去此至良也○釋曰：若據經所言，則鄭之刀以此刀之鐵移向宋而作斤，宋之斤移向鄭而作刀，皆不得爲良。故指刀斤削劍而言，皆地氣使然。故鄭云去此地而作之，不能使良也。

燕之角，荊之幹，妢胡之笴，吳粵之金錫，此材之美者也。荊，荊州也。幹，柘也，可以爲弓弩之幹。妢胡，胡子之國，在楚旁。笴，矢幹也。禹貢荊州貢櫄、幹、栝、柏及箘簬、楛。故書笴爲笱。杜子春云：「妢讀爲焚咸丘之焚，書或爲邠。妢胡，地名也。笱當爲笴，笴讀爲稾，謂箭稾。」○妢，扶云反。笴，古老反，注作稾同。幹，古旦反，或古旱反。櫄，勑倫反。箘，其隕反，李其轉反。簬，音路。枯音楛，尚書作楛，音同。邠，彼貧反。

【疏】燕之至者也○釋曰：自此已下說材之事也。○注荊荊至箭稾○釋曰：云「荊，荊州也」者，按禹貢荊州貢櫄、幹、栝、柏及箘簬、楛，三邦底貢。注云：櫄、幹、栝、柏四木名。幹，柘幹。箘，竹，聆風。栝，木類。周之始，肅慎氏貢楛矢石砮，此州中。生聆風與楛者衆多，三國致之。云「妢胡在楚旁」者，定四年左氏云頓子、胡子者是也。若楚旁則亦屬荊州，別言妢胡之笴者，荊即楚也，以州言之。若然，妢胡得與楚別言也。子春云「妢讀爲焚咸丘之焚」者，左氏桓七年春二月己亥，焚咸丘。公羊云：焚之者何？樵之也。樵之者何？以火攻也。咸丘者何？邾婁之邑也。云「笴讀爲稾，謂箭稾」者，即稾人職「掌箭稾」是也。

天有時以生，有時以殺；草木有時以生，有時以死；石有時以泐；水有時以凝，有時以澤；此天時也。言百工之事當審其時也。鄭司農云：「泐讀如再扐而後卦之扐。泐，謂石解散也。夏時盛暑大熱則然。」○泐，音勒。澤，音亦，李音釋。扐，音勒。卦，如字，又俱賣反。解，音蟹。

【疏】注百工至則然○釋曰：云「百工之事當審其時也」者，弓人所云四時者是也。先鄭云「泐讀如再扐而後卦之扐」者，此扐謂揲蓍之法，故易云「分之爲二以象兩，卦一以象三揲之以四以象四時歸奇於扐以象閏五歲再閏故再扐而後卦象其合集凡攻木之工七攻金之工六攻皮之工五設色之工五刮摩之工五摶埴之工二攻猶治也摶之言拍也埴黏土也故書七爲十刮作捖鄭司農云十當爲七捖摩之工謂玉工也捖讀爲刮其事亦是也○刮古八反摶李音團劉音博埴時職反拍普百反黏女廉反捖劉音刮戚音完李侯管反

疏凡攻至工二○釋曰此已下言工之頭數幷所作有殊此經與下爲總目○注攻猶至是也○釋曰云摶之言拍也埴黏土也者以手拍黏土以爲培乃燒之尚書禹貢云厥土赤埴墳注亦云埴黏土者也先鄭云捖讀爲刮者舌爲聲刀爲形左聲右形刮摩之義是故讀從之也

攻木之工輪輿弓廬匠車梓攻金之工築冶鳧桌段桃攻皮之工函鮑韗韋裘設色之工畫繢鍾筐㡛刮摩之工玉楖雕矢磬摶埴之工陶旊事官之屬六十此識其五材三十工略記其事耳其曰某人者以其事名官也其曰某氏者官有世功若族有世業以氏名官者也廬矛戟矜柲也國語曰侏儒扶廬梓楖屬也故書雕或爲舟鄭司農云輪輿弓廬匠車梓此七者攻木之工官別名也孟子曰梓匠輪輿鮑讀爲鮑魚之鮑書或爲鞄蒼頡篇有鮑㲊韗讀爲歷運之運㡛讀爲芒芒禹迹之芒楖讀如巾櫛之櫛旊讀爲甫始之甫埴書或爲植杜子春云雕或爲舟者非也玄謂旊讀如放於此乎之放○桌古栗字段徐丁亂反劉徒亂反韗況萬反劉音運本或作韗同繢戶對反後同筐音匡㡛莫黃反楖側筆反旊甫罔反又音甫侏音朱榎古馬反字或作櫝鞄匹學反劉音僕㲊如兗反柔革工芒莫黃反下同放甫罔反下同

疏攻木至陶旊○釋曰上文其數此給以事職之也攻木之工七輪人爲輪蓋輿人爲車輿弓人爲六弓廬人爲柄之等匠人爲宮室城郭溝洫之等車人爲車梓人爲飲器及射侯之等攻金之工六築氏爲削冶氏爲戈戟鳧氏爲鍾桌氏爲量段氏爲鎛桃氏爲劍攻皮之工五函人爲甲鮑人主治皮韗人爲鼓韋氏

裘氏闕也設色之工五畫繢二者別官同職共其事者畫繢相須故也鍾氏染鳥羽筐氏闕㡛氏主湅絲刮摩之工五玉人造圭璋之等楖氏闕雕氏闕矢人主造矢磬氏爲磬搏埴之工二陶人爲瓦器甑甗之屬。旊人爲瓦簋○注事官至之放○釋曰三十工於六十爲不備記人錄者未必在六十工之內直以數言之充得三十工而已也云其曰某人者以其事名官也者匠人梓人鞼人。鮑人之類是也此等直指事上爲名也云其曰某氏者其義有二一者官有世功則以官爲氏若韋氏裘氏治氏之類是也二者族有世業以氏名官若鳧氏㮚氏之等是也云廬矛戟矜柲也者方言戟三刃。特其柄自關而西謂之杖又云矜謂之杖云國語曰侏儒扶廬者晉語文公問胥臣胥臣對曰戚施植鎛籧。除蒙璆儒扶廬矛矜是也云梓榎屬也者按釋木云稻山櫝注云櫝梓二木名此云梓榎爲一者釋木前言稻山櫝後云椅梓據此二文故云屬非謂梓榎爲一而云榎屬也先鄭引孟子者見孟子所云官名與此同也蒼頡篇有。鮑甍者按藝文志蒼頡有七章秦丞相李斯所作。鮑甍是其一篇內有治皮之事故引爲證也云韗讀爲歷運之運者歷運時語有正歷運之數故讀從之取其音同耳云㡛讀爲芒芒禹迹之芒者襄四年左氏傳魏絳請和諸戎云芒芒禹迹畫爲九州經啓九道引之者亦取音同云楖讀爲巾櫛之櫛者按左氏僖二十二年晉大子圉爲質於秦將逃歸謂。嬴氏曰與子歸乎對曰子之欲歸不亦宜乎寡君之使婢子侍執巾櫛以固子也從子而歸棄君命也引之者證楖櫛是一也云。旊讀爲甫始之甫者甫訓爲始故讀從之於義無所取故後鄭不從也玄謂。旊讀如放於此乎之放者按隱二年無駭入極公羊傳曰疾始滅也始滅人於此乎是也言作瓦器者亦相放

有虞氏上陶夏后氏上匠殷人上梓周人上輿官各有所尊王者相變也舜至質貴陶器甒大瓦棺是也禹治洪水民降丘宅土卑宮室盡力乎溝洫而尊匠湯放桀疾禮樂之壞而尊梓武王誅紂疾上下失其服飾而尊輿

【疏】注官至輿○釋曰云官各有尊王者相變也者此陶匠梓輿據上三十工並是官名又所尊上不同故云官各有尊王者相變也云舜至質貴陶器者按禮記表記

云虞夏之文不勝其質殷周之質不勝其文謂上代質後代文若以文質再而復而言則虞又當質故云至質瓦器又至質故禮記郊特牲云器用陶匏是祭天地之器則陶器爲質也以代當質故用質器也云甒大瓦棺是也者喪禮兩甒醴酒明堂位云泰有虞氏之尊也檀弓云有虞氏瓦棺是也此據升爲帝時所上不得取陶于河濱解此也禹治洪水者昔鯀治水九載績用不成舜臣堯舉八愷八愷中有禹堯使之治水大禹謨云禹。降水儆予是也云民降丘宅土者禹貢文云卑宮室者論語文言民下居平土營農種作故爲之治溝洫以通水通水之官匠人是故夏上匠也云湯放桀者尚書云湯放桀于南巢云疾禮樂之壞者桀之無道民墜塗炭法度靡措是禮樂之壞也梓人所以造作禮樂之器故湯上之也云武王誅紂者尚書牧誓云甲子昧爽戰于牧野是武王誅紂之事紂之無道臣下化之無尊卑之差失其服飾但車服者顯尊卑之差故周公制禮尊上於輿也

故一器而工聚焉者車爲多。周所上也疏故一至爲多釋曰云一器者車也而工聚者謂有輪人輿人車人就職中仍有輈人是一器工聚者車最多多於餘官以周所上故也

車有六等之數車有天地之象人在其中焉六等之數法易之三材六畫○畫音獲疏注車有至六畫○釋曰云車六等之數下文是也云車有天地之象者下文云軫之方也以象地蓋之圜也以象天是車有天地之象也云人在其中焉者在車蓋之中也云六等之數。法易之三材六畫者易說卦云立天之道曰陰與陽立地之道曰柔與剛立人之道曰仁與義兼三材而兩之故易六畫而成卦兼三材者天有陰陽地有剛柔人有仁義三材六畫一材兼二畫故車之六等之法也

車軫四尺謂之一等戈柲六尺有六寸既建而迆崇於軫四尺謂之二等人長八尺崇於戈四尺謂之三等殳長尋有四尺崇於人四尺謂之四等車戟常崇於殳四尺謂之五等酋矛常有四尺崇於戟四尺謂之六等此所

謂兵車也軫與後橫木崇高也八尺曰尋倍尋曰常殳長丈二戈殳戟矛皆插車輢鄭司農云迤讀爲倚移從風之移謂著戈於車邪倚也㕛發聲直謂矛○迤以氏反後同崇本亦作古𥡴字殳音殊下直亮反後放此一音在由反或且州反皆插徐文初輒反戚初洽反輢於綺反劉於寄反車傍也一音起寄反倚移於綺反下以氏反下放此著丁略反邪似嗟反

疏車軫至六等○釋曰此經說車六等之數此六等軫一人一之外兵有四等此謂前驅車所建故詩云伯也執殳爲王前驅彼注引此文爲證前驅明此是前驅所建可知○注此所至謂矛○釋曰云此所謂兵車也者謂下兵車之輪崇者也云軫輿後橫木者卽今之車枕一也知八尺曰尋者此經皆以四尺爲差人長八尺而殳長尋有四尺崇於人四尺則八尺之外唯有四尺在是尋長八尺可知知倍尋曰常者殳長丈二而云車戟崇於殳四尺則丈二之外有四尺總丈六尺是倍尋曰常也云戈殳戟矛皆插車輢者當皆以鐵圜範邪置於輢之上下乃插而建之容出先刃入後刃言之一則邪向前一則邪向後乃可得也先鄭云迆讀爲倚移從風之移者司馬長卿上林賦云。從。風。倚。移云㕛發聲直謂矛㕛矛二丈。也

車謂之六等之數申言數也

疏注申言數也○釋曰前已云之今又言之申重也重言數詳審言之也

凡察車之道必自載於地者始也是故察車自輪始先視輪也自從也

凡察車之道欲其樸屬而微至不樸屬無以爲完久也不微至無以爲戚速也樸屬猶附著堅固貌也齊人有名疾爲戚者春秋傳曰蓋以操之爲已。戚矣速疾也書或作數鄭司農云樸讀如子南僕之僕微至謂輪至地者少言其圜甚著地者微耳著地者微則易轉故不微至無以爲戚數○樸普剝反劉音僕一音扶祿反屬章欲反下及注同戚徐劉將六反李音促注同著直略反下同操七曹反數色角反下同易以豉反

疏注樸屬至戚數○釋曰此已下云造車有𠶷惡高下大小之宜云春秋傳者按公羊傳莊公三十年冬齊人伐山戎傳云此齊侯也其稱人何貶曷爲貶司馬子曰蓋以操之爲已蹙矣

注云操迫也已甚也蹙痛也鄭氏以蹙爲疾與何休別先鄭云子男僕之僕哀二年左氏傳云初衛侯游于郊子。南僕引之者取音同也

輪已崇則人不能登也輪已庳則於馬終古登阤。也

已大也甚也崇高也齊人之言終古猶言常也阤阪也輪庳則難引○庳音婢阤徐文爾反劉堂何反李音他輈人同大音泰劉他餓反阪音反

【疏】注已大至難引○釋曰輪已崇則過六尺六寸軫軹過四尺大高故人不能登也輪已庳則無六尺六寸軫軹無四尺大下則馬難引常似上阪也

故兵車之輪六尺有六寸田車之輪六尺有三寸乘車之輪六尺有六寸

此以馬大小爲節也兵車革路也田車木路也乘車玉路金路象路也兵車乘車駕國馬田車駕田馬○乘繩證反後乘車皆放此

【疏】故兵至六寸○釋曰上文云車大高大下不得所今此經云須得所之意也先言兵車者重戎事故也田獵戰伐相類卽言田車以繼兵車後別言乘車之等也○注此以至田馬○釋曰言以馬大小爲節者馬高則車亦高馬下則車亦下一以馬之高下爲車之節度云革路木路玉路等皆據巾車而言也云國馬者據輈人云國馬之輈而言國馬則校人所云種馬戎馬齊馬道馬四者是也

六尺有六寸之輪軹。崇三尺有三寸也加軫與轐焉四尺也人長八尺登下以爲節

此車之高者也軫輿也鄭司農云軹軎也轐讀爲旃僕之僕謂伏兔也玄謂軹轂末也此軫與轐弁七寸田車又宜減焉乘車之軌廣取數於此軌廣八尺旁出輿亦七寸也○軹音只轂末也轐音卜又音僕軎音衛旃僕之然反下如字又音卜軌廣古曠反後放此

【疏】六尺至爲節○釋曰此經論軫崇四尺不高不下之節上云兵車乘車輪高六尺六寸軹是軸頭處輪之中央故崇三尺有三寸加。輪與轐二者七寸則得四尺○注此軹至寸也○釋曰云此車之高者對田車是車之下者也先鄭云軹軎也者物有二名耳云轐讀爲旃僕之僕者讀音同而未聞所出也云謂伏兔也者漢時名今人謂之車屐是也玄謂軹轂末也此軫與轐弁七寸者四

馬車一轅車軸上有伏兔伏兔尾後上載車軫軫始有車輿則軸去地三尺三寸上又兼伏兔及軫并七寸車輿去地總四尺也云田車又宜減焉者田車軫崇三尺一寸半減乘車寸半加軫與轐亦減乘車寸半爲五寸半也云乘車之軌廣取數於此者車輿六尺有六寸軌廣謂轍廣轍八尺則車輿外旁出輿兩相各七寸七寸之數取於軫轐七寸之數故云取數於此也

輪人爲輪斬三材必以其時三材所以爲轂輻牙也斬之以時材在陽則中冬斬之在陰則中夏斬之今世轂用雜榆輻以檀牙以橿也○牙音訝下皆同中音仲下中夏同橿居良反【疏】注三材至橿也○釋曰輪人唯造車輪輪之三材唯轂輻牙故鄭以此三者解之也云材在陽中冬斬之等並據山虞文知之鄭舉今世所用木爲此三者未知周用何木也三材既具巧者和之調其鑿內而合之○鑿在洛反又曹報反內如銳反依字作枘合音閤又如字【疏】注調其至合之○釋曰鄭以調解和鑿內謂孔入轂入牙者並須調使得所也轂也者以爲利轉也輻也者以爲直指也牙也者以爲固抱也利轉者轂以無有爲用也鄭司農云牙讀如跛者訝跛者之訝謂輪輮也世間或謂之罔書或作輮○輮而久反劉音柔李而又反【疏】注利轉至作輮○釋曰云輻也者以爲直指也者入轂入牙並須直指不邪曲也云牙也者以爲固抱也者使牢固抱曲云利轉者轂以無有爲用也者按老子道經云三十輻共一轂當其無有車之用注無有謂空虛轂中空虛輪得行輿中空虛人居其上引之者證轂爲由空乃得利轉之義也先鄭讀牙爲訝跛者之訝者訝迎也此車牙亦輮之使兩頭相迎故讀從之輪敝三材不失職謂之完敝盡而轂輻牙不動○敝婢世反徐劉伏滅反【疏】輪敝至之完○釋曰謂之爲職者轂輻牙各自職任自相支持雖盡不動是不失職也○望而眡其輪欲其幎爾而下迆也進而眡之欲其微至也無所取之取諸

圜也輪謂牙也幎均致貌也進猶行也微至至地者少也非有他也圜使之然也鄭司農云微至書或作危至故書圜或作員當爲圜○幎莫歷反圜于權反致直置反下注禛致同【疏】望而至圜也○釋曰望而視之謂車停止時云幎爾者幎均致貌爾助句辭云下迆者謂輻。轂上。轂。至兩兩相當正直不旁迆故云下迆也

望其輻欲其揱爾。而纖也。進而眡之欲其肉稱也無所取之取諸易直也揱纖殺小貌也肉稱弘殺好也鄭司農云。揱讀爲紛容揱參之揱玄謂如桑螵蛸之蛸○揱音蕭又色交反又音朔李又所感反稱尺證反注同易以豉反殺色界反劉色例反下同一音如字揱參上色交反又音蕭劉音朔下所林反螵戚眦昭反劉平堯反蛸音蕭又音消【疏】望其至直也○釋曰上經總視輪此經則視輻下云進而視之則上云望其輻據住止時也○注揱纖至之蛸○釋曰云揱纖殺小貌也者凡輻皆向轂處大向牙處小言揱纖據向牙處小而言也云肉稱弘殺好也者向轂爲稱故爲弘殺先鄭云紛容揱參之揱者此蓋有文今檢未得玄謂如桑螵蛸之蛸者讀從爾雅釋蟲螳蜋螵蛸並取音同也

望其轂欲其眼。也進而眡之欲其幬之廉也無所取之取諸急也眼出大貌也幬幔轂之革也革急則裹木廉隅見鄭司農云眼讀如限切之限○眼魚懇反幬音嚋下同劉又音濤李一音持株反或一音蹈幔莫干反裹音果○見賢遍反限魚懇反李如字下同切音如字李倉愛反【疏】望其至急也○釋曰凡轂初作時隱起然後以革鞔之革急裹木隱起見幬覆也謂以革覆轂也○注眼出至之限○釋曰先鄭讀眼如限切之限亦是取急意

眡其綆欲其蚤之正也蚤當爲爪謂輻入牙中者也鄭司農云綆讀。爲關東言餅之餅謂輪箄也玄謂輪雖箄爪牙必正也○綆依注音餅李方善反又姑杏反玉篇云鄭衆音補管反蚤音爪下同餅必井反劉方頃反箄劉薄歷反李又方四反一音薄計反下皆同爪牙劉音雅【疏】眡其至正也○釋曰凡造車輪皆向外箄向外箄則車不掉先鄭讀綆爲山東言餅之餅依俗讀也玄謂輪雖

箄爪牙必正也者爪入牙中鑿孔必正直不隨邪也

察其菑蚤不齵，則輪雖敝不匡。菑謂輻入轂中者也菑與爪不相佹乃後輪敝盡不匡刺也鄭司農云菑讀如雜廁之廁謂建輻也泰山平原所樹立物爲菑聲如胾博立梟棊亦爲菑匡枉也○菑側吏反注及下皆同齵五溝反一音隅佹九委反刺洛葛反下同胾側吏反梟古堯反【疏】注菑謂至枉也○釋曰上視輻入牙中此言察輻入轂中須得所之意也凡植物於地中謂之菑此輻入轂中似植物地中亦謂之菑言菑蚤不齵者人之牙齒參差謂之齵此三十輻入轂與蚤入牙一一相當不相佹戾亦是不齵也如此輪雖敝盡不匡刺先鄭云菑讀如雜廁之廁者讀從史游章分別部居不雜廁義取不參差意也云博立梟棊者謂博戲時立一子於中央謂之梟棊。云爲菑亦是樹立爲菑之義也

凡斲轂之道，必矩其陰陽。矩謂刻識之也故書矩爲距鄭司農云當作矩謂規矩也【疏】凡斲至陰陽○釋曰此欲斲轂之時先就樹刻之記識其向日爲陽背日爲陰之處必記之者爲後以火養其陰故也

陽也者稹理而堅，陰也者疏理而柔。是故以火養其陰，而齊諸其陽，則轂雖敝不藃。稹致也火養其陰炙堅之也鄭司農云稹讀爲奠祭之奠藃當作。耗玄謂藃藃暴陰柔後必橈減幬革暴起○稹之忍反本又作稹劉依司農音奠一音真藃李戚好角反劉呼報反耗呼報反暴步角反下同劉步莫反一音蒲報反橈乃孝反【疏】注稹致至暴起○釋曰此轂若不以火養炙陰柔之處使堅與陽齊等後以革鞔陰柔之處木則瘦減革不著木必有暴起若以火養之雖敝盡不藃暴也

轂小而長則柞，大而短則摯。鄭司農云柞讀爲迫唶之唶謂輻間柞狹也摯讀爲槷謂輻危槷也玄謂小而長則菑中弱大而短則。轂末不堅○柞莊百反槷劉魚列反戚魚結反迫唶莊百反【疏】轂小至則摯○釋曰此已下論車須長短小大相稱之事○注鄭司至不堅○釋曰先鄭讀柞爲迫唶之唶者依俗讀之以摯爲槷後鄭從而就足之玄謂小而長則菑中弱者以轂小而長則輻間柞狹故菑中弱也云大

而短則末不堅者謂轂大而短轂末淺短故轂末不得堅牢也郎是故六分其輪崇以其一為之牙圍六尺六寸之輪牙圍尺一寸【疏】是故至牙圍〇釋曰以上文小大不得其所此文制法使得其所也云六尺六寸之輪牙圍尺一寸者此據兵車乘車而言若田車之輪小崇六尺三寸計亦可知也參分其牙圍而漆其二不漆其踐地者也漆者七寸三分寸之一不漆者三寸三分寸之二令牙厚一寸三分寸之二則內外面不漆者各一寸也〇令力呈反卷內皆同厚胡豆反後放此【疏】注不漆至寸也〇釋曰就一尺一寸且取九寸三分分之各得三寸猶有二寸在又一寸為三分二寸為六分三分分之各得二分若然一分有三寸三分寸之二二分總得七寸三分寸之一是漆之者也餘一分者三寸三分寸之二是不漆者故云不漆者三寸三分寸之二也云令牙厚一寸三分寸之二則內外面不漆者各一寸也者無正文以意解之故云令牙厚一寸三分寸之二餘二寸分於外內面故各一寸也椁其漆內而中詘之以為之轂長以其長為之圍六尺六寸之輪漆內六尺四寸是為轂長三尺二寸圍徑一尺三分寸之二也鄭司農云椁者度兩漆之內相距之尺寸也〇中丁仲反詘丘勿反度待洛反下度之同【疏】注六尺至寸也〇釋曰上經不漆者外內面各一寸則兩畔減二寸故漆內有六尺四寸也中屈此六尺四寸故轂長三尺二寸也又以三尺二寸為圍圍三徑一三尺得一尺餘二寸寸作三分為六分又徑二分故徑一尺三分寸之二也〇為以其圍之防捎其藪捎除也防三分之一也鄭司農云捎讀為桑螵蛸之蛸藪讀為蜂藪之藪謂轂空壺中也玄謂此藪徑三寸九分寸之五壺中當輻菑者也蜂藪者猶言趨也藪者衆輻之所趨也〇防音勤捎音蕭藪素口反李一音倉豆反空音孔趨七住反又七須反下同【疏】以其至其藪〇釋曰車轂之法其孔必大頭寬小頭狹當輻入處謂之藪寬狹處中而已云防者三分之一也者於前一尺三分寸之二三分取一捎除也以除空中當藪之處使容車轂也〇注捎除至趨也〇釋曰云防三分之一者凡

言防者分散之言數亦不定是以王制云祭用數之仂注以爲當年之什一以其下有喪用三年之仂遂以當年經用之什一言之此下文賢是大頭穿内徑四寸五分寸之二此當數處於徑三分之一爲徑三寸九分寸之五大小相稱故以防爲三分之一。釋之也讀爲蜂數之數此亦依俗讀之以蜂窠有孔數然此三十輻入轂處亦數然也玄謂此數徑三寸九分寸之五者以轂徑一尺三分寸之二今一尺取九寸三分之一得。二寸仍有一寸三分寸之。三在今以一寸者爲九分寸之二爲六分總爲十五分三分取一得五分故云徑三寸九分寸之五也

五分其轂之長去一以爲賢去三以爲軹鄭司農云賢大穿也軹小穿也玄謂此大穿徑八寸十五分寸之八小穿徑四寸十五分寸之四大穿甚大似誤矣大穿實五分轂長去二也去二則得六寸五分寸之二凡大小穿皆謂金也。今大小穿金厚一寸則大穿穿内徑四寸五分寸之二小穿内徑二寸十五分寸之四如是乃與數相稱也〇去起呂反後去一去二皆同賢如字劉李胡眄反注同稱尺證反下同〇

【疏】五分至爲軹〇釋曰上經言轂空壺中此經言轂大小兩頭〇注鄭司至稱也〇釋曰云玄謂此大穿徑八寸十五分寸之八者經云五分其轂之長去一以爲賢卽以轂長三尺二寸徑一尺三分寸之二而五分去一去一尺去二寸得八寸三分寸之二者本三分寸今爲十五分寸卽以二分者爲十分去二分得八分故云大穿徑八寸十五分寸之八也云小穿徑四寸十五分寸之四者經云去三去一尺五分去三去六寸得四寸三分寸之二亦爲十五分寸之十五分去三去六分得四分故云小穿徑四寸十五分寸之四云大穿甚大似誤矣者以其大穿與數中及小穿三者須相類故鄭以五分去二爲允也云令大小穿金厚一寸者無正文以目驗知之故云令也大小穿穿内皆以金消去二寸故各減二寸也

容轂必直陳篆必正施膠必厚施筋必數幬必負幹鄭司農。云讀容上屬曰軹容玄謂。容者治轂爲之形容也篆轂約也幬負幹者革轂相應無贏不足〇篆直轉反數色角反李色住反約烏孝反又如字

【疏】注鄭司至不足釋曰先鄭讀容上屬

後鄭不從者軹轂末無形容可見其轂上則夏篆夏縵轂約故不從也云幬負幹者革轂相應者幬覆也謂以革覆轂轂之木隱著革使之急是革轂相應也云無羸不足者羸與不足同蒙無字若轂有耗瘦不隱著轂則革有羸而轂不足著轂不耗革轂相應革無羸轂亦無不足也

既摩革色青白謂之轂之善謂丸漆之乾而以石摩平之革色青白善之徵也○丸如字又胡喚反○【疏】注謂丸至徵也釋曰此謂以革輓轂訖將漆之先以骨丸之待乾乃以石摩平之其色青白則善也

參分其轂長二在外一在內以置其輻轂長三尺二寸者令輻廣三寸半則輻內九寸半輻外一尺九寸○【疏】注轂長至九寸○釋曰此經欲論置輻於轂相去遠近之法云轂長三尺二寸上經文令輻廣三寸半知者按上云以圍之防捎其數數中三分徑一轂徑既一尺三分寸二今取一分作空中空中徑三寸九分寸之五兩畔得二分有七寸九分寸之一兩廂分之一畔得三寸九分寸之五下文云量其鑿深以爲輻廣。深三寸半故知輻廣三寸半也依前所計言之輻深實應三寸十八分寸之一言三寸半舉成數言也若然轂既長三尺二寸輻居三寸半餘有二尺八寸半三分之輻外得一尺九寸輻內得九寸半也

凡輻量其鑿深以爲輻廣廣深相應則固足相任也○量音良下量其數同鑿曹報反又如字後同深尸鴆反下放此○【疏】注廣深至任也○釋曰如上所計則輻之廣深各有三寸半是相應也至上轂小而長轂大而短則不相應故槷也

輻廣而鑿淺則是以大扤雖有良工莫之能固○扤鑿動貌扤五骨反或九活反○【疏】輻廣至能固○釋曰此及下經論轂與輻不得所之意也

鑿深而輻小則是固有餘而強不足也言輻弱不勝輻之所任也○強其良反劉其尙反勝音升【疏】鑿深至足也○釋曰云鑿深而輻小者欲轂大故鑿得深其輻則應大是相稱若輻小則固有餘固有餘由轂大鑿深故也而強不足由輻小故也

故竑其輻廣以爲之弱則雖有重任轂不折。言力相稱也弱

菑也今人謂蒲本在水中者爲弱是其類也鄭司農云紘讀如紘綖之紘謂度之○故紘獲耕反○

疏注言力至度之○釋曰云言力相稱也者止謂輻廣與鑿深相稱按史游章云蒲蒻藺席謂取蒲之本在水者爲席則此經弱亦是輻入轂中者也

參分其輻之長而殺其一則雖有深泥亦弗之溓也

殺衰小之也鄭司農云溓讀爲黏謂泥不黏著輻也○殺色界反劉色例反注同溓依字力簟反依注音黏女廉反衰劉初危反一音如字著直略反下附著同○

疏參分至溓也○釋曰假令輻除入轂之中其外長三尺則殺一尺以向牙以本麤末細塗則向下利故泥不黏著之也○

參分其股圍去一以爲骹圍

謂殺輻之數也鄭司農云股謂近轂者也骹謂近牙者也方言股以喻其豐故言骹以喻其細人脛近足者細於股謂之骹羊脛細者亦爲骹○骹胡飽反又下教反李又苦教反近附近之近脛刑定反○

疏注謂殺至爲骹○釋曰云謂殺輻之數也者上經云殺其一者據長短之中殺一分此經三分殺一據本麤末細而言其輻近轂麤處謂之股若人髀股近牙細者謂之骹謂若人脚近踝之骹也假令輻近轂處圍六寸也先鄭云方言股以喻其豐者方者止謂方欲言股之時此股踰其豐非謂揚雄以異方之語不同方言也股既喻豐故言骹以喻其細一切麤細相對細處則言骹謂云喪禮綴足用燕凡骹在南之類云羊脛細者亦爲骹者今人猶言之也○

揉輻必齊平沈必均

揉謂以火橋之衆輻之直齊如一也平沈平漸也鄭司農云平沈謂浮之水上無輕重○揉而九反又音柔李又奴丑反一音而又反橋劉苦老反漸子廉反下同

疏注揉謂至輕重釋曰云揉謂以火橋之者以火炙之木則濡可揉戾使直橋就也故云揉謂以火橋之也云衆輻之直齊如一也者謂以火橋之後直不曲故云直齊如一也重者沈多輕者沈淺沈重者更去之則平而輕重等也○

直以指牙牙得則無槷而固

得謂倨句鑿內相應也鄭司農云槷椴也蜀人言椴曰槷玄謂槷讀如涅從木熱省聲○槷魚列反依注音涅乃結反李一音素結反倨句音據內如稅反椴素結反○○

疏 注得謂至省聲○釋曰云得謂倨句鑿內相應也者以輻直者爲倨以牙曲者爲句輻牙雖有倨句至於鑿內必正正則爲得得則若無槷而牢固也先

鄭讀槷爲危槷之槷故更轉從檝也後鄭讀槷卽是槷蘇結切云槷讀如涅謂涅物於孔中之涅又解槷字以其用木爲槷故從木也云熱省聲者熱者去下

火取上與熱爲聲可謂上聲下形故云省聲也 不得則有槷必足見也 必足見言槷大也然則雖得猶有槷但小耳○見賢遍反注同

疏 注必足至小耳○釋曰云必足見言槷大也者足乃據槷而言言足見故知槷大乃足見也云然則雖得猶有槷但小耳者上經云無槷而固卽是無槷

鄭必知上文有槷但小者鄭更無異文直以文勢反之可知知然者此經云不得則有槷必足見言槷大則知上經得不足見無大槷有小槷可知故鄭云雖

得猶有槷但小耳鄭非直以文勢反之知有槷以意量之輻入牙中無有不用槷而固者也○槷 六尺有六寸之輪綆參分寸之

二謂之輪之固 輪箄則車行不掉也參分寸之二者出於輻股鑿之數也○綆參方穎反下七南反又音三掉徒弔反○ 疏 注輪箄至數也

○釋曰止由輪有箄車不掉不掉則得輪之固也云參分寸之二者出於輻股鑿之數也者鑿牙之時孔向外侵三寸之二使輻股外箄故云輻股鑿之數也

凡爲輪行澤者欲杼行山者欲侔 杼謂削薄其踐地者侔上下等○杼直呂反侔亡侯反劉莫豆反○ 疏 注杼謂至下等

○釋曰凡爲車之法各順其所宜是以行澤者欲杼知是削薄其踐地者下文云是刀以劃塗故知削薄之行山欲上下等者下文云是搏以行石雖不動於

鑿旁恐石傷之故欲上下等而得久長也 杼以行澤則是刀以劃塗也是故塗不附 附著也○ 侔以行山

則是搏以行石也是故輪雖敝不甐於鑿 搏圜厚也鄭司農云不甐於鑿謂不動於鑿中也玄謂甐亦敝也以輪之

厚石雖齧之不能敝其鑿旁使之動○搏徒丸反李又丈轉反甐本又作鄰音吝李一音鱗○ 疏 注搏圜至之動○釋曰先鄭以甐爲動而不動動於鑿中後

鄭以甈亦敝不能敝於鑿旁不從先鄭者以其動者先動於旁乃及於中不可先動於中故不從也凡揉牙外不廉而內不挫旁不腫謂之用火之善廉絕也挫折也腫瘣也○挫作臥反李又祖加反瘣胡罪反○疏凡揉至之善○釋曰此一經論用火揉牙使之圜正之意古者車輞屈一木爲之要當木善火齊又得乃可圜而得所也○注廉絕至瘣也○釋曰凡屈木多外廉絕理內挫折中旁腫負起無此三疾是用火之善也是故規之以視其圜也○是故規之以眡其圜也輪中規則圜矣○中丁仲反下同○○疏注輪中規則圜矣釋曰謂輪成以繩規之中規則不枉也萬之以眡其匡也等爲萬蔞以運輪上輪中萬蔞則不匡刺也故書萬作禹鄭司農云讀爲萬書或作矩○萬姜禹反李又音俱注同蔞良主反劉音流下文同李又里俱反○疏注等爲至作矩○釋曰云等爲萬蔞以運輪上者見今車近萬蔞於輪一邊置於輪上是等爲萬蔞以運輪上也輪輻轉一帀不高不下中於萬蔞則輪不匡刺○縣之以眡其輻之直也輪輻三十上下相直從旁以繩縣之中繩則鑿正輻直矣○縣音玄後皆同直音值疏注輪輻至直矣○釋曰此以輪側於一邊輪輻三十兩兩上下相直從旁以繩縣之兩兩中縣則鑿正而輻直矣○水之以眡其平沈之均也平漸其輪無輕重則斲材均矣○斲陟角反○疏注平漸至均矣○釋曰兩輪俱置水中觀眡四畔入水均否若平深均則斲材均矣量其藪以黍以眡其同也黍滑而齊以量兩壺無贏不足則同疏量其至同也○釋曰謂兩輪俱用黍量眡其容受同不齊同則無贏亦無不足鄭云黍滑而齊則不取律歷志以黍爲度量衡之義也○權之以眡其輕重之侔也侔等也稱兩輪鈞石同則等矣輪有輕重則引之有難易○易以豉反○疏注侔等至難易○釋曰云稱兩輪鈞石同則等矣者正以鈞石言之者以其輪重非斤兩所准擬故以三十斤曰鈞百二十斤曰石之言也故可規可萬可水可縣可量可權也謂之

國工國之名工【疏】故可至國工○釋曰此一經總結上文也

輪。人爲蓋達常圍三寸圍三寸徑一寸也鄭司農云達常蓋斗柄下入杠中也○杠音江○【疏】注圍三至中也○釋曰輪輻三十蓋弓二十有八器類相似故因遣輪人造蓋但蓋柄有兩節此達常是上節下入杠中也○桯圍倍之六寸圍六寸徑二寸足以含達常鄭司農云桯蓋杠也讀如丹桓宮楹之楹○桯讀爲楹音盈【疏】注圍六至之楹○釋曰此蓋柄下節麤大常一倍向上含達常也先鄭引丹桓宮楹之楹者按莊二十三年爲迎姜氏爲華飾故丹桓公廟之楹柱引之證此蓋柄之桯楹柱之類也信其桯圍以爲部廣部廣六寸廣謂徑也鄭司農云部蓋斗也○信音申廣古曠反劉音徑下同【疏】信其至六寸○釋曰此言蓋之斗四面鑿孔內蓋弓者於上部高隆穹然謂之爲部信古之申字館申上桯圍六寸以爲此部徑部徑六寸也部長二尺謂斗柄達常也【疏】注謂斗柄達常也○釋曰此部郎達常以此達常上入部中遂名此達常爲部其實是達常也桯長倍之四尺者二杠長八尺謂達常以下也加達常二尺則蓋高一丈立乘也○【疏】注江長至乘也○釋曰云蓋高一丈立乘也者人長八尺蓋弓有宇曲之減二尺得不障人目也十分寸之一謂之枚爲下起數也枚一分故書十與上二合爲。二。十字○杜子春云當爲四尺者二十分寸之一○爲于僞反下爲兩同○【疏】注爲下至之一○釋曰云故書十與上二合爲廾字則二十三十四十字一字爲兩讀因而有之子春不從者文理俱周乃合於義若以十合二爲廾是則於文字得矣若讀以分向下讀之其義安在故子春經爲正也部尊一枚尊高也蓋斗上隆高高一分也【疏】注尊高至分也○釋曰高者必尊故尊爲高也以隆高一分故上文得名爲部也○弓鑿廣四枚鑿上二枚鑿下四枚弓蓋橑也廣大也是爲部厚一寸○鑿才報反橑音老劉力報反○【疏】注弓蓋至一寸○釋曰云弓蓋橑也者漢世名蓋弓爲橑子也云廣大也者恐直以横廣四枚上下不知其數故訓廣爲大明上下及横皆四分也云是爲部厚一寸者經兩四一二故厚一寸也必以孔上二枚孔下四枚以其弓下用力故也

鑿深二寸有半下直二枚鑿端一枚鑿深對爲五寸是以不傷達常也下直二枚者鑿空下正而上低二分也其弓菑則橈之平剡其下二分而內之欲令蓋之尊終平不蒙橈也端內題也○空音孔菑側皆反劉音廁橈乃教反剡以冉反又才冉反○【疏】注鑿深至題也○釋曰此經說蓋斗之上鑿孔內弓二十八孔之上下廣狹之義云鑿深對爲五寸是以不傷達常也者前文云部廣六寸達常徑一寸達常上入部中徑一寸則兩畔共有五寸在今以弓鑿深二寸半兩相各二寸半是不侵達常故云不傷達常也云下直二枚者鑿空下正而上低二分也者直正也鑿孔下正者上文鑿下四枚令於內畔於下亦四枚與外正平故云平於下正也云而上低二分者前文鑿上二枚今於內畔孔低二分鑿上亦四枚故云上低二分也若然部總一寸今鑿上鑿下俱四枚已用八枚其中惟有二枚在故云弓菑則橈橈亦減也弓外畔上下四枚今於內畔減二枚惟有二分剡去也故云平剡其下二分而內之云欲令蓋之尊終平不蒙橈也者蓋尊外畔孔上二枚及內畔上下俱四枚若然蓋弓向外頭仰但以蓋弓三分一分外爲宇曲又以衣蒙之則弓低故蓋尊終平不蒙橈又得吐水也云端內題也者蓋斗外寬內狹以是故蓋弓內端削使狹爲題頭故云端內題也○

弓長六尺謂之庇軹五尺謂之庇輪四尺謂之庇軫庇覆也故書庇作秘杜子春云秘當爲庇庇謂覆軨也玄謂軹轂末也輿廣六尺六寸兩轂幷六尺四寸旁減軓內七寸則兩軹之廣凡丈一尺六寸也六尺之弓倍之加部廣凡丈二尺六寸有宇曲之減可覆軹不及軨○庇方二反輨或作軨俱音管○【疏】注庇覆至及軨○釋曰此經說蓋有大小不定之事云輿廣六尺六寸者輿人文云旁減軓內七寸者七寸以承輿故旁減軓內七寸上云以其轂長二在外一在內以置其輻輻內九寸半綆三分寸之二金轄之間三分寸之一輻又三寸半總尺四寸以此計之

以七寸承輿七寸爲軓故云旁減軓內七寸也云兩軓之廣凡丈一尺六寸也者向計輿六尺六寸并兩轂六尺四寸總一丈三尺減尺四寸入輿下其餘有丈一尺六寸也云六尺之弓倍之加部廣凡丈二尺六寸有宇曲之減可覆軓不及軹者下文注云股面三尺幾半通尊二尺爲五尺近半倍之加部廣六寸總丈一尺六寸以幾半言之則不整丈一尺六寸經云覆軓當允經中之數故云可覆軓不及軹也

參分弓長而揉其一

參分之持長橈短短者近部而平長者爲宇曲也六尺之弓近部二尺四尺爲宇曲〇近附近之近

疏注參分至宇曲〇釋曰云參分之持長橈短短者近部而平長者爲宇曲也者弓長六尺三分一分有二尺既云參分弓長揉其一則揉其二尺近部者故云三分之持長橈短短者近部內而平長爲宇曲鄭又覆言之六尺之弓近部二尺四尺爲宇曲必橈近部二尺者以其本鑿弓孔時外畔弓上二枚弓下四枚內畔上下俱四枚由弓頭仰故須近部撓之使平向下四尺持之爲宇曲吐水也〇

參分其股圍去一以爲蚤圍

蚤當爲爪以弓鑿之廣爲股圍則寸六分也爪圍二寸十五分寸之一〇蚤音爪〇

疏注蚤當至之一〇釋曰此言弓近蓋計復麤近末頭細之意云股圍則寸六分也者上云弓鑿廣四枚卽以方圍之四四十六故圍寸六分云爪圍一寸十五分寸之一者一寸爲三十分六分者爲十八分通前總四十八取三十分去十分得二十分十八分者去六分得十二分以十二并二十爲三十二分三十分作寸餘二分是三十分寸之二三十分寸之二卽是十五分寸之一故云爪圍一寸十五分寸之一也〇

參分弓長以其一爲之尊

尊高也六尺之弓上近部平者二尺爪末下於部二尺二尺爲句四尺爲弦求其股股十二除之面三尺幾半也〇幾音祈〇

疏注尊高至半也〇釋曰云以其一爲之尊者正謂近部二尺者對末頭四尺者爲下以二尺者爲高云爪末下於部二尺者正謂蓋杠弁達常高一丈八尺故四面宇曲垂二尺也云二尺爲句四尺爲弦求其股者鄭欲解宇曲之減減蓋之寬覆軹不及軹之意凡算法以蚤低二尺卽以低二尺者爲句又以持長四尺爲弦又蚤末直平

者爲股絃者四尺四四十六爲丈六尺句者二尺二二而四爲四尺欲求其股之直平者算法以句除弦餘爲股將句之四尺除弦丈六尺中除四尺仍有丈二尺在然後以算法約之廣一尺長丈二尺方之丈二尺取九尺三尺一截相禈得方三尺仍有三尺在中破之爲兩段各廣五寸長三尺禈於前三尺一方兩畔畔有五寸兩畔弁前三尺爲三尺半角頭仍少方五寸不合不整三尺半幾近也言近半〇

上欲尊而宇欲卑上近部平者也隤下曰宇〇卑音婢下同隤大回反疏上欲至欲卑〇釋曰此言爲下而說也上謂近部二尺者宇謂持長四尺者也

上尊而宇卑則吐水疾而霤遠蓋者主爲雨設也乘車無蓋禮所謂潦車謂蓋車與〇霤力又反潦音老與音餘〇疏注蓋者至車與〇釋曰云蓋者主爲雨設也乘車無蓋者按巾車五路皆不言蓋以其建旌旗故無蓋故彼云及葬執蓋從車持旌鄭云王平生時乘車建旌雨則有蓋又道右職云王式則下前馬王下則以蓋從注云以蓋從表尊非謂在車時若今傘蓋者也云禮所謂潦車謂蓋車與者按既夕禮云乘車載旜道車載朝服。稾車載簑笠注云今文稾爲潦此注云禮所謂潦車者指儀禮今文而言也鄭彼不從今文此引之者鄭兩解故此從之但潦車車云載簑笠笠所以禦暑簑所以禦雨雨時或設簑或設蓋故疑是彼潦車遂言與也若然蓋車於天子當木路故既夕注云稾猶散也散車以田以鄙之車司常云斿車載旌注云斿車木路也王以田以鄙之車是木路與潦車爲一物故知此則木路至於田獵建大麾無蓋在國巡行則或載旌或設蓋也

蓋已崇則難爲門也蓋已卑是蔽目也

是故蓋崇十尺十尺其中正也蓋十尺宇二尺而人長八尺卑於此蔽人目〇疏注十尺至人目〇釋曰云蓋十尺宇二尺者據人長八尺中人而言若孔子及父皆身長十尺則蓋丈二者也〇

良蓋弗冒弗紘殷畝而馳不隊。謂之國工隊落也善蓋者以橫馳於壟上無衣若無紘而弓不落也〇殷音隱不隊直類反〇疏良蓋至國工〇釋曰云良蓋弗冒則無衣不須言不紘若言不紘則有衣而不須紘也云

殷畝而馳者據不冒不紘兩者而言

輿人爲車輪崇車廣衡長參如一謂之參稱稱猶等也車輿也衡亦長容兩服○稱尺證反注同疏注稱猶至兩服○釋曰此輿人專作車輿記人言車者車以輿爲主故車爲總名鄭爲輿者此官實造輿故從輿爲正云參如一者謂俱六尺六寸也云容兩服者服馬也以其驂馬別有軥鬲引車故衡唯容服也○

參分車廣去一以爲隧兵車之隧四尺四寸鄭司農云隧謂車輿深也讀如鑽燧改火之燧玄謂讀如邃宇之邃○隧雖遂反注邃同又音遂注燧同鑽作官反疏注兵車至之邃○釋曰隧謂車輿之縱凡人所乘車皆取橫闊以或參乘或四乘故橫則六尺六寸此隧與之縱三分六尺六寸取二分以四尺四寸爲之不從先鄭者車無取於鑽燧改火之義故讀從邃宇之邃也

參分其隧一在前二在後以揉其式兵車之式深尺四寸三分寸之二○疏注兵車至之二○釋曰鄭皆言兵車者按上文先言兵車後言乘車故據先而言其實乘車亦同也云或深尺四寸三分寸之二者以四尺四寸取三尺得一尺又一尺二寸三分之取四寸仍有二寸在一寸爲三分二寸爲六分取一得二分故云深尺四寸三分寸之二云以揉其式者式謂人所馮依而式敬故名此木爲式也○

以其廣之半爲之式崇兵車之式高三尺三寸○疏注兵車至三寸○釋曰車輿之廣六尺六寸取半爲式之高故知三尺三寸也

以其隧之半爲之較崇較兩輢上出式者兵車自較而下凡五尺五寸故書較作權杜子春云輢當爲較○較古學反輢於綺反劉於既反下同權音角疏注較兩至爲較○釋曰較謂車輿兩相今人謂之平鬲也言兩較謂車相兩旁豎之者二者既別而云較兩輢上出式者以其較之兩頭皆置于輢上二木相附故據兩較出式而言之云兵車自較而下凡五尺五寸者以其前文式已崇三尺三寸更增此隧之半二尺二寸故爲五尺五寸按昭十年左氏傳云陳鮑方睦遂伐欒高氏子良曰

先得公陳鮑焉往遂伐虎門公卜使王黑以靈姑銔率吉請斷三尺而用之彼注云斷三尺使至於較大夫旗至較按禮緯諸侯旗齊軫大夫齊較軫至較五尺五寸斷三尺得至較者蓋天子與其臣乘重較之車諸侯之車不重較故有三尺之較也或可服君誤

六分其廣以一爲之軫圍軫輿後橫者也兵車之軫圍尺一寸疏注軫輿至一寸○釋曰云六分者謂輿廣六尺六寸而六分取一故得尺一寸也○

參分軫圍去一以爲式圍兵車之式圍七寸三分寸之一疏注兵車至之一○釋曰謂參分前軫圍尺一寸而爲之尺一寸取九寸爲三分去三寸得六寸餘二寸各三分之二寸爲六分去二分得四分以三分爲一寸餘一分添前六寸爲七寸三分寸之一也

參分式圍去一以爲較圍兵車之較圍四寸九分寸之八疏注兵車至之八○釋曰以式圍七寸三分寸之一取六寸三分去二寸得四寸仍有一寸三分寸之一以一寸者爲九分一分者轉爲三分幷爲十二分去四分得八分故云較圍四寸九分寸之八也

參分較圍去一以爲軹圍兵車之軹圍三寸二十七分寸之七軹輢之植者衡者也與轂末同名○植直吏反下同疏注兵車至同名○釋曰以前較。謂四寸九分寸之八四寸取三寸去一寸得二寸餘一寸爲二十七分餘八分爲二十四分幷之爲五十一分取三十去十分得二十分又二十一者去七分得十四添前二十爲三十四分取二十七分爲一寸餘有七分在添前二寸總爲三寸二十七分寸之七也云與轂末同名者前云覆軹不及幹注軹是轂末此軹是車較下豎直者及較下橫者直衡者並縱橫相貫也○

參分軹圍去一以爲轛圍兵車之轛圍二寸八十一分寸之十四轛式之植者衡者也鄭司農云轛讀如繫綴之綴謂車輿軨立者也立者爲轛橫者爲軹書轛或作軨玄謂轛者以其鄉人爲名○轛音對又張歲反李一音都回反綴張歲反軨劉音領又音零下同鄉許亮反○疏注兵車至爲名○釋曰此轛形狀一與前經軹同但在式木之下對人爲名耳參分軹圍分前三寸二十七分寸之七取三寸去一寸得二寸餘七分者假令整寸

爲八十一分此二十七分寸之七爲二十一分即是八十一分寸之二十一三分之去七分得十四分故云轐圍二寸八十一分寸之十四也云轐式之植者衡者也者先鄭讀轐爲纀又以轐軹爲一處解之後鄭皆不從者以其無所指歸故以鄉人爲名據前式下爲之也

圜者中規方者中矩立者中縣衡者中水直者如生焉繼者如附焉

治材居材如此乃善也如生如木從地生如附如附枝之弘殺也〇中丁仲反下皆同殺色界反〇疏注治材至殺也〇釋曰凡作車之法其材有圜者中于規有方者中于矩有直豎立者中于繩縣之垂者衡橫也橫者中於水無高下也云直如生焉者如木之從地初生云繼者如附焉者材有大小相附著如木之枝柯本大末小之弘殺也

凡居材大與小無幷大倚小則摧引之則絶

幷偏邪相就也用力之時其大幷於小者小者強不堪則摧也其小幷於大者小者力不堪則絶也〇居如字舊音據幷如字又必政反邪似嗟反疏凡居至則絶〇釋曰上經言居材得所此經言不得所之事凡居材大與小無幷之使偏邪此汎說居材之法爲總也云大倚小則摧者倚則幷也凡居材當各自用力若使大材倚幷小材小材強不堪大材所倚則摧折矣云引之則絶者上文云居材大與小無幷已言大倚小則摧未言小幷大之事則此引之則絶據小幷大而言也若小幷於大大木振其小木力不堪則絶斷也

棧車欲弇

爲其無革鞔不堅易坼壞也士乘棧車〇棧士板反劉才產反弇劉於驗反又於檢反爲于僞反鞔莫淺反易以豉反坼勑白反〇疏棧車欲弇〇釋曰棧車無革鞔輿易可坼壞故當弇向內爲之云士乘棧車者巾車職文

飾車欲侈

飾車謂革鞔輿也大夫以上革鞔輿故書侈作移杜子春云當爲侈疏注飾車至爲侈〇釋曰據大夫已上以革鞔輿不長坼壞故欲得向外侈也云大夫以上者則天子諸侯之車以革鞔輿及轂約也但有異物之飾者則得玉金象之名號無名號者直以革爲稱革路墨車之等是也若木路亦以革鞔但不漆飾故以木爲號孤卿轂上有篆飾即以篆縵爲名也按殷傳云未命爲士者不得乘

飾車士得乘飾車者後異代法也

附釋音周禮注疏卷第三十九

周禮注疏卷三十九校勘記　　阮元撰盧宣旬摘錄

附釋音周禮注疏卷第三十九

冬官考工記第六　唐石經作第十一非

釋曰鄭義既然　釋曰上脫一〇

而工聚者者車爲多　補案者字誤重

唐虞已上曰共工　釋文作以上此作已非凡注用以上凡疏用已上

是營城郭郡城之制　惠校本郡作都

僉曰垂才　閩監毛本才作哉〇按賈所據古文尚書如此如張平子碑往才女諧之類也淺人不知乃改作哉字唐初尚書古字多有存者至衞包之改而盡矣

及陰陽之而背是也　余本嘉靖本毛本同閩監本背誤皆當訂正疏中惟毛本不誤

讀如冬資絺綌之資　余本岳本閩本同嘉靖本監毛本無綌字按賈疏引注亦無綌字

夾弓庾弓　毛本同閩監本作臾弓

方面形勢之宜也　閩監毛本勢作埶依經所改

今王既棲會稽之上　監毛本棲改栖閩本誤越

元知有皮玉無水火者　惠校本作鄭知此誤

謂之王公　按注文云天子諸侯以天子釋王以諸侯釋公也近人或疑作謂之三公誤

唯篇百工一事而已　惠校本篇作據此誤閩監毛本篇改無非

秦無廬　釋文廬本或作蘆按蘆乃籚之訛說詳下

𧗳乃錢鎛　閩監毛本同誤也岳本嘉靖本𧗳作偫釋文出偫乃二字當據正○按說文人部曰偫者儲偫也

其鎛斯𢯷　嘉靖本𢯷誤椆○按此皆用三家詩

盧讀爲纑　漢讀考云纑當作籚若纑字則當云讀如矣釋文盧或作籚正用注說易正文也○按說文竹部籚積竹矛戟矜也

竹欑柲　嘉靖本閩本同釋文作竹欑柲也此脫也字閩監本欑誤從手旁疏中同監本柲又誤秘○按說文欑積竹杖也柲欑也

摩鐧之器　釋文亦作摩鐧是也賈疏作磨鐧非○按說文鐧作鑢

故知爲戟柄也　惠校本爲下有矛

或有人解盧磨鐧之器者　惠校本同閩監毛本磨作摩盧字閩監本同毛本作廬

言人人皆能　此本言字實缺今據惠本補閩監毛本改云

下効之　此本及閩本實缺此句今據惠校本補監毛本効作效

運用謂之知　惠校本閩本同監毛本用作物

無句作磬　惠校本無作无

相理佐知所爲　閩監毛本相理作但聖誤

周當作舟　余本同嘉靖本閩監毛本云當爲舟按古周舟通詩大東舟人之子箋云舟當作周盧文弨曰堯廟碑委曲舟帀隸釋云以舟爲周

然後可以爲良　監本後誤以

冬定體之屬　閩監毛本同浦鏜云冬定本又作寒奠按弓人寒奠體疏據注義爲冬定非賈本經作冬定也

鸜鵒不踰濟　唐石經諸本同釋文本作鸛鵒云徐劉音權公羊傳同本又作鸜左傳同賈疏本作鸛鵒云左氏傳作鸜鵒公羊傳作鸛鵒此經注皆作鸜字與左氏同按徐邈劉昌宗作鸛音權是此經舊作鸛鵒矣鄭注所引者爲左氏傳則鄭所據左氏春秋亦作鸛賈疏本唐石經作鸜爲失其舊說文鳥部云古者鴝鵒不踰泲鵒或作鵙不稱周禮或據他書作鴝鵙也○按權勛一語之轉蓋攷工記春秋皆有二本不同依說文別作鴝爲是也

有鴝鵒來巢　余本閩本同誤也嘉靖本監毛本鴝作鸜當據正○按作鴝與說文合不當改

公羊以爲鸛鵒　閩本同監毛本鸛誤鸜

先鄭依或讀爲駱　按駱當作貜

蚡胡之笴 諸本同釋文之笴古老反注作稾同唐石經笴作笱漢讀考云可藉以正注中笱字之誤

及箘簵楛 嘉靖本同閩監毛本簵改簬非疏同此本疏中及葉鈔釋文皆作簬釋文楛作枯云音戶尙書作楛音同葉鈔本及余本皆如是通志堂本枯誤栝然則今注作楛爲改同尙書非也

故書笴爲笱 漢讀考笱作笴下同云可與句相亂如尙書盡執拘許叔重云俗謂苛之字止句蔪水郡國志注作苟水皆其類也杜據儀禮笴字正笱爲字之誤

蚡讀爲焚咸丘之焚 漢讀考作讀如

笴讀爲稾謂箭稾 余本嘉靖本閩毛本同誤也監本稾作稾漢讀考云蓋禾稾字引伸爲矢幹字○按釋文曰笴古老反注作稾同今通志堂本譌爲作稾非也稾从木音苦浩反不音古老反也

注荆荆至箭稾 惠校本閩本同監毛本稾作稾下並同○按此皆从禾者爲是

此州中生聆風 監本生誤坐聆風者竹名也

搏埴之工二 唐石經同余本嘉靖本閩監毛本搏作摶下同釋文曰李音團劉音搏按注云搏之言拍也則當從劉昌宗音博李軌音團釋文唐石經作摶誤也戴震攷工記圖言之詳矣

刮作捖 經義雜記曰檀弓華而睆注說者以睆爲刮節目字或作刮考說文無捖睆卽睅之重文義皆不合惟刀部有刓字云剸也从刀元聲一

曰齊也二禮當用此字摩刮節目正齊之之意古元完同聲因誤作皖或作捖也

函鮑韗韋裘 唐石經諸本同釋文韗本或作韗同按說文革部云韗攻皮治鼓工也从革軍聲讀若運或从韋作韗是從革者爲正字讀若運與鄭司農同

畫繢鍾筐㡃 唐石經余本嘉靖本閩本同監毛本鍾改鐘非○按依說文㡃當作㡃从巾巟聲

陶旊 唐石經諸本同誤也釋文嘉靖本旊作瓬注中同案說文瓦部云瓬周家摶埴之工也从瓦方聲讀若抵破之抵當據此訂正今本從㫃非石經考文提要云從五經文字宋纂圖互注本余本作瓬下瓬人凡陶瓬之事並同

侏儒扶盧 閩監毛本同誤也余本嘉靖本盧作盧此本疏引國語皆作盧當據正說文竹部引作籚此省作盧

鮑讀爲鮑魚之鮑 漢讀考云當作讀如

書或爲鞄 說文鞄柔革工也从革包聲讀若朴周禮曰柔皮之工鮑氏鞄即鮑也按鞄正字鮑假借字是許君所據周禮本亦作鮑蓋周禮多古文假借字也

蒼頡篇有鞄䩖 釋文閩監毛本皆作䩖此舊作鞾訛今訂正余本作䩖嘉靖本及漢制考作䩖此本疏中兩引作鮑䩖非蒼頡篇用正字作鞄从革

韗讀爲歷運之運㡃讀爲芒芒禹迹之芒 漢讀考云讀爲皆當作讀如

瓬讀爲甫始之甫　漢讀考云當作讀如

上文其數　閩監毛本文作云

方言戟三刃特　閩監毛本特作持浦鏜云此枝字之誤〇按檢方言正作枝

蘧除蒙璆　閩監毛本除作蒢

謂羸氏曰　毛本作嬴氏當據正

禹降水儆予　毛本降改洚非

由所尙也　閩監本同誤也余本嘉靖本毛本由作周當據正今正

法易之三材六畫　余本嘉靖本同閩監毛本法改灋非疏及下同

上林賦云從風倚移　惠校本亦倚移從風此誤倒

酋矛二丈也　惠校本也上有者

蓋以操之爲已戚矣　余本嘉靖本同閩監毛本戚改蹙非按釋文音經戚速徐劉將六反李音促注同是陸本此亦作戚也賈疏引公羊傳作蹙〇按戚正蹙俗

初衛侯游于郊子南僕　閩監毛本南誤男

則於馬終古登阤也　唐石經諸本同釋文作登陁

軹崇三尺有三寸也　戴震云軹當作斬音笄下去三以爲軹同詳攷工記圖

加輪與轐二者七寸　浦鏜云軫誤輪

輪人

欲其幎爾而下迆也　唐石經諸本同此本疏中引經迆作迤又按段玉裁云疏云不迆者謂輻上至轂兩兩相當正直不旁迆故云不迆也然則經文下迆本作不迆甚明下乃譌字耳今自唐石經已下經文皆誤而疏中二不迆字亦經淺人改爲下迆不可不正也

謂輻轂上轂至　按當作輻上至轂衍一轂字至轂誤倒

欲其掣爾而纖也　唐石經諸本同宋本脫也字說文掣人臂貌从手削聲周禮曰輻欲其掣尒

掣讀爲紛容掣參之掣　困學紀聞云卽上林賦紛容箾蔘

望其轂欲其眼也　唐石經諸本同說文輥轂齊等貌从車昆聲周禮曰望其轂欲其輥所讀與先後鄭異眼與輥聲相轉戴震從說文

綆讀爲關東言餅之餅　漢讀考作讀如

云爲蓄　浦鏜云當作亦爲菑

稹理而堅　唐石經諸本同釋文稹本又作槙按釋文稹穜穊也从禾眞聲引周禮稹理而堅是此經舊從禾作槙非也

則轂雖敝不蔽 唐石經諸本同釋文蔽作蔽按說文艸部引周禮轂雖弊不蔽

積讀爲奠祭之奠 漢讀考作讀如云漢時奠音如震

蔽當作耗 余本同釋文嘉靖本耗作秏從禾是也閩監毛本作耗非

大而短則摯 唐石經諸本同宋本摯作摯按釋文則摯讀爲槷劉魚列反戚魚結反蓋皆據注讀爲槷也唐石經此摯從執下則無摯而固摯從熱省二字畫然則宋本非○按唐石經非

摯讀爲槷謂輻危槷也 此本及閩監本槷誤摯今據余本嘉靖本毛本訂正

則轂末不堅 宋本嘉靖本無轂按賈疏引注語無轂字今本有者衍文

以其圍之防捎其藪 釋文唐石經捎字皆從手諸本同匠人爲溝洫梢溝三十里賈疏引此作梢其藪字從木當據正唐宋人作書木旁往往變從手○案从扌从木二字說文皆有之難以猝定

捎讀爲桑螵蛸之蛸 余本同誤也嘉靖本閩監毛本作桑螵蛸當據正漢讀考作讀如

藪讀爲蜂藪之藪謂轂空壺中也 九經古義云說文橾車轂中空也从木喿聲讀若藪然則藪本作橾讀爲藪也

蜂藪者猶言趨也藪者衆輻之所趨也 漢讀考云蜂藪者作數者數者作蜂藪者云今本互誤

故以防爲三分之一釋之也 惠校本釋作解

得二寸仍有一寸三分寸之三在三閩監毛本二寸作三浦鏜云之二誤之

今大小穿金厚一寸戴震云今當作令賈疏已誤

鄭司農云讀容上屬盧文弨曰云疑衍

元謂容者漢讀考作容轂者補一轂字

深三寸半惠校本上有鑿

轂不折唐石經諸本同惠校本折一作坼非

則雖有深泥唐石經先作其後改有

謂殺輻之數也余本之作內○按內字是

非謂揚雄以異方之語不同方言也惠校本同下有謂之

謂云喪禮綴足用燕凡轂在南之類此當作士喪禮綴足燕用几校在南文在既夕記士喪禮之下篇也

則無槷而固閩監本同誤也唐石經余本嘉靖本毛本槷作槷當據正下及注疏同葉鈔釋文亦作槷魚列反今通志堂誤作槷今正

槷樧也余本嘉靖本與此本同樧字從木閩監毛本及漢制考從手釋文徐本作摋葉鈔本作樧從手者訛

從木熱省聲嘉靖本閩監毛本熱作熱是也謂槷字之埶乃熱字省火成埶耳非從形埶字也余本岳本作執省聲誤○按不曰从埶聲者

取其音之相近也說文無槷字而有槸字木相摩也今正

孔向外侵三寸之二　按三下當脫分

則是搏以行石也　閩監毛本同誤也唐石經余本嘉靖本搏作摶當據正注及疏同釋文摶徒丸反李又丈轉反字皆從專石經考文提要云宋纂圖互注本宋附釋音本余仁仲本皆作摶

凡揉牙外不廉而內不挫　唐石經諸本同按說文熑火煣車輞絕也从火兼聲周禮曰煣牙外不熑又文選長門賦心熑移而不省故李善引鄭元周禮注曰熑絕也據此則周禮經注廉本作熑今此注作廉絕也釋文無音所據本與許李殊矣揉字亦當从火作煣故上揉輻注云揉謂以火槁之

是用火之善也是故規之以視其圜也　閩本同監毛本刪下九字蓋以爲下經誤衍於此耳此當是疏引經語以證用火之善○按謂之衍文而刪之是也

鄭司農云讀爲萬　按云下當脫禹字

見今車所萬蔞於輪一邊　按今蓋令之誤

若平深均　浦鏜云沈誤深

百二十斤曰石之言也　浦鏜云之言誤倒

故可規可萬 唐石經諸本同惠校本故上有是

輪人爲蓋 唐石經諸本皆提行釋文不更出輪人字蓋合上爲一節

合爲二十字 岳本嘉靖本閩監毛本同余本十作四皆誤賈疏引注作合爲廿字當據正○按說文省二十爲廿則讀如入省三十爲卅則讀如颯皆不讀爲兩字此所以秦碑用以成四字句也此經二字句絕十字下屬不可用廿字而漢以前寫經者誤合之藉子春之訂正是故漢儒之功大矣

謂覆斡也 余本嘉靖本同閩監毛本斡誤斡疏同毛本下作斡不誤釋文斡作輨云或作斡俱音管○按斡從斗倝聲音管俗音烏八切詳匡謬正俗今時多用俗音矣

參分弓長而揉其一 嘉靖本揉誤楺○按揉依說文當作煣

長爲宇曲鄭又覆言之 惠校本長下有者此脫又字此本誤文今據惠校本訂正閩監毛本改反非

此言弓近蓋計復籭 當作弓近蓋部頭籭

稾車戴籛笠 閩本同監毛本稾作槀下同○按从禾者是也據釋文稾古老反是必从禾若从木則苦浩反矣儀禮古文作稾車今文作潦車

艮蓋弗冒弗紘 閩監毛本冒誤冐

殷畞而馳不隊（諸本同唐石經作殷畞而馳不墜此本疏亦作畞釋文畝作畞隊仍作隊○按畝者畞之誤也墜者隊之俗也）

輿人

云或深尺四寸三分寸之二者（浦鏜云式誤或）

故書較作搉（余本岳本嘉靖本同閩監毛本搉作榷非今釋文作榷余本載音亦作榷○按故書以同音假借說文从手从木二字皆有不能定孰是孰非）

使王黑以靈姑鉢率吉（閩監毛本鉢作銍此蓋鉟之訛）

以前較謂四寸九分寸之八（浦鏜云圍誤謂）

云直如生焉者（惠校本直下有者）

材有大小相附著（惠校本下有者）

周禮注疏校勘記卷三十九

附釋音周禮注疏卷第四十

鄭氏注　賈公彦疏

輈人爲輈輈車轅也詩云五楘梁輈○輈張留反方言云楚衛之間轅謂之輈楘音木本又作鞪同疏輈人爲輈○釋曰於三十工無輈人之官但車事是難故車官別主此職也云詩云五楘梁輈者秦詩引之者證輈是車轅之事彼注云楘歷錄也梁輈上句衡也一輈五束束有歷錄是也輈有三度軸有三理目下事度深淺之數疏注目下至之數○釋曰云度深淺之數者四尺七寸之等是也國馬之輈深四尺有七寸國馬謂種馬戎馬齊馬道馬高八尺兵車乘車軹崇三尺有三寸加軫與轐七寸又弁此輈深則衡高八尺七寸也除馬之高則餘七寸爲衡頸之間也鄭司農云深四尺七寸謂轅曲中○種章勇反齊側皆反轐音卜舊方木反又音僕疏注國馬至曲中○釋曰知國馬謂種戎齊道者校人馬有六種下文有田馬駑馬明此四者當國馬也度人云馬八尺以上爲龍故鄭云高八尺云兵車乘車軹崇三尺有三寸者上文云兵車輪崇六尺六寸軹崇三尺三寸加軫與轐四尺是也云餘七寸爲衡頸之間也者按下文注衡圍一尺三寸五分寸之一頸圍九寸十五分寸之九弁尺三寸與九寸爲二尺二寸一衡圍五分寸之一於十五分寸之九當一得十五分寸之三弁頸圍十五分寸之十九爲十五分寸之十二圍三徑一二十一寸徑七寸餘有一寸十五分寸之十二一寸復分之爲十五分分通前十五分寸之十二爲二十七徑得十五分寸之九此九分當爲馬頸低消之先鄭云深四尺七寸謂轅曲中者此據輿以上而言故後鄭從之也田馬之輈深四尺田車軹崇三尺一寸半弁此輈深而七尺一寸半今田馬七尺衡頸之間亦七寸則軫與轐五寸半則衡高七尺七寸疏注田車至七寸○釋曰鄭以上文田車輪崇六尺有三寸軹崇三尺一寸半弁此輈深四尺爲七尺一寸半加軫與轐五寸半總七

尺七寸。駑馬高七尺則七寸亦衡頸之間消之也知加軫與轐五寸半不七寸者亦約軹崇與兵車軹崇校寸半明軫轐亦校寸半也云田馬七尺者亦約度
人馬七尺曰駥以其兵車乘車駕國馬明田車駥馬也以此約之明役車駕駑馬也駑馬之輈深三尺有三寸輪軹與軫轐大小之
減率寸半也則駑馬之車軹崇三尺加軫與轐四寸又幷此輈深則衡高六尺七寸也今駑馬六尺除馬之高則衡頸之間亦七寸○咸本又作減同洽斬反
率音類又音律下同【疏】注輪軹至七寸○釋曰鄭以田車之輪下於兵車乘車軹崇及軫轐皆校一寸半則駑馬是六尺之馬所駕之車又宜下故知輪軹
軫轐大小之減率例一寸半與田車減兵車乘車同也是以鄭解。駑之車皆減田車一寸半也若然衡頸之間同七寸著車雖有高下至於衡頸不得不同故
下云小於度謂之無任衡頸用力是同是以不得有蠡細軸有三理一者以爲媺也無節目也【疏】軸有至媺也○釋曰上文雖輈
與軸並列一輈有三度已言軸有三理未說故於此重起端序耳云一者以爲。美也者無節目是軸之美狀也二者以爲久也堅刃也刃三
者以爲利也滑密軓。前十尺而策半之謂輈。軓以前之長也策御者之策也十或作七。合七爲弦四尺七寸爲。鉤以求其股
股則短矣七非也鄭司農云。軓謂式前也書或作軋玄謂。軓是。軓法也謂輿下三面之材輢式之所尌持車正也○軓劉音犯注同軋音犯尌音樹【疏】注謂
輈至正也○釋曰云。軓謂車式式前十尺謂轅曲中而策半之半之策則五尺矣言策者策以禦馬欲取策與輈長短相准合度之意也云十或作七合七爲
弦四尺七七寸爲鉤以求其股股則短矣者七七四十九四丈九尺四四十六丈六尺七七四十九又得四尺九寸幷之二丈九寸算法以鉤除弦以二丈九寸
除四丈九尺仍有二丈八尺一寸在然後以求其股以二丈八尺一寸方之爲五尺之方五五二十五用二丈五尺爲方五尺也餘有三尺一寸皆以方一寸
乘之得三百一十寸方之三三百寸得廣六寸長五尺中分之禅前五尺之方一廂得三寸角頭方三寸三三而九又用一寸之方九餘有一寸之方一在總得

方五尺三寸餘方一寸以此言之則。軓前惟有五尺三寸不容馬故云殷則短矣七非也云書或作軋玄謂。軓是。軓法也謂輿下三面之材輢式之所尌持車正也者若然經作。軓字不爲軋先鄭以。軓爲式前後鄭從古書軋不從。軓者以軋爲法是定雖有小儀祭。軓字爲車旁凡與此古書車旁已字雖異同是式前若作。軓則不可。軓謂轍廣轂。末亦爲。軓故少儀云祭左右。軓。軓即轂末考工經涂九。軓。軓即轍廣是。軓不定故從軋也

凡任木目車持任之材

【疏】注目車持任之材〇釋曰此與下爲目任木即下云任正以下是也

【經】任正者十分其輈之長以其一爲之圍衡任者五分其長以其一爲之圍小於度謂之無任任正者謂輿下三面材持車正者也輈。軓前十尺與隧四尺四寸凡丈四尺四寸則任正之圍尺四寸五分寸之二衡任者謂兩軛之間也兵車乘車衡圍一尺三寸五分寸之一無任言其不勝任〇隧雖遂反軛於革反勝音升

【疏】任正至無任〇釋曰任正與衡任麤細不同者各有所宜故不同也是以云小於度謂之無任無任謂折壞不任用也〇注任正至勝任〇釋曰名任正者此木任力車輿所取正以其兩輢之所樹於此木較式依於兩輢故曰任正也云三面材者此木下及兩旁見面其上面託著輿板其面不見故云三面材也云輈。軓前十尺與隧四尺四寸凡丈四尺四寸者以其經云輈則軓前與下總是輈故鄭通計之一丈得一尺四尺得四寸四寸者一寸爲五分四寸爲二十分得二二分故云任正之圍尺四寸五分寸之二云衡任者謂兩軛之間也者服馬有二一馬有一軛軛者厄馬領不得出云兩。厄之間則當輈頸之處費力之所者也云兵車乘車衡圍一尺三寸五分寸之一者田車之衡更無別文亦應與兵車乘車同鄭特言此二者都無正文且據尊者而言其田車之衡任亦當同也衡長六尺六寸五尺得一尺又以尺五寸得三寸又以一寸者爲五分得一分故云衡圍一尺三寸五分寸之一也

五分其軫間。以其一爲之軸圍軸圍亦一尺三寸五分寸之一與衡任相應

【疏】注軸圍至相應〇釋曰上輿人云輪崇車廣衡長參如一

則軫間即輿廣輿衡長俱六尺六寸以六尺六寸五分取一與衡任同故軸圍亦一尺三寸五分寸之一與衡任相應也十分其輈之長以其一爲之當兎之圍輈當伏兎者也亦圍尺四寸五分寸之二與任正者相應【疏】注輈當至相應○釋曰當兎謂輿下當橫軸之處亦通計輈之軏前及隧總計一丈四尺四寸十分取一故輈之伏兎之處麤細之圍有一尺四寸五分寸之二與相應也參分其兎圍去一以爲頸圍頸前持衡者圍九寸十五分寸之九【疏】注頸前至之九○釋曰衡在輈頸之下其頸於前向下持制衡鬲之輔故云頸前持衡輨者也云圍九寸十五分寸之九者以前當兎圍有一尺四寸五分。寸二今以一尺二寸三分之去四寸得八寸又以一寸者分爲十五分二寸爲三十分又以五分寸二者爲六分幷三十分爲三十六分二十分去十分得二十分六分者去二分得四分總得二十四分以十五分爲一寸仍有九分在添前八寸總九寸十五分寸之九也五分其頸圍去一以爲踵圍踵後承軫者也圍七寸七十五分寸之五十一【疏】注踵後至十一○釋曰踵後承軫之處似人之足跗在後名爲踵故名承軫處爲踵也還以上注九寸十五分寸之九計之取五寸去一寸得四寸仍有四寸九分在一寸爲七十去分四寸爲三百分又以十五分寸之九者轉爲四十五分三百分五分去一五六十分得二百四十分四十五分者五九四十五爲五分。分。得。九。分。去。一。九得三十六分幷前總二百七十六分還以七十五分約寸取二百二十五分爲三寸添前四寸爲七寸餘有五十一是以鄭云圍七寸七十五分寸之五十一也凡揉輈欲其孫而無弧深孫順理也杜子春云弧讀爲。淨而不。汙之。汙玄謂弧木弓也凡弓引之中參中參深之極也揉輈之倨句如二可也如三則深傷其力○孫音遜注同弧音胡杜音烏汙李音烏一音紆【疏】注孫順至其力○釋曰言揉者以火揉使曲也欲其孫者欲使順理揉之云無弧深者無得如弓之深弓之深大曲也玄謂弧木弓也者見於三倉六弓皆是角反張者也易云弦木謂弓是木弓也云凡弓引之中參中參深之極也者弓之下制六尺引之引之三尺是中參深之極也云如二可也者六尺引二尺若然九尺得三尺則是弓一尺得三寸三分寸之一輈軓以前十尺國馬之輈深四尺七寸與二不相當者通計一丈四尺四寸并輿下數之故得二也二者輈總長丈四尺四寸且取丈二尺得四尺餘二尺四寸復得八寸總爲四尺八寸是國馬之輈猶不滿二之數也言二舉大而言

今夫大車之轅摯。其登又難既克其登其覆車也必易此無故唯。轅直且無橈也大車牛車也。摯輖也登上阪也克能也○夫音符摯竹二反覆芳服反易以豉反下注之易喻易同輖音周一音弔或竹二反上時掌反下登上也疏今夫至橈也○釋曰攻木之工有七輪人輿人造四馬車自上以來所陳者是也車人造大車柏車羊車是駕牛車自在下車人今於此說大車者但輈人造輈主爲四馬車轅因說駕牛者亦須曲橈之意是以下文云是故輈欲頎典已下還說四馬之轅也此一經說牛車轅不橈之意○注大車至能也○釋曰知大車牛車也者車人大車柏車皆牛車又下文云縊其牛故知牛車也

是故大車平地既節軒摯之任及其登阤不伏其轅必縊其牛此無故唯轅直且無橈也阤阪也故書伏作偪杜子春云偪當作伏○縊一背反劉於計反偪音逼

故登阤者倍任者也猶能以登及其下阤也不援其邸必緧其牛後此無故唯轅直且無橈也倍任用力倍也故書緧作鰌。鄭司農云鰌讀爲緧關東謂紂爲緧鰌魚。字○援音袁邸丁禮反緧音秋鰌音秋與緧同○疏注倍任至魚字○釋曰云故書緧作鰌先鄭云鰌讀爲緧關東謂紂爲緧者按方言。本紂自關而東韓鄭汝穎而東謂之爲緻或謂之爲曲綸自關而西爲紂云鰌魚字者破故書爲鰌也字猶名也既鰌是魚名明不從故書也

是故輈欲頎典頎典堅刃貌鄭司農云頎讀。爲懇典讀。爲殄駟馬之轅率尺所一縛懇典似謂此也○頎苦很反典音殄又勑殄反注同疏注頎典至此也○釋曰此已下還

說四馬車轅也先鄭云四馬之轅率一尺所一縛者此卽詩五楘梁輈一也○

輈深則折淺則負揉之大深傷其力馬倚之則折也揉之淺則馬善負之○倚於綺反疏注揉之至負之○釋曰揉之大深則如上弧深云馬倚之則折也者馬不倚深亦不折故以馬倚之乃折云揉之淺則馬善負之者輈直似在馬背負之相似故善負之本或作若負皆合義不須改也

輈注則利準。利準。則久和則安故書準作水鄭司農云注則利水謂轅脊上。兩注令水去利也玄謂利水重讀似非也注則利謂輈之揉者形如注星則利也準則久謂輈之在輿下者平如準則能久也和則安注與準者和人乘之則安○準音水又如字下及注皆同重直用反又直龍反疏注故書至則安○釋曰依後鄭讀當云輈注則利也準則久也和則安也利準不重讀先鄭依故書準爲水解之後鄭不從者輈轅之上縱不爲兩注水無停處故不從也後鄭云輈之揉者形如注星則利也者此無正文亦是後鄭以意解之。輈。之。謂形勢似天上注星車之利也云準則久者準平也亦水之類故以準爲平解之云輈之在輿下者平如準者輈平輿亦平平則穩故得長久也云和則安注與準者和人乘之則安者注謂轅曲中以前準謂在輿下前後曲直調和則人乘之安穩安知據人者見下文云終日馳騁左不倦又云終歲御衣衽不敝是安據人可知也

輈欲弧而。折經而無絕揉輈大深則折也經亦謂順理也疏注揉輈至理也○釋曰云輈欲弧而無折者按上文云孫而無弧深此云欲弧而無折者此欲得如弧無使折無使折則不弧深亦一也此云經而無絕卽上文欲其孫亦一也故鄭云經亦謂順理也

進則與馬謀退則與人謀言進退之易與人馬之意相應馬行主於進人則有當退時疏注言進至退時○釋曰車是無情之物人馬則有情有情乃有謀今言車與人馬謀者若下文猶能一取皆是喻其利也故鄭云言進退之易與人馬之意相應云馬行主於進人則有當退時者馬之進退由人縱止恐策及之惟知其進故云馬行主於進人則有當退時去住自由路遠則倦故當有退時

終日馳騁左不楗杜子

春云楗讀爲蹇左面不便馬苦蹇則馬不蹇也書楗或作券玄謂券今倦字也輈和則久馳騁載在左則不罷倦尊者在左○楗杜音蹇鄭音倦便婢面反罷音皮○【疏】注杜子至在左○釋曰子春意據軍將乘車之法將在。中故御者在左楗爲蹇澀解之四馬六轡在御之手而不在中央而在於左故云左面不便馬苦蹇輈調善則馬不蹇也云書楗或作券玄謂今倦字也以爲尋常在國乘車之法尊在左御者中央故取上文和安解之言輈和而久馳騁載在左者不罷倦尊者在左者曲禮云乘君之乘車不敢曠。在左必式注云君存惡空其位是尊者在左也

行數千里馬不契需鄭司農云契讀爲爰契我龜之契需讀爲畏。需之。需謂不傷蹄不需道里○契苦結反注同需音須又乃亂反【疏】注鄭司至道里○釋曰云先鄭云契讀爲爰契我龜之契者詩之文也需讀爲畏需之需謂從易需卦之需○畏

終歲御衣衽不敝衽謂裳也○衽而甚反又而鳩反○【疏】注衽謂裳也○釋曰禮記深衣續衽鉤邊者據在旁屬帶處至於閒喪云扱上衽及曲禮云苞屨扱衽不入公門此皆據深衣十二幅要間之裳皆是衽故此注云衽謂裳也此

唯之輈和也和則安是以然也○謂進則與馬謀而下○【疏】注和則至而下○釋曰揔結上進則與馬謀已下四經四者皆由輈和

勸登馬力登上也輈和勸馬用力○馬力既竭輈猶能一取焉馬止輈尚能一前取道喻易進

良輈環灂自伏兔。不至軌七寸軌。中有灂謂之國輈伏兔至。軌蓋如式深兵車乘車式深尺四寸三分寸之二灂。下至。軌七寸則是半有灂也輈有筋膠之被用力均者則灂遠鄭司農云灂讀。爲灂酒之灂環。謂漆沂鄂如環○灂子肖反李音在學反被皮寄反沂魚巾反鄂五各反○【疏】注伏兔至如環○釋曰經云自伏兔不至軌七寸者是從內向外之言更云軌中有灂者灂謂漆則七寸外軌內乃有灂云伏兔至軌蓋如式深者伏兔銜車軸在輿下短不至軌軌即輿下三面材是也無伏兔處去軌遠近無文以意斟酌經云自伏兔不至軌軌七寸明七寸之外更有寸數故鄭云伏兔至軌蓋如式深也即引

兵車乘車式深一尺四寸三分寸之二爲證此數卽上云隧四寸三分一在外以揉其式是也若然自伏兔至軌亦一尺四寸三分寸之二如是輈轅之深入
式下半一尺四寸。三分。寸二有七。寸三分。寸一直言半有灊者據七寸不言三分寸之一舉全數而言也言用力均者則灊遠者用力均謂軌前十尺幷入式
下曲直皆用力則漆入式下七寸是灊遠也先鄭讀。灊。酒之灊者讀從士冠禮若不體灊用酒之灊也云環灊謂漆沂鄂如環者指謂漆之文理也軫之
方也以象地也蓋之圜也以象天也輪輻三十以象日月也蓋弓二十有八以
象星也輪象日月者以其運行也日月三十日而合宿【疏】軫之至星也○釋曰此言總結上車及蓋取象之意云軫之方也以象地也者據輿方而
言不言輿言軫者軫是輿之本故舉以言之云蓋之圜也以象天也者卽上輿人所造者也云以象星者星則二十八宿一面有七角亢之等是也若據日月
合會於其處則名宿亦名辰亦名次亦名房也若不據會宿卽指星體而言星也○注輪象至合宿○釋曰云輪象日月者以其運行也日月三十日而合宿
者輪乃運行之物至於日則一日行一度一年一周天月行十三度十九分度之七一月一周天又行一辰遂及日而合宿是日月亦是運行之物故以輪象
之也龍旂九斿以象大火也交龍爲旂諸侯之所建也大火蒼龍宿之心其屬有尾尾九星○斿音留宿音秀下同【疏】注交龍至
九星○釋曰自此以下爲上造車車上皆建旌旂故因說旌旗之義也然此。以下九斿七斿六斿四斿之旌旗皆謂天子自建非謂臣下知者以此九七六四
不與臣下命相當故也若臣下則皆依命數然天子以十二爲節而今建九斿七斿六斿四斿者蓋謂上得兼下也云交龍爲旂諸侯之所建也者皆司常文
此既非臣下所建而鄭引司常者蓋取彼交龍以釋此旂因言諸侯亦建旂非謂此經論諸侯事云大火蒼龍宿之心者書大傳云夏大火中可種黍菽及春
秋火出皆此大火一也東方木色蒼東方七。宿。畫爲龍故曰蒼龍日月季秋會於此星則曰宿角亢氐房心尾箕次比言之則曰心故云大火蒼龍宿之心也

云其屬有尾尾九星者是九斿所象也言九斿若此正謂天子龍旂其上公亦九斿若侯伯則七斿子男則五斿大行人所云者是也

鳥旟七斿以象鶉火也 鳥隼爲旟州里之所建鶉火朱鳥宿之柳其屬有星星七星

【疏】注鳥隼至七星○釋曰云鳥隼爲旟州里之所建司常職文州長文以釋旟非謂州里得建七斿也云鶉火朱鳥宿之柳其屬有星星七星者成中大夫四命里宰下士一命皆不得建此七斿之旗言州里建旗者亦取彼南方七宿畫爲鶉畫爲鳥火色朱日月六月會于柳故云宿之柳也云其屬有星星七星者月令云旦七星中是也不指七星言柳乃云其屬有星者當鶉火三星柳爲首故先舉其首後言其屬也若然上心與尾別辰心非尾之首亦舉心後言其屬尾者心爲大辰雖非本辰亦爲其首也

熊旗六斿以象伐也 熊虎爲旗師都之所建伐屬白虎宿與參連體而六星○象伐如字劉扶廢反參色林反

【疏】注熊虎至六星○釋曰云熊虎爲旗師都之所建者亦司常職文云伐屬白虎宿與參連體而六星者西方七宿畫爲虎金色白孟夏日月會則日宿參伐六星爲上下是連體也師都鄉遂大夫也鄉大夫雖是六命卽得建六斿遂大夫是中大夫四命卽不得建六斿此亦謂天子所建也

龜蛇四斿以象營室也 龜蛇爲旐縣鄙之所建營室玄武宿與東壁連體而四星○東壁音壁

【疏】注龜蛇至四星○釋曰龜蛇爲旐縣鄙之所建者亦司常職文縣正雖是下大夫四命鄙師上士三命卽不得建四斿此亦謂天子自建也云營室玄武宿者玄武龜也有甲能禦捍故曰武水色玄孟春日月會故曰宿云與東壁連體而四星者營室是北方七宿室在東壁在西西壁而言東壁者據十月在南方壁一在東故云東壁也此星一名室壁一名營室一名水春秋云水昏正而栽是也一名定定之方中是也

弧旌枉矢以象弧也 觀禮曰侯氏載龍旂弧韣則旌旗之屬皆有弧也弧以張縿之幅有衣謂之韣又爲設矢象弧星有矢也妖星有枉矢者蛇行有尾因此云枉矢蓋畫之○韣音獨縿所銜反本又作幓同爲于僞反

【疏】注觀禮至畫之○釋曰云弧旌者弧弓也旌旗有弓所以張縿幅故

曰弧旌也云枉矢者就旌旗張縿弓上亦畫枉矢於上云以象弧也者象天上
弧星弧星則矢星也引覲禮侯氏載弧韣而云旌旗之屬皆有弧者按司常云
全羽爲旞析羽爲旌則無縿幅可張而云旌旗之屬皆弧者此二者無弧而云
之屬者舉衆而言謂若司常注云九旗之帛皆用絳亦舉衆而言也云有衣謂
之韣者韣韜也以衣韜其弓謂之弓韜月令帶以弓韣是也云又爲設矢象弧
星有矢也者天上弧星有枉矢卽引孝經緯枉矢者蛇行有毛目此云枉矢蓋
畫之知畫之者以其弓所以張幅幅非弦不可着矢。以畫於縿上也按孝經援
神契云枉矢所以射慝謀輕考異郵曰枉矢狀如流星蛇行有毛目天文志曰
枉矢類大流星蛇行而蒼黑。長。數。尺。

攻金之工築氏執下齊冶氏執上齊鳧氏爲聲㮚氏爲量段氏爲鎛器桃氏爲刃

多錫爲下齊大刃削殺矢鑒燧也少錫爲上齊鍾鼎斧斤戈戟也聲鍾錞于之屬量豆區鬴也鎛器田器錢鎛之屬刃大刃刀劍之屬○齊才細反下及注皆同段丁亂反削如字李音笑下同燧音遂錞音淳區烏侯反鬴音輔錢子淺反

【疏】攻金至爲刃下○釋曰此經與下爲目云築氏執下齊冶氏執上齊者據下文六等言之四分已上爲上齊三分已下爲下齊築氏爲削在二分中上仍有三分大刃之等亦是下齊若然築氏於下齊三等之內於此舉中言之鳧氏爲聲按鳧氏爲鍾此言聲者鍾類非一故言聲以包之故注云聲鍾錞于之屬桃氏爲刃按下文桃氏爲劍此言刃變言之者亦是劍類非一故注云刃大刃刀劍之屬也○注多錫之屬○釋曰云多錫爲下齊者據下文參分其金而錫居一謂之大刃之齊云削殺矢者卽下文云五分其金而錫居二謂之削殺矢之齊是也云鑒燧也者卽下文金錫半謂之鑒燧之齊是也云少錫爲上齊鍾鼎斧斤戈戟也者卽下文四分其金而錫居一謂之戈戟之齊已上皆是上齊若然鳧氏入上齊桃氏入下齊其㮚氏爲量段氏爲鎛器亦當入上齊中云量豆區鬴也者左氏傳晏子云齊舊四量豆區釜鍾四升爲豆四豆爲區各自其四以登於釜釜十則鍾云鎛器田器錢鎛之屬者詩云痔乃錢鎛注云錢銚。錢。鎛是也云刃大刃刀劍之屬者桃氏

為劍及刀皆大刃也金有六齊目和金之品數六分其金而錫居一謂之鍾鼎之齊五分其金而錫居一謂之斧斤之齊四分其金而錫居一謂之戈戟之齊參分其金而錫居一謂之大刃之齊五分其金而錫居二謂之削殺矢之齊金錫半謂之鑒燧之齊鑒燧取水火於日月之器也鑒亦鏡也凡金多錫則忍白且明也○則忍音刃疏金有至之齊○釋曰上文築氏執下齊冶氏執上齊今於此文戈戟之齊在四分其金而錫居一之中則此已上六分其金與五分其金在上齊中參分其金已下為下齊中可知其斧斤在上齊上齊中惟有冶氏造戈戟則斧斤亦當冶氏為之矣○注鑒燧至明也○釋曰云取水火於日月之器也者司恆氏職文云凡金多錫則刃白且明也者據大刃已下削殺矢等鑒燧入且明之內

築氏為削長尺博寸合六而成規今之書刃疏築氏至成規○釋曰鄭云今之書刃者漢時蔡倫造紙蒙恬造筆古者未有紙筆則以削刻字至漢雖有紙筆仍有書刃是古之遺法也若然則經削反張為之若弓之反張以合九合七合五成規也此書刃亦然馬氏諸家等亦為偃曲卻刃也欲新而無窮謂其利也鄭司農云常如新無窮已敝盡而無惡鄭司農云謂鋒鍔俱盡不偏索也玄謂刃也脊也其金如一雖至敝盡無瑕惡也○鍔五各反

冶氏為殺矢刃長寸圍寸鋌十之重三垸殺矢與戈戟異齊而同其工似補脫誤在此也殺矢用諸田獵之矢也鋌讀如麥秀鋌之鋌鄭司農云鋌箭足入稾中者也垸量名讀為丸○鋌徒頂反垸音丸齊才細反稾古老反疏注殺矢至為丸○釋曰云殺矢與戈戟異

齊而同其工者按上文戟在上齊內殺矢在下齊中是異齊今此同工不可也云似補脫誤在此也者按下矢人自造八矢殺矢彼已有此亦有是彼脫漏有人於彼補脫訖更有人補於此是誤在此也云殺矢用諸田獵之矢也者司弓矢。職文先鄭直云垸量名讀爲丸者其垸是稱兩之名非斛量之號又讀爲丸未知欲取何義後鄭引之在下者以其垸之度量其名未聞無以破之故引之在下也

戈廣二寸內倍之胡三之援四之

戈今句孑戟也或謂之雞鳴或謂之擁頸內謂胡以內接柲者也長四寸胡六寸援八寸鄭司農云援直刃也胡其孑○句古侯反下句兵同柲音祕

疏戈廣至四之○釋曰戈廣二寸者據胡寬狹云內倍之者據胡下柄入處之長胡三之據胡之長援四之據最上刺刃之長也○注戈今至其孑○釋曰據此上下文戈與戟別而鄭云戈今句孑戟云戈戟共爲一者據漢法而言漢時見胡擴之句孑戟云或謂之雞鳴者以其胡似雞鳴故也云或謂之擁頸者以其胡曲故謂之擁頸有此數名也云內謂胡以內接柲者卽柄也

已倨則不入已句則不決長內則折前短內則不疾

戈句兵也主於胡也已倨謂胡微直而邪多也以啄人則不入已句謂胡曲多也以啄人則創不決胡之曲直鋒本必橫而取圜於磬折前謂援也內長則援短援短則曲於磬折曲於磬折則引之與胡並鉤內短則援長援長則倨於磬折倨於磬折則引之不疾

疏已倨至不疾○釋曰此經論戈之所用主於胡故此經言胡之四疾之事○注戈句至不疾○釋曰云戈句兵也者下文廬人云句兵欲無彈鄭注云句兵戈戟屬是戈爲句兵以其有胡孑故爲句兵也云主於胡也者以胡爲主言此者欲見此經戈不說援專言胡之意也此經已皆爲大也已倨謂胡頭大舒故云胡微直而邪多也已句謂胡曲多者謂胡大橫也云以啄人則創不決者橫則擁不削物故創不決也云胡之曲直鋒本必橫而取圜於磬折者胡孑橫。捷微邪向上不倨不句似磬之折殺也云前謂援也者以其援在上故云前云內長則援短者接上文內倍之四寸援。曲之八寸並有定數若胡內長則胡向上侵援援無八寸故云內長則援短援短

則曲於磬折曲於磬折者由胡向上近援胡頭低胡頭低則胡曲於磬折也胡既與援相近故援幷胡並鉤並鉤則援折故云折前也云內短則援長者胡內
本四寸今胡近下爲之胡下無四寸故胡上援則長踰八寸矣故云內短則援長也云援長則倨於磬折者以其由胡近下安之則頭舒頭舒則倨於磬折也
以頭舒則引之不疾是故倨句外博博廣也倨之外胡之裏也句之外胡之表也廣其本以除四病而便用也俗謂之曼胡似此○便婢面反
曼莫干反疏注博廣至似此○釋曰此經爲除上四疾而生此文故云是故謂起上義也云倨之外胡之裏也。者句之外胡之表。者倨謂胡上句謂胡下倨
與句皆有外廣故云倨之外胡之裏謂胡下近本僧使廣句之外胡之表謂於胡上近本增之使廣若然則胡本上下俱寬自然合於磬折無上四疾而便用
矣云俗謂之曼胡似此者由胡外廣而本寬曼胡然俗呼爲曼胡似此經所云者也按莊公四年左氏傳楚武王荆尸授師孑焉以伐隨注云孑句孑凡戟而
無刃秦晉之間謂之孑或謂之鏔吳。揚之間謂之。戈東齊秦晉之間其大者謂之曼胡其曲者謂之句孑曼胡重三鋝鄭司農云鋝量名也讀。爲刷玄
謂許叔重說文解字云鋝鍰也今東萊稱或以大半兩爲鈞十鈞爲。環。環重六兩大半兩。鍰。鋝似同。矣則三鋝爲一斤四兩○鋝色劣反又音劣或音環鍰戶
關反又于眷反稱尺證反疏注鄭司至四兩○釋曰注鄭讀鋝爲刷取音同後鄭引許叔重說文解字云鋝鍰也者尙書呂刑有墨罰疑赦其罰百鍰及大
辟千鍰許氏以此鋝與尙書鍰爲一云今東萊稱或以大半兩爲鈞十鈞爲環環重六兩大半兩鍰鋝似同矣者鋝鍰輕重無文故王肅之徒皆以六兩爲鍰
是以鄭引許氏及東萊稱爲證也云大半兩爲鈞者凡數言大者皆。二分之二爲大三分之一爲少以一兩二十四銖十六銖爲大半兩也云十鈞爲鍰者鍰
則百六十銖二十四銖爲兩用百四十四銖爲六兩餘十六銖爲大半兩是。銖有六十兩大半兩也云鍰鋝似同矣者此從許君之說戟廣寸有半
寸內三之胡四之援五之倨句中矩與刺重三鋝戟今三鋒戟也內長四寸半胡長六寸援長七寸半三。鋒

者胡直中矩言正方也鄭司農云刺謂援也玄謂刺者著柲直前如鐏者也戟胡橫貫之胡中矩則援之外句磬折與○中丁仲反注同刺七賜反注同著直略反鐏祖悶反劉祖悶反折與音餘【疏】注戟今至折與○釋曰鄭知此戟三鋒者見此經言胡又言刺又接上文戈廣二寸援及接柲長一尺二寸胡長六寸重三鋝此戟廣寸半援及接柲亦長尺二寸胡長六寸狹於戈半寸亦重三鋝明知刺與援別為三鋒矣云三鋒者胡直中矩言正方也者經云倨句中矩鄭云胡中矩則倨句不中矩謂援為磬折故為倨句也先鄭云刺謂援也後鄭不從者經上言援及胡下別言刺明刺與援別若不三鋒輕於戈刺不得同重三鋝也玄謂刺者著柲直前如鐏者也者謂於援胡之橫上中使出者也但長短無文蓋與胡同六寸乃可充三鋝之數也云戟橫胡貫之者胡六寸橫貫三寸直下三寸云胡中矩則援之外句磬折與者援七寸半亦以三寸為橫稍舉之使不中矩以四寸半者向上為磬折磬折向外故云外句言與者以經直言倨句中矩鄭以意分中矩於胡似倨句於援上為磬折故云與以疑之也若然讀經倨句上屬必知三鋒胡向下者三鋒皆向上者無用故盧人注句兵戈戟屬也

桃氏為劍臘廣二寸有半寸臘謂兩刃○臘力闔反一音獵李魯頰反【疏】注臘謂兩刃○釋曰此劍兩刃與今同短則與今異言兩刃者兩面各有刃也

兩從半之。鄭司農云謂劍脊兩面殺趨鍔【疏】注鄭司至趨鍔○釋曰謂劍刃兩面殺趨鍔鍔即鋒兩廂俱然故云兩也

以其臘廣為之莖圍長倍之鄭司農云莖謂劍夾人所握鐔以上也玄謂莖在夾中者莖長五寸○夾古協反又古洽反下同鐔徐音淫劉音尋一音徒南反【疏】注鄭司至五寸○釋曰鄭意劍夾是柄莖又在夾中即劍鐔是也倍上臘二寸半故五寸也

中其莖設其後鄭司農。云謂穿之也玄謂從中以卻稍大之也後大則於把易制○把劉音霸戚必雅反易以豉反【疏】注鄭司至易制○釋曰先鄭云穿之

謂穿劍夾內莖於中故云中其莖後鄭意設訓爲大故易繫辭云益長裕而不設鄭注云設大也周禮考工曰中其莖設其後故云從中以卻稍大之後大則於把易制也

參分其臘廣去一以爲首廣而圍之首圍其徑一寸三分寸之二疏注首圍至之二○釋曰此首廣謂劍把接刃處之徑也臘廣二寸半參分去一二寸以一寸爲六分二寸爲十二分半寸爲三分添十二爲十五分三分去一得十分取六分爲一寸餘四分名爲六分寸之四六分寸之四卽三分寸之二故云一寸三分。寸二也而圍之者正謂圍之故廬人皆以圍爲圍之也

身長五其莖長重九鋝謂之上制上士服之身長四其莖長重七鋝謂之中制中士服之身長三其莖長重五鋝謂之下制下士服之上制長三尺重三斤十二兩中制長。二尺五寸重二斤十四兩三分兩之二下制長二尺重二斤一兩三分兩之一此今之匕首也人各以其形貌大小帶之此士謂國勇力之士能用五兵者也樂記曰武王克商裨冕搢笏而虎賁之士說劍○裨婢支反劉音卑笏音忽賁音奔說吐活反劉詩悅反疏注上制至說劍○釋曰知上制長三尺者以其言五其莖長上文長倍之莖長五寸五其莖長二尺五寸幷莖五寸爲三尺也已下皆如此計之可知重三斤十二兩者以其言九鋝鋝別六兩大半兩六九五十四爲五十四兩九鋝皆有大半兩鋝別有十六銖爲百四十四銖二十四銖爲一兩總爲六兩添前五十四爲六十兩十六兩爲一斤取四十八兩爲三斤餘十二兩故云重三斤十二兩已外皆如此計之亦可知也云此今之匕首也者漢時名此小劍爲匕首也云人各以形貌大小帶之解經上士中士下士非謂三命爲上士之屬。宜以據形長者爲上次者爲中短者爲下士云此士謂國勇力之士能用五兵者也者此司右文彼不言勇力之士用劍而言勇力士者以樂記說劍之事知之故引之爲證也武王克商在軍皆韋弁韋弁兵服克商還皆裨冕裨冕則五冕各以尊卑服之而助祭於明堂虎賁之士卽勇力之士者也

鳧氏爲鍾兩欒謂之銑故書欒作樂杜子春云當爲欒書亦或爲欒銑鍾口兩角○欒本又作鑾力端反銑先典反【疏】注故書至兩角○釋曰欒銑一物俱謂鍾兩角古之樂器應律之鍾狀如今之鈴不圜故有兩角也

銑間謂之于于上謂之鼓鼓上謂之鉦鉦上謂之舞此四名者鍾體也鄭司農云于鍾脣之上祛也鼓所擊處○鉦音征祛丘書反徐丘庶反【疏】注此四至擊處○釋曰云此四名爲鍾體對下。角衡非鍾體也以于爲祛者以鍾脣厚褰祛然故謂之祛也

舞上謂之甬甬上謂之衡此二名者鍾柄○甬音勇

鍾縣謂之旋旋蟲謂之幹。旋屬鍾柄所以縣之也鄭司農云旋蟲者旋以蟲爲飾也玄謂今時旋有蹲熊盤龍辟邪○旋如字蟲李信犬反蹲音存盤畔干反辟必亦反邪似嗟反【疏】注旋屬至辟邪○釋曰後鄭舉漢法鍾旋之上以銅篆作蹲熊及盤龍辟邪辟邪亦獸名古法亦當然也

鍾帶謂之篆篆間謂之枚枚謂之景帶所以介其名也介在于鼓鉦舞甬衡之間凡四鄭司農云枚鍾乳也玄謂今時鍾乳俠鼓與舞每處有九面三十六○篆直轉反【疏】注帶所至十六○釋曰云帶所以介其名也者介間也言四處則中二通上下畔爲四處也舉漢法一帶有九古法亦當然種有兩面面皆三十六也

于上之攠謂之隧攠所擊之處攠弊也隧在鼓中窐而生光有似夫隧○攠音摩劉亡奇反又莫賀反隧音遂窐劉烏車反徐於蛙反又於圭反夫音符【疏】注攠所至夫隧○釋曰有二名者攠據所擊之處摩弊若禮記云國家摩弊是也隧者據生光而言故引司。烜氏夫隧彼隧若鏡亦生光窐而生光者本造鍾之時即窐於後生光

十分其銑去二以爲鉦以其鉦爲之銑間去二分以爲之鼓間以其鼓間爲之舞脩去二分以爲舞廣此言鉦之徑居銑徑之八而銑間與鉦之徑相應鼓間又居銑徑之六與舞脩相應舞脩舞徑也舞上下促以橫爲脩從爲廣舞廣四分今亦去徑之二分以爲之間則舞間

之方恆居銑之四也舞間方四則鼓間六亦其方也鼓六鉦六舞四此鍾口十者其長十六也鍾之大數以律爲度廣長與圜徑假設之耳其鑄之則各隨鍾之制爲長短大小也凡言間者亦爲從從篆以介之鉦間亦當六今時鍾或無鉦間○從子容反下同

疏十分至舞廣○釋曰此鍾從鼓鉦舞三處上下爲十六口徑寸而言故鄭云此鍾口寸者其長十六云鍾之大數以律爲度廣長與圜徑假設之耳者按周語云景王將鑄無射問律於伶州鳩對曰律所以立均出度古之神瞽考中聲而量之以制度律均鍾韋昭云均平也度律呂之長短以平其鍾和其聲也據此義假令黃鍾之律長九寸以律計身倍半爲鍾倍九寸爲尺八寸又取半得四寸半通二尺二寸半以爲鍾餘律亦如是其以律爲廣長與圜徑也此口徑寸上下十六者假設之取其鑄之形則各隨鍾之制爲長短大小者此即度律均鍾也凡言間者亦爲從篆以介之即所圖者是也云鉦間亦當六此經不言鉦間故鄭言之以其鼓間六舞間四鉦間方六可知經不言者可知故也今時或無鉦間者見此經無鉦間故也

以其鉦之長爲之甬長

弁衡數也○數色主反

疏注弁衡數也○釋曰知弁衡數以其衡不言其長又以鉦長六爲甬長大長不類故弁衡數也

以其甬長爲之圍參分其圍去一以爲衡圍

衡居甬上又小

疏注衡居甬上又小○釋曰以自兩欒已上至甬皆下寬上狹衡又在甬上故宜小於甬一分故三分去一爲衡也

參分其甬長二在上一在下以設其旋

令衡居一分則參分旋亦二在上一在下以旋當甬之中央是其主

疏注令衡至其正○釋曰上文惟以其鉦之長爲甬長弁衡數則未知衡與甬長短之定故云令衡居一分假令三分甬居二衡居一則於甬中央下有一分上通衡有二分故云令衡居一分則參分旋亦二在上一在下以旋當甬之中央是其正正謂上有二分下有一分也

薄厚之所震動清濁之所由出侈弇之所由與有說

說猶意也故書侈作移鄭司農云當爲侈○說徐始銳反注同

疏注說猶至爲侈○釋曰此鍾薄厚之

所震動由鍾體薄厚出聲震動有石有播也。云濁之所由出者清濁據聲亦由鍾之厚薄云侈弇之所由興者由鍾口侈弇所興之聲亦有柞有鬱按典同病
鍾有十等此但言薄厚侈弇者典同具陳於此略言其意言有意者卽下云已厚已薄不得所之意是也鍾已厚則石大厚則聲不發○大音泰
劉他賀反下同【疏】注大厚至不發○釋曰典同亦云厚聲石已薄則播大薄則聲散【疏】注大薄則聲散○釋曰典同云薄聲甄鄭云甄猶掉
也與此聲播亦一也以聲散則掉也侈則柞柞讀爲咋咋然之咋聲大外也○柞側百反注咋同【疏】注柞讀至外也○釋曰典同注云侈則聲迫筰
去疾此聲大外亦一也弇則鬱聲不舒揚【疏】注聲不舒揚○釋曰典同注云聲鬱勃不出與此注不舒揚亦一也長甬則震鍾掉則聲
不正○掉徒弔反【疏】注鍾掉則聲不正○釋曰典同云薄聲甄甄猶掉也謂聲掉者據鍾形薄則聲掉此不據鍾體據甬長縣之不得所則鍾掉故聲不
正也是故大鍾十分其鼓間以其一爲之厚小鍾十分其鉦間以其一爲之厚言若
此則不石不播也鼓鉦之間同方六而今宜異又十分之一猶大厚皆非也若言鼓外鉦外則近之鼓外二鉦外一○近附近之近【疏】注言若至外一○釋
曰云鼓鉦之間同方六者據上圜可知言今宜異者此鍾有大小不同明厚薄宜異不得同取六也云又十分之一猶大厚皆非也若言鼓外鉦外則近之者
鄭不敢正言是故云近之云鼓外二鉦外一者據上所圖鼓外有銑間乃銑外有二間鉦外唯一間就外中十分之一爲鍾厚可也鍾大而短則
其聲疾而短聞淺則躁躁易竭也○聞音問下同易以豉反【疏】鍾大至短聞○釋曰此二者於樂器中所繫縱聲舒而聞遠亦不可是以
樂記云止如槁木不欲聞遠之驗也故鄭云深則安安難息也鍾小而長則其聲舒而遠聞深則安安難息爲遂六分
其厚以其一爲之深而圜之厚鍾厚深謂窐之也其窐圜故書圜或作圍杜子春云當爲圜【疏】爲遂至圜之○釋曰此遂謂所

擊之處初鑄作之時卽已深而圜以擬擊也

㮚氏爲量改煎金錫則不耗。消。湅之精不復。減也㮚古文或作歷玄謂量當與鍾鼎同齊工異者大器○消湅音練下同復扶又反咸洽斬反本亦作減齊才計反【疏】注消湅至大器○釋曰言改煎金錫者如重煎謂之改煎也不耗耗減也故鄭云消湅之精不復減也玄謂量當與鍾鼎同齊工異者大器者按上文云鳧氏爲磬㮚氏爲量六等之中云六分其金而錫居其一謂之鍾鼎之齊是上齊中不言㮚氏爲量在上齊中鄭以鳧氏爲鍾鍾鍾鼎在上齊之中㮚氏爲量量是鍾類故知亦在上齊之中矣故云量當與鍾鼎同齊也云工異者鳧氏爲鍾量不使鳧氏兼造量器大雖同齊使別工爲之

不耗。然後權之權謂稱分之也雖異法用金必齊○稱尺證反【疏】注權謂至必齊○釋曰云稱分之也者謂稱金多少分之以擬鑄器也云雖異法用金必齊者法謂模假令爲兩箇鬴卽爲兩箇模是異法用金必齊者器之用金多少必須齊均也

權之然後準之準故書或作水杜子春云當爲水金器有孔者水入孔中則當重也玄謂準擊平正之又當齊大小【疏】注準故至大小○釋曰子春從故書爲水謂以水齊器後鄭不從者此金仍未鑄器何得已有器以盛水也後鄭以準爲平前經已稱知輕重然後更擊鍛金令平正之齊其金之大小也

準之然後量之鑄之於法中也量讀如量人之量【疏】注鑄之至之量○釋曰此量謂既準訖量金汁以入模中鑄作之時也言量讀如量人之量者夏官量人直以量地遠近及物多少此量是量金少多之事故讀從之也

量之以爲鬴深尺內方尺而圜其外其實一鬴以其容爲之名也四升曰豆四豆曰區四區曰鬴鬴六斗四升也鬴十則鍾方尺積千寸於今粟米法少二升八十一分升之二十二其數必容鬴此言。大方耳圜其外者。爲之脣【疏】注以其至之脣○釋曰言量之以爲鬴者謂量金汁入模以爲六斗四升之鬴云深尺內方尺者此據模之形狀云圜其外者謂向下方尺者

鬴之形向。上謂之外遠口圜之又厚之以爲脣云其實一鬴受六斗四升也云以其容爲之名也者此量器受六斗四升曰釜因名此器爲鬴故云以其容爲
之名也云四升曰豆已下至則鍾左氏傳昭三年齊晏子辭連引豆區釜鍾者以其四者皆量器之名也云方尺積千寸者云方尺者上下及旁徑爲方尺縱
橫皆。十破一寸一截一截得方寸之方百十截則得千寸也又云於今粟米法者算術有算粟爲米之法故云粟米法也算法方一尺深尺六寸二分容一石
如前以縱橫十截破之一方有十六寸二分容一升百六十二寸容一斗千六百二十寸容一石今計六斗四升爲釜以百六十二寸受一斗六斗各百爲六
百六斗各六十六六三十六又用三百六十六斗又各二寸二六十二又用十二寸總用九百七十二寸爲六斗於千寸之內仍有二十八寸在於六斗四升
曰鬴又少四升未計入今二十八寸取十六寸二分爲一升添前爲六斗一升餘有十一寸八分又取一升分爲八十一分以十六寸二分一寸當五分十寸
當五。十分又有六寸五六三十又當三十分添前爲八十分是十六寸當八十也仍有十分寸之二當一分都并十六寸二分當八十一分如是十一寸八分
於八十一分當五十九更得八十一分升之二十二分始得一升添前爲六斗二升復得二升乃滿六斗四升爲鬴也 其臋一寸其實一
豆 故書臋作脣杜子春云當爲臋謂覆之其。底深一寸也○臋徒門反徐劉徒恩反覆方服反 疏 其臋至一豆○釋曰此謂鬴之底著地者故子春云
覆之其底深一寸也 其耳三。寸其實一升 耳在旁可舉也 疏 其耳至一升○釋曰此鬴之耳在旁可舉謂人以手指舉之處云實一升
亦謂覆之所受也 重一鈞 重三十斤 疏 注重三十斤○釋曰此據律。厤志三十斤曰鈞百二十斤曰石 其聲中黃鍾之宮 應律
之首○中丁仲反應應對之應 疏 注應律之首○釋曰十二辰各有律十二律以黃鍾爲初九故擊鬴器之時其聲中黃鍾之宮也不直言中黃鍾之聲而
云之宮者十二辰其變聲辰各有五聲則子上有宮商角徵羽五聲具今之所中者中其宮聲不中商角之等故以宮言之也 槩而不稅 鄭司農云

令百姓得以量而不租稅○槩古愛反 疏注鄭司至租稅○釋曰按鄭志趙商問㮚氏爲量槩而不稅廛人職有稅何答曰官量不稅若然此官量鎭在市司所以勘當諸廛之量器以取平非是尋常所用故不稅彼廛人所稅在肆常用者也

其銘曰時文思索允臻其極銘刻之也時是也允信也臻至也極中也言是文德之君思求可以爲民立法者而作此量信至於道之中○索所白反求也臻則巾反爲于僞反 疏其銘至其極○釋曰自此至維則是𩞀器之上銘文○注銘刻至之中○釋曰云刻之者正謂在模上刻之非謂在器乃刻今之鍾鼎爲文亦爾

嘉量既成以觀四國以觀示四方使放象之○觀古亂反示也又如字注同放方往反

永啓厥後茲器維則永長也厥其也茲此也又長啓道其子孫使法則此器長用之○道音導

凡鑄金之狀故書狀作壯杜子春云當爲狀謂鑄金之形狀 疏凡鑄金之狀○釋曰此文與下爲目自金與錫已下㮚氏鑄冶所候煙氣以知生孰之節

金與錫黑濁之氣竭黃白次之黃白之氣竭青白次之青白之氣竭青氣次之然後可鑄也消鑄金錫精麤之候

段氏闕

函人爲甲犀甲七屬兕甲六屬合甲五屬屬讀如灌注之注謂上旅下旅札續之數也革堅者札長鄭司農云合甲削革裏肉但取其表合以爲甲○屬之樹反下及注同合如字舊音閤注同 疏注屬讀至爲甲○釋曰云屬讀如灌注之注者義取注著之意也云上旅下旅札續之數也者謂上旅之中及下旅之中皆有札續一葉爲一札上旅之中續札七節六節五節下旅之中亦有此節故云札續之數也云革堅者札長者則五屬者以其堅壽年多卽下經三百年者也

犀甲壽百年兕甲壽二百年合甲壽三百年革堅者又支久

凡爲甲必先爲容服者之形容也鄭司農云容謂象式【疏】注服者至象式○釋曰凡造衣甲須稱形大小長短而爲之故爲人之形容乃制革也然後制革裁制札之廣袤【疏】注裁制札之廣袤○釋曰上旅七節六節節數已定更覿人之形容長大則札長廣短小則札短狹故云裁制札之廣袤廣卽據橫而言袤卽據上下而說也權其上旅與其下旅而重若一鄭司農云上旅謂要以上下旅謂要以下○要於遙反下同【疏】權其至若一○釋曰謂札葉爲旅旅者以札衆多故言旅旅卽衆也先鄭云上旅腰以上謂衣也下旅腰以下謂裳也故春秋傳曰棄其甲裳者也以其長爲之圍圍謂札要廣厚【疏】注圍謂札要廣厚○釋曰此據一札之上先疊上下之長乃以長中央圍之一市如此則長短廣狹相稱也凡甲鍛不摯則不堅已敝則橈鄭司農云鍛鍛革也摯謂質也鍛革大孰則革敝無強曲橈也玄謂摯之言致○鍛丁亂反摯音至大音泰劉莧餓反致直置反下同【疏】注鄭司至言致○釋曰先鄭以摯爲質後鄭不從者質卽革之別名非生孰之稱故後鄭爲致致謂孰之至極凡察革之道眡其鑽空欲其惌也鄭司農云惌小孔貌惌讀爲宛彼北林之宛○鑽作官反空音孔又如字下同惌於阮反或云司農音鬱【疏】注鄭司至之宛○釋曰先鄭云惌小孔貌者革惡則孔大革善則孔小驗今亦然讀如宛彼北林之宛者以音讀之眡其裏欲其易也無敗薉也○易以豉反下同薉音穢本或作穢眡其朕欲其直也鄭司農云朕謂革制○朕直忍反櫜之欲其約也鄭司農云謂卷置櫜中也春秋傳曰櫜甲而見子南○櫜音羔劉古道反卷眷勉反下文同【疏】櫜之欲其約也○釋曰先鄭引春秋者按昭元年左氏傳鄭公孫黑與子南爭徐吾犯之妹適子南氏子皙怒既而櫜甲而見子南欲殺之彼以衣裹著甲謂之櫜與此別引之者彼以衣藏甲爲櫜此亦以甲衣藏甲爲櫜藏甲爲櫜相似故引以爲證也舉而眡之欲其豐也豐大【疏】舉而至豐也○釋曰此文與上經相

對舉之正謂於橐中取而舉之衣之欲其無齘也鄭司農云齘謂如齒齘○衣於既反齘戶界反疏注鄭司至齒齘○釋曰人之齒齘前卻不齊札葉參差與齒齘相似故以齘爲喻眡其鑽空而窓則革堅也眡其裏而易則材更也眡其朕而直則制善也橐之而約則周也舉之而豐則明也衣之無齘則變也周密致也明有光。耀鄭司農云更善也變隨人身便利○更音庚便婢面反疏眡其至變也○釋曰此文歷序上文於此總結之也

鮑人之事鮑故書或作鞄鄭司農云蒼頡篇有鞄。究○鞄匹學反劉音樸頡戶結反⿱艹究人究反疏鮑人之事○釋曰此文與下經爲總目先鄭取蒼頡篇從故書爲鞄字者鮑乃從魚此官治皮宜從革故玄引先鄭於此取從革旁之義望而眡之欲其荼白也韋革遠視之當如茅莠之色○荼音徒莠音酉又音秀疏望而至白也○釋曰此官主革不主韋韋目韋氏爲之鄭云韋革者夾句而言耳荼即茅莠也進而握之欲其柔而滑也謂親手煩撋之○撋人專反劉而垂反或如詢反卷而摶之欲其無迆也鄭司農云卷讀爲可卷而懷之之卷。摶讀爲縛一如。瑱之縛謂卷縛韋革也迆讀爲既建而迆之之迆無迆謂革不。⿸虍韋○摶直轉反或除面反下同縛直轉反瑱他見反本或作顛音同⿸虍韋音虧又許皮反疏注鄭司至不⿸虍韋○釋曰先鄭云可卷而懷之論語文云摶讀爲縛一如瑱之縛者按昭二十六年左氏傳云以幣錦二兩縛一如瑱眡其著欲其淺也鄭司農云謂郭韋革之札入韋革淺緣其邊也玄謂韋革調善者鋪著之雖厚如薄然○著直略反下眡其著同札側入反劉側列反鋪普吳反又音孚著之直略反又丁略反察其線欲其藏也故書線或作綜杜子春云綜當爲系旁泉讀爲綫謂縫革之縷○線思賤反注綫同革欲其荼白而疾澣之則堅鄭司農云韋革不欲居水中○澣戶管反久欲其柔滑而腥

脂之則需故書需作劉鄭司農云腥讀如沾渥之渥劉讀為柔需之需謂厚脂之韋革柔需○腥於角反劉音屋需人兗反注同劉而髓反又人兗反渥於角反【疏】注鄭司至柔需○釋曰先鄭據詩云既沾既渥生我百穀引而信之欲其直也信之而直則取材正也信之而枉則是一方緩一方急也若苟一方緩一方急則及其用之也必自其急者先裂若苟自急者先裂則是以博為帴也鄭司農云帴讀為翦謂以廣為狹也玄謂翦者如俴淺之淺或者讀為羊豬戔之戔○信音申劉音新下皆同帴音踐或山箭反俴音踐劉仕顯反戔劉音普見反依字才丹反字林昨善反沈云馬融音淺干寶為殘與周易戔戔之字同亦音素千反不知其義故云字則如沈釋而羊豬戔之語未見出處俗謂羊豬脂為删音素千反豈取此乎按周禮注殘餘字本多作戔宜依殘音【疏】注鄭司至之戔○釋曰先鄭讀帴為翦者翦亦是狹少之意後鄭轉帴為淺者從小戎詩小戎俴收之俴讀為羊豬戔者義亦同按彼小戎詩俴者淺也謂車深四尺四寸其車廣六尺六寸是廣深不得是一方緩一方急以博為淺以廣為狹之喻卷而摶之而不迆則厚薄序也序舒也謂其革均也○眡其著而淺則革信也信無縮緩察其線而藏則雖敝不甗。故甗書或作鄰鄭司農云鄰讀為磨而不磷之磷謂韋革縫縷沒藏於韋革中則雖敝縷不傷也○甗音吝或作鄰音同注同【疏】注磨而不磷○釋曰先鄭云鄰讀為磨而不磷之磷者論語孔子辭

韗人為皐陶鄭司農云韗書或為鞫皐陶鼓木也玄謂鞫者以皐陶名官也○鞫則陶字從革○韗況萬反眾家並音運鞫音陶徒刀反【疏】注鄭司至從革○釋曰先鄭知皐陶鼓木者以上言為皐陶下鄭云長六尺有六寸鼓木之事明皐陶即是長六尺六寸者故知也玄謂鞫者以皐陶名官者依先

鄭從鞫爲鼓木還以鞫爲鞫人之官是臯陶官名也鞫陶字從革若然後鄭。爲鞫人爲臯陶不取韗字爲官名即

長六尺有六寸左右端廣六寸中尺厚三寸

版中廣頭狹爲穹隆也鄭司農云謂鼓木一判者其兩端廣六寸而其中央廣尺也如此乃得有腹○穹起弓反下同

【疏】注版中至有腹○釋曰先鄭以經論鼓木一判更不言版數多少而知得有腹者以版兩端廣六寸中廣一尺自然有腹可知

穹者三之一

鄭司農云。穹讀爲志無空邪之空謂鼓木腹穹隆者居鼓三之一也玄謂穹讀如穹蒼之穹穹隆者居鼓面三分之一則其鼓四尺者版穹一尺三寸三分寸之一也倍之爲二尺六寸三分寸之二加鼓四尺穹之徑六尺六寸三分寸之二也此鼓合二十版○邪似嗟反

【疏】注鄭司至十版○釋曰先鄭云穹讀爲志無空邪之空者無所指斥故後鄭讀從穹蒼之穹也先鄭云穹隆者居鼓三之一也者言猶未足故後鄭增成玄謂穹讀如穹蒼之穹者謂從詩云以念穹蒼者也云穹隆者下至合二十版此鄭所言皆從二十版計之乃得面四尺及穹之尺數經既不言版數知二十版者此以上下相約可知何者此鼓言版之寬狹不言面之尺數下經二鼓皆言鼓四尺不言版之寬狹明皆有鼓四尺。乃鼓版之廣狹也若然下二鼓皆云鼓四尺明此鼓亦四尺據面而言若然鼓木兩頭廣六寸面有四尺二十版二六十二長丈二尺三徑一是一丈二尺得面徑四尺矣以此面四尺穹隆加三之一三尺加一尺其一尺者取九寸加三寸其一寸者爲三分取一分并之得一尺三寸三分寸之一也此據一廂而言倍之爲二尺六寸三分寸之二乃知鼓面四尺總爲六尺六寸三分寸之二也

上三正

鄭司農云謂兩頭一平中央一平也玄謂三讀當爲參正直也參直者穹上一直兩端又直各居二尺二寸不弧曲也此鼓兩面以六鼓差之賈侍中云晉鼓大而短近晉鼓也以晉鼓鼓金奏○三音參七南反近附近之近

【疏】注鄭司至金奏○釋曰先鄭據經云三正解之亦得合義但不定尺寸之數雖言三平恐平中有長短故後鄭增成之云三當讀爲參參正直也參直者穹上一直兩端又直各居二尺二寸是三處尺數等是爲參

直也云不弧曲也者下臯鼓倨句磬折即弧曲不參直故引證此為與彼異也云此鼓兩面者下經二鼓言四尺之面此經不言四尺之面故言之對發祭祀三鼓四面已下云以六鼓差之者鼓人雷鼓祀天靈鼓祭地路鼓享鬼下二鼓據鼓人賁鼓鼓軍事臯鼓鼓役事惟此鼓經不言其名五鼓已配訖惟有晉鼓當此鼓可知故引賈侍中云晉鼓大而短近晉鼓也此後鄭所解也云晉鼓鼓金奏者鼓人文也

鼓長八尺鼓四尺中圍加三之一謂之鼖鼓。

中圍加三之一者加於面之圍以三分之一也面四尺其圍十二尺加以三。分一四尺則中圍十六尺徑五尺三寸三分寸之一也今亦合二。十版則版穹六寸三分寸之二耳大鼓謂之鼖以鼖鼓鼓軍事鄭司農云鼓四尺謂革所蒙者廣四尺〇賁扶云反本或作䵼又作鼖皆同

疏注中圍至四尺〇釋曰云鼓四尺者謂鼓面也云中圍加三之一者謂將中央圍加於面之圍三分之一也云面四尺其圍十二尺加以三分。一四尺者添四面圍丈二尺為十六尺然後徑之十五尺徑五尺餘一尺取九寸徑三寸取餘一寸者破為三分得一分總徑五尺三寸三分寸一此言中圍加三之一與上穹三之一者異彼據一相之穹加一面三之一故兩相加二尺六寸三分寸二此則於面四尺總加三分之一則總一尺三寸三分寸一若然此穹隆少校晉鼓一尺三寸三分寸之一。也與彼穹隆異也今此版亦合二十版者此經云鼓四尺若不二十版亦不合此數也則版穹六寸三分寸二者此亦據一相而言云大鼓謂之鼖者鼖訓為大對晉鼓長六尺六寸而言若對下文臯鼓長丈二尺則彼又大矣云鼖鼓鼓軍事者鼓人文

為臯鼓長尋有四尺鼓四尺倨句磬折

以臯鼓鼓役事磬折中曲之不參正也中圍與鼖鼓同以磬折為異

疏注以臯至為異〇釋曰云以臯鼓鼓役事者鼓人文磬折中曲之不參正也者磬折者蠡處近上故不得參正也

凡冒鼓必以啟蟄之日

啟蟄孟春之中也蟄蟲始聞雷聲而動鼓所取象也冒蒙鼓以革

疏注啟蟄至以革〇釋曰云啟蟄孟春之中也者正月立春節啟蟄中故云中也云蟄蟲始聞雷聲而動者蟄蟲啟戶

由聞雷聲是鼓所取象故以此時冒之按月令仲秋云雷乃始收注雷乃收聲在地中動內物則此云孟春始聞雷聲而動者亦謂未出地時故蟄蟲聞之而動至二月卽雷乃發聲出地蟄蟲啓戶而出故月令仲春云日夜分雷乃發聲蟄蟲咸動啓戶而出是也良鼓瑕如積環革調急也疏注革調急也○釋曰瑕與環皆謂漆之文理謂革調急故然若急而不調則不得然也鼓大而短則其聲疾而短聞聞音問下同

鼓小而長則其聲舒而遠聞疏鼓大至遠聞○釋曰此乃鼓之病大小得所如上三者所爲則無此病

韋氏闕

裘。氏闕

畫繢之事雜五色東方謂之青南方謂之赤西方謂之白北方謂之黑天謂之玄地謂之黃青與白相次也赤與黑相次也玄與黃相次也此言畫繢六色所象及布采之第次繢以爲衣疏畫繢至次也○釋曰此一經言次次畫於衣之事畫繢並言者言畫是總語以其繢繡皆須畫之言繢則據對方而言自東方已下是也自言東方謂之青至謂之黃六者先舉六方有六色之事但天玄與北方黑二者大同小異何者玄黑雖是其一言天止得謂之玄天不得言黑天若據北方而言玄黑俱得稱之是以北方。云玄武宿也青與白相次已下論繢於衣爲對方之法也○注此言至爲衣○釋曰鄭云畫繢六色所象者解經地謂之黃已上文云及布采之第次者解經青與白已下文云繢以爲衣者案虞書云予欲觀古人之象日月星辰山龍華蟲作繢是據衣如言繢故鄭云繢以爲衣也青與赤謂之文赤與白謂之章白與黑謂之黼黑與青謂之黻五采備謂之繡此言刺繡采所用繡以爲裳疏注此言刺繡采所用繡以爲裳○釋曰此一經皆北方爲繡次凡繡亦須畫乃刺之故畫繡二工共其職也云繡以爲裳者案虞書云宗彝藻火粉米黼黻絺繡鄭云絺紩也謂刺繡於裳故鄭云刺以爲裳也衣在上陽陽主輕浮故畫之裳在下陰陰主沉重故刺之也

土以黃其象方天時變古人之象無天地也爲此記者見時有之耳子家駒曰天子僭天意亦是也鄭司農云天時變謂畫天隨四時色疏土以黃其至時變○釋曰此乃六色之外別增此天地二物於衣故於下特言之也○注古人至時色○釋曰鄭云古人之象無天地也者此據虞書日月以下不言天地云爲此記者見時有之耳者古人既無天地若記者不見時君畫於衣記人何因輒記之爲經典也子家駒曰天子僭天意亦是也者按公羊傳云昭公謂子家駒云李氏僭于公室久矣吾欲殺之何如子家駒曰天子僭天諸侯僭天子彼云僭天者未知僭天何事要在古人衣服之外別加此天地之意亦是僭天故云意亦是也先鄭云天時變謂畫天隨四時色者天逐四時而化育四時有四色今畫天之時天無形體當畫四時之色以象天。地若然畫土當以象地色也

火以圜鄭司農云爲圜形似火也玄謂形如半環然在裳○圜音環疏注鄭司至在裳○釋曰先鄭云爲圜形似火也後鄭云如半環然此亦與先鄭不別增。成之耳孔安國以爲火字也與此別也知在裳者虞書藻火已下皆在裳

山以章章讀爲獐獐山物也在衣齊人謂麇爲獐○獐音章麇俱倫反

水以龍龍水物在衣疏注章讀至爲獐○釋曰馬氏以爲獐山獸畫山者幷畫獐龍水物畫水者幷畫龍鄭卽以獐表山以龍見水此二者各有一是一非古人之象有山不言獐有龍不言水今記人既有獐有水止可畫山兼畫獐畫龍兼畫水何有棄本而遵末也

鳥獸蛇所謂華蟲也在衣蟲之毛鱗有文采者疏注所謂至采者○釋曰云所謂華蟲也者所謂虞書云山龍華蟲彼畫華蟲次在龍下此文亦次龍下故知當華蟲也言華者象。章華言蟲者是有生之總號言鳥以其有翼言獸以其有毛言蛇以其有鱗以首似鷩亦謂之鷩冕也故云蟲之毛鱗有文采也虞書有十二章

於此惟言四章又兼言天地而不云日月星藻與宗彝者記人之言略說之耳雜四時五色之位以章之謂之巧章明也繢繡皆用五采鮮明之是為巧疏注章明至為巧○釋曰此經總結上文也上有六色此言五者下別言素功故言五或可玄黑共說也凡畫繢之事後素功素白采也後布之為其易漬汙也不言繡繡以絲也鄭司農說以論語曰繢事後素○為于偽反

鍾氏染羽以朱湛丹秫三月而熾之鄭司農云湛漬也丹秫赤粟玄謂湛讀如漸車帷裳之漸熾炊也羽所以飾旌旗及王后之車○湛子潛反或子鴆反又音鴆秫音述漸子潛反下漸同疏注鄭司至之車○釋曰染布帛者在天官染人此鍾氏惟染鳥羽而已要用朱與秋則同彼染祭服有玄纁與此不異故也案染人云春暴練夏纁玄注云凡染當及盛暑熱潤始湛研之三月而後可用若然云以朱湛丹秫三月而熾之當及盛暑熱潤則初以朱湛丹秫當在春日豫湛至六月之時即染之矣玄謂湛讀如漸車帷裳之漸者讀從衞詩也云羽所以飾旌旗及王后之車者司常云全羽為旞析羽為旌自餘旟旗竿首亦有羽旄巾車有重翟厭翟翟車之等皆用羽是也案夏采注云夏采夏翟羽色禹貢徐州貢夏翟之羽有虞氏以為緌後世或無故染鳥羽象而用之謂之夏采此是鍾氏所染者也淳而漬之淳沃也以炊下湯沃其熾烝之以漬羽漬猶染也○淳章均反注及下同疏注淳沃至染也○釋曰上熾之謂以朱湛丹秫三月末乃熾之即以炊下湯淋所炊丹秫取其汁以染鳥羽而又漸漬之也三入為纁五入為緅七入為緇染纁者三入而成又再染以黑則為緅緅今禮俗文作爵言如爵頭色也又復再染以黑乃成緇矣鄭司農說以論語曰君子不以紺緅飾又曰緇衣羔裘爾雅曰一染謂之縓再染謂之竀三染謂之纁詩云緇衣之宜兮玄謂此同色耳染布帛者染人掌之凡玄色者在緅緇之間其六入者與○纁許云反緅側留反劉祖侯反復扶又反紺古闇反縓倉絹反范倉亂反竀勑貞反本又作䞓亦作赬與音餘疏注染纁至

者與〇釋曰凡染纁玄之法取爾雅及此相兼乃具按爾雅一染謂之縓再染謂之䞓三染謂之纁三入謂之纁即與此同此三者皆以丹秫染之此經及爾雅不言四入及六入按士冠有朱紘之文鄭云朱則四入與是更以纁入赤汁則為朱以無正文約四入為朱故云與以疑之云云論語曰君子不以紺緅飾者淮南子云以涅染紺則黑於涅涅即黑色也纁若入赤汁則為朱若不入赤而入黑汁則為紺矣若更以此紺入黑則為緅。而此五入為緅是也紺緅相類之物故連文云君子不以紺緅飾也若更以此緅入黑汁即為玄則六入為玄但無正文故此注與士冠禮注皆云玄則六入與更以此玄入黑汁則名七入為緇矣但緇與玄相類故禮家每以緇布衣為玄端也云禮俗文作爵言如爵頭色者以其爵赤多黑少故也

筐人闕

㡛。氏湅絲以涚。水漚其絲七日去地尺暴之故書涚作。湄鄭司農云湄水温水也玄謂涚水以灰所。沛水也漚漸也楚人曰漚齊人曰涹〇㡛音芒湅音練下同涚書銳反漚烏豆反李又烏侯反暴步卜反劉步莫反下同湄劉音眉一音奴短反沛子禮反涹烏禾反又於偽反一音乃罪反

【疏】注故書至曰涹〇釋曰諸家及先鄭皆以涚水為温水後鄭獨不從者禮有涚齊謂泲酒為涚則此涚亦當泲灰汁為涚故不從温水也云齊人曰涹者亦是漚義

晝。暴諸日夜宿諸井七日七夜是謂水湅宿諸井縣井中湅帛以欄為灰渥淳其帛實諸澤器淫之以蜃渥讀如。繒。人渥。菅之渥以欄木之灰漸釋其帛也杜子春云淫當為涅書亦或為湛鄭司農云澤器謂滑澤之器蜃謂。炭也士冠禮曰素積白屨以魁柎之說曰魁蛤也周官亦有白盛之蜃蜃蛤也玄謂淫薄粉之令帛白蛤今海旁有焉〇欄音練李又來踐反或音蘭渥烏豆反與漚同注渥菅同蜃當軫反練以陵反菅古顏反湛子潛反冠古亂反屨九具反魁苦迴反又作魁柎方于反蛤古盍反粉如

字劉方問反【疏】注渥讀至有焉○釋曰鄭云渥讀如鄫人渥菅之渥者按哀八年吳伐魯云初武城人或有因於吳竟田焉拘鄫人之漚菅者曰何故使吾水滋是其事引士冠禮曰素積白屨以魁柎之者謂皮弁服白布衣而素積以爲裳屨裳同色故素積白白屨故以蜃灰柎之也清其灰而盝之而揮之清。澄也於灰澄而出盝晞之晞而揮去其蜃○盝音鹿揮音輝去起呂反而沃之而盝之而塗之而宿之更渥淳之明日沃而盝之朝更沃至夕盝之又更沃至旦盝之亦七日漚絲也○朝此一字張遙反餘皆朝廷之朝如晝暴諸日夜宿諸井七日七夜是謂水湅【疏】晝暴至水湅○釋曰湅。帛湅絲。蓋有二法上文爲灰湅法此文是水湅法也

附釋音周禮注疏卷第四十

周禮注疏卷四十校勘記　　阮元撰盧宣旬摘錄

附釋音周禮注疏卷第四十

輈人　程瑤田云輈人恐輿人之誤

五婺梁輈　嘉靖本婺作楘釋文楘本又作鞪同

爲二尺二寸　惠校本同閩監毛本二作三誤

井此輈深而七尺一寸半　諸本同誤也按賈疏釋此注云并此輈深四尺爲七尺一寸半則而乃爲字之譌當據正

則軫與轐五寸半則衡高七尺七寸　諸本同賈疏兩偁此注皆云加軫與轐五寸半此作則誤當據正又按賈疏釋此二句注下始曰云田馬七尺者云云則賈疏本今田馬七尺衡頸之間亦七寸十二字注在此下矣今本失其次

駑馬高七尺　浦鏜云田誤駑

亦約廋人馬七尺曰騋　閩監毛本廋誤庾

輪軹與軫轐大小之減　釋文作之咸云本又作減同洽斬反○按古多段咸爲減如左傳不爲末咸讀末減是也

是以鄭解駑之車　補各本駑下有馬字此本脫

云一者以爲美也者　閩監毛本美作媺依經所改非

軌前十尺閩監本同誤也唐石經余本嘉靖本毛本軌作軓注疏及下不至軓同當據正釋文曰軓前劉音犯注同

合七爲弦按合當令字之訛九章盈不足有假令

四尺七寸爲鉤諸本同按鉤當作句輪人注云二尺爲句

元謂軌是軌法也余本嘉靖本毛本軌皆作軓賈疏本皆作軓漢讀考作軓是軓法也其說曰元謂軓是句絕謂作軓是也下文軓法也以下十九字乃釋軓字之義以見於此經無涉書或作軓非也賈疏全誤

轂末亦爲軌監本末誤未

祭左右軌軌卽轂末惠校本軌皆作軹是也

輈軌前十尺余本閩監毛同嘉靖本毛本軌作軓是也

云兩厄之閒浦鏜云軛誤厄

五分其軫閒毛本閒誤間

以其一爲之當兔之圍唐石經諸本同余本兔作兎俗字下伏兔同

故云頸前持衡轅者也浦鏜云轅衍字

五分寸二浦鏜云寸下脫之

分得九分去一九得三十六分宋本閩本同監毛本作四寸十五分寸之九在得三十六分誤甚

弧讀爲淨而不汙之汙閩監毛本同此淺人臆改也余本宋本嘉靖本淨作盡當據正釋文汙作汚〇按盡而不汙見左傳成十四年汙讀爲紆曲之紆世有淺人以淨與汙反對亦可哂也

今夫大車之轅摯唐石經岳本嘉靖本閩本同余本監毛本摯改摰非注及下同釋文作轅摯竹二反

唯轅直唐石經嘉靖本同閩監毛本唯改惟下作唯與唐石經諸本合

故書緧作鮻諸本同釋文作緵音秋與緧同漢讀考云集韻緧緵同字本此則陸本注無鮻魚字三字與賈本異

按方言本紂浦鏜云車誤本

頎讀爲懇典讀爲殄漢讀考云讀爲皆當作讀如故下仍云頎典不云懇殄也

輈注則利準利準則久唐石經諸本同惠士奇云依注則準二字衍按注云利水重讀似非也則司農於經文利水兩遍讀之耳必不增經可知注中鄭司農云下當有利水重讀四字故後鄭辨之云利水重讀似非淺人於經既增重文因刪司農重讀之言矣

謂轅脊上兩注閩監毛本同余本嘉靖本兩作兩誤

輈之謂形勢盧文弨曰疑當作謂輈之形勢

輈欲弧而折補各本而下有無字此本脫

元謂券今倦字也九經古義云說文券勞也从力漢涼州刺史魏君碑云施舍不券

將在中惠校本下有央

不敢曠在當從閩本作曠左

需讀爲畏需之需釋文需音須又乃亂反注同漢讀考云乃亂反當是耎字說文大部耎稍前大也讀若畏偄人部偄弱也畏耎即畏偄也

伏兔至軌余本閩監本同嘉靖本毛本軌作軓是也

濟下至軓七寸閩監毛本同誤也余本岳本嘉靖本下作不當據正○按不至軓七寸舉經文也戴震攷工記圖亦同俗本作下

濟讀爲濟酒之濟漢讀考云當作讀如

環謂漆沂鄂如環余本岳本同嘉靖本閩監毛本謂上有濟字按疏中亦有

一尺四寸三分寸二有七寸三分寸一閩本同監毛本寸下皆有之

先鄭讀濟酒之濟者補各本上濟下有爲字此本脫

故因說旌旗之義也惠校本閩本同監毛本旌誤旍

然此已下閩監毛本已改以

東方七宿畫爲龍　惠校本宿作星監本畫誤晝

師都之所建　漢讀考師作帥○按說文引周禮率都建旗故段玉裁知此師必帥之譌也

孟夏日月會則日宿　浦鏜云曰宿誤日

龜蛇四斿　閩監毛本同唐石經余本嘉靖本作龜虵注同

與東壁連體　閩監毛本同誤也嘉靖本壁作壁釋文東辟音壁此本疏中作東辟又作東壁○按古書多作辟宿

蛇行有尾因　閩監毛本同誤也宋本嘉靖本尾因作毛目惠校本及此本疏中尾因皆作毛目當據以訂正

以畫於縿上也　閩本同監毛本以改故

長數尺　浦鏜云漢志作望如有毛目然○按疏必引此以爲鄭注毛目之證也自毛目誤爲尾因乃妄改去此句矣開元占經引春秋合誠圖曰枉矢水流蚍行含明故有毛目陰合於四故長四丈觀此可爲毛目沾一證知長數尺之爲妄語矣

攻金之工　唐石經自此巳下及築氏爲削皆跳行釋文諸本此節皆連上輈人爲節

三分已下爲下齊　閩監毛本已改以

注多錫之屬　補錫下當有至字

錢銚錢鎒是也　監本鎒誤鎛按下錢當作鎛

謂之鑒燧之齊諸本同唐石經鈌葉鈔釋文作鑒隧○按作燧作隧皆說文鐆字之誤耳其實此於鐆燧無涉秋官夫遂祇作遂是爲正字

凡金多錫則忍白且明也賈疏本嘉靖本忍作刃釋文則忍音刃按忍古堅韌字言金中多錫則刃堅忍而色明白作刃蓋非

○按此蓋陸本作忍孔本作刃不同也忍刃皆有堅意此作忍爲長

㮚氏

冶氏

重三垸戴震考工記補注云鍰讀如丸十一銖二十五銖之十三垸其假借字也

足入稾中者也余本嘉靖本閩監本同岳本毛本稾作槀所載釋文同○按从禾是也箭莖曰稾字不从木

讀爲丸漢讀考云疑當作讀如

司弓矢職文此本職字剜擠閩監毛本排入

或謂之雞鳴余本閩本同監毛本雞作鷄疏及漢制考同

漢時見胡撗之句孑戟此本時字日旁缺壞閩監毛本遂誤爲特今據漢制考訂正閩監毛本撗從木

鋒本必横余本嘉靖本同閩監毛本鋒誤鋒疏及下同

胡孑横捷浦鏜云插誤捷從三禮圖校○按捷者古字儀禮注多用之

援曲之八寸 浦鏜云四誤曲

云倨之外胡之裏也者句之外胡之表者 當作云倨之外胡之裏也句之外胡之表也者

吳揚之間謂之伐 閩監毛本揚作楊據方言九伐爲戈之誤

讀爲刷 漢讀考作讀如

十鈞爲環環重六兩大半兩 余本兩環字空缺浦鏜云鍰誤環按釋文不出環字三鋝下云或音環賈疏兩引此注先作環後作鍰

鍰鋝似同矣 漢讀考云當作環鍰似同

皆二分之二爲大 浦鏜云三分誤二分

是銖有六兩大半兩也 此銖亦鍰之誤上引注作十鈞爲鍰段玉裁云銖當作環

三鋝者 余本閩監本同誤也嘉靖本毛本作三鋒此本疏中引注亦作三鋒者當據以訂正閩監本疏同

桃氏

兩從半之 盧文弨曰通考軍器門引兩從半之幷引疏云劍面通廣二寸半其兩從中分各一半也從自脊中而分兩邊也今諸本脫此文

鄭司農云謂穿之也 余本嘉靖本同閩監毛本云下有中按中字當有

元謂從中以郤 余本嘉靖本郤作卻〇按从卩是也

故云一寸三分寸二也 閩本同監毛本分寸下有之

中制長一尺五寸 閩監本同誤也余本嘉靖本毛本作二尺當據正

宜以據形長者爲上 宋本同閩監毛本宜作直

鳧氏

對下角衡非鍾體也 按角乃甬之誤

旋蟲謂之幹 唐石經諸本同程瑤田云幹當作斡說文斡蠡柄也然則鍾柄亦得名斡矣〇按凡旋者皆得云斡

故引司垣氏夫隧 閩監毛本垣改烜

此鍾口十者 閩監十誤寸疏中此本閩本同

廣長與圜徑 諸本同浦鏜云圍誤圜疏同

是其主 余本同嘉靖本閩監毛本主作正按賈疏作正

云濁之所由出者 補各本云下有清字此本脫

筰去疾 補各本筰下有出字此本脫

鍾大至短聞　宋本此節疏在鍾小而長節下則短聞當作遠聞

於樂器中所縶縱聲　閩本同監毛本縶作擊

舒而聞遠　閩監毛本作遠聞下同

爲遂　諸本同唐石經遂字偏旁辶缺盧文弨曰通考遂作隧與上合戴震亦云遂當作隧○按遂是古字說文無隧字隧乃後世俗字耳

㮚氏　此本㮚訛㮚閩監毛本作㮚亦非今據唐石經嘉靖本訂正

則不秏　唐石經嘉靖本毛本同余本閩監本秏作耗俗字下同

湅之精不復減也　閩監本同嘉靖本毛本湅作涑按釋文湅音練減作咸云本又作減○按湅灡也从水柬聲米曰湅繒曰練金曰鍊其爲求精一也故字相假借

此言大方耳　余本嘉靖本同閩監毛本大誤內當據正漢制考亦作大方

圜其外者爲之脣　岳本嘉靖本同誤也余本閩監毛本爲作謂當據正○按爲字不誤

向上謂之外　浦鏜云上當下字訛

縱橫皆十　宋本十作平

十寸當五十分　監本五十誤千

其底深一寸也 余本底誤厎

其耳三寸 唐石經諸本同浦鏜云一寸訛三寸○按未聞其說

此據律厤志 閩監毛本厤字下從日

消湅金錫精麤之候 閩監本湅作鍊非上注作湅

段氏 余本閩本同嘉靖本監毛本段作叚唐石經作叚今據正

函人

凡甲鍛不摯 唐石經岳本嘉靖本閩本同余本監毛本摯作摰誤注及疏同釋文亦作摯葉鈔本誤摰

致謂孰之至極 閩本同監毛本下有也

彼以衣裏著甲謂之橐 閩監毛本裏作裹

明有光燿 嘉靖本同閩監毛本燿作耀

鮑人

蒼頡篇有鞄宪 余本同嘉靖本監本宪作甕閩毛本作甕○按閩毛本是說文甕从北从皮省从敻省

卷而搏之 閩監毛本同誤也唐石經余本嘉靖本搏作摶當據正釋文摶之直轉反注及疏同

搏讀爲縛一如瑱之縛 余本嘉靖本作摶讀爲縛釋文縛一直轉反當據正 下同釋文瑱本或作顛〇按顛乃瑱之誤

謂革不韗 余本嘉靖本毛本同閩本韗作韓監本作韗皆譌

故書需作劚 釋文音經則需人兗反注同音注作劚而髓反又人兗反漢讀 考據此作故書耎作剽經及下準此

如俴淺之淺 閩監毛本同誤也余本岳本嘉靖本作如俴淺之俴當據以訂 正

讀爲羊豬戔之戔 監本豬誤猪漢讀考云戔當與棧同通俗文板閣曰棧公 羊傳亡國之社掩其上而柴其下周禮注作棧其下羊豬 之圏薦以柴木不必均平且多罅漏革緩急不齊急者先裂猶棚棧之不平 多隙也

後鄭轉俴爲淺者 閩本同誤當從監毛本淺作俴

從小戎詩小戎淺收之俴 閩監毛本俴誤淺按淺收亦當作俴

則雖敝不甐 唐石經諸本同釋文甐或作鄰

韗人

鞠則陶字從革 賈疏述注云鞠即陶字儀禮大射儀疏引此注同當據正

後鄭爲鞠人爲皐陶 浦鏜云上爲疑謂字譌

穹讀爲志無空邪之空 九經古義云古空與穹同毛詩白駒在彼空谷文選 注引韓詩作在彼穹谷薛君曰穹谷深谷也〇按段

玉裁云志無空邪者弟子職之志無虛邪也

乃鼓版之廣狹也 浦鏜云乃當及字譌

謂之鼖鼓 唐石經諸本同釋文之賁本或作歎又作鼖皆同

加以三分一四尺 浦鏜云分下脫之疏同

今亦合二十版 嘉靖本誤衍作二十四版

少校晉鼓一尺三寸三分寸之一也 浦鏜云也當是字譌屬下句

華調急也 各本同段玉裁曰通典一百四十四曰華鼓瑕如積環華謂急也經傳華訓急者多矣謂字不可通而疏曲爲之說故知唐時善本之存者尚多鞔鼓之法以緊爲貴至緊而後瑕如積環也

裘氏 唐石經余本嘉靖本閩本同監毛本裘改裘非

畫繢之事

是以北方云元武宿也 惠校本云作言

當畫四時之色以象天地 浦鏜云地當也字譌

增成之耳 此本成誤城閩監毛本改爲減惠校本作成今訂正

鳥獸蛇 閩監毛本同唐石經余本嘉靖本蛇作虵此本疏同

言華者象章華 惠校本作象草華此誤

鄭司農說以論語曰 岳本嘉靖本無曰此衍

鍾氏

凡染當及盛暑熱潤 浦鏜云石誤凡

以炊下湯沃其熾 諸本同賈疏云以炊下湯淋所炊丹秫按上注云熾炊也此葢謂以湯沃所炊丹秫也漢讀考謂當云沃其羽

七入爲緇 監毛本入誤八

鄭司農說以論語 余本嘉靖本同閩監毛本說作云誤

再染謂之竀 釋文竀本又作䞓亦作赬按今爾雅作頳○按古叚借字也

而此五入爲緅是也 浦鏜云而當則字誤

㡛氏 閩監毛本同唐石經嘉靖本㡛作慌五經文字作㡆云見周禮按說文巾部云㡆設色之工治絲練者从巾㐬聲

以涚水漚其絲 唐石經諸本同按釋文水部云涚財溫水也从水兌聲周禮曰以涚漚其絲引周禮無水字故書涚作湄鄭司農云湄水溫水也與說文義同疏又云諸家及先鄭皆以涚水爲溫水是賈馬諸氏義亦與許鄭同也

故書浼作湄釋文湄劉音眉一音奴短反漢讀考云湄當作渜士喪禮渜濯棄於坎古文渜作湪湪浼同字猶褖稅同字〇按釋文當云一作渜音奴短反今本奪作渜二字湄無反奴短之理也

以灰所泲水也葉鈔釋文余本泲作洓

晝暴諸日閩監本晝誤畫

渥讀如繒人渥菅之渥余本岳本嘉靖本閩本同毛本繒改鄫監本人誤入此本菅誤管今據諸本訂正釋文出繒人渥菅四字今左傳作鄫人漚菅賈疏本作鄫

蜃謂炭也余本岳本嘉靖本同閩監毛本炭作灰按賈疏云蜃灰

清登也余本同誤也嘉靖本閩監毛登作澄當據正今从

湅白湅絲閩本同誤也當從監毛本作湅帛今从

蓋有二法閩本同惠校本蓋作皆監毛本誤者

周禮注疏卷四十校勘記

附釋音周禮注疏卷第四十一

鄭氏注　賈公彦疏

冬官考工記下

玉人之事鎮圭尺有二寸天子守之命圭九寸謂之桓圭公守之命圭七寸謂之信圭侯守之命圭七寸謂之躬圭伯守之命圭者王所命之圭也朝覲執焉居則守之子守穀璧男守蒲璧不言之者闕耳故書或云命圭五寸謂之躬圭杜子春云當爲七寸玄謂五寸者璧文之闕亂存焉〇信音身朝直遥反下皆同

疏〇玉人至守之〇釋曰云玉人之事者謂人造玉瑞玉器之事此一句總與下諸文爲目圭名鎮名信及躬備於宗伯〇注命圭至存焉〇釋曰云命圭者王所命之圭也者公羊傳云錫者何賜也命者何加我服也於王以策命諸侯之時非直加之以車服時即以圭授之以爲瑞信者也朝覲執焉者典瑞云公執桓圭以下朝覲宗遇會同于王諸侯相見亦如之是也云居則守之者謂以爲鎮守者也故云居則守之子守穀璧男守蒲璧典瑞宗伯大行人俱有其文於此不言之者闕也鄭云闕者若韋氏櫛氏之類亦闕也若然經有鎮圭按典瑞云王執鎮圭繅藉五采五就以朝日鄭不言者有典瑞可參故直舉諸侯可知也子春破故書五寸當從經七寸後鄭不從以從故書爲五寸五寸是璧文之闕亂存者命圭是伯五寸是子男故闕亂存也

天子執冒四寸以朝諸侯名玉曰冒者言德能覆蓋天下也四寸者方以尊接卑以小爲貴

疏〇注名玉至爲貴〇釋曰鄭知名玉曰冒言德能覆蓋天下者按書傳云古者必有冒言不敢專達之義天子執冒以朝諸侯見則覆之注云君恩覆之臣敢進是其冒覆之事按孔注顧命云言冒所以冒諸侯圭以齊瑞信方四寸邪刻之不言冒以覆蓋

天下者義得兩含故注有異故書傳云古者圭必有冒亦是冒圭之法也此冒據朝覲諸侯時執之詩殷頌云受小球大球爲下國綴旒注云小球尺二寸大球長三尺與下國結定其心如旌旗之旒彼據天子與諸侯盟會故云結定其心故執鎭圭不執冒也

天子用全上公用龍侯用瓚伯用將。鄭司農云全純色也龍當爲尨尨謂雜色玄謂全純玉也瓚讀爲饡饡之饡。龍瓚將皆雜名也卑者下尊以輕重爲差玉多則重石多則輕公侯四玉一石伯子男三玉二石○龍莫江反瓚才旱反下同司農音讚將如字劉音陽饡之然反饡作旦反下遐嫁反

疏注鄭司至二石○釋曰此經因天子以下執玉遂說尊卑之玉善惡不同先鄭云全純色也龍當爲尨尨謂雜色後鄭以爲全純玉也純玉卽純色義無殊瓚讀饡饡之饡者鹽人職有尨饡食漢時有膏饡今連言饡饡者取雜意云龍瓚將皆雜名者謂玉之雜名此亦含雜色必知後鄭玉雜中含色者見鄭異義駁云玉雜則色雜則知玉全色亦全也云卑者下尊以輕重爲差玉多則重石多則輕知者見盈不足術曰玉方寸重七兩石方。寸重。六兩云公侯四玉一石伯子男三玉二石者按禮緯云天子純玉尺二寸公侯九寸四玉一石伯子男三玉二石此注出於彼但此經公與侯異注及彼文公侯同又彼伯子男同十寸皆與此經不同者彼據殷法但玉石一多少與周同故引之也若然公侯同四玉一石而龍瓚異者蓋玉色有別也

繼子男執皮帛謂公之孤也見禮次子男贄用束帛而以豹皮表之爲飾天子之孤表帛以虎皮此說玉及皮帛者遂言見天子之用贄○見禮賢遍反下同

疏注謂公至用贄○釋曰此公之孤上不言子男而此云繼子男者以上文不見子男也不見者以子男與伯同用三玉二石故空其文見子男與伯等以是得言以皮帛繼子男也以大行人注言之此亦是孤尊更以其贄見也知諸侯孤飾贄以豹皮天子之孤飾以虎皮者郊特牲云虎豹之皮示服猛也二者皮中爲美虎皮又貴天子孤尊故知義然也

天子圭中必必讀如鹿車縪之縪謂以組約其中央爲執之以備失隊○必府結反戚如字縪劉府結反沈音畢云劉音非也按北俗今猶有此語音如劉

音盡古語乎劉音未失組約如字劉阿駮反爲于僞反隊直類反【疏】注必讀至失隊○釋曰上列天子及公侯伯之圭於此獨言天子圭中必者按聘禮記五等諸侯及聘使所執圭璋皆有繅藉及絇組絇組所以約圭中央恐失墜即此中必之類若然圭之中必尊卑皆有此不言諸侯圭舉上以明下可知云讀如鹿車繂之繂者俗讀之也此繂絇組一也

四圭尺有二寸以祀天

郊天所以禮其神也典瑞職曰四圭有邸以祀天旅上帝○邸丁禮反又音帝下文同【疏】注郊天至上帝○釋曰此圭典瑞直言所用禮神不言尺寸故此言之此直言尺二寸按典瑞注先鄭云中央爲璧圭著其四面一玉俱成又云圭末四出若然此尺二寸者未知璧在中央通兩畔總計爲尺二寸未知除璧之外兩畔之圭各有一尺二寸據下祼圭尺有二寸而言則此四圭圭別尺有二寸仍未審以璧爲邸邸徑幾許禮既無文不可強記也引典瑞者證祀天爲夏正郊所感帝兼國有故旅祭五帝之事亦以此圭禮神也

大圭長三尺杼。上終葵首天子服之

王所搢大圭也或謂之斑終葵椎也爲推於其杼上明無所屈也杼。䙡也相玉書曰斑玉六寸明自炤○杼直呂反斑他頂反椎直追反下同䙡色界反劉色例反殺字之異者本或作殺下取殺殺文同相息亮反炤音照【疏】大圭至服之○釋曰言大圭者以其長故得大圭之稱言服之者以其搢於衣帶之閒同於衣服故以服言之○注王所至自炤○釋曰云王所搢大圭也者典瑞云王搢大圭執鎮圭繅藉五采五就以朝日是也云或謂之斑者玉藻云天子搢斑方正於天下也鄭云言五斑然無所屈此注亦云明無所屈皆對諸侯爲荼大夫前屈後屈故云無所屈也云終葵椎也者齊人謂椎爲終葵故云終葵椎也云相玉書曰斑玉六寸明自炤者謂於三尺圭上除六寸之下兩畔殺去之使已上爲椎頭言六寸據上不殺者而言云明自炤者玉體瑜不掩瑕瑕不掩瑜善惡露見是其忠實君子於玉比德焉言忠實故云明自炤也引之者證大圭者爲終葵六寸已下杼之也

土圭尺有五寸以致日以土地

致日度景至不夏日至之景尺有五寸冬日至之景丈有三尺土猶度也

建邦國以度其地而制其域○景度待洛反下注同疏土圭至土地○釋曰言土圭謂度土地遠近之圭故云土圭○注致日至其域○釋曰云致日度景至不者於地中立八尺之表於中漏半夏至日表北尺五寸景與土圭等冬至日丈三尺爲景至若不依此皆爲不至故云度景至不也但景至與不至皆由君政得失而來度之者若不至使君改德教也云夏日至之景尺有五寸冬日至之景丈三尺者皆通卦驗文大司徒亦云夏日至之景尺有五寸謂之地中云土猶度也建邦國以度其地而制其域者此度地封諸侯日景一分地差百里五等諸侯直取五分景已下無取尺寸之義也

祼圭尺有二寸有瓚以祀廟祼之言灌也或作淉或作果祼謂始獻酌奠也瓚如盤其柄用圭有流前注○祼古亂反注淉果皆同疏祼圭至祀廟○釋曰鄭注小宰云惟人道宗廟有祼天地大神至尊不祼故此唯云以祀廟典瑞兼云以祼祼賓客此不言者有典瑞故作文略也○注祼之至前注○釋曰讀祼爲灌者取水灌之義云祼謂始獻酌奠也者小宰注云祼亦謂祭之啐之奠之以其尸不飲故云奠之按司尊彝注祼謂始獻尸郊特牲注云始獻神也者以其祼入獻于尸故云獻尸二灌主爲降神故云獻神三注雖曰不同其義一也云瓚如盤其柄用圭有流前注者鄭注典瑞引漢禮瓚盤大五升口徑八寸下有盤口徑一尺言有流前注者案下三璋之勺鼻寸是也言前注者以尸執之向外祭乃注之故云有流前注也

琬圭九寸而繅以象德琬猶圜也王使之瑞節也諸侯有德王命賜之使者執琬圭以致命焉繅藉也○琬於阮反繅音早使所吏反下同藉慈夜反疏琬圭至象德○釋曰典瑞云琬圭以治德以結好此不言結好此文略彼云治德據使者而言此言象德據圭體而說彼不言有繅此不言有繅亦是互見爲義○注琬猶至藉也○釋曰云諸侯有德王命賜之使者執琬圭以致命焉者若天王使毛伯來錫公命公羊云錫者何賜也命者何加我服也是諸侯有德王使人賜命之事也

琰圭九寸判規以除慝以易行凡圭琰上寸半琰圭琰半以上又半爲瑑飾諸侯有爲不義使者征之執以爲瑞節也除慝誅

惡逆也易行去煩苛○琰餘冉反慝吐得反易以鼓反又音亦改也行音下孟反注同以上時掌反瑑直轉反去起呂反苛音何疏注凡圭至煩苛○釋
曰知凡圭琰上寸半者禮記雜記云知此琰圭琰半以上又半爲瑑飾者以其言判判半也又云規明半以上琰至首規半以下爲瑑飾可知云諸侯有爲不
義使者征之執以爲瑞節也者此釋除慝故引經文除慝誅惡逆也云易行去煩苛者此非惡逆之事直政教煩多而苛虐是諸侯行惡故王使人執之以爲
瑞節易去惡行璧羨度尺好三寸以爲度鄭司農云羨徑也好璧孔也爾雅曰肉倍好謂之璧好倍肉謂之瑗肉好若一謂之環玄
謂羨猶延其袤一尺而廣狹焉○羨以善反延也又音賤徑也好呼報呼老二反注同肉柔又柔育二反下同瑗于眷反劉于願反袤音茂疏注鄭司至
狹焉○釋曰引爾雅欲見此璧好三寸好即孔也兩畔肉各三寸兩畔共六寸是肉倍好也後鄭云羨猶延其袤一尺而廣狹焉者是羨爲不圜之貌造此璧
之時應圜徑九寸今減廣一寸以益上下之袤一寸則上下一尺廣八寸故云其袤一尺而廣狹焉狹焉謂八寸也以爲度者天子以爲量物之度也圭
璧五寸以祀日月星辰禮其神也圭其邸爲璧取殺於上帝疏注禮其至上帝○釋曰此圭璧謂以璧爲邸旁有一圭故云圭其邸
爲璧也云取殺於上帝者按上文四圭以祀天此日月星辰爲天之佐故一圭是取殺於上帝也按典瑞云兩圭有邸以祀地璋邸射以祀山川彼山川亦取
殺於地此不言者文略彼又有珍圭牙璋此不言者亦是文略並玉人造之可知○璧琮九寸諸侯以享天子享獻也聘禮享君以
璧享夫人以琮○琮才宗反○疏注享獻至以琮○釋曰按小行人二王後享天子及后用圭璋則此璧琮九寸據上公引聘禮者欲見經云享天子用璧
享后用琮此據上公九命若侯伯當七寸子男當五寸○穀圭七寸天子以聘女納徵加於束帛疏注納徵加於束帛○釋曰自士
已上皆用玄纁束帛但天子加以穀圭諸侯加以大璋也大璋中璋九寸邊璋七寸射四寸厚寸黃金勺青

金外朱中鼻寸衡四寸有繅天子以巡守宗祝以前馬射琰出者也勺故書或作約杜子春云當爲勺謂酒尊中勺也鄭司農云鼻謂勺龍頭鼻也衡謂勺柄龍頭也玄謂鼻勺流也凡流皆爲龍口也衡古文橫假借字也衡謂勺徑也三璋之勺形如圭瓚天子巡守有事山川則用灌焉於大山川則用大璋加文飾也於中山川用中璋殺文飾也於小山川用邊璋半文飾也其祈沈以馬宗祝亦執勺以先之禮王過大山川則大祝用事焉將有事於四海山川則校人飾黃駒○射食亦反注及下注同勺上灼反注同衡音橫注衡謂並同祈沈如字劉居綺反小爾雅曰祭山川曰祈沈按爾雅祭山曰庪縣祭川曰浮沈祈音九委反今讀宜依爾雅音大祝音泰校戶教反

【疏】大璋至前馬○釋曰此經說王巡守出行過山川禮敬之事三璋據爲勺柄黃金勺以下據爲勺頭○注射琰至黃駒○釋曰射琰出者也者向上謂之出謂琰半已上其半已下爲文飾也先鄭云鼻謂勺龍頭鼻後鄭增成其義衡謂勺柄龍頭後鄭不從玄謂衡古文爲橫謂勺徑破先鄭爲勺柄云三璋之勺形如圭瓚者圭瓚之形前注已引漢禮但彼口徑八寸下有盤徑一尺此徑四寸徑既倍狹明所容亦少但形狀相似耳故云形如圭瓚也知用灌者以其圭瓚灌宗廟明此巡守過山川用灌可知於大山川已下至半文飾皆無正文鄭君以意解之云祈沈以馬者取校人飾黃駒故知馬也知宗祝亦執勺以先之者即引大祝職云王過大山川則大祝用事焉是大祝用此經黃金勺之事也云將有事于四海山川則校人飾黃駒者校人職文引之者見禮山川非直灌亦有牲牢以山川地神故用黃駒也大祝職云王過大山川大祝用事不言中山川小山川者舉大者而言或使小祝爲之也

大璋亦如之諸侯以聘女亦納徵加於束帛也大璋者以大璋之文飾之也亦如之者如邊璋七寸射四寸

【疏】注亦納至四寸○釋曰鄭知以大璋之文飾之者以其與上大璋同名明以大璋之文飾之也又知如邊璋七寸射四寸者以其天子穀圭七寸以聘女諸侯不可過於天子爲九寸既文承邊璋之下而言亦如之明知如邊璋七寸射四寸也

瑑圭璋八

寸璧琮八寸以覜聘瑑文飾也覜視也聘問也衆來曰覜特來曰聘聘禮曰凡四器者唯其所寶以聘可也○覜吐弔反

疏瑑圭至覜聘○釋曰此謂上公之臣執以覜。聘用圭璋享用璧琮於天子及后也若兩諸侯自相聘亦執之侯伯之臣宜六寸子男之臣宜四寸○注瑑圭至可也○釋曰云瑑文飾也者凡諸侯之臣覜聘並不得執君之桓圭信圭之等直瑑爲文飾耳云覜視也聘問也者按大宗伯云時聘曰問殷覜曰視故據彼而言也云衆來曰覜特來曰聘者衆來則元年七年十一年一服朝之歲來者衆也特來則天子有事乃來無常期者是也引聘禮者彼亦云圭璋璧琮四器故引以爲證云所寶謂不聘時寶之

牙璋中璋七寸射二寸厚寸以起軍旅以治兵守二璋皆有鉏牙之飾於琰側先言牙璋有文飾也○鉏劉李惻魚反沈徐加反

疏注二璋至飾也○釋曰牙璋起軍旅治兵守正與典瑞文同彼無中璋者以其大小等故不見也牙璋起軍旅則中璋亦起軍旅二璋蓋軍多用牙璋軍少用中璋鄭知二璋皆爲鉏牙之飾者以其同起軍旅又以牙璋爲首故知中璋亦有鉏牙但牙璋文飾多故得牙名而先言也

駔琮五寸宗后以爲權駔讀爲組以組繫之因名焉鄭司農云以爲稱錘以起量○駔音祖稱尺正反錘直僞反劉直危反

疏駔琮至爲權○釋曰此后所用故五寸降於下文天子所用七寸者也○注駔讀至起量○釋曰駔讀爲組者於義無取於駔故從組以其用組爲繫言因名焉者以組爲繫名組琮似以玉飾豆即名玉豆其類也先鄭云以爲稱錘以起量者量自是。升斛之名而云爲量者對文量衡異散文衡亦得爲量以其量輕重故也

大琮十有二寸射四寸厚寸是謂內鎮宗后守之如王之鎮圭也射其外鉏牙

疏注如王至鉏牙○釋曰言大琮者對上駔琮五寸爲大也言十有二寸者幷角徑之爲尺二寸言射四寸者據角各出二寸兩相幷四寸言是謂內鎮者對天子執鎮圭爲內謂若內宰對大宰爲內內司服對司服爲內王不言外者男子居外是其常但婦人陰則得內稱也云射其外鉏牙者據八角鋒故云鉏

牙也駔琮七寸鼻寸有半寸天子以爲權鄭司農云以爲權故有鼻也疏此駔琮至爲權○釋曰天子以爲權故有
鼻上后權不言鼻者舉以見后亦有鼻可知兩圭五寸有邸以祀地以旅四望邸謂之。柢有邸僢共本也○柢音帝劉作
柢戶古反僢昌絹反疏兩圭至四望○釋曰此亦依典瑞所解謂祀神州之神於北郊及國有故旅祭四望以對四圭有邸祀天及旅上帝也若。天地自用
黃琮云僢共本也者亦一玉俱成兩圭。尺相對爲僢也瑑琮八寸諸侯以享夫人獻於所朝聘君之夫人也疏瑑琮至夫人○
釋曰言以享夫人則是諸侯自相朝所用致享者也五等諸侯朝天子享用璧琮不降瑞若自相享降瑞一等此八寸據上公二王後自相享亦用璧琮八寸
侯伯當六寸子男自相享退用琥璜降用四寸經言諸侯正是朝注兼云聘者其臣聘瑑圭璋璧琮亦皆降一等與君寸數同故兼言聘也此經直言瑑琮不
言瑑璧以享君文略可知也案十有二寸棗㮚十有二列諸侯純九大夫純五夫人以勞諸
侯純猶皆也鄭司農云案玉案也夫人天子夫人玄謂案玉飾案也夫人王后也記時諸侯僭稱王而夫人之號不別是以同王后於夫人也玉案十二以
爲列王后勞朝諸侯皆九列聘大夫皆五列則十有二列者勞二王之後也棗㮚實於器乃加於案聘禮曰夫人使下大夫勞以二竹簋方玄被纁裏有蓋其
實棗烝㮚擇兼執之以進○勞力報反注同被皮寄反疏案十至諸侯○釋曰案十有二寸者謂玉案十有二枚云棗。栗十有二列案案皆有棗栗爲列
十有二者還據案十二爲數不謂一案之上十有二也○注純猶至以進○釋曰先鄭云夫人天子夫人後鄭不從者勞諸侯以王后爲主豈不見后先見三
夫人乎故不從也玄謂案玉飾案也者以其在玉人故知以玉飾案也云記時諸侯僭稱王者春秋之世吳楚及越僭號稱王而吳楚夫人不稱后是夫人之
號不別也云是以同王后于夫人也者周王與吳楚同號王故周王后號亦下同吳楚之夫人也云案十有二以爲列者微破賈馬以此十二列比聘禮醯醢

夾碑百饔十以爲列云王后勞朝諸侯皆九列聘大夫皆五列則十二列勞二王之後也者以其經夫人以勞諸侯文在下總結上文三者故以此義推量之二也云棗臬實于器乃加於案者此約聘禮故卽引聘禮爲證也聘禮五介入境張旜是侯伯之卿大夫聘者也而主國夫人使下大夫勞賓以二竹簋方者簋法圜今此竹簋方爲之者此或棗臬與黍稷簋異也玄被者以玄縉爲表彼聘禮諸侯夫人使下大夫勞無案直有棗栗此后勞有棗栗又亦有案引之者證此棗栗亦盛於竹簋者也

璋邸射素功以祀山川以致稍餼邸射剡而出也致稍餼造賓客納稾食也鄭司農云素功無瑑飾也餼或作氣杜子春云當爲餼〇造七報反

疏注邸射至爲餼〇釋曰云以祀山川者謂四望之外所有山川皆是云邸射剡而出也者向上謂之出半圭曰璋璋首邪却之今於邪却之處從下向上總邪却之名爲剡而出云致稍餼造賓客納稾食也者謂賓客在館主君使人造賓客納稾食稾食則米者也以其經云稍餼稍稍致之是食米曰稾者也

楖人闕〇楖莊密反本或作櫛

雕人闕〇雕音彫本亦作彫

磬氏爲磬倨句一矩有半必先度一矩爲句一矩爲股而求其弦既而以一矩有半觸其弦則磬之倨句也磬之制有大小此假矩以定倨句非用其度耳〇倨音據句沈音鉤注同劉如字先度待洛反

疏注必先至度耳〇釋曰鄭云必先度一矩爲句者據上曲者一矩爲股據下直一者而求其弦者弦謂兩頭相望者云既而以一矩有半觸其弦者假令句股各一尺今以一尺五寸觸兩弦其句股之形卽磬之倨句折殺也云磬之制有大小者。按樂。云。磬前長三律二尺七寸後長二律尺八寸是磬有大小之制也云此假矩以定倨句非用其度耳者謂此經倨句各一矩弁一矩有半皆假設言之以定倨句及其作磬非用此度自依律長短爲之也其博爲一博謂股博也博廣也【疏】注博謂至廣也○釋曰鄭知此博是股廣在上者以其下文因此博而云股爲二明此博即股廣也此上下云一二三者此亦假一二三而爲長短廣狹故不言尺寸也股爲二鼓爲三參分
其股博去一以爲鼓博參分其鼓博以其一爲之厚鄭司農云股磬之上大者鼓其下小者所當擊者也
玄謂股外面鼓內面也假令磬股廣四寸半者股長九寸也鼓廣三寸長尺三寸半厚一寸○去起呂反令力呈反後皆同【疏】注鄭司至一寸○釋曰先鄭云股磬之上大者鼓其下小者以其股面廣鼓面狹故以大小而言也玄謂股外面也者以其在上故以爲外鼓內面也者以其在下故以爲內言假令者經直言一二三不定尺寸是假設之言也若定尺寸自當依律爲短長也以四寸半爲法者直取從此。已下爲易計非實法也已上則摩其旁鄭司農云磬聲大上則摩鑢其旁玄謂大上聲清也薄而廣則濁○已上時掌反注同大音泰劉宅賀反下同鑢音慮【疏】注鄭司至則濁○釋曰先鄭直云摩鑢其旁不言處所故後鄭增成之凡樂器厚則聲清薄則聲濁今大上是聲清故摩使薄薄而廣則濁也已下則摩其耑。大下聲濁也短而厚則清○耑音端劉又音穿本或作端【疏】注大下至則清○釋曰此聲濁由薄薄不可使厚故摩使短短則形小形小則厚厚則聲清也
矢人爲矢鍭矢參分茀矢參分一在前二在後參訂之而平者前有鐵重也司弓矢職茀。當爲殺鄭司農云一在前謂箭。稾中鐵莖居參分殺一以前○鍭矢音侯劉音侯茀音殺色黠反劉色例反李音拂訂音亭劉當定反稾古老反下同【疏】注參訂至以前○釋曰云參訂之而平者以其言參分一在前二在後明據稱量得訂。而言之云前有鐵重也者若不前鐵重何以參分得訂也引司弓矢職者彼鍭矢與殺矢相對茀矢自與矰矢相對此上既言。鍭矢明下宜有殺矢對之故破此茀爲殺。也。先鄭云一在前謂箭稾中鐵莖居參分殺一以前者後鄭意直據近鏃鐵多先

鄭據長短又以參分殺一近鏃宜細以其鏃長近鏃雖殺猶重與後鄭義合故引之在下也

兵矢田矢五分二在前三在後鐵差短小也兵矢謂枉矢絜矢也此一矢亦可以田田矢謂矰矢○絜苦結反又音結一矰音增

疏注鐵差至矰矢○釋曰云鐵差短小也者前參分一在前得訂此五分二在前得訂故知鐵差短小也云兵矢謂枉矢絜矢也者以司弓矢職參之下有七分當茀矢矰矢此五分當枉矢絜矢也云田矢謂矰矢者依鄭志此云田矢謂矰矢非謂經中田矢矢正是下文七分者若然既非經之田矢鄭言之者欲見矰矢正田矢此經二矢亦可以田若然經枉矢絜矢非直為兵矢亦將田獵故云此二矢亦可以田也按鄭志趙商問司弓矢注云凡矢之制矰矢之屬七分三在前四在後按矢人職曰田矢五分二在前三在後注云田矢謂矰矢數不當應不知所裁答曰田矢謂矰矢此先定後云此二矢亦可以田頭。若少疾此疏初在篋笥之間屬錄事得之謹答若然鄭君本意以矰矢為田矢非經田矢自是尋常田矢此二矢亦可以田解經田矢是枉矢絜矢非直為兵矢此二者亦可以田也此鄭云二田矢謂矰矢按司弓矢職枉矢絜矢言利諸田獵茀矢矰矢直言弋射不言田獵而云田矢者弋射即是田獵也按司弓矢職枉矢絜矢在前後乃云鍭矢殺矢此矢人先言鍭矢殺矢者彼據事之重者為先以其枉矢絜矢用諸戰伐是重故在前此據鐵輕重重者在前故不同也

殺。矢七分三在前四在後鐵又差短小也司弓矢職殺當為茀○殺依注為茀劉符弗反李音拂

疏注鐵又至為茀○釋曰上經已破茀當為殺此殺固宜為茀與矰矢同七分故亦引司弓矢證之也此經直言茀矢不言矰矢者以其與茀矢同制故略而不言也言鐵又差短小也者以其前五分二在前此七分三在前是差短小也

參分其長而殺。其一矢稾長三尺殺其前一尺令趣鏃也○殺本又作𣫕色界反注下皆同趣七喻反一令音促鏃子木反或七木反

疏注矢稾至鏃也○釋曰按稾人注矢服長短之制未聞今此注云矢稾長二尺彼以無正文故云未聞此云云三尺者約羽六寸逆差之故知三尺也

五分其長而羽

其一羽者六寸○羽于付反注及下同以其笴。厚爲之羽深笴讀爲槀謂矢幹古文假借字厚之數未聞○笴古老反下相笴同
水之以辨其陰陽辨猶正也陰沈而陽浮○辨皮勉反劉方免反【疏】注辨猶至陽浮○釋曰就其浮沈刻記之夾其陰陽以
設其比夾其比以設其羽夾其陰陽者弓矢比在槀兩旁弩矢比在上下設羽於四角鄭司農云比謂括也○夾古洽反劉古協反
比毗志反下及注同【疏】注夾其至括也○釋曰云弓矢比在槀兩旁者以其弓豎用之故比在槀之兩畔云弩矢比在上下者以其弩弓橫用之故比在槀
上下云設羽於四角者無問弓之矢弩之矢比在兩旁上下皆設羽於四角同也參分其羽以設其刃刃二寸【疏】注刃二寸○釋
曰知刃二寸者以其言參分其羽以設其刃不可參分取二分作四寸刃明知參分取一得二寸爲刃故知刃二寸則雖有疾風亦弗之
能憚矣故書憚或作但。鄭司農云讀當爲憚之以威之憚謂風不能驚憚箭也○憚音怛都達反李直旦反注同李又直丹反刃長寸圍
寸鋌十之重三垸刃長寸脫二字鋌一尺○鋌直頂反垸音丸【疏】注刃長至一尺○釋曰知脫二字者據上參分其羽以設其刃若刃
一寸則羽三寸矢一尺五寸便大短明知脫二字也前弱則俛後弱則翔中弱則紆中強則揚羽豐則遲
羽殺則趮言幹羽之病使矢行不正俛低也翔迴。顧也紆曲也揚飛也豐大也趮旁掉也○趮音躁子到反旁掉也沈又色到反掉徒弔反是
故夾而搖之以眡其豐殺之節也今人以指夾矢。儛衞是也○搖本又作摇羊招反【疏】是故至節也○釋曰上經陳幹
羽失所今此經說知矢之羽病狀故云夾而搖之以眡其豐殺之節也橈之以眡其鴻殺之稱也橈。搦其幹○橈乃孝反稱尺證
反搦女角反【疏】橈之至稱也○釋曰此經說知矢幹之病狀此言鴻郎上文強是也此言殺郎上文弱是也凡相笴欲生而摶。同

摶欲重同重節欲疏同疏欲臬相猶擇也生謂無瑕。蠹也摶讀如摶黍之摶謂圜也鄭司農云欲臬欲其色如臬也○相息亮反注同摶徒丸反蠹丁故反【疏】注相猶至臬也○釋曰云生謂無瑕蠹也者直言欲生於義無所取故以無瑕蠹解之無瑕謂無異色無蠹謂無蠹孔也云摶讀如摶黍之摶者讀如爾雅釋鳥黃鳥摶黍也此取其摶圜之義先鄭云欲臬欲其色如臬也者觀經臬義取堅實先鄭云色如臬卽是堅實者

陶人爲甗實二鬴厚半寸脣寸盆實二鬴厚半寸脣寸甑實二鬴厚半寸脣寸七穿量六斗四升曰鬴鄭司農云。甗無底甑○甗魚輦反又音喧劉魚建反沈魚偃反一音彥甑也鬴音輔【疏】注量六至底甑釋曰六斗四升曰鬴昭三年左氏傳齊晏子辭云甗無底甑者對甑七穿是有底甑

鬲實五觳厚半寸脣寸庾實二觳厚半寸脣寸鄭司農云觳。讀爲斛觳受三。斗聘禮記有斛玄謂豆實三而成觳則觳受斗二升庾讀如請益與之庾之庾○鬲音歷觳音斛【疏】注鄭司至之庾○釋曰先鄭云觳。讀爲斛觳受三。斗又引聘禮記有斛者按下旊人豆實三而成觳受斗二升有成文而先鄭讀觳爲斛斛受十斗又云觳受三斗復引聘禮記有觳斛其言自相亂後鄭皆不從之也玄謂豆實三而成觳出於下文引之破先鄭觳受三斗或十斗也讀庾爲請益與之庾之庾者讀從論語孔子冉有辭小爾雅匊二升二匊爲豆豆四升四豆曰區四區曰釜二釜有半謂之庾者庾本有二法故聘禮記云十六斗曰籔注云今文籔爲逾逾卽庾也按昭二十六年申豐云粟五千庾杜注云庾十六斗以此知庾有二法也

旊。人爲簋實一觳崇尺厚半寸脣寸豆實三而成觳崇尺崇高也豆實四升○旊方往反【疏】旊人至崇尺○釋曰祭宗廟皆用木簋今此用瓦簋據祭天地及外神尚質器用陶匏之類也注云豆實四升者晏子辭按易損卦象云二簋可用享四以簋進黍

稷於神也初與二直其四與五承上故用二簋四巽爻也巽爲木五離爻也離爲日日體圜木器而圜簋象也是以知以木爲之宗廟用之若祭天地外神等則用瓦簋故郊特牲云埽地而祭於其質也器用陶匏以天地之性是其義也若然簋法圜舍人注云方曰簠圜曰簋注與此合孝經云陳其簠簋注云內圓外方者彼發簠而言之

凡陶瓬之事髻墾薜暴不入市

爲其不任用也鄭司農云髻讀爲刮薜讀爲藥黃蘗之蘗暴讀爲剝玄謂髻讀爲跀墾頓傷也薜破裂也暴墳起不堅致也○髻音刮墾苦狠反薜卜革反劉薄駁反注同暴音剝又音雹或蒲到反爲于僞反任音壬跀劉音月或五刮反一音兀又五活反墳扶粉反致直吏反

疏注爲其至致也○釋曰先鄭云髻讀爲刮刮是亂刮摩之義故不任用理無所取故後鄭不從薜讀爲藥黃蘗之蘗取音同又以暴爲剝者凡爲器無剝破之義故後鄭亦不從也玄謂髻讀爲跀跀謂器不正斂邪者也

器中膊豆中縣

膊讀如車輇之輇既拊泥而轉其均封膊其側以擬度端其器也縣縣繩正豆之柄○中丁仲反下同膊市專反注同縣音玄後皆放此拊音附又方附反封音樹本又作樹擬疑紀反度待洛反

疏注膊讀至之柄○釋曰云膊讀如車輇之輇者讀從雜記載以輇車之輇取音同也云封膊其側者按下文膊崇四尺上下高四尺無邪曲轉其均之時當擬度此膊宜與膊相應其器則正也豆中縣者豆柄中央把之者長一尺宜上下直與縣繩相應其豆則直

膊崇四尺方四寸

凡器高於此則埒不能相勝厚於此則火氣不交因取式焉○埒芳符反又普回反勝音升○

疏注凡器至式焉○釋曰高於此謂崇四尺有餘也厚於此謂厚於方四寸謂埒拊四畔各一寸也埒厚火氣不交埒不孰則易破者也○

梓人爲筍虡

樂器所縣橫曰筍植曰虡鄭司農云筍讀爲竹筍之筍○簨息允反本又作筍虡音巨植直吏反又時力反○

疏梓人爲筍虡○釋曰此文與下文爲總目耳故下文重說爲筍虡之法也○注樂器至之筍○釋曰樂器所縣於筍虡者謂鍾磬鎛者也先鄭筍讀爲竹筍之筍筍謂竹初生

則臨人笱簴者也亦取音同也天下之大獸五脂者膏者臝者羽者鱗者脂牛羊屬膏豕屬臝者謂虎豹貔。螭爲獸淺毛者之屬羽鳥屬鱗龍。蛇之屬〇臝力果反下同貔音毗螭來知反

疏天下至鱗者〇釋曰此文亦與下爲目故下亦別列五者所用不同也〇注脂牛至之屬〇釋曰知脂是牛羊屬膏豕屬者下云二者祭宗廟以爲牲故知也鄭注內則云凝者曰脂釋者曰膏臝屬者謂虎豹貔貙淺毛者之屬按月令季夏亦云其蟲臝注云虎豹淺毛者鱗龍蛇之屬者月令春云其蟲鱗注云龍蛇之屬也

宗廟之事脂者膏者以爲牲致美味也

疏宗廟至爲牲〇釋曰上總言於此已下別言之者欲分別可爲笱簴者也

臝者羽者鱗者以爲笱簴貴野聲也

疏臝者至笱簴〇釋曰此三者以爲笱簴仍是總言可以爲笱簴以別於上云爲牲者耳至下文仍更辨別可爲笱可爲簴二者不同者也

外骨內骨卻。行仄行連行紆行以脰鳴者以注鳴者以旁鳴者以翼鳴者以股鳴者以胷。鳴者謂之小蟲之屬以爲雕琢刻畫祭器博庶物也外骨龜屬內骨鱉屬卻行螾衍之屬仄行蟹屬連行魚屬紆行蛇屬脰鳴鼃黽屬注鳴精列屬旁鳴蜩蜺屬翼鳴發皇屬股鳴蚣蝑動股屬胷鳴榮原屬〇卻羌略反劉去逆反仄音側紆乙俱反李又香于反脰音豆頸也注陟又反劉都豆反一音之樹反胷鳴本亦作骨又作膏于本作骨云儆屁屬也賈馬作胃賈云靈蠵也鄭云榮原屬也不知榮原之屬以何鳴作骨者恐非也沈云作胷爲得亦所未詳聶音胃劉本作胷音鹵琢丁角反鱉必滅反本又作鱉螾衍上羊忍反下如字爾雅云螾衍入耳郭璞云蚰蜒也按此蟲能兩頭行是卻行劉云或作衍蚓衍音延今曲蟮也鼃戶媧反黽莫幸反蜩音條蟬也蜺五兮反又五歷反又五結反蚣息容反蝑思餘反又思呂反榮原如字原亦作螈音同又五丸反

疏注刻畫至原屬〇釋曰上云大鳥獸或爲宗廟牲或爲笱簴。設今此更別言小蟲之屬以飾祭器者也自紆行以上不能鳴者據行而言自脰鳴已下能

鳴者據鳴而言云以爲雕琢者以雕畫及刻爲琢飾者也此注龜爲外骨蟹爲內骨按易說卦云離爲鼈爲蟹爲龜注皆云骨在外與此注違者龜鼈皆外骨但此經外骨內骨相對以鼈外有肉緣故爲內骨也云卻行蟥衍之屬者按爾雅釋蟲蟥衍入耳按方言云兩衍注云延兩音自關而東謂之蟥衍音引云仄行蟹屬者今人謂之旁蟹以其側行故也云連行魚屬者以其魚唯行相隨故謂之連行也云紆行蛇屬者紆曲也以其蛇行屈曲故謂之紆行也云脰鳴鼃黽屬者鼃黽即蝦蟇也脰項也以其項中鳴也云注鳴精列屬者按釋蟲云蟋蟀蛬注云今促織也亦名青蛚方言楚謂之蟋蟀或謂之蛬南楚之間或謂之王孫云旁鳴蜩蜺屬者此即蟬也蟬鳴在脅云翼鳴發皇屬者按爾雅蛂蟥蛢郭云甲蟲也大如虎豆綠色今江東呼爲黃蛢即此發皇也云股鳴蚣蝑動股屬者七月詩云五月斯螽動股陸機云幽人州人謂之舂箕長而青角長股股鳴者云胷鳴榮原屬者此記本不同馬融以爲胃鳴干寶本以爲骨鳴胃在六府之內其鳴又未可以骨爲狀亦難信皆不如作胷鳴也揚雄以爲蛇醫或謂之榮原○

厚脣弇口出目短耳大胷燿後大體短脰若是者謂之贏屬恆有力而不能走其聲大而宏有力而不能走則於任重宜大聲而宏則於鍾宜若是者以爲鍾虡是故擊其所縣而由其虡鳴

燿讀爲哨頎小也鄭司農云宏讀爲紘綖之紘謂聲音大也由若也○弇於檢反燿所教反劉李羊肖反哨音稍劉李音與燿同沈蘇堯反頎小音傾李一音懇

【疏】注燿讀至若也○釋曰云燿讀爲哨頎小也者哨與頎皆是少小之義故云哨頎小也凡猛獸有力者皆前麤後細故云大胷燿後先鄭讀宏爲紘綖之紘讀從桓二年臧哀伯云衡紞紘綖取其音同耳

銳喙決吻數目顧脰小體騫腹若是者謂之羽屬恆無力而輕其聲清陽而遠聞無力而輕則於任輕宜其聲清陽而遠聞於磬宜

若是者以爲磬虡故擊其所縣而由其虡鳴吻口腃也顧長脰貌故書。顧或作牼鄭司農云牼讀爲。爲鬜頭無髮之鬜○銳喙況廢反一音昌銳反決如字又烏穴反吻劉無憤反戚亡粉反數劉音促李粗角反顧苦顏反又楷田反李又古慳反又戶弔反聞音問下同腃音權牼劉苦顏反又客田反一音工定反按左傳有華牼音苦耕反鬜劉苦顏反呂沈同云鬜禿也或若瞎反一音枯曷反【疏】銳喙至虡鳴○釋曰上既言鍾虡此說磬虡磬輕於鍾故畫爲爲飾○注吻口至之鬜○釋曰云吻口腃者鳥乃喙長決物食之時則以近喙本決故云決吻鄭云吻口腃也。云顧長脰貌者脰項也謂長項貌。先鄭云讀爲鬜頭無髮之鬜者時。俗有以無髮爲鬜故讀從之亦取音同也此是鍾磬之虡不言鏄虡鏄虡與鍾同以其鏄如鍾而大獨在一虡爲異耳

小首而長摶身而鴻若是者謂之鱗屬以爲筍摶圜也鴻傭也○摶徒丸反傭勑龍反【疏】小首至爲筍○釋曰上論鍾磬之虡用鳥獸不同此論二者之筍同用龍蛇鱗物爲之也故直云爲筍不別言鍾之與磬欲見二者同也

凡攫。閷援簭。之類必深其爪。出其目作其鱗之而謂筍虡之獸也深猶藏也作猶起也之而頰頌也○攫俱縛反舊居碧反李又九夫反閷色界反劉色例反援音袁簭音筮頰頌音許慎口忽反云禿也劉九本反李又其懇反一音苦紇反又音混【疏】凡攫至之而○釋曰此及下經覆釋上文鍾虡之獸云攫閷者攫著則閷之援攫則噬之如此之類必藏其爪出其目又作其鱗之而鱗之而謂動頰頌此皆可畏之貌○注筍虡至頌也○釋曰此說鍾虡。云之獸不言筍鄭言筍者筍虡相將之物故連言之耳云鱗之而頰頌也者舊讀頌字以沽罪反謂起其頰頌劉。炫以爲於義無所取當爲頰頌。壹讀之於義爲允也

深其爪出其目作其鱗之而則於眡必撥爾而怒苟撥爾而怒則於任重宜且其匪色必似鳴矣匪采貌也故書撥作廢匪作飛鄭司農云廢讀爲撥飛讀爲匪。以。似爲發○撥必末反沈蒲末

反匪芳鬼反注下同疏深其至鳴矣○釋曰此經重解上文之義鄭云匪采貌者以其以色配匪明匪是采貌也先鄭云以似爲發者以似非直實故爲發發謂鳴聲發謂者也爪不深目不出鱗之而不作則必穨爾如委矣苟穨爾如委則加任焉則必如將廢措其匪色必似不鳴矣措猶頓也故書措作厝杜子春云當爲措○穨爾如字李湯過反廢措七故反注同厝劉音錯七洛反又七故反疏爪不至鳴矣○釋曰此經說脂者膏者止可爲牲不可以爲虡之義也子春從措不從厝者厝置之義非措頓故從措也

梓人爲飲器勺一升爵一升觚三升獻以爵而酬以觚一獻而三酬則一豆矣勺尊升也觚豆字聲之誤觚當爲觶豆當爲斗○勺上灼反注同觚依注作觶之豉反下同豆依注作斗舊音注亦多口反下一豆酒同觚豆音孤疏注勺尊至爲斗○釋曰爵制今韓詩說一升曰爵二升曰觚三升曰觶四升曰角五升曰散古周禮說亦與之同謹按周禮一獻三酬當一豆即觚二升不滿豆矣鄭玄駮之云觶字角旁支汝潁之閒師讀所作今禮角旁單古書或作角旁氏角旁氏則與觚字相近學者多聞觚寡聞觚寫此書亂之而作觚耳又南郡大守馬季長說一獻而三酬則一豆豆當爲斗一爵三觶相近禮器制度云觚大二升觶大三升是故鄭從二升觚三升觶也鄭云觚豆字聲之誤者觶字爲觚是字之誤斗字爲豆是聲之誤食一豆肉飲一豆酒中人之食也一豆酒又聲之誤當爲斗凡試梓飲器鄉衡而實不盡梓師罪之鄭司農云梓師罪也衡謂麋衡也曲禮執君器齊衡玄謂衡平也平爵鄉口酒不盡則梓人之長罪於梓人焉○鄉許亮反注同長丁丈尺疏注鄭司至人焉○釋曰先鄭云梓師罪也者謂梓師身自得罪後鄭不從者梓師是梓官之長不可自受罪故爲梓師罪

梓人也先鄭云衡謂麋衡也者麋卽眉也但器有大小不可據上畔與眉平故後鄭不從據下畔無問大小皆得平也引曲禮者彼衡謂與心平與此義異引之者雖於處不同平義相似故引之也

梓人爲侯廣與崇方參分其廣而鵠居一焉崇高也方猶等也高廣等者謂侯中也天子射禮以九爲節侯道九十弓弓二寸以爲侯中高廣等則天子侯中丈八尺諸侯於其國亦然鵠所射也以皮爲之各如其侯也居侯中參分之一則此鵠方六尺唯大射以皮飾侯大射者將祭之射也其餘有賓射燕射○參分方云反注參分下身居一分同鵠古篤反注下同射食亦反下射三侯下文射女同

疏梓人至一焉○釋曰禮射有三有燕射賓射大射大射鵠賓射燕射侯法亦與此同○注崇高至燕射○釋曰云高廣等者謂侯中也者鄉射記云弓二寸以爲侯中中則身也云天子射禮以九爲節者按射人及樂師皆云天子以騶虞九節是也云侯道九十弓者此約大射禮大侯九十弓天子九節亦九十弓可知云弓二寸以爲侯中者鄉射記。文鄉侯五十弓弓二寸以侯中侯中一丈則九十弓者侯中丈八尺云諸侯於其國亦然者大射禮云大侯九十糝侯七十豻侯五十是也但天子九十弓無文約取畿外諸侯有九十七十五十弓今此以天子至尊爲主以諸侯亦如之云鵠所射也者射義云爲人君者以爲君鵠爲人臣者以爲臣鵠又云循聲而發發而不失正鵠者其唯賢者乎是所射者也云以皮爲之各如其侯也者侯謂以皮飾兩畔其鵠之皮亦與。飾侯用皮同也謂若虎侯以虎皮飾侯側其鵠亦用虎皮其餘熊豹麋等亦然云居侯中參分之一者釋經參分其廣而鵠居一焉云則此鵠方六尺者以侯方丈八尺三六十八故知方六尺也云唯大射以皮飾侯者對賓射以五色飾侯之側爲雲氣也燕射射獸侯者亦畫雲氣飾侯之側也云大射者將祭之射也者射義說大射之事云其容體比於禮其節比於樂而中多者得與於祭是將祭而射謂之大射也其餘有賓射燕射者禮射者有此三也賓射射。之所掌是也燕射燕禮所云是也又鄉射記亦云燕射之事也其餘更有鄉射不言者鄉射射采侯則亦賓射也故不別言也上兩个與其身三下兩个半之鄭司農云兩个謂布可以維持侯者也上方兩枚與身三設身廣一丈兩个各一丈凡為三丈下兩个半之傅地故短也玄謂个讀若齊人。搢幹之幹上个下个皆謂舌也身躬也鄉射禮記曰倍中以為躬倍躬以為左右舌下舌半上舌然則九節之侯身三丈六尺上个七丈。二尺下个五丈四尺其制身夾中个夾身在上下各一幅此侯凡用布三十六丈言上个與其身三者明身居一分上个倍之耳亦為一下个半上个出也个或謂之舌者取其出而左右也侯制上廣下狹蓋取象於人也張臂八尺張足六尺是取象率焉〇兩个讀為幹古旦反下及注同李云大鄭依字傅音附搢乃答反亦為于僞反率音類本又作類又音律

疏上兩至半之〇釋曰此經云身即中上布一幅者是也上兩个居二分身居一分故云上兩个與其身三謂三分如等也云下兩个半之者謂半其出者也一侯二侯三侯皆然故不定侯一名也〇注鄭司至率焉〇釋曰先鄭意身即與中一為一謂方丈者其上又加布一幅長三丈為兩个後鄭不從者侯有中有躬有个三者今先鄭唯有身不見中故不從之也玄謂个讀若齊人搢幹之幹者讀從公羊傳桓公朝齊齊侯使公子彭生搢幹而殺之是幹為。搢骨故云脅幹之幹此个亦與侯為幹故讀從之也引鄉射記者欲見有中有躬有舌三者云下个五丈四尺者其上兩个各出丈八尺今此下个上出九尺兩畔共減十八尺故有五丈四尺云此侯凡用布三十六丈者古者布幅廣二尺二寸二寸為縫皆以二尺計之此侯是九十弓侯侯中丈八尺則九幅布布長丈八尺九幅九丈幅有八尺為七丈二尺添前為十六丈二尺上下躬各三丈六尺即上下共為七丈二尺其上个七丈二尺下个有五丈四尺添前總用布三十六丈也其七十弓侯侯中一丈四尺其五十弓侯侯中一丈皆倍中以為躬倍躬以為左右个計之皆可知也上綱與下綱出舌尋縜。寸焉。綱所以繫侯於植者也上下皆出舌一。尋者亦人張手之節也鄭司農云綱連侯繩也縜籠綱者縜讀為竹中皮之縜舌維持侯者〇縜於貧

反或尤粉反劉侯犬反一音古犬反植直吏反龍鹿工反【疏】上綱至寸焉○釋曰綱以繫侯於植者也植則在兩傍邪。豎之也必知邪豎之者下个半上。个皆出舌尋明知兩相皆邪向外豎之也

張皮侯而棲鵠則春以功皮侯以皮所飾之侯司裘職曰王大射則共虎侯熊侯豹侯設其鵠謂此侯也春讀爲蠢蠢作也出也天子將祭必與諸侯羣臣射以作其容體出其合於禮樂者與之事鬼神焉○棲音西春出允反【疏】張皮至以功○釋曰云張皮侯者天子三侯用虎熊豹皮飾侯之側號曰皮侯而棲鵠者各以其皮爲鵠名此爲鵠者綴於中央似鳥之棲故云而棲鵠也○注皮侯至神焉釋曰天子將祭已下皆取射義之意以解此也

張五采之侯則遠國屬五采之侯謂以五采畫正之侯也射人職曰以射法治射儀王以六耦射三侯三獲三容樂以騶虞九節五正下曰若王大射則以貍步張三侯明此五正之侯非大射之侯明矣其職又曰諸侯在朝則皆北面遠國屬者若諸侯朝會王張此侯與之射所謂賓射也正之方外如鵠內二尺五采者內朱白次之蒼次之黃次之黑次之其侯之飾又以五采畫雲氣焉○畫正音征下皆同獲如字下皆同或音胡化反【疏】張五至國屬○釋曰此據賓射之侯言五采是九十弓之侯若七十弓者則三正五十弓者則二正也言遠國屬者對畿內諸侯爲遠國若以要服以內對夷狄諸侯則夷狄爲遠國也○注五采至氣焉○釋曰鄭引射人職賓射及大射二者陰破賈馬以此五采與上春以功爲一物故云非大射之侯明矣云正之方外如鵠者惟云參分其侯鵠居一焉不見賓射之侯故云如鵠亦當參分其侯正居一焉云內二尺者中央畫朱方二尺故司裘注引諸家方二尺曰正以此二尺爲本其外以白蒼等充其尺寸使大如鵠也凡畫正皆先以朱次白次青次黃次玄以射是相剋伐之事故還以向南爲本其次皆以相剋爲次其三正者去玄黃二正者又去白青直以朱綠也云其侯之飾又以五采畫雲氣焉者皮侯以皮爲飾其側此正卽畫明其側亦以雲氣爲飾也

張獸侯則王以息燕獸侯畫獸之侯也鄉射記曰凡侯天子熊侯白質諸侯麋侯赤質大夫布侯畫以虎豹士

布侯畫以鹿豕凡畫者丹質是獸侯之差也息者休農息老物也燕謂勞使臣若與羣臣閒暇飲酒而射○勞力報反使色吏反疏注獸侯至而射○釋曰此燕射之侯也引鄉射記白質赤質者皆以白土赤土塗之大夫士言布謂白布不塗君畫一臣畫二取陽奇陰耦之義畫虎熊豹取君臣相犯畫麋鹿豕者取其君臣相養凡畫者丹質以周尚赤故以赤為質地也云息者休農息老物也者謂十月農功畢君臣飲酒以休農止息之老萬物也云燕謂勞使臣若與羣臣飲酒而射者勞使臣謂若四牡勞使臣之來若與羣臣飲酒者君臣閒暇無事而飲酒云而射者息老物及勞使臣并無事飲酒三者燕皆有射法此燕射以其事褻天子已下唯有五十步侯而已無尊卑之別也

祭侯之禮以酒脯醢謂司馬實爵而獻獲者于侯薦脯醢折俎獲者執以祭侯○折之設反疏祭侯至脯醢○釋曰鄭云謂司馬實爵獻獲者于侯已下皆依大射而言彼雖諸侯禮天子射亦然又此不辨大射賓射燕射則三等射皆同按大射司馬正洗散遂實爵獻服不服不侯西北三步北面拜受爵乃祭侯左右个及中

其辭曰惟若寧侯若猶女也寧安也謂先有功德其鬼有神○女音汝下文并注同疏注若猶至有神○釋曰祭侯者祭先有功德之侯若射侯則射不寧侯有罪者也下文毋或一經是也舉有功以勸示又舉有罪以徵之故兩言之也

毋或若女不寧侯不屬于王所故抗而射女或有也若如也屬猶朝會也抗舉也張也○毋音無

強飲強食詒女曾孫諸侯百福詒遺也曾孫諸侯謂女後世為諸侯者○強其丈反下同詒羊之反又羊志反遺唯季反

廬人為廬器戈柲六尺有六寸殳長尋有四尺車戟常酋矛常有四尺夷矛三尋柲猶柄也八尺曰尋倍尋曰常酋夷長短名酋之言遒也酋近夷長矣○廬力吳反下同柲音秘殳音殊酋在由反遒在由反或子由反沈慈有反疏

注柲猶至長矣○釋曰凡此經所云柄之長短皆通刃爲尺數而言八尺曰尋倍尋曰常皆約上文。車有六等之數皆以四尺爲差而知之也云酋夷長短名酋近夷長矣按上注以酋夷爲發聲則無義例至此而言長短名爲義解之者鄭意雖是發聲夷爲長故開口引聲而言之酋爲短故合口促聲而言之也

凡兵無過三其身過三其身弗能用也而無已又以害人人長八尺與尋齊進退之度三尋用兵力之極也而無已不徒止耳疏注人長至止耳○釋曰此據極長者夷矛三尋而言云而無已又以害人者已止也謂不徒止又以害人人自已身也

故攻國之兵欲短守國之兵欲長攻國之人衆行地遠食飲飢且涉山林之阻是故兵欲短守國之人寡食飲飽行地不遠且不涉山林之阻是故兵欲長言罷羸宜短兵壯健宜長兵○罷音皮羸劣皮反疏注言罷至長兵○釋曰按司馬法云弓矢圍殳矛守戈戟助此言攻國之兵欲短則弓矢是也守國之兵欲長則殳矛是也言戈戟助者攻國守國皆有戈戟以助弓矢殳矛以其戈戟長短處中故也

凡兵句兵欲無彈刺兵欲無蜎是故句兵椑刺兵摶句兵戈戟屬刺兵矛屬故書彈或作但蜎或作絹鄭司農云但讀爲彈丸之彈彈謂掉也絹讀爲悁邑之悁悁謂橈也椑讀。爲鼓鼙之鼙玄謂蜎亦掉也謂若井中蟲蜎。之蜎齊人謂柯。斧。柄爲椑則椑隋圜也摶圜也○句劉俱具反沈音鉤下注同彈徒旦反注同刺七賜反注同蜎於全反又於兖反李又烏犬烏玄二反或巨兖反椑薄兮反注鼙同摶徒丸反掉徒弔反悁烏玄反橈乃教反下同蟲蜎巨兖反隋他果反圜音圓疏注句兵至圜也○釋曰以戈有胡。孑其戟有援向外爲磬折。人胡刃向下故皆得爲句兵也先鄭云絹讀爲悁邑之悁者猶如詩云中心悁悁是悁邑之意故以義讀之也椑讀爲鼓鼙之鼙者讀從樂記云鼓鼙之聲之鼙也玄謂蜎亦掉也者同是欲堅勁不欲柔輭者也謂若井中蟲蜎之蜎者俗讀之井中有蟲蜎

蜎擾擾然也云椑隋圜者謂側方而去楞是也殳兵同強舉圍欲細細則校刺兵同強舉圍欲重重欲傳人傳人則密是故侵之改句言殳容殳無刃同強上下同也舉謂手所操鄭司農云校讀爲絞而婉之。絞重欲傳人謂矛柄之大者在人手中者侵之能敵也玄謂校疾也傳近也密審也正也人手操細以殳則疾操重以刺則正然則爲矜句兵堅者在後刺兵堅者在前〇校古飽反李又侯巧反傅音附下及注同操七曹反絞古飽反矜巨巾反下同

疏 注改句至在前〇釋曰云改句言殳者上云句兵謂戈戟此經云殳是改句云殳以殳長丈二而無刃可以殳打人故云殳兵也云同強上下同也者謂木末及中央皆同堅勁故云同強也先鄭云校讀爲絞而婉之絞絞疾也者按昭元年號之會叔孫穆子見楚公子圍曰美矣君哉及退會子羽謂子皮曰叔孫絞而婉注云絞切也故讀從之取切疾之義也云然則爲矜句兵堅者在後者以句兵向後牽之故云堅者在後也云刺兵堅者在前者以向前推之故云堅者在前也言此者欲見句兵手執處欲得細細則手執之牢也刺兵執處欲得麤而勁則手穩也

凡爲殳五分其長以其一爲之被而圍之參分其圍去一以爲晉圍五分其晉圍去一以爲首圍凡爲酋矛參分其長二在前一在後而圍之五分其圍去一以爲晉圍參分其晉圍去一以爲刺圍被把中也圍之圜之也大小未聞凡矜八觚鄭司農云晉謂矛戟下銅鐏也刺謂矛刃胷也玄謂晉讀如王。搢大圭之。搢矜所捷也首殳上鐏也爲戈戟之矜所圍如殳夷矛如酋矛〇被皮義反注同去起呂反下同晉如字又音箭把音霸鐏存悶反劉子悶反捷初洽反

疏 注被把至酋矛〇釋曰凡爲殳五分其長以其一爲之被而圍之者殳長丈二尺五分取一則得二尺四寸爲把處而圜之也參分其圍去一以爲晉圍者後鄭云晉謂矜所捷也則殳於手把處亦有銅鐏擬捷地豎之言參分其圍去一以爲晉圍又五分其晉圍

去一以爲首圍圍者鄭云圍之大小未聞則二者皆未知麤細也云首圍謂在上頭上頭宜稍細之也矛。去刺圍者謂柄入刃處也云凡矜八觚者以經二者近上手皆云圍之明不圍者爲八觚也先鄭云刺謂矛刃胷也者人胷當前故以前爲胷以其矛刃直前故名矛刃胷也玄謂晉讀如王搢大圭之搢者讀從典瑞云王搢大圭執鎭圭彼搢爲插此晉亦插故從之是以云矜所捷也云首殳上鐏也者殳下有銅鐏取其入地此殳首無亦以上頭爲首而稍細之以其似鐏故鄭云首殳上鐏也云爲戈戟之矜所圍如殳者以其上文云句兵次云殳兵注云改句言轂容殳無刃此文卽云殳以此互見言之足明戈戟之體與殳同也知夷矛與酋矛同者以其同是矛但長短爲異故知體亦同也

凡試廬事置而搖之以眡其蜎也灸。諸牆以眡其橈之均也橫而搖之以眡其勁也置猶。樹也灸猶柱也以柱兩牆之間輓而內之本末勝負可知也正於牆牆蹬○置如字李直吏反灸音救封也音樹柱知主反下同輓音挽蹬所立反本又作澄又作蹬同【疏】注置猶至牆蹬○釋曰此經有三事置而搖之謂豎之於地上以手搖之以眡其蜎蜎然均一否灸諸牆謂柱之兩牆觀其體之强弱均否橫而搖之謂橫置於膝上以一手執一頭搖之以眡其堅勁以否也

六建既備車不反覆謂之國工六建五兵與人也反覆猶軒輖○覆芳服反注同輖音周【疏】注六建至人也○釋曰知六建五兵與人者以其從上而下盧人所造有柄者戈戟殳與酋矛夷矛五兵而已按上車有六等除軫與人四兵此云六建建在車上明無軫自取人與五兵爲六建可知也○

匠人建國立王國若邦國者○【疏】注立王至國者○釋曰周禮單言國者據王國邦國連言據諸侯經既單言國鄭兼言邦國者以其下文有王及諸侯城制明此以王國爲主其中兼諸侯邦國可知下文又有都城制則此亦兼都城也○水地以縣於四角立植而縣以水望其高下高下既

定乃爲位而平地○位

疏注於四至平地○釋曰此經說欲置國城先當以水平地欲高下四方皆平乃始營造城郭也云於四角立植而縣者植即柱也於造城之處四角立四柱而縣謂於柱四畔縣繩以正柱柱正然後去柱遠以水平之法遙望柱高下定即知地之高下然後平高就下地乃平也乃後行下以景正四方之事

置槷。以縣眡以景

故書槷或作弋杜子春云槷當爲弋讀爲杙玄謂槷古文臬假借字於所平之地中央樹八尺之臬以縣正之眡之以其景將以正四方也爾雅曰在牆者謂之杙在地者謂之臬○槷魚列反注臬同弋以職反下杙同劉杙音子則反○

疏置槷至以景○釋曰此經說既得平地乃於中營治也云置槷者槷亦謂柱也云以縣者欲取柱之景先須柱正欲須柱正當以繩縣而垂之於柱之四角四中以八繩縣之其繩皆附柱則其柱正矣然後眡柱之景故云眡以景也○注故書至之臬○釋曰玄謂槷古文臬假借字者今之槷從木。執聲之省者也古之槷爲臬法字故尙書康誥云女陳時臬臬法字亦得爲槷柱之字故云假借字也云於其所平之地中央樹八尺之臬以縣正之者天文志云夏日至立八尺之表通卦驗亦云立八神樹八尺之表故知樹八尺之臬臬即表也必八尺者按考靈曜曰從上向下八萬里故以八尺爲法也彼云八神此縣一也以於四角四中故須八神神即引也向下引而縣之故云神也云眡之以其景將以正四方也者即下云爲規識日出日入之景是也引爾雅在牆者謂之杙在地者謂之臬者證此臬是在地樹之者也○

爲規識日出之景與日入之景

日出日入之景其端。則東西正也又爲規以識之者爲其難審也自日出而晝其景端以至日入既則爲規測景兩端之內規之規。之交乃審也度兩交之間中屈之以指臬則南北正○爲其于僞反度待洛反

疏注日出至北正○釋曰云日出日入之景其端則東西正也者謂於前平地之中央立表訖乃於日出之時晝記景之端於日入之時又晝記景以繩測景之兩端則東西正矣云又爲規以識之者爲其難審也者謂此經爲規識日出與日入之景者爲景兩端長短難審故爲規規景也云自日出而晝其景端以至日入者還是景

之兩端耳云既則爲規測景兩端之內規之規交乃審也者謂於中臬以繩取景之兩端一帀則景之遠近定遠近定則東西乃審云度兩交之間中屈之以指臬則南北正者兩交間正謂兩景端之半度景兩間中屈之以指臬則南北正必中屈之者於夏日至中漏半於臬南向北所度之處於東西景端亦相當故須中屈之也

晝參諸日中之景夜考之極星以正朝夕

日中之景最短者也極星謂北辰○朝如字○疏晝參至朝夕○釋曰前經已正東西南北恐其不審猶更以此二者以正南北言朝夕卽東西也南北正則東西亦正故兼言東西也○注日中至北辰○釋曰日中景最短者也者大司徒云日至之景尺有五寸以其在上臨下故最短也云極星謂北辰者當夜半考之爾雅云北極謂之北辰辰時也天下取正焉故謂之北辰極中也以居天之中故謂之北極也○

匠人營國方九里旁三門

營謂丈尺其大小天子十二門通十二子疏匠人至三門○釋曰按典命云上公九命國家宮室車旗衣服禮儀以九爲節侯伯子男已下皆依命數鄭云國家謂城方公之城蓋方九里侯伯七里子男五里弁文王有聲詩箋差之天子當十二里此云九里者按下文有夏殷則此九里通異代也鄭異義駮或云周亦九里城則公七里侯伯五里子男三里不取典命等注由鄭兩解故義有異也疏備在典命也○注營謂至二子○釋曰云丈尺據高下而言云大小據遠近而說也云天子十二門以通十二子者按孝經援神契云天子卽政置三公九卿二十七大夫八十一元士慎文命下各十二子如是甲乙丙丁之屬十日爲母子丑寅卯等十二辰爲子故王城面各三門以通十二子也

國中九經九緯經涂九軌

國中城內也經緯謂涂也經緯之涂皆容方九軌軌謂轍廣乘車六尺六寸旁加七寸凡八尺是謂轍廣九軌積七十二尺則此涂十一步也旁加七寸者輻內二寸半輻廣三寸半綆三分寸之二金轄之間三分寸之一○涂音塗綆方潁反轄胡瞎反疏注國中至之一○釋曰言九經九緯者南

北之道爲經東西之道爲緯王城面有三門門有三涂男子由右女子由左車從中央鄭云旁加七寸者輻內二寸半者計轂在輻內九寸有餘今言輻內有二寸半者不加輿下覆轂者也

左祖右社面朝後市

王宮所居也祖宗廟面猶鄉也王宮當中經之涂也○鄉許亮反○【疏】注王宮至涂也○釋曰言王宮所居也者謂經左右前後者據王宮所居處中而言之故云王宮所居也云王宮當中經之涂也者按祭義注云周尚左桓二年取郜大鼎納於大廟何休云質家右宗廟尚親親文家左宗廟尚尊尊義與此合按劉向別錄云路寢在北堂之西社稷宗廟在路寢之西又云左明堂辟雍右宗廟社稷皆不與禮合鄭皆不從之矣○

市朝一夫

方各百步【疏】注方各百步○釋曰按司市市有三朝總於一市之上爲之若市總一夫之地則爲大狹蓋市曹司次介次所居之處與天子。二朝皆居一夫之地各方百步也

夏后氏世室堂脩二七廣四脩一

世室者宗廟也魯廟有世室牲有白牡此用先王之禮。脩南北之深也夏度以步令堂。脩十四步其廣益以四分。脩之一則堂廣十七步半○【疏】注世室至步半○釋曰鄭云此用先王之禮者世室用此經夏法白牡用殷法皆是用先王之禮也云夏度以步者下文云三四步明此二七是十四步也云令堂。脩十四步者言假令以此堂云二七約之知用步。無正文故鄭以假令言之也知堂廣十七步半者以南北爲。脩十四步四分之取十二步益三步爲十五步餘二步益半步爲二步半添前十五步是二十七步半也○

五室三四步四三尺

。堂上爲五室象五行也三四步室。方也四三尺以益廣也木室於東北火室於東南金室於西南水室於西北其方皆三步其廣益之以三尺土室於中央。方四步其廣益之以四尺此五室居堂南北六丈東西七丈【疏】注堂上至七丈○釋曰云五室象五行者以其宗廟制如明堂明堂之中有五天帝五人帝五人神之坐皆法五行故知五室象五行也東北之室言木東南之室言火西南之室言金西北之室言水五行先起東方故東北方之室言木其實東北之室兼水矣東南之室兼木矣西南之室兼火矣西北之室兼金矣以其中央

大室有四堂四角之室皆有。堂故知義然也中央之室大一尺者以其在中號爲大室故多一尺也云此五室居堂南北六丈東西七丈者以其大室居中四角之室皆於大室外接四角爲之大室四步四角一室各三步則南北三室十步故六丈東西三室六丈外加四三尺又一丈故七丈也○

九階南面三三面各二○【疏】注南面三三面各二○釋曰按賈馬諸家皆以爲九等階鄭不從者以周殷差之夏后氏宮室故一尺之堂爲九等階於義不可故爲旁九階也鄭知南面三階者見明堂位云三公中階之前北面東上諸侯之位阼階之東西面北上諸伯之國西階之西東面北上故知南面三階也知餘三面各二者大射禮云工人士與梓人升自北階又雜記云夫人至入自闈門升自側階奔喪云婦人奔喪升自東階以此而言四面有階可知○

四旁兩夾窻。窻助戶爲明每室四戶八窻○夾古洽反劉古協反窻初江反一音忽○【疏】注窻助至八窻○釋曰言四旁者五室室有四戶四戶之旁皆有兩夾窻則五室二十戶四十窻也

白盛蜃灰也盛之言成也以蜃灰堊牆所以飾成宮室○蜃常軫反堊烏路反又烏洛反【疏】注蜃灰至宮室○釋曰地官掌蜃堂供白盛之蜃則此蜃灰出自掌蜃也云以蜃灰堊牆者爾雅云地謂之黝牆謂之堊堊卽白蜃堊之使壁白也

門堂三之二門堂門側之堂取數於正堂令堂如上制則門堂南北九步二尺東西十一步四尺爾雅曰門側之堂謂之塾○塾音孰劉又音育【疏】注門堂至之塾○釋曰鄭云令堂如上制者以上堂不言步故此注亦云令假令如上制南北十四步東西十七步半今云三之二謂三分取二分以十四步取十二步三分之得八步二步爲丈二尺三分之一得八尺以六尺爲一步添前爲九步餘二尺故云南北九步二尺也云東西十一步四尺者十七步半以十五步得十步餘二步半爲丈五尺三分之得一丈以六尺爲一步餘四尺添前爲十一步四尺也引爾雅門側之堂謂之塾者證此經門堂爲塾之義也尙書顧命左塾右塾亦此類也

室三之一兩室與門各居一分【疏】注兩室至一分○釋曰此室卽在門堂之上作之也言各居一分者謂兩室與門各居一分鄭不言尺數義可知故略而

不言也○**殷人重屋堂脩七尋堂崇三尺四阿重屋**重屋者王宮正堂若大寢也其脩七尋五丈六尺放夏周則其廣九尋七丈二尺也五室各二尋崇高也四阿若今四。柱屋重屋。複笮也○重直龍反下及注同放方往反復音福笮側白反

疏注重屋至笮也○釋曰云王宮正堂若大寢也者謂對燕寢側室非正故以此爲正堂大寢也言放夏周者夏在殿前可得言放其周在殿後亦言放者此非謂殷人放周而爲之鄭直據上文夏法下文周法言放猶言約夏周者也雖言放夏周經云堂脩七尋則其廣九尋若周言南北七筵則東西九筵是偏放周法而言放夏者七九偏據周夏后氏南北狹東西長亦是放之故得兼言放夏也云四阿若今四柱屋者燕禮云設洗當東霤則此四阿四霤者也云重屋複笮也者若明堂位云復廟重檐屋鄭注云重檐重承。壁材也則此。復笮亦重承。壁材故謂之重屋

周人明堂度九尺之筵東西九筵南北七筵崇堂一筵五室凡室二筵明堂者明政教之堂周度以筵亦王者相改周堂高九尺殷三尺則夏一尺矣相參之數禹卑宮室謂此一尺之堂與此三者或舉宗廟或舉王寢或舉明堂互言之以明其同制○度九劉直路反戚待洛反下及注同禹卑如字劉音婢與音餘○

疏注明堂至同制○釋曰此記人據周作說故其文備於周而略於夏殷是以下文皆據周而說也以夏之世室其室皆東西廣於南北也周亦五室直言凡室二筵不言東西廣鄭亦不言東西益廣或五室皆方二筵與夏異制也若然殷人重屋亦直云堂脩七尋不言室如鄭意以夏周皆有五室十二堂明殷亦五室十二堂云明堂者明政教之堂者以其於中聽朔故以政教言之明堂者明諸侯之尊卑孝經緯援神契云得陽氣明朗謂之明堂以明堂義大故所。合理廣也云周度以筵亦王者相改者對夏度以步殷度以尋是王者相改也云周堂高九尺殷三尺則夏一尺矣者夏無文以後代文而漸高則夏當一尺故云相參之數禹卑宮室謂此一尺之堂與言與者以無正文故言與以疑之也云此三者或舉宗廟或舉王寢或舉明堂互言之以明其同制者互言之者夏舉宗廟

則王寢明堂亦與宗廟同制也殷舉王寢則宗廟明堂亦與王寢同制也周舉明堂則宗廟王寢亦與明堂制同也云其同制者謂當代三者其制同非謂三代制同也若然周人殯於西階之上王寢與明堂同則南北七筵惟有六十三尺三室居六筵南北共有一筵一面惟有四尺半何得容殯者按書傳云周人路寢南北七雉東西九雉室居二雉則三室之外南北各有半雉雉長三丈則各有一丈五尺足容殯矣若然云同制者直制法同無妨大矣據周而言則夏殷王寢亦制同而大可知也〇

室中度以几，堂上度以筵，宮中度以尋，野度以步，涂度以軌。周文者各因物宜為之數。室中，舉謂四壁之內。

疏注周文至之內〇釋曰云周文者各因物宜為之數者對殷已上質夏度以步殷度以尋無異稱也因物宜者謂室中坐時馮几堂上行禮用筵宮中合院之內無几無筵故用手之尋也在野論里數皆以步故用步涂有三道車從中央故用車之軌是因物所宜也云室中舉謂四壁之內者對宮中是合院之內依爾宮猶室室猶宮者是散文宮室通也〇

廟門容大扃七个，大扃，牛鼎之扃，長三尺。每扃為一个，七个二丈一尺。〇扃古熒反，个古賀反，注及下同。〇

疏注大扃至一尺〇釋曰知大扃牛鼎之扃長三尺者此約漢禮器制度〇

闈門容小扃參个，廟中之門曰闈。小扃，膷鼎之扃，長二尺。參个六尺。〇闈音韋，劉音暉。膷音香。〇

疏注廟中至六尺〇釋曰云廟中之門曰闈門者爾雅文此即雜記云夫人至入自闈門是也云小扃膷鼎之扃長二尺者亦漢禮器制度知之膷鼎亦牛鼎但上牛鼎扃長三尺據正鼎而言此言膷鼎據陪鼎三膷膮膮而說也

路門不容乘車之五个，路門者，大寢之門。乘車廣六尺六寸，五个三丈三尺。言不容者，是兩門乃容之。兩門乃容之，則此門半之，丈六尺五寸。〇

疏注路門至五寸〇釋曰下云應門則此路門以近路寢故特小為之經言乘車據輿廣六尺六寸者按輿人云輪崇車廣衡長參如一鄭注云車輿也故知此云車亦據輿也云言不容者是兩門乃容之者若容兩个三个四个正應云容乘車之兩个三个四个若四个上復有餘分應云四

个然後見其分數多少今直云不容乘車之五个明兩門乃容之猶如上文云中地食者其民可任者二家五人之類也

應門二徹參个

正門謂之應門謂朝門也二徹之內八尺三个二丈四尺【疏】注正門至四尺○釋曰云正門謂之應門者爾雅文以其應門內路門外有正朝臣入應門至朝處居臣正治之所故謂此門為應門是以鄭云謂朝門也○

內有九室九嬪居之外有九室九卿朝焉

內路寢之裏也外路門之表也九室如今朝堂諸曹治事處九嬪掌婦學之法以教九御六卿三孤為九卿○【疏】注內路至九卿○釋曰內外據路寢之表裏言之則九卿之九室在門外正朝之左右為之故鄭據漢法朝堂諸曹治事處謂正朝之左右為廬舍者也云九嬪掌婦學之法以教九御者九嬪職文按內宰王有六宮九嬪已下分居之若然不得復分居九室矣此九嬪之九室與九卿九室相對而言之九卿九室是治事之處則九嬪九室亦是治事之處故與六宮不同是以鄭引九嬪職掌婦學之法則九室是教九御之所也云六卿三孤為九卿孤同卿數者以命數同故也按昏義以夏之九卿謂三孤與六卿為九此云九卿亦謂周之三孤六卿為九卿○

九分其國以為九分九卿治之

九分其國分國之職也三孤佐三公論道六卿治之六官之屬○【疏】注九分至之屬○釋曰云九分其國分國之職也者鄭恐九分其國分其地城故云分國之職也云三孤佐三公論道六卿治六官之屬者欲見分職為九分之意以其三公三孤無正職天地四時正職六卿治之其餘非正職者分為三分三公治之三孤則佐三公者也但三公中參六官之事外與六卿之教書傳又云司徒公司馬公司空公則三公六卿亦有職此亦據夏而言周則未見分為九分也

王宮門阿之制五雉宮隅之制七雉城隅之制九雉

阿棟也宮隅城隅謂角浮思也雉長三丈高一丈度高以高度廣以廣○浮思並如字本或作罘罳同高一古報反後放此度待洛反下同○【疏】注阿棟至以廣○釋曰云王宮門阿之制五雉者五雉謂高五丈云宮隅之制七雉者七雉亦謂高七丈不言宮牆宮牆亦高

五丈也云城隅之制九雉者九雉亦謂高九丈不言城身城身宜七丈云阿棟也者謂門之屋兩下爲之其脊高五丈鄭以浮思。解隅者按漢時云東闕浮思災言災則浮思者小樓也按明堂位云疏屏注亦云今浮思也刻之爲雲氣蟲獸如今闕上爲之矣則門屏有屋覆之與城隅及闕皆有浮思刻畫爲雲氣犿蟲獸者也云雉長三丈高一丈度高以高度廣以廣者凡版廣二尺公羊云五版爲堵五堵爲雉書傳云雉長三丈度高以高度長以長廣則長也言高一雉則一丈言長一雉則三丈引之者證經五雉七雉九雉雉皆爲丈之義

經涂九軌環涂七軌野涂五軌

廣狹之差也故書環或作轘杜子春云當爲環環涂謂環城之道○環如字劉戶串反轘戶關反○疏注廣狹至之道○釋曰環涂謂遶城道如環然故謂之環也野涂謂國外謂之野通至二百里內以其下有都之涂三軌言都則三百里大夫家涂亦三軌也故知此野通二百里內也不言緯者以與經同也

門阿之制以爲都城之制

都四百里外距五百里王子弟所封其城隅高五丈宮隅門阿皆三丈○疏注都四至三丈○釋曰鄭云都四百里外距五百里王子弟所封者則推據大都而言不通小都卿之采地以司裘諸侯共熊侯豹侯卿大夫共麋侯則卿不入諸侯中此云都按諸侯而言故不及小都也大都諸侯兼三公直云王子其言略兼有三公可知云城隅高五丈者以上文王門阿五雉今云門阿之制爲都城制城制五雉若據城身則與下諸侯同故知此城制據城隅也云宮隅門阿皆三丈者以下文畿外諸侯尊得申爲臺門高五丈此畿內屈故宮隅門阿皆三丈也○

宮隅之制以爲諸侯之城制

諸侯畿以外也其城隅制高七丈宮隅門阿皆五丈禮器曰天子諸侯臺門○疏注諸侯至臺門○釋曰鄭知諸侯畿以外者上文都據畿內諸侯故知此諸侯據畿以外也引禮器者欲見諸侯門阿得與天子同之意也按異義古周禮說云天子城高七雉隅高九雉公之城高五雉隅高七雉侯伯之城高三雉隅高五雉都城之高皆如子男之城高隱元年服注云與古周禮說同其天子及公此與城匠人同其侯伯以下與此匠人說異者此

匠人云門阿之制以爲都城之制高五雉亦謂城隅也其城高三雉與侯伯等如是子男豈不如都乎明子男城亦與伯等是以周禮說不云子男及都城之高直云都城之高皆如子男之城高有此匠人相參以知子男皆爲本耳亦互相曉明子男之城不止高一丈隅二丈而已如是王宮隅之制以爲諸侯城制者惟謂上公耳以此計之王城隅高九雉城高七雉上公之城隅高七雉城高五雉侯伯已下城隅高五雉城高三雉天子門阿五雉則宮亦五雉其隅七雉上公之制鄭云宮隅門阿皆五雉則其宮亦五雉都之制鄭云宮隅門阿皆三雉則其宮高亦三雉何者天子門阿與宮等明知其餘皆等惟伯子男宮與都等其門阿蓋高於宮當如天子五雉何者禮器云天子諸侯臺門大夫不臺門以此觀之天子及五等諸侯其門阿皆五雉可知都城據大都而言其小都及家之城都當約中五之一家當小九之一爲差降之數未聞也

環涂以爲諸侯經涂野涂以爲都經涂經亦謂城中道諸侯環涂五軌其野涂及都環涂野涂皆三軌

疏注經亦至三軌〇釋曰諸侯直云經涂不言緯涂緯涂亦與天子環涂同可知諸侯及都皆不言環涂野涂文略有可知故鄭增成之也知諸侯環涂五軌野涂三軌者以經涂七軌以下差降爲之故知義然也又知都環涂野涂皆三軌者此涂皆男子由右女由左車從中央三者各一軌則都之野涂不得降爲一軌是以遂人注云路容三軌遂釋此也云都之野涂與環涂同以其野涂不得上於田間川上之路故也

周禮注疏卷四十一校勘記　　阮元撰盧宣旬摘錄

附釋音周禮注疏卷第四十一

冬官考工記下

玉人

天子執冒　說文瑁諸侯執圭朝天子天子執玉以冒之似犂冠周禮曰天子執瑁四寸从玉冒冒亦聲古文省作玥然則周禮冒字本從玉作瑁

侯用瓚伯用將　釋文將如字劉音陽說文瓚三玉二石也从玉瓚聲禮天子用全純玉也上公用駹四玉一石侯用瓚伯用埒玉石半相埒也許氏讀龍爲駹與司農同疑今本埒作將有誤埒亦有雜義故鄭云皆雜名也

瓚讀爲餐屡之屛龍瓚將　葉鈔釋文讀餐之然反疏云瓚讀餐屡之屡者皆無爲字今本有者衍文龍當作尨司農云龍當爲尨尨謂雜色可證

石方寸重六兩　監本寸誤十六誤大

不可強記也　浦鏜云記當說字譌

杼上終葵首　說文玉部珽字亦作抒上終葵首〇按今說文从手乃从木之誤耳韻書杼从木直呂切抒从手神與切字有定音釋文於此曰直呂反則其字必從木也

杼䙉也釋文䙉也色界反殺字之異者本或作殺下取殺殺文同按周禮經作䙉注當用殺字下文注中取殺殺文皆不作䙉也今此諸本皆作䙉蓋淺人據釋文本改之○按䙉字說見下弓人

於中漏半夏至日表北尺五寸景閩監毛本北誤此浦鏜云晝誤中

凡圭玉上寸半作玉誤岳本玉作琰是也下玉半以上及大璋中璋節牙璋中璋節注同

鼻寸衡四寸余本同唐石經諸本鼻作鼻嘉靖本注中鼻鼻錯見監本四誤西

下有盤徑一尺浦鏜云盤下脫口

則大祝用事焉閩本同監毛本祝誤祀

執以覜聘用圭璋浦鏜云當疊聘字

量自是升斛之名閩本同監毛本升作斗

邸謂之柢釋文柢音帝劉作桓戶古反按邸謂之柢爾雅釋器文劉本作桓字形之訛

若天地自用黃琮浦鏜云大誤天

尺相對爲僢也惠校本尺作足此誤

云棗栗十有二列閩監毛本依經改棗㮚非疏用栗字下並同

磬氏

按樂云磬前長三律浦鏜云三禮圖作樂經云黃鍾磬前長三律

直取從此已下爲易計閩本同監毛本已改以

已下則摩其耑唐石經諸本同釋文耑本或作端按經當用耑字○按依說文則耑爲肇耑字端爲端正字

矢人

司弓矢職茀當爲殺漢讀考云當字衍文下殺矢七分注同

謂箭槀中鐵莖余本嘉靖本閩監本同釋文亦作槀中毛本作槀○按从禾者是

明據稱量得訂而言之惠校本無而此衍

此上既言鍭矢閩本同監毛本鍭誤鏃

故破此茀爲殺也先鄭云惠挍本同此本先誤矢閩監毛本遂作矢移於也上誤甚今訂正

數不當應閩監毛本作相應

頃若少疾盧文弨曰若疑苦之訛非也

殺矢七分諸本同唐石經缺釋文殺作䋋云依注爲茀按經當作䋋此因注云殺爲茀遂改殺也○按作殺自可不必畫一

參分其長而殺其一 唐石經余本嘉靖本同閩監毛本殺作𣪠蓋據釋文本所改按古經當皆用𣪠字今本多易爲殺矣釋文云而𣪠本又作殺注下皆同可證石經考文提要云矢人一官殺矢豐殺鴻殺俱不作𣪠宋本九經宋纂圖互注本宋附釋音本皆作殺

按稾人注 惠校本作稾人○按从禾是也

以其笴厚爲之羽深 唐石經諸本同誤也漢讀考笴作笱注及下凡相笴同云矢幹曰稾曲竹捕魚曰笱蕭豪尤侯合音最近故易字而云笱者古文假借字若如今經作笴本訓矢幹何必易爲稾云古文假借乎

故書憚或作但 釋文音經能憚音怛都達反注同此本注中故書作怛也今本怛皆作但但訛當據釋文訂正禮說作古書憚或作怛云莊子大宗師篇子來將死妻子環泣子犁往問之曰叱避無怛化言死猶化勿驚怛之音義引考工記注爲證廣雅怛憚皆訓驚按莊子釋文无怛丁達反怛驚也鄭衆注周禮考工記不能驚怛是也據此知司農從故書作怛○按通俗文旁驚曰憚或借憯怛字爲之同音假借耳惠棟禮說不誤若欲因此而改釋文之或作但作或作怛則大謬釋文但字不誤三爲反語皆爲憚字作音憚之音可去可入可平故或云都達或云直旦或云直丹也鄭司農所云憚之以威者左傳昭十三年文賈疏不詳故補說之

翔迴顧也 浦鏜云迴顧當從集注本作迴旋按集注妄改古注而浦鏜反信之迴顧謂矢行倒回若云迴旋則是矢行盤屈成圜恐無是也

今人以指夾矢㩦衞是也 閩本同余本嘉靖本監毛本㩦作儛

橈搦其幹 余本嘉靖本同閩監毛本搦作木旁誤釋文搦其女角反亦從手○按說文手部搦按也

欲生而摶 唐石經余本嘉靖本閩本同監毛本摶誤搏注疏及下同

生謂無瑕蠹也 余本嘉靖本同閩監毛本蠹作蠧非疏同

陶人

甗無底甑 監本甗誤獻余本底誤厎

觳讀為斛觳受三斗 漢讀考云讀為斛當本是或為斛斛司農因正之云觳受三豆旅人之文也聘禮有斛謂十斗曰斛也此分別觳斛之解正經觳或為斛之誤轉寫或誤讀豆字誤斗字

瓬人 余本嘉靖本監本同唐石經閩毛本瓬誤旊釋文作旊○按瓬从瓦方聲

以天地之性 補各本以下有象字此脫

髻墾薜暴不入市 余本嘉靖本閩本同唐石經監毛本作髻墾薜暴此本薜誤薛今訂正葉鈔釋文作髻貇薜暴暴即㬥訛之漢讀考云集韻四覺引周禮髻貇薜暴據釋文也說文本無墾字豕部曰貇齧也凡齧物必用力頓傷

薜讀為藥黃蘗之蘗 監本作黃蘗之蘗當據正此及諸本皆誤疏同漢讀考作讀如○按當依說文作檗黃木也俗字加艸頭

膞讀如車輇之輇 監本膞誤膊

尌膞其側 釋文尌本又作樹○按說文尌立也與樹異義

以儗度端其器也　余本儗度○嘉靖本閩本同監毛本儗改擬閩本疏同按釋文作儗度○按依說文則擬度字从手僭儗字从人

梓人爲筍虡　唐石經諸本同釋文爲簨本又作筍

筍讀爲竹筍之筍　漢讀考作讀如

謂虎豹貔螭　余本嘉靖本同閩監毛本螭改貙按釋文亦作螭

鱗龍蛇之屬　余本嘉靖本閩本同監毛本蛇作虵下同此又誤虵

郤行　唐石經余本嘉靖本同閩監毛本郤誤卻注及疏同

以脰鳴者　唐石經余本嘉靖本同閩監毛本脰誤脰注中毛本作脰閩監本作脰釋文脰鳴木亦作骨又作背干木作骨賈馬作胃劉本作脰音鹵經義雜記曰說文蠵大龜也以胃鳴者爾雅釋文引字林云蠵大龜以胃鳴本說文也許叔重學於賈景伯故從賈說作胃沈重云作脰爲得賈疏云不如作脰皆據鄭本也

或爲筍虡訖　惠挍本訖作設此誤今正

螾衍入耳　閩監本同毛本依今本爾雅改螾衘非釋文引爾雅亦作衍從虫者俗字

云仄行蟹屬者　閩監毛本蟹改蠏非○按說文作蠏

以其側行故也　惠挍本側作仄

謂之贏屬監本贏誤羸

爗讀爲哨禮說云馬融廣成頌曰鷙鳥毅蟲倨牙黔口大匈哨後康成讀從之本其師說也

頎小也余本閩監毛本同嘉靖本頎作頊按釋文作頊小云音傾字一音懇則今本作頎非釋曰云爗讀爲哨頎小也者哨與頎皆是少小之義故云哨頎小也則頊小也上當疊一哨字此脫賈疏本蓋作頎○按頊是頎非也頊同傾言傾側而小也作頎則無義李音懇是李本作頎也頊不得音懇

宏讀爲紘綖之紘此讀爲疑當作讀如然禮記月令注亦云閎讀爲紘詳漢讀攷

故書顅或作牼說文顅頭鬢少髮也从頁肩聲周禮數目顅脰按許君所據經字與鄭君同義則與司農合

牼讀爲爲鬝頭補各本爲字不重

云顅長脰貌者閩監毛本脫云閩本後擠補監本顅誤顧

先鄭云讀爲鬝頭無髮之鬝者閩本先上衍○監毛本作牼

時俗有以無髮爲鬝惠校本作時世○按說文鬝鬢禿也賈何不引之

凡攫閷援簭之類唐石經余本嘉靖本同余本載音義攫作玃葉鈔釋文閩毛本簭作簭監本作簭皆訛

必深其爪監毛本爪誤瓜疏同

此說鍾虡云之獸浦鏜云云當衍字

劉元以爲於義無所取惠校本元作炫

當爲頮頌音壺讀之閩本同音壺亦小字分注監毛本改大字雜入疏語中非毛本壺作壺誤釋文頌劉音古本反○按釋文所引劉昌宗古本反古當是苦之譌

以似爲發諸本同按以此注改字例言之應云似當爲發此因賈疏有先鄭以似爲發之言而據以易注誤甚以者賈疏目先鄭言之也若謂司農自言以非辭矣○按此語自後鄭目先鄭言之也

先鄭云以似爲發者惠校本同誤也閩監本云字空缺知其誤衍而刊落之也至毛本則直作先鄭以似爲發

以似非直實按直爲真之誤

則必穨爾如委矣苟穨爾如委余本閩監本同釋文頮爾葉鈔本作頮龠唐石經兩穨字皆先作頮後改穨嘉靖本監本上作穨下作頮統言之則此經穨本作頮矣○按穨者正頮者俗字

其匪色必似不鳴矣唐石經諸本同漢讀考云云似鳴形容未盡故改發鳴此節本云其匪色必不似鳴今本似不鳴誤

梓人爲飲器

勺尊升也漢讀考作尊斗也云斗與料同說文料勺也今本作尊升誤魏晉人書斗字多作升故易訛

觶字角旁友　經義雜記作角旁支云舊訛友今改正字林觶音支本此漢讀考作角旁辰云作友葢誤角旁辰字見說文

寡聞觚　閩監本同毛本觚作觗經義雜記作觗云舊訛觚依燕禮疏改正

豆當爲斗　經義雜記云儀禮燕禮疏引此經又曰鄭引南郡太守馬季長云觚當爲觶豆當爲斗此脫觚當爲觶四字○按此不脫各順其文理也

梓人爲侯

鄉射記文鄉侯五十弓　浦鏜云文當云字訛

亦與飾侯用皮同也　惠校本閩本同監毛本飾誤作

賓射射之所掌是也　浦鏜云人誤之

讀若齊人擠幹之幹　閩監本擠誤儕

上个七丈二尺　毛本二誤三疏中監本亦誤

是幹爲擠骨　閩本同監毛本擠作脅是也

縜寸焉　唐石經諸本同釋文縜于貧反或尤紛反劉侯犬反一音古犬反經義雜記曰于貧尤紛兩反皆員聲字作縜侯犬古犬兩反皆肙聲字作絹儀禮鄉射禮乃張侯下綱不及地武疏引此文作絹寸焉然說文云縜持綱紐也从糸員聲周禮曰縜寸則綱紐字員聲爲正絹爲繒如麥稍義別劉昌宗音

侯犬反儀禮疏作絹非也

綱所以繫侯於植者也上下皆出舌一尋者 監本綱誤繩尋誤事

植則在兩旁邪豎之也 毛本豎誤竪俗字

下个半上个 閩本同監毛本下个誤箇

若與羣臣間暇飲酒而射 余本岳本閩本同嘉靖本監毛本無間暇二字按賈疏引注亦無此二字又云若與羣臣飲酒者君臣間暇無事而飲酒則間暇二字係疏語誤入鄭注本無嘉靖本是也

毋或若女不寧侯不屬于王所故抗而射女 說文矢部矦字下偁其祝曰毋若不寧侯不朝于王所故伉而射汝按此注云或有也屬猶朝會也許氏蓋以義引之非經本文大戴記投壺作嗟爾不寧侯不朝於王所故亢而射女

詒女曾孫諸侯百福 唐石經諸本同釋文詒女曾孫葉鈔本無女字蓋誤脫也注云曾孫諸侯謂女後世爲諸侯者是經本有女字毋或若女不寧侯故抗而射女此二女目不寧侯也惟若寧侯詒女曾孫諸侯此二女目寧侯也注云若猶女也經意雖各有屬固無妨同言女矣

廬人

皆約上文車有六等之數 監本車誤章

句兵欲無彈 唐石經諸本同說文僤疾也从人單聲周禮曰句兵欲無僤蓋故書作但今書作僤皆從人旁因鄭司農讀僤爲彈丸之彈淺人遂

援以改經矣當據說文正之

句兵椑 監本椑誤裨

椑讀爲鼓鼙之鼙 漢讀考云當作讀如

謂若井中蟲蜎之蜎 漢讀考作謂若井中蟲蜎蜎云各本衍一之字按賈疏云井中有蟲蜎蜎擾擾然也蓋賈本注作蟲蜎蜎今疏引注語亦有之字

齊人謂柯斧柄爲椑 漢讀考作齊人謂柯爲椑云今本衍斧柄二字蓋或箋於旁因誤入也

以戈有胡孑 孑爲孑之訛

向外爲磬折人胡 浦鏜云人當入字誤

校讀爲紋而婉之紋 賈疏引先鄭注此下有紋疾也三字云讀從之取切疾之義疾也蓋切也之誤

讀如王搢大圭之搢 漢讀考搢皆作晉

矛去刺圍者 閩本同誤也當從監毛本去作云

灸諸牆 唐石經余本嘉靖本毛本同監本灸誤炙注同釋文灸諸音救按說文久从後灸之象人兩脛後有距也周禮曰久諸牆以觀其橈然則故書本作久字今本作灸蓋從漢儒傳讀之本耳九經古義云既夕木桁久之注云久當爲灸士喪禮冪用疏布久之注云久讀爲灸是久爲古文灸也

置猶樹也嘉靖本樹作尌釋文尌也音樹

匠人建國

置槷以縣閩監本同誤也唐石經余本嘉靖本毛本槷皆作槸當據正注及疏同釋文置槷魚列反注臬同

從木埶聲之省者也閩監本同毛本埶誤埶

其端則東西正也岳本則作在

規之交乃審也此本及閩本疏中引注作規交乃審也之字葢涉上衍

兩端一帀監本帀誤巾

於夏日至中漏半浦鏜云晝訛中

日中景最短者也者當作云日中之景最短者也者脫二字

匠人營國

是謂轍廣閩監作徹毛本同誤也余本嘉靖本謂作爲當據正○按說文無轍當

左明堂辟雍閩監毛本雍改廱非

與天子二朝浦鏜云三誤二

堂脩二七 唐石經余本嘉靖本閩本同監毛本脩改修下及注疏同

知用步無正文 此本無字實缺閩監毛本作非誤今據惠校宋本補正

堂上爲五室 監本堂誤堂不成字

三四步室方也 浦鏜云集注本方作深是也下方四步亦作深○按集注誤也下文云其方皆三步承此而言

四角之室皆有堂 惠校本閩本同監毛本堂誤室

夏后氏宮室 閩本同監毛本后氏作人卑

四旁兩夾窻 唐石經余本嘉靖本同閩監毛本窻改窗注及疏同按釋文亦作窻

若今四柱屋 閩監毛本同誤也余本宋本嘉靖本柱作注此本疏中亦作四注當據正按漢制考載此作注又引上林賦高廊四注證之

重屋複笮也 余本嘉靖本同釋文亦作複笮此本疏中作復笮閩監本及漢制考同按復古複字賈疏本蓋作復

云重屋復笮也者 閩本同監毛本復改複下則此復笮同

重檐重承壁材也 閩本同監毛本壁誤璧下同

故所合理廣也 盧文弨曰合疑含之誤

廟門容大扃七个 說文鼎部云鼏以木橫貫鼎耳而舉之从鼎冂聲周禮廟門容大鼏七箇卽易玉鉉大吉也又金部云鉉舉鼎具也易謂

之鉉禮謂之鼏與鼎部說同禮謂周禮也儀禮士冠禮士昏禮設扃鼏注皆云今文扃爲鉉是古文作扃今文作鉉也周禮當亦故書作扃借用戶扃字漢儒讀作鼏爲正字鄭君於二禮皆用古文故與許不同

廟中之門曰闈　通考闈下有門賈疏引注云廟中之門曰闈門者今本脫下門字當據補〇按爾雅曰宮中之門謂之闈

謂角浮思也　釋文浮思並如字本或作罘罳同

鄭以浮思解隅者　惠校本閩本同監毛本解改釋

直云王子其言略　浦鏜云王子下當脫弟

周禮注疏卷四十一校勘記

鄭氏注　　賈公彦疏

匠人爲溝洫主通利田間之水道○洫況域反疏注主通至水道○釋曰古者人耕皆畎上種穀畎遂溝洫之間通水故知通利田間水道

此文與下爲目下別爲之耳耜廣五寸二耜爲耦一耦之伐廣尺深尺謂之甽田首倍之廣二尺深二尺謂之遂。古者耜一金兩人併發之其壟中曰甽甽上曰伐伐之言發也甽畎也今之耜岐頭兩金象古之耦也田一夫之所佃百畮方百步地遂者夫間小溝遂上亦有徑○甽古犬反隧音遂本又作遂併步頂反畎古犬反與甽同古今字也劉古善反佃音田又音電疏耜廣至之遂○釋曰云一耜爲耒頭金金廣五寸耒面謂之庛庛亦當廣五寸云二耜爲。耦者二人各執一耜若長沮桀溺耦而耕此兩人耕爲耦共一尺一尺深者謂之畎畎上高土謂之伐伐發也以發土於上故名伐也此二人雖共發一尺之地未必並發知者孔子使子路問津於長沮長沮不對又問桀溺若並頭一共發不應別問桀溺明前後不並可知雖有前後其畎自得一尺不假要並也○注古者至有徑○釋曰鄭云古者耜一金者對後代耜岐頭二金者云兩人併發之者謂共爲一畎謂二人並頭也云今之耜岐頭者至後漢用牛耕種故有岐頭兩脚耜今。之猶然也但以牛種用二耜則畎下布種與古異也云田一夫之所佃百畮方百步地者遂人云夫一廛田百畮彼雖爲溝洫法一夫則與此同也云遂者夫間小溝遂上亦有徑者按遂人云夫間有遂遂上有徑彼溝洫法此井田法雖不同遂在夫間遂上有徑則同故云亦有徑也按彼鄭云以南畮圖之遂縱溝橫洫縱澮橫九澮而川周其外以彼遂在夫間故以南畮遂則縱矣此井田云田首倍之爲遂以南畮圖之遂即橫也九夫爲井井間廣四尺深四尺謂之溝方十里爲成成閒廣八尺深八尺謂之洫方百里爲同同閒廣二尋深二仞謂之澮此畿內采地之制九夫爲井井者方一里九夫所治之田也采地制井田異於鄉遂及公邑三夫爲屋屋具也一井之中三屋九夫三三相具以出賦稅共治溝也方十里爲成成中容一甸甸方八里出田稅緣邊一里治洫方百里爲同同中容四都六十四成方八十里出田稅緣邊十里治澮采地者在三百里四百里五百里之中載師職曰園廛二十而一近郊什一遠郊二十而三甸稍縣都皆無過十二謂田稅也皆就夫稅之輕近重遠耳滕文公問爲國於孟子孟子曰夏后氏五十而貢殷人七十而助周人百畝而徹其實皆什一徹者徹也助者藉也龍子曰治地莫善於助莫不善於貢貢者校數歲之中以爲常文公又問井田孟子曰請野九一而助國中什一使自賦鄉以下必有圭田圭田五十畝餘夫二十五畝死徙無出鄉鄉田同井出入相友守望相助疾病相扶持則百姓親睦方里而井井九百畝其中爲公田八家皆私百畝同養公田公事畢然後治私事所以別野人也又曰詩云雨我公田遂及我私惟助爲有公田由此觀之雖周亦助也魯哀公問於有若曰年饑用不足如之何有若對曰盍徹乎曰二吾猶不足如之何其徹也春秋宣十五年秋初稅畝傳曰非禮也穀出不過藉以豐財也此數者世人謂之錯而疑焉以載師職及司馬法論之周制畿內用夏之貢法稅夫無公田以詩春秋論語孟子論之周制邦國用殷之助法制公田不稅夫貢者自治其所受田貢其稅穀助者借民之力以治公田又使收斂焉畿內用貢法者鄉遂及公邑之吏旦夕從民事爲其促之以公使不得恤其私邦國用助法者諸侯專一國之政爲其貪暴稅民無藝周之畿內稅有輕重諸侯謂之徹者通其率以什一爲正孟子云野九夫而稅一國中什一是邦國亦異外內之法耳圭之言珪絜也周謂之士田鄭司農說以春秋傳曰有田一成又曰列國一同○仞音刃澮古外反廛直連反助音助校音教數色主反下此數者同別彼列反雨于付反徹與音餘爲其于僞反下爲其爲此同藝音藝率音律又音類下同

【疏】九夫至之澮○釋曰井田之法畎縱遂橫溝縱洫橫

澮縱自然川橫其夫間縱者分夫間之界耳無遂其遂注溝溝注入洫洫注入澮澮注自然入川此圖略舉一成於一角以三隅反之一同可見矣遂人云夫間有遂以南畝圖之則遂縱而溝橫此不云夫間有遂云田首倍之謂之遂遂則橫而溝縱也自餘洫澮川依此遂溝縱橫參之可知但彼云九澮而川周其外川則人造之此百里有澮澮水注入川相去遠故宜爲自然川也自畎遂溝洫皆廣深等其澮廣二尋深二刃若以孔安國八尺曰刃則澮亦廣深等但度廣以尋度深以刃故別言之若王肅依爾雅四尺曰刃深二刃八尺與廣二尋不類鄭以刃七尺淺於廣二尋二尺者以涂爲大故宜淺校二尺與溝洫不得相類也○注此畿至一同○釋曰云此畿內采地之制者對畿外諸侯亦制井田與此同云九夫爲井井者方一里九夫所治之田也者小司徒注似井字也云采地制井田異於鄉遂及公邑者按遂人云夫一間有遂十夫有溝百夫有洫千夫有澮萬夫有川方三十三里少半里九而方一同以南畝圖之遂縱溝橫洫縱澮一橫九澮而川周其外若以九而方一同則百里之內九九八十一澮。此井田則一同惟一澮既溝澮稀稠不同又彼溝洫法以爲貢。子就夫稅之十一而貢此則九夫爲井井稅一夫美惡取於此不稅民之所自治是溝洫井田異也小司徒注不云異於公邑者據遂人成文此兼云公邑者據事實而說云三夫爲屋屋具也一井之中三屋九夫三三相具以出賦稅共治溝也者一井有九夫據南畝言之則三夫並一屋而三三夫相具以出賦稅幷相具共治溝以言三屋共一井井間有溝故共治溝也云方十里爲成成中容一甸甸方八里出田稅緣邊一里治洫者司馬法有二法有甸方八里出長轂一乘又有成方十里出長轂一乘言甸者據實出稅者而言云成者據通治溝洫而說爲有二種故鄭細分計之八里爲甸出田稅緣邊一里幷之則二里治溝洫以成間有洫故使共治洫也云方百里爲同同中容四都六十四成者此據小司徒而言彼經四縣爲都注云方四十里四都方八十里旁加十里乃得方百里爲一同今言六十四成者據出田稅者言之故云方八十里出田稅緣邊十里治澮也云采地者在三百里四百里五百里之中者據載師職而言按彼云家邑任稍地小都任縣地大都任量地是三百里外至畿五百里內言此者欲見三者采地之中有此井田助法又引載師職園廛之下者欲見鄉遂及公邑之等爲溝洫貢
子法與采地井田異云輕近重遠耳者彼注云近者多役故輕稅也滕文公問孟子爲國已下至以爲常皆孟子對文公之辭自文公又問井田已下至雖周
亦助按彼是文公使畢戰問今以爲文公問者畢戰文公臣君統臣功亦得爲文公問也云夏后氏五十而貢殷人七十而助周人百畝而徹其實皆什一徹
者徹也助者藉也者並孟子對文公之辭按彼趙岐注夏禹之世號后氏后君也禹受禪於君故夏稱后殷周順人心而征伐故言人也民耕五十畝貢上五
畝耕七十畝以七畝助公家耕百畝者徹取十畝以爲賦雖異名而多少同故曰皆什一也徹猶人徹取物藉者借也猶人相借助之者或有解者云三代受
地多少應同今云夏后氏五十而貢殷人七十周人百畝者據地有不易一易再易并六遂上地不易加五十畝有四等據授地之法夏言五十而貢者據一
易之地家得二百畝常佃百畝荒百畝其佃百畝常稅之據二百畝爲稅百畝爲五十而貢殷人七十而助者據六遂上地百畝有萊五十畝而言百五十畝
稅一百畝猶五畝稅七十五畝舉全數言之故云七十畝而助也周人百畝而徹者據上地不易者而言百畝全稅之故云百畝而徹也夏據一易之地亦有
上地不易上地加五十畝者殷據上地如萊則亦有一易及上地無萊者也周言百畝而徹則亦有上地有萊及一易者也三代皆不言再易三百畝者明皆
有可知以其云貢貢子無助法殷人云助稅并無貢法周人云徹貢助兼有也云龍子曰治地莫善于助莫不善于貢貢者校數歲之中以爲常者按彼趙岐
注龍子古賢人也言治地之賦無善於助者也貢者校數歲以爲常類而上之民供奉之有易有不易故謂貢爲莫不善之也孟子本爲莫不善於貢今注有
無不字者蓋轉寫脫耳文公又問按彼文公使畢戰問孟子孟子對此辭上文公總問爲國之法故對助貢兼有此問并田之法孟子云請野九一而助國中
什一使自賦者彼注云九一者井田以九頃爲數而供什一郊野之賦也助者殷家稅名周亦用之龍子所謂。善於助者也時諸侯不行助法國中什一者周禮園廛二十而稅一時行重賦責之什一也而如也自從也孟子欲請使野人如助法什一而稅之國中從其本賦二什十一而稅一以寬之又云卿以下必有圭田圭田五十畝餘夫二十五畝注云古者卿以下至於士皆受圭田五十畝所以供祭祀圭絜也。士田故謂之圭田所謂惟士無田則亦不祭言絀士無絜田也井田之民養公田者受百畝圭田半之故五十畝餘夫者一家一夫受田其餘老小有餘力者受二十五畝半於圭田謂之餘夫也受田者田。業多少有上中下周禮曰餘夫亦如之亦如上中下之制也王制曰夫圭田無征謂餘夫圭田皆不出征賦時無圭田餘夫孟子欲令復古所以重祭祀利民之道也云死徙無出鄉注云死謂葬也徙謂。變土易居平肥磽也不出其鄉易爲功云鄉田同井出入相友守望相助疾病相扶持則百姓親睦注云同鄉之田共井之家各相勞也出入相友相友。偶也周禮大宰八曰友以任得民守望相助察姦也疾病相扶持扶持其羸弱也救其困急皆所以教民相親睦之道睦和也但鄉遂爲溝洫法而云鄉田同井者此謂殷之助法雖鄉亦爲井田故云鄉田同井以其孟子雜說三代故也云方里而井九百畝其中爲公田八家皆私百畝同養公田公事畢然後治私事所以別野人也注云方一里者九百畝之地也爲一井八家各私得百畝同共養其公田之苗公田八十畝其餘二十畝以爲廬宅園。圃家二畝半也先公後私遂及我私之義也則是野人之事所以別於士伍者也鄭所引孟子證井田之法則卿已下必有圭田及餘夫其文既間在井田之中則二者亦爲井田之法故引之也云又曰詩曰至亦助也按彼上文孟子對滕文公爲國之法今退在此引者詩是周井田之法故引之在下也云雖周亦助者是周兼夏殷。藉。貢也云魯哀公論語文按彼注二謂十二而稅但哀公已行十二而稅有若亦知哀公十二故抑之使從十一之正而云盍徹盍何不也徹通也謂十一之通稅哀公憂國有若憂民故也春秋譏宣公欲厚歛棄中央一夫之公田就八家之私田以取之故譏厚歛也云穀出不過藉者藉即借也借民力所治公田是也云此數者世人謂之錯者論語孟子春秋與詩文義不同故世人謂之錯而疑焉云以載師職及司馬法論之周制畿内用夏之貢法稅夫無公田者以世人疑之爲錯故鄭以諸文辨之按載師職云從國中園廛二十而一及甸稍縣都無過十二皆據鄉遂及四等公邑皆用夏之貢法云司馬法者辨左氏杜服所引司馬法云甸方八里出長轂一乘鄭注論語引司馬法云成方十里出長轂一乘鄭注小司徒引司馬法成方十里士十人徒二十人並據郊遂之外及采地法未見鄭所引證周之畿內之事而云以司馬法論必論周之畿內用夏之貢法者但彼司馬法必論周之畿內用夏之貢法非鄭虛言但餘籍所不見耳云以詩春秋論語孟子論之周制邦國用殷之助法制公田不稅夫者詩云雨我公田公田是助法春秋初稅畝亦是助法論語云盍徹乎徹是天下之通法亦助法也孟子答畢戰井田引詩爲證亦周之助法故總云助法不稅夫也云貢者自治其所受田貢其稅穀助者借民之力以治公田者鄭重釋夏貢殷助之事皆取孟子爲義也云畿內用貢法者至恤其私者鄉遂公邑之內皆鄰里比閭等治民之官旦夕從民事因此促之使先治公田故不得恤其私故爲貢法不得有公田也云邦國用助法諸侯專一國之政爲其貪暴稅民無藝者藝謂準法宜公初稅畝就井田上取民之所自治況爲貢法有何準法故爲井田不爲貢也周之畿內稅有輕重者鄭云近者多役故輕其稅云諸侯謂之徹者通其事以什一爲正者謂郊外用助郊內用貢故引孟子云野九夫而稅一國中什一此云野九夫而稅一卽彼云請野九一而助此云國中什一卽彼云國中什一使自賦云九一而助者一井九夫之地四面八家各自治一夫中央一夫八家各治十畝八家治八十畝入公餘二十畝入家各得二畝半以爲廬宅井竈葱韭是十外稅一也國內據民住在城中其地卽在郊內郊外鄉遂之民爲溝洫爲貢法言十一亦十外稅一者也漢書食貨志既有井田饒民二畝半之事是以宋均注樂緯何休注公羊趙岐孟子皆饒民詩云倬彼甫田歲取十千鄭云井稅一夫其田百畝一里通稅十夫其田千畝成稅百夫其田萬畝不言饒民者以經云歲取十千校一成之內舉全數而言鄭亦順經從整數而說其實與諸家不殊也云邦國亦異外內者上云畿內畿外據天子總天下大判而言此既引孟子野與國中不同是細而分之邦

國亦做天子異外內也云圭之言珪絜也者謂有珪絜之德也云周謂之士田者即載師士田是也先鄭引春秋者田一成事在哀元年彼夏后相爲澆所滅其子少康奔虞思爲庖正有田一成有衆一旅據一成之地有九百夫宮室塗巷三分去一餘六百夫上地家百畝中地家二百畝下地家三百畝通率三家受六夫之地則一成六百夫定受地有三百家而云有衆一旅五百家者據上地多家亦多也又曰列國一同者事在襄二十五年彼鄭子產適晉獻捷晉人責之何故侵小子產對曰昔天子之地一圻列國一同自是以衰今大國多數圻矣若無侵小何以至焉是也引之者證經成與同之事也貢稅之法古來皆什一故孟子說三代而云其實皆什一是以公羊傳云古者什一而藉多乎什一大桀小桀注云奢泰多取於民比於桀也寡乎什一大貉小貉注云蠻貉無社稷宗廟百官制度之費稅薄什一者天下之中正也什一而行頌聲作矣注云聖人制井田之法而口分之一夫一婦受田百畝以養父母妻子五口爲一家公田十畝即所謂什一而稅也廬舍二畝半凡爲田。頃。十畝半八家而九頃共爲一井故曰井田孟子又云白圭曰吾欲二十而取一何如孟子曰子之道貉道也欲輕之於堯舜之道者大貉小貉也欲重之於堯舜之道者大桀小桀也。率指言先王按典籍萬世可通什一供貢下富上尊若然自古以來貢與助皆不得過什一者也

專達於川各載其名達猶至也謂澮直至於川復無所注入載其名者識水所從出疏注達猶至從出○釋曰上澮水所入更無注入故云專至於川云識水所從出者據澮水出注入川處諸澮既多當各記水所出之處著其名使人言有所稱謂者也

凡天下之地埶兩山之閒必有川焉大川之上必有涂焉通其。壅塞○壅於勇反疏注通其壅塞○釋曰此言同閒有澮澮水入川其川是自然而有又非平地而出必因山閒有之又大川不可輒越巡川必當有涂地勢然也言通其壅塞者川與涂皆是通其壅塞也

凡溝逆地阞謂之不行水屬不理孫謂之不行溝謂造溝阞謂脈理屬讀爲注孫順也不行謂決溢也禹鑿龍

門播九河爲此逆防與不理孫也〇防音勒屬讀爲注之樹反理孫音遜注同疏注溝謂至孫也〇釋曰經言凡溝注云謂造溝則此溝非謂廣深四尺其田間者下云梢溝三十里而廣倍當是人所造溝瀆引水者故此鄭引鑿龍門播九河爲證既不得逆地防不理遜水不行當依地防理順行水乃可爲之川也禹鑿龍門播九河事見尚書禹貢

梢溝三十里而廣倍謂不墾地之溝也鄭司農云梢讀爲桑螵蛸之蛸〇蛸謂水漱齧之溝故三十里而廣倍〇梢劉音蕭注蛸一音色交反螵婢遙反疏注謂不至廣倍〇釋曰此溝雖是不墾地之溝與上異亦是非田間者也必使三十里得廣倍者亦謂地勢而爲之使水梢溝故得三十里而廣倍也先鄭云梢讀爲桑螵蛸之蛸謂水漱齧之溝上云梢其數亦讀從螵蛸之蛸同是梢齧之義故同讀從之也

凡行奠水磬折以參伍坎爲弓輪水行欲紆曲也鄭司農云奠讀爲停謂行停水溝形當如磬直行三折行五以引水者疾焉〇奠音亭折之設反後放此疏注坎爲至疾焉〇釋曰言凡行停水者水去遲似停住止由川直故也是以曲爲因其曲勢則水去疾是以爲磬折以參伍也云坎爲弓輪者說卦文謂坎所以行水如弓輪輪則水疾故云行水欲紆曲也

欲爲淵則句於矩大曲則流轉流轉則其下成淵疏注大曲至成淵〇釋曰凡川溝欲得使教淵之深當句曲於矩使水勢到向上句曲尺則爲廻渫自然深爲淵驗今皆然也

凡溝必因水埶防必因地埶善溝者水漱之善防者水淫之漱猶齧也鄭司農云淫讀爲廞謂水淤泥土留著助之爲厚玄謂淫讀爲淫液之淫〇漱色救反前注同廞許金反淤於據反著直略反液音亦疏注漱謂至之淫〇釋曰先鄭皆讀淫爲廞者周禮之內云廞者先鄭皆爲淫淫爲陳故此讀淫爲廞先鄭餘處淫廞既爲陳於此不得爲淤泥解之故後鄭不從也是以後鄭以淫液之淫爲義謂以淤泥淫液使厚也

凡爲防廣與崇方其閷參分去一崇高也方猶等也閷者薄其上〇閷色界反劉又色例反注下同去起呂反疏注崇高至其上〇釋曰凡爲堤

防言廣與高等者假令堤高丈二尺下基亦廣丈二尺云其閷參分去一者三四十二上宜廣八尺者也大防外閷又薄其上厚其下疏注又薄至其下〇釋曰此文承上參分去一而云外閷故云又薄其上厚其下雖不知尺數但知三分去一之外更去也凡溝防必一日先深

之以爲式程人功也溝防爲溝爲防也疏注程人至防也〇釋曰程人功者將欲造溝防先以人數一日之中所作尺數是程人功法式後則以此功程賦其丈尺步數言深者謂深淺之尺數故下云己爲式然後可以傳衆力傳謂付之里爲式然後可以傳衆力里讀爲已聲之誤也〇里音以傳音附疏注里讀至誤也〇釋曰必破里爲已者里則於義無取爲己則於義合故從已也凡任索約大汲其

版謂之無任故書汲作沒杜子春云當爲汲玄謂約縮也汲引也築防若牆者以繩縮其版大引之言版橈也版橈築之則鼓土不堅矣詩云其繩則直縮版以載又曰約之格格椓之橐橐〇格音各椓丁角反橐音託疏注故書至橐橐〇釋曰引詩云其繩則直縮版以載者此大雅緜之篇文也又曰約之格格椓之橐橐者謂斯干美宣王之詩言築室百堵之時有此約椓之事彼注云格格猶歷歷也橐橐用力也引之者證索約約亦繩縮之事也葺

屋參分瓦屋四分各分其脩以其一爲峻〇葺七入反劉音集又子入反疏注各分至爲峻〇釋曰葺屋謂草屋草屋宜峻於瓦屋云各分其脩以其一爲峻者按上堂脩二七言之則此注脩亦謂東西爲屋則三分南北之間尺數取一以爲峻假令南北丈二尺草屋三分取四尺爲峻瓦屋四分取三尺爲峻也囷窌倉城逆牆六分逆猶卻也築此四者六分其高卻一分以爲閷囷圜倉穿地曰窌〇囷丘貧反窌劉古孝反依字當爲窖作窌假借也疏注逆猶至曰窌〇釋曰地上爲之方曰倉圜曰囷穿地曰窌卻牆六分者六分其高去一以爲閷假令高丈二尺下厚四尺則於上去二尺爲閷上惟二尺其囷倉城地上爲之須爲此殺其窌入地亦爲此閷者雖入地口宜寬則牢固也堂涂十有二分謂階前若今令

甓。裓也分其督旁之脩以一分爲峻也爾雅曰當涂謂之陳○令音零甓薄歷反爾雅云瓴甋謂之甓郭璞云今甗甎裓音階疏注謂階至之陳○釋曰鄭
云若令令甓裓也者漢時名堂涂爲令甓裓令辟則今之塼也裓則塼道。者也云分其督旁之脩者名中央爲督督者所以督率兩旁脩謂兩旁上下之尺數
假令兩旁上下尺二寸則取一寸於中央爲峻峻者取水兩向流去故也引爾雅者釋宮文卽詩云彼何人斯胡逝我陳言涉堂涂引之證陳與此堂涂爲一
也

竇其崇三尺宮中水道○竇音豆疏注宮中水道○釋曰言爲竇通水高不得過此按禮記儒行云蓽門圭竇則此竇一也

牆厚三尺崇三之高厚以是爲率足以相勝○勝音升疏注高厚至相勝釋曰云高厚以是爲率者高恆兩倍於厚不要厚三尺高九尺假令厚六尺高丈八尺皆依此法故云以是爲率足以相勝也

車人之事半矩謂之宣矩法也所法者人也人長。八尺而大節三頭也腹脛也以三通率之則矩二尺六寸三分寸之二頭髮。皓落曰宣半矩尺三寸三分寸之一人頭之長也柯欘之木頭取名焉易巽爲。宣髮○之宣如字本或作寡亦作宣脛戶定反皓胡老反本或作顥音同劉作皓音灰柯古阿反疏注矩法至宣髮○釋曰言車人之事謂車人爲造車之事此與下爲總目也云半矩謂之宣者以下文取此宣爲尺度故先定宣之長短如上十分寸之一謂之枚之類也知所法者人也者以易云巽爲宣髮則人頭名宣又見下云一柯有半謂之磬折與人帶。已下四尺半爲磬折同故知法人也人長八尺已下鄭欲推出宣之長短之數以人長八尺三分之六尺各得二尺其二尺又取尺八三分之各得六寸又以二寸寸爲三分爲六分三分分之各三分寸之二故云頭也腹也脛也以三通率之則二尺六寸三分寸之二也云頭髮皓落曰宣者以得謂宣去之義人髮皓白則落墮故云此者解頭名宣意也云半矩尺三寸三分寸之一人頭之長也者矩既二尺六寸三分寸之二故減半爲人頭之長有此數也云柯欘之木頭取名焉者下云一宣有半謂之欘一欘

有半謂之柯柯欘皆從宣上取數故云頭取名焉猶言取名於頭也云易曰巽爲宣髮者按說卦云其於人爲宣髮注宣髮取四月靡草死髮在人體猶靡草在地今易文不作宣作寡者蓋宣寡義得兩通故鄭爲宣不作寡也引之者證宣爲頭意也

一宣有半謂之欘

欘斲。木柄長二尺爾雅曰句欘謂之定○欘張玉郭云斫也句音劬又音倶定丁寧反或如字

疏注欘斲至之定○釋曰一宣有半得長二尺者以一宣尺三寸三分寸之一取半添之一尺得五寸三寸每寸三分得九分幷前一分爲十分取半得五分三分爲一寸餘二分總爲六寸二分寸之二添前尺三寸三分寸之一爲二分也斲斤即爾雅句一也彼云句欘謂之定故知此欘斲斤柄也

一欘有半之柯

伐木之柯柄長三尺詩云伐柯伐柯其則不遠鄭司農云蒼頡篇有柯欘

疏注伐木至柯欘○釋曰知長三尺者以其欘長二尺云一欘有半故知三尺引詩者伐柯詩之文也先鄭引蒼頡者蒼頡造文字有篇名蒼頡云柯欘並是柄也

一柯有半謂之磬折

人帶以下四尺五寸磬折立則上俛玉藻曰三分帶下紳居二焉紳長三尺○俛音免

疏注人帶至三尺○釋曰此據人之所立磬折之儀以上有宣及欘柯之長短故因解之立磬折淺深也又下文造耒亦以磬折之故云之也云一柯有半謂之磬折據紳帶以下而言也引玉藻者按彼子游曰參分帶下紳居二焉鄭注云三分帶下而三尺則帶高於中也以其人長八尺中則四尺今云三分帶下紳居二分明帶上有一分上三尺半是帶下有四尺半可知也

車人爲耒庛長尺有一寸中直者三尺有三寸上句者二尺有二寸

鄭司農云耒謂耕耒庛讀。爲其顙有疵之疵謂耒下岐玄謂庛讀爲棘刺之刺刺耒下前曲接耜○耒力對反劉音誄或艮水反庛音刺七賜反李又似斯反顙疵似斯反

疏車人至二寸○釋曰此車人既爲車因使爲耒之田器也庛者耒之面但耒狀若今之曲。杴柄也面長尺有一寸云中直者謂手執處爲句故謂庛上句下爲

中直者三尺有三寸也句者謂人手執之處二尺有二寸也○注鄭司至接耜○釋曰先鄭云庛讀爲其頞有疵之疵者俗人謂頞額之上有疵病故從之也云謂耒下岐者古法耒下惟一金不岐頭先鄭云耒下岐據漢法而言其實古者耜不岐頭是以後鄭上注亦云今之耜岐頭明古者耜無岐頭也玄謂疵讀爲棘刺之刺者以其入地故讀從刺也云刺耒下前曲接耜者耜謂耒頭金故云下前曲接耜者也

自其庛緣其外以至於首以弦其內六尺有六寸與步相中也

緣外六尺有六寸內弦六尺應一步之尺數耕者以田器爲度宜耜異材不在數中○緣如字沈悅戰反中如字又丁仲反應應對之應【疏】自其至中也○釋曰云自其庛緣其外以至於首者據庛下至手執句者逐曲量之云以弦其內者據庛面至句下望直量之故云以弦其內內謂上下兩曲之內云六尺有六寸與步相中也者言逐曲之外有六尺六寸今弦其內與步相中中應也謂正與步相應應一步之尺數云耕者以田器爲度宜者在野度以步以人步或大或小恐其不平故以六尺之耒以代步以量地也云耜異材不在數中者未知耜金廣狹要耒自長六尺不通耜若量地時脫去耜而用之也

堅地欲直庛柔地欲句庛直庛則利推句庛則利發倨句磬折謂之中地

中地之耒其庛與直者如磬折則調矣調則弦六尺○推如字李湯雷反【疏】堅地至中地○釋曰此直庛及句庛皆不六尺之度惟中地之耒合磬折者乃六尺之度故鄭云中地之耒其庛與直者如磬折則調矣調者謂弦六尺則餘句直者不合六尺可知也

車人爲車柯長三尺博三寸厚一寸有半五分其長以其一爲之首

首六寸謂今剛關頭斧柯其柄也鄭司農云柯長三尺謂斧柯因以爲度【疏】車人至之首○釋曰此車人謂造車之事凡造作皆用斧因以量物故先論斧柄長短及刃之大小也○注首六至爲度○釋曰云謂今剛關頭斧者漢時斧近刃皆以剛鐵爲之又以柄關孔即今亦然故舉漢法爲說也

轂長半柯其圍一

柯有半大車轂徑尺五寸疏注大車至五寸釋曰鄭知此是大車者此論。載輻牙下柏車別論轂輻牙又柏車轂長以行山此車轂短以行澤故知此是大車平地載任者也鄭知徑尺五寸者以其圍一柯有半四尺半圍三徑一故知徑一尺五寸也輻長一柯有半其博三寸厚三之一輻厚一寸也故書博或爲。搏杜子春云當爲博○搏徒丸反渠三柯者三渠二丈七尺謂罔也其徑九尺鄭司農云渠謂車輮所謂。牙○牙五嫁反李五家反下同本或作迓疏注渠二至謂牙○釋曰云渠二丈七尺者按上輻長一柯有半兩兩相對則九尺尚有轂空壺中於二丈七尺不合者云輻長一柯有半兩相九尺者通計轂而言其實輻無一柯有半也云所謂牙者謂下文云牙圍也行澤者欲短轂行山者欲長轂短轂則利長轂則安澤泥苦其大安山險苦其大動○大音泰又菟餓反下同疏行澤至則安○釋曰此總言大車柏車所利之事以大車在平地犇行澤柏車山行各有所宜也○注釋泥至大動○釋曰此釋長轂安短轂危之事行澤者反輮行山者仄輮反輮則易仄輮則完故書仄爲側鄭司農云反輮謂輪輮反其木裏。需者在外釋地多泥柔也側當爲仄山地剛多沙石玄謂反輮爲泥之黏欲得心在外滑仄輮爲沙石破碎之欲得表裏相依堅刃○輮人九反劉音柔仄音側易以豉反需音人兗反爲泥于僞反下同疏行澤至則完○釋曰此經言車牙所宜外內堅濡之事○注故書至堅刃○釋曰此注後鄭增成先鄭之義言仄柔者堅者在外柔者在內以其取堅刃相成故也六分其輪崇以其一爲之牙圍輪高輪轂也牙圍尺五寸疏注輪高至五寸○釋曰輪崇九尺六尺得一尺三尺得五寸故尺五寸也柏車轂長一柯其圍二柯其輻一柯其渠二柯者三五分其輪崇以其一爲之牙圍柏車山車輪高六尺牙圍尺二寸疏柏車至牙圍○釋曰此柏車山行故轂長輪崇又下皆欲取安故也其輻一柯其渠二柯者三者兩幅相對六尺渠圍二柯者三圍丈八尺亦謂通轂空。壺中弁數而。言。也○注柏車至二寸○釋曰柏車山車對大車爲平地之車也牙圍尺二寸者以其輪崇六尺五分取一五尺取一尺一尺取二寸故尺二寸也

大車崇三柯綆寸牝服二柯有參分柯之二大車平地載任之車轂長半柯者也綆輪箄牝服長八尺謂較也鄭司農云牝服謂連箱服讀爲負○綆方穎反牝步忍反又扶死反李扶細反服音負詩音如字箄薄歷反較音角

疏注大車至爲負○釋曰云大車平地載任之車轂長半柯者也者以其上文云轂長半柯不言車名故云轂長半柯者也云綆輪箄者謂輪之四面外一寸則安言牝服者謂車轂卽今人謂之平鬲皆有孔內軨子於其中而又向下服故謂之牝服也是以先鄭云牝服謂車箱服讀爲負以衆軨所依負然也

羊車二柯有參分柯之一鄭司農云羊車謂車羊門也玄謂羊善也善車若今定張車較長七尺

疏注鄭司至七尺○釋曰先鄭云羊車謂車羊門也者其言無所當故後鄭易之也後鄭云羊善也善車若今定張車雖舉當時漢法以曉人漢世去今久遠亦未知定張車將何所用但知在宮內所用故差小爲之謂之羊車也按此羊車較長七尺下柏車較長六尺則羊車大矣而論語謂大車爲柏車小車爲羊車者以柏車皆說轂輻牙惟羊車不言惟言較而已是知柏車較雖短轂輻牙則長羊車較雖長轂輻牙則小故得小車之名也

柏車二柯較六尺也柏車輪崇六尺其綆大半寸○

疏注較六至半寸○釋曰鄭云柏車輪崇六尺其綆大半寸知者以大車輪崇九尺綆一寸此柏車輪崇六尺三分減一明柏車輪崇六尺三分減一其綆亦宜三分減一三分寸之二卽大半寸也

凡爲轅三其輪崇參分其長二在前一在後以鑿其鉤徹廣六尺鬲長六尺鄭司農云鉤鉤心鬲謂轅端厭牛領者○鬲沈於革反劉音隔厭於甲反

疏凡爲至六尺○釋曰云凡爲轅者言凡語廣則柏車大車羊車皆在其中輪崇雖不同其轅當各自三其輪崇假令柏車輪崇六尺三之爲轅丈八尺大車輪崇九

尺三之爲轅二丈七尺但羊車雖不言輪崇亦三之以爲轅也徹廣六尺者不與四馬車八尺者同徹爲長六尺者以其兩轅一牛在轅內故狹四馬車爲六尺六寸者以其一轅兩服馬在轅外故爲長也

弓人爲弓取六材必以其時取幹以冬取角以秋絲漆以夏筋膠未聞疏注取幹至未聞○釋曰鄭知取。幹以冬者見山虞云仲冬斬陽木仲夏斬陰木二時俱得斬但冬時尤善故月令仲冬云日短至伐木取竹箭注云堅成之極時是知冬善於夏故指冬而言也云取角以秋者下云秋殺者厚故知用秋也絲漆以夏者夏時絲孰夏漆尤良故知也筋膠未聞必知六材據此六者皆依下文而說也

六材既聚巧者和之聚猶具也○聚似主反疏六材至和之○釋曰爲弓須此六材故云聚巧者卽此弓人之工者也和之謂春液角夏治筋之類也

幹也者以爲遠也角也者以爲疾也筋也者以爲深也膠也者以爲和也絲也者以爲固也漆也者以爲受霜露也六材之力相得而足疏注六材至而足○釋曰此一經主論六材在弓各有所用六材相得乃可爲足也

凡取幹之道七柘爲上檍次之檿桑次之橘次之木瓜次之荊次之竹爲下鄭司農云檍讀爲億。萬之億爾雅曰杻檍又曰檿桑山桑國語曰檿弧箕箙○檍於力反一音意劉又烏克反檿烏簟反杻女丑反箙音服○疏凡取至爲下○釋曰此經說弓幹善惡者也○注鄭司至箕箙○釋曰引國語者彼爲幽王龍褒姒以至亡國故彼云檿弧箕箙實亡周國也

凡相幹欲赤黑而陽聲赤黑則鄉心陽聲則遠根陽猶清也木之類近根者。奴○相息亮反下同鄉許亮反遠于万反下遠於同近附近之近○疏注陽猶至者奴○釋曰此經說相幹善惡之法

凡析幹射遠者用埶射深者用直鄭司農云埶謂形埶

假令木性自曲則當反其曲以爲弓故曰審曲面埶玄謂曲埶則宜薄薄則力少直則可厚厚則力多○射食亦反下同疏注鄭司至力多○釋曰此說弓力多少之事凡析幹射遠者用埶者弓弱則宜射遠謂若夾庾之類云射深者用直者弓直則宜射深謂若王弧之類也此注後鄭增成先鄭之義先鄭惟見隨木形埶而用之後鄭則論厚薄力多少之法也二鄭相兼乃具

居幹之道菑栗不迆則弓不發。鄭司農云菑讀爲不菑而畬之菑栗讀爲榛栗之栗謂以鋸副析幹迆讀爲倚移從風之移謂邪行絕理者弓發之所從起玄謂栗讀爲裂繻之裂○菑側冀反又側其反沈子冀反劉音側栗音烈李又如字迆羊氏反不菑側其反畬音餘鋸音據○副普逼反析星歷反倚於綺反移羊氏反下同邪似嗟反繻音需○疏注鄭司至之裂○釋曰居謂居處解析弓幹之法但菑栗皆謂以鋸剖析弓幹之時不邪迆失理則弓後不發傷也先鄭云菑讀爲不菑而畬之菑禮起坊記云不菑畬此菑卽耕故爾雅云田一歲曰菑二歲曰新田三歲曰畬菑取彼義也云栗讀爲榛栗之栗者詩云樹之榛栗栗者亦取破之義迆讀爲倚移從風之移讀從司馬相如上林賦云倚移從風玄謂栗讀爲裂繻之裂者讀從隱元年左氏傳紀裂繻來逆女彼裂繻字子帛則爲裂破衣義義亦與先鄭大同皆取破義但從裂繻之裂勝從栗以其栗是栗栗堅硬之意於破義爲疏故從裂也

凡相角秋閷。者厚春閷者薄稺牛之角直而澤老牛之角紾而昔鄭司農云紾讀爲抮縳之抮昔讀爲交錯之錯謂牛角觕理錯也玄謂昔讀履錯然之錯○閷色界反劉色例反下同紾劉徒展反許愼尙展反又徒展反與注抮縳之抮同角絞縳之意昔七各反下同抮縳並與紾同縳又徒轉反觕才苦反又七奴反錯七各反李云鄭七且若反疏注鄭司至之錯○釋曰上文已言幹訖至此更宜相角但以秋對春以稺對老而言之秋閷者厚謂角厚肉少春閷者薄謂角薄肉多稺生之角直而澤謂角直而潤澤老牛之角紾而錯者紾謂理麤錯然不潤澤也先鄭云紾讀爲抮縳之抮者未知讀從何文蓋從俗讀云昔讀爲交錯之錯者讀從詩獻酬交

錯玄謂昔讀履錯然之錯者讀從復卦爻辭疢疾險中牛有久病則角裏傷疏注牛有至裏傷○釋曰以疢疾爲久病故云牛有久病險傷也
中卽裏謂角裏傷也瘠牛之角無澤少潤氣○瘠在亦反疏瘠牛之角無澤○釋曰上云疢疾謂久病。卽此云瘠者惟瘦瘠非病角則無潤
澤也角欲青白而豐末豐大也疏注豐大也○釋曰凡牛角善者按下注云本白中青末豐夫角之末蹙。於剴而
休於氣是故柔柔故欲其埶也白也者埶之徵也蹙近也休讀爲煦鄭司農云欲其形之自曲反以爲弓玄
謂色白則埶○夫音扶下皆同戚於子六反注同李又音促又且六反剴乃老反李又作腦休音煦下同煦況付反劉音休下同疏注蹙近至則埶○釋
曰此說角之埶也言角之本近於剴得和煦之氣於剴是故柔柔故欲其形之自曲反是爲埶也然。可以爲弓夫角色白者則埶之徵驗也夫角之
中恆當弓之畏畏也者必橈橈故欲其堅也青也者堅之徵也故書畏作威杜子春云當爲威
威謂弓淵角之中央與淵相當玄謂畏讀如秦師入。隈之。隈○畏烏回反下同疏注故書至之隈○釋曰此說角之堅也子春從故書威後鄭不從而爲隈
者威謂威儀不得爲曲中故從隈爲曲隈之義按僖二十五年秋秦晉伐鄀秦人過析隈鄭以爲入隈夫角之末遠於剴而不休
於氣是故脃脃故欲其柔也豐末也者柔之徵也末之大者剴氣及煦之○脃七歲反疏注末之至煦之
○釋曰此說角欲豐末之意云角之末遠於剴而不休於氣是故脃脃故欲其柔也豐末也者柔之徵也則末不豐者脃末豐則柔柔則不脃可知故鄭云末
之大者剴氣及煦之角長二尺有五寸三色不失理謂之牛戴牛三色本白中青末豐鄭司農云牛戴牛角直一
牛凡相膠欲朱色而昔昔也者深瑕而澤紾而摶廉摶圜也廉瑕嚴利也○摶徒丸反疏角長至摶

廉○釋曰上已相幹角次及相膠此云欲朱色按下鹿膠青白已下惟牛膠火赤自餘非純赤則牛膠為善矣紾而摶廉者謂有紾理而摶圜又廉瑕嚴利○注摶圜至利也○釋曰膠之性段段皆摶圜也廉瑕二者俱是嚴利之狀

鹿膠青白馬膠赤白牛膠火赤鼠膠黑魚膠餌犀膠黃皆謂贲用其皮或用角餌色如餌疏注皆謂至如餌○釋曰云贲用其皮或用角者經惟鹿用皮亦用角今人鹿猶用角自餘皆用皮云餌色如餌者時有餌之色故從之也

凡昵之類不能方鄭司農云謂膠善。戻故書昵或作樴杜子春云。樴讀為不義不昵之昵或為䵒䵒黏也玄謂樴脂膏膩敗之膩膩亦黏也○昵女乙反又音職樴音職䵒女乙反爾雅云膠也劉沈並音刃膩音職呂沈云膏敗也疏注鄭司至黏也○釋曰子春云不義不昵者按隱元年鄭大叔段為不義莊公曰不義不昵厚將崩彼不昵為不親兄則昵為親近不相捨離後鄭以為還從古書樴音故轉為脂膏敗膩之膩若今人頭髮有脂膏者則謂之膩膩亦黏也

凡相筋欲小簡而長大結而澤小簡而長大結而澤則其為獸必剽以為弓則豈異於其獸剽疾也鄭司農云簡讀為。撊然登陴之撊玄謂讀如簡札之簡謂筋條也○剽芳妙反戚芳昭反或扶召反後同撊下板反或胡簡反陴婢支反劉蒲佳反又房卑反疏凡相至其獸○釋曰上已相角膠次及相筋言此筋之獸剽疾為弓亦剽疾故云豈異於其獸也○注剽疾至條也○釋曰先鄭云簡讀為撊然登陴之撊者讀從左氏傳也義無所取玄謂讀如簡札之簡謂筋條也竹簡一片為一札此筋條亦有簡別故讀從之也

筋欲敝之敝鄭司農云嚌之當孰○敝婢世反徐扶哲反嚌才略反疏注鄭司至當孰○釋曰筋之椎打嚌齧欲得勞敝故云嚌之當孰也

漆欲測鄭司農云測讀為惻隱之惻玄謂惻讀如測度之測測猶清也○隱本或作㥯同度徒洛反疏漆欲測○釋曰先鄭云測讀為惻隱之惻此惻隱為痛切義非漆之善狀故後鄭以為測度之測測清也從此水義取漆為良也

絲欲沈

如在水中時色疏注如在水中時色○釋曰言絲欲沈則據乾燥時色還如在水。凍之色故云如在水中時色得此六材之全然後

可以爲良全無瑕病良善也疏注全無至善也釋曰全無瑕病者幹角膠筋漆絲六材皆令善而無瑕病然後爲善也凡爲弓冬

析幹而春液角夏治筋秋合三材三材膠絲漆鄭司農云液讀爲醳○液音亦下同醳音亦劉沈音釋下同疏注三材至

爲醳○釋曰凡治弓材各於其時言秋合三材膠漆絲則幹角筋須三材乃合則秋是作弓之時故至冬寒而定體也鄭知三材是膠漆絲者以經既言幹角

及筋六材之中惟少膠漆絲故知三材謂此也先鄭液讀爲醳者醳是醳酒之醳亦是漬液之義故讀從之也寒奠體奠讀爲定至冬膠堅內之檠中

定往來體○奠讀爲定下同檠音景疏注奠讀至來體○釋曰檠謂弓梱至寒膠堅而牢故內之檠中定往來體則六弓往體來體多少者是也冰析

濬大寒中下於檠中復內之○濬子召反復扶又反○疏注大寒至內之○釋曰十二月小寒節大寒中是冰盛之時故以大寒解冰也云下於檠中復

內之者謂復加上寒奠體內之於檠中相似但上內爲定體而內此爲析濬而內之所爲有異故別言也冬析幹則易理滑致○易以豉反致直

致反下言致同疏冬析幹則易○釋曰自此已下重釋上文各以其時之意春液角則合合讀爲洽夏治筋則不煩煩亂秋

合三材則合合堅密也寒奠體則張不流流猶移也疏注流猶移也○釋曰體既定則後用時雖張不流○移謂不失往來之

體也冰析濬則審環審猶定也疏注審猶定也○釋曰納之檠中析其漆濬其漆之濬環則定後不鼓動故冰析之也春被弦則

一年之事期歲乃可用○被皮寄反疏注期歲乃可用○釋曰通一春被弦則二年之事而云一年者據冰析濬已前爲一年春被弦是用時不數

也○析幹必倫順其理也析角無邪亦正之○邪似嗟反斲。目必荼鄭司農云荼讀爲舒舒徐也目幹節目○荼音舒下同○

【疏】注鄭司至節目○釋曰按禮記學記云善問者如攻堅木先其易者後其節目是斵目必徐之義也斵目不荼則及其大脩也
筋代之受病脩猶久也【疏】斵目至受病○釋曰筋代之受病者以筋在弓皆以幹爲力必須筋幹相得今弓幹有節目用力不得其所則幹不用力故筋代幹受病以其偏用力故也夫目也者必強強者在內而摩其筋夫筋之所由幨恆由
此作摩猶隱也故書筋或作薊鄭司農云當爲筋幨讀爲車幨之幨玄謂幨絕起也○幨昌廉反注同○【疏】注摩猶至起也○釋曰此還重釋筋幹不得所之意先鄭讀幨爲車幨之幨者衛詩云漸車帷裳昏禮亦云婦車亦如之有褖故讀從之後鄭云幨絕起也者由絕起則廉幨然也故角三液
而幹再液重醳治。之使相稱○重直龍反稱尺證反下各稱同【疏】注重醳治之相稱○釋曰或三液再液不等者角須三液幹須再液乃得相稱
厚其帤則木堅薄其帤則需。需謂不充滿鄭司農云帤讀。爲襦有衣。絮之。絮謂弓中。裨○帤女居反需人兗反下注罷需同襦劉音須沈音襦本亦作繻絮本亦作帤周易作袽皆女居反裨符支反又音卑【疏】注需謂至中裨○釋曰需謂不充滿者需。襦不進故爲不充滿謂弓中裨者造弓之法弓幹雖用整木仍於幹上裨之乃得調適也
是故厚其液而節其帤厚猶多也節猶適也【疏】注厚猶至適也釋曰多其液者謂角幹其裨須節適厚薄得所也
約之不皆約疏數必侔。不皆約纏之繳不相次也。皆約則弓帤侔。猶均也○數音朔侔莫侯反或亡又反繳不音灼【疏】注不皆至均也○釋曰約謂以絲膠橫纏之今之弓猶然云斵皆約謂不次比爲之疏數必侔約之多少須稀疏必均也
摯必中膠之必均摯之言致也中猶均也【疏】斵摯至必均○釋曰斵幹厚薄必調均爲之施膠亦均不得偏厚也自此以下說弓之限裏施膠之事。云。摯。其。角謂幹不均而有高下則摩其角
斵摯不中膠之不均則及其大脩也角代之受病

夫懷膠於內而摩其角，夫角之所由挫，恆由此作。幹不均則角蹴折也。○挫，子臥反。蹴，子六反。

疏注幹不至折也○釋曰：此總釋經角代之受病及角之所由挫二事者也。

凡居角，長者以次需。當弓之限也。長短各稱其幹，短者居簫。○限，爲回反。

疏注當弓至居簫○釋曰：云長短各稱其幹，復云短者居簫，簫謂兩頭，則長者自然在限內可知。

恆角而短，是謂逆橈，引之則縱，釋之則不校。鄭司農云：恆讀爲㚇絙之絙。玄謂恆讀爲拒。拒，竟也。竟其角而短于淵幹，引之角縱，不用力，若欲反橈然，校，疾也。既不用力，放之又不疾。○恆，古鄧反，又如字，下同。校，古卯反，注及下同。㚇音督。絙，古鄧反，或古登反，沈又居肯反。拒，古鄧反。

疏注鄭司至不疾釋曰：竟角而短，謂施角竟滿兩畔，而上下短於限者也。云是謂逆橈者，被弦引之時，以角寬而短，引之角縱，不用力，若欲反橈然，故云引之則縱也。釋之則不校者，角所以放矢，今角不用力，故釋放之不校疾也。

恆角而達，譬如終紲，非弓之利也。達謂長於淵幹，若達於簫頭。紲，弓韣。角過淵接，則送矢不疾，若見紲於韣矣。弓有韣者，爲發弦時備頻傷。詩云：竹韣緄縢。○辟，如音譬，下注變辟同，或房赤反。紲，息列反，弓韣也。韣音祕，又補結反。爲，于僞反。緄，古本反，劉古魂反。縢，本又作縢，徒登反。

疏注達謂至緄縢○釋曰：先鄭上讀爲㚇絙之絙者，從俗也。此弓非直兩畔角滿，讀之爲拒，角而角又上下長於淵幹，如達於簫頭。若然，則譬如終紲，紲謂弓韣，謂弓在韣中，然非弓之利。引詩云竹韣緄縢者，緄，繩；縢，繫約之也。以竹爲韣，發弦時裨於弓之背上，又繩橫繫之，使相著。韣與弓爲力，備頻傷也。

今夫茭解中有變焉，故校。鄭司農云：茭讀爲激發之激。茭謂弓檠也。校讀爲絞而婉之絞。玄謂茭讀如齊人名手足摯爲骹之骹。茭解謂接中也。變謂簫臂用力異。校，疾也。○茭，司農古歷反，鄭戶卯反。解，戶賣反，注同。茭讀音交，下茭亦同。激，古歷反。摯，烏喚反。骹，戶卯反。臂如字，下文同，本或作辟，一音房赤反。

疏今夫至故校○釋曰：記人別起義端，故言今夫茭解中，謂弓隈與弓簫角接之處。云有變者，卽異也。謂弓簫與臂用力異異者引之則臂中用力放矢則簫用力既用力異故紋紋謂矢去疾也○注鄭司至疾也○釋曰先鄭讀茭爲激發之激者當時有激發之語故從俗讀之云茭謂弓檠也者此據用時輒言弓檠於義不合後鄭不從之云紋讀爲紋而婉之紋者按昭元年左氏傳號之會楚公子圍設服離衛叔孫穆子曰楚公子美矣君哉退會子羽謂子皮曰叔孫紋而婉故讀從之此後鄭增成其義玄謂茭讀如齊人名手足擥爲骹之骹者時齊人有名手足節擥閉爲茭取弓隈與簫角相接名茭也

於挺臂中有柎焉故剽挺直也柎側骨剽亦疾也鄭司農云剽讀爲湖漂絮之漂○挺敕頂反注同或徒冷反拊方輔反下同湖音胡漂匹妙反絮相預反【疏】注挺直至之漂○釋曰直臂中正謂弓把處有柎焉者謂角弓於把處兩畔有側骨骨堅強所以與弓爲力故剽疾也先鄭云剽讀爲湖漂絮之漂者時有此語從俗讀之○

恆角而達引如終紲非弓之利。重明達角之不利變譬言引字之誤○引音譬重直用反

撟幹欲孰於火而無贏撟角欲孰於火而無燂。引筋欲盡而無傷其力鬻膠欲孰而水火相得然則居旱亦不動居濕亦不動贏過孰也燂炙爛也不動者謂弓也故書燂或作朕鄭司農云字從燂○撟居兆反劉枯老反沈古了反燂音潛又音尋或大含反鬻章呂反【疏】撟幹至不動○釋曰此一經明料理幹角筋膠四者得所不得所之事不言漆絲者用力少故不言也

苟有賤工必因角幹之濕以爲之柔善者在外動者在內雖善於外必動於內雖善亦弗可以爲良矣苟愉也濕猶生也○愉吐侯反或吐豆反【疏】苟有至良矣○釋曰此經說弓幹須外內皆善不得外善內惡者也

凡爲弓方其峻而高其柎長其畏而薄其敝宛之無已應宛謂引之也引之不休止常應弦言不罷需也峻謂簫也鄭司農云敝讀爲蔽塞之蔽謂弓人所握持者○畏烏回反敝

讀爲敝必世反劉又博埒反宛於阮反應應對之應注下皆同罷音皮疏凡爲至已應○釋曰方其峻峻謂簫簫宜方爲之而高其柎柎把中高對方則此高者謂爲柎骨宜高爲之長其限謂柎之上下宜長爲之而薄其敝敝謂人所握持手敝之處宜薄爲之有此四善故引之無休止而應弦故云宛之無已應謂常用而不就弦也

下柎之弓末應將與末猶簫也與猶動也發也弓柎卑簫應弦則柎將動○卑劉音婢疏注末猶至將動○釋曰言下柎者謂把骨大下爲之由弓限下短故簫應弦則將動發也

爲柎而發必動於𦂶𦂶接中○𦂶色界反劉色例反注下同疏注𦂶接中○釋曰此重釋上文末應將與若如上爲簫而發動則接中亦動也

弓而羽𦂶末應將發羽讀爲扈扈緩也接中動則緩緩簫應弦則角幹將發○羽音戶疏注羽讀至將發○釋曰破羽爲扈者羽於弓義無所取故破從扈也必知此有緩義者以其上文云必動於𦂶故知此云羽𦂶者當從緩𦂶

弓有六材焉維幹強之張如流水無難易也○易以豉反下同疏注無難易也○釋曰弓有六材惟以幹爲強者以其幹外五材當依幹而有以幹爲本故指幹爲強張如流水者以幹得所以制五材故張如流水無難易無難易則強弱得所也

維體防之引之中參體謂內之於檠中定其體防深淺所止謂體定張之弦居一尺引之又二尺疏注體謂至二尺○釋曰云體謂內之於檠中定其體者此亦謂內之檠中則往來體定體定然後防之防之者鄭云深淺所止若王弧之弓往體寡來體多。弛之乃有五寸張之一尺五寸夾庾之弓往體多來體寡者弛之一尺五寸張之得五寸唐弓大弓往來體若一者弛之一尺張之亦一尺是防之深淺所止云謂體定張之弦居一尺引之又二尺者此據唐大中者而言餘四者弛之張之雖多少不同及其引之皆三尺以其矢長三尺須滿故也

維角党之欲宛而無負弦引之如環釋之無失體如環負弦辟戾也負弦則不如環如環亦謂無難易鄭司農云党讀如。牚距之。牚。車。牚之。牚○党直庚反或之

亮反又詩尙反注同沈云或音堂非辟劉必亦反衆家皆匹亦反[疏]注負弦至之掌○釋曰云維角堂之堂正也謂置角於隈中既正云欲宛而無負弦者引之弓體不辟戾故也云引之如環者亦由無負弦故也云釋之無失體如環者謂放矢後無失體得如環然先鄭云堂讀如掌距之掌掌距取其正也車掌之掌謂車輞之木亦取正也材美工巧爲之時謂之參均角不勝幹幹不勝筋謂之參均量其力有三均均者三謂之九和有三讀爲又參量其力又參均者謂若幹勝一石加角而勝二石被筋而勝三石引之中三尺假令弓力勝三石引之中三尺弛其弦以繩緩擐之每加物一石則張一尺故書勝或作稱鄭司農云當言。稱謂之不參均玄謂不勝無負也○勝音升下注同被皮寄反擐戸串反劉郭大反[疏]注有三至負也○釋曰云有三讀爲又參者以經上文已云參均此云三均故宜破三爲參也上已二文參均此文加一參均當云又參均故破有爲又也云量其力又參均者謂若幹勝一石加角而勝二石被筋而勝三石引之中三尺者此言謂弓未成時幹未有角稱之勝一石後又。按角勝二石後更被筋稱之卽勝三石引之中三尺者此據幹角筋三者具總稱物三石得三尺若據初空幹時稱物一石亦三尺更加角稱物二石亦三尺又被筋稱物三石亦三尺鄭又云假令弓力勝三石引之中三尺者此卽三石力弓也必知弓力三石者當弛其弦以繩緩擐之者謂不張之別以一條繩繫兩簫乃加物一石張一尺二石張二尺三石張三尺則與前三幹角筋力各一石也先鄭從古書爲稱者欲以不稱爲不參均後鄭不從者此勝卽彼負此不勝卽彼不負故爲不勝解之九和之弓角與幹權筋三侔膠三鋝。絲三邸漆。三斞上工以有餘下工以不足權平也侔猶等也角幹既平筋三而又與角幹等也鋝鍰也邸斞輕重未聞○侔本又作牟亦作桙同莫侯反侔等也鋝色劣反又音劣邸丁禮反或丁計反斞羊主反鍰音環又于卷反[疏]注權平至未聞○釋曰此說上九和之弓輕重相參不可妄爲加減之事云鋝

鍰也者尙書云其罰百鍰之等言鍰此與冶氏言鋝鋝與鍰爲一物皆是六兩大半兩也鄖𪏆之輕重未聞經既無文故云未聞也爲天子之弓

合九而成規爲諸侯之弓合七而成規大夫之弓合五而成規士之弓合三而成規材長則句少也○合如字一音閤下同【疏】注。材長則句少也○釋曰此據角弓形不張而言按下文及司弓矢六弓爲三等王弓弧弓往體寡來體多當此天子弓合九成規唐弓大弓往來體若一當此諸侯弓合七成規夾弓庾弓往體多來體寡當此大夫之弓合五成規於彼六弓已盡此別云士合三成規則六弓之外弊惡之弓按大射與鄉射大夫士同射五十步侯又同用夾庾無士用合三成規之弓。者於此言之者六弓通弊弓有四等故弊弓暫記士而言其實士不用合三成規之弓也材良則句少據王弧及唐大已上而言也弓長六尺有六寸謂之上制上士服之弓長六尺有三寸謂之中制中士服之弓長六尺謂之下制下士服之人各以其形貌大小服此弓【疏】弓長至服之○釋曰此以弓有長短三等人亦有長短三等而言取其弓與人相稱之事此上士中士下士以長者爲上士次者爲中士短者爲下士皆非命士者故鄭云人各以其形貌大小服此弓也凡爲弓各因其君之躬志慮血氣又隨其人之情性【疏】注又隨至情性○釋曰上文據人形爲弓此據人性故鄭云又隨其人之情性也此亦與下文爲目下別以躬與志相配而言也躬即身也志慮據在心血氣據言與舉動也豐肉而短寬緩以荼若是者爲之危弓危弓爲之安矢骨直以立忿埶以奔若是者爲之安弓安弓爲之危矢言損。羸濟不足危奔猶疾也骨直謂強毅荼古文舒假借字鄭司農云。荼讀爲舒○肉如字劉而樹反埶音勢【疏】注言損至爲舒○釋曰此經以下說君之躬與志慮弓之所宜者也危弓則夾庾弱者爲言安弓謂王弧之類強者而言若然危矢據恆矢安矢據殺矢者也言損贏濟不足者言豐肉寬緩是不足則危弓濟之危弓爲贏則以安矢損之骨直忿埶是贏則安弓損之安
弓是不足則以危矢濟之 其人安其弓安其矢安則莫能以速中且不深 故書速或作數鄭司農云字從速速
疾也三舒不能疾而中言矢行短也中又不能深○中丁仲反注及下同數音朔同 疏 注故書至能深釋曰上文以安危損益即於射事爲可此三安而無
損益故不可 其人危其弓危其矢危則莫能以愿中 原愨也三疾不能愨而中言矢行長也長謂過去○愨愿音願一
音元愨苦角反 疏 注愿愨至過去○釋曰此三危亦無損弓故亦不可也云三疾不能愨而中言矢行長也長謂去者危弓危矢謂夾庾恆矢之等皆射遠
兼人且危躁故矢行長過去也 往體多來體寡謂之夾臾之屬利射侯與弋 射遠者用執夾庾之弓合五而成規
侯非必遠顧執弓者材必薄薄則弱弱則矢不深中侯不落大夫士射侯矢落不獲弋繳射也故書與作其杜子春云當爲與○夾古洽反劉古協反臾音庾
射食亦反注下除繳射大射小射用射外皆同獲相檗反繳射諸若反 疏 注射遠至爲與○釋曰六弓兩兩相將下文王弓不言弧弓唐弓不言大弓故
言之屬今此夾庾并言亦云之屬者夾庾雖並言以夾庾其類非一故亦云之屬也云射遠者用執者謂審曲曲執夾庾反張多隨曲執向外弱則射遠不能
深則近亦不深故射近侯用之故鄭云侯非必遠顧執弓者材必薄薄則弱弱則矢不深中侯不落者謂弓射遠以其材弱縱射近亦不深故近侯矢但不落
也云大夫士射侯矢落不獲者按大射云中離維綱揚觸捆復君則釋獲衆則否大夫士矢落侯不獲故不獲不得用是唐大之等也云弋繳射也者按司弓矢職
云夾弓庾弓以授射豻侯鳥獸者豻侯鳥獸則射侯與弋也按彼注近射用弱弓則射大侯者用王弧射參侯者用唐大矣如是君用王弧射大侯大夫用唐
大射參侯士用夾庾射豻侯若然此大夫與士同用夾庾射近侯者據天子之臣多則三公王子爲諸侯者射熊侯卿大夫士同射豹侯也若然射七十步侯

用唐大其遠中侯亦不落也往體寡來體多謂之王弓之屬利射革與質射深者用直此又直焉於射堅宜也王弓合九而成規弧弓亦然革謂干盾質木椹天子射侯亦用此弓大射曰中離維綱揚觸梱復君則釋獲其餘則否〇椹張林反梱苦本反【疏】注射深至則否〇釋曰言王弓之屬則之屬中弧弓及王弧之輩類也云利射革與質此卽司弓矢職云王弓弧弓以授射甲革椹質者亦一也云天子射侯亦用此弓不言者舉射革與質有上文弱弓射近可參故不言可知。也。大射曰中離維綱揚觸梱復中謂中侯離猶過也。麗也維謂侯射與左右舌一幅兩相反角亦以綱維持之而繫於一柱綱謂左右舌上畔下畔以一大綱繩各繫於其柱上以持侯其綱皆出布幅尋謂之爲綱揚觸梱復者矢高揚而過侯彼注云揚觸者謂中他物揚而觸侯也梱復謂矢至侯不著而還復復反也如此五者君則釋獲其餘則否則臣不得獲惟中乃可釋獲往體來體若一謂之唐弓之屬利射深射深用直唐弓合七而成規大弓亦然春秋傳曰盜竊寶玉大弓【疏】注射深至大弓〇釋曰唐弓之外仍有大弓故云之屬也按司弓矢職云唐弓大弓以授學射者使者勞者此不言者亦各舉一邊而言兼有彼事可知言射深用直唐弓合七而成規者則王弧之弓亦射深用直唐大合七成規則王弧之弓射深可知引春秋者定八年公羊傳文彼以陽虎爲盜竊寶玉大弓彼公羊云寶者何璋判白弓。繡質引之者證大弓同也大和無濟其次筋角皆有濟而深其次。有濟而疏其次角無濟大和尤良者也深謂濟在中央兩邊無也角無濟謂限裏【疏】大和至無濟〇釋曰大和謂九和之弓以其六材俱善尤良故無漆濟也其次筋角皆有濟而深者筋在背角在限皆有濟但深在其中央兩邊無也其次有濟而疏者以上參之此謂兩邊亦有但疏之不皆有也其次角無濟謂限裏無濟蕭。與及背有之合濟若背手文弓表裏濟合處若人合手背文相應鄭司農云如人手背文理〇背補內反注同【疏】注弓表至文理〇釋曰言合濟者謂弓表裏濟漆相

合之處若人合手背上文理相應角環灂牛筋蕡灂麋筋斥蠖灂蕡枲實也斥蠖屈蟲也〇環如字又戶串反蕡扶文反注

同斥音尺蠖枉縛反又於郭反枲絲子反【疏】注蕡枲至蟲也〇釋曰此說弓表及弓裏灂故也角環灂謂限裏灂文如環然牛筋蕡灂者此說弓背用牛筋

之漆如麻子文若用麋其灂文如斥蠖文云蕡枲實者枲乃牡麻無實而云蕡枲實舉其類爾若箄筥然也斥蠖屈蟲者易云斥蠖之屈以求信是也和

弓轂摩和猶調也轂拂也將用弓必先調之拂之摩之大射禮曰小射正授弓大射正以袂順左右隈上再下一〇上時掌反【疏】注和猶至下一

〇釋曰引大射云大射正以袂順左右隈者以左手橫執之時上隈向。右下隈向左而上再下一拂去塵乃授與。君大射雖不言調亦調可知也覆之

而角至謂之句弓句於三體材敝惡不用之弓也覆猶察也謂用射而察之至猶。善也但角善則矢雖疾而不能遠〇覆孚服反下皆同句

劉力具反沇音鉤善本或作䕯音善下同【疏】注句於至能遠〇釋曰此以下論弓有六材角幹筋用力多特言之若三者全善則爲尤良若一善者爲。敝二

善者爲次今此先察一善者至謂若餘幹筋不善直角善可以爲句弓云句於三體材敝惡不用之弓也者謂不入上三文所用之內言矢雖疾不能遠者上

云射遠用埶埶是弱弓而射遠但此句弓爲弱於彼雖疾不能射遠也覆之而幹至謂之侯弓射侯之弓也幹又善則矢疾而遠

【疏】注射侯至而遠〇釋曰此察次弓此非直角至兼幹善謂之射侯之弓則上夾庾利近射。與弋言矢疾而遠對上句弓疾而不遠不及侯者也覆之

而筋至謂之深弓射深之弓也筋又善三善者則矢既疾而遠又深【疏】注射深至又深〇釋曰此弓三也按上文唐大射深則王弧三善亦

射深可知舉中以見上者也

附釋音周禮注疏卷第四十二

周禮注疏卷四十二校勘記　　阮元撰盧宣旬摘録

附釋音周禮注疏卷第四十二

匠人爲溝洫

耜廣五寸二耜爲耦　說文𡿨部引周禮作枱廣五寸二枱爲耦

廣尺深尺謂之甽　說文𡿨部引周禮作廣尺深尺謂之𡿨倍𡿨謂之遂又云甽古文𡿨从田从巛今周禮作甽爲古文許所引作𡿨爲今書也鄭從古文作甽今本作甽訛倍𡿨謂之遂亦以義言之非本經○按段玉裁曰今說文古文𡿨當作籀文𡿨𡿨者古文也甽者籀文也畎者小篆也𡿨巜皆古文

廣二尺深二尺謂之遂　唐石經諸本同釋文之隧音遂本又作遂○按隧俗字遂正字

甽上曰伐　漢讀考上作土云各本譌

云二耜爲耦者　監毛本耦誤偶

今之猶然也　惠校本無之漢制考同此衍

異於鄉遂及公邑　閩監本鄉誤卿

殷人七十而莇　余本嘉靖本毛本同閩監本莇改助非下並同閩本莇助錯見釋文莇音助

莫不善於貢疏云孟子本爲莫不善於貢今注有無不字者蓋轉寫脫耳

年饑用不足余本饑作飢

邦國用殷之莇法監本莇改助下同困學紀聞引此句莇作助

稅民無藝釋文作蓺也音藝今本蓺改藝脫也非

此井田則一同唯一澮惠校本閩本同監毛本此誤爲

子就夫稅之十一而貢浦鏜云子當止字誤

爲溝洫貢子法與采地井田異浦鏜云子當之字誤

龍子所謂善於助者也盧文弨曰孟子注作莫善此脫莫

士田故謂之圭田盧文弨曰孟子注作上田

田業多少有上中下盧文弨曰孟子注非田萊此誤

徙謂變土易居惠校本變作爰盧文弨曰元本孟子作爰土孟康注漢書地理志轅田云三年爰土易居古制也爰亦訓易今本孟子作受訛

相友偶也盧文弨曰孟子注偶作耦○按耦者本字偶者假借字

以爲廬宅園圃　盧文弨曰孟子注作園圃

是周兼夏殷藉貢也　閩本藉改助監毛本作貢助

通其事以什一爲正者　閩監毛本事作率此誤

趙岐孟子皆饒民　此句文有脫落○按當云何休注公羊趙岐注孟子皆同饒民之說

凡爲田頃十畝半　閩本同誤也監毛本作一頃十二畝半是也

率指言先王按典籍萬世可通什一供貢下富上尊　惠校本作章指言先王按典禮萬世可遵遵與尊韻此誤○按此章指在白圭欲二十取一章今本作先王典禮萬世可遵

通其壅塞　釋文通雍於勇反此衍其雍改壅非

非謂廣深四尺其田間者　惠校本其作在此誤

梢讀爲桑螵蛸之蛸　諸本同釋文出螵蛸二字疏云上梢其數亦讀從螵蛸之蛸蓋此處無桑字漢讀考作讀如

蛸謂水漱齧之溝　余本嘉靖本閩本同監毛本蛸作梢按此本及閩本疏中引注亦作蛸賈云上梢其數亦讀從螵蛸之蛸同是梢齧之義漢讀考作梢溝謂前云梢除也此云梢水漱齧義略同有溝字於文理乃合

奠讀爲停　余本停刊去亻旁是也說文有亭無停

凡溝必因水埶監本埶誤勢

善防者水淫之唐石經諸本同余本淫作滛注同非也

注漱謂至之淫閩本同監毛本謂作猶是也

里讀爲已聲之誤也戴震考工記圖里作如字讀

言版橈也浦鏜云言疑則字誤非也

逆猶郤也余本郤作卻當據正下同

謂若今令甓裓也余本閩本同監毛本裓作祴釋文作甓祴嘉靖本作辟裓按漢制考引此注及釋文作令甓祴引疏作令辟裓是賈本作辟也古甓字多作辟今金石猶有存者與嘉靖本正合

裓則塼道者也漢制考無者此衍

車人之事

人長八尺而大節三此本監本八誤人今訂正

頭髮皓落曰宣葉鈔釋文作皓落云本或作顥音同劉作皓○按顥是正字說文曰顥白皃南山四顥白首人也

易巽爲寡髮此本寡字剜改疏中標起訖及引注及兩引說卦四處寡字同當皆本作宣髮余本嘉靖本監毛本作宣髮是也惟閩本承此

剜改之誤作寡髮疏中四處同今正

輿人帶已下四尺半閩本毛本已改以

欘斲木柄余本閩監本同誤也嘉靖本毛本木作斤當據正賈疏引注作斲斤惠校本斲作斵疏同○按木字是此物名斲木亦名斫木說文曰斤斫木也此斲木爲句柄字連下讀不連上讀

一柯有半謂之磬折程瑤田通藝錄云磬氏爲磬倨句一矩有半故曰一矩有半謂之磬折持此以度他物凡倨句之應乎一矩有半者皆以磬折名之故韗人爲皐鼓曰倨句磬折車人內耒之庛亦曰倨句磬折而轉寫是記者乃順上文讀之遂訛矩爲柯

故因解之立磬折淺深也惠校本解作人盧文弨曰疑當作解人

亦以磬折之故云之也故疑當作度

車人爲耒

庛讀爲其顙有庛之庛余本嘉靖本閩監毛本下二庛字皆作疵疏中同當據正釋文顙疵似斯反漢讀考作讀如顙疵之疵按作讀如爲是○按此用孟子之其顙有泚也鄭所見孟子蓋作玼玼或用爲疵字故轉寫作疵

若今之曲杴柄也閩監毛本杴誤枚○按杴字是廣韻曰杴鍫屬古作檢或作欣語龕切今正

車人爲車

以其一爲之首 余本之誤一

此車人謂造車之事 浦鏜云謂疑爲

此論載輻牙 宋本載作轂

故書博或爲摶 余本閩監本同嘉靖本毛本摶誤搏釋文或作摶徒丸反則是从專聲也

所謂牙 釋文牙本或作迓

需者在外 釋文耎者人兗反漢讀考據釋文作耎按疏云此經言車牙所宜外內堅濡之事是賈本作需訓爲濡○按賈亦用濡爲耎字

亦謂通轂空壺中幷數而言也 毛本同是也閩監本壺作壼誤

弓人

鄭知取榦以冬者 閩監毛本榦作幹

檍讀爲億万之億 諸本万作萬漢讀考讀爲作讀如

近根者奴 監本奴誤妙疏中標起訖不誤

則弓不發 唐石經諸本同惠士奇云發當爲撥戰國策弓撥矢句

元謂栗讀爲裂繻之裂 九經古義云毛詩東山烝在栗薪箋云栗析也古者聲栗裂同也

秋䋄者厚○按籀文殺字作𣪠即殳字轉寫譌舛乃成閃字籀文殺字見說文殳部中籀文役字作㑞亦其證也

紾讀爲抮縛之抮余本岳本監本同嘉靖本閩毛本縛作縳釋文縛徒轉反

謂牛角䚡理錯也閩監毛本同誤也余本嘉靖本𢷾作䚡當據正釋文䚡理才苦反又七奴反○按說文無䚡字而古書多用之蓋說文角部作𧣾角長也从角爿聲士角切引申用爲粗糙字而轉寫者譌其體从牛旁

卽此云𤻮者惟瘦𤻮浦鏜云卽疑則字誤

蹙於剒而休於氣唐石經諸本同葉鈔釋文蹙作戚余本載音義同釋文剒乃老反本又作腦○按依說文當作匘

然可以爲弓浦鏜云然下疑脫後

故書畏作威閩監毛本同余本嘉靖本畏下有或字此脫當據補

元謂畏讀如秦師入隈之隈按此讀如當作讀爲儀禮大射儀以袂順左右隈注云隈弓淵也鄭據此故讀爲隈下文凡居角長者以次需注云當弓之隈也因於此易爲隈字故下注竟作隈也

謂膠善戾漢讀考云戾當作麗聲之誤也凡附麗之物莫善於膠

故書昵或作樴杜子春云樴讀爲不義不昵之昵此當經文作凡樴之類注作故書樴或作昵杜子春云昵讀爲不義不昵之昵蓋鄭本經文從今書作樴杜則從故書作昵今本經文作昵杜鄭兩家注又俱以樴爲昵轉改之失顯然

髈讀爲撊然登陴之撊葉鈔釋文撊作橌○按从木者非

還如在水凍之色浦鏜云凍當涑字誤○按浦此語是也

斲目必荼唐石經斲作斵下並同

注重醳治之相稱閩本同監本之下剜擠使字毛本排入

薄其帤則需唐石經諸本同釋文則需人兗反下注罷需同漢讀考據此需作耎

帤讀爲襦有衣絮之絮漢讀考作衣絮之絮云此讀爲乃讀如之誤

帤謂弓中裨葉鈔釋文裨作陴

需襦不進浦鏜云襦疑懦字誤

不皆約纏之繳不相次也皆約則弓帤侔猶均也漢讀考云此注脫誤疑當云皆約纏繳之不相次也不皆約則弓帤侔侔猶均也○按不相次是釋皆字侔是釋不皆皆者有堆垜之迹不皆者無堆垜之迹也

云摩其角謂幹不均而有高下則摩其角盧文弨曰此疏釋下經當在下節疏之首

是謂逆橈唐石經諸本同嘉靖本橈作撓監毛本注中亦作撓古從木之字往往訛變作手旁

元謂恆讀爲揯揯竟也釋文及諸本皆作揯從手漢讀考云𣐺訓竟見說文木部詩亙之秬秠字作亙方言縆竟也字作縆古同

音通用

竟其角而短于淵幹 按于當作於下注云長於淵幹作於可證

譬如終紲 閩監本同唐石經嘉靖本譬作辟余本毛本作辟按釋文作辟如云音譬下注變辟同或房赤反然則不當作譬矣

紲弓䩛 諸本同釋文䩛音秘監毛本誤韣下仍作䩛

則送矢太疾 閩監毛本同誤也此本太字係剜改宋本嘉靖本太作不當據正經云非弓之利也疏云謂弓在䩛中然非弓之利皆不疾之謂浦鏜云詩小戎正義引作不疾○按不疾是也

又繩橫槷之使相著 閩監毛本著改着俗字

茭讀爲激發之激 漢讀考云讀爲當作讀如此擬其音非易其字故下文仍作茭

茭讀如齊人名手足掔爲骹之骹 釋文足掔鳴喚反漢讀考掔作掔按說文掔手掔也揚雄曰掔握也从手臤聲烏貫切隸書訛作掔則不得其形聲矣

變謂簫臂用力異 閩監本簫誤从廾嘉靖本臂作辟下同釋文簫譬如字下文同本或作辟一音房赤反

剽讀爲湖漂絮之漂 漢讀考云當作讀如擬其音也

引如終紲非弓之利 唐石經下有也字石經考文提要云宋本九經宋纂圖互注本宋附釋音本余仁仲本皆作非弓之利也

撟角欲孰於火而無燂閩監毛本同語也唐石經余本嘉靖本燂作燂當據正釋文亦作燂今正

鬻膠欲孰而水火相得嘉靖本同誤也唐石經余本閩監毛本鬻作鬻當據以訂正釋文鬻膠章呂反閩監本孰誤角

然則居旱亦不動監本旱誤早

字從燂漢讀考云字宜作當

弛之乃有五寸閩監毛本弛改弛下同

牚讀如掌距之掌車掌之掌閩監本同誤也余本嘉靖本毛本重作車今正當據正岳本掌距誤棠又脫車掌二字盧文弨曰釋文出經牚之爲音云注同不爲掌別作音知舊亦必本是牚字掌字俗漢讀考云四掌字皆牚之誤說文牚歫也牚古本音牚車牚亦作車樘說文牚車樘結也

幹不勝筋謂之參均諸本同唐石經之下有不字此蓋據司農說誤加賈疏云先鄭從古書爲稱者欲以不稱爲不參均後鄭不從蓋經文本無不字也

當言稱謂之不參均漢讀考云此注有脫字應云謂之參均當言謂之不參均因兩謂之複而脫六字

後又按角勝二石浦鏜云按疑加字訛非也此按猶今人言安也安卽加也

膠三鋝戴震云鋝當作鍰一弓之膠三十四銖三十五分銖之十四

漆三斞唐石經諸本同漢讀考云說文斗部斞量也引周禮桼三斞今說文各本桼訛作求此可證今周禮漆字皆非古

材長則句少也余本閩本同此本疏中標注亦作材長誤也嘉靖本監毛本長作㫒當據正疏舉注語亦作㫒

無士用合三成規之弓者惠校本無者此衍

言損羸濟不足閩監本同余本嘉靖本毛本羸作贏疏中諸本皆作贏

荼古文舒假借字鄭司農云荼讀爲舒岳本脫古文至云荼十一字

此三危亦無損弓惠校本作損濟此誤

揚觸梱復余本岳本嘉靖本閩本同葉鈔釋文亦作梱從本監毛本從手疏同

故不言可知也大射曰閩本同監毛本也下有云

離猶過也麗也浦鏜云獵訛麗從大射注校

璋判白弓繡質浦鏜云繡誤綉

其次有灂而疏唐石經其次下有角字按釋曰其次有灂而疏者以上參之此謂兩邊亦有則疏意蒙上筋角皆有灂是賈疏本無此角字故經下始言角也石經此角誤衍浦鏜據增非

蕭與及背有之閩本同誤也監毛本與作頭

此說弓表及弓裏濟故也閩本同監毛本故作文

上隈向右宋本右作君

乃授與君宋本君作右

至猶善也釋文作猶譱云本又作善下同岳本此亦作善下但角善以下俱作古譱字非

若一善者爲儆毛本同監本儆誤徼閩本此疏以下缺

則上夾庚利近射與弋浦鏜云射下脫侯按經云利射侯與弋此言近射故不言侯省文非脫也浦按此類今皆不用

周禮注疏卷四十二校勘記